Landespersonalvertretungsgesetz
Nordrhein-Westfalen
Basiskommentar mit Wahlordnung

Horst Welkoborsky/Birger Baumgarten/
Peter Berg/Irma Vormbaum-Heinemann

# Landespersonal-
# vertretungsgesetz
# Nordrhein-Westfalen

Basiskommentar mit Wahlordnung

8., überarbeitete und aktualisierte Auflage

**BUND**
VERLAG

**Bibliografische Information der Deutschen Nationalbibliothek**
Die Deutsche Nationalbibliothek verzeichnet diese Publikation in der
Deutschen Nationalbibliografie; detaillierte bibliografische Daten sind
im Internet über http://dnb.d-nb.de abrufbar.

**8., überarbeitete und aktualisierte Auflage 2020**
© 1996 by Bund-Verlag GmbH, Frankfurt am Main
Herstellung: Birgit Fieber
Umschlag: Ute Weber, Geretsried
Satz: Dörlemann Satz, Lemförde
Druck: Druckerei C. H. Beck, Nördlingen
Printed in Germany 2020
ISBN 978-3-7663-6980-2

Alle Rechte vorbehalten,
insbesondere die des öffentlichen Vortrags,
der Rundfunksendung
und der Fernsehausstrahlung,
der fotomechanischen Wiedergabe, auch einzelner Teile.

**www.bund-verlag.de**

Ergänzung zum Titel *Welkoborsky/Baumgarten/Berg/Vormbaum-Heinemann*, Landespersonalvertretungsgesetz Nordrhein-Westfalen, 8. Auflage 2020, Bund-Verlag

## Gesetz zur konsequenten und solidarischen Bewältigung der COVID-19-Pandemie in NRW und zur Anpassung des Landesrechts im Hinblick auf die Auswirkungen einer Pandemie vom 14. April 2020 (GVBl. 2020, 217b)

Die Ausnahmesituation der Covid-19-Pandemie hat den Gesetzgeber veranlasst, mit dem Gesetz zur konsequenten und solidarischen Bewältigung der COVID-19-Pandemie in NRW und zur Anpassung des Landesrechts im Hinblick auf die Auswirkungen einer Pandemie für einen begrenzten Zeitraum Sonderregelungen für die Personalvertretungen in NRW zu schaffen. Die Regelungen werden im Folgenden dargestellt und kommentiert.

### 1. In § 23 Absatz 1 werden die folgenden Sätze 3 und 4 angefügt:

»**Für die Personalvertretungen, die für die bis zum 30.06.2020 laufende Wahlperiode gewählt wurden, wird die Amtszeit über den 30.06.2020 hinaus verlängert bis zur Wahl einer neuen Personalvertretung, längstens bis zum 30.06.2021. § 23 Absatz 2 Satz 1 findet für diese Personalräte Anwendung.**«

§ 23 Abs. 1 Satz 3 bestimmt, dass für Personalvertretungen, die für die bis zum 30.6.2020 laufende Wahlperiode gewählt wurden, die Amtszeit verlängert wird – und zwar bis längstens zum 30.6.2021.

Verlängert wird die Amtszeit für alle diejenigen Personalräte, die aufgrund einer Wahl vor dem 30.6.2016 gewählt wurden. Erfasst sind auch Personalräte, die »während einer Wahlperiode« (§ 23 Abs. 2 Satz 1) gewählt wurden – also solche, die nach dem 30.6.2016 erstmals oder nach Maßgabe des § 24 Abs. 1 gewählt wurden.

Für die genannten Personalräte wird die Amtszeit über den 30.6.2020 hinaus verlängert. Es verbleibt also vollständig bei ihrer Rechtsstellung, einschließlich der Freistellungen nach § 42. Diese Personalräte haben nach § 17 Abs. 1 Satz 1 drei Monate vor Ablauf der nunmehr am 30.6.2021 endenden, verlängerten Amtszeit – also bis spätestens 31.3.2021 – einen Wahlvorstand zur Wahl eines neuen Personalrats zu bestellen. Die Regelung soll bewirken, dass Personalräte und Wahlvorstände die Wahlen im Rahmen des § 20 »zeitlich flexibel« (so LT-Drs. 17/8920, S. 81) durchführen können.

Der Wahlvorstand soll die Neuwahl spätestens zwei Wochen vor Ablauf der Amtszeit (§ 20 Abs. 1 Satz 1, 2. Halbsatz) stattfinden lassen. Das Wahlausschreiben für diese Wahl muss gemäß § 6 Abs. 1 Wahlordnung spätestens sechs Wochen vor dem letzten Tag der Stimmabgabe erlassen werden. Der Wahlvorstand »soll« das Wahlausschreiben also sechs Wochen vor dem 5.5.2021 erlassen (6 Wochen bevor die Wahl nach § 20 Abs. 1 Satz 1, 2. Halbsatz stattfinden »soll«), er »muss« es gemäß § 6 Abs. 1 WO bis zum 19.5.2021 tun, um die Wahl bis zum 30.6.2021 abschließen zu können.

Die Amtszeit der gegenwärtig amtierenden Personalräte wird bis zur Wahl eines neuen Personalrats verlängert. Ihre Amtszeit endet mit dem Tag der Wahl eines neuen Personalrats – spätestens jedoch am 30.6.2021.

Die Amtszeit des neugewählten Personalrats beginnt nach § 23 Abs. 2 Satz 1 »mit dem Tage der Wahl« – ist also abhängig von dem vom Wahlvorstand flexibel zu wählenden Wahltermin.

Für das Ende der Amtszeit der neugewählten Personalräte sieht das COVID-19-Gesetz keine Sonderregelung vor. Es gilt also § 23 Abs. 1 Satz 1, wonach die Amtszeit mit der »jeweiligen Wahlperiode« endet. Auf der Grundlage des § 108 Satz 2 war der Beginn der gegenwärtig 13. (vierjährigen, vgl. § 23 Abs. 1 Satz 2) Wahlperiode der 1.7.2016 und das Ende der Amtszeit dementsprechend unverändert der 30.6.2020 – es wurde nur die

Amtszeit, nicht die Wahlperiode verlängert. Die nächste – 14. – Wahlperiode beginnt unverändert am 1.7.2020 und endet am 30.6.2024. Mit diesem Datum endet dementsprechend die Amtszeit der zum 1.7.2021 gewählten Personalräte.

In der Gesetzesbegründung (LT-Drs. 17/8920, S. 81) wird betont, dass eine Wahl zum bisherigen Regeltermin weiter möglich ist. Weiter heißt es:

*»Da Personalratswahlen grundsätzlich Angelegenheiten der Beschäftigten und der Personalvertretungen sind, wird auf eine gesetzliche Festlegung des Wahltermins verzichtet.«*

Soweit in einigen Dienststellen die Wahlen zur Wahl der Personalräte bei Verkündung/Inkrafttreten des COVID-19-Gesetzes bereits abgeschlossen sind, gilt Folgendes: Die Verlängerung der Amtszeit durch die Novelle gilt nur »bis zur Wahl einer neuen Personalvertretung«. Wenn diese Wahl bereits stattgefunden hat, tritt eine Verlängerung der Amtszeit der gegenwärtig amtierenden Personalräte nicht ein. Sie ist auch nicht nötig, da pandemiebedingte Einschränkungen und Behinderungen bei diesen bereits stattgefundenen Wahlen nicht eingetreten sind. Die bereits gewählten Personalräte beginnen also ihre Amtszeit am 1.7.2020 und bleiben bis 30.6.2024 im Amt. Eine Verlängerung der Amtszeit der gegenwärtig amtierenden Personalräte tritt nicht ein.

**§ 23 Abs. 1 Satz 4** bestimmt, dass § 23 Abs. 2 Satz 1 »für diese Personalräte« Anwendung findet. Davon erfasst sind die im vorherigen Satz 3 erwähnten »neuen Personalvertretungen« – also diejenigen Personalräte, die innerhalb der über den 30.6.2020 hinaus verlängerten und bis längstens 30.6.2021 dauernden Amtszeit der bisherigen Personalräte gewählt werden.

Die Amtszeit dieser bis zum 30.6.2021 gewählten Personalräte beginnt nach der Neuregelung also mit dem Tag der Wahl. Sie endet nach dem unverändert geltenden § 23 Abs. 1 Satz 1 mit dem Ende der Wahlperiode – das ist der 30.6.2024.

Der Wahltermin kann von Personalrat und Wahlvorstand zeitlich flexibel (so LT-Drs. 17/8920, S. 81) bestimmt werden. Wird z.B. am 1.4.2021 gewählt, so beginnt die Amtszeit an diesem Tag. Sie endet, da zwischen Tag der Wahl und Ende der Wahlperiode (unverändert 1.7.2020 bis 30.6.2024) mehr als ein Jahr vergangen ist, mit Ablauf des 30.6.2024.

## 2. In § 33 wird folgender Absatz 3 angefügt:

**(3) Längstens bis zum 30. Juni 2021 gilt abweichend, dass Beschlüsse auch wirksam sind, wenn sie mittels Umlaufverfahren oder elektronischer Abstimmung erfolgt sind.**

Die neue Vorschrift bestimmt, dass »längstens« bis zum 30.6.2021 Beschlüsse des Personalrats »auch« wirksam sind, wenn sie mittels Umlaufverfahren oder elektronischer Abstimmung erfolgen.

In der Gesetzesbegründung heißt es, dass »*das LPVG bei Beschlüssen des Personalrats bisher von einer Präsenzpflicht ausgeht. Durch die Einschränkungen und Besonderheiten im Dienstbetrieb im Rahmen der Pandemiebekämpfung können Sitzungen nicht stattfinden. Um die Arbeitsfähigkeit der Personalvertretungen zu erhalten, ist zur Klarstellung eine entsprechende temporäre Änderung der betreffenden Vorschrift geboten.*«

Mit der Neuregelung soll § 33 Abs. 1 und 2 übergangsweise und angeblich klarstellend dahingehend abbedungen werden, dass Beschlüsse des Personalrats auch ohne körperliche Anwesenheit einer Mehrheit der Personalratsmitglieder wirksam sind, wenn sie mittels Umlaufverfahren oder elektronischer Abstimmung erfolgt sind. Die Vorschrift ist problematisch.

Das Gesetz definiert bereits nicht, was unter »Umlaufverfahren« und »elektronischer Abstimmung« zu verstehen ist.

Beschlüsse des Personalrats sind nach § 33 Abs. 1 mit der einfachen Mehrheit der »anwesenden Mitglieder« zu fassen. Beschlussfähig ist der Personalrat nur – so Abs. 2 der Vorschrift –, wenn mindestens die Hälfte seiner Mitglieder anwesend ist. Die Willensbildung des Personalrats hat ausschließlich in Sitzungen zu erfolgen und setzt zwingend Einladung, Tagesordnung sowie Beratung und Beschlussfassung der anwesenden Mitglieder voraus (§ 33). Deshalb sind Beschlüsse fernmündlicher oder schriftlicher Art, per E-Mail, Internet oder Intranet oder durch Telefon- oder Videokonferenzen unzulässig. Allen diesen abweichenden Verfahren stehen die Grundsätze einer demokratischen Willensbildung, der Nichtöffentlichkeit der Personalratssitzungen sowie die Erörterungs- und Beratungsrechte der Personalratsmitglieder und oftmals auch die fehlende Transparenz der so zustande gekommenen Entscheidungen entgegen.

Wenn die Gesetzesbegründung davon spricht, dass das LPVG bisher von einer »Präsenzpflicht« ausgehe und davon »zur Klarstellung« temporär abgewichen werden solle, so gibt das die Rechtslage nicht zutreffend wieder. Zudem werden damit grundlegende Prinzipien der demokratischen Willensbildung des Personalrats beiseitegeschoben. Es ist vielmehr zwingend und entspricht sowohl herrschender Meinung wie der Rechtsprechung (vgl. *Welkoborsky/Baumgarten/Berg/Vormbaum-Heinemann*, LPVG NRW, § 33 Rn. 1; *Laber/Pagenkopf*, LPVG NRW, § 33 Rn. 6), dass die Willensbildung des Personalrats ausschließlich in Sitzungen, zu denen mit Tagesordnung eingeladen wurde, und dort nur durch Beschlüsse nach Beratung seiner anwesenden Mitglieder zu erfolgen hat.

Daher bestehen erhebliche Bedenken, so ohne Weiteres auf der Basis dieser Neuregelung zu verfahren. Beschlüsse des Personalrats mittels Umlaufverfahren oder elektronischer Abstimmung verstoßen jedenfalls dann gegen die zwingenden Vorschriften des § 33, wenn dazu kein konkreter Anlass (Unmöglichkeit einer Sitzung unter Anwesenden) besteht, ausreichende Beratungsmöglichkeiten aller Beteiligten nicht gegeben waren, der Grundsatz der Nichtöffentlichkeit nicht gewahrt ist und das Abstimmungsverfahren nicht transparent war. In diesen Fällen sind solche Beschlüsse des Personalrats nichtig und unwirksam und unterliegen als rechtswidrige Maßnahme der Geschäftsführung i. S. d. § 79 Ab. 1 Nr. 3 der gerichtlichen Kontrolle.

Von dieser Ausnahme kann nur bis zum Ende der verlängerten Amtszeit – also längstens bis 30.6.2021 – Gebrauch gemacht werden. Eine Verpflichtung, Umlaufverfahren oder elektronische Abstimmung zu praktizieren, besteht nicht. Dass diese beiden Abstimmungsverfahren nach dem Gesetzeswortlaut »auch« zulässig sind, weist zum einen darauf hin, dass sie fakultativ sind und zum anderen, dass sie neben den – nach wie vor gültigen – Regeln des § 33 anwendbar sind.

Will der Personalrat davon Gebrauch machen, bedarf es eines entsprechenden Beschlusses, den der Vorsitzende ebenfalls per Umlaufverfahren oder elektronischer Abstimmung herbeiführen kann. Dazu müssen die Verfahren festgelegt werden. I. d. R. wird dazu eine Geschäftsordnung i. S. d. § 38 erforderlich sein. Zu beachten ist, dass die neugewählte Personalvertretung diese Beschlüsse – will sie von diesen Abstimmungsverfahren Gebrauch machen – nach ihrer Wahl erneut fassen muss.

Zu beachten ist auch, dass nur die Beschlussfassung nach den neuen Regeln erfolgen kann. Die Vorschriften über Einladung und Tagesordnung gemäß § 30 Abs. 2, den Grundsatz der Nichtöffentlichkeit (§ 31 Abs. 2 Satz 1) und die Teilnahmerechte (§§ 32, 36) bleiben unverändert und müssen beachtet werden.

Ebenso muss der Personalrat Gelegenheit haben, vor einer Beschlussfassung nach den neuen Regeln die in § 34 Abs. 1 und 2 obligatorische gemeinsame Beratung durchzuführen. Das setzt voraus, dass der Vorsitzende zusammen mit der Einladung und der Tagesordnung auch entsprechend formulierte Beschlussvorschläge übersendet und (zeitlichen) Raum für Stellungnahmen, Änderungsvorschläge und mögliche Alternativen gibt. Dazu sollte eine Frist gesetzt werden. Alternativ kann dieses Verfahren per Telefonkonferenz oder per Chat organisiert werden.

Der beratenden Teilnahme von Gewerkschaftsvertretern, Mitgliedern der Stufenvertretungen, der Jugend- und Auszubildendenvertretung und der Schwerbehindertenvertretung (§§ 32 Abs. 1 und 2, 36) ist dadurch Rechnung zu tragen, dass der Vorsitzende die Tagesordnung und die formulierten Beschlussvorschläge mit der Bitte, dazu ggf. Stellung zu nehmen, verschickt.

Bezüglich der Hinzuziehung der Ersatzmitglieder für zeitweilig verhinderte Personalratsmitglieder (§ 28 Abs. 1 Satz 2) ist auf den Zeitpunkt der Versendung bzw. des Zugangs von Einladung, Tagesordnung und Beschlussvorschläge durch den Vorsitzenden abzustellen. Ist das ordentliche Mitglied zu diesem Zeitpunkt verhindert, ist ein Ersatzmitglied hinzuzuziehen. Nur dann ist gewährleistet, dass das Ersatzmitglied auf dem gleichen Kenntnisstand wie ein ordentliches Mitglied ist.

Der Personalrat kann die Durchführung eines Umlaufverfahrens entweder für eine bestimmte Zeit oder für bestimmte Beschlüsse bzw. die vom Vorsitzenden per Tagesordnung bekanntgemachten Beschlüsse entweder im Vorhinein oder durch besonderen Beschluss nach jeweiligem Ablauf der vom Vorsitzenden gesetzten Stellungnahmefrist beschließen. Das ist in der Geschäftsordnung festzulegen.

Unter Umlaufverfahren ist – folgt man den Vorschlägen der Gesetzesbegründung für die Änderung der Gemeindeordnung (vgl. Drs. 17/8920, S. 75) – die präsenzlose Abstimmung zu verstehen, d. h. die Entscheidung erfolgt nicht notwendigerweise gleichzeitig, sondern zu unterschiedlichen Zeitpunkten durch Unterzeichnung durch jedes Mitglied des Gremiums auf einem Schriftstück. Wird ein solches Verfahren in dieser Form angewandt, bedarf es der Versendung durch den Vorsitzenden nach Ablauf der Beratung und einer Fristsetzung zur Rücksendung.

Die Rücksendung der unterzeichneten Zustimmung/Ablehnung/Enthaltung des PR-Mitglieds kann durch Fax oder per Mail erfolgen. Zum einen wird der PR-Vorsitzende die Unterschriften bzw. Mail-Anschriften seiner Personalratsmitglieder kennen und zum anderen lässt die Rechtsprechung (vgl. *OVG NRW*, Beschluss v. 1. 2. 2019 – 20 A 3100/17. PVB, PersR 7/2019, 50, sowie *BVerwG*, Beschluss v. 15. 12. 2016 – 5 P 9.15, PersR 7-8/16, 61) die Abgabe von fristwahrenden Erklärungen des Personalrats gegenüber der Dienststelle per Fax oder Mail zu. Das muss dann auch für die interne Willensbildung des Personalrats gelten.

Bei der elektronischen Abstimmung sind die Verfahren von den verschiedenen Anbietern weitgehend vorgegeben. Dazu können Telefon- oder Videokonferenzen genutzt werden, Beratungen des Personalrats per Chat o. Ä. (vgl. »Mitbestimmung unter Kontaktsperre«, FAZ v. 24. 3. 2020, S. 20). In Betracht kommen u. a. Skype, Facetime und Zoom. Bei allen – besonders bei Zoom – besteht die Schwäche darin, dass die Verpflichtung zur Nichtöffentlichkeit und Verschwiegenheit nicht oder nicht hinreichend gewährleistet ist. Von ihnen sollte daher nur ausnahms- und fallweise Gebrauch gemacht werden und zuvor entsprechende Vorkehrungen für die Gewährleistung von Datenschutz und Geheimhaltungsschutz in der Geschäftsordnung getroffen werden. Ohnehin sind diese Möglichkeiten längstens nur bis zum Ende der verlängerten Amtszeit bzw. bis zur Neuwahl eines Personalrats übergangsweise eröffnet.

Eine abschließende Regelung soll – so die Gesetzesbegründung (LT-Drs. 17/8920, S. 82) – *»erst im Rahmen der Umstellung aller Vorschriften für eine digitalisierte Verwaltung erfolgen«*. Es muss daher angenommen werden, dass in späteren Gesetzgebungsverfahren betreffend die Digitalisierung der Verwaltung die pandemiebedingten Ausnahmeregelungen als Referenz herangezogen werden sollen. Auch deshalb sollte von den Instrumenten wie Umlaufverfahren und elektronischer Abstimmung ein nur sehr zurückhaltender Gebrauch gemacht werden. Ein »Probelauf« als Referenz für künftige Gesetzgebungsverfahren ist als verfrüht und nicht zielführend abzulehnen.

# Vorwort zur 8. Auflage

An der inzwischen 8. Auflage dieses Basiskommentars hat erneut das bewährte Autorenteam aus der Vorauflage mitgewirkt. Sämtliche Bearbeiter gewährleisten als Fachanwälte und Berater von Personalräten mit langjähriger Erfahrung nicht nur die erforderliche Fachkunde, sondern auch den stets angestrebten Praxisbezug. Ziel der Autoren auch in dieser Auflage war es wieder, eine nicht nur für Juristen verständliche Kommentierung zu erstellen, die es auch den im Jahre 2020 neu zu wählenden Personalratsmitgliedern ermöglicht, einen schnellen und doch fundierten Einstieg in das Landespersonalvertretungsrecht zu bekommen.

Eingearbeitet wurde u. a. das Dritte Gesetz zur Änderung des Landespersonalvertretungsgesetzes vom 26. Februar 2019, mit dem insbesondere Personalratsmitgliedern die Inanspruchnahme von Elternzeit erleichtert werden soll. Die Rechtsprechung des OVG NRW, des BVerwG und anderer Gerichte konnte bis Herbst 2019 berücksichtigt werden.

Die Autoren hoffen, wiederum eine verständliche Darstellung des LPVG NRW vorgelegt zu haben, die Personalräten, Gewerkschaften, aber auch allen anderen Praktikern zuverlässig bei der täglichen Rechtsanwendung hilft.

Unser Dank gilt unserer Lektorin, Frau Schübel-Gaw vom Bund-Verlag, für eine wiederum äußerst angenehme und unkomplizierte Zusammenarbeit, ohne die das Manuskript wahrscheinlich nicht so zügig hätte fertig gestellt werden können.

Horst Welkoborsky
Birger Baumgarten
Peter Berg
Irma Vormbaum-Heinemann

# Inhaltsverzeichnis

Vorwort zur 8. Auflage . . . . . . . . . . . . . . . . . . . . . . . . . 5
Abkürzungs- und Literaturverzeichnis . . . . . . . . . . . . . . . . 9
Einleitung . . . . . . . . . . . . . . . . . . . . . . . . . . . . . . . . 15

**Gesetzestext und Kommentierung zum Personalvertretungsgesetz für das Land Nordrhein-Westfalen.** . . . . . . . . 21

**Erstes Kapitel:**
**Allgemeine Vorschriften (§§ 1–9)** . . . . . . . . . . . . . . . . . . . . 21

**Zweites Kapitel:**
**Personalrat** . . . . . . . . . . . . . . . . . . . . . . . . . . . . . . . 58
Erster Abschnitt:
Wahl und Zusammensetzung (§§ 10–22) . . . . . . . . . . . . . . . 58
Zweiter Abschnitt:
Amtszeit (§§ 23–28) . . . . . . . . . . . . . . . . . . . . . . . . . . . 90
Dritter Abschnitt:
Geschäftsführung (§§ 29–41) . . . . . . . . . . . . . . . . . . . . . 100
Vierter Abschnitt:
Rechtsstellung der Mitglieder (§§ 42, 43) . . . . . . . . . . . . . . . 130

**Drittes Kapitel:**
**Personalkommission (§ 44)** . . . . . . . . . . . . . . . . . . . . . . 150

**Viertes Kapitel:**
**Personalversammlung (§§ 45–49).** . . . . . . . . . . . . . . . . . . . 155

**Fünftes Kapitel:**
**Stufenvertretung (§§ 50, 51).** . . . . . . . . . . . . . . . . . . . . . . 163

**Sechstes Kapitel:**
**Gesamtpersonalrat (§§ 52, 53).** . . . . . . . . . . . . . . . . . . . . 166

## Inhaltsverzeichnis

**Siebtes Kapitel:**
**Jugend- und Auszubildendenvertretung (§§ 54–61)** . . . . . . . . 168

**Achtes Kapitel:**
**Beteiligung der Personalvertretung** . . . . . . . . . . . . . . . . 180
Erster Abschnitt:
Allgemeines (§§ 62–65a) . . . . . . . . . . . . . . . . . . . . . 180
Zweiter Abschnitt:
Formen und Verfahren (§§ 66–71) . . . . . . . . . . . . . . . . . 216
Dritter Abschnitt:
Beteiligungspflichtige Angelegenheiten (§§ 72–77) . . . . . . . . . . 266
Vierter Abschnitt:
Beteiligung der Stufenvertretung und des Gesamtpersonalrats (§ 78) . 421

**Neuntes Kapitel:**
**Gerichtliche Entscheidung (§§ 79, 80)** . . . . . . . . . . . . . . . 426

**Zehntes Kapitel:**
**Sondervorschriften für besondere Verwaltungszweige und die**
**Behandlung von Verschlusssachen** . . . . . . . . . . . . . . . . . 440
Erster Abschnitt:
Polizei (§§ 81–84) . . . . . . . . . . . . . . . . . . . . . . . . 440
Zweiter Abschnitt:
Lehrer (§§ 85–92) . . . . . . . . . . . . . . . . . . . . . . . . 442
Dritter Abschnitt:
Justizvollzug (§§ 93, 94) . . . . . . . . . . . . . . . . . . . . . 453
Vierter Abschnitt:
Referendare im juristischen Vorbereitungsdienst (§§ 95–103) . . . . . 454
Fünfter Abschnitt:
Hochschulen (§§ 104–105b) . . . . . . . . . . . . . . . . . . . . 461
Sechster Abschnitt:
Behandlung von Verschlusssachen (§ 106) . . . . . . . . . . . . . . 466

**Elftes Kapitel:**
**Schlussvorschriften (§§ 107–114)** . . . . . . . . . . . . . . . . . 468

**Wahlordnung zum Landespersonalvertretungsgesetz**
**(WO-LPVG)** . . . . . . . . . . . . . . . . . . . . . . . . . . . . 473

**Entscheidungen des OVG NRW zum LPVG NRW ab 1985** . . . . . . 493

Stichwortverzeichnis . . . . . . . . . . . . . . . . . . . . . . . . 553

# Abkürzungs- und Literaturverzeichnis

| | |
|---|---|
| a. A. | anderer Ansicht |
| a. a. O. | am angegebenen Ort |
| AEVO | Ausbilder-Eignungsverordnung |
| a. F. | alte Fassung |
| AFG | Arbeitsförderungsgesetz |
| AGG | Allgemeines Gleichbehandlungsgesetz |
| AiB | Arbeitsrecht im Betrieb (Zeitschrift) |
| Altvater u. a. | Altvater/Baden/Baunack/Berg/Dierßen/Herget/Kröll/Lenders/Noll, Bundespersonalvertretungsgesetz mit Wahlordnung und ergänzenden Vorschriften, 10. Auflage 2019 (zit.: Altvater-Bearbeiter) |
| Anm. | Anmerkung |
| AOGOe | Gesetz zur Ordnung der nationalen Arbeit in öffentlichen Verwaltungen und Betrieben |
| AP | Arbeitsrechtliche Praxis (Nachschlagewerk des BAG) |
| ArbGG | Arbeitsgerichtsgesetz |
| ArbSchG | Arbeitsschutzgesetz |
| ArbStättV | Arbeitsstättenverordnung |
| Art. | Artikel |
| ASiG | Gesetz über Betriebsärzte, Sicherheitsingenieure und andere Fachkräfte für Arbeitssicherheit (Arbeitssicherheitsgesetz) |
| AÜG | Gesetz zur Regelung der Arbeitnehmerüberlassung (Arbeitnehmerüberlassungsgesetz) |
| BAG | Bundesarbeitsgericht |
| BAT | Bundes-Angestelltentarifvertrag (Bund/Länder/Gemeinden) |
| BayVGH | Bayerischer Verwaltungsgerichtshof |
| BB | Betriebs-Berater (Zeitschrift) |
| BBiG | Berufsbildungsgesetz |
| BeamtStG | Beamtenstatusgesetz |
| BEEG | Bundeselterngeld- und Elternzeitgesetz |

## Abkürzungs- und Literaturverzeichnis

| | |
|---|---|
| BetrVG | Betriebsverfassungsgesetz |
| BErzGG | Bundeserziehungsgeldgesetz |
| BGB | Bürgerliches Gesetzbuch |
| BImSchG | Bundesimmissionsschutzgesetz |
| BMT-G II | Bundes-Mantel-Tarifvertrag für Arbeiter der Gemeinden |
| BPersVG | Bundespersonalvertretungsgesetz |
| BRG | Betriebsrätegesetz |
| BUKG | Bundesumzugskostengesetz |
| Buchst. | Buchstabe(n) |
| BVerfG | Bundesverfassungsgericht |
| BVerwG | Bundesverwaltungsgericht |
| bzw. | beziehungsweise |
| Cecior u. a. | Cecior/Vallendar/Lechtermann/Klein, Kommentar zum Personalvertretungsrecht in Nordrhein-Westfalen |
| DKKW | Däubler/Kittner/Klebe/Wedde (Hrsg.), Betriebsverfassungsgesetz mit Wahlordnung, Kommentar für die Praxis, 16. Auflage 2018 (zit.: DKKW-Bearbeiter) |
| DB | Der Betrieb (Zeitschrift) |
| DO NW | Disziplinarordnung für das Land Nordrhein-Westfalen |
| DSG NW | Gesetz zum Schutz personenbezogener Daten (Datenschutzgesetz Nordrhein-Westfalen) |
| ebd. | ebenda |
| EuGH | Europäischer Gerichtshof |
| f./ff. | folgende |
| Fitting u. a. | Fitting/Engels/Schmidt/Trebinger/Linsenmaier, Betriebsverfassungsgesetz, Handkommentar, 29. Auflage 2018 (zit.: Fitting u. a.) |
| FHG | Fachhochschulgesetz |
| FGGöD | Gesetz über die Fachhochschulen für den öffentlichen Dienst |
| GG | Grundgesetz |
| gem. | gemäß |
| ggf. | gegebenenfalls |
| GO NW | Gemeindeordnung für das Land Nordrhein-Westfalen |
| GV NW | Gesetz- und Verordnungsblatt für das Land Nordrhein-Westfalen |

## Abkürzungs- und Literaturverzeichnis

| | |
|---|---|
| Havers | Havers/Giesen, Kommentar zum Landespersonalvertretungsgesetz NRW, 10. Auflage 2017 |
| HessVGH | Hessischer Verwaltungsgerichtshof |
| HG | Hochschulgesetz |
| h. M. | herrschende Meinung |
| HZG | Hochschulzukunftsgesetz |
| | |
| i. d. F. | in der Fassung |
| Ilbertz/Widmaier/Sommer | Ilbertz/Widmaier/Sommer, Bundespersonalvertretungsgesetz mit Wahlordnung unter Einbeziehung der Landespersonalvertretungsgesetze, Kommentar, 13. Auflage 2015 |
| i. V. m. | in Verbindung mit |
| | |
| JAG | Juristenausbildungsgesetz Nordrhein-Westfalen |
| JAO | Juristenausbildungsordnung Nordrhein-Westfalen |
| | |
| KrO | Kreisordnung für das Land Nordrhein-Westfalen |
| KSchG | Kündigungsschutzgesetz |
| Laber/Pagenkopf | Landespersonalvertretungsgesetz, 2017 |
| | |
| LABG | Lehrerausbildungsgesetz Nordrhein-Westfalen |
| LAG | Landesarbeitsgericht |
| LBG | Landesbeamtengesetz Nordrhein-Westfalen |
| LHO | Landeshaushaltsordnung Nordrhein-Westfalen |
| LOG | Landesorganisationsgesetz Nordrhein-Westfalen |
| Lorenzen u. a. | Lorenzen/Etzel/Gerhold/Schlatmann/Rehak/Faber, Bundespersonalvertretungsgesetz, Kommentar, Loseblattwerk, 1975 ff. (zit.: Lorenzen u. a.) |
| LPVG NRW | Landespersonalvertretungsgesetz Nordrhein-Westfalen |
| LRKG | Landesreisekostengesetz |
| LS | Leitsatz |
| LT | Landtag |
| LT-Drucks. | Landtags-Drucksache |
| LUKG | Landesumzugskostengesetz Nordrhein-Westfalen |
| | |
| MBl. | Ministerialblatt für das Land Nordrhein-Westfalen |
| MIK | Ministerium für Inneres und Kommunales |
| MTL II | Mantel-Tarif-Vertrag für die Arbeiter der Länder |
| MuSchG | Mutterschutzgesetz |
| n. F. | neue Fassung |

## Abkürzungs- und Literaturverzeichnis

| | |
|---|---|
| NiSchG | Nichtraucherschutzgesetz |
| NKF | Neues kommunales Finanzmanagement |
| NW, NRW | Nordrhein-Westfalen |
| NwVBl. | Nordrhein-Westfälische Verwaltungsblätter |
| n. v. | nicht veröffentlicht |
| NZA | Neue Zeitschrift für Arbeitsrecht |
| NZA-RR | NZA-Rechtsprechungs-Report Arbeitsrecht |
| | |
| ÖPP | Öffentlich-Private-Partnerschaft |
| OVG | Oberverwaltungsgericht |
| | |
| PersR | Der Personalrat (Zeitschrift) |
| PersV | Die Personalvertretung (Zeitschrift) |
| PersVG | Personalvertretungsgesetz |
| PPP | Public Private Partnership |
| | |
| RDV | Recht der Datenverarbeitung (Zeitschrift) |
| Rn. | Randnummer |
| RVO | Reichsversicherungsordnung |
| | |
| SGB | Sozialgesetzbuch |
| sog. | so genannte(s) |
| SchVG | Schulverwaltungsgesetz |
| SMBl. | Sammlung des bereinigten Ministerialblattes für das Land Nordrhein-Westfalen |
| StGB | Strafgesetzbuch |
| | |
| TÜV | Technischer Überwachungsverein |
| TVG | Tarifvertragsgesetz |
| TV-L | Tarifvertrag für den öffentlichen Dienst der Länder |
| TVöD | Tarifvertrag für den öffentlichen Dienst (Bund und Gemeinden) |
| TzBfG | Teilzeit- und Befristungsgesetz |
| | |
| u. a. | unter anderem |
| UG | Gesetz über die Universitäten des Landes Nordrhein-Westfalen |
| | |
| VG | Verwaltungsgericht |
| VGH | Verwaltungsgerichtshof |
| | |
| WO-LPVG | Wahlordnung zum Landespersonalvertretungsgesetz Nordrhein-Westfalen |

## Abkürzungs- und Literaturverzeichnis

| | |
|---|---|
| z. B. | zum Beispiel |
| ZBR | Zeitschrift für Beamtenrecht |
| ZfPR | Zeitschrift für Personalvertretungsrecht |
| ZPO | Zivilprozessordnung |
| ZTR | Zeitschrift für Tarifrecht |

# Einleitung

## I. Geschichte der Personalvertretung

Gesetzliche Erwähnung fanden Personalvertretungen für den öffentlichen Dienst erstmals im Anschluss an die Weimarer Reichsverfassung vom 11. 8. 1919. Zwar sah Artikel 130 Abs. 3 WRV die Errichtung besonderer Beamtenvertretungen vor, solche Vertretungen sind jedoch gesetzlich nicht geschaffen worden. Die beiden Gesetzesentwürfe von 1923 und 1930 sind vom Reichstag nicht beschlossen worden. Vielmehr sah das Betriebsrätegesetz vom 4. 2. 1920 die Bildung von Arbeitnehmervertretungen auch für den öffentlichen Dienst, und zwar einheitlich für Arbeiter und Angestellte, vor sowie in § 61 die Möglichkeit, die Besonderheiten des öffentlichen Diensts durch Verordnung des Reiches und der Länder zu regeln. Davon ist für den Bereich der Reichsbahn, der Reichspost, der Reichswasserstraßenverwaltung, zahlreicher Ministerien und auch in den Ländern (insbesondere in Preußen) Gebrauch gemacht worden.[1]

Darüber hinaus sah § 13 BRG vor, dass durch die Verordnung der Reichsregierung für die öffentlichen Behörden, Betriebe und öffentlich-rechtlichen Körperschaften des Reichs bestimmte Gruppen von Beamten den Arbeitnehmern gleichgestellt werden. Schließlich beinhaltete § 65 BRG Regeln für die Zusammenarbeit zwischen Betriebsräten und Beamtenvertretungen (Beamtenrat, Beamtenausschuss) in den Dienststellen, in denen solche Vertretungen aufgrund von Verordnungen geschaffen worden waren.

Durch das nationalsozialistische Gesetz zur Ordnung der Arbeit in öffentlichen Verwaltungen und Betrieben vom 23. 11. 1934 wurde das Betriebsrätegesetz aufgehoben, die Tätigkeit von Beamtenvertretungen unterbunden und stattdessen als Ordnungsprinzip dasjenige der »Dienstgemeinschaft« zwischen »Führer der Öffentlichen Verwaltung« einerseits und »Gefolgschaft« andererseits (so § 2 AOGOe) eingeführt. An die Stelle einer Arbeitnehmervertretung trat ein »Vertrauensrat«, der unter Leitung des Führers der Verwaltung die Aufgabe hatte, »das gegenseitige Vertrauen innerhalb der Gemeinschaft aller Angehöriger der Verwaltung oder des Betriebs zu vertie-

---

1 Siehe dazu *Flatow/Kahn-Freund*, BRG, Anmerkungen zu § 61.

## Einleitung

fen und für vorbildliche Pflichterfüllung im Dienste der Volksgemeinschaft zu sorgen« (§ 4).

Nach der Kapitulation im Jahre 1945 wurde das System der getrennten Vertretungen der Arbeitnehmer im öffentlichen Dienst einerseits und der Beamten andererseits nicht wieder aufgenommen. Das Kontrollratsgesetz Nr. 122 vom 10.4.1946 sah zwar nicht ausdrücklich vor, dass gemeinsame Vertretungen für Arbeiter, Angestellte **und** Beamte gebildet werden konnten, in der Praxis geschah dies jedoch. Auch die Betriebsrätegesetze der Länder in der Nachkriegszeit (z.B. für Hessen, Baden-Württemberg, Bremen) sahen ebenfalls für den öffentlichen Dienst die Bildung einheitlicher Arbeitnehmervertretungen nach den gleichen Regeln wie für die gewerbliche Wirtschaft vor.

## II. Personalvertretung in Nordrhein-Westfalen

In Nordrhein-Westfalen hat es kein eigenes Betriebsverfassungsgesetz in der Nachkriegszeit gegeben, jedoch wurde aufgrund des Kontrollratsgesetzes Nr. 22 die »Betriebsvereinbarung der Landesregierung« vom 17.3.1948[2] zustande gebracht, die den Betriebsvertretungen im Bereich des öffentlichen Diensts in allen wesentlichen Personalangelegenheiten der Beamten, Angestellten und Arbeiter recht umfangreiche Mitbestimmungsrechte einräumte.

Der Rechtszustand nach dieser Betriebsvereinbarung war der Grund dafür, warum in dem Personalvertretungsgesetz für das Land Nordrhein-Westfalen vom 28.5.1958 anders als im Bundespersonalvertretungsgesetz von 1955 weitgehendere und umfangreichere Beteiligungsrechte in personellen Einzelmaßnahmen vorgesehen waren, z.B. in §§ 68 und 69, im Nichteinigungsfalle jedoch nicht die Einigungsstelle, sondern das verfassungsmäßig zuständige oberste Organ bzw. die Landesregierung zur endgültigen Entscheidung berufen war.[3]

Die ab 1969 im Bund regierende sozial-liberale Koalition hat 1972 und 1975 das Betriebsverfassungsgesetz und das Bundespersonalvertretungsgesetz nachhaltig geändert und eine Erweiterung der Mitbestimmungsrechte sowie eine Verbesserung der Rechtsstellung für die Personalräte geschaffen.

Im Anschluss an diese Änderungen wurde auch das Landespersonalvertretungsgesetz durch das Gesetz vom 3.12.1974 nachdrücklich geändert, erweiterte Beteiligungsrechte in §§ 72 ff. geschaffen und die Rechtsstellung der Personalräte verbessert.

Die Erfahrungen mit diesem Gesetz veranlassten den Gesetzgeber im Jahre 1984 zur Schaffung einer umfangreichen Novelle, mit der neue und erwei-

---

2 Ministerialblatt 1949, 738.
3 Siehe *Korn*, LPVG NRW, Einleitung Nr. 3c, § 61 Begründung, § 69 Begründung.

## Einleitung

terte Mitbestimmungsrechte geschaffen wurden, eine Stärkung der Autorität des Personalrats insgesamt erreicht werden und einer teilweise restriktiven Rechtsprechung der Boden entzogen werden sollte. So entstanden die neuen Mitbestimmungsrechte in § 72 Abs. 3, die sowohl in den Personalvertretungsgesetzen von Bund und Ländern als auch im Betriebsverfassungsgesetz ohne Beispiel sind, und die die Folgen neuer Technologien sozial beherrschbar machen, eine höhere Akzeptanz staatlichen Handelns bei den Beschäftigten erreichen sowie Nordrhein-Westfalen eine Vorreiterrolle bei Überlegungen zur Verbesserung von Betriebsverfassungsgesetz und den übrigen Personalvertretungsgesetzen verschaffen sollte.[4] Gegenstand der Reform war auch die Abschaffung des alten Personalrats-»Vorstands« und die Wahl des Personalratsvorsitzenden sowie seiner Stellvertreter aus der Mitte des Gremiums sowie – gegen die Rechtsprechung des *OVG NRW* – die Neuformulierung des Initiativrechts in § 66 Abs. 4 sowie die Schaffung einer Reihe von Mitbestimmungsrechten, die auf restriktiver Rechtsprechung beruhten, wie z.B. bei Befristung von Arbeitsverträgen, Nebenabreden, wesentlicher Änderung des Arbeitsvertrages und weiteren.

Mit Gesetz vom 8.9.1994 ist das Landespersonalvertretungsgesetz erneut novelliert worden. Die Gesetzesänderung hat sachlich nicht viel Neues gebracht. Die 116 Änderungsvorschläge des Deutschen Gewerkschaftsbundes – Landesbezirk Nordrhein-Westfalen – vom Juli 1992 haben weitgehend keine Berücksichtigung gefunden. Es sind lediglich geringfügige Änderungen bei der Verbesserung des Wahlrechts und der Rechtsstellung der Personalräte vorgenommen, zaghafte Versuche zur Schaffung von Gleichstellungs-Regelungen in das Gesetz aufgenommen und in zahlreichen Fällen Veränderungen zugunsten der Verwaltung – wie z.B. die Schaffung von erweiterten Vertretungsbefugnissen des Dienststellenleiters und die Abschaffung einiger Mitbestimmungsrechte (§§ 8 Abs. 4, 63, 66 Abs. 2 sowie § 72 Abs. 4) – getätigt worden.

Die seit 2005 regierende CDU/FDP-Koalition hat mit bislang zwei Gesetzen die bestehende »Mitbestimmungskultur« nachhaltig verändert. Durch das »Gesetz über das Personaleinsatzmanagement«[5] wurde ein beim Finanzministerium angesiedeltes Landesamt geschaffen, dessen Aufgabe es ist, »den erforderlichen Stellenabbau durch landesweit flexiblen Personaleinsatz zu fördern« (so § 2 Abs. 2 des Gesetzes). Zur vereinfachten Versetzung der auf »kw«-Stellen geführten Beschäftigten zum Landesamt und für Abordnungen aus dem Landesamt wurde das Mitbestimmungsrecht bei diesen Maßnahmen abgeschafft und durch ein vereinfachtes Mitwirkungsrecht ersetzt

---

4 Siehe die Abgeordneten *Reinhard*, Plenarprotokoll 9/110, 6861 und 6863, und *Hein*, Protokoll des Innenausschusses 9/1417, Seite 37 sowie Beschlussempfehlung und Bericht, Landtagsdrucksache 9/3845, Seite 66.
5 Gesetz vom 19.6.2007, GVBl. 242.

## Einleitung

(§ 11 Abs. 1 und 2). Auch der Rechtsschutz der betroffenen Beschäftigten bei solchen Versetzungen wurde beschränkt (§ 5).
Mit dem »Gesetz zur Änderung des Personalvertretungsrechts und schulrechtlicher Vorschriften« vom 19.9.2007 sind Rechtsstellung und Beteiligungsrechte der Personalräte nachhaltig beschnitten worden. Landesregierung und Gesetzentwurf[6] bringen deutlich zum Ausdruck, dass das zu hohe »Beteiligungsniveau«[7] durch Anpassung an den Katalog beteiligungspflichtiger Maßnahmen des BPersVG reduziert, die Beteiligungsverfahren gestrafft und die Kompetenzen von Personalräten und Einigungsstellen nachhaltig verringert werden sollten. Unter Berufung auf die Entscheidung des BVerfG vom 24.5.1995[8] wurde darüber hinaus ein Rückholrecht der Dienststelle in Bezug auf endgültige Entscheidungen der Einigungsstelle und von Dienstvereinbarungen eingefügt. Die verschlechterten Regelungen bei Freistellungen und die Verringerung der Anzahl der Personalräte und Personalvertretungen im Lehrerbereich wurden mit Einsparnotwendigkeiten begründet.
Durch Gesetz vom 29.6.2011 ist in Nordrhein-Westfalen ein wiederum nachhaltig novelliertes und verändertes Landespersonalvertretungsgesetz in Kraft getreten. Die Landesregierung und Regierungsfraktionen haben dabei den größten Wert darauf gelegt, Nordrhein-Westfalen wieder zum »Mitbestimmungsland Nr. 1« zu machen und beseitigten deshalb die Verschlechterungen aus dem Jahre 2007. Darüber hinaus sind zusätzliche Rechte der Personalräte geschaffen worden. So ist der Geltungsbereich des LPVG auf arbeitnehmerähnliche Personen und Leiharbeitnehmer erstreckt worden, Regelfreistellungen können bereits ab einer Zahl von 200 Mitarbeitern beansprucht werden. Für die Fälle der Teilung, Umwandlung oder Auflösung einer Dienststelle ist ein Übergangsmandat geschaffen worden, die Jugend- und Auszubildendenvertretung wurde aufgewertet. Darüber hinaus wurde ein Wirtschaftsausschuss eingerichtet und ein neuartiger Unterrichtungsanspruch vor Organisationsentscheidungen der Dienststelle dahingehend geschaffen, dass der Personalrat künftig »frühzeitig und fortlaufend« zu unterrichten ist. Sowohl bei den Unterrichtungsansprüchen wie bei den Mitbestimmungsverfahren, aber auch bei den Beteiligungsrechten des Personalrats hat der Gesetzgeber eine prozessbegleitende Mitbestimmung schaffen wollen. Darüber hinaus wurden Mitbestimmungsrechte präzisiert und verbessert. So unterliegen technische Einrichtungen stets dann der Mitbestimmung, wenn ihre Eignung zur Leistungs- und Verhaltensüberwachung nicht ausgeschlossen ist. Die wieder eingeführte Mitbestimmung bei der Privati-

---

6 Vgl. dazu *Welkoborsky*, PersR 2007, 4 ff.
7 So die Begründung des Gesetzentwurfes der Landesregierung, LT-Drucks. 14/4239, S. 1.
8 2 BvF 1/92 – PersR 1995, 483.

# Einleitung

sierung erfasst jetzt auch Vorgänge der Übertragung von Arbeiten auf Dritte in jeglicher – also auch öffentlich-rechtlicher – Rechtsform. Darüber hinaus wurden Schlechterstellungen der Personalräte in besonderen Verwaltungszweigen, wie z. B. Polizei und Lehrer, wieder beseitigt und bewährte Strukturen – wie Arbeitsgemeinschaften der Personalräte – gesetzlich geregelt.

Eine Verbesserung der Rechte der Personalräte wurde auch prozessual abgesichert. Das personalvertretungsrechtliche Beschlussverfahren kann jetzt – so das Gesetz – auch auf die Unterlassung oder Durchführung einer Handlung oder Maßnahme gerichtet werden. § 23 Abs. 3 BetrVG kann entsprechend angewandt werden.

Insgesamt ist der Gesetzgeber im Jahre 2011 seinem Anspruch, Nordrhein-Westfalen wieder zum »Mitbestimmungsland Nr. 1« zu machen, weitgehend gerecht geworden.[9] Nun müssen nur noch die Verwaltungsgerichte ihre Rechtsprechung der geänderten Gesetzeslage anpassen; dann wäre dieses Ziel auch tatsächlich erreicht.

Seit dem Jahr 2011 hat es keine weitere, umfassende Novelle des LPVG NRW gegeben. Lediglich einzelne Vorschriften wurden abgeändert. So hat § 105a LPVG NRW durch das Hochschulzukunftsgesetz (HZG NRW) vom 16. 9. 2014 eine Änderung erfahren. Zudem wurden in § 104 LPVG NRW durch das Gesetz zur Änderung des Hochschulgesetzes, des Kunsthochschulgesetzes und weiterer Vorschriften vom 31. 1. 2012 die Wörter »Lehrbeauftragte, wissenschaftliche und künstlerische Hilfskräfte« eingefügt.

Durch das Landesrichter- und Staatsanwältegesetz (LRiStaG) vom 8. 12. 2015 wurden Staatsanwältinnen und Staatsanwälte aus dem Geltungsbereich des LPVG NRW herausgenommen; bei den Staatsanwaltschaften und Generalstaatsanwaltschaften werden nunmehr Staatsanwaltsräte gebildet, keine Personalräte im Sinne des LPVG mehr.

Die bislang vorgesehene Außerkraftsetzung des LPVG NRW zum 31. 12. 2017 wurde durch das 10. Gesetz zur Änderung der gesetzlichen Befristungen im Zuständigkeitsbereich des MIK vom 7. 4. 2017 aufgehoben.

Am 26. 2. 2019 wurde das Dritte Gesetz zur Änderung des Landespersonalvertretungsgesetzes verkündet. Geändert wurde insbesondere die Vorschrift des § 26 LPVG NRW dahingehend, dass die Mitgliedschaft im Personalrat nicht mehr durch die längerfristige Inanspruchnahme von Elternzeit erlischt. Darüber hinaus wurde eine »technische Novelle« des LPVG NRW vorgenommen, die durch die mit dem Dienstrechtsmodernisierungsgesetz vorgenommene Neufassung des Landesbeamtengesetzes (LBG NRW) erforderlich wurde. Verweise auf das geänderte LBG NRW waren anzupassen, zudem wurden einige redaktionelle Fehler berichtigt.

---

9 Vgl. auch *Welkoborsky*, PersR 2011, 413.

# Einleitung

## III. Literaturhinweise

- *Der Personalrat*, Zeitschrift für das Personalrecht im öffentlichen Dienst, Bund-Verlag GmbH, Frankfurt.
- *Die Personalvertretung*, Fachzeitschrift des gesamten Personalwesens für Personalvertretungen und Dienststellen, Erich Schmidt-Verlag, Berlin, Bielefeld, München.
- *ZTR*, Zeitschrift für Tarif-, Arbeits- und Sozialrecht des öffentlichen Dienstes, Jehle-Rehm-Verlag, München und Berlin.
- *ZfPR*, Zeitschrift für Personalvertretungsrecht, dbb verlag, Berlin.

# Gesetzestext und Kommentierung zum Personalvertretungsgesetz für das Land Nordrhein-Westfalen[1]

Landespersonalvertretungsgesetz – LPVG – vom 3. Dezember 1974 (GV.NRW, S. 1514), zuletzt geändert durch das 3. Gesetz zur Änderung des Landespersonalvertretungsgesetzes vom 26. Februar 2019 (GV.NRW, S. 134)

## Erstes Kapitel
## Allgemeine Vorschriften

### § 1

(1) Bei den Dienststellen des Landes, der Gemeinden, der Gemeindeverbände und der sonstigen der Aufsicht des Landes unterstehenden Körperschaften, Anstalten und Stiftungen des öffentlichen Rechts werden Personalvertretungen gebildet.

(2) Dienststellen im Sinne dieses Gesetzes sind, soweit nicht im Zehnten Kapitel etwas anderes bestimmt ist, die Behörden, Einrichtungen und Betriebe des Landes sowie die Kunsthochschulen des Landes, die Schulen und die Gerichte; bei den Gemeinden, den Gemeindeverbänden und den sonstigen der Aufsicht des Landes unterstehenden Körperschaften, Anstalten und Stiftungen des öffentlichen Rechts bilden die Verwaltungen, die Eigenbetriebe und die Schulen gemeinsam eine Dienststelle.

(3) Nebenstellen oder Teile einer Dienststelle können von der obersten Dienstbehörde zu selbständigen Dienststellen im Sinne dieses Gesetzes erklärt werden, sofern der Nebenstelle oder dem Teil einer Dienststelle eine selbständige Regelungskompetenz im personellen und sachlichen Bereich zusteht.

**Abs. 1:** Absatz 1 definiert den *sachlichen* Geltungsbereich des Landespersonalvertretungsgesetzes; es erstreckt sich lückenlos auf alle der Gesetzgebung des Landes unterliegenden Bereiche des öffentlichen Dienstes, auch auf die

---

[1] Alle Gesetzestexte sind aus redaktionellen Gründen in neuer Rechtschreibung abgedruckt.

## § 1

nicht ausdrücklich Erwähnten (z. B. gemeinschaftliche Einrichtungen mehrerer Länder).

Die Formulierung »werden gebildet« bedeutet, dass die in dieser Vorschrift erwähnten Einrichtungen verpflichtet sind, die Bildung von Personalräten zu unterstützen und zuzulassen.

*Räumlich* ist das Landespersonalvertretungsgesetz anwendbar auf alle Dienststellen mit Sitz im Lande NRW und auf die Beschäftigten dieser Dienststellen.[1]

Werden ein Universitätsinstitut und ein privates Forschungsinstitut zu einem gemeinsamen arbeitstechnischen Zweck gemeinsam geführt und geleitet, und bilden sie deshalb einen gemeinsamen Betrieb, so werden auch die Beschäftigten des Universitätsinstituts von dem für diesen Betrieb gewählten Betriebsrat vertreten; der Personalrat der Universität ist nicht zuständig.[2]

Der Geltungsbereich des LPVG in *persönlicher* Hinsicht ist in § 5 Abs. 1 Satz 1 mit dem Begriff der »Beschäftigten« gekennzeichnet, zu denen seit der Novelle 2011 neben den Beamten und Arbeitnehmern auch arbeitnehmerähnliche Personen und solche, die in den in Abs. 1 und 2 bezeichneten Rechtssubjekten weisungsgebunden tätig sind oder der Dienstaufsicht unterstehen, zählen.[3] Dies ist unabhängig davon, ob ein Arbeits- oder Dienstverhältnis zur Dienststelle besteht. Entscheidend ist die weisungsgebundene Eingliederung in die Dienststelle.

»Personalvertretungen« ist der Sammelbegriff für alle nach diesem Gesetz von den Beschäftigten zu wählenden Vertretungsorgane, wie Personalrat, Bezirks-, Haupt-, Gesamtpersonalrat, Jugend- und Auszubildendenvertretung, Personalkommission und die besonderen Vertretungen, die im Zehnten Kapitel ab §§ 81 ff. vorgesehen sind.

**2 Abs. 2:** Absatz 2 beinhaltet eine Aufzählung derjenigen Dienststellen, auf die das Landespersonalvertretungsgesetz Anwendung findet. Die dort verwendeten Begriffe sind in anderen Gesetzen definiert. Behörden und Einrichtungen des Landes sind die obersten Landesbehörden (§ 3 LOG), Landesoberbehörden (§ 6 LOG), Landesmittelbehörden (§ 7 LOG), die Bezirksregierungen als »Bündelungsbehörden« (§ 8 Abs. 2 LOG) und die unteren Landesbehörden (§ 9 LOG). Einrichtungen des Landes sind rechtlich unselbständige, von den obersten Landesbehörden errichtete, abgesonderte

---

1 *OVG NRW* 14.12.1990 – CL 56/87, PersR 1991, 63; vgl. auch *OVG NRW* 30.6.2005 – 1 A 2358/03.PVL; nachgehend *BVerwG* 10.11.2005 – 6 PB 14.05, PersV 2006, 144.

2 *BVerwG* 13.6.2001 – 6 P 8.00, PersR 2001, 418.

3 So *OVG NRW* 30.6.2005 – 1 A 2358/03.PVL; nachgehend *BVerwG* 10.11.2005 – 6 PB 14.05, PersV 2006, 144.

Teile der Landesverwaltung (§§ 14, 14a LOG). Körperschaften, Anstalten und Stiftungen des öffentlichen Rechtes können gemäß §§ 18, 21 LOG nur durch Gesetz oder aufgrund Gesetzes errichtet werden, wie z. B. die Universitäten gemäß § 2 HG sowie die seit Schaffung des § 114a GO zahlreich entstandenen kommunalen Anstalten des öffentlichen Rechts.[4] Schulen sind öffentliche Schulen im Sinne des § 6 SchulG. Gerichte sind die in Nordrhein-Westfalen gebildeten Amts-, Land- und Oberlandesgerichte sowie Arbeits-, Finanz-, Verwaltungs- und Sozialgerichte mit den jeweiligen Instanzgerichten.

In den Gemeinden und den Gemeindeverbänden sind Personalvertretungen bei den »Verwaltungen« zu bilden, also bei derjenigen Einheit, der die Aufgabe obliegt, die Gemeinde bzw. den Gemeindeverband zu verwalten. Eigenbetriebe sind die wirtschaftlichen Unternehmungen der Gemeinden ohne eigene Rechtspersönlichkeit im Sinne der §§ 8 ff. GO und der Eigenbetriebsverordnung NRW vom 16.11.2004 (GV NRW S. 644) sowie der Gemeindekrankenhausbetriebsverordnung NRW vom 5.8.2009 (GV NRW S. 434).

Im Zehnten Kapitel des Gesetzes (§§ 81 bis 106) wurden für bestimmte Bereiche und Beschäftigte des öffentlichen Dienstes in Nordrhein-Westfalen Sonderregelungen bezüglich des Dienststellenbegriffs geschaffen, beispielsweise für die Polizei, Lehrer oder Rechtsreferendare.

**Abs. 3:** Nebenstellen im Sinne des Absatzes 3 sind räumlich entfernt liegende Verwaltungsteile (Bezirksverwaltung, Zweigstelle einer Sparkasse). »Teile einer Dienststelle« sind Untergliederungen, die eine abgegrenzte Aufgabenstellung (Städtisches Krankenhaus, Städtische Altenheime) oder eine gewisse organisatorische Eigenständigkeit (Dezernat einer Stadt) besitzen.

**3**

Die Verselbständigung liegt im Ermessen der obersten Dienstbehörde – das ist in der Landesverwaltung der Minister, bei Gemeinden und Kreisen der Rat/Kreistag. Sie kommt nur in Betracht, sofern dem Leiter der Neben- oder Teildienststelle eine selbständige Regelungskompetenz im personellen und sachlichen Bereich zusteht.[5] Mit der Ergänzung der Vorschrift um einen neuen Halbsatz sollte – so die Gesetzesbegründung[6] – sichergestellt werden, dass Teil-Personalräte nur eingerichtet werden, wenn dort »personalvertretungsrechtlich relevante Entscheidungen« getroffen werden können. Der Gesetzgeber wollte sich damit an die Rechtsprechung des *BVerwG*[7] anlehnen, die jedoch ausdrücklich nicht verlangt hat, dass der Dienststellenleiter

---

4 Vgl. Kommunalunternehmensverordnung NRW vom 24.10.2001.
5 *OVG NRW* 28.9.2017 – 20 A 1002/17.PVL.
6 LT-Drucks. 14/4239, 88.
7 *BVerwG* 29.3.2001 – 6 P 7.00, PersR 2001, 298, 300.

## § 2

eines verselbständigten Dienststellenteils ein Minimum an personalvertretungsrechtlich relevanten Befugnissen hat. Gleichwohl dürfte eine Verselbständigung auch unzweckmäßig sein, wenn der Dienststellenleiter in Angelegenheiten der §§ 72–77 keinerlei Befugnisse hat.
Inwieweit eine solche selbständige Regelungskompetenz besteht, unterliegt dem Beurteilungsermessen der obersten Dienstbehörde.[8]
Nach § 113 Abs. 2 kann die Entscheidung über die Verselbständigung der Vertretung des Landes NRW in Berlin ohne Rücksicht auf den Umfang der Entscheidungskompetenzen ihres Leiters getroffen werden.
Dem bei der obersten Dienstbehörde gebildeten Personalrat steht gemäß § 72 Abs. 4 Satz 1 Nr. 12 bei der Verselbständigung ein Mitbestimmungsrecht zu und damit auch eine Mitbeurteilung darüber, ob ausreichende Befugnisse des Dienststellenleiters im Sinne einer selbständigen Regelungskompetenz bestehen.
Personalvertretungsrechtlich hat eine solche Verselbständigung die Folge, dass ein Gesamtpersonalrat zwischen dem Personalrat der Hauptdienststelle und dem Personalrat des verselbständigten Teils zu bilden ist.[9]

## § 2

**(1) Dienststelle und Personalvertretung arbeiten zur Erfüllung der dienstlichen Aufgaben und zum Wohle der Beschäftigten im Rahmen der Gesetze und Tarifverträge vertrauensvoll zusammen; hierbei wirken sie mit den in der Dienststelle vertretenen Gewerkschaften und Arbeitgebervereinigungen zusammen.**

**(2) Dienststelle und Personalvertretung haben alles zu unterlassen, was geeignet ist, die Arbeit und den Frieden der Dienststelle zu beeinträchtigen. Insbesondere dürfen Dienststelle und Personalvertretung keine Maßnahmen des Arbeitskampfes gegeneinander durchführen. Arbeitskämpfe tariffähiger Parteien werden hierdurch nicht berührt.**

**(3) Außenstehende Stellen dürfen erst angerufen werden, wenn eine Einigung in der Dienststelle nicht erzielt worden ist. Dies gilt nicht für Gewerkschaften, Berufsverbände und Arbeitgeberverbände.**

1 **Abs. 1:** Der in Absatz 1 für die Gestaltung der Zusammenarbeit von Dienststelle und Personalvertretung vorgeschriebene Grundsatz der »vertrauensvollen Zusammenarbeit« stellt keine Wiedergabe der sozialen Wirklichkeit dar. Es handelt sich um ein rechtlich unmittelbar geltendes Verhaltensgebot

---

8 *OVG NRW* 28.09.2017 – 20 A 1002/17.PVL.
9 Zu den Auswirkungen im Übrigen siehe *OVG NRW* 2.12.1993 – CL 91/90.

## § 2

des Gesetzgebers,[1] das sich einerseits an den Leiter/die Leiterin der Dienststelle (vgl. § 8 Abs. 1) als Repräsentanten/in des Dienstherrn und öffentlichen Arbeitgebers und andererseits an die Personalvertretung, die als Repräsentantin der Beschäftigten deren Interessen wahrnimmt, richtet. Mit diesen unterschiedlichen Funktionen sind jeweils spezifische Interessen verbunden, deren Verfolgung zu Konflikten führen kann.[2]

Mit der Verpflichtung auf die »vertrauensvolle Zusammenarbeit« ist das grundlegende Verhaltensgebot für Dienststelle und Personalvertretung verbunden, sich um einen Ausgleich widerstreitender Interessen und die einvernehmlich Lösung von Konflikten zu bemühen, Gesprächs- und Verhandlungsbereitschaft in sämtlichen Angelegenheiten zu bewahren und gegenseitig ihren Aufgabenbereich und ihre jeweiligen Rechte und Pflichten zu respektieren.[3] Für die Lösung der Konflikte der beiden »Gegenspieler«[4] schreibt das Gesetz daher einen institutionellen Weg vor.[5] Dieser besteht in einem ständigen Dialog zwischen der Personalvertretung und dem Dienststellenleiter und in der Beteiligung der Personalvertretung an Entscheidungen in innerdienstlichen, sozialen und personellen Angelegenheiten der Beschäftigten einschl. der Möglichkeit, in den Fällen der Mitbestimmung eine unabhängige Einigungsstelle (vgl. § 67) zur Schlichtung anzurufen. Das Gebot der vertrauensvollen Zusammenarbeit ist Ausdruck der dem Gesetz zugrunde liegenden Konzeption einer Konfliktlösung durch Kooperation.

2

Das Gebot der vertrauensvollen Zusammenarbeit ist auch als Auslegungsgrundsatz für die im LPVG NW konkret normierten Rechte und Pflichten von Dienststelle und Personalvertretung heranzuziehen.[6] Das gilt insbesondere hinsichtlich der Reichweite der Aufgaben und Befugnisse der Personalvertretung und der damit korrespondierenden Verpflichtungen der Dienststelle. Hervorzuheben sind beispielsweise die Pflicht zur Durchführung monatlicher Besprechungen (§ 63), die Pflicht zur Erörterung von der Mitwirkung unterliegenden Maßnahmen mit dem Personalrat mit dem Ziel einer Verständigung (§ 69 Abs. 1) und die Pflicht zur rechtzeitigen und umfassenden Unterrichtung des Personalvertretung (§ 65 Abs. 1).[7]

3

---

1 *BVerwG* 24. 10. 1969 – VII P 14.68, PersV 1970, 131.
2 *Baden*, PersR 10/2017, 32.
3 *OVG NRW* 1. 12. 2004 – 1 A 1503/03.PVL, PersR 2005, 240.
4 *BVerwG* 21. 10. 1993 – 6 P18.91, PersR 1994, 165.
5 *Baden*, PersR 10/2017, 32, 34 ff.
6 *BVerwG* 9. 3. 1990 – 6 P 15.88, PersR 1990, 177 (zu § 2 Abs. 1 BPersVG).
7 *Cecior u. a.*, § 2 Rn. 6; *Laber/Pagenkopf*, § 2 Rn. 7; zum weiten Umfang der Unterrichtungspflicht der Dienststelle unter Berücksichtigung des Gebots der vertrauensvollen Zusammenarbeit vgl. *OVG NRW* 20. 09. 2002 – 1 A 1061/01.PVB, PersR 2003, 161; *VG Münster* 3. 3. 2010 – 22 K 687/09.PVL, ZfPR 2010, 108.

## § 2

**4**  Ziel der »vertrauensvollen Zusammenarbeit« ist die Erfüllung der dienstlichen Aufgaben und die Wahrung des Wohls der Beschäftigten. Dass die Erfüllung der dienstlichen Aufgaben in Abs. 1 1. Halbsatz zuerst genannt ist, bedeutet nicht, dass sie einen Vorrang vor dem Wohle der Beschäftigten hat. Vielmehr muss es das Ziel der Zusammenarbeit zwischen Dienststelle und Personalrat sein, stets beiden Verpflichtungen gleich zu entsprechen. Unter den dienstlichen Aufgaben sind nur diejenigen zu verstehen, die der jeweiligen Dienststelle unmittelbar zugewiesen sind, eine Verpflichtung auf das »Gemeinwohl« beinhaltet diese Formulierung nicht. Die vertrauensvolle Zusammenarbeit stellt keinen Vorbehalt für die Ausübung von Mitbestimmungs- und Beteiligungsrechten des Personalrats dar. Soweit das Gesetz Beteiligungsrechte einräumt, ist der Personalrat verpflichtet, diese im Interesse und zum Wohle der Beschäftigten wahrzunehmen. Auch die Unterrichtungsansprüche des Personalrats gemäß § 65 können nicht unter den Vorbehalt gestellt werden, dass ein »sachlich gerechtfertigter Anlass« für ihre Geltendmachung vorgebracht werden müsse.[8] Die vertrauensvolle Zusammenarbeit stellt auch keine Einschränkung bei der Aufgabe des Personalrats dar, die Interessen der Beschäftigten gegenüber der Dienststelle nachdrücklich zur Geltung zu bringen und an einem für richtig gehaltenen Standpunkt festzuhalten. Meinungsverschiedenheiten können innerhalb der Dienststelle auch öffentlich mit »harten Bandagen« geführt werden, wenn dies in angemessener und sachbezogener Form geschieht.[9] Eine prononcierte und nachdrückliche Interessenvertretung gegenüber dem Dienststellenleiter ist auch dann nicht zu beanstanden, wenn das sich äußernde Mitglied der Personalvertretung Beamter ist und sich dabei einer Sprachweise bedient, die sonst im Umgang zwischen Vorgesetzten und Untergebenen nicht üblich ist.[10] Die Verpflichtung zur gegenseitigen Rücksichtnahme gebietet es z. B., bei der Bestimmung eines Termins zur Erörterung beteiligungspflichtiger Maßnahmen auf berechtigte Belange des Personalrats Rücksicht zu nehmen.[11] Der Personalrat ist unter dem Gesichtspunkt der gegenseitigen Rücksichtnahme berechtigt, Beschäftigte zu anlassbezogenen Besprechungen auch ohne vorhergehende Abstimmung mit der Dienststellenleitung während der Dienstzeit einzuladen, wenn wegen der Unterbrechung der dienstlichen Tätigkeit kein umfänglicher Regelungsbedarf, z. B. aus sicherheitstechnischen oder haftungsrechtlichen Gründen, hinsichtlich Termin, Dauer und Personenzahl besteht.[12] Der Grundsatz der vertrauensvollen Zusammenarbeit gebie-

---

8  So aber *OVG NRW* 27.10.1999 – 1 A 5100/97.PVL, PersR 2000, 169.
9  *VG Ansbach* 23.3.2010 – AN 8 P10.00128, ZfPR 2010, 106.
10 *BVerwG* 19.9.1984 – 1 D 38.84, PersV 1985, 112; vgl. dazu *Sabottig/Ratz*, PersR 1985, 69; *Dobler*, PersR 2012, 243, 246.
11 *OVG NRW* 5.2.2000 – 1L A 1407/98.PVL.
12 *OVG NRW* 1.12.2004 – 1 A 1503/03.PVL, PersR 2005, 240.

tet es auch, dass die Dienststelle dem Personalrat regelmäßig Zugang zu den Arbeitsplätzen der Beschäftigten gestattet und dies nur bei Vorliegen triftiger Gründe verweigert.[13]

Die Dienststelle und die Personalvertretung sind bei ihrer Zusammenarbeit an die geltenden Gesetze und Tarifverträge gebunden. Das Gebot der vertrauensvollen Zusammenarbeit beinhaltet nicht, dass zwingendes Gesetzes- oder Tarifrecht eingeschränkt wird oder unbeachtet bleibt, um den Kooperationspflichten oder einer der Zielstellungen der vertrauensvollen Zusammenarbeit zu genügen. Das Gebot zur Beachtung der Tarifverträge trägt der verfassungsrechtlichen Garantie der Tarifautonomie (Art. 9 Abs. 3 GG) Rechnung und wird insbesondere auch durch den Tarifvorbehalt gemäß § 70 Abs. 1 Satz 1, § 72 Abs. 3 Eingangssatz, § 72 Abs. 4 Eingangssatz und § 73 Eingangssatz konkretisiert.[14]

Bei der Zusammenarbeit zwischen Dienststelle und Personalvertretung besteht ein Gebot des Zusammenwirkens mit den in der Dienststelle vertretenen Gewerkschaften und Arbeitgebervereinigungen (Abs. 1 2. Halbsatz). Für die Auslegung der Begriffe »Gewerkschaft« und »Arbeitgebervereinigung« sind die für das gesamte gesetzliche Arbeitsrecht einheitlich geltenden Begriffsbestimmungen heranzuziehen. Danach versteht man unter einer Gewerkschaft nach ständiger Rechtsprechung des *BAG*,[15] der das *BVerwG*[16] für das Personalvertretungsrecht gefolgt ist, eine Arbeitnehmervereinigung, die tariffähig ist.[17] Sie muss sich als satzungsgemäße Aufgabe die Wahrnehmung der Interessen ihrer Mitglieder in deren Eigenschaft als Arbeitnehmer gesetzt haben und willens sein, Tarifverträge abzuschließen. Sie muss frei gebildet, demokratisch strukturiert, gegnerfrei, unabhängig und auf überbetrieblicher Grundlage organisiert sein und das geltende Tarifrecht als verbindlich anerkennen. Damit sie ihre Aufgabe als Tarifvertragspartei sinnvoll erfüllen kann, muss sie über eine hinreichende Durchsetzungskraft gegenüber dem sozialen Gegenspieler haben und über eine leistungsfähige Organisation verfügen, aber auch[18] die Bereitschaft und Fähigkeit zum Arbeitskampf besitzen.

---

13 *BVerwG* 9.3.1990 – 6 P 15.88, PersR 1990, 177.
14 Zum Gebot der Beachtung der Tarifverträge bei Tarifkonkurrenz oder Tarifpluralität vgl. Altvater-*Berg*, § 2 Rn. 17a ff.
15 Vgl. *BAG* 14.12.2004 – 1 ABR 51/03, 28.3.20 06 – 1 ABR 58/04, AP TVG § 2 Tariffähigkeit Nr. 1, 4; 5.10.2010 – 1 ABR 88/09, NZA 2011, 300; 14.12.2010 – 1 ABR 19/10, NZA 2011, 289; 26.6.2018 – 1 ABR 37/16, NZA 2019, 188.
16 Vgl. *BVerwG* 25.7.2006 – 6 P 17.05, PersR 2006, 512.
17 Eingehend zu den Anforderungen an die Tariffähigkeit einer Gewerkschaft Altvater-*Berg*, § 2 Rn. 22.
18 Anders die Rechtsprechung des *BAG* (vgl. *BAG* 9.7.1968 – 1 ABR 2/67, AP TVG § 2 Nr. 25); zur Kritik siehe Altvater-*Berg*, a.a.O.

## § 2

**7** Das Gebot des Zusammenwirkens mit den Gewerkschaften ist Ausdruck ihrer durch Art. 9 GG geschützten Koalitionsfreiheit und herausgehobenen Stellung innerhalb der Personalvertretung, wie sie durch weitere – auch eigenständige – Rechte im Landespersonalvertretungsgesetz ihren Ausdruck findet (§§ 3 Abs. 4, 16 Abs. 4 und 7, 17 Abs. 2, 18, 19, 20, 22 Abs. 1, 25 Abs. 1, 32 Abs. 1, 35, 37 Abs. 2, 46 Abs. 3, 49). Diese Rechte stehen neben den Gewerkschaften auch den ihnen nach § 110 gleichgestellten Berufsverbänden (zu diesem Begriff siehe § 110 Rn. 1) zu. Diese sind jedoch nur dann gleichgestellt, wenn sie einer gewerkschaftlichen Spitzenorganisation angeschlossen sind.[19]

**8** **Abs. 2:** Die Pflicht zur Wahrung des Friedens der Dienststelle und das Arbeitskampfverbot betonen den Unterschied zwischen den Aufgaben und Befugnissen der gesetzlich eingerichteten Personalvertretung und den autonom errichteten Gewerkschaften. Sowohl Dienststelle als auch Personalvertretung haben alle Handlungen zu unterlassen, die den Frieden der Dienststelle, insbesondere deren Funktionsfähigkeit und die störungsfreie Zusammenarbeit in der Dienststelle, beeinträchtigen. Die Wahrnehmung der Rechte des Personalrats im Rahmen seiner gesetzlichen Aufgaben und Befugnisse stellt grundsätzlich keine Verletzung der personalvertretungsrechtlichen Friedenspflicht dar,[20] auch wenn dies initiativ und umfassend erfolgt und z. B. zu Diskussionen in der Dienststelle führt oder den Dienststellenleiter stört.

**9** Das Verbot, Maßnahmen des Arbeitskampfes »gegeneinander« zu führen, richtet sich gegen den Personalrat als Organ und die »Dienststelle« – also alle Leitenden im Sinne des § 8. Die Vorschrift verbietet dem Personalrat und der Dienststelle jede Durchsetzung von Forderungen oder Maßnahmen durch Arbeitskampfmaßnahmen. Unberührt davon bleiben Arbeitskämpfe tariffähiger Parteien (Gewerkschaften und Arbeitgebervereinigungen; vgl. dazu Rn. 6). Die Gewerkschaften und ihre Mitglieder werden durch diese Vorschrift in der Führung von Arbeitskämpfen in keiner Weise eingeschränkt. Das gilt ebenso für Gewerkschaftsmitglieder, die zugleich Personalratsmitglieder sind, auch wenn sie in der Personalvertretung eine herausgehobene Funktion innehaben (zur sonstigen gewerkschaftlichen Betätigungsfreiheit für Mitglieder des Personalrats siehe § 3 Rn. 2).

**10** **Abs. 3:** Das Verbot, außenstehende Stellen erst dann »anzurufen«, wenn zuvor eine Einigung innerhalb der Dienststelle versucht wurde, ist eine Konkretisierung des Gebots der vertrauensvollen Zusammenarbeit. Probleme und Konflikte in der Dienststelle sind unmittelbar zwischen Personalrat und Dienststellenleitung sowie intern auszutragen und einer Lösung zuzufüh-

---

[19] Zu den Anforderungen an die Eigenschaften eines Berufsverbandes i. S. v. § 110 vgl. *BVerwG* 25. 7. 2006 – 6 P 17.05, PersR 2006, 512.
[20] *Cecior u. a.*, § 2 Rn. 27; *Laber/Pagenkopf*, § 2 Rn. 20.

ren. Untersagt ist nur die »Anrufung außenstehender Stellen«, d. h. von Stellen, die im Fall des Nichtzustandekommens einer dienststelleninternen Einigung zur Beilegung und/oder Entscheidung vorgesehen sind.[21] Die »Anrufung« des Gerichtes, der Einigungsstelle oder der vorgesetzten Behörde darf daher erst dann erfolgen, wenn Personalrat und Dienststelle untereinander eine Lösung oder Regelung gesucht und nicht gefunden haben.

Die bloße Einschaltung der vorgenannten außenstehenden Stellen zur Informationsgewinnung oder Beratung ist dagegen – weil keine »Anrufung« – bereits im Vorfeld möglich.[22] Das bringt der Gesetzgeber etwa in Angelegenheiten des Arbeitsschutzes in § 64 Nr. 4 und § 77 Abs. 1 deutlich zum Ausdruck. Die Unterstützung der für den Arbeitsschutz zuständigen Stellen im Sinne dieser Vorschrift setzt einen laufenden Kontakt voraus, dem eine innerdienstliche Klärung nicht stets vorausgehen muss. Ebenso kann sich der Personalrat im Vorfeld von beteiligungspflichtigen Angelegenheiten oder zur Vorbereitung von Initiativanträgen gemäß § 66 Abs. 4 ohne Verstoß gegen das Verbot der Anrufung außenstehender Stellen z. B. anwaltlich[23] über seine Rechte und Aufgaben beraten lassen (siehe dazu § 40 Rn. 6) oder anderweitig bei der vorgesetzten Behörde, anderen Fachbehörden u. Ä. sachkundigen Rat und Unterstützung einholen. 11

Dieses Verbot gilt nicht für die Einschaltung von Gewerkschaften, Berufsverbänden und Arbeitgeberverbänden[24] (so ausdrücklich Abs. 3 Satz 2). Diese sind nicht als außenstehende Stellen anzusehen und können daher jederzeit zur Beratung, Unterstützung oder zu sonstiger Mitwirkung herangezogen werden. Gleiches gilt für Datenschutzbeauftragte, z. B. den Landesdatenschutzbeauftragten.[25] Auch Politiker oder Medienvertreter sind mangels personalvertretungsrechtlicher Kompetenzen nicht als außenstehenden Stellen im Sinne des Abs. 3 Satz 1 anzusehen.[26] Dennoch bedarf die Einbeziehung der dienststellenexternen Öffentlichkeit in Gestalt der Medien einer besonderen Rechtfertigung und Interessenabwägung und ist nicht ohne weiteres zulässig.[27] 12

---

21 *OVG NRW* 27. 6. 1983 – CB 18/82, PersV 84, 464; *HessVGH* 23. 11. 1988 – BPV TK 3408/87, ZTR 89, 159; *Laber/Pagenkopf*, § 2 Rn. 27.
22 Vgl. dazu auch Altvater-*Berg*, § 66 Rn. 23.
23 *Cecior u. a.*, § 2 Rn. 52; *Laber/Pagenkpf*, § 2 Rn. 27.
24 Vgl. auch *OVG NRW* 27. 6. 1983 – CB 18/82, PersV 84, 464; *Cecior u. a.*, § 2 Rn. 24; *Laber/Pagenkopf*, a. a. O.
25 *Cecior u. a.*, a. a. O.
26 *Cecior u. a.*, a. a. O.; *Laber/Pagenkopf*, a. a. O.
27 Vgl. dazu und zu den weiteren Einzelheiten Altvater-*Berg*, § 66 Rn. 25.

## § 3

(1) Die Dienststelle und die Personalvertretung in der Dienststelle haben jede parteipolitische Betätigung zu unterlassen; die Behandlung von Tarif-, Besoldungs- und Sozialangelegenheiten wird hierdurch nicht berührt.
(2) Beschäftigte, die Aufgaben nach diesem Gesetz wahrnehmen, werden dadurch in der Betätigung für ihre Gewerkschaft in der Dienststelle nicht beschränkt.
(3) Die Aufgaben der Gewerkschaften und Vereinigungen der Arbeitgeber, insbesondere die Wahrnehmung der Interessen ihrer Mitglieder, werden durch dieses Gesetz nicht berührt.
(4) Zur Wahrnehmung der in diesem Gesetz genannten Aufgaben und Befugnisse der in der Dienststelle vertretenen Gewerkschaften ist deren Beauftragten nach Unterrichtung der Dienststelle Zugang zu der Dienststelle zu gewähren, soweit dem nicht unumgängliche Notwendigkeiten des Dienstablaufs, zwingende Sicherheitsvorschriften oder der Schutz von Dienstgeheimnissen entgegenstehen.

1 **Abs. 1:** Das sich an die Dienststelle und die Personalvertretung richtende Verbot der parteipolitischen Betätigung in der Dienststelle stellt eine Konkretisierung der Verpflichtung aus Abs. 2 Satz 1 dar, Handlungen zu unterlassen, die die Arbeit und den Frieden der Dienststelle beeinträchtigen.
Diese Verbotsnorm ist nach der Rechtsprechung des *BVerfG*[1] verfassungsrechtlich unbedenklich. Verpflichtet werden nur der Dienststellenleiter und der Personalrat und seine Mitglieder. Die Beschäftigten werden von Absatz 1 nicht angesprochen, ihre Rechte bleiben unberührt.[2]
2 Das *BVerfG* hat allerdings gleichzeitig festgestellt, dass die mit dem Verbot der parteipolitischen Betätigung verbundene Einschränkung des Grundrechts der freien Meinungsäußerung (Art. 5 Abs. 1 GG) grundsätzlich nur in engen Grenzen zulässig ist. Da Abs. 1 1. Halbsatz der Freiheit der Meinungsäußerung Schranken setzt, muss diese Norm ihrerseits aus der Erkenntnis der wertsetzenden Bedeutung des Grundrechts der freien Meinungsäußerung ausgelegt und so in ihrer das Grundrecht begrenzenden Wirkung selbst wieder eingeschränkt werden.[3] Das führt im Ergebnis zu einer engen Auslegung der Verbotsnorm, insbesondere des Begriffs der »Parteipolitik«, mit der Folge, dass eine allgemeinpolitische Betätigung weder der Dienststelle

---

1 *BVerfG* 28.4.1976, AP BetrVG 1972 § 74 Nr. 2; zur Kritik siehe DKKW-*Berg*, § 74 Rn. 50 ff.
2 *Cecior u. a.*, § 3 Rn. 17.
3 *BVerfG* 28.4.1976, a.a.O.

noch der Personalvertretung untersagt ist.[4] In diese Richtung tendiert auch die Rechtsprechung des *BAG*, nach der das Verbot der parteipolitischen Betätigung nicht jede »Äußerung allgemeinpolitischer Art« erfasst, »die eine politische Partei, Gruppierung oder Richtung weder unterstützen noch sich gegen sie wenden« soll. Ob das Eintreten für oder gegen »eine politische Richtung unabhängig von einem konkreten Bezug zu einer politischen Partei« unter das Verbot fällt, hat das *BAG* allerdings offengelassen.[5]

Bereits seinem Wortlaut nach beschränkt sich das Verbot auf die parteipolitische Betätigung »in der Dienststelle«, weshalb parteipolitische Äußerungen oder jede sonstige parteipolitische Betätigung außerhalb der Dienststelle von dieser Vorschrift nicht berührt werden. Außerdem ist die parteipolitische Betätigung gemäß Abs. 1 2. Halbsatz insoweit gestattet, als Tarif-, Besoldungs- und Sozialangelegenheiten berührt werden.[6] Deshalb ist dem Personalrat und seinen Mitgliedern die Darstellung parteipolitischer Standpunkte innerhalb dieses Themenbereichs auch innerhalb der Dienststelle, z. B. auf der Personalversammlung (siehe § 48 Satz 2), gestattet.  3

**Abs. 2:** Die Betätigung des einzelnen Beschäftigten für seine Gewerkschaft  4
innerhalb der Dienststelle wird durch das Gesetz auch dann nicht beschränkt, wenn ein Beschäftigter Personalratsmitglied ist, selbst wenn er eine hervorgehobene Funktion innerhalb der Personalvertretung wahrnimmt. Dies gilt z. B. für die Mitgliederwerbung, Information über gewerkschaftliche Anliegen und die Vorbereitung und Durchführung von Arbeitskämpfen, z. B. der Urabstimmung und die Tätigkeit als Streikposten.

**Abs. 3:** Absatz 3 stellt klar, dass die verfassungsrechtlich verbürgten (Art. 9  5
Abs. 3 GG) koalitionspolitischen Aufgaben der Gewerkschaften und Arbeitgebervereinigungen durch das Gesetz nicht berührt, d. h. weder erweitert bzw. beschränkt noch verändert werden. Dazu gehören in erster Linie die Mitgliederwerbung und die Information über gewerkschaftliche Anliegen, insbesondere tarifpolitische Fragen, und die Tätigkeit gewerkschaftlicher Vertrauensleute in der Dienststelle. Zur Wahrnehmung ihrer koalitionsspezifischen Aufgaben haben nicht in der Dienststelle beschäftigte Gewerkschaftsbeauftragte ein allgemeines koalitionsrechtliches Zugangsrecht zur Dienststelle (siehe dazu auch Rn. 8).

**Abs. 4:** In Absatz 4 ist das personalvertretungsrechtliche Zugangsrecht der  6
Gewerkschaften geregelt, das zur Wahrnehmung der in diesem Gesetz genannten Aufgaben und Befugnisse eingeräumt ist. Dieses Zugangsrecht steht nur tariffähigen Gewerkschaften zu (vgl. dazu § 2 Rn. 6). Die Gewerkschaften können durch einen – von ihnen zu benennenden – Beauftragten

---

4 *BVerfG* 28. 4. 1976, a. a. O.; so jetzt wohl auch *BAG* 17. 3. 2010, NZA 2010, 1133, 1136 f.
5 *BAG* 17. 3. 2010, NZA 2010, 1133, 1136.
6 *Cecior u. a.*, § 3 Rn. 39 ff.; *Laber/Pagenkopf*, § 3 Rn. 5.

dieses Zugangsrecht zu allen im Gesetz genannten Aufgaben geltend machen. Das Zugangsrecht besteht vor allem für die im Gesetz ausdrücklich aufgeführten Rechte und Befugnisse,[7] aber auch für solche Angelegenheiten, die in einem inneren Zusammenhang mit dem LPVG NRW stehen und die für die in der Dienststelle vertretene Gewerkschaft von Interesse sind.[8] Einen abschließenden Katalog derjenigen Aufgaben, zu deren Zweck den Gewerkschaften ein personalvertretungsrechtliches Zugangsrecht zusteht, gibt es daher nicht. Das *BVerwG*[9] führt bestimmte personalvertretungsrechtliche Aufgaben und Befugnisse im Einzelnen aus und erklärt, dass den Gewerkschaften »zur Wahrnehmung vor allem dieser Aufgaben und Befugnisse«[10] Zugang zur Dienststelle zu gewähren ist. Dieses Zugangsrecht besteht auch in Dienststellen ohne Personalrat. Allerdings steht das Zugangsrecht nur solchen Gewerkschaften zu, die in der Dienststelle vertreten sind, die also in der Dienststelle über mindestens ein Mitglied verfügen.[11]

**7** Die Dienststelle hat weder einen Einfluss auf die Auswahl der Person und die Anzahl der Gewerkschaftsbeauftragten noch auf die Dauer deren Anwesenheit in der Dienststelle. Sie kann das Zugangsrecht nur dann einschränken oder verweigern, wenn »unumgängliche« Notwendigkeiten des Dienstablaufes, zwingende Sicherheitsvorschriften oder Schutz von Dienstgeheimnissen entgegenstehen. Diese seltenen Ausnahmefälle[12] berechtigen nicht zur generellen Verweigerung des Zuganges, sondern nur zur Einschränkung soweit es zur Sicherung dieser Schutzgüter erforderlich ist. Diese Beschränkungen des Zugangsrechtes können nicht geltend gemacht werden, wenn eine Gewerkschaft an Sitzungen des Personalrats oder der Jugend- und Auszubildendenvertretung oder an Personalversammlungen teilnehmen will.[13] Die Wahrnehmung des Zugangsrechts setzt voraus, dass die entsendende Gewerkschaft den Dienststellenleiter zuvor unterrichtet, es sei denn, dieser verzichtet ausdrücklich oder konkludent auf die (wiederholte) Unterrichtung. Für die Unterrichtung ist weder eine Frist noch eine Form vorgeschrieben. Auch die Angabe des Grundes kann nicht verlangt werden.

**8** Neben dem personalvertretungsrechtlichen Zugangsrecht haben die Gewerkschaften ein koalitionsrechtliches Zugangsrecht zur Wahrnehmung ihrer koalitionsspezifischen Aufgaben gemäß Art. 9 Abs. 3 GG. Es kann z. B. zur Mitgliederwerbung, Beratung der Beschäftigten, Information über die

---

7 Vgl. *BVerwG* 25. 7. 2006 – 6 P 17.05, PersR 2006, 512.
8 So das *BAG* 17. 1. 1989 – 1 AZR 805/87 – zum Zutritt zur Dienststelle zwecks Besichtigung des Arbeitsplatzes zur Überprüfung der Eingruppierung; *Altvater-Berg*, § 2 Rn. 37.
9 Beschluss vom 25. 7. 2006, a. a. O.
10 PersR 2006, 514.
11 *BVerwG* 25. 7. 2006 – 6 P 17.05, PersR 2006, 514.
12 *Laber/Pagendorf*, § 3 Rn. 11.
13 So *Altvater-Berg*, § 2 Rn. 38.

gewerkschaftliche Arbeit und den Stand von Tarifauseinandersetzungen, Überwachung der Einhaltung von Tarifverträgen und Gesetzen und Vorbereitung und Durchführung von Arbeitskämpfen genutzt werden. Die dieses Recht einschränkende ältere Rechtsprechung des *BVerfG*[14] und die daran anknüpfende Rechtsprechung des *BAG*[15] sind durch die zwischenzeitlich geänderte Rechtsprechung des *BVerfG*[16] überholt.[17] Eine tarifzuständige Gewerkschaft ist aufgrund ihrer verfassungsrechtlich geschützten Betätigungsfreiheit grundsätzlich berechtigt, E-Mails zu Werbezwecken auch ohne Einwilligung des Arbeitgebers und ohne Aufforderung durch die Arbeitnehmer an die betrieblichen E-Mail-Adressen der Beschäftigten zu versenden.[18]

## § 4

**Durch Tarifvertrag oder Dienstvereinbarung kann das Personalvertretungsrecht nicht abweichend von diesem Gesetz geregelt werden.**

Die Vorschrift verbietet Tarifverträge und Dienstvereinbarungen, die einen vom Gesetz abweichenden Inhalt haben. Die dem Personalrat durch das LPVG NW eingeräumten Befugnisse können durch Dienstvereinbarungen und Tarifverträge nicht eingeschränkt, aber auch nicht erweitert oder neu geschaffen werden.[1]   1

Es sind jedoch Regelungen zulässig, mit denen die Rechte des Personalrats lediglich näher ausgestaltet und präzisiert werden, wie z. B. dienststellenspezifische Regelungen über die Freistellung, die Bereitstellung von Mitteln für Personalratsarbeit und -schulungen etc.   2

Zulässig sind etwa Tarifverträge, die die gesetzlichen Bestimmungen konkretisieren, indem sie z. B. die allgemeine Aufgabe des Personalrats zur Behandlung von Beschwerden nach § 64 Nr. 5 ausgestalten (so etwa durch die Einrichtung paritätischer betrieblicher Kommissionen, vgl. z. B. gemäß § 17 Abs. 2 Satz 4 bis 6 TVöD) oder die Informationspflichten der Dienststelle nach § 65 Abs. 1 Satz 1 und 2 präzisieren (etwa in Bezug auf das Leistungs-   3

---

14 Beschluss vom 17. 2. 1981 – 2 BvR 384/78, AP GG Art. 140 Nr. 9.
15 Beschluss vom 19. 1. 1982 – 1 AZR 279/81, AP GG Art. 140 Nr. 10.
16 Beschluss vom 14. 11. 1995 – 1 BvR 601/92, PersR 1996, 131.
17 Vgl. *BAG* 28. 2. 2006 – 1 AZR 460/04, AP GG Art. 9 Nr. 127; 22. 6. 2010 – 1 AZR 179/09, NZA 2010, 1365 (zur Häufigkeit des Zutritts: einmal im Kalenderhalbjahr); dazu kritisch Altvater-*Berg*, § 2 Rn. 51.
18 *BAG* 20. 1. 2009 – 1 AZR 515/08, AP GG Art. 9 Nr. 137; zu weiteren Einzelheiten siehe Altvater-*Berg*, § 2 Rn. 51a.

1 *OVG NRW* 1. 3. 2000 – 1 A 4865/98.PVL; 17. 12. 2003 – 1L A 1088/01.PVL, PersR 2004, 309; zur Kritik an der entsprechenden Regelung im BPersVG siehe Altvater-*Berg*, § 3 Rn. 3 ff.

## § 5

entgelt nach § 18 Abs. 6, 7 TVöD). Nicht ausgeschlossen sind außerdem tarifvertragliche Bestimmungen, die neben einer Regelung für den Inhalt der Einzelarbeitsverhältnisse auch eine Beteiligung des Personalrats vorsehen, vorausgesetzt, dass die Tarifvertragsparteien den materiellen Gehalt der betreffenden Regelung selbst vorgeben.[2] Beispiele dafür sind § 3 Abs. 4 Satz 2 TVöD (Bestimmung eines »beauftragten Arztes«), § 10 Abs. 6 TVöD (Einrichtung eines Langzeitkontos) und § 18 Abs. 6, 7 TVöD (Dienstvereinbarung zum Leistungsentgelt und Einrichtung einer betrieblichen Kommission). Zulässig ist auch die Einbeziehung der Stufenzuordnung nach § 16 TVöD in die Mitbestimmung bei Eingruppierungen.[3] Bei Privatisierungen sind lückenschließende tarifvertragliche Vereinbarungen zur Schaffung von Übergangsmandaten von Personalvertretungen möglich.[4] Zulässig ist es auch, dem Personalrat zusätzliche Rechte, z. B. Sitze im Aufsichtsgremium einer Sozialeinrichtung, tarifvertraglich einzuräumen. Unzulässig sind aber Tarifverträge, welche die gesetzlich festgelegte Organisation der Personalvertretung ändern oder die gesetzlich vorgesehenen Beteiligungsrechte des Personalrats erweitern oder einschränken oder neue Beteiligungsrechte schaffen.

4 Zulässige ergänzende Regelungen in Dienstvereinbarungen können die Ausgestaltung von Sozialeinrichtungen (§ 72 Abs. 2 Nr. 4), die Erstellung von Sozialplänen außerhalb von Rationalisierungsmaßnahmen im Sinne des § 72 Abs. 2 Nr. 5 und die Vereinbarung von Personalüberleitungs- und Mitbestimmungs-Sicherungs-Vereinbarungen sein. Aus § 70 Abs. 1 Satz 1 ist zu entnehmen, dass Dienstvereinbarungen grundsätzlich zulässig sind, soweit sie dem Gesetz nicht »entgegenstehen«.[5] Unzulässig sind nur Abweichungen, nicht Ergänzungen, Ausgestaltungen und Präzisierungen.

## § 5

**(1) Beschäftigte im Sinne dieses Gesetzes sind die Beamtinnen und Beamten und Arbeitnehmerinnen und Arbeitnehmer und arbeitnehmerähnlichen Personen im Sinne des § 12a Tarifvertragsgesetz der in § 1 bezeichneten Körperschaften, Anstalten und Stiftungen des öffentlichen Rechts einschließlich der Personen, die sich in der Berufsausbildung befinden. Beschäftigte im Sinne dieses Gesetzes sind auch diejenigen, die in der Dienststelle weisungsgebunden tätig sind oder der Dienstaufsicht unterliegen, unabhängig davon, ob ein Arbeits- oder Dienstverhältnis zur**

---

2 *BAG* 10. 10. 2006 – 1 AZR 822/05, PersR 2007, 209; *Cecior u. a.*, § 4 Rn. 12; *Laber/Pagenkopf*, § 4 Rn. 6.
3 *BVerwG* 7. 3. 2011 – 6 P 15.10, PersR 2011, 210.
4 Siehe dazu näher Altvater-*Altvater*, § 1 Rn. 9g.
5 Siehe dazu näher *Edenfeld*, PersR 2001, 14.

## § 5

Dienststelle besteht. Richterinnen und Richter sind nicht Beschäftigte im Sinne dieses Gesetzes.

(2) Wer Beamtin oder Beamter ist, bestimmen die Beamtengesetze. Als Beamtin oder Beamter gelten auch Beschäftigte in einem öffentlich-rechtlichen Ausbildungsverhältnis.

(3) Arbeitnehmerinnen und Arbeitnehmer im Sinne dieses Gesetzes sind Beschäftigte, die nach dem für die Dienststelle maßgebenden Tarifvertrag oder nach der für die Dienststelle geltenden Dienstordnung oder nach ihrem Arbeitsvertrag Arbeitnehmerinnen oder Arbeitnehmer sind oder als übertarifliche Arbeitnehmerinnen oder Arbeitnehmer beschäftigt werden einschließlich der zu ihrer Berufsausbildung Beschäftigten.

(4) Als Beschäftigte im Sinne dieses Gesetzes gelten nicht
a) Hochschullehrerinnen und Hochschullehrer, Lehrbeauftragte mit einem Lehrumfang unter vier Lehrveranstaltungsstunden, studentische Hilfskräfte, nach § 78 Hochschulgesetz nicht übernommene Hochschullehrerinnen und Hochschullehrer, Fachhochschullehrerinnen und Fachhochschullehrer und entsprechende Beschäftigte an Hochschulen, Hochschuldozentinnen und Hochschuldozenten, wissenschaftliche und künstlerische Assistentinnen und Assistenten, Oberassistentinnen und Oberassistenten, Oberingenieurinnen und Oberingenieure und entsprechende Beschäftigte an Hochschulen,
b) Professorinnen und Professoren an der Sozialakademie,
c) Staatsanwältinnen und Staatsanwälte,
d) Ehrenbeamtinnen und Ehrenbeamte,
e) Rechtspraktikantinnen und Rechtspraktikanten,
f) Personen, die überwiegend zu ihrer Heilung, Wiedereingewöhnung, sittlichen Besserung oder Erziehung beschäftigt werden,
g) Personen, die nur vorübergehend ausschließlich zur Behebung eines durch höhere Gewalt bedingten Notstandes beschäftigt werden.

(5) Bei gemeinsamen Dienststellen des Landes und anderer Körperschaften gelten die im Landesdienst Beschäftigten als zur Dienststelle des Landes und die im Dienst der Körperschaft Beschäftigten als zur Dienststelle der Körperschaft gehörig.

**Abs. 1:** Absatz 1 bestimmt den persönlichen Geltungsbereich des Landespersonalvertretungsgesetzes dahingehend, dass »Beschäftigte« diejenigen sind, die als Arbeitnehmer, Beamte oder als arbeitnehmerähnliche Personen in einer der in § 1 genannten Einrichtungen tätig sind. Zudem sind diejenigen, die – unabhängig davon, ob ein Arbeits- oder Dienstverhältnis zu der Dienststelle besteht – weisungsgebunden eingegliedert sind oder der Dienstaufsicht unterstehen, in den Geltungsbereich einbezogen.

Nicht maßgebend ist, wo der konkrete Tätigkeits- und Einsatzort dieser Beschäftigten ist. Das LPVG enthält keinen Anhaltspunkt dafür, dass außerhalb

## § 5

von NRW oder im Ausland tätige Beschäftigte vom Geltungsbereich ausgeklammert und von der Zuständigkeit des Personalrats ausgenommen sein sollen.[1]

**2** Für das Wahlrecht und die Wählbarkeit, mithin für die Anwendung der §§ 10, 11 und 12 ist daher Voraussetzung, dass die Beschäftigteneigenschaft vorliegt und zudem eine tatsächliche Beschäftigung im Sinne einer Eingliederung in der jeweiligen Dienststelle besteht.[2] Diese Eingliederung erfolgt durch tatsächliche Aufnahme der vereinbarten Tätigkeit und Teilnahme des Beschäftigten an der Erfüllung der der Dienststelle gestellten Aufgaben unter dem Direktionsrecht des Arbeitgebers bzw. Dienstherrn. Eine Ausnahme hierzu bilden die zu einer anderen Dienststelle Gestellten, deren Wahlberechtigung bei der bisherigen Dienststelle gemäß § 10 Abs. 2 2. Halbsatz auch ohne tatsächlich fortdauernde Eingliederung in die Dienststelle erhalten bleibt.

Hinsichtlich der Begriffe »Arbeitnehmer und Beamte« richtet sich das Landespersonalvertretungsgesetz nach den jeweiligen arbeits- und dienstrechtlichen Regelwerken.

Abs. 1 Satz 1 wurde im Rahmen der Novelle 2011 dahingehend ergänzt, dass nunmehr auch arbeitnehmerähnliche Personen im Sinne des § 12a Tarifvertragsgesetz (TVG) zu den »Beschäftigten« im Sinne des LPVG zählen. § 12a TVG definiert die »arbeitnehmerähnliche Person« als eine solche, die »wirtschaftlich abhängig und vergleichbar einem Arbeitnehmer sozial schutzbedürftig ist, wenn sie aufgrund von Dienst- oder Werkverträgen für andere Personen tätig wird und die geschuldeten Leistungen persönlich und im Wesentlichen ohne Mitarbeit von Arbeitnehmern« erbringt.

Weiterhin muss die arbeitnehmerähnliche Person »überwiegend für eine Person tätig« sein (Zeitrelation), bzw. ihr muss »von einer Person im Durchschnitt mehr als die Hälfte des Entgelts« zustehen, welches ihr für ihre Erwerbstätigkeit insgesamt zusteht (Verdienstrelation).

Personen, die künstlerische, schriftstellerische oder journalistische Leistungen erbringen, gelten gemäß § 12a Abs. 3 TVG schon dann als arbeitnehmerähnliche Personen, wenn sie mindestens $^1/_3$ des Entgelts, welches sie für ihre Erwerbstätigkeit insgesamt beanspruchen können, von einer Person erhalten.

**2a** Arbeitnehmerähnliche Personen sind anders als Arbeitnehmerinnen und Arbeitnehmer nicht *persönlich* abhängig; sie werden nicht weisungsgebunden tätig und unterliegen keiner Dienstaufsicht. Bei ihnen muss jedoch eine wirtschaftliche Abhängigkeit gegeben sein. Arbeitnehmerähnliche Personen müssen ihrer gesamten sozialen Stellung nach einer Arbeitnehmerin oder ei-

---

1 So *OVG NRW* 30.6.2005 – 1 A 2358/03.PVL; nachgehend *BVerwG* 10.11.2005 – 6 PB 14.05, PersV 2006, 144 zu Ortskräften in Auslandsstudios des WDR.
2 So *OVG NRW* 25.10.2001 – 1 A 315/01.PVL, PersV 2002, 502.

nem Arbeitnehmer vergleichbar schutzbedürftig sein. Das ist z. B. der Fall, wenn sie Tätigkeiten verrichten, die typischerweise von Arbeitnehmern oder Arbeitnehmerinnen verrichtet werden, wie z. B. Honorarkräfte an Volkshochschulen oder Musikschullehrer bzw. Musikschullehrerinnen.[3] Zwar wurde bis zur Novelle 2011 bei der Einstellung von Musikschullehrern ein Mitbestimmungsrecht des Personalrats gemäß § 72 Abs. 1 Satz 1 Nr. 1 verneint.[4] Zur Begründung wurde insoweit angeführt, es fehle an der für eine Einstellung im Sinne des § 72 Abs. 1 Satz 1 Nr. 1 erforderlichen persönlichen Weisungsgebundenheit. Eine solche ist aber für eine arbeitnehmerähnliche Person im Sinne des § 12a TVG gerade nicht erforderlich; eine wirtschaftliche Abhängigkeit im obigen Sinne reicht für die Beschäftigteneigenschaft im Sinne des § 5 Abs. 1 aus.[5]

Neben der wirtschaftlichen Abhängigkeit muss die arbeitnehmerähnliche Person zudem sozial schutzbedürftig sein. Die arbeitnehmerähnliche Person muss in ihrer gesamten sozialen Stellung unter Berücksichtigung aller Umstände des Einzelfalls einer Arbeitnehmerin oder einem Arbeitnehmer vergleichbar schutzbedürftig sein.[6] Die geleisteten Dienste müssen nach ihrer soziologischen Typik mit denen eines Arbeitnehmers oder einer Arbeitnehmerin vergleichbar sein.

Neben den arbeitnehmerähnlichen Personen wurden durch die Novelle 2011 auch diejenigen in den persönlichen Geltungsbereich des LPVG mit einbezogen, die in der Dienststelle weisungsgebunden tätig sind oder der Dienstaufsicht unterliegen (§ 5 Abs. 1 Satz 2). Dies unabhängig davon, ob ein Arbeits- oder Dienstverhältnis zur Dienststelle besteht.[7] Maßgebend ist allein die Eingliederung in die Dienststelle, die im Wesentlichen durch ein Weisungsrecht der Dienststelle und eine entsprechende Weisungsgebundenheit der betroffenen Person gekennzeichnet ist.[8] Damit sind nunmehr auch Leiharbeitnehmer und gestelltes Personal zu den Beschäftigten der Dienststelle zu zählen.[9] Auch Personen, die aufgrund arbeitsmarktpolitischer Instrumente in der Dienststelle tätig sind, sind Beschäftigte im Sinne des § 5, wenn sie der Organisations- und Leitungsmacht der Dienststelle unterwor-

**2b**

---

3 Vgl. Durchführung des Landespersonalvertretungsgesetzes, Runderlass d. Ministeriums für Inneres und Kommunales – 25–42.05.05 vom 14. 3. 2013, MBl. NRW, Ausgabe 2013 Nr. 8 vom 11. 4. 2013, S. 115–126, Ziff. 1.1 (nachfolgend: Durchführungserlass v. 14. 3. 2013, Ziff.).
4 Vgl. OVG NRW 1. 12. 2005 – 1 A 5002/04.PVL, PersR 2006, 171; 5. 4. 1990 – CL 54/87, PersR 1990, 335.
5 Durchführungserlass vom 14. 3. 2013, Ziff. 1.1.
6 Durchführungserlass vom 14. 3. 2013, Ziff. 1.1; vgl. BAG 11. 4. 1997 – 5 AZB 33/96, ZTR 1997, 476.
7 OVG NRW 11. 4. 2013 – 20 A 2092/12.PVL, PersR 2013, 335.
8 OVG NRW 11. 4. 2013, a. a. O.
9 Durchführungserlass vom 14. 3. 2013, Ziff. 1.2.

fen sind.[10] Selbst ehrenamtlich Tätige können als Beschäftigte gelten, wenn sie im Einzelfall in die Dienststelle eingegliedert und der Organisations- und Leitungsmacht der Dienststelle unterliegen.[11] Seit Inkrafttreten der Bundesverordnung vom 19.3.2013 über die Wahl der Sprecherinnen und Sprecher der Freiwilligen des Bundesfreiwilligendienstes, durch die die personalvertretungsrechtliche Stellung der im Rahmen des Bundesfreiwilligendienstes tätigen Personen abschließend geregelt wurde, sind diese nicht mehr als Beschäftigte im Sinne des § 5 LPVG NRW anzusehen.[12] Selbiges wird in dem Zusammenhang für die im Jugendfreiwilligendienst (JFDG) Tätigen gelten.[13] Die Weisungsgebundenheit ist dann gegeben, wenn der Dienststelle ein Direktionsrecht im Sinne des § 106 GewO zusteht, wenn sie also Inhalt, Ort und Zeit der Arbeitsleistung nach billigem Ermessen näher bestimmen darf.

Bei der Dienstaufsicht (§ 5 Abs. 1 Satz 2) handelt es sich um das beamtenrechtliche Pendant zum Weisungsrecht. Dienstaufsicht bedeutet die Kontrolle über das fachliche und führungsmäßige Verhalten des Beamten.[14]

**3** **Abs. 2:** Der Begriff des Beamten ist § 2 LBG zu entnehmen. Danach ist Beamter, wer zu einer der in § 1 aufgeführten Einrichtungen in einem öffentlich-rechtlichen Dienst- und Treueverhältnis, einem Beamtenverhältnis, steht. Als Beamte gelten auch Beschäftigte in einem öffentlich-rechtlichen Ausbildungsverhältnis, also solche, die sich in einer Ausbildung für eine Beamtenlaufbahn befinden.

Dienstordnungs-Angestellte einer Berufsgenossenschaft oder einer Krankenkasse (DO-Angestellte) sind keine Beamten. Pensionierte Beamte sind keine Beschäftigten mehr.

**4** **Abs. 3:** Anders als bei Beamten gilt als Arbeitnehmer derjenige Beschäftigte, der nach dem für die Dienststelle maßgebenden Tarifvertrag, einer Dienstordnung oder nach dem Arbeitsvertrag Arbeitnehmer ist oder als übertariflicher Arbeitnehmer beschäftigt wird. Es kommt also auf die tatsächlichen Verhältnisse und nicht auf die abgeschlossenen Verträge an. Für die Arbeitnehmereigenschaft ist maßgebend, ob der Beschäftigte wie ein Arbeitnehmer beschäftigt wird. Dafür sind allein maßgebend die Umstände, unter denen der Beschäftigte seine Arbeits- oder Dienstleistung erbringt und nicht, aufgrund welcher Verträge und Abreden er dies tut. Für den personalvertretungsrechtlichen Arbeitnehmerbegriff kommt es nicht auf die Geltung des

---

10 Durchführungserlass vom 14.3.2013, Ziff. 1.2.
11 Durchführungserlass vom 14.3.2013, Ziff. 1.2.
12 Vgl. Erlass des Ministeriums für Inneres und Kommunales – 24–42.05.05–5/42.05.03 vom 3.3.2016.
13 Vgl. Erlass des Ministeriums für Inneres und Kommunales – 24–42.05.05–5/42.05.03 vom 3.3.2016.
14 Vgl. *Wattler*, ZTR 1989, 335, 343.

jeweiligen Tarifvertrages im konkreten Arbeitsverhältnis an, sondern vielmehr darauf, ob die Art der ausgeübten Tätigkeit in dem für die Dienststelle maßgebenden Tarifvertrag vorkommt und geregelt ist.

**Abs. 4:** Absatz 4 nimmt als Ausnahmevorschrift verschiedene Personengruppen vom persönlichen Geltungsbereich des LPVG aus. Durch das Gesetz zur Neuregelung der Rechtsverhältnisse der Richterinnen und Richter sowie Staatsanwältinnen und Staatsanwälte im Lande NRW vom 8. Dezember 2015 wurde normiert, dass bei den Staatsanwaltschaften und den Generalstaatsanwaltschaften besondere Staatsanwaltsräte gebildet werden. Deshalb gelten Staatsanwältinnen und Staatsanwälte nach dem neuen Buchst. c) des § 5 Abs. 4 LPVG NRW nicht mehr als Beschäftigte im Sinne des Gesetzes. Die §§ 93, 94 a. F. wurden aufgehoben, die §§ 94a und 94b a. F. rücken an die Stelle der §§ 93, 94a. F.

Umgekehrt wurden durch die Novelle 2011 Beschäftigtengruppen wie die akademischen Räte auf Zeit, die akademischen Oberräte auf Zeit und die wissenschaftlichen und künstlerischen Hilfskräfte wieder in den Geltungsbereich des LPVG einbezogen. Zur Begründung wurde ausgeführt, dass sie aufgrund der Befristungen in ihren Dienstverhältnissen sozial schutzbedürftig seien.[15]

Lehrbeauftragte im Sinne des § 5 Abs. 4a sind solche, die den Lehrauftrag entsprechend § 43 HG oder § 39 Abs. 1 Satz 3 FHG aufgrund einer einseitigen öffentlich-rechtlichen Maßnahme erhalten haben. Demgegenüber sind Lehrbeauftragte mit Arbeitsvertrag Arbeitnehmer im Sinne des Abs. 3.[16] Zu beachten ist, dass der Ausnahmetatbestand für Lehrbeauftragte mit einem Lehrauftrag nach § 43 HG nur diejenigen betrifft, die mit einem Lehrumfang von weniger als vier Lehrveranstaltungsstunden tätig sind.

Zu den Personen, die überwiegend zur Behebung in ihrer Person liegender Mängel beschäftigt werden (Buchst. f) gehören z. B. Personen, die im Rahmen der beruflichen Rehabilitation gemäß § 219 SGB IX in einer Werkstatt für behinderte Menschen tätig sind, oder Strafgefangene, die im sog. Freigang bei einer Dienststelle außerhalb der Anstalt zum Zwecke der Resozialisierung ihnen zugewiesene Arbeiten zu verrichten haben. Mangels Eingliederung in die Dienststelle sind diese keine Beschäftigten im Sinne des Gesetzes.

Notstandshelfer gemäß § 5 Abs. 4g sind Personen, die in Situationen zum Einsatz kommen, die Hilfsmaßnahmen des Katastrophenschutzes erfordern. Diese kurzfristige Beschäftigung im Einsatzfall begründet keine Beschäftigteneigenschaft.

**Abs. 5:** Absatz 5 regelt den Sonderfall, dass in einer Dienststelle, die vom Land und einer anderen (z. B. Bundes-)Körperschaft gemeinsam betrieben

---

15 LT-Drucks. 15/1644, 75.
16 *BAG* 3. 11. 1999 – 7 AZR 880/98, PersR 2000, 174.

wird, Beschäftigte sowohl des Landes als auch der Körperschaft tätig sind. Für diese gemeinsamen Dienststellen legt der Gesetzeswortlaut fest, dass die im Landesdienst Beschäftigten als zur Dienststelle des Landes sowie die im Dienst der anderen Körperschaft Beschäftigten als zur Dienststelle dieser Körperschaft gehörig anzusehen sind.

## § 6

**Beamtinnen und Beamte sowie Arbeitnehmerinnen und Arbeitnehmer bilden je eine Gruppe.**

1 Die Vorschrift trägt dem Umstand Rechnung, dass – so der Gesetzesentwurf[1] – die rahmenrechtlichen Vorgaben zum Gruppenprinzip (§ 98 Abs. 2 und 3 BPersVG) durch die Föderalismusreform weggefallen seien und eine eigenständige landesrechtliche Regelung daher angezeigt sei. Der Gesetzgeber lehnt sich mit der Definition der beiden Gruppen an das Tarifrecht einerseits und die entsprechende Regelung in § 5 BPersVG andererseits an.

2 Damit wurde der durch die Föderalismusreform erweiterte Spielraum nicht zur Schaffung einer einheitlichen Personalvertretung unter Verzicht auf das Gruppenprinzip genutzt, sondern vielmehr eine »Stärkung des Gruppenprinzips nach dem Vorbild des Bundes«[2] vorgenommen.

Das Gruppenprinzip bewirkt, dass den beiden Beschäftigtengruppen der Beamten und der Arbeitnehmer eigene und voneinander getrennte Rechte zustehen. Im Einzelnen sind das:
- Vertretungsrecht im Personalrat (§ 14)
- getrennte Wahlgänge (§ 16 Abs. 2)
- Vertretung im Wahlvorstand (§ 17 Abs. 1 Satz 2)
- ggf. getrennte Wahlanfechtung (§ 22)
- Neuwahl der PR-Mitglieder einer Gruppe (§ 24 Abs. 3)
- Vorrang einer Gruppe bei der Wahl des Stellvertreters der vorsitzenden Person (§ 29 Abs. 1 Satz 3)
- Gruppenabstimmung im Personalrat (§ 34 Abs. 2)
- Aussetzungsrecht von Personalratsbeschlüssen in Gruppenangelegenheiten (§ 35 Abs. 1)
- Gruppenantrag auf Teilnahme eines Gewerkschaftsvertreters an Personalratssitzungen (§ 32 Abs. 1)
- Freistellungs-Proporz nach Gruppenzugehörigkeit und Gruppenstärke (§ 42 Abs. 3 Satz 2 und 3)

---

1 LT-Drucks. 14/4239, 88.
2 So die Gesetzesbegründung nach § 42 Abs. 3, LT-Drucks. 14/4239, 92.

Beschäftigte, die weder Beamtinnen oder Beamte im Sinne von § 5 Abs. 2 noch Arbeitnehmerinnen oder Arbeitnehmer im Sinne von § 5 Abs. 3 sind, werden der Gruppe der Arbeitnehmer zugeordnet.[3]

## § 7

(1) Personen, die Aufgaben oder Befugnisse nach diesem Gesetz wahrnehmen, dürfen darin nicht behindert werden und wegen ihrer Tätigkeit nicht benachteiligt oder begünstigt werden; dies gilt auch für ihre berufliche Entwicklung.

(2) Beabsichtigt der Arbeitgeber, eine oder einen in einem Berufsausbildungsverhältnis nach dem Berufsbildungsgesetz, dem Krankenpflegegesetz oder dem Hebammengesetz stehende Beschäftigte oder stehenden Beschäftigten (Auszubildende oder Auszubildenden), die oder der Mitglied einer Personalvertretung oder einer Jugend- und Auszubildendenvertretung ist, nach erfolgreicher Beendigung des Berufsausbildungsverhältnisses nicht in ein Arbeitsverhältnis auf unbestimmte Zeit zu übernehmen, so hat er dies drei Monate vor Beendigung des Berufsausbildungsverhältnisses der oder dem Auszubildenden schriftlich mitzuteilen.

(3) Verlangt eine oder ein in Absatz 2 genannte Auszubildende oder genannter Auszubildender innerhalb der letzten drei Monate vor Beendigung des Berufsausbildungsverhältnisses schriftlich vom Arbeitgeber ihre oder seine Weiterbeschäftigung, so gilt zwischen der oder dem Auszubildenden und dem Arbeitgeber im Anschluss an das erfolgreiche Berufsausbildungsverhältnis ein Arbeitsverhältnis auf unbestimmte Zeit als begründet.

(4) Die Absätze 2 und 3 gelten auch, wenn das Berufsausbildungsverhältnis vor Ablauf eines Jahres nach Beendigung der Amtszeit der Personalvertretung oder der Jugend- und Auszubildendenvertretung erfolgreich endet.

(5) Der Arbeitgeber kann spätestens bis zum Ablauf von zwei Wochen nach Beendigung des Berufsausbildungsverhältnisses beim Verwaltungsgericht beantragen,
a) festzustellen, dass ein Arbeitsverhältnis nach den Absätzen 3 oder 4 nicht begründet wird, oder
b) das bereits nach den Absätzen 3 oder 4 begründete Arbeitsverhältnis aufzulösen,

wenn Tatsachen vorliegen, aufgrund derer dem Arbeitgeber unter Berücksichtigung aller Umstände die Weiterbeschäftigung nicht zugemutet

---

3 Durchführungserlass vom 14. 3. 2013, Ziff. 2.

## § 7

werden kann. In dem Verfahren vor dem Verwaltungsgericht ist die Personalvertretung, bei einem Mitglied der Jugend- und Auszubildendenvertretung auch diese beteiligt.

(6) Die Absätze 3 bis 5 sind unabhängig davon anzuwenden, ob der Arbeitgeber seiner Mitteilungspflicht nach Absatz 2 nachgekommen ist.

1 **Abs. 1:** Das Behinderungs-, Benachteiligungs- und Begünstigungsverbot entspricht wortgleich dem bisherigen §§ 107 Satz 1 BPersVG, der infolge des Wegfalls der Gesetzgebungskompetenzen des Bundes durch die Föderalismusreform gemäß Art. 125a GG nur solange unmittelbar für die Länder galt, bis sie in Landesrecht übernommen wurden. Diese allgemeine Vorschrift wird durch verschiedene Spezialgesetze konkretisiert, die allesamt sowohl dem Schutz der ungehinderten Amtsausübung als auch dem Schutz vor persönlichen Nachteilen des einzelnen Amtsträgers dienen. Im Gesetz und weiteren Gesetzen sind folgende ergänzende Schutznormen enthalten:

- § 21 Abs. 1: Verbot der Wahlbehinderung oder -beeinflussung
- § 42 Abs. 3 Satz 4: Verbot der Beeinträchtigung des beruflichen Werdegangs infolge Freistellung
- § 43 Abs. 1: Schutz vor Versetzungen, Abordnungen und Umsetzungen
- § 43 Abs. 2: Schutz vor außerordentlichen Kündigungen
- § 15 KSchG: Schutz vor ordentlichen Kündigungen
- § 179 Abs. 2 und 3 SGB IX: Behinderungs-, Benachteiligungs- und Begünstigungsverbot sowie Kündigungs-, Versetzungs- und Abordnungsschutz der Vertrauensperson der schwerbehinderten Menschen

2 § 7 Abs. 1 enthält eine für die Personalratsarbeit konstituierende Regelung.[1] Sie beabsichtigt und bezweckt den Schutz sowohl der Institutionen, als auch der beteiligten Personen vor unmittelbaren oder mittelbaren Benachteiligungen. Insoweit dient das Benachteiligungsverbot ebenso wie das Ehrenamtsprinzip (§ 42 Abs. 1) und das Begünstigungsverbot der inneren und äußeren Unabhängigkeit der Personalratsmitglieder. Die Vorschrift soll gewährleisten, dass die Personalratsmitglieder ihr Amt unbeeinflusst von der Furcht vor Benachteiligungen und auch unbeeinflusst von der Aussicht auf Begünstigungen wahrnehmen. Es soll auch[2] vermieden werden, dass qualifizierte Beschäftigte von einer Personalratstätigkeit absehen, weil sie die Sorge haben, deshalb ihr berufliches Fortkommen zurückstellen zu müssen.

3 Der Schutz des Abs. 1 bezieht sich auf alle Personen, die Aufgaben oder Befugnisse nach dem LPVG wahrnehmen. Dazu zählen:
- Personalratsmitglieder und Ersatzmitglieder (§ 28)

---

1 *BVerwG* 21.9.2006 – 2 C 13.05, PersR 2007, 83.
2 So das *BVerwG* 21.9.2006, a.a.O.

## § 7

- Mitglieder von Stufenvertretungen und Gesamtpersonalräten (§§ 50 Abs. 1, 52)
- Mitglieder des Wirtschaftsausschusses (§ 65a)
- Wahlvorstände und Vorabstimmungsvorstände (§§ 1, 4 WO-LPVG)
- Einigungsstellen-Beisitzer (§ 67 Abs. 1 Satz 5)
- Mitglieder der Jugend- und Auszubildendenvertretungen (§§ 54, 60 Abs. 1 und 2)
- Vertrauenspersonen der schwerbehinderten Menschen (§ 177 SGB IX)

Der Schutz besteht bei Wahrnehmung der »nach diesem Gesetz« übertragenen Aufgaben. Dies bezieht sich auf alle im LPVG den Vertretungsorganen und ihren einzelnen Mitgliedern übertragenen, zugewiesenen oder sonst zustehenden Aufgaben. Der Schutz bezieht sich auch auf Aufgaben, die dem Personalrat nach anderen Gesetzen übertragen worden sind, wie die Pflicht zur Überwachung, dass der Arbeitgeber seine ihm nach §§ 154, 155 und 164–167 SGB IX obliegenden Pflichten erfüllt, sowie auf die Pflicht, auf die Wahl einer Schwerbehindertenvertretung hinzuwirken (§ 176 Satz 2, 2. Halbsatz SGB IX).   4

Unter »Behinderung« ist jede Form der Beeinträchtigung der Aufgabenwahrnehmung des Personalrats, von der Erschwerung und Störung bis zur Verhinderung zu verstehen.[3] Es kommt nicht darauf an, ob Vorsatz oder Fahrlässigkeit besteht, allein entscheidend ist der objektive Eingriff in die Aufgabenwahrnehmung. Die Stellung bzw. die Tätigkeit als Personalrat muss aber kausal für die Benachteiligung sein; die benachteiligende Handlung darf nicht durch andere, außerhalb der Personalratstätigkeit liegende Umstände begründet sein.[4] Unzulässige Behinderungen sind z.B.:   5

- Verhinderung der Teilnahme an Personalratssitzungen, z.B. durch Anberaumung eines auswärtigen dienstlichen Termins
- Weigerung der Übernahme der notwendigen Kosten
- Veröffentlichung der Kosten der Personalratstätigkeit am Schwarzen Brett
- Verweigerung des Zutritts von Gewerkschaftsbeauftragten zur Dienststelle.

Dienstliche Weisungen, die gegen das Behinderungsverbot verstoßen, sind zunächst zu beanstanden und müssen nicht befolgt werden. Solche Weisungen oder Anordnungen sind wegen Überschreitung des Direktionsrechts i.d.R. rechts- oder sittenwidrig und daher unwirksam und müssen nicht beachtet werden.[5] Ggf. kann das einzelne Personalratsmitglied oder der Personalrat gegen solche Anordnungen und Weisungen einstweiligen Rechtsschutz beim Arbeits- oder Verwaltungsgericht erwirken.   6

---

3 *OVG NRW* 9.6.2004 – 1 A 898/02.PVL, PersV 2004, 431; 24.2.1995 – 1 A 103/92.PVL, ZTR 2000, 431.
4 *BVerwG* 1.2.2010 – 6 PB 36.09, PersR 2010, 167.
5 Vgl. *BAG* 18.10.2017 – 10 AZR 330/16.

## § 7

Problematisch ist, dass das LPVG NRW keine Strafvorschrift entsprechend § 119 BetrVG enthält. Das *OVG NRW* hat im Jahre 2017 noch einmal entschieden, dass ein Personalrat kein Rechtsschutzbedürfnis für die nachträgliche gerichtliche Feststellung einer Behinderung der Personalratsarbeit hat, wenn sich der Anlassfall bereits erledigt hat.[6] Damit fehlt den Personalräten in vielen Fällen, in denen sich eine behindernde Handlung des Dienststellenleiters nur kurzfristig auswirkt, jegliche Sanktionsmöglichkeit; es bleibt dann lediglich die Möglichkeit, wiederholte, gleichartige behindernde Verhaltensweisen zu sammeln und zur Begründung eines groben Verstoßes des Dienststellenleiters im Sinne des §§ 79 Abs. 3 Satz i. V. m. § 23 Abs. 3 BetrVG heranzuziehen.

**7** Für den Begriff der unmittelbaren Benachteiligung (vgl. Rn. 2) kann § 3 Abs. 1 AGG herangezogen werden, der diese dahingehend definiert, dass eine solche vorliegt, wenn eine Person eine weniger günstige Behandlung als eine andere Person in vergleichbarer Situation erfährt oder erfahren würde. Eine unmittelbare Benachteiligung liegt somit vor, wenn ein Personalratsmitglied wegen der Mitgliedschaft im Personalrat anders oder schlechter behandelt wird als die übrigen Beschäftigten.

Die mittelbare Benachteiligung wird in § 3 Abs. 2 AGG definiert. Eine mittelbare Benachteiligung in diesem Sinne kann vorliegen, wenn dem Personalratsmitglied z. B. bei Bewerbungen, Beförderungen oder Höhergruppierungen entgegengehalten wird, es sei in der Vergangenheit für Personalratsarbeit freigestellt gewesen, während die vorgezogenen Mitbewerber sich beruflich bewährt hätten. Reisekostenvergütungen für tägliche Fahrten zum Sitz der Personalvertretung sind zur Vermeidung einer mittelbaren Benachteiligung dann zu erstatten, wenn durch die Anreise zum Sitz des Personalrats höhere Kosten entstehen als durch die Fahrt zwischen Wohnung und Dienststelle vor der Freistellung.[7] Auch die Erstattung von Steuer- und Sozialversicherungsbeiträgen für bewilligtes und gezahltes Trennungsgeld eines Personalratsmitgliedes, das am Sitz der obersten Dienstbehörde eine zweite Unterkunft genommen hat, ist unter dem Gesichtspunkt der Vermeidung einer Benachteiligung zu erstatten.[8] Eine Benachteiligung kann z. B. auch die Ablehnung einer Verkürzung der Stufenlaufzeit gemäß § 17 Abs. 2 TVöD/TV-L mit der Begründung sein, dass die Leistungen des Personalratsmitgliedes wegen Freistellung oder wegen zu viel Personalratsarbeit nicht beurteilt werden können. Auch die Nichtumwandlung eines befristeten in ein unbefristetes Arbeitsverhältnis wegen der von der Dienst-

---

6 *OVG NRW* 3. 4. 2017 – 20 A 598/16.PVL.
7 *BVerwG* 25. 11. 2004 – 6 P 6.04, PersR 2005, 75.
8 *BVerwG* 17. 1. 2004 – 6 P 9.03, PersR 2004, 152.

stelle als lästig empfundenen Personalratsarbeit des Betroffenen stellt eine Benachteiligung dar.[9]

Unter »Begünstigung« werden Vorteile verstanden, die dem Personalratsmitglied allein wegen des Amtes gewährt werden. Zu denken wäre an die unzulässige Bewilligung von »Sitzungsgeldern« für Personalratssitzungen. Die pauschale Erhöhung der Arbeitszeit eines freigestellten Personalratsmitglieds nur für die Dauer der Freistellung ist ebenfalls eine solche unzulässige Begünstigung.[10]

Nach Satz 1, 2. Halbsatz gilt das Behinderungs-, Benachteiligungs- und Begünstigungsverbot auch für die berufliche Entwicklung der Personalratsmitglieder.

Grundsätzlich wird dem Benachteiligungsverbot nur dann Rechnung getragen, wenn das Personalratsmitglied bei seinen beruflichen Leistungen ohne jegliche Berücksichtigung der Personalratstätigkeit und der durch die Personalratstätigkeit versäumten Arbeitszeit behandelt und beurteilt wird. Dem entspricht es, dass weder eine dienstliche Beurteilung während der Freistellung möglich ist, noch in Beurteilungen oder Zeugnissen die Personalratstätigkeit zu bewerten oder zu erwähnen ist.

Bei freigestellten Personalratsmitgliedern ist grundsätzlich im Falle einer Beförderung oder Höhergruppierung eine Nachzeichnung des fiktiven beruflichen Werdegangs des freigestellten Personalratsmitgliedes in Erwägung zu ziehen.

Bei Beamten besteht das Problem, dass eine Beförderung nur zulässig und möglich ist, wenn sich der Beamte bewährt hat und er erprobt ist. Die Kollision zwischen dem Erprobungsgebot des § 20 Abs. 3 LBG und dem Recht auf Freistellung sowie dem Schutz vor Benachteiligungen wegen Freistellung im Sinne des Absatzes 1 löst das *BVerwG*[11] dadurch, dass es die Beurteilung und Nachzeichnung verlangt, wie die berufliche Entwicklung ohne Freistellung verlaufen wäre. Da eine Beurteilung für die Zeit der Freistellung nicht zulässig ist, hat eine fiktive Nachzeichnung zu erfolgen und zwar zunächst aufgrund des bisherigen beruflichen Werdegangs. Dabei ist zu unterstellen, dass das Personalratsmitglied die bis zu seiner Freistellung gezeigten dienstlichen Leistungen auch danach ohne die Freistellung gleichbleibend erbracht hätte. Die prognostische Feststellung darüber, ob der vom Dienst freigestellte Bewerber den Anforderungen der Erprobung aller Voraussicht nach gerecht werden würde, ist darüber hinaus darauf zu stützen, ob die dem freigestellten Personalratsmitglied nach Leistungsstand und Tätigkeit vergleichbaren Beamten später bei einer Erprobung ähnlicher Art sich überwiegend bewährt haben. Ergibt die Prognose – z. B. wegen der großen Un-

---

9 *BVerwG* 13. 5. 1987 – 6 P 20.85, PersR 1987, 193.
10 *BAG* 16. 2. 2005 – 7 AZR 95/04, PersR 2005, 500.
11 Urteil vom 21. 9. 2006 – 2 C 13.05, PersR 2007, 83.

terschiede zwischen der früheren dienstlichen Aufgabe und den Anforderungen des höherwertigen Statusamtes – auch unter Berücksichtigung vergleichbarer Beamter keine belastbare Prognose, so kann ausnahmsweise von einer Erprobung abgesehen werden.[12] Verbleibende Zweifel an der Eignung des Personalratsmitgliedes für ein höherwertiges Statusamt gehen zu seinen Lasten und können nur durch eine tatsächliche Erprobung ausgeschlossen werden.[13] Das Benachteiligungsverbot verschafft jedoch keinen Anspruch darauf, von bestimmten Qualifikationsmerkmalen entbunden zu werden.

**12** Hat ein Personalratsmitglied seit seiner letzten dienstlichen Beurteilung während eines ins Gewicht fallenden Zeitraumes Dienst geleistet, ist die dabei gezeigte Leistung und Befähigung im Rahmen einer fiktiven Nachzeichnung der Laufbahn und des beruflichen Werdegangs zu berücksichtigen.[14]

**13** Auch bei einer Teilfreistellung hat eine fiktive Nachzeichnung des beruflichen Werdegangs dann zu erfolgen, wenn die Tätigkeit des teilweise freigestellten Personalratsmitglieds zwar noch Grundlage für die Beurteilung sein kann, andererseits der Umfang der Freistellung aber so groß ist, dass z. B. Erfahrungswissen nicht im gleichen Maß erworben werden kann.[15] Ist das Personalratsmitglied für seine neben der Freistellung verbleibende dienstliche Tätigkeit bestbeurteilt worden, ist jedoch fraglich, ob darüber hinaus noch eine fiktive Laufbahnnachzeichnung zu erfolgen hat.[16]

**14** Die Sicherung der beruflichen Entwicklung eines Arbeitnehmers bedarf ebenfalls grundsätzlich einer fiktiven Nachzeichnung des beruflichen Werdegangs.[17] Das freigestellte Personalratsmitglied, das höhergruppiert werden will, hat mehrere Möglichkeiten, diesen Rechtsanspruch darzulegen und zu begründen.[18]

Das Personalratsmitglied kann zunächst erklären, seine Bewerbung auf eine bestimmte Stelle oder sein Anspruch auf Höhergruppierung sei gerade wegen seiner Freistellung und/oder seiner Personalratstätigkeit erfolglos geblieben. Es kann aber auch von einer Bewerbung von vornherein absehen, weil es seine Freistellung beibehalten will. In diesem Fall kann der Anspruch auf die Beförderungsstelle bzw. die Höhergruppierung damit begründet werden, dass das Personalratsmitglied erklärt, es habe von vornherein gerade wegen seiner Freistellung eine Bewerbung unterlassen, diese wäre aber

---

12 *BVerwG* 21. 9. 2006, a. a. O.
13 *BVerwG* 21. 9. 2006, a. a. O.
14 *OVG NRW* 14. 12. 2007 – 6 P 1155/07, PersR 2008, 131.
15 *BAG* 19. 3. 2003 – 7 AZR 334/02, PersR 2004, 272 zu einem Personalratsmitglied mit 85 % Freistellung.
16 *OVG NRW* 2. 3. 2006 – 1 B 1934/05, PersV 2007, 21.
17 Vgl. *BVerwG* 30. 6. 2014 – 2 B 11.14 zu § 107 BPersVG; *OVG NRW* 29. 7. 2014 – 1 A 2885/12 zu § 46 Abs. 2, 3 BPersVG.
18 *BAG* 27. 6. 2001 – 7 AZR 496/99, PersR 2002, 39.

ohne die Freistellung erfolgreich gewesen oder hätte nach Art. 33 Abs. 2 GG erfolgreich sein müssen.

Schließlich kann sich der Anspruch eines freigestellten Personalratsmitglieds auf Höhergruppierung ohne Bewerbung auf eine freie Stelle auch daraus ergeben, dass der Arbeitgeber vergleichbare Arbeitnehmer mit vergleichbaren Voraussetzungen nach feststehenden Maßstäben und/oder Zeitabläufen auf freiwerdende oder neu geschaffene Stellen einer höheren Vergütungsgruppe befördert und das Personalratsmitglied wegen seiner Freistellung davon ausnimmt.[19] Allerdings muss die Betriebsüblichkeit vom Personalratsmitglied im Einzelnen dargelegt werden. Der Geschehensablauf – die Höhergruppierung nach feststehenden Maßstäben bzw. nach bestimmten Zeitabläufen – muss so typisch sein, dass wenigstens in der überwiegenden Mehrheit der vergleichbaren Fälle eine solche Höhergruppierung erfolgt ist.[20]

**Abs. 2:** Die Absätze 2–6 entsprechen wörtlich § 9 BPersVG. Sie sollen die Auszubildenden, die ein Amt im Personalrat oder in einer Jugend- und Auszubildendenvertretung innehaben, davor schützen, im Zusammenhang mit diesem Amt berufliche Nachteile zu erleiden. Es soll verhindert werden, dass diesen Auszubildenden der Abschluss eines Arbeitsvertrages im Anschluss an die erfolgreiche Beendigung ihrer Ausbildung wegen des Amtes verweigert wird.

Der Schutz der Auszubildenden in den Absätzen 2–6 ist Ausdruck des Benachteiligungsverbotes und dient der Sicherung der persönlichen Unabhängigkeit des einzelnen Amtsträgers, aber auch der Kontinuität in der Zusammensetzung des jeweiligen Gremiums.

Geschützt sind Mitarbeiter in einer Berufsausbildung, die Mitglied im Personalrat oder in der Jugend- und Auszubildendenvertretung sind. Wie lange diese Mitgliedschaft anhält, ist nicht maßgebend. Soweit Auszubildende als Ersatzmitglieder zur Personalratstätigkeit herangezogen werden, haben sie den gleichen Schutz wie für den Personalrat bzw. die JAV ansonsten tätige Ersatzmitglieder. Rücken sie dauerhaft nach, steht ihnen der gesetzliche Schutz auch dauerhaft zu. Werden sie nur vertretungsweise und im Einzelfall herangezogen, besteht Anspruch auf den nachwirkenden Schutz des Absatzes 4. Die Jahresfrist ist in diesem Fall ab Ende der Vertretungstätigkeit zu berechnen.

Nicht geschützt sind Wahlbewerber, Mitglieder von Wahlvorständen und von Vorabstimmungsvorständen.

---

19 Zum Ganzen eingehend: *BAG* 27.6.2001 – 7 AZR 496/99, PersR 2002, 39; 29.10.1998 – 7 AZR 676/96, PersR 1999, 319; 29.10.1998 – 7 AZR 202/97, ZTR 1999, 235.
20 *BAG* 27.6.2001, a.a.O.

## § 7

Persönlich gilt die Vorschrift für Mitglieder einer Personalvertretung oder einer Jugend- und Auszubildendenvertretung, die in einem Berufsausbildungsverhältnis nach dem Berufsbildungsgesetz, dem Krankenpflegegesetz oder dem Hebammengesetz stehen. Von der Vorschrift sind andere Ausbildungsverhältnisse in anderen Vertragsformen (§ 26 BBiG) nicht erfasst. Ebenso unterfallen auch Beschäftigte, die ihre Berufsausbildung in einem öffentlich-rechtlichen Dienstverhältnis absolvieren, nicht dem geschützten Personenkreis.

**17** Die Pflichten der Absätze 2–6 treffen den Arbeitgeber. Das ist derjenige, der bei Vertragsschluss der Vertragspartner des Arbeitnehmers wäre.[21] Der Arbeitgeber hat den Auszubildenden drei Monate vor Beendigung des Berufsausbildungsverhältnisses schriftlich zu benachrichtigen, wenn er beabsichtigt, das Personalrats- oder JAV-Mitglied nach erfolgreicher Beendigung des Berufsausbildungsverhältnisses nicht in ein Arbeitsverhältnis zu übernehmen. Es kommt für die Berechnung der Frist auf die im Berufsausbildungsvertrag vorgesehene Beendigung des Berufsausbildungsverhältnisses und nicht auf den vorgesehenen Zeitpunkt der Abschlussprüfung an. Die Mitteilung muss eindeutig sein und sich darauf beziehen, dass keine Möglichkeit besteht, den Arbeitnehmer in ein unbefristetes und dauerhaftes Arbeitsverhältnis zu übernehmen.

**18** **Abs. 3:** Der Auszubildende, der Mitglied einer Personalvertretung oder einer Jugend- und Auszubildendenvertretung ist, kann innerhalb der letzten drei Monate vor Beendigung des Berufsausbildungsverhältnisses schriftlich vom Arbeitgeber seine Weiterbeschäftigung verlangen. Mit dem schriftlichen Übernahmeverlangen macht das Mitglied der JAV bzw. des Personalrats zugleich den Anspruch auf die tarifliche Vergütung geltend; tarifliche Ausschlussfristen werden durch das Übernahmeverlangen gewahrt.[22]

Selbiges gilt für ein wegen zeitweiliger Verhinderung nachgerücktes Ersatzmitglied der Jugend- und Auszubildendenvertretung, wenn der Vertretungsfall innerhalb des letzten Jahres vor Ausbildungsende stattgefunden hat.[23] Es gilt das Schriftformerfordernis des § 126 Abs. 1 BGB.[24] Wird der Antrag nach Abs. 3 form- und fristgerecht gestellt, so gilt ein Arbeitsverhältnis als auf unbestimmte Zeit begründet. Ein mehr als drei Monate vor Beendigung des Ausbildungsverhältnisses gestellter Antrag löst die gesetzliche Fiktion nicht aus; das Übernahmeverlangen ist unwirksam, kann aber nachgeholt werden. Für die Berechnung der Dreimonatsfrist ist der Tag der Bekanntmachung des Ergebnisses der bestandenen Prüfung maßgebend. Verlangt der

---

21 *BVerwG* 1. 11. 2005 – 6 P 3.05, PersR 2006, 382; 1. 12. 2003 – 6 P 11.03, PersR 2004, 60.
22 *BAG* 19. 8. 2015 – 5 AZR 1000/13, PersV 2016, 97–99.
23 *BVerwG* 1. 10. 2013 – 6 P 6.13, PersR 2014, 173.
24 *BVerwG* 18. 8. 2010 – 6 P 15.09, PersR 2010, 488.

Auszubildende die unbefristete Übernahme und schließt anschließend einen befristeten Vertrag innerhalb der letzten drei Monate vor Beendigung des Berufsausbildungsverhältnisses ab, kann darin unter Umständen ein Verzicht auf das Verlangen der dauerhaften Übernahme liegen.[25]
Durch das Übernahmeverlangen entsteht ein unbefristetes Vollzeitarbeitsverhältnis, das einen Anspruch auf ausbildungsgerechte Beschäftigung in der Ausbildungsdienststelle begründet. Die Übernahme stellt keine mitbestimmungspflichtige Einstellung im Sinne des § 72 Abs. 1 Nr. 1 dar; zu beachten ist aber das Mitbestimmungsrecht des Personalrats bei der Eingruppierung (§ 72 Abs. 1 Nr. 4).[26]
Inhaltliche Änderungen dieses Arbeitsverhältnisses können nur einvernehmlich vorgenommen werden. Das Übernahmeverlangen kann sich nur auf die Ausbildungsdienststelle beziehen. Es soll nicht geltend gemacht werden können, dass dem Arbeitgeber die Begründung eines anderen an anderer Stelle durchzuführenden Arbeitsverhältnisses zumutbar gewesen wäre.[27] Für die Dienststellenbezogenheit spricht[28] der Schutzzweck des § 9 BPersVG bzw. § 7 Abs. 2–6 LPVG NRW, der selbst dienststellenbezogen ist und der Sicherung der Kontinuität der Gremienarbeit dient.

**Abs. 4:** Absatz 4 schafft einen nachwirkenden Anspruch auf Übernahme, 19
wenn das Berufsausbildungsverhältnis vor Ablauf eines Jahres nach Beendigung der Amtszeit von Personalvertretung oder Jugend- und Auszubildendenvertretung erfolgreich endet. Die Vorschrift, die § 15 Abs. 1 Satz 2 und Abs. 2 Satz 2 KSchG nachgebildet ist, soll eine gewisse »Abkühlungsphase« sicherstellen. Unter Zugrundelegung dieses Zwecks sind als Ende der Amtszeit sowohl die in §§ 23, 57 Abs. 2 genannten Amtszeiten, als auch die Fälle einzubeziehen, in denen die Mitgliedschaft im Personalrat nach § 26 Abs. 1 – mit Ausnahme der Fälle der gerichtlichen Entscheidung nach § 25 Abs. 1 – erlischt.

**Abs. 5:** Der Arbeitgeber kann unter bestimmten Voraussetzungen von seiner 20
Verpflichtung zur Übernahme des Auszubildenden in ein Arbeitsverhältnis durch Anrufung des Gerichts entbunden werden. Ein solcher Antrag ist nur binnen zwei Wochen nach Beendigung des Berufsausbildungsverhältnisses zulässig. Die Frist ist nur gewahrt, wenn bis zum Ablauf dieser Frist eine Vollmacht bei Gericht eingereicht wird, die von der zur Vertretung des Arbeitgebers befugten Person ausgestellt ist.[29] Eine mündliche Bevollmächtigung genügt nicht.

---

25 *BVerwG* 1.11.2005 – 6 P 3.05, PersR 2006, 382.
26 *BVerwG* 26.5.2015 – 6 P 9.14, PersV 2015, 424.
27 *BVerwG* 1.11.2005, a.a.O.; 1.12.2003 – 6 P 11.03, PersR 2004, 60.
28 So das *OVG NRW* 29.10.2007 – 1 A 4443/06.PVL, juris.
29 *BVerwG* 1.12.2003 – 6 P 11.03, PersR 2004, 60; *OVG NRW* 25.10.2001 – 1 A 408/01.PVL, PersR 2002, 256.

## § 7

Gegenstand des Antrages ist zum einen die Feststellung, dass ein Arbeitsverhältnis nach den Absätzen 3 und 4 nicht begründet wird. Dieser Feststellungsantrag will das Zustandekommen eines Arbeitsverhältnisses verhindern, während der nach Satz 1b zu stellende Antrag, demzufolge das bereits begründete Arbeitsverhältnis aufgelöst werden soll (Auflösungsantrag) darauf abzielt, ein bereits zustande gekommenes Arbeitsverhältnis wieder aufzulösen und zu beenden. Der vor Beendigung des Ausbildungsverhältnisses rechtzeitig gestellte Feststellungsantrag des Arbeitgebers wandelt sich mit Beendigung des Ausbildungsverhältnisses in den Auflösungsantrag um. Ist ein Arbeitsverhältnis nach Abs. 3 bereits fiktiv begründet worden, so wird ein zu diesem Zeitpunkt gestellter Feststellungsantrag nach Abs. 5 Satz 1 Buchst. a nicht als unzulässig behandelt, sondern als Auflösungsbegehren gewertet.[30] Der öffentliche Arbeitgeber kann im personalvertretungsrechtlichen Beschlussverfahren seinen Auflösungsantrag mit dem Hilfsantrag auf Feststellung verbinden, dass ein Arbeitsverhältnis mit dem Jugendvertreter bzw. Personalratsmitglied gar nicht erst zustande gekommen ist.[31]

**21** Für die Verfahren sind gemäß § 79 Abs. 1 die Verwaltungsgerichte zuständig, die Vorschriften über das Beschlussverfahren sind gemäß § 79 Abs. 2 anzuwenden. Neben dem Arbeitgeber als Antragsteller sind der betroffene Auszubildende und das Gremium, dem er angehört – Personalrat oder Jugend- und Auszubildendenvertretung, vertreten durch den Personalrat –, Beteiligte. Alle Beteiligte haben das Recht, in dem Verfahren gehört zu werden und eigene Anträge zu stellen sowie Rechtsmittel einzulegen.

**22** Der Antrag des Arbeitgebers kann nur dann Erfolg haben, wenn Tatsachen vorliegen, aufgrund derer ihm unter Berücksichtigung aller Umstände zum Zeitpunkt der Beendigung des Berufsausbildungsverhältnisses die Weiterbeschäftigung nicht zugemutet werden kann.[32] Die Vorschrift lehnt sich dem Wortlaut nach weitgehend an § 626 Abs. 1 BGB an, wonach ein Arbeitsverhältnis nur aus wichtigem Grund ohne Einhaltung einer Kündigungsfrist gekündigt werden kann. Entsprechend den Wertungen dieser Vorschrift kommt eine Entbindung von der Weiterbeschäftigung nur ausnahmsweise und nur bei Vorliegen zwingender Gründe in Betracht; namentlich dann, wenn der Arbeitgeber aus rechtlichen oder tatsächlichen Gründen an einer Weiterbeschäftigung vollständig gehindert ist.

Werden Gründe in der Person des zu übernehmenden Auszubildenden vorgebracht, so ist ein strenger Maßstab anzulegen. Der bloße Hinweis darauf, dass nicht genügend Dauerarbeitsplätze zur Verfügung stehen und vergleichbare Auszubildende nach Eignung und Befähigung besser wären, reicht nicht. Solche Gründe stehen einer Weiterbeschäftigung nur dann ent-

---

30 *BVerwG* 28. 7. 2006 – 6 PB 9.06, PersV 2007, 37.
31 *BVerwG* 1. 10. 2013 – 6 P 6.13, PersR 2014, 173 zu § 9 BPersVG.
32 *BVerwG* 20. 11. 2007 – 6 PB 14.07, PersR 2008, 80.

gegen, wenn der Mitbewerber wesentlich fähiger und geeigneter ist und das Mitglied der Personalvertretung oder der JAV in der Abschlussprüfung deutlich – mehr als eine Notenstufe – schlechter abgeschnitten hat als der schwächste sonstige Bewerber.[33]

Werden zwingende betriebliche Gründe gegen die Weiterbeschäftigung vorgebracht, genügt nicht der Hinweis auf eine fehlende Planstelle. Die Weiterbeschäftigungspflicht des öffentlichen Arbeitgebers ist an das Vorhandensein einer freien Planstelle nicht notwendig gebunden.[34] Vielmehr genügt es, wenn ein freier als unbesetzt geltender Arbeitsplatz vorhanden ist. Solche betrieblichen Gründe sind auch dann zu verneinen, wenn der für eine Dauerbesetzung durch den Auszubildenden geeignete und vorhandene Arbeitsplatz für einen anderen Mitarbeiter, der im »Personalüberhang« ist, freigehalten werden soll.[35] Maßgebend für Mitglieder einer örtlichen Jugend- und Auszubildendenvertretung oder eines örtlichen Personalrats ist, ob im Bereich der Ausbildungsdienststelle ein Dauerarbeitsplatz zur Verfügung steht; bei Mitgliedern einer Stufenvertretung ist hingegen auf die übergeordnete Dienststelle abzustellen, bei der die Stufenvertretung gebildet ist.[36] Dem Mitglied der Jugend- und Auszubildendenstufenvertretung steht im Verhältnis zum örtlichen Jugendvertreter aber kein vorrangiger Weiterbeschäftigungsanspruch zu.[37]

Ob in der Ausbildungsdienststelle ein entsprechender und besetzbarer Dauerarbeitsplatz zur Verfügung steht, hat im Regelfall der Haushaltsgesetzgeber zu entscheiden, dem im Hinblick auf die Verwendung der zugewiesenen Mittel grundsätzlich Ermessen zusteht; von den haushaltsrechtlichen Gestaltungsmöglichkeiten darf jedoch kein missbräuchlicher Gebrauch gemacht werden.[38]

Gibt das Verwaltungsgericht dem Antrag des Arbeitgebers statt, endet das bereits nach den Absätzen 3 und 4 begründete Arbeitsverhältnis mit Erreichen der Rechtskraft dieses Beschlusses. Bis zur Rechtskraft ist der Auszubildende uneingeschränkt in der Ausbildungsdienststelle zu beschäftigen. **23**

**Abs. 6:** Kommt der Arbeitgeber seiner Mitteilungspflicht nach Absatz 2 nicht nach, sind die Absätze 3–5 gleichwohl anzuwenden. Unterlässt der Arbeitgeber also die Mitteilung innerhalb der drei Monate vor Beendigung des Berufsausbildungsverhältnisses, dass er nicht beabsichtigt, den Auszubildenden im Anschluss an die erfolgreiche Beendigung des Berufsausbil- **24**

---

33 *BVerwG* 17.5.2000 – 6 P 8.99, PersR 2000, 419; 26.11.2009 – 6 PB 32.09, juris.
34 *OVG NRW* 29.10.2007 – 1 A 4443/06.PVL.
35 *OVG NRW* 30.7.2007 – 1 A 3046/06.PVB, juris.
36 *BVerwG* 19.1.2009 – 6 P 1.08, PersR 2009, 205.
37 *BVerwG* 12.10.2009 – 6 PB 28.09, PersR 2010, 30.
38 *OVG NRW* 29.10.2007 – 1 A 4443/06.PVL; zur Stellenbesetzungssperre vgl. *BVerwG* 30.5.2007 – 6 PB 1.07, PersR 2007, 355.

## § 8

dungsverhältnisses in ein Arbeitsverhältnis zu übernehmen, kann der Auszubildende gleichwohl das Verlangen auf Übernahme stellen. Die Vorschrift stellt klar, dass das Übernahmeverlangen des Auszubildenden nicht von einer fristgerechten Mitteilung des Arbeitgebers abhängt. Es wird außerdem klargestellt, dass der Auszubildende in jedem Fall und unabhängig vom Handeln des Arbeitgebers seine Übernahme verlangen kann. Verlangt er seine Übernahme nicht, so scheidet er im Anschluss an die erfolgreiche Beendigung des Berufsausbildungsverhältnisses aus der Dienststelle aus. Wird er jedoch tatsächlich über das Ausbildungsverhältnis hinaus weiterbeschäftigt, gilt nach § 24 BBiG ein Arbeitsverhältnis als auf unbestimmte Zeit begründet.

### § 8

**(1) Für die Dienststelle handelt ihre Leiterin oder ihr Leiter. Sie oder er kann sich durch ihre oder seine ständige Vertretung oder durch die Leiterin oder den Leiter der für Personalangelegenheiten zuständigen Abteilung sowie in Gemeinden und Gemeindeverbänden durch die Leiterin oder den Leiter des für Personalangelegenheiten zuständigen Dezernats oder Amts vertreten lassen, soweit diese oder dieser entscheidungsbefugt ist. Das Gleiche gilt für sonstige Beauftragte, sofern die Personalvertretung sich mit dieser Beauftragung einverstanden erklärt.**

**(2) Im Bereich der Sozialversicherung handelt bei den der Aufsicht des Landes unterstehenden Körperschaften und Anstalten des öffentlichen Rechts für die Dienststelle der Vorstand, soweit er die Entscheidungsbefugnis nicht auf die Geschäftsführung übertragen hat. Er kann sich durch eines oder mehrere seiner Mitglieder vertreten lassen.**

**(3) Für Hochschulen mit Ausnahme der Fachhochschulen für den öffentlichen Dienst handelt vorbehaltlich des § 105 die Vizepräsidentin oder der Vizepräsident für den Bereich Wirtschafts- und Personalverwaltung oder die Kanzlerin oder der Kanzler, für die Universitätsklinik die Kaufmännische Direktorin oder der Kaufmännische Direktor.**

**(4) Abweichend von den Absätzen 1 bis 3 ist bei verfahrenseinleitenden Maßnahmen und bei anderen schriftlichen Äußerungen der Dienststelle gegenüber der Personalvertretung unabhängig von dem jeweiligen Stand des Verfahrens auch eine Vertretung entsprechend der geschäftsordnungsmäßig allgemein oder im Einzelfall erteilten Zeichnungsbefugnis zulässig. Die Dienststelle hat der Personalvertretung die Zeichnungsbefugten namentlich zu benennen.**

1   **Abs. 1:** Die Vorschrift regelt, wer personalvertretungsrechtlich für die Dienststelle zu handeln berechtigt und verpflichtet ist, und dem Personalrat als Leiter der Dienststelle gegenübertritt. Die Vertretungsregeln sollen

## § 8

sicherstellen, dass Gesprächs- und Verhandlungspartner stets nur der sein kann, der nach den für die Dienststelle geltenden Organisationsnormen umfassend für die Dienststelle entscheidungsbefugt ist. Grundsätzlich ist der Dienststellenleiter verpflichtet, die personalvertretungsrechtlichen Befugnisse und Aufgaben in Person wahrzunehmen – ebenso wie der Personalrat gehalten ist, sich i. d. R. von seinem Vorsitzenden vertreten zu lassen. Eine Vertretung bei Teilnahme an Personalratssitzungen, Vierteljahresgesprächen oder einer Erörterung gemäß §§ 66, 69 kommt nur bei unvorhersehbarer Verhinderung oder im Einvernehmen mit dem Personalrat in Betracht. Die Einführung einer »Dauervertretung« ist ausgeschlossen.

Dienststellenleiter ist derjenige, der nach dem jeweiligen Organisations- oder Satzungsrecht der Einrichtung, für die ein Personalrat gebildet wird, zur Leitung befugt und bestellt ist. Über den Umfang der Befugnisse ist damit nichts ausgesagt.

Der Dienststellenleiter kann sich zunächst durch seinen ständigen Vertreter vertreten lassen – wenn ein solcher nach dem jeweiligen Organisations- und Satzungsrecht bestellt werden kann. Weitere Vertreter können in Gemeinden und Gemeindeverbänden der Personaldezernent oder Personalamtsleiter sein, soweit sie entscheidungsbefugt sind. Diese Entscheidungsbefugnis muss ebenfalls im jeweiligen Satzungsrecht vorgesehen und umfassend sein. Es soll damit verhindert werden, dass die Personalkompetenz auf nachgeordnete Ebenen verlagert wird. Geschieht dies trotzdem, so führen von diesen eingeleitete Verfahren, z. B. zur Anhörung des Personalrats vor einer außerordentlichen Kündigung, zur Unwirksamkeit der Kündigung.[1]

Wer Dienststellenleiter ist, hat also die damit verbundenen Aufgaben auch selbst wahrzunehmen. Vertretung ist nur möglich, wenn der Vertreter gesetzlich vorgesehen und kompetent ist. Die Schaffung eines Dauervertreters für Personalratsangelegenheiten lässt das Gesetz – wie die Ausnahmevorschrift in § 85 Abs. 2 zeigt – nicht zu.

**1a** Durch **Satz 3** wird der Kreis derjenigen Personen, die zur Vertretung des Dienststellenleiters gegenüber dem Personalrat berechtigt sind, um »sonstige Beauftragte« erweitert. Nach der Gesetzesbegründung sollen mit diesen sonstigen Beauftragten die »Handlungsspielräume erweitert«[2], eine Entlastung der Behördenleitung erreicht sowie die Schaffung eines »weiteren kompetenten Gesprächs- und Verhandlungspartners« für den Personalrat bewirkt werden. Mit dieser Regelung geht das LPVG über die vergleichbare Vorschrift im BPersVG hinaus. Dort kann sich der Dienststellenleiter insgesamt nur bei Verhinderung vertreten lassen (§ 7 Satz 2 BPersVG).

Sonstiger Beauftragter kann nur sein, wer Beschäftigter der Dienststelle ist. Die Beauftragung durch den Dienststellenleiter muss für bestimmte be-

---

1 Siehe BAG 29.10.1998 – 2 AZR 61/98, PersR 1999, 135.
2 LT-Drucks. 14/4239, 89.

## § 8

zeichnete Angelegenheiten erfolgen und dem Personalrat bekannt gegeben werden. Vertretungsbefugt sind diese sonstigen Beauftragten nur dann, wenn der Personalrat sich mit der Beauftragung einverstanden erklärt hat. Das Einverständnis kann nur auf Grundlage eines förmlichen Beschlusses des Personalrats nach § 33 erklärt werden, es handelt sich nicht um ein laufendes Geschäft im Sinne des § 29 Abs. 2. Es ist ein vorheriges Einverständnis erforderlich, eine nachträgliche oder gar eine stillschweigende Genehmigung genügt nicht. Die Einverständniserklärung kann vom Personalrat auf bestimmte Zeit oder auf bestimmte Angelegenheiten beschränkt werden. Sie muss sich daher nicht auf diejenigen Angelegenheiten beziehen, für die der Dienststellenleiter die Vertretungsbefugnis eröffnet hat bzw. eröffnen wollte. Wirksam ist die Einverständniserklärung jedoch nur dann, wenn sie sich auf eine ganz bestimmte, konkrete Beauftragung des Dienststellenleiters bezieht. Ein Einverständnis des Personalrats dazu, dass ein bestimmter Beschäftigter allgemein »sonstiger Beauftragter« ist und tätig werden kann, dürfte nicht wirksam sein.

Die sonstigen Beauftragten bleiben wahlberechtigt zum Personalrat, verlieren jedoch unter den Voraussetzungen des § 11 Abs. 2b ihre Wählbarkeit. Danach entfällt die Wählbarkeit dann, wenn die sonstigen Beauftragten nach der Personalratswahl die mit der Beauftragung eingeräumten Befugnisse weiter ausüben. Der Erhalt oder Verlust der Wählbarkeit ist daher zum Zeitpunkt der Wahl äußerst unklar. Die Wählbarkeit ist vom Wahlvorstand zu einem Zeitpunkt vor der Wahl festzustellen, bezieht sich aber bezüglich der Tätigkeit der sonstigen Beauftragten auf den Zeitpunkt nach der Wahl. Nicht nur diese Unklarheit wird in der Regel gegen das Einverständnis des Personalrats mit der Bestellung zusätzlicher Beauftragter sprechen, die den Dienststellenleiter vertreten. Die dauerhafte Tätigkeit eines sonstigen Beauftragten führt zu einer Verwässerung der Verantwortung des Dienststellenleiters und des Grundsatzes, dass dieser für die Dienststelle zu handeln hat. Das Einverständnis zu der Vertretungsbefugnis durch sonstige Beauftragte ist daher – auch zur Vermeidung von Unklarheiten bei der Personalratswahl – regelmäßig nur zweckmäßig, wenn es sich um eine ganz bestimmte Angelegenheit bzw. um einen fest definierten Zeitraum handelt.

2 **Abs. 2:** Bei den Sozialversicherungsträgern des Landes ist grundsätzlich der Vorstand als Dienststellenleiter anzusehen. Er kann diese Funktion durch eines oder mehrere seiner Mitglieder wahrnehmen. Hat der Vorstand – im Rahmen der geltenden Vorschriften zulässigerweise – die Entscheidungsbefugnis auf die Geschäftsführung übertragen, so handelt diese personalvertretungsrechtlich für die Dienststelle.

3 **Abs. 3:** In den Hochschulen des Landes – außer in Fachhochschulen für den öffentlichen Dienst – handelt entweder der Vizepräsident für den Bereich Wirtschafts- und Personalverwaltung oder der Kanzler. Für die Universitätskliniken handelt seither – vorbehaltlich der Sonderregelung des § 105 Abs. 1

Satz 3 für das wissenschaftliche Personal – der kaufmännische Direktor. Gemäß § 105 Abs. 1 Satz 3 gilt § 8 Abs. 3 nicht im Verhältnis zwischen den besonderen Personalvertretungen, die für die Hochschulbeschäftigten im Sinne des § 104 gebildet werden und der Dienststellenleitung. Vielmehr handelt gegenüber dem wissenschaftlichen oder künstlerischen Personal nach § 104 für die Hochschule der Präsident oder der Rektor, für die Universitätsklinik der ärztliche Direktor. Präsident, Rektor bzw. ärztlicher Direktor sind daher Dienststellenleiter für die Personalräte für das wissenschaftliche und künstlerische Personal der Hochschulen und Universitätskliniken.

**Abs. 4:** Durch die Novelle 2007 ist Satz 1 des Absatzes 4 geändert worden. **4** Die Änderung geht jedoch über eine Klarstellung[3] hinaus.

Nach **Satz 1** können Mitarbeiter, denen geschäftsordnungsmäßig allgemein oder im Einzelfall Zeichnungsbefugnis erteilt worden ist, abweichend von den Absätzen 1–3 sowohl bei verfahrenseinleitenden Maßnahmen, als auch bei anderen schriftlichen Äußerungen die Dienststelle gegenüber dem Personalrat vertreten. Das war bis zur Novelle 2007 nur bei schriftlichen Äußerungen möglich. Wie sich aus dem Zusatz »und bei *anderen* schriftlichen Äußerungen« ergibt, gilt diese Befugnis für schriftliche Erklärungen gegenüber dem Personalrat. Nunmehr kann ein Beschäftigter mit Zeichnungsbefugnis beim Personalrat die Zustimmung zu einer mitbestimmungspflichtigen Maßnahme gemäß § 66 Abs. 2 Satz 1 beantragen oder verlangen, dass die Erörterung über eine solche Angelegenheit innerhalb der kürzeren Frist von einer Woche durchzuführen ist (§ 66 Abs. 3 Satz 2), das Unterrichtungsverfahren in den Fällen einleiten, in denen das verfassungsmäßig zuständige oberste Organ oder ein von diesem bestimmter Ausschuss über eine mitbestimmungspflichtige Maßnahme zu entscheiden hat (§ 66 Abs. 3 Satz 7), die Einigungsstelle anrufen (§ 66 Abs. 7 Satz 1) oder eine vorläufige Regelung nach § 66 Abs. 8 Satz 2 mitteilen. Die gleiche Befugnis besteht im Rahmen des Mitwirkungsverfahrens nach § 69, im Verfahren der Mitwirkung und Anhörung bei Kündigungen und Entlassungen nach § 74 oder in Fällen der Anhörung nach § 75, soweit verfahrenseinleitende Maßnahmen in Schriftform seitens des Dienststellenleiters zu erfolgen haben oder getätigt werden. Die Regelung führt daher zu einer erheblichen Ausweitung der Kompetenzen »nachgeordneter Verantwortungsträger«[4] und damit zu einer zusätzlichen Verwässerung der personalvertretungsrechtlichen Verantwortung des Dienststellenleiters.

Es besteht jedoch keine Befugnis, andere dem Dienststellenleiter vorbehaltene Tätigkeiten auf Mitarbeiter mit Zeichnungsbefugnis zu übertragen, wie z. B. die Durchführung einer Erörterung nach § 66 Abs. 3 Satz 1, 2. Halbsatz oder die Durchführung der gemeinschaftlichen Besprechung nach § 63.

---

3 So aber LT-Drucks. 14/4239, 89.
4 So LT-Drucks. 14/4239, 89.

### § 9

**5** Unter Zeichnungsbefugnis wird die Befugnis verstanden, Schriftstücke für einen Dritten in dessen Vertretung oder in dessen Auftrag zu unterzeichnen. Personalvertretungsrechtlich können Zeichnungsbefugte nur dann tätig werden, wenn dem Personalrat die Zeichnungsbefugnis namentlich bekannt gemacht und sie entweder geschäftsordnungsmäßig allgemein oder für einen ganz bestimmten Einzelfall ausdrücklich erteilt wurde. Nur wenn diese beiden Voraussetzungen vorliegen, können verfahrenseinleitende Maßnahmen wirksam durch einen Zeichnungsbefugten getroffen werden. Es genügt also nicht die bloße Bevollmächtigung im Innenverhältnis, im Einzelfall oder allgemein den Dienststellenleiter vertreten zu dürfen. Eine allgemein erteilte Zeichnungsbefugnis bedarf der Niederlegung in einer Geschäftsordnung. In jedem Fall müssen dem Personalrat vor Tätigwerden des Zeichnungsbefugten vom Dienststellenleiter Inhalt und Umfang der Zeichnungsbefugnis dargelegt und der Zeichnungsbefugte namentlich benannt werden.

### § 9

(1) **Personen, die Aufgaben oder Befugnisse nach diesem Gesetz wahrnehmen oder wahrgenommen haben, sind verpflichtet, über die ihnen dabei bekanntgewordenen Angelegenheiten und Tatsachen zu schweigen.**
(2) **Die Schweigepflicht besteht nicht für Angelegenheiten oder Tatsachen, die offenkundig sind oder ihrer Bedeutung nach keiner Geheimhaltung bedürfen. Sie gilt ferner nicht gegenüber den von Maßnahmen gemäß § 72 Abs. 1 unmittelbar erfassten Beschäftigten. Abgesehen von den Fällen des § 65 Abs. 3 gilt die Schweigepflicht nicht im Verhältnis der Mitglieder der Personalvertretungen und der Jugend- und Auszubildendenvertretung zu den Mitgliedern dieser Vertretungen und zu den Vertrauensleuten sowie für die in § 36 genannten Personen; sie entfällt ferner in den Verfahren nach den §§ 66 bis 69 und § 78 Absatz 2 bis 4 und 6 zwischen den dort bezeichneten Stellen.**
(3) **Bei Rechtsstreitigkeiten kann für die Mitglieder der Personalvertretungen und der in den §§ 54, 60, 85 und 86 genannten Vertretungen Aussagegenehmigung durch diese Vertretungen im Einvernehmen mit der Dienststelle erteilt werden.**

**1** Die personalvertretungsrechtliche Schweigepflicht erfasst sächlich sämtliche im Zusammenhang mit der Personalratstätigkeit stehenden Vorgänge. Der persönliche Anwendungsbereich der Schweigepflicht umfasst alle Personen, die im weitesten Sinne personalvertretungsrechtliche Aufgaben oder Befugnisse haben oder hatten. Damit ist die personalvertretungsrechtliche Schweigepflicht auch auf die Mitglieder des Wirtschaftsausschusses anzuwenden. Ausnahmen gelten für bestimmte Angelegenheiten sowie zwischen Amtsträgern untereinander.

**Abs. 1:** Absatz 1 ordnet die Schweigepflicht für alle an, die »Aufgaben oder Befugnisse« nach dem Landespersonalvertretungsgesetz haben oder hatten. Der Personenkreis umfasst die Mitglieder der gewählten oder bestellten Gremien, den Dienststellenleiter und seine Vertreter, Beauftragte der Gewerkschaften und Arbeitgeberverbände sowie sachkundige Personen und Sachverständige. Auch das ggf. dem Personalrat zur Verfügung gestellte Büropersonal ist über die anlässlich der Tätigkeit für den Personalrat bekannt gewordenen Angelegenheiten und Tatsachen zur Verschwiegenheit verpflichtet; insbesondere auch gegenüber ihren Vorgesetzten.[1]

2

Inhaltlich gilt sie für alle »Angelegenheiten und Tatsachen«, die bei Wahrnehmung personalvertretungsrechtlicher Aufgaben und Befugnisse bekanntwerden. Unter »Angelegenheiten« sind in Abgrenzung von Tatsachen z. B. im Personalrat oder von der Dienststelle in der Erörterung geäußerte Meinungen und Bewertungen zu verstehen.[2] Auch die Preisgabe eines Abstimmungsergebnisses kann einen Verstoß gegen die Schweigepflicht darstellen.[3]

**Abs. 2:** Absatz 2 sieht eine Reihe von Ausnahmen von der Schweigepflicht vor. Bereits nach ihrem Zweck – Wahrung der Vertraulichkeit, des Friedens in der Dienststelle und der Persönlichkeitsrechte der Beschäftigten – gilt die Schweigepflicht nicht zwischen Personalratsmitgliedern und zwischen den Wahlgremien der gleichen Dienststelle (Jugend- und Auszubildendenvertretung, Einigungsstelle, Personalrat, Schwerbehinderten-Vertrauensperson). Der Personalrat hat auch keine Schweigepflicht gegenüber den Mitgliedern des Wirtschaftsausschusses gemäß § 65a. Gegenüber den Teilnehmern einer Personalversammlung ist der Personalrat hingegen grundsätzlich an die Schweigepflicht gebunden. Er darf weder den Inhalt von Personalakten, noch Angelegenheiten, die seitens der Dienststelle oder von Beschäftigten als vertraulich gekennzeichnet wurden (zu Verschlusssachen vgl. § 106 Abs. 2 Satz 2), preisgeben. Allerdings darf die Schweigepflicht auch nicht so weit gehen, dass es dem Personalrat unmöglich gemacht wird, einen Tätigkeitsbericht abzugeben. Deshalb darf er die Teilnehmer der Personalversammlung auch über solche Angelegenheiten informieren, die ihrer Bedeutung nach Außenstehenden gegenüber einer Geheimhaltung bedürfen (siehe hierzu auch Kommentierung zu § 46 Abs. 1). In § 78 Abs. 6 wurde die Möglichkeit geschaffen, Arbeitsgemeinschaften der Hauptpersonalräte bei den obersten Landesbehörden zu bilden. Auch gegenüber diesen Arbeitsgemeinschaften besteht keine Schweigepflicht.

3

Nicht schweigepflichtig sind weiter offenkundige Tatsachen, also solche, die allgemein in der Dienststelle bekannt sind oder in Erfahrung gebracht wer-

---

1 Durchführungserlass vom 14.3.2013, Ziff. 3.
2 *VG Gelsenkirchen* 8.8.2019 – 12c K 8426/17.PVL.
3 *BVerwG* 8.11.2017 – 1 WB 30.16.

den können. Die Schweigepflicht gilt schließlich nicht gegenüber den von Maßnahmen gemäß § 72 Abs. 1 unmittelbar betroffenen Beschäftigten; das betrifft alle Beschäftigten, denen gegenüber eine solche personelle Einzelmaßnahme ergriffen werden soll, als auch diejenigen Bewerber um eine solche Maßnahme (z. B. Höhergruppierung, Umsetzung), die nicht berücksichtigt werden. Voraussetzung ist aber, dass es sich um dienststelleninterne Bewerber, also um Beschäftigte der Dienststelle handelt. Gegenüber nicht der Dienststelle angehörenden Bewerbern – etwa Bewerbern auf eine extern ausgeschriebene Stelle – ist der Personalrat zur Verschwiegenheit verpflichtet.

Nicht der Schweigepflicht unterliegen schließlich solche Angelegenheiten und Tatsachen, die ihrer Bedeutung nach keiner Geheimhaltung bedürfen. Das sind sowohl solche, die von geringer (Größe und Beschaffenheit des Papierkorbs des Dienststellenleiters) oder von solch großer Bedeutung für die Beschäftigten sind (bevorstehende Schließung der Dienststelle), dass ein Verschweigen nicht begründet oder nicht verantwortet werden kann. Auch in solchen Fällen ist die Bekanntgabe ausschließlich innerhalb der Dienststelle gegenüber den Betroffenen erforderlich und erlaubt.

4 **Abs. 3:** Absatz 3 sieht die Erteilung von Aussagegenehmigungen im Falle von Rechtsstreitigkeiten vor. Sie sind vom jeweiligen Gremium zu erteilen. Das Einvernehmen mit dem Dienststellenleiter ist herzustellen.

## Zweites Kapitel
## Personalrat

## Erster Abschnitt
## Wahl und Zusammensetzung

### § 10

(1) Wahlberechtigt sind alle Beschäftigten, die am Wahltage das 18. Lebensjahr vollendet haben.

(2) Wer zu einer Dienststelle abgeordnet ist oder im Wege einer Zuweisung oder Personalgestellung Dienst- oder Arbeitsleistungen erbringt, wird in ihr wahlberechtigt, sobald die Abordnung, die Zuweisung oder die Personalgestellung länger als sechs Monate gedauert hat; im gleichen Zeitpunkt tritt, außer im Falle der Gestellung, der Verlust des Wahlrechts bei der bisherigen Dienststelle ein.

(3) Wahlberechtigt sind nicht Beschäftigte, die

a) infolge Richterspruchs das Recht, in öffentlichen Angelegenheiten zu wählen oder zu stimmen, nicht besitzen,

§ 10

b) voraussichtlich nur für einen Zeitraum von höchstens sechs Monaten beschäftigt werden,
c) am Wahltag seit mehr als achtzehn Monaten unter Wegfall der Bezüge beurlaubt sind.
d) in § 8 Abs. 1 Satz 1 und 2, Abs. 2 und 3 genannt sind,
e) bei Altersteilzeit im Blockmodell in die Freistellungsphase eintreten.

(4) Beschäftigte in der Berufsausbildung sind nur bei der Dienststelle wahlberechtigt, die von der die Ausbildung leitenden Stelle als Stammdienststelle erklärt wird.

(5) Beamtinnen und Beamte in der Schulaufsicht bei den Bezirksregierungen sind bei der Dienststelle wahlberechtigt, der sie angehören. Beamtinnen und Beamte in der Schulaufsicht bei den Schulämtern sowie im Landesdienst beschäftigtes Verwaltungspersonal an Schulen sind zu dem bei der jeweiligen Bezirksregierung gebildeten Bezirkspersonalrat der allgemeinen Verwaltung wahlberechtigt.

**Abs. 1 und 2:** Die Wahlberechtigung – also das aktive Wahlrecht – ist das Recht, bei der Personalratswahl an der Abstimmung teilzunehmen, während die Wählbarkeit (§ 11) – das passive Wahlrecht – die persönlichen Voraussetzungen definiert, unter denen zum Personalrat kandidiert werden kann.

Wahlberechtigt sind alle der Dienststelle angehörenden Beschäftigten im Sinne des § 5 einschließlich der Auszubildenden, die am (letzten) Tag der Wahl das 18. Lebensjahr vollendet haben.[1]

Zur Beschäftigteneigenschaft, an die die Wahlberechtigung anknüpft, vgl. die Kommentierung zu § 5.

Gleichgültig ist, seit wann sie der Dienststelle als Beschäftigte angehören, ob haupt- oder nebenberuflich gearbeitet wird und in welchem zeitlichen Umfang der Beschäftigte tätig ist. Die Wahlberechtigung besteht vom ersten Tag der Beschäftigung an und kann auch von sog. geringfügig Beschäftigten in Anspruch genommen werden.

Auch sog. »freie Mitarbeiter« können wahlberechtigt sein. Sie haben nach Auffassung des *OVG NRW*[2] jedoch erst dann ein Recht auf Teilnahme an der Wahl, wenn durch Entscheidung des Arbeitsgerichts ihre Beschäftigteneigenschaft festgestellt wurde.

Gekündigte Arbeitnehmer behalten ihr Wahlrecht bis zum Erreichen des Kündigungstermins. Beamte verlieren ihr Wahlrecht erst mit Eintritt der Rechtskraft einer Entlassungsverfügung; die vorläufige Dienstenthebung oder das Verbot der Führung der Dienstgeschäfte lassen die Wahlberechtigung unberührt.

---

1 *OVG NRW* 31.1.2014 – 20 A 2155/12.PVL, PersV 2014, 214.
2 Beschluss vom 25.11.1993 – 1 A 322/93.PVB, juris (Leitsatz).

## § 10

Keinen Einfluss auf das Wahlrecht hat die vorübergehende Abwesenheit von der Dienststelle wegen Urlaubs, Krankheit, Lehrgangsteilnahme etc.

Da auch Leiharbeitnehmer weisungsgebunden in der Dienststelle tätig und damit als Beschäftigte im Sinne des § 5 anzusehen sind, sind auch diese wahlberechtigt. Voraussetzung ist, dass sie am Tage der Wahl in der Dienststelle beschäftigt sind.

**2a** Auch gestelltes Personal und zur Dienststelle abgeordnete (zum Begriff der Abordnung vgl. § 72 Rn. 28) oder zugewiesene Beschäftigte sind Beschäftigte im Sinne des § 5. Absatz 2 schränkt die Wahlberechtigung dieser Gruppen von Beschäftigten aber dahingehend ein, dass diese erst entsteht, sobald die Abordnung, Zuweisung oder Gestellung länger als sechs Monate gedauert hat. Im gleichen Zeitpunkt tritt im Falle der Abordnung und der Zuweisung – nicht aber im Falle der Personalgestellung – der Verlust des Wahlrechts bei der bisherigen Dienststelle ein. Dies gilt gemäß § 112 nicht für Beschäftigte, denen gemäß § 44b Abs. 1 und 2 SGB II Aufgaben der gemeinsamen Einrichtungen zugewiesen sind oder werden (vgl. Kommentierung zu § 112).

Absatz 2 findet gemäß § 83 für die im Landesdienst stehenden Beschäftigten der Polizei keine Anwendung; abgeordnete Polizeivollzugsbeamtinnen und Polizeivollzugsbeamte bleiben ausschließlich bei ihrer Stammdienststelle wahlberechtigt.

**3** § 20 BeamtStG sieht zwei Fälle der Zuweisung vor. Nach Abs. 1 dieser Vorschrift kann einem Beamten mit seiner Zustimmung vorübergehend eine seinem Amt entsprechende Tätigkeit bei einer öffentlichen Einrichtung ohne Dienstherreneigenschaft oder bei einer anderen Einrichtung zugewiesen werden, wenn öffentliche Interessen es erfordern. Nach § 20 Abs. 2 BeamtStG kann dem Beamten eine seinem Amt entsprechende Tätigkeit ohne seine Zustimmung zugewiesen werden, wenn die bisherige Dienststelle in eine öffentlich-rechtlich organisierte Einrichtung ohne Dienstherreneigenschaft oder in eine privatrechtlich organisierte Einrichtung der öffentlichen Hand umgewandelt wird.

Die entsprechenden tarifvertraglichen Regelungen in § 4 Abs. 2 TVöD/TV-L sehen vor, dass einem Beschäftigten im dienstlichen/betrieblichen oder öffentlichen Interesse vorübergehend eine mindestens gleichvergütete Tätigkeit bei einem Dritten zugewiesen werden kann. Diese Zuweisung bedarf seiner Zustimmung, die jedoch nur aus wichtigem Grund verweigert werden kann. In der Protokollerklärung zu § 4 Abs. 2 TVöD/TV-L heißt es, dass als Zuweisung die vorübergehende Beschäftigung unter Fortsetzung des bestehenden Arbeitsverhältnisses bei einem Dritten im In- und Ausland zu verstehen ist, bei dem der Allgemeine Teil des TVöD nicht zur Anwendung kommt.

Die Personalgestellung ist in § 4 Abs. 3 TVöD/TV-L geregelt. Danach hat der Arbeitnehmer auf Verlangen des Arbeitgebers die bisher geschuldete Ar-

## § 10

beitsleistung bei einem Dritten zu erbringen, wenn Aufgaben des Beschäftigten zu einem Dritten verlagert worden sind. Es gilt daher der Grundsatz: »Das Personal folgt der Aufgabe.« In der Protokollerklärung zu § 4 Abs. 3 TVöD/TV-L ist die Personalgestellung definiert als die auf Dauer angelegte Beschäftigung bei einem Dritten unter Fortsetzung des bestehenden Arbeitsverhältnisses. Werden Rotkreuzschwestern im Rahmen ihrer Pflichten als Vereinsmitglieder aufgrund eines Gestellungsvertrages weisungsgebunden in einem von einem Dritten betriebenen Krankenhaus tätig, handelt es sich um Arbeitnehmerüberlassung; die Aufnahme der Tätigkeit unterliegt als Einstellung der Mitbestimmung des dortigen Betriebsrats.[3] Im Krankenhaus richtet sich die Wahlberechtigung der Rotkreuzschwester nach den Vorschriften des BetrVG.

Für das gestellte Personal enthält Abs. 2, 2. Halbsatz eine Besonderheit. Das gestellte Personal erwirbt in der aufnehmenden Dienststelle nach sechs Monaten der Gestellung die Wahlberechtigung. Gleichzeitig behält der Gestellte aber das Wahlrecht in der abgebenden Dienststelle. Es entsteht ein »doppeltes Wahlrecht« dergestalt, dass das gestellte Personal nach sechsmonatiger Dienststellenzugehörigkeit in der neuen Dienststelle sowohl dort, als auch in der ehemaligen Dienststelle wahlberechtigt zur Personalratswahl ist.

Besteht eine neugegründete Dienststelle ausschließlich aus Beschäftigten, die dort im Wege der Abordnung, Zuweisung oder Gestellung ihren Dienst leisten, ist § 12 hinsichtlich des aktiven Wahlrechts des § 10 Abs. 2 analog anzuwenden.[4]

**Abs. 3:** Absatz 3 sieht eine Reihe von Ausnahmen von der Wahlberechtigung vor: **4**

Kein Wahlrecht nach Buchst. a haben Beschäftigte, denen durch ein Strafgericht das Wahlrecht aberkannt wurde (§ 45 StGB).

Nach Buchst. b nicht wahlberechtigt sind weiterhin Beschäftigte, die »voraussichtlich« nur für einen Zeitraum von höchstens sechs Monaten beschäftigt werden. Darunter fallen Aushilfen sowie Urlaubs- und Krankheitsvertretungen, die einmalig für einen Zeitraum unter sechs Monaten beschäftigt sind. Arbeitnehmern, die regelmäßig zu solchen Aushilfstätigkeiten herangezogen werden – Daueraushilfen, Abrufkräfte etc. – ist das Wahlrecht zuzuerkennen, wenn sie am Wahltag beschäftigt sind. »Voraussichtlich« nicht länger als sechs Monate ist ein Arbeitnehmer beschäftigt, wenn der Arbeitsvertrag entsprechend (erstmals) befristet ist. Unerheblich ist, wie lange das Arbeitsverhältnis vom Tag der Wahl an noch andauert.

In Buchstabe c) ist vorgesehen, dass eine Beurlaubung ohne Dienstbezüge oder Vergütung erst dann zum Wegfall des Wahlrechts führt, wenn sie am Wahltage länger als 18 Monate besteht. Diese Regelung ermöglicht es z. B.

---

3 *EuGH* 17.11.2016 – C-216/15, AuR 2017, 40; *BAG* 21.2.2017 – 1 ABR 62/12.
4 Durchführungserlass vom 14.3.2013, Ziff. 4.3.

## § 10

Personen, die die Elternzeit nach dem BEEG in Anspruch nehmen, an der Personalratswahl teilzunehmen, wenn diese in den ersten 18 Monaten nach Beginn der Beurlaubung stattfindet. Inkonsequent sieht das Gesetz in § 11 Abs. 2 Buchst. c jedoch den Verlust des passiven Wahlrechts nach sechsmonatiger Beurlaubung ohne Dienstbezüge vor. Durch das Dritte Gesetz zur Änderung des Landespersonalvertretungsgesetzes vom 26.2.2019[5] wurde immerhin klargestellt, dass schon gewählte Personalratsmitglieder, die Elternzeit in Anspruch nehmen, ihr Amt nicht verlieren (vgl. Kommentierung zu § 26). Dies ändert jedoch nichts daran, dass Beschäftigte, die zum Zeitpunkt der Wahl bereits mehr als sechs Monate im Amt sind, nicht wählbar sind. Neben der Elternzeit kommt eine Beurlaubung ohne Dienstbezüge nach der Sonderurlaubsverordnung (SondUrlVO) oder ein Urlaub aus familiären Gründen gemäß § 71 LBG in Betracht. Der Tatbestand der Beurlaubung nach Abs. 3c) ist erfüllt, wenn die Hauptpflichten ruhen, der Beschäftigte somit nicht mehr zur Leistung der Dienste und die Dienststelle nicht mehr zur Zahlung des Entgelts verpflichtet ist; zudem ruht das Weisungsrecht der Dienststelle.[6]

Nicht wahlberechtigt ist nach Buchst. d weiterhin das Leitungspersonal der Dienststelle gemäß § 8 Abs. 1 Satz 1 und 2, Abs. 2 und 3. Haben andere Beschäftigte die Befugnis zur selbständigen Entscheidung in personellen Einzelmaßnahmen (sonstige Beauftragte im Sinne des § 8 Abs. 1 Satz 3), so behalten sie zwar das aktive, ggf. jedoch nicht das passive Wahlrecht (§ 11 Abs. 2 Buchst. b).

Nach Buchst. e führt bei Altersteilzeit im Blockmodell der Beginn der sog. Freistellungsphase zum Verlust der Wahlberechtigung. Diese Regelung entspricht der gefestigten Rechtsprechung des *BVerwG*.[7]

**5 Abs. 4:** Auszubildende sind in der jeweiligen Dienststelle wahlberechtigt, die zur Stammdienststelle bestimmt worden ist. Die Bestimmung wird von der Stelle vorgenommen, die die Ausbildung leitet. Gemäß § 55 Abs. 1 Satz 2 gilt diese Festlegung auch für die Wahl zur Jugend- und Auszubildendenvertretung.

**6 Abs. 5:** Absatz 5 stellt gegen die frühere Rechtsprechung der Verwaltungsgerichte klar, dass die Beamten der Schulaufsicht bei den Bezirksregierungen zu dem jeweiligen Personalrat ihrer Beschäftigungsdienststelle wahlberechtigt sind. Beamte der Schulaufsicht bei den Schulämtern sowie im Landesdienst beschäftigtes Verwaltungspersonal an Schulen sind zu dem bei der jeweiligen Bezirksregierung gebildeten Personalrat wahlberechtigt.

---

5 GV.NRW, Ausgabe 2019 Nr. 6, S. 131.
6 Durchführungserlass vom 14.3.2013, Ziff. 4.2.
7 *BVerwG* 15.5.2002 – 6 P 8.01, PersR 2002, 434; 15.5.2002 – 6 P 18.01, PersR 2002, 438.

## § 11

(1) Wählbar sind alle Wahlberechtigten, die am Wahltage seit sechs Monaten derselben Körperschaft, Anstalt oder Stiftung angehören.

(2) Nicht wählbar sind Beschäftigte, die
a) infolge Richterspruch die Fähigkeit, Rechte aus öffentlichen Wahlen zu erlangen, nicht besitzen,
b) zu selbständigen Entscheidungen in Personalangelegenheiten der Dienststelle befugt sind sowie die in § 8 Abs. 1 Satz 3 genannten sonstigen Beauftragten, sofern diese nach einer Wahl die mit der Beauftragung eingeräumten Befugnisse weiter ausüben,
c) am Wahltag seit mehr als sechs Monaten unter Wegfall der Bezüge beurlaubt sind,
d) nach der Wahl Aufgaben einer Gleichstellungsbeauftragten der Dienststelle wahrnehmen.

(3) Nicht wählbar sind Arbeitnehmerinnen und Arbeitnehmer der Gemeinden und der Gemeindeverbände, die dem in deren Verfassung vorgesehenen obersten Organ angehören.

Die Vorschriften über die Wählbarkeit legen die persönlichen Voraussetzungen fest, die eine Kandidatur zum Personalrat – also die Ausübung des passiven Wahlrechts – erlauben oder verbieten. Die Vorschrift ist abschließend, es gibt keine weiteren Voraussetzungen der Wählbarkeit. Die Kandidatur zum Personalrat ist daher mit der gleichzeitigen Tätigkeit als Mitglied des Wahlvorstands und des amtierenden Personalrats vereinbar. Auch ein Ausschluss aus dem Personalrat gemäß § 25 hindert an einer erneuten Kandidatur für die folgende Amtszeit nicht.

**Abs. 1:** Wählbarkeit setzt zunächst voraus, dass der Beschäftigte wahlberechtigt im Sinne des § 10 ist und am Tage der Wahl sechs Monate derselben Körperschaft, Anstalt oder Stiftung angehört. Voraussetzung für die Wählbarkeit ist also das Bestehen eines Beschäftigungsverhältnisses (siehe Kommentierung zu § 5) zu einem Arbeitgeber bzw. Dienstherrn im Lande NRW bzw. zu einer sonstigen Körperschaft, z. B. einem Kreis, einer Stadt oder einer Anstalt öffentlichen Rechts oder einer Stiftung für die Dauer von sechs Monaten. Auch gestelltes Personal ist nach sechs Monaten in der aufnehmenden Dienststelle wahlberechtigt (vgl. § 10 Rn. 2a), mithin ab diesem Moment auch wählbar (mit Ausnahme der Polizeivollzugsbeamtinnen und Polizeivollzugsbeamten, siehe § 83). Leiharbeitnehmer (vgl. § 10 Rn. 2) haben das aktive Wahlrecht, wenn sie am Tage der Wahl in der Dienststelle beschäftigt sind. Sind sie zu diesem Zeitpunkt bereits seit sechs Monaten Beschäftigte der Körperschaft, Anstalt oder Stiftung, sind somit auch Leiharbeitnehmer wählbar. Die Frist von sechs Monaten ist nach §§ 187, 188 BGB zu berechnen und muss am – letzten – Tag der Wahl erreicht sein. Gleichgültig ist,

§ 11

ob innerhalb dieser sechs Monate Zeiten der Beurlaubung (mit oder ohne Dienstbezüge), Krankheit oder Abordnung lagen. Ein gekündigter Arbeitnehmer bleibt für die Dauer des Kündigungsrechtsstreits wählbar, damit ausgeschlossen wird, dass durch eine Kündigung die Kandidatur eines unliebsamen Bewerbers verhindert wird. Der Gekündigte, der gegen die Kündigung eine Kündigungsschutzklage erhoben hat, ist hinsichtlich seiner Wählbarkeit wie ein Betriebsangehöriger zu behandeln.[1]

2 **Abs. 2:** Von der Wählbarkeit ausgeschlossen sind gemäß Buchstabe a) zunächst Beschäftigte, denen durch strafgerichtliche Verurteilung die Amtsfähigkeit aberkannt wurde (§ 45 StGB). Nach Abs. 2 Buchst. b) ist infolge der Novelle 2007 der Ausschluss von der Wählbarkeit auf Beschäftigte, die zu selbständigen Entscheidungen »in Personalangelegenheiten« der Dienststelle befugt sind, ausgedehnt worden. Bis dahin galt dieser Ausschluss nur, wenn sich die Befugnis auf die in § 72 Abs. 1 Satz 1 genannten Personalangelegenheiten bezog. Diese Ausweitung ist damit begründet worden,[2] dass »bedeutsame« Personalangelegenheiten auch in anderen Mitbestimmungsbereichen getroffen würden und vergleichbare Interessenkonflikte zur Folge haben könnten. Die Regelung entspreche im Übrigen der des BPersVG. Die Regelung betrifft nicht das Leitungspersonal der Dienststelle, da die Personen des § 8 Abs. 1–3 bereits keine Wahlberechtigung haben (§ 10 Abs. 3 Buchst. d). Es ist nicht erforderlich, dass über alle in § 72 Abs. 1 Satz 1 genannten Angelegenheiten oder für sämtliche Beschäftigte der Dienststelle die Entscheidungsbefugnis besteht.[3] Voraussetzung ist jedoch das durch Stellenplan oder Verwaltungsorganisation (Zeichnungsbefugnis) übertragene Recht des Beschäftigten, in eigener Verantwortung endgültige Entscheidungen treffen zu können.[4] Darüber hinaus muss es sich um Personalangelegenheiten handeln, die die Dienststelle betreffen, vornehmlich also die Beschäftigten der Dienststelle. Aufgrund der Gesetzesbegründung ist unklar, unter welchen Voraussetzungen die Wählbarkeit entfällt. Bedeutsame Personalangelegenheiten in »anderen Mitbestimmungsbereichen« können neben den Personalangelegenheiten des § 72 Abs. 1 Satz 1 auch soziale Angelegenheiten im Sinne des § 72 Abs. 2, z. B. bei der Gewährung und Versagung von Leistungen im Sinne des § 72 Abs. 2 Nr. 1–5 sein. In Betracht kommen auch Personalangelegenheiten nach § 72 Abs. 4, wie die Festsetzung der zeitlichen Lage eines strittigen Erholungsurlaubes (Nr. 4), die Regelung von Fragen der Entgeltgestaltung (Nr. 5), die Bestellung von Vertrauens- und Betriebsärzten (Nr. 6), die Festlegung von Prämien im Rahmen des betriebli-

---

1 Vgl. zum BetrVG: *BAG* 14. 5. 1997 – 7 ABR 26/96, NZA 1997, 1245.
2 Gesetzesbegründung, LT-Drucks. 14/4239, 89.
3 *OVG NRW* 22. 5. 1996 – 1 A 3651/92.PVL, n. v.; 17. 4. 1997 – 1 A 2306/94.PVL, n. v.
4 *OVG NRW* 22. 5. 1996, a. a. O.

chen Vorschlagswesens (Nr. 8), der Erlass von Regelungen zum Ordnungsverhalten (Nr. 9) oder die Geltendmachung von Ersatzansprüchen gegen Beschäftigte (Nr. 11). In Betracht kommt der Ausschluss der Wählbarkeit auch, wenn einem Beschäftigten die selbständige Entscheidung zum Ausspruch von Kündigungen und Entlassungen oder die Befugnis zum selbstständigen Abschluss von Aufhebungs- oder Beendigungsverträgen übertragen wurde. Nicht zum Ausschluss der Wählbarkeit führt hingegen die Übertragung der Entscheidungsbefugnis zu anderen Personalangelegenheiten, wie die Befugnis zum Ausspruch von Abmahnungen, Ermahnungen u. Ä. Für den Ausschluss der Wählbarkeit ist auf die planmäßige Ausübung solcher Befugnisse im Rahmen der regulären Dienstaufgaben abzustellen. Die nur vertretungsweise Tätigkeit – auch wenn diese Vertretung dauerhaft übertragen ist – reicht nicht aus.[5] Beschäftigte in Orchesterbetrieben, die zugleich in den Orchestervorstand nach dem TV-K gewählt werden, verlieren ihre Wählbarkeit zum Personalrat dadurch nicht. Die Befugnisse eines Orchestervorstandes leitet dieser nicht aus einer irgendwie gearteten Dienstherrneigenschaft ab, sondern aus einem tariflich verliehenen Selbstorganisationsrecht des Orchesters. Die Mitglieder des Orchestervorstandes fallen damit nicht unter Abs. 2 Buchstabe b).[6]

Nach Buchstabe b) tritt der Verlust der Wählbarkeit ebenfalls bei den sonstigen Beauftragten im Sinne des § 8 Abs. 1 Satz 3 ein, soweit diese die mit der Beauftragung verbundenen Befugnisse nach einer Personalratswahl weiter ausüben. Diese Beauftragten können[7] in einen Interessenkonflikt geraten, wenn sie gleichzeitig als Personalratsmitglied tätig sind. Diese Vorschrift ist unklar. Der Verlust der Wählbarkeit soll offenbar erst dann eintreten, wenn feststeht, dass der sonstige Beauftragte die übertragenen Befugnisse nach der Wahl weiterhin ausübt. Das steht im Widerspruch zu der Regelung über den Ausschluss der Wählbarkeit bei den Beschäftigten, die zu selbständigen Entscheidungen in Personalangelegenheiten der Dienststelle befugt sind. Bei diesen tritt der Verlust der Wählbarkeit bereits mit der Übertragung und nicht erst mit der Ausübung dieser Befugnisse ein. Zudem muss die Wählbarkeit zwar zum Zeitpunkt der Wahl, jedoch nach Sachverhalten festgestellt werden, die erst nach dieser Wahl feststehen. Um eine rechtssichere Wahl zu gewährleisten, hat der Wahlvorstand daher sowohl Erkundigungen einzuholen, als auch eine Prognose zu stellen. Ist die sonstige Beauftragung mit Einverständnis des Personalrats dauerhaft und ohne zeitliche Einschränkung erfolgt, tritt der Verlust der Wählbarkeit ein. Ansonsten treten der Verlust der Wählbarkeit und damit das Erlöschen der Mitgliedschaft im Personalrat

---

5 *BVerwG* 6. 9. 2005 – 6 PB 13.05, PersR 2006, 37.
6 *OVG NRW* 28. 9. 2017 – 20 A 1002/17.PVL, PersV 2018, 107; *VG Düsseldorf* 24. 3. 2017 – 34 K 7252/16.PVL.
7 So die Gesetzesbegründung, LT-Drucks. 14/4239, 89.

## § 11

gemäß § 26 Abs. 1 Buchst. f dann ein, wenn der sonstige Beauftragte nach der Wahl die mit der Beauftragung eingeräumten Befugnisse tatsächlich – und sei es nur im Einzelfall – ausübt.

**3a** Nach Buchstabe c) sind zudem Beschäftigte nicht wählbar, die am (letzten) Tag der Wahl seit mehr als sechs Monaten unter Wegfall der Bezüge beurlaubt sind. In Betracht kommt hier die Inanspruchnahme von Elternzeit nach dem BEEG, eine Beurlaubung ohne Dienstbezüge nach der Sonderurlaubsverordnung (SondUrlVG) oder der Urlaub aus familiären Gründen nach § 71 LBG (vgl. § 10 Rn. 4). Die Regelungen des 3. Gesetzes zur Änderung des Landespersonalvertretungsgesetzes vom 26.2.2019[8] haben auch für den Fall der Inanspruchnahme von Elternzeit keine Auswirkungen auf den Wegfall der Wählbarkeit nach § 11. Lediglich in § 26 wurde eine Änderung dahingehend eingeführt, dass eine bereits bestehende Mitgliedschaft im Personalrat nicht nach sechsmonatiger Inanspruchnahme der Elternzeit erlischt (vgl. Kommentierung zu § 26). Die Regelung des § 11 blieb hingegen unverändert. Maßgebend für die Erfüllung des Tatbestands des Buchstaben c) ist, dass die gegenseitigen Hauptpflichten aus dem Arbeits- bzw. Dienstverhältnis ruhen.[9] Gesetzgeberisch inkonsequent ist, dass die beurlaubten Beschäftigten das passive Wahlrecht bereits nach sechs Monaten, das aktive Wahlrecht gemäß § 10 Abs. 3c) hingegen erst nach 18 Monaten verlieren.

**4** Die Gleichstellungsbeauftragte ist von der Wählbarkeit ausgeschlossen (Buchstabe d), weil sie – so die Gesetzesbegründung[10] im Jahre 2007 – bei gleichzeitiger Tätigkeit als Personalratsmitglied und Gleichstellungsbeauftragte in einen Interessenkonflikt geraten kann.[11] Das entspricht auch der Regelung in § 16 Abs. 1 Landesgleichstellungsgesetz. Die Vorschrift führt dazu, dass – ebenso wie bei den Beauftragten im Sinne des § 8 Abs. 1 Satz 3 – allein die Innehaltung des Amts oder die Bestellung zur Gleichstellungsbeauftragten der Wählbarkeit noch nicht entgegensteht. Erst dann, wenn diese Aufgabe nach der Wahl wahrgenommen wird bzw. auch nach der Wahl in den Personalrat an dem Amt der Gleichstellungsbeauftragten festgehalten wird, tritt der Verlust der Wählbarkeit ein. Der Verlust der Wählbarkeit und damit des Personalratsamtes tritt gemäß § 26 Abs. 1 Buchst f auch dann ein, wenn ein Personalratsmitglied zur Gleichstellungsbeauftragten bestellt wird. Die Vorschrift kann nicht auf die stellvertretende Gleichstellungsbeauftragte und auf die schulfachlichen Gleichstellungsbeauftragten – soweit

---

8 GV.NRW, Ausgabe 2019 Nr. 6, S. 131.
9 Durchführungserlass v. 14.3.2013, Ziff. 4.2.
10 LT-Drucks. 14/4239, 90.
11 So bereits zum alten Recht: *VG Gelsenkirchen* 20.7.2004 – 12 L 933/04, NWVBl. 2005, 152.

sie zur Personalvertretung der allgemeinen Verwaltung kandidieren – angewandt werden.

**Abs. 3:** Nach der Vorschrift waren ehemals Arbeiter in Gemeinden und Gemeindeverbänden von der Wählbarkeit ausgeschlossen, die zugleich dem obersten Organ – also dem Rat, Kreistag oder der Verbandsversammlung – ihres Arbeitgebers angehörten. Der Begriff »Arbeiter« wurde in Anknüpfung an § 13 Kommunalwahlgesetz durch »Arbeitnehmerinnen und Arbeitnehmer« ersetzt. Die Gesetzesänderung soll jedoch nichts an der Möglichkeit ändern, dass »Arbeiter« dem verfassungsmäßig vorgesehenen obersten Organ angehören können, weil Interessenkonflikte oder Kollisionen zwischen diesem Wahlamt und der Personalratstätigkeit aufgrund ihrer beruflichen Tätigkeit nicht entstehen können. Es bleibt daher nach wie vor die Wählbarkeit in den Personalrat für diejenigen Arbeitnehmer erhalten, die als »Arbeiter« in das in der Verfassung vorgesehene oberste Organ der Gemeinde oder des Gemeindeverbandes gewählt werden können. Für Angestellte und Beamte bleibt der Ausschluss von der Wählbarkeit in diese obersten Organe bestehen.

# § 12

**Besteht die Körperschaft, Anstalt oder Stiftung oder in der Landesverwaltung die Dienststelle, der die oder der Beschäftigte angehört, weniger als sechs Monate, so bedarf es für die Wählbarkeit nicht der Voraussetzungen des § 11 Abs. 1.**

Besteht eine Dienststelle am Tage der Personalratswahl noch nicht sechs Monate, so bedarf es für die Wählbarkeit nicht der sechsmonatigen Dienstzugehörigkeit. Das ist bei Neugründung einer Dienststelle ebenso der Fall wie bei Zusammenlegung von Dienststellen und Dienststellenteilen (§ 1 Abs. 3) zu einer neuen Einheit. Als Übergangsregelung sieht § 44 in den Fällen der Zusammenlegung von Dienststellen die Bildung einer Personalkommission und in den Fällen der Teilung oder Umwandlung einer Dienststelle ein Übergangsmandat vor.

Besteht eine neugegründete Dienststelle ausschließlich aus Beschäftigten, die dort im Wege der Abordnung, Zuweisung oder Gestellung ihren Dienst leisten, ist § 12 analog auf das aktive Wahlrecht nach § 10 Abs. 2 anzuwenden.[1]

---

1 Durchführungserlass vom 14.3.2013, Ziff. 4.3.

## § 13

(1) In allen Dienststellen mit in der Regel mindestens fünf wahlberechtigten Beschäftigten, von denen drei wählbar sind, werden Personalräte gebildet.

(2) Dienststellen des Landes, bei denen die Voraussetzungen des Absatzes 1 nicht gegeben sind, werden von der übergeordneten Dienststelle im Einvernehmen mit der Stufenvertretung einer benachbarten Dienststelle zugeteilt.

(3) Der Personalrat besteht in Dienststellen mit in der Regel

5 bis 20 wahlberechtigten Beschäftigten aus einer Person,
21 bis 50 wahlberechtigten Beschäftigten aus drei Mitgliedern,
51 bis 150 Beschäftigten aus fünf Mitgliedern,
151 bis 300 Beschäftigten aus sieben Mitgliedern,
301 bis 600 Beschäftigten aus neun Mitgliedern,
601 bis 1000 Beschäftigten aus elf Mitgliedern.

Die Zahl der Mitglieder erhöht sich in Dienststellen mit 1001 bis 5000 Beschäftigten um je zwei für je weitere angefangene 1000, mit 5001 und mehr Beschäftigten um je zwei für je weitere angefangene 2000.

(4) Die Höchstzahl der Mitglieder beträgt fünfundzwanzig.

1   **Abs. 1:** Personalratsfähig ist eine Dienststelle, wenn fünf wahlberechtigte (§ 10) Beschäftigte vorhanden sind, von denen mindestens drei wählbar (§ 11) sind.

Diese Zahlen sind erreicht, wenn »in der Regel« so viele wahlberechtigte und wählbare Beschäftigte vorhanden sind. Die »Regelzahl« ist auch bei Ermittlung der Personalratsgröße nach Absatz 3, der Größe der Jugend- und Auszubildendenvertretung nach § 56 Abs. 1 sowie der Freistellungen nach § 42 Abs. 4 zu ermitteln.

2   Nach der Rechtsprechung des *BVerwG*[1] und des *OVG NRW*[2] ist in erster Linie vom Stellenplan auszugehen[3] und sodann im Rahmen einer beschränkten Zukunftsprognose zu ermitteln, ob tatsächliche Abweichungen berücksichtigt werden müssen, um ein von zufälligen Verzerrungen freies Bild vom künftigen Personalbestand der Dienststelle zu erhalten (z. B. das Führen von zwei Halbtagskräften auf einer Haushaltsstelle; »Bodensatz« an befristeten oder ABM-Kräften). Solche Umstände dürfen nur dann berücksichtigt werden, wenn sie über mehr als die Hälfte der Amtszeit wirken und den Personalbestand mit großer Gewissheit verändern.

---

1   Beschluss vom 3.7.1991 – 6 P 1.89, PersR 1991, 369; 19.12.2006 – 6 PB 12.06, PersR 2007, 125.
2   Beschluss vom 20.1.1994 – 1 A 3122/93.
3   *Cecior u. a.*, § 13 Rn. 5; *Laber/Pagenkopf*, § 13 Rn. 2.

## § 14

**Abs. 2:** Kleindienststellen mit weniger als fünf Wahlberechtigten werden in der Landesverwaltung von der übergeordneten Dienststelle einer ihr benachbarten Dienststelle zugeordnet. Diese Zuordnung bedarf des Einvernehmens mit der zuständigen Personalvertretung. Es kann verweigert werden, wenn die beabsichtigte Zuordnung den Wünschen der Betroffenen widerspricht oder sonst unzweckmäßig ist.

**Abs. 3:** In Dienststellen mit in der Regel 5 bis 50 Beschäftigten wird die Größe des Personalrats nach der Zahl der wahlberechtigten Beschäftigten berechnet. Maßgebender Zeitpunkt für die Feststellung der Beschäftigtenzahl durch den Wahlvorstand ist der Tag des Aushangs des Wahlausschreibens.[4] In größeren Dienststellen ist die Regelzahl sämtlicher Beschäftigter ohne Rücksicht auf die Wahlberechtigung zu ermitteln.

In Dienststellen mit mehr als 1000 Regelbeschäftigten erhöht sich die Personalratszahl um je zwei für jede angefangene, weitere 1000 Beschäftigten. Bei 3400 Beschäftigten sind also 17 Personalratsmitglieder zu wählen (11 für die ersten 1000 Beschäftigten plus je 2 bzw. insgesamt 6 für die weiteren angefangenen 1000 Beschäftigten). Übersteigt die Beschäftigtenzahl 5000, so sind für jede angefangene 2000 je zwei weitere Personalratsmitglieder zu wählen – in keinem Fall jedoch mehr als 25 (Abs. 4).

Finden sich nicht genügend Wahlbewerber, kommt ein Personalrat mit einer geringeren Anzahl zustande. Er kann die volle Amtszeit amtieren, § 24 Abs. 1 Buchst. b) gilt nicht.

3

4

5

## § 14

(1) **Sind in der Dienststelle Angehörige verschiedener Gruppen beschäftigt, so muss jede Gruppe entsprechend ihrer Stärke im Personalrat vertreten sein, wenn dieser aus mindestens drei Mitgliedern besteht. Bei gleicher Stärke der Gruppen entscheidet das Los. Macht eine Gruppe von ihrem Recht, im Personalrat vertreten zu sein, keinen Gebrauch, so verliert sie ihren Anspruch auf Vertretung.**

(2) **Der Wahlvorstand berechnet die Verteilung der Sitze auf die Gruppen nach den Grundsätzen der Verhältniswahl.**

(3) **Eine Gruppe erhält mindestens**
**bei weniger als 51 Gruppenangehörigen ein Mitglied,**
**bei 51 bis 200 Gruppenangehörigen zwei Mitglieder,**
**bei 201 bis 600 Gruppenangehörigen drei Mitglieder,**
**bei 601 bis 1000 Gruppenangehörigen vier Mitglieder,**
**bei 1001 bis 3000 Gruppenangehörigen fünf Mitglieder,**
**bei 3001 und mehr Gruppenangehörigen sechs Mitglieder.**

---

4  *BVerwG* 19.12.2006 – 6 PB 12/06, PersR 2007, 125; *Cecior u. a.*, § 13 Rn. 21.

## § 14

(4) Eine Gruppe, der in der Regel nicht mehr als fünf Beschäftigte angehören, erhält nur dann eine Vertretung, wenn sie mindestens ein Zwanzigstel der Beschäftigten der Dienststelle umfasst. Erhält sie keine Vertretung und findet Gruppenwahl statt, so kann sich jede oder jeder Angehörige dieser Gruppe durch Erklärung gegenüber dem Wahlvorstand einer Gruppe anschließen.
(5) Der Personalrat soll sich aus Mitgliedern der verschiedenen Beschäftigungsarten zusammensetzen.
(6) Frauen und Männer sollen ihrem zahlenmäßigen Anteil in der Dienststelle entsprechend vertreten sein.

1 Die nach § 13 festgestellte Gesamtzahl der Personalratsmitglieder ist auf die in der Dienststelle vorhandenen Gruppen der Arbeitnehmer und Beamten unter Beachtung der Regeln zum Mehrheits- und Minderheitsschutz zu verteilen.

2 **Abs. 1 und 2:** Jede in der Dienststelle mit Beschäftigten vertretene Gruppe hat Anspruch auf Personalratssitze entsprechend ihrer Stärke, wenn sie mindestens drei Mitglieder hat. Keine Berücksichtigung finden die in der Dienststelle gar nicht Vorhandenen und die Gruppen, die keine Sitze beanspruchen – sich also mit eigenen Wahlvorschlägen an der Personalratswahl nicht beteiligen. Im letzteren Fall verteilt der Wahlvorstand die nicht in Anspruch genommenen Personalratssitze auf die übrige Gruppe – auch dann, wenn eine Gruppe weniger Wahlbewerber vorschlägt als ihr Personalratssitze zustehen.
Bei gleicher Gruppenstärke entscheidet das Los über die Zuteilung der Sitze.
Die Verteilung der nach § 13 ermittelten Sitze erfolgt nach den Grundsätzen der Verhältniswahl (siehe § 16 Rn. 7).

3 **Abs. 3:** Jede Gruppe erhält Personalratssitze gestaffelt nach der Gruppengröße, mindestens jedoch einen Vertreter bei einer Gruppenzugehörigkeit von mehr als fünf (s. auch Absatz 5) und weniger als 51 Personen.

4 **Abs. 4:** Ohne Sitze im Personalrat bleibt eine Gruppe, die
- nicht mehr als fünf Beschäftigte hat **und**
- weniger als ein Zwanzigstel der Dienststellenbeschäftigten
bildet.
Die Angehörigen dieser Kleingruppen können durch Erklärung gegenüber dem Wahlvorstand bei der anderen Gruppe mitwählen.

5 **Abs. 5 und 6:** Die beiden letzten Absätze sind Sollvorschriften, die sich an die Wähler allgemein richten, deren Nichtbeachtung aber folgenlos bleibt.[1]

---

1 *Cecior u. a.*, § 14 Rn. 23 ff.; *Laber/Pagenkopf*, § 14 Rn. 10 ff.

## § 16

Der Personalrat soll sich zunächst aus Vertretern der verschiedenen Beschäftigungsarten zusammensetzen. Absatz 6 enthält den »Appell«, Frauen und Männer ihrem zahlenmäßigen Anteil entsprechend zu berücksichtigen. Auch § 64 Nr. 10, das durch die Novelle 2007 geschaffene Mitbestimmungsrecht nach § 72 Abs. 4 Nr. 18 und das Gleichstellungsgesetz betonen die Verpflichtung des öffentlichen Dienstes zur Gleichstellung der Geschlechter. Die Vorschrift appelliert recht allgemein an die am Wahlgeschehen Beteiligten. Sie kann im Grunde von keinem der Beteiligten beachtet oder gar durchgesetzt werden, da Wahlvorschläge, die diesem Appell entsprechen, durch weitere Wahlvorschläge und insbesondere durch den Wählerwillen Veränderungen erfahren und weder Wahlvorstand noch Personalrat berechtigt sind, auf die Zusammensetzung der Wahlvorschläge oder der Gruppen Einfluss zu nehmen.

## § 15

**(1) Die Verteilung der Mitglieder des Personalrats auf die Gruppen kann abweichend von § 14 geordnet werden, wenn jede Gruppe dies vor der Neuwahl in getrennter geheimer Abstimmung beschließt.**
**(2) Für jede Gruppe können auch Angehörige anderer Gruppen vorgeschlagen werden. Die Gewählten sind Mitglieder derjenigen Gruppe, für die sie vorgeschlagen worden sind.**

**Abs. 1:** Die Beschäftigten der Dienststelle können die Verteilung der Personalratssitze auf die Gruppen verändern, wenn jede Gruppe dies in einer Vorabstimmung mehrheitlich beschließt. Diese Vorabstimmung muss den Regeln für die Vorabstimmung zur gemeinsamen Wahl entsprechen (siehe § 16 Abs. 2 und § 4 WO).

**Abs. 2:** Absatz 2 sieht vor, dass in jeder Gruppe auch gruppenfremde Vertreter kandidieren können. Werden sie gewählt, so gelten sie im Personalrat als Vertreter derjenigen Gruppe, für die sie kandidiert haben. Der arbeits- und dienstrechtliche Status dieses Personenkreises bleibt dadurch jedoch unberührt.

## § 16

**(1) Der Personalrat wird in geheimer und unmittelbarer Wahl gewählt.**
**(2) Besteht der Personalrat aus mehr als einer Person, wählt jede Gruppe ihre Mitglieder (§ 14) je in getrennten Wahlgängen, es sei denn, dass die wahlberechtigten Angehörigen jeder Gruppe vor der Neuwahl in getrennten geheimen Abstimmungen die gemeinsame Wahl beschließen. Der Beschluss bedarf der Mehrheit der Stimmen aller wahlberechtigten Beschäftigten jeder Gruppe.**

## § 16

(3) Die Wahl wird nach den Grundsätzen der Verhältniswahl durchgeführt. Wird nur ein Wahlvorschlag eingereicht, so findet Personenwahl statt. In Dienststellen, deren Personalrat aus einer Person besteht, wird dieser mit einfacher Stimmenmehrheit gewählt. Das gleiche gilt für Gruppen, denen nur ein Mitglied im Personalrat zusteht.

(4) Zur Wahl des Personalrats können die wahlberechtigten Beschäftigten und die in der Dienststelle vertretenen Gewerkschaften Wahlvorschläge machen. Die nach § 11 Abs. 2 nicht wählbaren Beschäftigten dürfen keine Wahlvorschläge machen oder unterzeichnen. Die oder der Beschäftigte darf nur einen Wahlvorschlag unterzeichnen.

(5) Bei einer Wahl in getrennten Wahlgängen muss jeder Wahlvorschlag der Beschäftigten von mindestens einem Zwanzigstel der wahlberechtigten Gruppenangehörigen, jedoch von mindestens drei wahlberechtigten Gruppenangehörigen, unterzeichnet sein; in jedem Fall genügt die Unterzeichnung durch 100 wahlberechtigte Gruppenangehörige.

(6) Bei gemeinsamer Wahl muss jeder Wahlvorschlag der Beschäftigten von mindestens einem Zwanzigstel der wahlberechtigten Beschäftigten, jedoch von mindestens drei wahlberechtigten Beschäftigten, unterzeichnet sein; in jedem Fall genügt die Unterzeichnung durch 100 wahlberechtigte Beschäftigte. Werden bei gemeinsamer Wahl für eine Gruppe gruppenfremde Bewerberinnen und Bewerber vorgeschlagen, muss der Wahlvorschlag von mindestens einem Zwanzigstel der wahlberechtigten Angehörigen dieser Gruppe unterzeichnet sein.

(7) Jeder Wahlvorschlag einer Gewerkschaft muss von einer von ihr beauftragten Person unterzeichnet sein.

(8) Die oder der Beschäftigte darf nur auf einem Wahlvorschlag benannt werden.

1 Die Grundsätze für die Durchführung der Personalratswahl sind in § 16 zusammengefasst; zudem ist das Wahlvorschlagsrecht dort geregelt. Nähere Ausführungen dazu finden sich in der Wahlordnung.
Der formale Ablauf der Wahl richtet sich nach der gemäß § 109 erlassenen Wahlordnung. Der Text der Wahlordnung zum Landespersonalvertretungsgesetz (WO-LPVG) ist in diesem Buch im Anhang abgebildet.

2 **Abs. 1:** Die Personalratswahl muss, wie jede demokratische Wahl, geheim und unmittelbar, frei und gleich sein. Die beiden ersten Grundsätze sind in Absatz 1 niedergelegt. Der Grundsatz der geheimen Wahl soll insbesondere sicherstellen, dass der Beschäftigte seine Wahlentscheidung frei von Befürchtungen treffen kann, durch sein Abstimmungsverhalten oder durch seine Beteiligung bzw. Nichtbeteiligung an der Wahl Nachteile zu erleiden. Dazu treffen Gesetz und Wahlordnung eine Reihe von Vorkehrungen, z. B. die Sicherung der unbeobachteten Stimmabgabe im Wahlraum (Besetzung des Wahllokals, Benutzung einer Kabine, Benutzung vorgefertigter Wahl-

## § 16

umschläge und Stimmzettel, Wahlurne) wie auch für die schriftliche Stimmabgabe in den §§ 16f. WO. Der Grundsatz der freien Wahl ist dadurch zu gewährleisten, dass der Wahlvorstand bei der Stimmabgabe Vorkehrungen gegen Beobachtung, Einflussnahme und sonstige Repressionen zu treffen hat. Bereits das subjektive Gefühl des Wählers, dass seine Stimmabgabe nicht unbeobachtet und unbeeinflusst erfolgen kann, stellt einen Verstoß gegen den Grundsatz der freien Wahl dar.[1] Die Wahl ist für jeden wahlberechtigten Beschäftigten und für Beauftragte der in der Dienststelle vertretenen Gewerkschaften öffentlich. Sog. Wahlbeobachter können zwar zugelassen werden, diese dürfen aber den ungestörten Ablauf der Wahlhandlung nicht stören und keine Kontrolle oder Überwachung der Wähler bei der Stimmabgabe vornehmen.[2] Auch eine gerichtliche Überprüfung des Wahlverhaltens durch Befragung der Wähler als Zeugen oder die Verwertung von eidesstattlichen Versicherungen über das Wahlverhalten ist unzulässig.[3]

Die Unmittelbarkeit der Wahl ist von Gesetz und Wahlordnung dadurch gewährleistet, dass Wahlmänner unzulässig sind und jeder Wähler ein höchstpersönliches Stimmrecht hat, bei dem er sich nicht vertreten lassen kann. 3

Die für jede demokratische Wahl weiter geltenden Grundsätze der allgemeinen und gleichen Wahl gewährleistet das Gesetz dadurch, dass eine Gewichtung der Stimmen oder die Zuteilung mehrfachen Stimmrechtes ausgeschlossen sind und das Wahlrecht grundsätzlich allen Beschäftigten zusteht.

**Abs. 2:** Der Regelfall ist die getrennte Wahl (Gruppenwahl), also die Abstimmung über die Kandidaten in jeder Gruppe in getrennten Wahlgängen. Diese Wahlgänge müssen jedoch zur gleichen Zeit stattfinden. Die Wahl aller Beschäftigten in einem gemeinsamen Wahlgang aufgrund gemeinsamer Wahlvorschläge kann nur dann stattfinden, wenn jede in der Dienststelle vertretene Gruppe der Beschäftigten eine solche gemeinsame Wahl mit der Mehrheit der Stimmen aller wahlberechtigten Beschäftigten ihrer Gruppe und in getrennter Abstimmung beschließt. Die Mehrheit der Abstimmungsteilnehmer genügt also nicht. 4

Für diese »Vorabstimmung« ordnet § 4 der Wahlordnung an, dass sie unter Leitung eines Vorabstimmungsvorstandes, bestehend aus mindestens drei wahlberechtigten Beschäftigten, durchgeführt und die Vorabstimmung geheim sowie nach Gruppen getrennt abgehalten werden muss. Der Wahlvorstand für die Wahl des Personalrats kann sich bereit erklären, zugleich als Vorabstimmungsvorstand tätig zu werden und diese Vorabstimmung durchzuführen. Eine Verpflichtung besteht nicht. Vielmehr können sich aus 5

---

1 *OVG NRW* 31.3.2006 – 1 A 5195/04.PVL, PersV 2007, 34.
2 *OVG NRW* 10.11.2005 – 1 A 5076/04.PVL, PersV 2006, 138.
3 *BVerwG* 20.6.1990 – 6 P 2.90, PersR 1990, 291.

dem Kreis der wahlberechtigten Beschäftigten drei Arbeitnehmer zu einem solchen Vorabstimmungsvorstand zusammenfinden.

Die gemeinsame Wahl findet nur statt, wenn dem Wahlvorstand für die Durchführung der Personalratswahl innerhalb einer Woche nach Bekanntgabe seiner Mitglieder (§ 1 Abs. 2 WO) die erfolgreiche Durchführung einer solchen Vorabstimmung in allen in der Dienststelle vertretenen Gruppen glaubhaft gemacht wird (§ 4 Abs. 1 WO).

Eine Vorabstimmung kann innerhalb einer Gruppe im Anschluss an eine Gruppenversammlung stattfinden. Sie kann jedoch nicht im Wege einer offenen Abstimmung in dieser Versammlung durchgeführt werden, da die Wahl geheim stattfinden muss.

**6** Kommt in einer Gruppe eine Mehrheit für die gemeinsame Wahl nicht zustande, so kann die Vorabstimmung wiederholt werden.

Die Vorabstimmung über die Frage der gemeinsamen Wahl muss vor jeder Personalratswahl erneut durchgeführt werden, eine erfolgreiche Vorabstimmung gilt stets nur für die jeweils bevorstehende Personalratswahl.

**7 Abs. 3:** Grundsätzlich wird die Personalratswahl nach Verhältniswahlrecht – »Listenwahl« – durchgeführt. In diesen Fällen hat der Wähler – gleichgültig ob bei getrennter oder gemeinsamer Wahl – nur eine Stimme. Er kann sich zwischen den verschiedenen Wahlvorschlägen entscheiden.

Nach Ende der Wahl wird die Sitzverteilung nach dem sog. d'Hondtschen Höchstzahlverfahren ermittelt. Die für jede Liste abgegebene Stimmenzahl wird nacheinander durch 1, 2, 3, 4, 5 usw. geteilt. Nach Durchführung dieser Berechnung werden die höchsten Zahlen ermittelt und die Personalratssitze auf diese Höchstzahlen verteilt. Dadurch wird gewährleistet, dass jede Liste so viele Sitze erhält, wie es ihrem »Verhältnis« der erreichten Stimmen an der Gesamt-Stimmenzahl entspricht. Das d'Hondtsche Höchstzahlverfahren ist als verfassungsgemäß anerkannt.[4]

**8** Personenwahl findet statt, wenn nur ein Wahlvorschlag vorliegt oder nur ein einköpfiger Personalrat bzw. nur ein Gruppenvertreter zu wählen ist.

Findet die gemeinsame Wahl statt und liegt nur ein Wahlvorschlag vor, wird insgesamt Personenwahl durchgeführt. Bei der Gruppenwahl findet die Personenwahl in denjenigen Gruppen statt, in denen nur ein Wahlvorschlag vorliegt.

Unabhängig von der Zahl der Wahlvorschläge findet sowohl bei gemeinsamer wie bei Gruppenwahl die Personenwahl statt, wenn nur ein einköpfiger Personalrat oder für die jeweilige Gruppe nur ein Vertreter zu wählen ist.

Personenwahl findet in der Form statt, dass der Wähler höchstens so viele Kandidaten auf dem Stimmzettel ankreuzen kann, wie Personalratsmitglieder zu wählen sind. Dieses Mehrheitswahlrecht ist bei den Beschäftigten be-

---

4 *BAG* 22. 11. 2017 – 7 ABR 35/18, juris.

liebter, weil es aus ihrer Sicht einen größeren Einfluss auf die Zusammensetzung des Personalrats ermöglicht. Bei der Listenwahl ist die Reihenfolge der Kandidaten der jeweiligen Liste vom Wähler nicht mehr durch sein Abstimmungsverhalten beeinflussbar.

**Wahlvorschläge der Beschäftigten (Abs. 4 bis 6 und 8):** Zum Personalrat kandidieren kann nur, wer von einer Mindestzahl von Beschäftigten oder einer Gewerkschaft dazu schriftlich vorgeschlagen wird. Diese Wahlvorschläge sind beim Wahlvorstand einzureichen und bilden die Grundlage für die Personalratswahl. Wahlvorschläge sind schriftlich unter Beifügung der Zustimmungserklärung der zur Wahl gestellten Bewerber beim Wahlvorstand einzureichen. Eine per Telefax eingereichte Zustimmungserklärung eines Wahlbewerbers genügt nicht der gesetzlichen Schriftform des § 126 Abs. 1 BGB.[5]

Bei der Gruppenwahl muss jeder Wahlvorschlag von Beschäftigten Stützunterschriften von mindestens $1/_{20}$ der wahlberechtigten Gruppenangehörigen enthalten. In jedem Fall sind jedoch mindestens drei Stützunterschriften und – in großen Dienststellen – höchstens 100 Stützunterschriften erforderlich und ausreichend. Jeder Beschäftigte kann nur einen Wahlvorschlag unterstützen. Bei Unterzeichnung mehrerer Wahlvorschläge wird ihn der Wahlvorstand zur Mitteilung auffordern, welche Stützunterschrift er aufrechterhält. Teilt er dies mit, so werden alle anderen Stützunterschriften auf den weiteren Wahlvorschlägen gestrichen. Unterbleibt die Mitteilung, so bleibt seine Unterschrift nur auf dem zuerst eingegangenen Wahlvorschlag gültig (§ 9 Abs. 6 WO).

Bei gemeinsamer Wahl muss jeder Wahlvorschlag von $1/_{20}$ aller wahlberechtigten Beschäftigten der Dienststelle insgesamt schriftlich unterzeichnet sein. Erforderlich und ausreichend sind jedoch mindestens drei und höchstens 100 Unterschriften.

Auch Stützunterschriften von Beschäftigten, die nicht wählbar sind, führen nicht zur Ungültigkeit des gesamten Wahlvorschlags. Sie werden gestrichen und bei Ermittlung der Mindestzahl von Stützunterschriften nicht berücksichtigt (§ 9 Abs. 5 WO).

Wird ein Wahlvorschlag geändert, nachdem bereits Stützunterschriften geleistet wurden, indem z. B. Kandidaten gestrichen oder hinzugefügt werden, führt dies zur Ungültigkeit des Wahlvorschlags, selbst wenn nach Änderung des Wahlvorschlags nachträglich zusätzliche Stützunterschriften geleistet werden.[6]

Jeder Beschäftigte kann Wahlvorschläge nur innerhalb seiner eigenen Gruppe unterzeichnen. Kandidiert ein Beschäftigter daher in der anderen

---

[5] Zu § 9 Abs. 2 BPersVWO: *OVG NRW* 26. 3. 2013 – 20 A 2098/12.PVB, PersV 2013, 343.

[6] *BAG* 16. 1. 2018 – 7 ABR 11/16, juris.

## § 16

Gruppe, so kann er seinen eigenen Wahlvorschlag nicht unterstützen. Wird bei gemeinsamer Wahl ein gruppenfremder Bewerber vorgeschlagen, so muss der Wahlvorschlag von mindestens $1/_{20}$ der wahlberechtigten Angehörigen derjenigen Gruppe, für die kandidiert wird, unterzeichnet sein. Eine Mehrfachkandidatur ist nicht möglich. Jeder Wahlbewerber kann nur auf einem Wahlvorschlag kandidieren (Abs. 8). Bei Doppelkandidatur muss sich der Wahlbewerber nach Aufforderung durch den Wahlvorstand erklären, auf welchem Wahlvorschlag er benannt bleiben will. Erklärt er sich nicht, so wird er auf allen Wahlvorschlägen gestrichen (§ 9 Abs. 3 WO).

Keine Wahlvorschläge können diejenigen wahlberechtigten Beschäftigten machen, die nach § 11 Abs. 2 nicht wählbar sind, was sich vornehmlich auf den Personenkreis des § 11 Abs. 2 Buchst. b) beziehen dürfte, der zu selbständigen Entscheidungen in Personalangelegenheiten der Dienststelle befugt ist.

Wird auf einem Wahlvorschlag ein Bewerber vorgeschlagen, der nicht wählbar ist, hat der Wahlvorstand dessen Namen zu streichen und den zur Vertretung des Vorschlags Berechtigten hiervon zu unterrichten (§ 9 Abs. 4 WO).

**11** Für die Einreichungsfrist, die Form, den Inhalt und die Behandlung der Wahlvorschläge sieht die Wahlordnung in §§ 7 bis 12 weitere Vorschriften vor.

Danach ist der Wahlvorschlag innerhalb von drei Wochen nach Erlass des Wahlausschreibens beim Wahlvorstand einzureichen. Es muss sich um ein einheitliches Dokument handeln, »fliegende Blätter« sind daher kein gültiger Wahlvorschlag. Auf dem Wahlvorschlag müssen die Angaben der Wahlbewerber mit Familiennamen, Vornamen, Geburtsdatum, Amts-, Dienst- oder Berufsbezeichnung, Beschäftigungsstelle und Gruppenzugehörigkeit aufgeführt und auf dem gleichen Dokument die ausreichende Anzahl der Stützunterschriften wahlberechtigter Beschäftigter enthalten sein. Dem Wahlvorschlag ist zudem die schriftliche Zustimmung der Bewerber zur Aufnahme in den Wahlvorschlag beizufügen (§ 8 Abs. 7 WO). Zu beachten ist, dass die Amts-, Dienst- oder Berufsbezeichnung so exakt wie möglich aufgeführt wird; allein die Angabe der Abteilung, in der der zur Wahl gestellte Bewerber tätig ist, reicht nicht aus, und kann einen Grund zur Wahlanfechtung gemäß § 22 darstellen.[7]

**12** Der Wahlvorstand prüft die Wahlvorschläge auf ihre Gültigkeit. Bei heilbaren Mängeln – wie unvollständigen Angaben der Wahlbewerber, fehlende Zustimmungserklärung oder Fehlen von Stützunterschriften infolge nachträglicher Streichungen – gibt der Wahlvorstand den Wahlvorschlag zur

---

[7] *BVerwG* 10.1.2007 – 6 PB 18.06, PersR 2007, 171; vgl. *VG Aachen* 27.10.2016 – 16 K 1515/16.PVL.

Nachbesserung zurück (§ 9 Abs. 7 Satz 1 WO). Bei allen anderen Mängeln beschließt er die Ungültigkeit des Wahlvorschlages.

Geht für die Personalratswahl oder innerhalb einer Gruppe gar kein Wahlvorschlag ein, setzt der Wahlvorstand eine Nachfrist für die Einreichung von Wahlvorschlägen (§ 10 WO). Geht auch dann kein Wahlvorschlag ein, so findet keine Personalratswahl bzw. innerhalb der betroffenen Gruppe keine Wahl zum Personalrat statt.

Die gültigen Wahlvorschläge macht der Wahlvorstand bekannt und übernimmt sie in die Stimmzettel.

**Wahlvorschläge der Gewerkschaften (Abs. 7):** Neben den Beschäftigten können auch die in der Dienststelle vertretenen Gewerkschaften (zum Gewerkschaftsbegriff siehe § 2) Wahlvorschläge machen. In der Dienststelle »vertreten« ist eine Gewerkschaft dann, wenn sie über mindestens ein Mitglied in der Dienststelle verfügt.  13

Die gewerkschaftlichen Wahlvorschläge bedürfen nicht der Stützunterschriften durch Beschäftigte. Es genügt die Unterschrift eines Beauftragten der jeweiligen Gewerkschaft. Eine solche Beauftragung kann sich aus der Satzung der Gewerkschaft ergeben, oder aber durch ihre satzungsmäßigen Organe ausgesprochen worden sein.

## § 17

**(1) Spätestens drei Monate vor Ablauf der Amtszeit bestellt der Personalrat drei wahlberechtigte Beschäftigte als Wahlvorstand und eine oder einen von ihnen als vorsitzende Person. Sind in der Dienststelle Angehörige verschiedener Gruppen beschäftigt, so soll jede Gruppe im Wahlvorstand vertreten sein. Hat die Dienststelle weibliche und männliche Beschäftigte, sollen dem Wahlvorstand Frauen und Männer angehören. Für jedes Mitglied des Wahlvorstandes kann ein Ersatzmitglied benannt werden.**

**(2) Besteht zwei Monate vor Ablauf der Amtszeit des Personalrats kein Wahlvorstand, so beruft die Dienststelle auf Antrag von mindestens drei wahlberechtigten Beschäftigten oder einer in der Dienststelle vertretenen Gewerkschaft eine Personalversammlung zur Wahl des Wahlvorstandes ein. Absatz 1 Satz 2 und 3 gilt entsprechend. Die Personalversammlung wählt eine Person als Versammlungsleitung.**

**Abs. 1:** Der Personalrat hat durch einen gemeinsamen Beschluss (§§ 33, 34 Abs. 1) den Wahlvorstand zu bestellen. Das hat drei Monate vor Ablauf der Amtszeit zu geschehen. Die Amtszeit gemäß § 23 läuft spätestens am 30. Juni (vgl. § 108) ab, so dass der Wahlvorstand im Wahljahr spätestens am 31. März bestellt sein muss.  1

Mitglieder des Wahlvorstandes können alle wahlberechtigten Beschäftigten der Dienststelle sein. Wählbarkeit ist nicht Voraussetzung. Sind in der

## § 17

Dienststelle die verschiedenen Gruppen (§ 6) vertreten, so soll jede Gruppe im Wahlvorstand vertreten sein. Nach Abs. 1 Satz 3 sollen dem Wahlvorstand Frauen und Männer angehören, soweit die Dienststelle männliche und weibliche Beschäftigte hat. Mit dieser ergänzenden Regelung sollen die mit dem Landesgleichstellungsgesetz verfolgten Ziele unterstützt werden.[1] Diese Soll-Vorschriften können nur dann zum Tragen kommen, wenn der Personalrat aus Anlass der Bestellung genügend geeignete Kandidaten zur Verfügung hat. Der Personalrat kann und soll den Wahlvorstand nach Zweckmäßigkeitsgesichtspunkten zusammensetzen; die Soll-Vorschriften stellen dagegen nur eine schwache Bindung dar.[2]

Zugleich mit der Bestellung des Wahlvorstandes hat der Personalrat eines der Mitglieder zum Vorsitzenden des Wahlvorstandes zu bestellen. Er kann für jedes Wahlvorstandsmitglied ein persönliches Ersatzmitglied bestellen, was auf jeden Fall zweckmäßig ist, um bei zeitweiliger Verhinderung oder bei endgültigem Ausscheiden eines Mitgliedes aus dem Wahlvorstand ein Ersatzmitglied zur Verfügung zu haben.

Der Personalrat ist berechtigt, den Wahlvorstand oder einzelne seiner Mitglieder und Ersatzmitglieder abzuberufen, wenn diese sich für das Amt als ungeeignet erweisen (z.B. bei Untätigkeit). Auch die Nachbestellung einzelner Wahlvorstandsmitglieder kommt in Betracht, wenn andere aus dem Wahlvorstand ausscheiden (z.B. durch Ausscheiden aus der Dienststelle oder durch Amtsniederlegung).

Mit der Bestellung beginnt das Amt des Wahlvorstands. Es endet regelmäßig mit der Durchführung der konstituierenden Sitzung des gewählten Personalrats nach Abschluss der Wahl (§ 30 Abs. 1) oder mit der Neuwahl eines Wahlvorstands auf der Personalversammlung gemäß § 20 Abs. 1 bzw. aufgrund einer Ersatzbestellung durch den Dienststellenleiter gemäß §§ 20 Abs. 1 Satz 3, 19.

**2** **Abs. 2:** Besteht zwei Monate vor Ende der Amtszeit des Personalrats kein Wahlvorstand, so wird er von der Personalversammlung gewählt.

Diese Personalversammlung ist auf Antrag von mindestens drei wahlberechtigten Beschäftigten oder einer in der Dienststelle vertretenen Gewerkschaft unverzüglich vom Dienststellenleiter einzuberufen.

Die Durchführung dieser Personalversammlung ist in der Regel eilig, da eine personalratslose Zeit vermieden werden soll. Das ist nur dann möglich, wenn die Personalversammlung unmittelbar nach Erreichen der Zweimonatsfrist durchgeführt wird. Andernfalls ist bereits wegen der Frist des § 6 Abs. 1 WO – Erlass des Wahlausschreibens sechs Wochen vor dem letzten Tag der Stimmabgabe – die Vorbereitungszeit für die Durchführung der Wahl noch vor Ablauf der Amtszeit zu kurz.

---

1 LT-Drucks. 14/4239, 90.
2 So *OVG NRW* 22.1.1998 – 1 A 4257/97.PVL, ZTR 1998, 336.

## § 19

Die Personalversammlung wählt zunächst einen Versammlungsleiter. Dieser 3
muss nicht Beschäftigter oder wahlberechtigt sein, es kann z. B. auch ein Gewerkschaftssekretär gewählt werden. Bei der Wahl des Wahlvorstandes soll die Personalversammlung dafür sorgen, dass jede Gruppe, die in der Dienststelle vertreten ist, auch im Wahlvorstand vertreten ist. Sie kann dies nur sicherstellen, wenn sich aus ihrer Mitte Kandidaten für das Wahlvorstandsamt aus den verschiedenen Gruppen finden. Auch der Minderheitenschutz des Abs. 1 Satz 3 gilt entsprechend. In jedem Fall müssen drei Mitglieder gewählt werden. Die Versammlung kann – was zweckmäßig ist – persönliche Ersatzmitglieder für jedes Wahlvorstandsmitglied wählen.

## § 18

**Besteht in einer Dienststelle, die die Voraussetzungen des § 13 Abs. 1 erfüllt, kein Personalrat, so beruft die Dienststelle auf Antrag von mindestens drei wahlberechtigten Beschäftigten oder einer in der Dienststelle vertretenen Gewerkschaft eine Personalversammlung zur Wahl des Wahlvorstandes ein. § 17 Abs. 2 Satz 3 gilt entsprechend.**

In personalratslosen Dienststellen, welche die für die Wahl eines Personal- 1
rats erforderliche Beschäftigtenstärke des § 13 Abs. 1 aufweisen, findet eine Personalversammlung zur Wahl eines Wahlvorstandes statt. Die Einberufung dieser Personalversammlung kann von drei wahlberechtigten Beschäftigten oder einer in der Dienststelle vertretenen Gewerkschaft verlangt werden. Eine Gewerkschaft ist in der Dienststelle vertreten, sobald mindestens ein Beschäftigter der Dienststelle Mitglied in der Gewerkschaft ist. Zum Ablauf der Personalversammlung vgl. die Kommentierung zu § 17.

## § 19

**Findet eine Personalversammlung (§ 17 Abs. 2, § 18) nicht statt oder wählt die Personalversammlung keinen Wahlvorstand, so bestellt ihn die Dienststelle auf Antrag von mindestens drei wahlberechtigten Beschäftigten oder einer in der Dienststelle vertretenen Gewerkschaft.**

Findet eine Personalversammlung nicht statt oder kommt auf einer solchen 1
Versammlung die Wahl eines Wahlvorstandes nicht zustande, so bestellt der Dienststellenleiter einen Wahlvorstand. Voraussetzung ist jedoch, dass dies von drei wahlberechtigten Beschäftigten oder einer in der Dienststelle vertretenen Gewerkschaft beantragt wird. Vertreten ist eine Gewerkschaft in der Dienststelle, wenn mindestens ein Beschäftigter der Dienststelle Mitglied in der Gewerkschaft ist.

## § 20

(1) Der Wahlvorstand hat die Wahl fristgerecht vorzubereiten; sie soll spätestens zwei Wochen vor Ablauf der Amtszeit des Personalrats stattfinden. Kommt der Wahlvorstand dieser Verpflichtung nicht nach, so beruft die Dienststelle auf Antrag von mindestens drei wahlberechtigten Beschäftigten oder einer in der Dienststelle vertretenen Gewerkschaft eine Personalversammlung zur Wahl eines neuen Wahlvorstands ein. § 17 Abs. 2 Satz 3 und § 19 gelten entsprechend.

(2) Der Wahlvorstand hat seine Sitzungen den in der Dienststelle vertretenen Gewerkschaften bekanntzugeben. Je eine von ihnen beauftragte Person ist berechtigt, mit beratender Stimme teilzunehmen.

(3) Unverzüglich nach Abschluss der Wahl zählt der Wahlvorstand öffentlich die Stimmen, stellt das Ergebnis in einer Niederschrift fest und gibt es den Beschäftigten der Dienststelle durch Aushang bekannt. Der Dienststelle und den in der Dienststelle vertretenen Gewerkschaften ist eine Abschrift der Niederschrift zu übersenden.

**1** **Abs. 1:** Aufgabe des Wahlvorstands ist die Vorbereitung und Durchführung der Personalratswahl. Sie hat spätestens zwei Wochen vor Ablauf der Amtszeit des Personalrats stattzufinden. Zur Wahrung dieser Frist und der sechswöchigen Aushangfrist für das Wahlausschreiben gemäß § 6 Abs. 1 WO ist regelmäßig die Einleitung der Wahl – also der Erlass des Wahlausschreibens – mindestens zwei Monate vor Ende der Amtszeit des Personalrats erforderlich.

Den genauen Wahltermin kann der Personalrat vor Bestellung des Wahlvorstands festlegen, ansonsten gehört auch dies zur Aufgabe des Wahlvorstands.

**2** Die Aufgaben des Wahlvorstands bei Durchführung der Personalratswahl sind:

(1) Erstellung des Wählerverzeichnisses (§ 2 WO), das für die Ermittlung der Zahl der Personalratsmitglieder, für die Prüfung der Wahlberechtigung und Wählbarkeit, für die Durchführung der Briefwahl und schließlich für die Stimmabgabe (Registrierung der Wahlteilnahme) benötigt wird.

(2) Erlass des Wahlausschreibens (§ 6 WO), in dem alle wesentlichen, für die Teilnahme an der Wahl notwendigen Angaben und Einzelheiten aufgeführt sind.

(3) Entgegennahme und Prüfung von Wahlvorschlägen (§§ 7 bis 12 WO), in denen die von den Beschäftigten oder den in der Dienststelle vertretenen Gewerkschaften vorgeschlagenen Kandidaten für die Personalratswahl aufgeführt sind.

(4) Vorbereitung und Durchführung der Briefwahl (§§ 16f. WO).

(5) Durchführung der Wahlhandlung im Wahllokal (§ 15 WO).

## § 20

(6) Auszählen der Stimmen, Feststellen des Wahlergebnisses und Durchführung der konstituierenden Sitzung des Personalrats (§ 19 WO, § 30 Abs. 1 LPVG NRW).

Bleibt der Wahlvorstand untätig oder ist er säumig, so können drei Wahlberechtigte oder eine in der Dienststelle vertretene Gewerkschaft die Durchführung einer Personalversammlung zur Wahl eines neuen Wahlvorstands verlangen. Sie ist vom Dienststellenleiter unverzüglich einzuberufen. Eine Gewerkschaft ist in der Dienststelle vertreten, wenn mindestens ein Beschäftigter der Dienststelle Mitglied in der Gewerkschaft ist.

**Abs. 2:** Die Sitzungen des Wahlvorstands sind den in der Dienststelle vertretenen Gewerkschaften bekanntzugeben. Sitzungen des Wahlvorstands sind zur Beschlussfassung zwingend erforderlich; rechtswirksame Beschlüsse des Wahlvorstands können nur auf einer Wahlvorstandssitzung gefasst werden. Der Wahlvorstand hat z. B. über Einsprüche gegen das Wählerverzeichnis zu beschließen, das Wahlausschreiben zu »erlassen« (§§ 3, 6 WO) oder über die Gültigkeit bzw. Ungültigkeit von Wahlvorschlägen zu befinden (§ 9 WO). Über den Inhalt jeder Sitzung hat der Wahlvorstand eine Niederschrift anzufertigen, die von sämtlichen teilnehmenden Mitgliedern des Wahlvorstands zu unterzeichnen ist (§ 13 WO).

Den in der Dienststelle vertretenen Gewerkschaften steht das Recht zu, je einen Beauftragten zu sämtlichen Sitzungen des Wahlvorstands zu entsenden, der eine beratende Stimme hat. Die Gewerkschaftsbeauftragten dürfen auch bei der Beschlussfassung anwesend sein, damit sie von den sie betreffenden Beschlüssen sofort Kenntnis erlangen können, z. B. über die Gültigkeit und Ungültigkeit der von ihnen eingereichten Wahlvorschläge, Rückgabe von Wahlvorschlägen unter Fristsetzung etc. Sie haben aber weder ein Antrags- noch ein Stimmrecht. Das ihnen allein gegebene Beratungsrecht erfordert keine umfassende Vorbereitung, so dass ihnen ein Anspruch auf umfängliche Einsichtnahme in entsprechende Unterlagen des Wahlvorstands nicht zusteht.[1]

**Abs. 3:** Der Wahlvorstand ist verpflichtet, unverzüglich nach Abschluss der Wahl die Stimmen öffentlich auszuzählen. Im Wahlausschreiben sind Ort und Termin der Sitzung, in der das Wahlergebnis festgestellt wird, bereits bekanntzugeben (§ 6 Abs. 2 Nr. 14 WO). Die Stimmenauszählung muss dienststellenöffentlich stattfinden, damit interessierte Beschäftigte diese beobachten können.

Nach Feststellung des Wahlergebnisses fertigt der Wahlvorstand eine Wahlniederschrift an (§ 20 WO), in der alle wesentlichen Ergebnisse der Personalratswahl festzuhalten sind. Das Stimmenergebnis ist durch zweiwöchigen Aushang bekanntzugeben (§ 21 Satz 3 WO). Der Dienststellenleiter und die

---

1 *VG Düsseldorf* 11. 3. 2016 – 33 L 603/16.PVB, juris.

## § 21

Gewerkschaften sind mittels einer Abschrift dieser Niederschrift zu informieren.
Die Frist zur Wahlanfechtung gemäß § 22 LPVG NRW beginnt für alle Antragsberechtigten mit dem Tag, an dem der Wahlvorstand das Wahlergebnis durch Aushang bekannt gegeben hat, nicht erst mit Zugang der Niederschrift.

6   Die abschließenden Aufgaben des Wahlvorstands sind sodann die Einberufung und Durchführung der konstituierenden Sitzung des Personalrats gemäß § 30 Abs. 1 LPVG NRW und die Übergabe der Wahlunterlagen zur Aufbewahrung durch den Personalrat (§ 22 WO). Mit dem Ende der konstituierenden Sitzung des Personalrats erlischt das Amt des Wahlvorstands.

## § 21

(1) **Niemand darf die Wahl des Personalrats behindern oder in einer gegen die guten Sitten verstoßenden Weise beeinflussen. Insbesondere darf keine wahlberechtigte Person in der Ausübung des aktiven und passiven Wahlrechts beschränkt werden. § 43 gilt für Mitglieder des Wahlvorstands und für Wahlbewerberinnen und Wahlbewerber entsprechend.**
(2) **Die Kosten der Wahl trägt die Dienststelle. Notwendige Versäumnis von Arbeitszeit infolge der Ausübung des Wahlrechts, der Teilnahme an den in § 17 Abs. 2 und in den §§ 18 und 20 Abs. 1 genannten Personalversammlungen oder der Betätigung im Wahlvorstand hat keine Minderung der Bezüge oder des Arbeitsentgelts zur Folge. Für die Mitglieder des Wahlvorstands gelten § 40 Abs. 1 Satz 2 und 3 sowie § 42 Abs. 2 Satz 2 und Abs. 5 entsprechend.**

1   **Abs. 1:** Das Behinderungsverbot besteht zur Gewähr eines reibungslosen und ungestörten äußeren Ablaufs der Wahl. Das Verbot der Wahlbeeinflussung dient dem Schutz der inneren Willensbildung und Entscheidungsfreiheit der Wähler.[1] Eine Behinderung der Wahl ist nicht nur die vollständige Unterbindung, sondern bereits jede Beeinträchtigung des ordnungsgemäßen und ungestörten Ablaufs der Personalratswahl einschließlich ihrer Vorbereitungshandlungen. Die Behinderung kann durch aktives Tun, aber auch durch Unterlassen erfolgen.
Wahlbehinderung liegt vor, wenn die Dienststelle dem Wahlvorstand die erforderlichen Auskünfte, Unterlagen und sächlichen Mittel verweigert bzw. nur mit Verzögerung gibt, oder wenn sie die Arbeit des Wahlvorstands kontrolliert und reglementiert – z. B. durch Verweigerung von Freistellungen oder ein Verbot von Wahlvorstandssitzungen. Eine Wahlbehinderung ist

---

1 *BVerwG* 29. 8. 2000 – 6 P 7.99, PersR 2000, 513.

**§ 21**

auch darin zu sehen, dass der Dienststellenleiter den Wahlbewerbern jegliche Wahlwerbung innerhalb der Dienststelle verbietet bzw. Vorschriften dazu macht.
Eine Behinderung bei der Ausübung des Wahlrechts kann auch dann gegeben sein, wenn der Dienststellenleiter, Beschäftigte oder Gewerkschaftsvertreter vor dem Wahllokal sog. »Wahlbeobachter« aufstellen. Es kommt jedoch auf die Umstände des Einzelfalles an; zu berücksichtigen ist insoweit, dass die Wahl grundsätzlich dienststellenöffentlich ist. Die Anwesenheit von wahlberechtigten Bediensteten selbst oder von Beauftragten der in der Dienststelle vertretenen Gewerkschaften im Wahllokal kann damit regelmäßig keine sittenwidrige Behinderung der Personalratswahl darstellen.[2] Eine Wahlbehinderung seitens des Wahlvorstands stellt es dar, wenn die Zulassung zur Stimmabgabe im Wahllokal davon abhängig gemacht wird, dass zunächst die Briefwahlunterlagen gesucht werden müssten.[3]

Einflussnahmen auf die Wahlen sind natürlich nicht generell verboten. Wahlwerbung ist zulässig und muss auch innerhalb der Dienststelle geduldet werden.

**2**

Eine Wahlbeeinflussung ist nur dann untersagt, wenn sie gegen die guten Sitten verstößt, wenn sie mithin das Wahlgeschehen oder das Verhalten des Wahlvorstands, der Wähler oder der Kandidaten in einer Art und Weise beeinflusst, die das Anstands- und Rechtsgefühl der billig und gerecht Denkenden verletzt.[4] So kann die Aberkennung des passiven Wahlrechts für Leiharbeitnehmer/innen zu einer Wahlanfechtung führen, bei offensichtlichen Verstößen gegen § 11 auch ausnahmsweise zu einem Wahlabbruch;[5] ohne Hinzutreten besonderer Umstände wird jedoch die Schwelle zu einer sittenwidrigen Beschränkung in der Regel nicht überschritten sein.

Eine derartige, sittenwidrige Wahlbeeinflussung liegt aber regelmäßig dann vor, wenn die Dienststelle und ihr Leitungspersonal (§ 8 Abs. 1 bis 3) auf die Wähler durch Hervorhebung einzelner oder Abwertung anderer Kandidaten bzw. Listen einwirken (»mit dem bisherigen Personalrat ist eine Zusammenarbeit nicht möglich«) oder genehmen Kandidaten mehr Möglichkeiten zur Wahlwerbung einräumen als anderen. Eine Wahl kann nicht nur durch aktives Tun, sondern auch durch Unterlassen sittenwidrig beeinflusst werden.[6] Eine sittenwidrige Wahlbeeinflussung stellen auch Handlungen dar, die als Wählernötigung, Wählertäuschung und Wahlbestechung anzusehen sind (§§ 108 bis 108b StGB). Insgesamt ist eine neutrale und unbeeinflusste Wahl nur dann gewährleistet, wenn die Dienststelle sich bei der Durchfüh-

---

2 *OVG NRW* 10. 11. 2005 – 1 A 5076/04.PVL, PersV 2006, 138.
3 *OVG NRW* 6. 5. 1998 – 1 A 4540/97.PVL, ZfPR 2000, 7.
4 *OVG NRW* 10. 11. 2005 – 1 A 5076/04.PVL, PersV 2006, 138.
5 Vgl. *VG Düsseldorf* 6. 6. 2016 – 34 L 1767/16.PVL, juris.
6 *OVG NRW* 10. 11. 2005 – 1 A 5067/04.PVL, PersV 2006, 68.

## § 21

rung der Wahl generell zurückhält und sich auf ihre Unterstützungspflicht zur Sicherung einer reibungslosen und ordnungsgemäßen Wahl beschränkt.

Sittenwidrig kann die Beeinflussung z. B. durch Verwendung irreführender Kennwörter, wie »freie« oder »nicht organisierte« Liste, sein.

**3** Erlaubt ist jedoch Wahlwerbung zum Zwecke der Beeinflussung der Wahlentscheidung. Dabei darf auch Kritik an den Konkurrenten und konkurrierenden Listen geübt werden.

Keine unzulässige Wahlbeeinflussung ist das Verlangen von Gewerkschaften, dass ihre Mitglieder nicht auf konkurrierenden Listen kandidieren. Es handelt sich dabei auch nicht um eine verbotene Beschränkung des Wahlrechts im Sinne des Satzes 2. Jegliche Beschränkung des Wahlrechts durch Androhen oder Zufügen von Nachteilen ist hingegen verboten. Dieses Verbot bezieht sich sowohl auf die Ausübung des aktiven wie des passiven Wahlrechts. Es handelt sich um ein erweitertes Maßregelungsverbot in Ergänzung zu dem ohnehin bestehenden besonderen Kündigungsschutz von Wahlbewerbern und Mitgliedern des Wahlvorstands. Geschützt ist auch der einzelne Wähler.

Mitglieder des Wahlvorstands und Wahlbewerber genießen gemäß Satz 3 den gleichen Kündigungs-, Versetzungs-, Abordnungs- und Umsetzungsschutz wie Personalräte und Ersatzmitglieder (siehe Kommentierung zu § 43).

**4** **Abs. 2:** Die Verpflichtung der Dienststelle, die gesamten Kosten der Wahl zu tragen, ist Ausdruck der allgemeinen Unterstützungspflicht, die die Dienststelle bei Durchführung der Wahl hat (siehe § 1 Abs. 5 WO). Die Dienststelle ist zu einer umfassenden Kooperation mit dem Wahlvorstand und dem Personalrat zur Sicherung einer ungestörten und ungehinderten Durchführung der Personalratswahl verpflichtet. Dazu gehört auch die Kostentragungspflicht, die sich auf alle Aufwendungen bezieht, die Wahlvorstand, Personalrat und Wähler im Zusammenhang mit der Wahl haben.

Die sächlichen Kosten der Durchführung der Wahl entstehen durch das Zurverfügungstellen der erforderlichen Formulare, Stimmzettel und Unterlagen einschließlich der Briefwahlunterlagen, sowie durch die Verpflichtung, dem Wahlvorstand Bürokapazität zur Verfügung zu stellen. Darüber hinaus besteht eine Kostentragungspflicht für die Zeitversäumnis, die durch Ausübung des Amtes des Wahlvorstands entsteht. Der Wähler ist vor finanziellen Nachteilen dadurch geschützt, dass ihm durch die Arbeitszeitversäumnis im Zusammenhang mit der Teilnahme an Personalversammlungen zur Wahl eines Wahlvorstands und der Teilnahme an der Wahlhandlung selbst keine Nachteile entstehen dürfen. Auch die außergerichtlichen Kosten eines Wahlanfechtungsverfahrens (Anwaltskosten) sind Kosten der Wahl.[7]

Die Regelung in Satz 3 sieht durch Verweis auf § 40 Abs. 1 Satz 2 und 3 vor, dass der Wahlvorstand und seine Mitglieder im gleichen Umfang Anspruch auf Vergütung ihrer notwendigen Reisen und Reisekosten haben wie Mitglieder des Personalrats.

Durch den Hinweis auf § 42 Abs. 2 Satz 2 und Abs. 5 ist auch für die Wahlvorstandsmitglieder ein eigener Schulungsanspruch im gleichen Umfang geschaffen worden, wie ihn Personalratsmitglieder haben. Jedes Wahlvorstandsmitglied hat also Anspruch auf ein- oder mehrtägige Schulungen, um das erforderliche Wissen zur Durchführung der Wahl zu erwerben.

## § 22

**(1) Mindestens drei wahlberechtigte Beschäftigte, jede in der Dienststelle vertretene Gewerkschaft oder die Dienststelle können innerhalb von zwei Wochen nach dem Tage der Bekanntgabe des Wahlergebnisses die Wahl beim Verwaltungsgericht anfechten, wenn gegen wesentliche Vorschriften über das Wahlrecht, die Wählbarkeit oder das Wahlverfahren verstoßen worden und eine Berichtigung nicht erfolgt ist, es sei denn, dass durch den Verstoß das Wahlergebnis nicht geändert oder beeinflusst werden konnte.**

**(2) Wird die Wahl des Personalrats oder einer Gruppe mit Erfolg angefochten, so setzt die oder der Vorsitzende der Fachkammer des Verwaltungsgerichts einen Wahlvorstand ein. Wird die Wahl einer Gruppe mit Erfolg angefochten, so ist der Wahlvorstand aus Angehörigen dieser Gruppe zu bilden. Der Wahlvorstand hat unverzüglich eine neue Wahl einzuleiten. Bis zur Neuwahl nimmt er die dem Personalrat oder der Gruppe nach diesem Gesetz zustehenden Befugnisse und Pflichten wahr.**

**(3) Im Falle des Absatzes 2 Satz 1 bleiben die vom Personalrat oder von der Gruppe bis zum Eintritt der Rechtskraft des die Ungültigkeit oder Nichtigkeit feststellenden Urteils gefassten Beschlüsse rechtswirksam.**

Die Verwaltungsgerichte sind zur Überprüfung der Ordnungsgemäßheit der Wahl aufgerufen, wenn die Antragsbefugten eine Wahlanfechtung einleiten. Hat sie Erfolg, bestellt das Gericht einen Wahlvorstand, der die Neuwahl durchführt und bis zu ihrem Abschluss die Aufgaben und Befugnisse des Personalrats wahrnimmt.

---

[7] *BVerwG* 29. 8. 2000 – 6 P 7.99, PersR 2000, 513.

## § 22

**2 Abs. 1:** Die Wahl kann innerhalb von zwei Wochen ab Bekanntgabe des Wahlergebnisses angefochten werden. Die Frist beginnt mit dem Aushang gemäß § 20 Abs. 3 Satz 1 und nicht erst mit Zugang der Niederschrift gemäß § 20 Abs. 3 Satz 2. In Lauf gesetzt wird die Frist erst dann, wenn die Zahl der insgesamt abgegebenen sowie der gültigen und ungültigen Stimmen, die Zahl der auf die Listen bzw. Bewerber entfallenden Stimmen sowie die Namen der gewählten Bewerber bekanntgemacht wurden.[1] Antragsberechtigt sind entweder drei am Wahltag wahlberechtigte Beschäftigte, eine in der Dienststelle vertretene Gewerkschaft oder der Leiter der Dienststelle (§ 8 Abs. 1). Ein Berufsverband im Sinne der §§ 2 Abs. 3, 110 ist nur dann antragsbefugt, wenn er einer gewerkschaftlichen Spitzenorganisation angeschlossen ist.[2] Antragsbefugt ist auch eine nur in einer nach § 1 Abs. 3 verselbständigten Teildienststelle vertretene Gewerkschaft.[3]

Die Wahlanfechtung kann auch auf die Wahl innerhalb einer Gruppe beschränkt werden. Das kann auch durch wahlberechtigte Beschäftigte der anderen Gruppe geschehen.[4]

Erfolgt die Wahlanfechtung durch drei Wahlberechtigte, so muss diese Mindestzahl während der gesamten Dauer des Wahlanfechtungsverfahrens erhalten bleiben. Verliert einer der Antragsteller das Wahlrecht oder scheidet er durch Antragsrücknahme aus dem Verfahren aus, wird der Antrag unzulässig.

**3** Die Wahl ist ungültig, wenn gegen wesentliche Vorschriften über das Wahlrecht, die Wählbarkeit oder das Wahlverfahren verstoßen worden ist und der Wahlvorstand eine Berichtigung des Verstoßes abgelehnt hat bzw. hierzu keine Möglichkeit bestand.[5] Derartige Fehler berühren die Gültigkeit der Wahl jedoch dann nicht, wenn sie – auch theoretisch – keinen Einfluss auf das Wahlergebnis haben konnten.[6] Innerhalb der zweiwöchigen Antragsfrist ist zumindest ein Grund darzulegen, aufgrund dessen die Wahl angefochten wird.[7] Auch muss erläutert werden, in welchem Umfang die Wahl zur Anfechtung gestellt wird. Ein vollumfängliches Nachreichen der Anfechtungsgründe nach Ablauf der Frist genügt nicht.[8] Nach Ablauf der Anfechtungsfrist kann ein – z. B. auf die Wahl einer Gruppe – eingeschränkter Antrag nicht mehr erweitert werden. Es können jedoch[9] auch nachträglich vorge-

---

1 *BVerwG* 23.10.2003 – 6 P 10.03, PersR 2004, 35.
2 *OVG NRW* 10.11.2005 – 1 A 1264/05.PVL, PersR 2006, 129.
3 *OVG NRW* 31.3.2006 – 1 A 5195/04.PVL, PersV 2007, 34.
4 *OVG NRW* 6.9.1989 – CL 55/88, PersV 1993, 31.
5 *OVG NRW* 7.5.2018 – 20 A 2065/17.PVL, PersV 2018, 403.
6 *OVG NRW* 31.1.2014 – 20 A 2155/12.PVL, PersV 2014, 214; 7.5.2018 – 20 A 2065/17.PVL, a. a. O.
7 *OVG NRW* 14.8.2014 – 20 A 1888/13.PVL, PersV 2015, 58.
8 *OVG NRW* 26.6.1998 – 1 A 315/98.PVL, PersV 1998, 533 (Leitsatz).
9 So das *BVerwG* 13.5.1998 – 6 P 9.97, PersR 1998, 516.

**§ 22**

tragene bzw. festgestellte Anfechtungsgründe berücksichtigt werden, wenn zuvor innerhalb der Frist wenigstens ein denkbar maßgeblicher Grund genannt wurde. Nicht zulässig ist aber, dass die Gerichte ohne Anlass die Wahlunterlagen beiziehen, um nach Wahlrechtsverstößen zu forschen.[10]

Gegen zwingende und damit wesentliche Wahlvorschriften wird z. B. dann verstoßen, wenn der vom Wahlrecht allgemein vorausgesetzte Grundsatz der freien Wahl dadurch verletzt wird, dass ein Wahlbewerber (Brief-)Wahlunterlagen persönlich überbringt und Wahlberechtigte ihre Stimme in seiner Gegenwart bzw. der Gegenwart eines von ihm hinzugezogenen Dolmetschers abgeben.[11]

Für ungültig wurde z. B. auch die Wahl bei einer ARGE im Sinne des § 44b SGB II a. F. erachtet, weil sie keine Dienststelle im Sinne des § 1 sein soll.[12] Wesentlich sind Wahlvorschriften, wenn sie zwingend sind und nicht lediglich Ordnungsvorschriften darstellen. Unter Wahlrecht ist das aktive Wahlrecht zu verstehen. Zur Wahlanfechtung kann z. B. die Zulassung Nichtwahlberechtigter oder die Nichtzulassung Wahlberechtigter führen.[13]

Gegen Vorschriften über die Wählbarkeit wird dann verstoßen, wenn wählbare Kandidaten als nicht wählbar zurückgewiesen werden, Wahlvorschläge zu Unrecht für ungültig erklärt oder ungültige Wahlvorschläge zugelassen werden. Beschäftigte in Orchesterbetrieben/Kulturorchestern verlieren ihr passives Wahlrecht nicht dadurch, dass sie zugleich Mitglied im Orchestervorstand nach dem TVK (Tarifvertrag für die Musiker in Kulturorchestern) sind. Sie werden dadurch nicht zu Beschäftigten, die im Sinne des § 11 Abs. 2 Buchst. b) zu selbständigen Entscheidungen in Personalangelegenheiten befugt sind.[14]

Die Vorschriften über das Wahlverfahren betreffen den äußeren Ablauf der Wahl, wie die Vorschrift über das Verschließen und sichere Aufbewahren der Wahlurne bei Unterbrechung der Wahlhandlung[15] oder die Vorschrift über den ordnungsgemäßen Aushang des Wahlausschreibens und der Wahlordnung. Erfolgt die Bekanntmachung des Wahlausschreibens in einer Art und Weise, die es nicht allen Wahlberechtigten ermöglicht, Kenntnis von der Einleitung der Wahl zu erlangen und damit ihr Wahlrecht auszuüben, führt dies zur Unwirksamkeit der Wahl.[16] Die Vorschriften beziehen sich z. B. aber

---

10 *BVerwG* 13. 5. 1998, a. a. O.; 28. 5. 2009 – 6 PB 11.09, PersR 2009, 364.
11 *OVG NRW* 31. 3. 2006 – 1 A 5195/04.PVL, PersV 2007, 34.
12 *VG Arnsberg* 22. 3. 2007 – 20 K 2019/06.PVL, PersR 2007, 255.
13 *OVG NRW* 31. 01. 2014 – 20 A 2155/12. PVR, PersV 2014, 214.
14 *OVG NRW* 28. 9. 2017 – 20 A 1002/17.PVL, PersV 2018, 107; *VG Düsseldorf* 24. 3. 2017 – 34 K 7252/16.PVL.
15 *OVG NRW* 27. 11. 1997 – 1 A 878/97.PVB, PersV 1999, 226.
16 *OVG NRW* 7. 5. 2018 – 20 A 2065/17.PVL, PersV 2018, 403.

auch auf die richtige Berechnung der Personalratsgröße,[17] die fehlerhafte Berechnung von Fristen, falsche Behandlung der Briefwahlunterlagen oder Fehler bei der Durchführung der Wahlhandlung, die den Grundsatz der freien und geheimen Wahl verletzen. Ist ein Beschäftigter als vermeintliches Mitglied des Wahlvorstands an der Durchführung der Personalratswahl beteiligt, ohne dazu berechtigt zu sein, stellt dies ebenfalls einen Verstoß gegen wesentliche Wahlvorschriften dar.[18] Eine fehlerhafte Gestaltung der bekanntgemachten Wahlvorschläge und der Stimmzettel kann ebenfalls einen Wahlanfechtungsgrund darstellen. Enthalten diese z. B. keine Angaben über die Amts- oder Berufsbezeichnungen der Wahlbewerber, stellt dies einen Verstoß gegen die wesentlichen Wahlvorschriften der §§ 8 Abs. 3 Satz 2, 23 Abs. 2 WO-LPVG dar.[19] Diese Angaben dienen dem Informationsbedürfnis der Wahlberechtigten; sie sollen in der Lage sein, den Kandidaten in fachlicher Hinsicht einzuordnen. Zudem geben diese Angaben Aufschluss darüber, welchem Hierarchiebereich in der Dienststelle der Bewerber angehört.[20]

Eine Berichtigung durch den Wahlvorstand wird in aller Regel nicht möglich sein.[21]

**4** Verstöße gegen wesentliche Vorschriften über das Wahlrecht, die Wählbarkeit und das Wahlverfahren führen jedoch nur dann zur Ungültigkeit der Wahl und damit zu einer erfolgreichen Wahlanfechtung, wenn sie überhaupt einen denkbaren Einfluss auf das Wahlergebnis haben konnten. Das ist nur dann der Fall, wenn wenigstens eine theoretische Möglichkeit besteht, dass der Fehler das Wahlergebnis im konkreten Fall beeinflussen konnte.

Nichtig ist eine Wahl, wenn gegen die allgemeinen Grundsätze einer ordnungsgemäßen Wahl in einem so hohen Maße verstoßen wird, dass auch der Anschein einer gesetzmäßigen Wahl nicht mehr vorliegt.[22] Dabei ist jedoch im Interesse der Rechtssicherheit ein strenger Maßstab anzulegen.[23] Auch zahlreiche und schwerwiegende Wahlrechtsverstöße reichen dazu noch nicht aus.[24] Die Nichtigkeit einer Wahl kann außerhalb der Zweiwochenfrist und von jedermann geltend gemacht werden. Die Wahl gilt als nicht erfolgt, ein so gewählter Personalrat als nicht »existent«. Dies muss jedoch von einem Gericht rechtskräftig festgestellt werden.

---

17 *BVerwG* 24. 2. 2015 – 5 P 7.14, PersV 2015, 264; *OVG NRW* 20. 1. 1994 – 1 A 3122/93, ZBR 1994, 190.
18 *OVG NRW* 14. 8. 2014 – 20 A 1888/13.PVL, PersV 2015, 58.
19 *VG Aachen* 27. 10. 2016 – 16 K 1515/16.PVL, juris.
20 *VG Aachen* 27. 10. 2016 – 16 K 1515/16.PVL, juris.
21 *OVG NRW* 20. 1. 1994 – 1 A 3698/93.PVL, PersR 1994, 232.
22 Vgl. *VG Berlin* 19. 5. 2014 – UG 71 L 6.14.PVB, n. v.
23 *VG Gelsenkirchen* 28. 6. 2019 – 12c L 915/19.PVL.
24 *OVG NRW* 10. 2. 1999 – 1 A 3656/97.PVL, PersR 1999, 313.

Der vorzeitige Abbruch einer Personalratswahl per einstweiliger Verfügung kommt nur ausnahmsweise dann in Betracht, wenn schlechthin unzumutbare Nachteile dargelegt werden, die im Falle des Ausbleibens einer einstweiligen Verfügung drohen würden.[25] Es muss sich um erhebliche Mängel des Wahlverfahrens handeln, die bereits bei summarischer Prüfung offensichtlich eine Anfechtung der Wahl rechtfertigen würden.[26] Ein vorzeitiger Abbruch der Wahl scheidet demgemäß in der Regel aus.

**Abs. 2:** Wird die Wahl eines Personalrats oder einer Gruppe mit Erfolg angefochten und wird die gerichtliche Entscheidung rechtskräftig, so bestellt das Verwaltungsgericht den Wahlvorstand. Dieser hat die Neuwahl unverzüglich einzuleiten und nimmt bis zur konstituierenden Sitzung des neu zu wählenden Personalrats die Rechte und Pflichten des durch die Wahlanfechtung abgelösten Personalrats wahr.

Ist nur in einer Gruppe aufgrund einer erfolgreichen Wahlanfechtung neu zu wählen, so nimmt der Wahlvorstand innerhalb des Personalrats bis zur Gruppen-Neuwahl die Rechte des Personalrats und die Befugnisse dieser Gruppe wahr.

Im Interesse einer kontinuierlichen Personalratsarbeit empfiehlt es sich daher regelmäßig, vor Rechtskraft von Beschlüssen der Verwaltungsgerichte über eine Wahlanfechtung gemäß § 24 Abs. 1 Buchst. c mit Mehrheit zurückzutreten. Das hat zum einen den Vorteil, dass der Personalrat den Wahlvorstand bestellen kann und dies nicht dem Verwaltungsgericht überlassen bleibt. Zum anderen kann der Personalrat unverändert bis zur Neuwahl des Personalrats im Amt bleiben (§ 24 Abs. 2). Beschließt der Personalrat während eines Wahlanfechtungsverfahrens seinen Rücktritt, ist dem Wahlanfechtungsverfahren der Boden entzogen, es ist wegen Wegfalls des Rechtsschutzinteresses zu beenden.

**Abs. 3:** Die Beschlüsse des Personalrats, die dieser von Beginn seiner Tätigkeit bis zum Eintritt der Rechtskraft des verwaltungsgerichtlichen Beschlusses über die Wahlanfechtung gefasst hat, bleiben wirksam. Das bedeutet zugleich, dass der Personalrat während der Dauer des Wahlanfechtungsverfahrens uneingeschränkt im Amt ist und seine Rechte nicht etwa im Hinblick auf die demnächst ggf. eintretende Ungültigkeit der Wahl eingeschränkt werden dürfen.

---

25 *VG Gelsenkirchen* 28.6.2019 – 12c L 915/19.PVL.
26 *VG Düsseldorf* 6.6.2016 – 34 L 1767/16.PVL, juris.

## Zweiter Abschnitt
## Amtszeit

### § 23

(1) Die regelmäßige Amtszeit des Personalrats beginnt und endet mit der jeweiligen Wahlperiode. Sie beträgt vier Jahre.

(2) Wird ein Personalrat während einer Wahlperiode gewählt, so beginnt seine Amtszeit mit dem Tage der Wahl. Sie endet mit Ablauf der laufenden Wahlperiode, wenn bis dahin mehr als ein Jahr verstrichen ist, sonst mit Ablauf der folgenden Wahlperiode. Entsprechendes gilt für die Gruppe, wenn die Mitglieder einer Gruppe während einer Wahlperiode neu gewählt werden.

(3) Nach Ablauf der Amtszeit des bisherigen Personalrats führt dieser die Geschäfte weiter, bis der neue Personalrat zu seiner ersten Sitzung zusammengetreten ist.

1 **Abs. 1:** Die Wahlperiode des Personalrats ist der Vierjahreszeitraum, der gemäß § 108 ab der ersten am 1.7.1975 beginnenden Wahlperiode zu berechnen ist. Die zunächst dreijährigen Wahlperioden endeten am 30.6.1996. Durch die Novelle 1994 ist die Verlängerung der Amtszeit von drei auf vier Jahre in Anpassung an die bereits bestehenden Regelungen im BetrVG und BPersVG erfolgt. Die erste vierjährige Amtszeit hat daher am 1.7.1996 begonnen, so dass die letzte Amtszeit vom 1.7.2012 bis 30.6.2016 dauerte und die gegenwärtige Amtszeit vom 1.7.2016 bis 30.6.2020 läuft. Die nächste Amtszeit beginnt am 1.7.2020 und endet am 30.6.2024. Die Amtszeit ist dann mit der Wahlperiode identisch, wenn der Personalrat am Ende der jeweiligen Wahlperiode gewählt wurde und bis zum Ablauf der vierjährigen Wahlperiode am 30. Juni keine vorzeitige Wahl nach § 24 stattgefunden hat. In diesem Fall beginnt die Amtszeit des Personalrats – unabhängig vom Datum der Wahl – mit Beginn der Wahlperiode am 1. Juli.[1]

2 **Abs. 2:** Wird der Personalrat erstmals oder nach Maßgabe des § 24 Abs. 1 während der Wahlperiode gewählt, beginnt seine Amtszeit mit dem Tag der Wahl, also mit dem (letzten) Tag der Stimmabgabe. Sie läuft mit dem Ende der jeweiligen Wahlperiode am 30.6.2020/30.6.2024 etc. ab. Liegt zwischen der Wahl eines solchen Personalrats und dem Ende der Wahlperiode mehr als ein Jahr, hat eine Neuwahl stattzufinden. Beträgt sie ein Jahr oder weniger als ein Jahr, bleibt dieser erst kürzlich gewählte Personalrat bis zum Ablauf der folgenden Wahlperiode im Amt.

Entsprechendes gilt für die Gruppenvertreter, wenn diese in einer besonderen Wahl während der Wahlperiode gewählt worden sind.

---

1 *Cecior u. a.*, § 23 Rn. 10; *Laber/Pagenkopf*, § 23 Rn. 7.

**Abs. 3:** Nach Ablauf der Amtszeit des Personalrats – regelmäßig also am 3 Ende der jeweiligen Wahlperiode – hat er die Geschäfte weiterzuführen, wenn noch kein neuer Personalrat besteht. Das kommt bei verspäteter Neuwahl und in den Fällen des § 24 Abs. 1 Buchst. a bis c in Betracht (§ 24 Abs. 2).

Im Falle der Wahlanfechtung oder der Auflösung des Personalrats durch gerichtliche Entscheidung (§§ 22, 25) besteht keine Befugnis zur Weiterführung der Geschäfte (vgl. hierzu § 22 Rn. 5).

Die Weiterführung der Geschäfte bedeutet, dass der Personalrat einerseits uneingeschränkt tätig sein kann, andererseits aber alles zu tun hat, um diesen vorübergehenden Zustand zu beenden, z. B. durch Einwirken auf den Wahlvorstand.

## § 24

(1) Der Personalrat ist neu zu wählen, wenn
a) mit Ablauf von vierundzwanzig Monaten nach dem Tage der Wahl die Zahl der regelmäßig Beschäftigten um die Hälfte, mindestens aber um 50 gestiegen oder gesunken ist oder
b) die Gesamtzahl der Mitglieder des Personalrats auch nach Eintreten sämtlicher Ersatzmitglieder um mehr als ein Viertel der vorgeschriebenen Zahl gesunken ist oder
c) der Personalrat mit der Mehrheit seiner Mitglieder seinen Rücktritt beschlossen hat oder
d) die Wahl des Personalrats mit Erfolg angefochten worden ist oder
e) der Personalrat durch gerichtliche Entscheidung aufgelöst worden ist.
Satz 1 Buchstabe b gilt nicht, wenn es sich bei den dort bezeichneten Mitgliedern des Personalrats ausschließlich um Mitglieder einer Gruppe handelt.
(2) In den Fällen des Absatzes 1 Buchstabe a bis c führt der Personalrat die Geschäfte weiter, bis der neue Personalrat zu seiner ersten Sitzung zusammengetreten ist.
(3) Die Mitglieder einer Gruppe sind neu zu wählen, wenn die Gesamtzahl der Mitglieder dieser Gruppe auch nach Eintreten sämtlicher Ersatzmitglieder um mehr als ein Viertel der vorgeschriebenen Zahl gesunken ist. Absatz 2 gilt entsprechend.

Außerhalb des vierjährigen Wahlrhythmus ist der Personalrat bei Veränderung der Beschäftigtenzahl, Absinken der Zahl der Personalratsmitglieder, Rücktritt, Wahlanfechtung und Auflösung des Personalrats vorzeitig neu zu wählen. 1

**Abs. 1:** Eine vorzeitige Personalratsneuwahl hat stattzufinden, wenn am 2 Stichtag – nämlich exakt am Tage des Ablaufs von 24 Monaten nach dem

## § 24

(letzten) Tag der Wahl – die Zahl der »regelmäßig« Beschäftigten um die Hälfte, mindestens aber um 50, gestiegen oder gesunken ist. Veränderungen der Beschäftigtenzahl vor und nach diesem Zeitpunkt führen nicht zur Neuwahl.

**3** Eine Neuwahl findet auch dann statt, wenn die Gesamtzahl der Personalratsmitglieder um mehr als ein Viertel der vorgeschriebenen Zahl gesunken ist und alle Ersatzmitglieder bereits gemäß § 28 eingetreten sind, § 24 Abs. 1 Buchst. b). Dies gilt nach der Rechtsprechung auch dann, wenn sämtliche Mitglieder lediglich einer Liste einschließlich der über diese Liste gewählten Ersatzmitglieder ihr Amt niederlegen, soweit diese Liste mehr als ein Viertel der Personalratsmandate in sich vereint – selbst dann, wenn dies offensichtlich allein in dem Bestreben geschieht, eine Neuwahl zu erzwingen.[1] Diese Rechtsprechung ist abzulehnen – hat sie doch zur Folge, dass es eine Minderheit im Gremium jederzeit in der Hand hat, eine Neuwahl zu erzwingen, wenn ihr die anlässlich einer demokratischen Wahl gebildeten Mehrheitsverhältnisse im Personalrat nicht mehr genehm sind. Selbiges gilt jedoch dann nicht, wenn das Absinken der Zahl der Personalratsmitglieder nur innerhalb einer Gruppe stattfindet (Satz 2). In diesem Fall sind lediglich die Mitglieder der betreffenden Gruppe neu zu wählen (Absatz 3). Beschließt der Personalrat mit der Mehrheit seiner Mitglieder den Rücktritt, ist ebenfalls eine vorzeitige Neuwahl durchzuführen. Darunter ist ein Beschluss des Personalrats zum gemeinsamen Rücktritt gemäß § 26 Abs. 1 Buchst. c, und nicht die persönliche Entscheidung eines Personalratsmitglieds zum »Rücktritt« – also zur Niederlegung seines persönlichen Amtes – zu verstehen. Vorzeitige Neuwahlen finden auch bei erfolgreicher Wahlanfechtung und bei gerichtlicher Auflösung des Personalrats gemäß §§ 22 und 25 statt.

**4** **Abs. 2:** Bei Absinken der Beschäftigtenzahl oder der Zahl der Personalratsmitglieder sowie im Falle des Rücktritts des Personalrats ist der betroffene Personalrat bis zur Neuwahl berechtigt und verpflichtet, die Geschäfte weiterzuführen. Er ist verpflichtet, einen Wahlvorstand zu bestellen, damit die vom Gesetz vorgesehene Neuwahl auch stattfinden kann.

Im Falle der Wahlanfechtung und der gerichtlichen Auflösung des Personalrats erlischt das Amt mit Rechtskraft der jeweiligen Gerichtsentscheidung. Eine Befugnis zur Fortführung der Geschäfte besteht nicht; das ist in dem Fall Aufgabe des vom Gericht eingesetzten Wahlvorstandes (§§ 22 Abs. 2, 25 Abs. 2).

**5** **Abs. 3:** Innerhalb einer Gruppe hat eine gesonderte Neuwahl stattzufinden, wenn die Gesamtzahl der Vertreter dieser Gruppe um mehr als ein Viertel gesunken ist, nachdem alle Ersatzmitglieder eingetreten sind. Der Personal-

---

[1] *VG Köln* 29.4.2015 – 34 L 662/15.PVL, n.v.; *BVerwG* 30.11.2010 – 6 PB 16.10, PersR 2011, 73; *OVG NRW* 9.12.1982 – CL 15/82, PersV 1986, 478.

rat hat in diesem Falle einen Wahlvorstand zur Neuwahl in dieser Gruppe zu bestellen, die betroffene Gruppe bleibt bis zu dieser Neuwahl im Amt.

## § 25

(1) Auf Antrag eines Viertels der wahlberechtigten Beschäftigten oder einer in der Dienststelle vertretenen Gewerkschaft kann das Verwaltungsgericht den Ausschluss eines Mitglieds aus dem Personalrat oder die Auflösung des Personalrats wegen grober Vernachlässigung seiner gesetzlichen Befugnisse oder wegen grober Verletzung seiner Pflichten nach diesem Gesetz beschließen. Der Personalrat kann aus den gleichen Gründen den Ausschluss eines Mitglieds beantragen. Die Dienststelle kann den Ausschluss eines Mitgliedes aus dem Personalrat oder die Auflösung des Personalrats wegen grober Verletzung seiner gesetzlichen Pflichten beantragen.
(2) Ist der Personalrat aufgelöst, so gilt § 22 Abs. 2 entsprechend.

Zur Sicherung der unabhängigen Amtsführung des Personalrats und seiner Mitglieder ordnet das Gesetz an, dass ein Ausschluss eines einzelnen Mitglieds aus dem Personalrat oder die Auflösung des gesamten Personalrats nur durch gerichtliche Entscheidung möglich ist. 1

**Abs. 1:** Ein Viertel der wahlberechtigten Beschäftigten oder eine in der Dienststelle vertretene Gewerkschaft kann bei grober Vernachlässigung der gesetzlichen Befugnisse oder bei grober Verletzung der Pflichten den Ausschluss eines Mitglieds aus dem Personalrat oder die Auflösung des gesamten Personalrats beim Verwaltungsgericht beantragen. 2

Besonders ärgerlich für Beschäftigte sowie Gewerkschaften ist die Vernachlässigung der gesetzlichen Befugnisse eines Personalratsmitglieds oder gar des gesamten Personalrats. Darunter ist die Nichtausübung der im Gesetz zugunsten der Beschäftigten vorgesehenen Rechte und Pflichten zu verstehen, wie die anhaltende Nichtteilnahme an Personalratssitzungen, die Nichtwahrnehmung von Mitbestimmungsrechten (z. B. durch Verstreichenlassen der Äußerungsfristen) oder die Nichtdurchführung gesetzlich vorgesehener Veranstaltungen (Personalversammlung, Vierteljahresgespräch, Erörterungen). Ein Ausschluss aus dem Personalrat und eine Auflösung des Personalrats sind dann begründet, wenn eine solche Vernachlässigung »grob«, also entweder von besonderem Gewicht ist und/oder anhaltend und wiederholt, also beharrlich, vorkommt. Leichte Verfehlungen rechtfertigen diese Sanktion somit nicht.[1] Ein Ausschluss aus dem Personalrat soll im Sinne des Verhältnismäßigkeitsgrundsatzes erst dann zum Zuge kommen, 3

---

[1] *VG Gelsenkirchen* 8. 8. 2019 – 12c K 8426/17.PVL.

wenn es um Verfehlungen geht, die die gesetzestreue sowie die sach- und ordnungsgemäße Wahrnehmung des Mandats insgesamt in Frage stellen.[2]

In Abs. 1 Satz 3 wird dem Dienststellenleiter ein eigenes Antragsrecht eingeräumt. Er kann den Ausschluss eines einzelnen Mitglieds aus dem Personalrat oder die Auflösung des gesamten Personalrats jedoch ausschließlich wegen grober Verletzung der Pflichten nach dem Gesetz beantragen. Ein auf die grobe Vernachlässigung der gesetzlichen Befugnisse gestützter Antrag ist dem Dienststellenleiter nicht eröffnet. Im Zuge der Novelle 2011 wurde darüber diskutiert[3], das Antragsrecht des Dienststellenleiters zu streichen. Letztlich wurde dieses jedoch beibehalten; zur Begründung wurde ausgeführt, mit Blick auf die Einführung des neuen § 79 Abs. 3 erscheine es angemessen, auch der Dienststelle Sanktionsmöglichkeiten einzuräumen. Dies überzeugt nicht, da sich ein Vergleich dieser beiden Regelungen mit Blick auf Zielsetzung und Rechtsfolgen verbietet. Ein praktisches Bedürfnis für ein Antragsrecht des Dienststellenleiters besteht nach wie vor nicht.

4 Pflichtverletzungen werden von der Rechtsprechung zumeist unter dem Gesichtspunkt des Nichtbeachtens von Rahmenpflichten behandelt (z. B. Verstöße gegen die Schweigepflicht, Friedenspflicht, Neutralitätspflicht). Derartige Pflichtverletzungen sind nur dann »grob«, wenn die fragliche Verfehlung die Tätigkeit des Personalrats nachhaltig stört bzw. behindert oder die Rechte und Ansprüche der Beschäftigten beeinträchtigt oder schädigt. Auch eine ernstliche Gefährdung des Arbeitsfriedens innerhalb der Dienststelle kann als grobes Fehlverhalten gewertet werden.[4] So ist aber z. B. ein Streikaufruf eines Beamten unter ausdrücklichem Hinweis auf seine Gewerkschaftsmitgliedschaft[5] keine grobe Pflichtverletzung, weil dieses Verhalten weder die Personalratsarbeit noch die Rechte der Beschäftigten beeinträchtigt. Keine grobe Verletzung der Pflichten des Personalrats oder eines Personalratsmitglieds stellt eine angeblich mangelnde Kompromissbereitschaft dar oder das Ausschöpfen der Befugnisse sowie auf der Personalversammlung geäußerte Kritik. Das Eintreten und die Tätigkeit für eine Gewerkschaft ist ebenfalls im Hinblick auf das Recht des Personalratsmitglieds zur gewerkschaftlichen Betätigung gemäß § 3 Abs. 2 kein Grund für einen Ausschluss.

5 Zu unterscheiden von der Vernachlässigung gesetzlicher Befugnisse oder der Verletzung gesetzlicher Pflichten sind Verstöße gegen dienst- oder arbeitsvertragliche Pflichten. Diese können nur dann Gegenstand eines solchen

---

2 *VG Aachen* 6. 12. 2018 – 16 K 1957/18.PVL, juris.
3 LT-Drucks. 15/1644.
4 *VG Gelsenkirchen* 8. 8. 2019 – 12c K 8426/17.PVL.
5 *BVerwG* 23. 2. 1994 – 1 D 65.91, PersR 1994, 515.

Verfahrens sein, wenn sie zugleich Pflichtwidrigkeiten mit Bezug zu den Aufgaben und Befugnissen nach dem LPVG beinhalten.

Über den Antrag hat das zuständige Verwaltungsgericht zu entscheiden. Während der Dauer des Verfahrens sind die Rechte des Personalratsmitglieds und des Personalrats nicht eingeschränkt. Auch ein vorläufiger Ausschluss oder eine Suspendierung eines Personalratsmitglieds für die Dauer eines solchen Ausschlussverfahrens ist unzulässig. Der Amtsverlust bzw. die Auflösung des Personalrats tritt erst nach Rechtskraft eines verwaltungsgerichtlichen Beschlusses über den Ausschluss eines Personalratsmitglieds bzw. die Auflösung des Personalrats ein.

Auf Verstöße aus der vorherigen Amtszeit kann ein Verfahren regelmäßig nicht gestützt werden. Ein Ausschluss- oder Auflösungsverfahren kann nach Ende der Amtszeit bzw. der Wahlperiode nicht mit Wirkung für die kommende Amtszeit weitergeführt werden.[6] Ein Ausschluss aus dem Personalrat wirkt nur für die jeweilige Amtszeit, eine erneute Kandidatur bei der nächsten Personalratswahl ist zulässig. Es besteht kein rechtliches Interesse der Dienststelle an der Feststellung, dass der Personalrat durch ein in der Vergangenheit liegendes Verhalten gegen gesetzliche Pflichten verstoßen hat.[7]

**Abs. 2:** Wird ein Personalratsmitglied durch rechtskräftigen verwaltungsgerichtlichen Beschluss aus dem Personalrat ausgeschlossen, erlischt gemäß § 26 Abs. 1 Buchstabe g) die Mitgliedschaft im Personalrat. Für das ausgeschlossene Personalratsmitglied tritt gemäß § 28 ein Ersatzmitglied ein. Im Falle der Auflösung des Personalrats durch einen rechtskräftigen Beschluss des Verwaltungsgerichts hat gemäß § 24 Abs. 1 Buchst. e) eine Neuwahl durch einen vom Verwaltungsgericht zu bestellenden Wahlvorstand stattzufinden. Der durch gerichtlichen Beschluss aufgelöste Personalrat hat keine Befugnis zur Fortführung der Amtsgeschäfte nach § 24 Abs. 2. Das ist Aufgabe des eingesetzten Wahlvorstandes gemäß § 22 Abs. 2.

## § 26

(1) **Die Mitgliedschaft im Personalrat erlischt durch**
a) **Ablauf der Amtszeit,**
b) **erfolgreiche Anfechtung der Wahl,**
c) **Niederlegung des Amtes,**
d) **Beendigung des Dienstverhältnisses,**
e) **Ausscheiden aus der Dienststelle,**
f) **Verlust der Wählbarkeit, außer, die Abwesenheit beruht auf Elternzeit,**
g) **gerichtliche Entscheidung nach § 25 Abs. 1,**

---

6 *BVerwG* 23.8.1988 – 6 O 5.87, PersR 1988, 268.
7 *BVerwG* 12.11.2002 – 6 P 2.02, PersR 2003, 152.

## § 26

h) Feststellung nach Ablauf der in § 22 Abs. 1 bezeichneten Frist, dass die oder der Gewählte nicht wählbar war.

(2) Die Mitgliedschaft im Personalrat erlischt ferner, wenn eine Beurlaubung ohne Besoldung oder Arbeitsentgelt während der Amtszeit des Personalrats länger als sechs Monate andauert, außer in den Fällen von Elternzeit.

(3) Die Mitgliedschaft im Personalrat wird durch einen Wechsel der Gruppenzugehörigkeit eines Mitglieds nicht berührt; dieses bleibt Mitglied der Gruppe, für die es gewählt wurde.

1 Während § 24 die Tatbestände regelt, die zu einer Neuwahl des gesamten Personalrats führen, werden in dieser Vorschrift die Tatbestände aufgeführt, die zu einem Erlöschen des persönlichen Amtes – also der Mitgliedschaft im Personalrat – führen.

2 **Abs. 1:** Das einzelne Personalratsmitglied verliert sein Amt gemäß Buchstabe a) zunächst durch Ablauf der Amtszeit. Das ist entweder das Erreichen der vierjährigen Wahlperiode regelmäßig am 30. Juni (2020, 2024, 2028 usw.) oder das vorzeitige Ende der Amtszeit in den Fällen des § 24 Abs. 1 Buchst. a) bis c). In diesen Fällen hat eine vorzeitige Neuwahl des Personalrats stattzufinden, mit deren erfolgreichem Abschluss – Tag der konstituierenden Sitzung des neugewählten Personalrats – die Amtszeit des bisherigen Personalrats und damit die Mitgliedschaft jedes einzelnen Personalratsangehörigen erlischt.

Das persönliche Amt endet gemäß Buchst. b und g auch durch gerichtliche Entscheidung, also mit Eintritt der Rechtskraft einer erfolgreichen Anfechtung der Wahl des gesamten Personalrats oder der Gruppe sowie bei Ausschluss des betroffenen Mitglieds aus dem Personalrat und schließlich im Falle der Auflösung des gesamten Personalrats gemäß § 25 Abs. 1.

3 Die Mitgliedschaft im Personalrat endet auch durch persönlichen Rücktritt, also durch Niederlegung des Amtes gemäß Buchst. c, die jederzeit und ohne Begründung möglich ist, jedoch auch nicht widerrufen werden kann. Bei einer solchen Amtsniederlegung endet das Amt in dem Augenblick, in dem die Erklärung des einzelnen Personalratsmitglieds über seinen »Rücktritt« dem Personalratsvorsitzenden zugeht.

4 Endet das Dienstverhältnis des Personalratsmitglieds, so wird dadurch auch die Personalratsmitgliedschaft beendet. Bei Beamten geschieht das mit Wirksamwerden einer Entlassung oder einer Verfügung auf Entfernung aus dem Dienst oder altershalbem Ausscheiden. Bei Arbeitnehmern endet das Dienstverhältnis durch Kündigung, Erreichen einer Befristung, Aufhebungsvereinbarung oder altershalbes Ausscheiden. § 27 Abs. 2 ist in diesen Fällen zu beachten (siehe die Kommentierung zu § 27).

Ist ein Personalratsmitglied zugleich Mitglied im Gesamtpersonalrat, und nimmt es für seine Tätigkeit im Gesamtpersonalrat eine Vollfreistellung in

Anspruch, scheidet es nicht im Sinne des § 26 Abs. 1 Buchst. e aus der Dienststelle aus; die Mitgliedschaft im Personalrat erlischt aus diesem Grunde nicht.[1]

Die Wählbarkeit eines Personalratsmitglieds kann während der Dauer der Amtszeit dadurch verlorengehen, dass es eines der Merkmale des § 11 verliert, z. B. durch Aberkennung des Wahlrechts, Erlangung der Eigenschaft der §§ 8 Abs. 1 bis 3, 11 Abs. 2 oder durch Wahl eines Personalratsmitglieds als »Arbeiter« in das oberste Verfassungsorgan einer Gemeinde oder eines Gemeindeverbandes (§ 11 Abs. 3). Auch die Inanspruchnahme von Elternzeit für einen Zeitraum von mehr als sechs Monaten führte nach bisheriger Rechtsprechung zum Verlust der Wählbarkeit nach § 11 Abs. 2 Buchst. c, und damit zum Erlöschen der Mitgliedschaft im Personalrat nach § 26 Abs. 1 Buchst. f.[2] Durch das Dritte Gesetz zur Änderung des LPVG vom 26. 2. 2019[3] wurde jedoch familienpolitisch wünschenswert klargestellt, dass die Inanspruchnahme von Elternzeit nicht zum Erlöschen der Personalratsmitgliedschaft führt. Die Vorschrift des § 26 Abs. 1 Buchst. f wurde entsprechend ergänzt.

Beschäftigte, die zu einer anderen Dienststelle abgeordnet oder dieser zugewiesen werden, verlieren gemäß §§ 11 Abs. 1, 10 Abs. 2 2. Halbsatz nach sechs Monaten ihr aktives und passives Wahlrecht in der bisherigen Dienststelle, so dass auch deren Mitgliedschaft im Personalrat erlischt. Dies gilt nicht im Falle der Gestellung, da insoweit § 10 Abs. 2 2. Halbsatz eine Sonderregelung vorsieht.

Die Amtszeit erlischt schließlich nach Buchst. h, wenn durch gerichtliche Entscheidung außerhalb eines Wahlanfechtungsverfahrens festgestellt wird, dass der Gewählte nicht wählbar war.

**Abs. 2:** Personalratsmitglieder, deren Beurlaubung ohne Bezüge innerhalb der Amtszeit des Personalrats länger als sechs Monate andauert, verlieren ihre Mitgliedschaft ebenfalls. Zur Begründung wird insoweit angeführt, dass der Beschäftigte nach sechs Monaten derart den Kontakt zur Dienststelle und zu den anderen Beschäftigten verliere, dass er dauerhaft nicht mehr in der Lage sei, das Personalratsamt sinnvoll auszuüben. Seit Inkrafttreten des Dritten Gesetzes zur Änderung des LPVG vom 26. 2. 2019 sind Fälle von Elternzeit hiervon ausdrücklich ausgenommen. Die Inanspruchnahme von Elternzeit führt damit nicht mehr zum (nachträglichen) Verlust des Personalratsamtes.

**Abs. 3:** Ein Wechsel der Gruppenzugehörigkeit während der Amtszeit berührt das Personalratsamt nicht. Jedoch bleibt das gewählte Personalratsmitglied stets Vertreter derjenigen Gruppe, für die es gewählt wurde. Bei der

---
1 Vgl. *VGH Baden-Württemberg* 21. 9. 2016 – PL 15 S 689/15, juris.
2 *OVG NRW* 10. 11. 2014 – 20 A 679/14.PVL, PersR 4/2015, 50.
3 GV.NRW, Ausgabe 2019 Nr. 6, S. 131.

## § 28

Wahl wird die Gruppenzugehörigkeit jedenfalls hinsichtlich des Personalratsamts endgültig festgelegt.

## § 27

**(1) Die Mitgliedschaft einer Beamtin oder eines Beamten im Personalrat ruht, solange ihr oder ihm die Führung der Dienstgeschäfte verboten oder sie oder er wegen eines gegen sie oder ihn schwebenden Disziplinarverfahrens vorläufig des Dienstes enthoben ist.**
**(2) In den Fällen des § 26 Abs. 1 Buchstaben d und e ruht die Mitgliedschaft im Personalrat bis zur Rechtskraft der Entscheidung.**

1  **Abs. 1:** Wird einem verbeamteten Personalratsmitglied die Führung der Dienstgeschäfte verboten (§ 39 BeamtStG), so ruht sein Personalratsamt. Die gleiche Rechtsfolge tritt ein, wenn ein verbeamtetes Personalratsmitglied im Zusammenhang mit einem Disziplinarverfahren gemäß § 38 LDG NRW vorläufig des Dienstes enthoben wird.
Ruht das Personalratsamt nach dieser Vorschrift, kann der Beamte so lange sein Personalratsamt nicht ausüben, wie das Verbot der Führung der Dienstgeschäfte bzw. die vorläufige Dienstenthebung andauert. Endet die jeweilige Maßnahme und besteht das Dienstverhältnis danach fort, so lebt das Personalratsamt wieder auf. Während der Zeit des Ruhens tritt das nach § 28 Abs. 2 zuständige Ersatzmitglied gemäß § 28 Abs. 1 vorübergehend ein.

2  **Abs. 2:** Absatz 2 ordnet an, dass die Mitgliedschaft im Personalrat bis zur Rechtskraft gerichtlicher Entscheidungen, die über den Bestand des Arbeitsverhältnisses (z.B. über Kündigung, Befristung, Anfechtung) geführt werden, ruht. Eine Kündigung, Anfechtung und Befristung führt daher zunächst ab dem Zeitpunkt ihrer Wirksamkeit bzw. ab Bekanntgabe der Maßnahme gegenüber dem Personalratsmitglied (Zugang der Kündigung, Zugang der Anfechtungserklärung, vereinbartes Ende der Befristung) dazu, dass das Personalratsamt nicht ausgeübt werden kann. Obsiegt das Personalratsmitglied in dem Rechtsstreit, kann es sein Amt wieder aufnehmen.

## § 28

**(1) Scheidet ein Mitglied aus dem Personalrat aus, so tritt ein Ersatzmitglied ein. Ist ein Mitglied zeitweilig verhindert oder ruht seine Mitgliedschaft, so tritt ein Ersatzmitglied für die Zeit der Verhinderung oder des Ruhens ein.**
**(2) Die Ersatzmitglieder werden der Reihe nach aus den nicht gewählten Beschäftigten derjenigen Vorschlagslisten entnommen, denen die zu ersetzenden Mitglieder angehören. Ist das zu ersetzende Mitglied mit einfa-**

## § 28

cher Stimmenmehrheit gewählt, so tritt die oder der nicht gewählte Beschäftigte mit der nächsthöheren Stimmenzahl als Ersatzmitglied ein.
(3) § 26 Abs. 3 gilt entsprechend bei einem Wechsel der Gruppenzugehörigkeit vor dem Eintritt des Ersatzmitglieds in den Personalrat.
(4) Im Falle des § 24 Abs. 1 Satz 1 Buchstaben d und e treten Ersatzmitglieder nicht ein.

Zur Erhaltung der Beschlussfähigkeit und Vollständigkeit des Personalrats werden auf den Wahlvorschlägen regelmäßig mehr Kandidaten aufgeführt als Personalratsmitglieder zu wählen sind. Die nicht gewählten Bewerber werden (erst) in dem Moment zu Ersatzmitgliedern, in dem sie zeitweise oder dauerhaft für ein verhindertes Mitglied des Personalrats eintreten.[1] Es handelt sich dabei um kein eigentliches Amt, obgleich das Gesetz den Ersatzmitgliedern bestimmte Rechte zuweist (§§ 42 Abs. 5, 43 Abs. 1 Satz 2). 1

Für die Dauer der vorübergehenden (Vertretungs-)Tätigkeit des Ersatzmitglieds im Personalrat erwirbt es alle Rechte und Pflichten eines ordentlichen Personalratsmitglieds. Diese Rechtsstellung erstreckt sich jedoch nicht auf die persönlichen Ämter des Vertretenen, wie den Vorsitz oder die Stellvertretung oder eine Freistellung. Das Ersatzmitglied tritt »automatisch« kraft Gesetzes bereits ab Beginn der Verhinderung und nicht erst mit Benachrichtigung in den Personalrat ein, und ist dementsprechend von diesem Zeitpunkt an für die gesamte Dauer der Verhinderung von den besonderen Schutzvorschriften zugunsten von Personalratsmitgliedern (§ 15 KSchG, § 43) umfasst.[2] Nach Beendigung des Vertretungsfalles genießt das Ersatzmitglied den nachwirkenden Kündigungsschutz des § 15 Abs. 2 Satz 2 KSchG für die Dauer von einem Jahr. Die außerordentliche Kündigung eines Ersatzmitglieds im nachwirkenden Kündigungsschutz bedarf aber nicht mehr der Zustimmung des Personalrats nach § 43 Abs. 2.[3]

**Abs. 1:** Ein Ersatzmitglied kann zeitweilig oder endgültig in den Personalrat eintreten. Es ersetzt ein zeitweilig verhindertes Personalratsmitglied für die Dauer seiner Verhinderung. Eine solche liegt bei Krankheit, Urlaub, vorübergehender Abwesenheit von der Dienststelle (z. B. Abordnung), Zeiten gemäß §§ 3, 6 MuSchG oder im Falle des Ruhens der Mitgliedschaft nach § 27 vor. Eine Verhinderung liegt jedoch nicht vor, wenn das Personalratsmitglied zugleich Vertrauensperson der Schwerbehinderten ist und zeitgleich zu einer Personalratssitzung Aufgaben der Schwerbehindertenvertretung wahrnimmt.[4] Aus Rechtsgründen ist ein Personalratsmitglied zudem verhindert, wenn es von einer beabsichtigten Maßnahme unmittelbar selbst be- 2

---

1 *BVerwG* 17.5.2017 – 5 P 6.15; *Welkoborsky*, PersR 5/2018, 13.
2 *BAG* 8.9.2011 – 2 AZR 388/10; *Welkoborsky*, a.a.O.
3 *VG Düsseldorf* 10.4.2006 – 34 K 783/06.PVL, juris.
4 *OVG Berlin-Brandenburg* 23.8.2018 – 60 PV 8.17, PersV 2019, 56.

## § 29

troffen ist (z. B. Anhörung zur außerordentlichen Kündigung des Personalratsmitglieds, Beschlussfassung zur Einleitung eines Ausschlussverfahrens gegen das Personalratsmitglied gemäß § 25 Abs. 1).[5] Das Ersatzmitglied tritt endgültig in den Personalrat ein, wenn das bisherige Personalratsmitglied gemäß § 26 Abs. 1, 2 aus dem Personalrat ausgeschieden ist.

3 **Abs. 2:** Ist ein Personalratsmitglied verhindert oder scheidet es aus dem Personalrat endgültig aus, wird der erste nicht gewählte Bewerber aus der Liste entnommen, der das verhinderte oder ausscheidende Personalratsmitglied angehörte. Selbst in Fällen, in denen sämtliche aus der Liste nachrückenden Ersatzmitglieder die Amtsniederlegung erklären und dadurch die Gesamtzahl der Personalratsmitglieder unter die vorgeschriebene Zahl absinkt, ist ein Rückgriff auf andere Vorschlagslisten unzulässig.[6] Sind im Personalrat beide Gruppen (§ 6) vertreten, bestimmt zudem die Gruppenzugehörigkeit des zu ersetzenden Mitglieds die Reihenfolge der nachrückenden Bewerber.

Hat Personenwahl stattgefunden, so richtet sich die Reihenfolge des Nachrückens der Ersatzmitglieder nach der Höhe der bei der Personalratswahl erreichten Stimmenzahl.

4 **Abs. 3:** Wechselt ein Ersatzmitglied während der Amtszeit des Gremiums und vor Eintritt in den Personalrat seine Gruppenzugehörigkeit, bleibt es Vertreter der Gruppe, für die es gewählt worden ist.

5 **Abs. 4:** Ist die Personalratswahl durch rechtskräftige Entscheidung des Gerichtes erfolgreich angefochten oder der Personalrat aufgelöst worden, treten die Ersatzmitglieder nicht ein. In diesem Fall findet Neuwahl durch einen gerichtlich bestellten Wahlvorstand statt.


## Dritter Abschnitt
## Geschäftsführung

### § 29

(1) **Der Personalrat wählt aus seiner Mitte die vorsitzende Person und Stellvertreterinnen oder Stellvertreter. Die Reihenfolge der Stellvertretung bestimmt der Personalrat. Sofern im Personalrat Beamtinnen und Beamte sowie Arbeitnehmerinnen und Arbeitnehmer vertreten sind, darf die erste Stellvertreterin oder der erste Stellvertreter nicht derselben Gruppe angehören wie die vorsitzende Person.**

---

5 *VG Aachen* 6. 12. 2018 – 16 K 1957/18.PVL.
6 *BVerwG* 30. 11. 2010 – 6 PB 16.10, PersR 2011, 73; *VG Köln* 29. 4. 2015 – 34 L 662/15.PVL, n. v.

## § 29

**(2) Die vorsitzende Person führt die laufenden Geschäfte und vertritt den Personalrat im Rahmen der von diesem gefassten Beschlüsse.**

§ 29 enthält die wesentlichen Regelungen zur Konstituierung des Personalrats und zu den Aufgaben und Befugnissen des Personalratsvorsitzenden. **1**

**Abs. 1:** In der konstituierenden Sitzung des Personalrats gemäß § 30 Abs. 1 wird aus der Mitte des Gremiums die vorsitzende Person gewählt. Die Wahl wird durch die vorsitzende Person des für die Personalratswahl gebildeten Wahlvorstands geleitet. **2**

Es handelt sich nicht um eine Wahl im eigentlichen Sinne, sondern um einen Akt der Geschäftsführung. Die »Wahl« findet daher in Form einer Beschlussfassung statt. § 33 gilt entsprechend. Bei Stimmengleichheit entscheidet das Los.[1]

Nachdem die vorsitzende Person gewählt wurde, sind die Stellvertreterinnen oder Stellvertreter zu wählen. Insoweit gelten dieselben Grundsätze wie für die Wahl der vorsitzenden Person. Die Zahl der Stellvertreterinnen oder Stellvertreter ist nicht vorgegeben. Der Wortlaut des Abs. 1 geht jedoch davon aus, dass mehrere Stellvertreterinnen oder Stellvertreter gewählt werden. Dies erscheint gerade in größeren Gremien auch ratsam. Die Stellvertreterinnen und Stellvertreter können in einem einheitlichen Wahlgang gewählt werden. In diesem Fall ist die Reihenfolge der Stellvertretung in einem weiteren »Wahlgang« durch den Personalrat zu beschließen. Für die Bestimmung der Reihenfolge der Stellvertretung enthält Satz 3 eine Bindung dahingehend, dass für den Fall, dass im Personalrat beide Gruppen (§ 6) vertreten sind, die erste Stellvertreterin bzw. der erste Stellvertreter nicht derselben Gruppe angehören darf wie die vorsitzende Person. Im Übrigen ist der Personalrat aber bei der Bestimmung der Reihenfolge der weiteren Stellvertretung frei in seiner Entscheidung. **3**

Die vorsitzende Person und die Stellvertreterinnen bzw. Stellvertreter können jederzeit durch Mehrheitsbeschluss abberufen werden.[2] Die Abberufung muss nicht besonders begründet werden; die Entziehung des Vertrauens genügt.[3]

**Abs. 2:** Die vorsitzende Person vertritt den Personalrat im Rahmen der von diesem gefassten Beschlüsse. Sie vertritt den Personalrat in der Erklärung, aber nicht in der Willensbildung.[4] Die vorsitzende Person ist also Vollzugsorgan des Personalrats ohne eigene Entscheidungsrechte. Sie kann nur im Rahmen vorheriger Beschlüsse des Gremiums tätig werden. Zudem vertritt **4**

---

1 Vgl. *OVG NRW* 12.7.2010 – 16 A 3259/08.PVL, PersV 2011, 23.
2 vgl. *HessVGH* 10.11.1982 – HPV TL 21/81, PersV 1983, 283.
3 Vgl. zur Abberufung eines Personalratsmitglieds aus dem Verwaltungsrat *OVG NRW* 3.11.1993 – 1 B 2321/93.PVL, PersV 1995, 500.
4 *BVerwG* 21.7.1982 – 6 P 14.79, PersV 1983, 316.

§ 29

sie den Personalrat nicht nur bei der Abgabe von Erklärungen, sie ist auch Erklärungsempfänger. Eine gegenüber dem Personalrat abzugebende Erklärung geht dem Personalrat erst zu, wenn diese bei der vorsitzenden Person oder im Verhinderungsfall bei der Stellvertreterin oder dem Stellvertreter eingeht. Die Übergabe eines Antrags oder einer Vorlage an ein beliebiges Personalratsmitglied genügt damit nicht, um Fristen in Gang zu setzen.

Zu beachten ist aber, dass der Dienststelle nicht die Befugnis zusteht, das ordnungsgemäße Zustandekommen eines Beschlusses des Personalrats zu überprüfen. Der Dienststellenleiter darf deshalb regelmäßig von der Wirksamkeit der Beschlussfassung ausgehen, wenn ihm der für die Außenvertretung des Personalrats zuständige Personalratsvorsitzende mitgeteilt hat, die Zustimmung sei erteilt.[5] Auf die Wirksamkeit der Beschlussfassung darf der Dienststellenleiter jedoch nur vertrauen, wenn ihm die Rechtsfehlerhaftigkeit der Beschlussfassung nicht bekannt war oder zumindest zweifelhaft war, ob der Erklärung des Personalratsvorsitzenden ein entsprechender Beschluss des Personalrats zugrunde liegt.[6]

5 Zudem führt die vorsitzende Person die laufenden Geschäfte des Personalrats. Das Gesetz definiert nicht, was unter laufenden Geschäften zu verstehen ist. Es ist deshalb vom Sinn und Zweck der Vorschrift, den Personalrat als Gremium von alltäglichen Aufgaben zu entlasten, auszugehen. Deshalb gehört zu den laufenden Geschäften all das, was an technischer, organisatorischer und büromäßiger Arbeit regelmäßig zur Vorbereitung und Durchführung der vom Personalrat zu fassenden und gefassten Beschlüsse notwendig ist. Hierzu gehört die Vorbereitung von Personalratssitzungen, das Führen des Schriftverkehrs, Informationsbeschaffung etc. Nicht zu den laufenden Geschäften gehören vor allem alle Beteiligungsangelegenheiten, über die der Personalrat durch Beschluss zu entscheiden hat, insbesondere die Ausübung der gesetzlichen Mitbestimmungs- und Mitwirkungsrechte. Auch die Einleitung von gerichtlichen Beschlussverfahren, das Führen der Quartalsgespräche nach § 63 oder der Abschluss von Dienstvereinbarungen gehören im Sinne einer Negativabgrenzung nicht zu den laufenden Geschäften.

6 Die Stellvertreterinnen und Stellvertreter nehmen die Aufgaben und Funktionen der vorsitzenden Person nur dann wahr, wenn diese verhindert ist (zum Begriff der Verhinderung vgl. Kommentierung zu § 28).

---

5 Vgl. *BAG* 18. 4. 2007 – 7 AZR 293/06, PersV 2008, 108.
6 *OVG NRW* 14. 10. 1991 – CL 57/90, PersR 1992, 158.

## § 30

(1) Spätestens eine Woche nach dem Wahltag hat der Wahlvorstand die Mitglieder des Personalrats zur Vornahme der vorgeschriebenen Wahlen einzuberufen und die Sitzung zu leiten.

(2) Die weiteren Sitzungen beraumt die vorsitzende Person des Personalrats an. Sie setzt die Tagesordnung fest und leitet die Verhandlung. Die vorsitzende Person hat die Mitglieder des Personalrats und die in § 36 genannten Personen zu den Sitzungen rechtzeitig unter Mitteilung der Tagesordnung zu laden.

(3) Auf Antrag eines Viertels der Mitglieder des Personalrats, der Mehrheit der Mitglieder einer Gruppe, der Dienststelle, in Angelegenheiten, die besonders schwerbehinderte Beschäftigte betreffen, der Schwerbehindertenvertretung oder in Angelegenheiten, die besonders Beschäftigte im Sinne von § 55 Abs. 1 betreffen, der Mehrheit der Mitglieder der Jugend- und Auszubildendenvertretung, hat die vorsitzende Person eine Sitzung anzuberaumen und den Gegenstand, dessen Beratung beantragt ist, auf die Tagesordnung zu setzen.

(4) Die Dienststelle nimmt an den Sitzungen teil, die auf ihren Antrag anberaumt sind oder zu denen sie ausdrücklich eingeladen ist. Sie kann ein Mitglied der Arbeitgebervereinigung, der die Dienststelle angehört, hinzuziehen.

Das wesentliche Personalratsgeschehen spielt sich auf der Personalratssitzung ab. Der Personalrat kann nur rechtswirksam tätig werden, wenn er zuvor auf einer Sitzung einen entsprechenden, wirksamen Beschluss gefasst hat.

**Abs. 1:** Die erste Sitzung (sog. konstituierende Sitzung) nach der Neuwahl beruft der Wahlvorstand ein und leitet sie. Kommt der Wahlvorstand seiner Pflicht zur Einberufung nicht nach, hat der Personalrat ein Selbstversammlungsrecht.[1] In dieser Sitzung können nur die Wahlen der vorsitzenden Person und ihrer Stellvertreter gemäß § 29 Abs. 1 vorgenommen werden. Im zeitlich unmittelbaren Anschluss an diese Sitzung kann im Einverständnis aller Personalratsmitglieder eine außerordentliche Sitzung zur Beschlussfassung über die Freistellungen nach § 42 Abs. 4 durchgeführt werden.

**Abs. 2:** Die Einladung, Anberaumung und Durchführung der Personalratssitzungen ist eines der wichtigsten laufenden Geschäfte (§ 29 Abs. 2) der vorsitzenden Person. Sie hat die Sitzungstermine anzuberaumen, für eine rechtzeitige Einladung zu sorgen und den Dienststellenleiter zu benachrichtigen (§ 31 Abs. 1 Satz 3). Zu ihren Aufgaben gehört es weiter, die Tagesordnung festzusetzen. Dabei ist sie nicht vollständig frei. Sie ist vielmehr verpflichtet,

---

[1] *Laber/Pagenkopf*, § 30 Rn. 5.

## § 30

diejenigen Angelegenheiten auf die Tagesordnung zu setzen, in denen – häufig fristgebundene – Beschlüsse des Personalrats zu fassen sind, wie z. B. Anträge auf Zustimmung gemäß § 66 Abs. 2.
Aus der Tagesordnung muss für das einzelne Personalratsmitglied erkennbar sein, über welche Angelegenheiten Beschlüsse gefasst werden sollen. Das Recht der Personalratsmitglieder auf Information vor der Personalratssitzung beschränkt sich auf die Mitteilung der Tagesordnung. Weitergehende Rechte, insbesondere solche auf eine umfassendere Information oder Aushändigung von Unterlagen vor der Sitzung, stehen dem Personalratsmitglied nicht zu. Deshalb muss die Tagesordnung selbst es den Personalratsmitgliedern ermöglichen, sich ein Bild über die zur Beschlussfassung anstehenden Angelegenheiten zu machen, damit sie sich hinreichend und sinnvoll vorbereiten können.
Es genügt z. B. nicht der Tagesordnungspunkt »Personalangelegenheiten«. Vielmehr ist die einzelne Personalangelegenheit (»Höhergruppierung Meier«) möglichst konkret mitzuteilen. Geschieht das nicht, konnte nach langjähriger Rechtsprechung des *OVG NRW* eine Beratung und Beschlussfassung nur erfolgen, wenn der Personalrat vollständig erschienen und alle Anwesenden mit einer Behandlung des Tagesordnungspunktes einverstanden waren.[2] Diese Rechtsprechung hat das *OVG NRW* in Anlehnung an die Rechtsprechung des *BAG* zum BetrVG im Jahre 2015 aufgegeben. Seither kann die Tagesordnung noch auf der Personalratssitzung ergänzt oder korrigiert werden, wenn der Personalrat beschlussfähig erschienen ist und alle anwesenden Personalratsmitglieder mit der Behandlung des Tagesordnungspunktes einstimmig einverstanden sind.[3] Voraussetzung ist, dass die Personalratsmitglieder im Übrigen ordnungsgemäß geladen waren. Ein vollständiges Erscheinen aller Personalratsmitglieder ist damit nicht mehr erforderlich. Im Sinne einer auch kurzfristigen Handlungsfähigkeit des Personalrats ist dies sicher begrüßenswert. Das *BAG* hatte dies zum BetrVG bereits im Jahre 2014 entsprechend entschieden.[4]
Eine Verpflichtung zur Rückgabe von Einladung und Tagesordnung ist mit den Rechten des Personalratsmitglieds unvereinbar und besteht nicht.

4   Die vorsitzende Person hat schließlich die Sitzung des Personalrats zu leiten, also dafür zu sorgen, dass die einzelnen Tagesordnungspunkte beraten und über sie beschlossen wird, sowie die Diskussionsleitung zu übernehmen. Ihr steht das Hausrecht zu. Nur die vorsitzende Person und bei Verhinderung ihr Stellvertreter können zur Personalratssitzung einladen. Ein einzelnes Personalratsmitglied kann die Einberufung einer Sitzung grundsätzlich weder verlangen, noch anstelle des Vorsitzenden einladen. »Rechtzeitig« ist die

---

2 *OVG NRW* 13. 12. 2011 – 20 A 10/10.PVL, PersR 2012, 262.
3 *OVG NRW* 27. 4. 2015 – 20 A 122/14.PVB, PersR 12/2015, 54.
4 *BAG* 22. 1. 2014 – 7 AS 6/13, PersR 2014, 267.

## § 30

Einladung, wenn die Personalratsmitglieder ausreichend Zeit haben, sich auf die Sitzung durch Kenntnisnahme der Tagesordnung und ggf. Einholung ergänzender Auskünfte vorzubereiten.[5] Zu den Sitzungen hat die vorsitzende Person alle Mitglieder des Personalrats einzuladen. Das sind zunächst seine ordentlichen Mitglieder. Ist dem Vorsitzenden eine Verhinderung eines ordentlichen Mitglieds bekannt, so lädt er unter Beachtung von § 28 Abs. 2 das jeweilige Ersatzmitglied. Eine »Selbsteinladung« durch Weitergabe der Einladung an das jeweilige Ersatzmitglied ist nicht zulässig. Vielmehr hat das eingeladene, jedoch verhinderte Personalratsmitglied dem Personalratsvorsitzenden unverzüglich seine Verhinderung mitzuteilen, damit dieser das in Betracht kommende Ersatzmitglied laden kann.

Darüber hinaus sind die in § 36 genannten Personen zu den Sitzungen zu einzuladen, also ein Mitglied der Jugend- und Auszubildendenvertretung sowie die Schwerbehindertenvertretung. Die gesamte Jugend- und Auszubildendenvertretung ist einzuladen, wenn in der Personalratssitzung Angelegenheiten behandelt werden, die besonders die von ihr vertretenen Beschäftigten betreffen (§ 36 Abs. 2).

Hat der Personalrat zuvor die Teilnahme sachkundiger Personen (§ 31 Abs. 2 Satz 2), von Gewerkschaftsbeauftragten oder Mitgliedern der Stufenvertretung bzw. des Gesamtpersonalrats (§ 32) oder des Dienststellenleiters (§ 30 Abs. 4) beschlossen, sind diese ebenfalls einzuladen. Weitere Personen haben kein Teilnahmerecht, weshalb Vertreter von Gewerkschaften, die zwar in der Dienststelle, nicht aber im Personalrat vertreten sind, aufgrund eines Antrages nach § 32 Abs. 1 nicht zu Personalratssitzungen zugelassen werden können. Auch die Gleichstellungsbeauftragte hat kein Teilnahmerecht an den Personalratssitzungen, kann jedoch fallweise als sachkundige Person hinzugezogen werden.

**Abs. 3:** Der Personalratsvorsitzende ist verpflichtet, eine Sitzung anzuberaumen und einen bestimmten Tagesordnungspunkt zur Beratung und zur Beschlussfassung auf die Tagesordnung zu setzen, wenn dies beantragt wird. Bleibt er dennoch untätig, verstößt er gegen seine gesetzlichen Pflichten im Sinne des § 25 Abs. 1. Liegt ein solcher Antrag vor, hat der Personalrat die Angelegenheit entweder auf einer besonderen Personalratssitzung zu behandeln oder auf die Tagesordnung der nächsten ordentlichen Sitzung zu setzen. Es besteht kein Rechtsanspruch auf Einberufung einer besonderen Sitzung, in der nur der beantragte Tagesordnungspunkt behandelt wird. Weigert sich der Personalratsvorsitzende trotz ordnungsgemäßen Antrags, die Angelegenheit auf die Tagesordnung zu nehmen, z. B. weil es um die Beschlussfassung zur Einleitung eines Ausschlussverfahrens nach § 25 Abs. 1 gegen seine Person geht, steht dem Personalrat zwecks Aufrechterhaltung seiner Handlungsfä-

---

5 *OVG NRW* 13. 12. 2011 – 20 A 10/10.PVL, PersR 2012, 262.

higkeit ein Selbstversammlungsrecht zu. So ist es in einem solchen Fall z. B. der Stellvertreterin oder dem Stellvertreter zu gestatten, zu einer Sitzung einzuladen und die Angelegenheit auf die Tagesordnung zu nehmen.[6]
Antragsbefugt ist ein Viertel der Mitglieder des gesamten Personalrats, die Mehrheit einer Gruppe und der Dienststellenleiter uneingeschränkt. Beantragt der Dienststellenleiter die Behandlung eines Tagesordnungspunktes, so kann er auf der Sitzung nur an der Beratung über den Tagesordnungspunkt teilnehmen, zu dem er einen entsprechenden Antrag gestellt hat.

Die Jugend- und Auszubildendenvertretung kann die Behandlung eines Beratungsgegenstandes nur dann verlangen, wenn es sich um eine Angelegenheit handelt, die »besonders« jugendliche Beschäftigte betrifft, wenn es sich also um eine Angelegenheit aus dem Aufgabenbereich des § 61 handelt. Zudem verfügt die Schwerbehindertenvertretung über ein entsprechendes Antragsrecht, und zwar in Angelegenheiten, die besonders schwerbehinderte Beschäftigte betreffen. Das Antragsrecht ist daher auf die Angelegenheiten im Sinne des § 178 SGB IX beschränkt, soweit der Personalrat zuständig ist. Ein einzelnes Personalratsmitglied oder ein Mitglied der Jugend- und Auszubildendenvertretung kann nicht verlangen, dass ein von ihm gewünschter Tagesordnungspunkt behandelt wird, jedoch kann natürlich die oder der Vorsitzende einer solchen Anregung entsprechen.

**6** **Abs. 4:** Der Dienststellenleiter nimmt grundsätzlich an der Sitzung des Personalrats nicht teil. Vielmehr beschränkt sich sein Teilnahmerecht auf diejenigen Sitzungen, zu denen er vom Personalrat durch Beschluss ausdrücklich eingeladen worden ist, oder die er gemäß Absatz 3 ausdrücklich beantragt hat.

Der Dienststellenleiter kann in diesen Fällen nicht den in §§ 63, 66 Abs. 3 Satz 5 genannten Personenkreis entsenden. Er kann sich regelmäßig auch nicht von seinen in § 8 Abs. 1 genannten Vertretern vertreten lassen, wenn er die Sitzung selbst beantragt hat und der Sitzungstermin mit ihm abgestimmt ist. Erscheint der Dienststellenleiter nicht, findet die Sitzung nicht statt bzw. der beantragte Beratungsgegenstand wird von der Tagesordnung abgesetzt.

Der Dienststellenleiter kann einen Vertreter der Arbeitgebervereinigung, bei der Tarifbindung besteht, zu dieser Sitzung hinzuziehen.

## § 31

**(1) Die Sitzungen des Personalrats finden in der Regel während der Arbeitszeit statt. Der Personalrat hat bei der Anberaumung seiner Sitzungen die dienstlichen Erfordernisse zu berücksichtigen. Die Dienststelle ist vom Zeitpunkt der Sitzung rechtzeitig zu verständigen.**

---

6 *VG Aachen* 6. 12. 2018 – 16 K 1957/18.PVL.

## § 31

**(2) Die Sitzungen des Personalrats sind nicht öffentlich. Der Personalrat kann die Teilnahme des ihm nach § 40 Abs. 3 zur Verfügung gestellten Büropersonals sowie sachkundiger Personen gestatten.**

Personalratsarbeit ist der dienstlichen Tätigkeit gleichgestellt. Sie findet daher grundsätzlich während der Arbeitszeit statt, die Sitzungen des Personalrats sind in diese Zeit zu legen.

**Abs. 1:** Die Personalratssitzungen sind vom Personalratsvorsitzenden in der Regel so anzuberaumen, dass sie vollständig während der dienststellenüblichen Arbeitszeit stattfinden können. Die Personalratsmitglieder sind für die Teilnahme an der Sitzung gemäß § 42 Abs. 2 in dem Augenblick dienstbefreit, in dem der Personalratsvorsitzende den Dienststellenleiter über den Sitzungstermin verständigt. Findet die Sitzung immer am gleichen Wochentag statt, genügt eine einmalige Mitteilung zu Beginn der Amtszeit.

Bei der Festlegung der zeitlichen Lage der Sitzungen innerhalb der Arbeitszeit ist auf dienstliche Erfordernisse Rücksicht zu nehmen. Dazu gehört zunächst die Beachtung der persönlichen Arbeitszeiten der Personalratsmitglieder, weshalb bei Festlegung der zeitlichen Lage der Personalratssitzung auf Beschäftigte in Schichtarbeit und Teilzeit Rücksicht zu nehmen ist. Der Personalratsvorsitzende hat bei der Terminierung der Personalratssitzung weiter zu berücksichtigen, dass der Dienstablauf nicht mehr gestört wird als nötig. Es kann also geboten sein, die Personalratssitzungen außerhalb der Zeiten des Publikumsverkehrs oder zu Zeiten mit nur geringer dienstlicher Inanspruchnahme durchzuführen. Es kann aber nicht etwa verlangt werden, dass Personalratssitzungen außerhalb der Arbeitszeit stattfinden. Vielmehr ist – soweit möglich – bei Festsetzung der zeitlichen Lage innerhalb der Arbeitszeit darauf Rücksicht zu nehmen, dass zum einen die Dienststelle nicht vermeidbar belastet wird, zum anderen der Personalrat möglichst vollzählig tagen kann.

Der Dienststellenleiter ist vom Zeitpunkt der Sitzung lediglich so rechtzeitig zu verständigen, dass er für eine Freistellung der Personalratsmitglieder sorgen kann. Es bedarf keiner Genehmigung oder Zustimmung des Dienststellenleiters zum Zeitpunkt der Sitzung. Er hat auch keinen Einfluss darauf, wie oft der Personalrat Sitzungen abhält.

**Abs. 2:** Die Personalratssitzungen finden grundsätzlich nicht öffentlich statt. Es dürfen also nur die im Gesetz ausdrücklich aufgeführten Personen an der Sitzung teilnehmen.

Jedoch kann der Personalrat sowohl dem Büropersonal (zur Anfertigung des Sitzungsprotokolls) als auch sachkundigen Personen die Teilnahme an der Sitzung gestatten. Sachkundige Personen können dienststellenangehörige Beschäftigte, aber auch dienststellenfremde Personen sein. Die vom *OVG NRW*[1]

---

1 Entscheidung vom 13. 8. 1996 – 1 A 91/95.PVL, PersR 1997, 173.

§ 32

für erforderlich gehaltene Mitbeurteilung des Dienststellenleiters bei Hinzuziehung von sachkundigen Mitarbeitern der Dienststelle widerspricht dem Gesetzeswortlaut und dem Recht des Personalrats auf Selbstinformation. Eine Verletzung des Grundsatzes der Nichtöffentlichkeit der Personalratssitzungen kann jedoch dazu führen, dass Personalratsbeschlüsse unwirksam sind.

## § 32

**(1) Auf Antrag von einem Viertel der Mitglieder oder der Mehrheit einer Gruppe des Personalrats können Beauftragte einer im Personalrat vertretenen Gewerkschaft an den Sitzungen beratend teilnehmen.**
**(2) Der Personalrat kann beschließen, dass beauftragte Mitglieder der Stufenvertretungen, die bei übergeordneten Dienststellen bestehen, sowie des Gesamtpersonalrats berechtigt sind, mit beratender Stimme an seinen Sitzungen teilzunehmen.**

1  Dem Gebot des Zusammenwirkens mit den in der Dienststelle vertretenen Gewerkschaften gemäß § 2 Abs. 1 entspricht es, dass der Personalrat Gewerkschaftsbeauftragten die Möglichkeit geben kann, an Personalratssitzungen beratend teilzunehmen.
Den im Personalrat vertretenen Gewerkschaften kann – z. B. durch einen generellen Beschluss oder in der Geschäftsordnung – für alle Personalratssitzungen der Amtszeit ein Teilnahmerecht eingeräumt werden.[1] Selbstverständlich kann ein solches Teilnahmerecht aber auch nur für einzelne Sitzungen oder zu einzelnen Tagesordnungspunkten, je nach Bedarf, beschlossen werden.[2]

2  **Abs. 1:** Das Antragsrecht bezieht sich nur auf Vertreter einer im Personalrat vertretenen Gewerkschaft; die Gewerkschaft muss also mit mindestens einem Mitglied im Personalrat vertreten sein. Diesen muss eine beratende Teilnahme gestattet werden, wenn dies ein Viertel der Personalratsmitglieder oder die Mehrheit einer Gruppe beantragt. Ein ordnungsgemäßer Antrag kann vom Personalrat nicht mit Stimmenmehrheit abgelehnt werden.[3] Wird dieser Antrag gestellt, so hat der Personalrat die beratende Teilnahme zu gestatten, und die vorsitzende Person hat den benannten Beauftragten zur nächsten Sitzung einzuladen. Das Teilnahmerecht bezieht sich auf die gesamte Sitzung einschließlich der Abstimmung. Die Dienststelle hat gemäß § 3 Abs. 4 dem Beauftragten Zutritt zur Dienststelle zu gewähren. Einer Gewerkschaft, die zwar in der Dienststelle, nicht aber im Personalrat vertreten ist, kann auch fallweise die beratende Teilnahme an der Personalratssit-

---

1 Vgl. *BAG* 28. 2. 1990 – 7 ABR 22/89, NZA 1990, 660.
2 *Laber/Pagenkopf*, § 32 Rn. 10 und 11.
3 *OVG NRW* 8. 5. 1995 – 1 A 146/92.PVL, PersR 1996, 202.

zung oder aus Anlass eines Tagesordnungspunktes gestattet werden, die Teilnahme kann aber nicht mit einem Antrag nach Absatz 1 erzwungen werden.

**Abs. 2:** Mitglieder der Stufenvertretungen sowie Mitglieder des Gesamtpersonalrats können auf Beschluss des Personalrats mit beratender Stimme an den Sitzungen teilnehmen. Eine solche Hinzuziehung steht im Ermessen des Personalrats, der auch über die Zahl der einzuladenden Mitglieder der Stufenvertretung und des Gesamtpersonalrats zu entscheiden hat.

## § 33

(1) **Die Beschlüsse des Personalrats werden mit einfacher Stimmenmehrheit der anwesenden Mitglieder gefasst. Stimmenthaltungen bleiben bei der Ermittlung der Mehrheit außer Betracht. Bei Stimmengleichheit ist ein Antrag abgelehnt.**
(2) **Der Personalrat ist nur beschlussfähig, wenn mindestens die Hälfte seiner Mitglieder anwesend ist; Stellvertretung durch Ersatzmitglieder ist zulässig.**

Die Meinungs- und Willensbildung des Personalrats findet ausschließlich durch Beschlüsse statt, die in der Personalratssitzung zu fassen sind. Durch sie äußert sich der Personalrat gegenüber Dienststelle und Beschäftigten.

**Abs. 1:** Beschlüsse des Personalrats werden mit einfacher Stimmenmehrheit gefasst. Für die Durchführung der Beschlussfassung gibt es keine Formvorschriften, jedoch kann die Geschäftsordnung (§ 38) für die geheime Abstimmung Formalien vorsehen. Der Personalrat kann zudem mit der Mehrheit der Anwesenden besondere Formvorschriften für die Abstimmung im Einzelfall beschließen.

Ein Beschluss ist gefasst, wenn er die Stimmenmehrheit der anwesenden Personalratsmitglieder erreicht. Es muss nach Absatz 2 mindestens die Hälfte der Mitglieder anwesend sein, ansonsten ist der Personalrat nicht beschlussfähig.

In Gruppenangelegenheiten ist § 34 zu beachten.

Abstimmungsteilnehmer sind die anwesenden ordentlichen Mitglieder des Personalrats und die für verhinderte Mitglieder hinzugezogenen Ersatzmitglieder sowie in den Fällen des § 36 Abs. 2 die gesamte Jugend- und Auszubildendenvertretung.

Beschlüsse können nur auf einer Sitzung gefasst werden, eine Beschlussfassung im Umlaufverfahren oder durch telefonische Abfrage ist unwirksam.

Zur Gültigkeit von Beschlüssen des Personalrats ist erforderlich, dass zu der Sitzung rechtzeitig unter Angabe der Tagesordnung eingeladen worden ist. Erfolgt keine Bekanntgabe der Tagesordnungspunkte, so kann nur abgestimmt und wirksam beschlossen werden, wenn der Personalrat beschluss-

## § 33

fähig erschienen ist und alle anwesenden Personalratsmitglieder vorab einstimmig ihr Einverständnis zur Beratung und Beschlussfassung über diesen Tagesordnungspunkt erklärt haben.[1]

Die Stimmen von Personalratsmitgliedern, die sich der Stimme enthalten – also weder mit Ja noch mit Nein stimmen – sind so zu behandeln, als wären sie gar nicht abgegeben worden. Sie bleiben bei der Ermittlung der Mehrheit außer Betracht. Wenn also bei neun anwesenden Personalratsmitgliedern drei für den Antrag stimmen, eines dagegen und der Rest sich enthält, ist der Antrag angenommen.

Anwesenheit bei der Abstimmung darf demjenigen Personenkreis erlaubt werden, der entweder abstimmungsberechtigt ist – ordentliche Personalratsmitglieder, Ersatzmitglieder, die Jugend- und Auszubildendenvertretung (JAV) gemäß § 36 Abs. 2 – oder denen eine beratende Teilnahme an der Personalratssitzung im Einzelfall zusteht (ein Vertreter der JAV und die Vertrauensperson der Schwerbehindertenvertretung gemäß § 36 Abs. 1, Gewerkschaftsbeauftragte gemäß § 32 Abs. 1, beauftragte Mitglieder der Stufenvertretungen oder des Gesamtpersonalrats gemäß § 32 Abs. 2). Anderen, wie z. B. sachkundigen Personen (§ 31 Abs. 2), dem Dienststellenleiter oder Arbeitgeberverbandsvertretern (§ 30 Abs. 4), ist die Teilnahme nicht zu gestatten. Ein Verstoß gegen die Nichtöffentlichkeit macht einen Personalratsbeschluss nur dann unwirksam, wenn durch die unberechtigte Anwesenheit ein Einfluss auf den Inhalt des zustande gekommenen Beschlusses nicht auszuschließen ist.

**4** Personalratsmitglieder, die ein eigenes Interesse an dem Beschluss haben und unmittelbar[2] betroffen sind, sind aufgrund Befangenheit aus rechtlichen Gründen daran gehindert, an der Beschlussfassung teilzunehmen (vgl. § 43 Rn. 4). An der Teilnahme an einer Beschlussfassung des Personalrats über die Besetzung einer Stelle ist ein Personalratsmitglied auch dann gehindert, wenn es sich selbst um diese Stelle beworben hatte, aber nicht ausgewählt wurde. Wirkt das Mitglied dennoch an der Beschlussfassung mit, ist der Personalratsbeschluss unwirksam.[3]

**5** Beschlüsse des Personalrats können abgeändert werden, solange sie noch keine Außenwirkung erlangt haben. Ist jedoch ein Beschluss des Personalrats – z. B. in einer mitbestimmungspflichtigen Angelegenheit – dem Dienststellenleiter bereits mitgeteilt worden, so ist ein Abänderungsbeschluss nicht mehr möglich. Allerdings können Beschlüsse, mit denen die Zustimmung

---

1 *OVG NRW* 27. 4. 2015 – 20 A 122/14.PVB, PersR 12/2015, 54; vgl. zum BetrVG: *BAG* 22. 1. 2014 – 7 AS 6/13, PersR 2014, 267.

2 Vgl. *BAG* 24. 4. 2013 – 7 ABR 82/11, ZTR 2013, 523; *VG Aachen* 6. 12. 2018 – 16 K 1957/18.PVL.

3 *BVerwG* 19. 10. 2015 – 5 P 11.14, PersV 2016, 137.

zu einer mitbestimmungspflichtigen Angelegenheit verweigert worden ist, durch einen späteren Beschluss über die Zustimmung korrigiert werden. Beschlüsse des Personalrats können im Falle ihrer Ungültigkeit oder Nichtigkeit gerichtlich angefochten werden.

**Abs. 2:** Der Personalrat kann Abstimmungen nur wirksam durchführen, wenn mindestens die Hälfte seiner gesetzlich vorgesehenen Mitgliederzahl (§ 13 Abs. 3) bei der Abstimmung anwesend ist. Erst wenn die Mitgliederzahl des Personalrats nach Eintreten aller Ersatzmitglieder unter den gesetzlichen Sollwert sinkt, und der Personalrat gemäß § 24 Abs. 2 die Geschäfte bis zur Neuwahl fortführt, ist die Ist-Zahl für die Ermittlung der Beschlussfähigkeit maßgebend. Für verhinderte Personalratsmitglieder können Ersatzmitglieder geladen werden. 6

## § 34

(1) **Über die gemeinsamen Angelegenheiten der Gruppen wird vom Personalrat gemeinsam beraten und beschlossen. Die in § 72 Absatz 2 bezeichneten Angelegenheiten gelten auch dann als gemeinsame Angelegenheiten, wenn sie nur einzelne Beschäftigte betreffen.**

(2) **Über Angelegenheiten, die lediglich die Angehörigen einer Gruppe betreffen, wird nach gemeinsamer Beratung vom Personalrat beschlossen, sofern die Mehrheit der Mitglieder der betreffenden Gruppe nicht widerspricht; bei Widerspruch beschließen nur die Mitglieder der Gruppe. Satz 1 gilt entsprechend für Angelegenheiten, die lediglich die Angehörigen von zwei Gruppen betreffen.**

Grundsätzlich berät und beschließt der Personalrat als Gremium über Angelegenheiten, die Beschlüsse erfordern; dies ist Ausdruck der gemeinsamen Verantwortung durch einheitlichen Beschluss aller Personalratsmitglieder. 1

**Abs. 1:** Einer Abstimmung im Personalrat hat stets eine Beratung der Angelegenheit vorauszugehen. Diese hat bei allen Tagesordnungspunkten einheitlich innerhalb der Sitzung durch Rede und Gegenrede stattzufinden. Nach Gruppen getrennte Beratungen sieht das Gesetz nicht vor. 2

Als gemeinsame Angelegenheiten gelten die in § 72 Abs. 2 bezeichneten sozialen Angelegenheiten auch dann, wenn sie nur einen einzelnen Beschäftigten betreffen, also z. B. ein Beschluss über die Zustimmung zur Gewährung eines Darlehens, Zuweisung und Kündigung einer Dienstwohnung oder von Dienst- und Pachtland.

**Abs. 2:** Gruppenangelegenheiten sind nur solche außerhalb des Kataloges des § 72 Abs. 2, die lediglich für einen oder mehrere Angehörige nur einer im Personalrat vertretenen Gruppe von unmittelbarem und materiellem Interesse sind. Keine Gruppenangelegenheiten sind daher die Angelegenhei- 3 ten der Gruppenvertreter im Personalrat, organisatorische Angelegenheiten und solche, die die Beschäftigten der Gruppe nur formal berühren oder für ihre Rechtsstellung gegenüber Arbeitgeber und Dienstherrn von keiner oder nur geringer Bedeutung sind. Angelegenheiten sind im Übrigen nur solche, die unter den beteiligungspflichtigen Angelegenheiten der §§ 72–77 aufgeführt sind.

Gruppenangelegenheiten in diesem Sinne können daher nur dann vorliegen, wenn es sich um unmittelbare Interessen von Beschäftigten im Sinne von §§ 72 Abs. 1, 74 handelt.[1] Die übrigen in Betracht kommenden Beteiligungsangelegenheiten berühren die Rechtsstellung von Gruppenangehörigen jedenfalls nicht unmittelbar. In Gruppenangelegenheiten wird zunächst – wie in allen anderen Angelegenheiten auch – gemeinsam beraten und beschlossen. Ein Gruppenbeschluss über die Angelegenheit ist nur dann zu treffen, wenn die Mehrheit der Gruppe in Bezug auf die zu beratende Angelegenheit widerspricht. Vorrats- oder generelle Beschlüsse sind unwirksam. Der Widerspruch ist gegenüber dem Personalrat zu erklären, Gruppenmitteilungen an den Dienststellenleiter sind unbeachtlich. Hat die gemeinsame Beratung und Beschlussfassung stattgefunden, ist ein nachträglicher Widerspruch nicht mehr möglich.[2] Bei Widerspruch beschließen nur die Vertreter der Gruppe, ihr Beschluss gilt als Personalratsbeschluss. Der Personalrat ist an den wirksam beschlossenen Widerspruch gebunden.[3] Der Gruppenbeschluss über das Verlangen der getrennten Abstimmung muss – ebenso wie die Beschlussfassung über die Gruppenangelegenheit selbst – auf der Personalratssitzung gefasst werden. Gruppensitzungen sieht das Gesetz nicht vor, sie sind unzulässig. Die Beschlussfähigkeit des Personalrats gemäß § 33 Abs. 2 muss auch während des Gruppenbeschlusses vorhanden sein.

Eine Gruppenangelegenheit kann auch die Angehörigen beider Gruppen betreffen, wobei Voraussetzung ist, dass – wie oben geschildert – beide in der gleichen unmittelbaren und materiellen Form betroffen sind.

# § 35

(1) **Erachtet die Mehrheit der Mitglieder einer Gruppe oder der Jugend- und Auszubildendenvertretung einen Beschluss des Personalrats als eine erhebliche Beeinträchtigung wichtiger Interessen der durch sie vertretenen Beschäftigten, so ist auf ihren Antrag der Beschluss auf die Dauer einer Woche vom Zeitpunkt der Beschlussfassung an auszusetzen. In dieser Frist soll, gegebenenfalls mit Hilfe der unter den Mitgliedern des Perso-**

---

[1] Vgl. *OVG NRW* 14.10.1991 – CL 14/89, PersR 1992, 160.
[2] *OVG NRW* 10.2.1999 – 1 A 800/97.PVL, PersR 1999, 316.
[3] *Cecior u. a.*, § 34 Rn. 4.

## § 35

nalrats oder der Jugend- und Auszubildendenvertretung vertretenen Gewerkschaften, eine Verständigung versucht werden.

(2) Die Antragsteller können verlangen, dass an der nach Ablauf der Aussetzungsfrist stattfindenden Sitzung des Personalrats, in der über die Angelegenheit neu zu beschließen ist, eine beauftragte Person der von ihnen benannten und unter den Mitgliedern des Personalrats vertretenen Gewerkschaft mit beratender Stimme teilnimmt. Wird der erste Beschluss bestätigt, so kann der Antrag auf Aussetzung nicht wiederholt werden.

(3) Die Absätze 1 und 2 gelten entsprechend, wenn die Schwerbehindertenvertretung einen Beschluss des Personalrats als eine erhebliche Beeinträchtigung wichtiger Interessen der schwerbehinderten Beschäftigten erachtet.

Die Aussetzung eines Personalratsbeschlusses ermöglicht es, die Interessen einer Gruppe gegenüber dem Personalrat – auch mit Hilfe von Gewerkschaftsbeauftragten – zur Geltung zu bringen und diesen zu neuem Nachdenken und erneuter Beschlussfassung zu zwingen. 1

**Abs. 1:** Ein Antrag auf Aussetzung eines gefassten Personalratsbeschlusses kann von der Mehrheit einer Gruppe, von der Jugend- und Auszubildendenvertretung oder von der Schwerbehindertenvertretung (§ 35 Abs. 3) gestellt werden. 2

Voraussetzung ist, dass eine erhebliche Beeinträchtigung wichtiger Interessen der durch die Antragsteller vertretenen Beschäftigten geltend gemacht wird. Welche wichtigen Interessen durch den beanstandeten Beschluss berührt werden, muss wenigstens stichwortartig begründet werden. Es genügt im Übrigen die Behauptung, dass eine erhebliche Beeinträchtigung solcher Interessen vorliegt.

Ein solcher Aussetzungsantrag kann sich auf gemeinsame wie auf Gruppenbeschlüsse des Personalrats beziehen. Eine Gruppe kann jedoch nicht einen eigenen Gruppenbeschluss beanstanden. Allerdings kann bei Gruppenbeschlüssen die andere Gruppe Aussetzungsanträge in Bezug auf diesen Gruppenbeschluss stellen.

Mit Blick darauf, dass ein Beschluss lediglich für die Dauer von einer Woche ab Beschlussfassung auszusetzen ist, empfiehlt es sich, dass die Antragsberechtigten den Aussetzungsantrag frühzeitig, möglichst noch in der betreffenden Personalratssitzung stellen. Nach Ablauf der Wochenfrist wäre eine Aussetzung des Personalratsbeschlusses nicht mehr möglich. Die Beschlussfassung der Gruppe kann nur in einer Personalratssitzung erfolgen, Gruppensitzungen sind im Gesetz nicht vorgesehen und unzulässig. Die Beschlussfähigkeit des Personalrats nach § 33 Abs. 2 muss auch bei solchen Gruppenbeschlüssen vorhanden sein.

Der Antrag auf Aussetzung bewirkt die Verpflichtung des Personalrats, den Vollzug des beanstandeten Beschlusses für eine Woche auszusetzen. Ein 3

## § 36

Nachprüfungsrecht, ob die Voraussetzungen des Absatzes 1 vorliegen, hat der Personalrat nicht. Innerhalb dieser Woche ist zwischen Personalrat und Antragstellern ein Verständigungsversuch zu unternehmen. Dazu kann die Hilfe der unter den Mitgliedern des Personalrats bzw. der Jugend- und Auszubildendenvertretung vertretenen Gewerkschaft in Anspruch genommen werden. Sowohl Antragsteller wie Personalrat können die Hilfe und Vermittlung eines Gewerkschaftsbeauftragten erbitten. Es muss sich allerdings um eine Gewerkschaft handeln, die im Personalrat bzw. der Jugend- und Auszubildendenvertretung – wenn diese die Aussetzung veranlasst hatte – vertreten ist (§ 35 Abs. 1 Satz 2). Im Falle eines Aussetzungsantrages verlängert sich in Angelegenheiten der Mitbestimmung die Stellungnahmefrist des Personalrats gegenüber der Dienststelle um eine Woche (§ 66 Abs. 2 Satz 4).

4  **Abs. 2:** Bleibt der Verständigungsversuch ergebnislos, ist die vorsitzende Person des Personalrats gehalten, unmittelbar nach Ablauf der Aussetzungsfrist eine Personalratssitzung durchzuführen und neu über die Angelegenheit beschließen zu lassen. Sinnvoll ist, unmittelbar bei Bekanntgabe der Aussetzung des Beschlusses eine Personalratssitzung für den Tag nach Ablauf der Frist des Abs. 1 anzuberaumen, wobei in Angelegenheiten der Mitbestimmung stets auch die Stellungnahmefrist des § 66 Abs. 2 Satz 3, 4 im Auge zu behalten ist. Zur Wahrung dieser Frist kann es auch geboten sein, die Sitzung für die erneute Beschlussfassung noch am Tage des Fristablaufs nach § 35 Abs. 1 anzuberaumen. Dazu kann von den Antragstellern die beratende Teilnahme eines Gewerkschaftsbeauftragten verlangt werden. Es muss sich um einen Vertreter einer Gewerkschaft handeln, die im Personalrat vertreten ist.

Beschließt der Personalrat erneut und bestätigt seinen ersten Beschluss, kann ein Aussetzungsantrag nicht wiederholt werden. Jedoch kann ein abgeänderter Beschluss erneut Gegenstand eines Aussetzungsantrages sein.

5  **Abs. 3:** Die Schwerbehindertenvertretung, die nach § 36 mit beratender Stimme aber ohne Stimmrecht an allen Sitzungen des Personalrats teilnehmen kann, ist ebenfalls berechtigt, Aussetzungsanträge zu stellen, wenn der von ihr beanstandete Beschluss nach ihrer Auffassung eine erhebliche Beeinträchtigung wichtiger Interessen der durch sie vertretenen schwerbehinderten Beschäftigten darstellt. Die Vorschrift gibt § 178 Abs. 4 Satz 2 SGB IX wortgleich wieder.

## § 36

(1) **Ein Mitglied der Jugend- und Auszubildendenvertretung, das von dieser benannt wird, und die Schwerbehindertenvertretung können an allen Sitzungen des Personalrats beratend teilnehmen; auf Beschluss des Personalrats können weitere Mitglieder teilnehmen. Der Vertrauensmann der**

## § 36

Zivildienstleistenden kann an Sitzungen beratend teilnehmen, wenn Angelegenheiten behandelt werden, die auch die Dienstleistenden betreffen.

(2) Die gesamte Jugend- und Auszubildendenvertretung kann an Sitzungen des Personalrats, in denen Angelegenheiten behandelt werden, die besonders Beschäftigte im Sinne von § 55 Abs. 1 betreffen, teilnehmen und bei Beschlüssen mitstimmen.

Die Rechte der Jugend- und Auszubildendenvertretung und der Schwerbehindertenvertretung gegenüber dem Personalrat hängen in ihrer Reichweite davon ab, ob der Personalrat sich mit Fragen gerade desjenigen Personenkreises befasst, deren Rechte diese Vertreter im Personalrat zur Geltung zu bringen haben. Mit Aussetzung der Wehrpflicht zum 1.7.2011 endeten auch die letzten – freiwillig verlängerten – Zivildienstverhältnisse am 31.12.2011. Stattdessen trat am 28.4.2011 das Bundesfreiwilligendienstgesetz (BFDG) in Kraft; es folgte die Bundesverordnung über die Wahl der Sprecherinnen und Sprecher der Freiwilligen des Bundesfreiwilligendienstes (BFD-WahlV) vom 19.3.2013. Abs. 1 Satz 2 ist damit obsolet. 1

**Abs. 1:** Ein Mitglied der Jugend- und Auszubildendenvertretung und der Schwerbehindertenvertretung bzw. die Vertrauensperson der schwerbehinderten Menschen haben ein Teilnahme- und Beratungsrecht an sämtlichen Sitzungen des Personalrats. Dementsprechend hat der Personalratsvorsitzende beide zu allen Sitzungen einzuladen und ihnen die Teilnahme und die Beratung zu sämtlichen Tagesordnungspunkten zu gestatten. Sie haben auch ein Anwesenheitsrecht bei Abstimmungen. 2

Die Jugend- und Auszubildendenvertretung kann frei entscheiden, welches ihrer Mitglieder sie als Vertreter zur Personalratssitzung entsendet, der Beschluss ist dem Personalratsvorsitzenden mitzuteilen.

Durch Beschluss des Personalrats können weitere Jugend- und Auszubildendenvertretungsmitglieder zur Sitzung des Personalrats zugelassen werden. Der Beschluss steht im freien Ermessen des Personalrats. Eine solche Teilnahme weiterer JAV-Mitglieder ist dann zweckmäßig, wenn Angelegenheiten vom Personalrat beraten werden, die nicht unter Absatz 2 fallen, aber gleichwohl mittelbare Auswirkungen von Gewicht auf die jugendlichen Beschäftigten haben können (z.B. wenn die Stellenplanberatungen sich unmittelbar auf die Chance zur Einstellung von Auszubildenden bzw. zur Übernahme nach Ende der Ausbildung auswirken). 3

Der Vertrauensmann der Zivildienstleistenden hatte ein nur eingeschränktes Teilnahmerecht. Die Freiwilligen gemäß BFDG wählen Sprecherinnen und Sprecher nach Maßgabe der BFD-WahlV, die ihre Interessen gegenüber den Einsatzstellen u.a. vertreten (§ 10 BFDG). Diesen dürfte ein solches Teilnahmerecht an den Sitzungen des Personalrats nicht zustehen.

## § 37

**4** **Abs. 2:** Die gesamte Jugend- und Auszubildendenvertretung hat ein Teilnahme- und Stimmrecht, wenn der Personalrat Angelegenheiten behandelt, die »besonders« Beschäftigte im Sinne des § 55 Abs. 1 betreffen. Das ist der Personenkreis, der zur Jugend- und Auszubildendenvertretung wahlberechtigt ist, nämlich jugendliche Beschäftigte bis zur Vollendung des 18. Lebensjahres sowie Auszubildende, Beamtenanwärter und Praktikanten ohne Rücksicht auf ihr persönliches Alter.

»Besonders« dieser Personenkreis ist betroffen, wenn der Personalrat über Angelegenheiten beschließt, die in § 61 Abs. 2 Satz 2 genannt sind, also über beteiligungspflichtige Angelegenheiten des vorgenannten Personenkreises aus den §§ 72 bis 75. Dazu zählen auch beteiligungspflichtige Angelegenheiten bezüglich der Ausbildung und der Ausbilder.

### § 37

**(1) Über jede Verhandlung des Personalrats ist eine Niederschrift aufzunehmen, die mindestens den Wortlaut der Beschlüsse und die Stimmenmehrheit, mit der sie gefaßt sind, enthält. Die Niederschrift ist von der vorsitzenden Person und einem weiteren Mitglied zu unterzeichnen und dem Personalrat in der nächsten Sitzung zur Genehmigung vorzulegen. Der Niederschrift ist eine Anwesenheitsliste beizufügen, in die sich jede Teilnehmerin und jeder Teilnehmer eigenhändig einzutragen hat.**
**(2) Hat die Dienststelle an der Sitzung teilgenommen, so ist ihr der entsprechende Teil der Niederschrift in Abschrift zuzuleiten. Das gleiche gilt für Beauftragte von Gewerkschaften, die an der Sitzung teilgenommen haben. Einwendungen gegen die Niederschrift sind unverzüglich schriftlich zu erheben und der Niederschrift beizufügen.**

**1** Das Protokoll der Sitzung des Personalrats ist dasjenige Dokument, aus dem sich ergibt, worüber der Personalrat beraten und abgestimmt hat, und wie das Abstimmungsergebnis lautet. Zugleich und insbesondere dient es dem Nachweis, dass eine ordnungsgemäße Beschlussfassung stattgefunden hat. Es dient also insbesondere dem »Selbstschutz« des Personalrats für den Fall, dass jemand – z.B. die Dienststelle – das ordnungsgemäße Zustandekommen des Beschlusses bezweifeln sollte.

**Abs. 1:** Das Personalratsprotokoll muss über jede »Verhandlung« des Personalrats angefertigt werden. Trotz dieses abweichenden Wortlauts bezieht sich die Vorschrift jedoch nur auf die Sitzungen des Personalrats, da in anderen Verhandlungen, wie z.B. im Vierteljahresgespräch gemäß § 63 oder bei Erörterungen gemäß §§ 66 Abs. 3 und 69 Abs. 1 keine Beschlüsse zu fassen sind.

Das Gesetz sieht ein bloßes Ergebnisprotokoll vor. Der Mindestinhalt einer solchen Niederschrift ist der Wortlaut der Beschlüsse und die Stimmenmehrheit, mit der sie gefasst sind. Der Personalrat kann jedoch im Einzelfall oder durch Geschäftsordnung (§ 38) beschließen, dass über den bloßen Wortlaut der Beschlüsse hinaus der Verlauf der Beratung mit aufgenommen wird. In einem gewissen Widerspruch zu dieser Vorschrift steht das Verlangen des *OVG NRW*[1], dass im Falle eines Übergehens der stärksten Liste bei Freistellungsentscheidungen im Sinne des § 42 Abs. 3 zu protokollieren sei, dass den Personalratsmitgliedern die Gründe dafür bekanntgegeben wurden und auch Gegenstand der Abstimmung gewesen sind.

Der Personalrat kann entweder aus seinen Reihen einen Schriftführer bestellen, der während der Sitzung die Protokollierung vornimmt und anschließend eine Verhandlungsniederschrift verfasst. Dies kann aber auch – wenn vorhanden – durch das Büropersonal des Personalrats geschehen, das gemäß § 31 Abs. 2 zu diesem Zwecke an der gesamten Sitzung teilnehmen kann. **2**

Die Unterzeichnung des Sitzungsprotokolls hat durch die vorsitzende Person und ein weiteres Personalratsmitglied zu erfolgen. Beizufügen ist der Niederschrift eine Anwesenheitsliste, in die sich alle Teilnehmer – gleichgültig ob Personalratsmitglieder, Jugend- und Auszubildendenvertreter, die Vertrauensperson der schwerbehinderten Menschen, Gewerkschaftsbeauftragte, beauftragte Mitglieder von Stufenvertretungen, Dienststellenleiter oder Vertreter sowie Arbeitgeberverbandsvertreter – eigenhändig einzutragen haben.

Die so gefertigte Niederschrift ist dem Personalrat in der jeweils nächsten Sitzung zur Genehmigung vorzulegen. Bei dieser Gelegenheit können Einwendungen gegen die Richtigkeit des Protokolls von den anwesenden Personalratsmitgliedern sogleich erhoben werden. Die Protokolle werden sodann vom Personalratsvorsitzenden im Rahmen der laufenden Geschäfte aufbewahrt. Die Geschäftsordnung kann vorsehen, dass auf Antrag Personalratsmitglieder Ablichtungen von Sitzungsprotokollen erhalten. Datenschutzrechtliche Bedenken stehen dem nicht im Wege. Ein Rechtsanspruch darauf besteht ohne entsprechende Regelung in der Geschäftsordnung jedoch nicht.[2]

**Abs. 2:** Soweit der Dienststellenleiter und/oder ein Gewerkschaftsbeauftragter an der Sitzung teilgenommen haben/hat, erhalten sie den entsprechenden Teil der Niederschrift abschriftlich. **3**

Einwendungen gegen die Richtigkeit der Niederschrift können sowohl vom Dienststellenleiter wie vom Gewerkschaftsbeauftragten, aber auch von allen anderen Sitzungsteilnehmern beim Personalrat erhoben werden. Das hat unverzüglich und schriftlich zu geschehen. Dem Personalrat ist es freigestellt, ob er diese Einwendungen beraten und ihnen entsprechen will oder ob er diese Einwendungen ohne weitere Beratung der Sitzungsniederschrift beifügt.

---

1 *OVG NRW* 7. 8. 1998 – 1 A 6489/96.PVL, PersR 1999, 307.
2 *VG Düsseldorf* 10. 6. 1999 – 34 K 2286/99.PVL, PersR 2000, 521.

## § 39

### § 38

**Sonstige Bestimmungen über die Geschäftsführung können in einer Geschäftsordnung getroffen werden, die der Personalrat mit der Mehrheit der Stimmen seiner Mitglieder beschließt.**

1 Die Geschäftsordnung soll die Personalratstätigkeit besser organisieren und erleichtern helfen. Es können jedoch keine vom Gesetz abweichenden Regelungen getroffen werden. Eine Verpflichtung des Personalrats, eine Geschäftsordnung zu beschließen, besteht nicht. Die Beschlussfassung über eine Geschäftsordnung ist eine gemeinsame Angelegenheit im Sinne des § 34 Abs. 1.
2 In Abweichung zu § 33 Abs. 1 bedarf es für den Erlass einer Geschäftsordnung der Mehrheit der Stimmen der Personalratsmitglieder, mithin einer »absoluten Mehrheit«. Auf die Anzahl der anwesenden Mitglieder kommt es nicht an.
3 Eine einmal beschlossene Geschäftsordnung gilt nur für die jeweilige Amtszeit, sie muss bei Beginn der Amtsperiode jeweils neu beraten und beschlossen werden.
4 Die beschlossene Geschäftsordnung bindet Personalrat wie Personalratsmitglieder. Im Innenverhältnis besteht ein Anspruch auf Einhaltung der Geschäftsordnung, so dass sowohl der Personalrat als auch einzelne seiner Mitglieder die Einhaltung der Geschäftsordnung ggf. gerichtlich geltend machen können.

### § 39

**(1) Der Personalrat kann Sprechstunden während der Arbeitszeit einrichten. Die Zeit und den Ort bestimmt er im Benehmen mit der Dienststelle.**
**(2) Versäumnis von Arbeitszeit, die zur Inanspruchnahme des Personalrats erforderlich ist, hat keine Minderung der Bezüge oder des Arbeitsentgelts zur Folge.**

1 Die Sprechstunde ist der Ort und die Gelegenheit, bei der der einzelne Beschäftigte sich beim Personalrat über ihn interessierende und ihn betreffende Fragen unterrichten und beraten lassen kann.
2 **Abs. 1:** Ob überhaupt und in welchem Umfang Sprechstunden eingerichtet werden, liegt im freien Ermessen des Personalrats. Darüber ist durch Beschluss zu entscheiden.
Der Personalrat kann regelmäßige und feste Sprechstunden vorsehen, aber auch statt oder neben diesen bedarfsweise Sprechstunden – auch für bestimmte Beschäftigtengruppen oder aus besonderen Anlässen – einrichten.

Dem Ermessen des Personalrats unterliegt auch die Entscheidung, welches seiner Mitglieder die Sprechstunden abhält.

Zeit und Ort der Sprechstunde bestimmt der Personalrat. Zwar sind nach Satz 2 die Zeit und der Ort der Sprechstunden im »Benehmen« mit der Dienststelle zu bestimmen. Dies bedeutet jedoch nicht, dass der Beschluss des Personalrats an die Zustimmung der Dienststelle gebunden ist. Der Personalrat muss sich vielmehr nur mit dem Dienststellenleiter abstimmen.[1] Der Personalrat soll also die Belange des Dienstbetriebs bei der Festlegung der Zeiten und des Ortes der Sprechstunden im Auge haben. Kommt dennoch ein Konsens nicht zustande, kann der Personalrat an seinem Beschluss festhalten und die Sprechstunde wie vorgesehen durchführen. Es wäre dann Sache des Dienststellenleiters, die aus seiner Sicht dem gewählten Ort oder der gewählten Zeit entgegenstehenden dienstlichen Belange im Rahmen eines gerichtlichen Beschlussverfahrens zur Geltung zu bringen.[2] Es ist gerade kein »Einvernehmen«, mithin keine Zustimmung der Dienststelle, erforderlich. 3

Über die Einzelheiten der Durchführung von Sprechstunden ist der Abschluss einer Dienstvereinbarung nach § 70 Abs. 1 zulässig. Infolge der Änderung des § 70 Abs. 4 Satz 2 hat eine solche Dienstvereinbarung nach Ablauf infolge Befristung und Kündigung keine Nachwirkung.

**Abs. 2:** Die Sprechstunden werden während der dienststellenüblichen Arbeitszeit abgehalten. Die Beschäftigten, die die Sprechstunden während ihrer persönlichen Arbeitszeit aufsuchen, dürfen dadurch keine Nachteile erleiden. Finanzielle Nachteile sind durch die gesetzliche Anordnung ausgeschlossen, dass die Teilnahme an der Sprechstunde keine Minderung der Bezüge oder des Arbeitsentgelts zur Folge haben darf. Eine Behinderung (§ 7 Abs. 1) der Personalratsarbeit würde der Versuch des Dienststellenleiters darstellen, die Teilnahme an der Sprechstunde zu überwachen, registrieren zu lassen oder dazu aufzurufen, die Sprechstunden nicht in Anspruch zu nehmen. 4

## § 40

(1) **Die durch die Tätigkeit des Personalrats entstehenden Kosten trägt die Dienststelle. Reisen, die zur Erfüllung von Aufgaben des Personalrats notwendig sind, sind der Dienststelle rechtzeitig vorher anzuzeigen. Mitglieder des Personalrats erhalten bei solchen Reisen Reisekostenvergütungen nach dem Landesreisekostengesetz. Bei Fahrten zu der Stelle, bei der der Personalrat gebildet worden ist, und bei Fahrten zu regelmäßigen Sitzungen bei einer anderen Stelle und täglicher Rückkehr zum Wohnort**

---

1 *BVerwG* 12.12.2005 – 6 P 7.05, PersV 2006, 145.
2 *BVerwG* 12.12.2005, a.a.O.

## § 40

finden die Bestimmungen des Trennungsentschädigungsrechts keine Anwendung. Dienststelle und Personalrat können sich im Rahmen eines Budgets über die voraussichtlich anfallenden notwendigen Kosten verständigen; der Personalrat entscheidet im Rahmen des Budgets eigenverantwortlich.

(2) Zur Deckung der dem Personalrat als Aufwand entstehenden Kosten sind ihm Haushaltmittel zur Verfügung zu stellen. Ihre Höhe ist unter Berücksichtigung der Zahl der in der Regel vorhandenen Beschäftigten zu bemessen; sie wird durch Rechtsverordnung der Landesregierung festgesetzt. Über die Verwendung der Mittel beschließt der Personalrat. Er hat sie auf Verlangen gegenüber der für die Rechnungsprüfung zuständigen Stelle nachzuweisen.

(3) Für die Sitzungen, die Sprechstunden und die laufende Geschäftsführung hat die Dienststelle im erforderlichen Umfang Räume, den Geschäftsbedarf und Büropersonal zur Verfügung zu stellen.

(4) Der Personalrat ist im Rahmen seiner Aufgaben nach diesem Gesetz berechtigt, die Beschäftigten über Angelegenheiten, die sie unmittelbar betreffen, schriftlich oder elektronisch zu unterrichten. Ihm sind in allen Dienststellen geeignete Plätze für Bekanntmachungen zur Verfügung zu stellen und die Möglichkeit einer elektronischen Bekanntmachung zu eröffnen.

1  Die Dienststelle hat generell alle durch die Personalratstätigkeit entstehenden Kosten zu tragen. Neben der Generalvorschrift in Absatz 1 Satz 1 finden sich Sondervorschriften über Reisen in Absatz 1 Satz 2–4, Sachmittel in Absatz 3 und Veröffentlichungsmöglichkeiten in Absatz 4. Die Verpflichtung, Bezüge und Löhne für die Zeit zu zahlen, in der Personalratsarbeit geleistet wird, ist in § 42 Abs. 2 gesondert geregelt.

2  **Abs. 1 Satz 1:** Satz 1 sieht vor, dass die durch die Tätigkeit des Personalrats entstehenden Kosten von der Dienststelle zu tragen sind. Es findet sich zwar im Wortlaut keine Beschränkung auf die »notwendigen« Kosten. Jedoch besteht eine Kostentragungspflicht nur dann, wenn die vom Personalrat verursachten bzw. beabsichtigten Ausgaben einen Bezug zu den ihm vom LPVG zugewiesenen Aufgaben und Befugnissen haben. Durch die Dienststelle zu tragende Kosten können also im Rahmen der durch Rechtsstellung und Geschäftsführung zugewiesenen Aufgaben entstehen sowie durch Wahrnehmung der Beteiligungsrechte der §§ 62 ff.

Darüber hinaus muss es sich um Ausgaben handeln, die der Personalrat für geboten, also für »erforderlich« erachten darf. Dabei hat der Personalrat ein eingeschränktes Ermessen.

3  Der Personalrat soll bei Verursachung von Kosten an das Gebot der Sparsamkeit bei der Veräußerung öffentlicher Mittel und den Grundsatz der Verhältnismäßigkeit gebunden sein, und darüber hinaus auf die Ansätze des

§ 40

Haushaltsplans Rücksicht nehmen.[1] Gleichwohl ist der Dienststellenleiter verpflichtet, sich um die Beschaffung ausreichender Mittel für den Personalrat zu bemühen und unter Beachtung des Grundsatzes des Gebots der Sparsamkeit dafür zu sorgen, dass die Arbeit des Personalrats nicht behindert wird.[2] Dadurch ist der Personalrat gehalten, der Dienststelle gegenüber vor Aufstellung des Haushaltsplans und Feststellung des für das folgende Haushaltsjahr benötigten Finanzbedarfs darzulegen, welche Finanzmittel benötigt werden.[3] Außerdem nötigt die Rechtsprechung des *BVerwG* dazu, bei nicht vorhersehbaren Ausgaben der Dienststelle den unvorhersehbaren Mittelbedarf so rechtzeitig anzuzeigen, dass die dafür benötigten zusätzlichen Mittel nachbewilligt werden können. Das darf jedoch nicht dazu führen, dass dem Personalrat die Erledigung gesetzlich vorgesehener und vorgeschriebener Aufgaben unmöglich gemacht wird. Die Kostentragungspflicht ist weder davon abhängig, dass Haushaltsmittel vorhanden sind, noch endet sie bereits dann, wenn Haushaltsmittel erschöpft sind. Die Dienststelle muss auch ohne Antrag dafür Sorge tragen bzw. gewährleisten, dass für vorhersehbare und selbstverständliche Aufwendungen die entsprechenden Mittel vorhanden sind.[4]

Die Anordnung, dass die Personalratskosten von der Dienststelle zu »tragen« sind, bedeutet, dass eine Vorlage- und Vorschusspflicht des Personalrats nicht besteht und eine vorherige Genehmigung der Dienststelle vor Ausgaben verursachenden Beschlüssen nicht eingeholt werden muss. Im Sinne einer vertrauensvollen Zusammenarbeit sollte aber gerade bei größeren Ausgaben, z. B. vor Beauftragung eines Rechtsanwalts mit der Abgabe einer gutachterlichen Stellungnahme, Einvernehmen über Art und Höhe der voraussichtlichen Kosten hergestellt werden. **4**

Zu den zu tragenden Kosten zählen sowohl Kosten des einzelnen Personalratsmitgliedes wie Kosten des gesamten Gremiums. Von der Kostentragungspflicht umfasst sind auch Kosten der Personalversammlung (z. B. Raummieten, Druck des schriftlichen Tätigkeitsberichtes, Referate). Auch die dem Personalrat entstehenden Kosten durch Einigungsstellenverfahren (z. B. die Reisekosten externer Beisitzer) unterfallen grundsätzlich der Kostentragungspflicht.

Die Dienststelle hat außerdem die Kosten der Teilnahme von Personalratsmitgliedern an erforderlichen Schulungsveranstaltungen im Sinne des § 42 **5**

---

1 So *BVerwG* 24. 11. 1986 – 6 P 3.85, PersR 1987, 84; 9. 3. 1992 – 6 P 11.90, PersR 1992, 243.
2 Vgl. *BVerwG* 26. 2. 2003 – 6 P 10.02, PersV 2003, 351; 29. 6. 1988 – 6 P 18.86, PersV 1988, 394.
3 *BVerwG* 26. 2. 2003 – 6 P 10.02, PersR 2003, 276.
4 So *VG Köln* 8. 1. 1998 – 33 L 4426/97.PVB, PersR 1998, 32 für die Freistellung von Personalratsmitgliedern zur erstmaligen Teilnahme an Einführungsseminaren.

Abs. 5 zu tragen (zum Begriff der Erforderlichkeit siehe Kommentierung zu § 42 Abs. 5). Zu den zu tragenden Ausgaben zählen sämtliche im Zusammenhang mit derartigen Veranstaltungen anfallende Kosten, also die Dienstbezüge, Löhne und Gehälter, Reisekosten, Veranstaltungs-, Verpflegungs- und Übernachtungskosten.

Die Besuche erkrankter Beschäftigter oder die Teilnahme an Beisetzungen lösen dann die Kostentragungspflicht aus, wenn sie im Zusammenhang mit der Behandlung einer Beschwerde, der Übermittlung einer Benachrichtigung oder einer Unterlage (Lohnabrechnung) oder des Einholens einer Erkundigung im Namen eines Unfallberichtsbogens erfolgen, also einen Bezug zu den gesetzlichen Aufgaben des Personalrats haben.

Der Personalrat hat auch Anspruch darauf, dass die Kosten der Hinzuziehung eines Sachverständigen zur Vorbereitung und Durchführung seiner Aufgaben von der Dienststelle getragen werden, wenn dies für die Wahrnehmung insbesondere von Mitbestimmungsrechten unverzichtbar ist und der besondere Sachverstand des Sachverständigen mangels eigener Sachkunde benötigt wird.[5] Allerdings verpflichten der Grundsatz der vertrauensvollen Zusammenarbeit und das auch für den Personalrat als Teil der Dienststelle geltende Gebot der sparsamen Haushaltsführung den Personalrat, die jeweils kostengünstigste Möglichkeit zu suchen. Der Personalrat muss bei pflichtgemäßer Würdigung der Umstände dazu kommen, dass der entstehende Aufwand zur Erfüllung seiner gesetzlichen Aufgaben erforderlich ist, wenn er eine sachverständige Person beauftragen will.[6]

6 Zu den von der Dienststelle zu tragenden Kosten gehören auch diejenigen, die dem Personalrat zur Rechtsdurchsetzung entstehen. Das sind zunächst solche Kosten, die dadurch hervorgerufen werden, dass der Personalrat sich über die Rechtslage informiert und prüfen lässt, ob zur Wahrung seiner Rechte die Einleitung gerichtlicher Schritte erforderlich und erfolgversprechend ist. Die Einholung eines – z. B. anwaltlichen – Rates oder einer Auskunft gehört im Rahmen des Rechtes des Personalrats auf Selbstinformation zu den Befugnissen des Personalrats.[7] Die genannten Grundsätze zur Übernahme von Sachverständigenkosten (Rn. 5) sind aber auch in den Fällen anzuwenden, in denen der Personalrat außerhalb von gerichtlichen Beschlussverfahren den Rat einer Rechtsanwältin oder eines Rechtsanwalts in Anspruch nimmt.[8] Da die Rechtsprechung im außergerichtlichen Bereich nach wie vor sehr zurückhaltend ist mit der Anerkennung einer Kostentragungspflicht der Dienststelle, sollte aber gerade in solchen Fällen – auch mit Blick

---

5 *BVerwG* 8. 11. 1989 – 6 P 7.87, PersR 1990, 102; *Welkoborsky*, PersR 1991, 210.
6 Durchführungserlass vom 14. 3. 2013, Ziff. 5.
7 *BVerwG* 8. 11. 1989 – 6 P 7.87, PersR 1990, 102; *OVG NRW* 4. 3. 1993 – CL 25/89, PersR 1993, 400.
8 Durchführungserlass vom 14. 3. 2013, Ziff. 5.

auf den Grundsatz der vertrauensvollen Zusammenarbeit – versucht werden, vorab Einvernehmen mit der Dienststelle herzustellen.
Auch die Kosten eines Verfahrensbevollmächtigten im Rahmen eines gerichtlichen Verfahrens zählen zu den von der Dienststelle zu erstattenden Kosten. Das gilt sowohl für solche Prozesse, die der Personalrat selbst aktiv führt, wie für Verfahren, an denen er passiv beteiligt ist. Diese Kostentragungspflicht gilt sowohl für Streitigkeiten zwischen Dienststelle und Personalrat, als auch für gerichtliche Streitigkeiten zwischen einzelnen Personalratsmitgliedern und dem Personalrat oder im Rahmen von Wahlanfechtungsverfahren, Ausschluss- oder Auflösungsanträgen gemäß § 25. Ausgeschlossen von der Kostentragungspflicht sind nur solche Verfahren, die mutwillig oder aus haltlosen Gründen in Gang gesetzt wurden.[9] Unerheblich ist, wie das Verfahren ausgeht.
Der Personalrat kann nicht ohne weiteres auf die Möglichkeit einer Vertretung durch einen Gewerkschaftssekretär als kostengünstigere Alternative verwiesen werden. Die Erstattungspflicht besteht auch für die durch Erstattung einer Strafanzeige oder Erwirkung einer presserechtlichen Gegendarstellung entstehenden Anwaltskosten sowie für die Kosten der Teilnahme eines Personalratsmitglieds an einem Gerichtstermin. Auch die einem einzelnen Personalratsmitglied im Rahmen eines Beschlussverfahrens erwachsenen Kosten sind erstattungspflichtig.

**Abs. 1 Sätze 2 bis 5:** Reisen des Personalrats können aus zahlreichen Gründen erforderlich werden. Zur Erfüllung von Aufgaben des Personalrats notwendig sind solche Reisen, die einen Bezug zur gesetzlichen Tätigkeit des Personalrats haben, wie die Teilnahme an Schulungs- und Bildungsveranstaltungen, an Personalrätekonferenzen, Besprechungen mit Gewerkschaftsbeauftragten, den Aufsichtsbehörden für den Arbeits- und Gesundheitsschutz, die Durchführung von Sprechstunden, das Aufsuchen einer Stufenvertretung oder des Gesamtpersonalrates u. Ä. In Betracht kommen z. B. auch werktägliche Reisen des freigestellten Personalratsvorsitzenden von seiner Stammdienststelle zum Sitz des Personalrats, von seiner Wohnung zum Sitz des Personalrats oder zu unterschiedlichen Stellen im Bereich der Dienststelle.[10] Hinsichtlich der Art und Weise, wie der Personalrat oder das betreffende Personalratsmitglied eine ihm obliegende Aufgabe wahrnehmen will, insbesondere, ob zu ihrer Erfüllung eine Reise für erforderlich gehalten werden darf, besteht ein – wenn auch begrenzter – Beurteilungsspielraum. Dieser erstreckt sich auf die Ausführung der Reise, also insbesondere auf die

7

---

9 Durchführungserlass vom 14. 3. 2013, Ziff. 5; *OVG NRW* 29. 11. 2000 – 1 A 5863/98.PVL, PersR 2001, 214.
10 *BVerwG* 1. 3. 2018 – 5 P 5.17, PersV 2018, 263; *OVG NRW* 9. 6. 2004 – 1 A 898/02.PVL, PersR 2004, 400; dazu auch *BVerwG* 21. 5. 2007 – 6 P 5.06, PersR 2007, 387.

Frage, ob nicht auf andere, kostensparendere Weise die Aufgaben des Personalrats hätten erfüllt werden können.[11] Daraus folgt, dass ein Personalratsmitglied bei seiner Entscheidung über die Durchführung einer Dienstreise das »Ob« und das »Wie« sorgfältig abzuwägen hat, sich aber letztlich dazu entschließen darf, was bei pflichtgemäßer Beurteilung der Sachlage erforderlich und vertretbar war. Wenn z. B. die Nutzung des privaten Kraftfahrzeugs im Vergleich zur Inanspruchnahme öffentlicher Verkehrsmittel sowohl absolut als auch im Verhältnis zur Gesamtwegezeit zu einer gewichtigen Zeitersparnis führt, darf das Personalratsmitglied auch das kostenintensivere Verkehrsmittel wählen.[12] Das Personalratsmitglied hat den Standpunkt eines vernünftigen Dritten einzunehmen und die Interessen der Dienststelle auf der einen und die Interessen des Personalrats sowie seine eigenen Interessen auf der anderen Seite gegenüberzustellen.[13]

Solche Reisen sind dem Leiter der Dienststelle vorher rechtzeitig anzuzeigen.[14] Eine Genehmigungspflicht bzw. Anordnungspflicht, wie sie sonst für Reisen nach dem Landesreisekostengesetz erforderlich ist (§ 2 LRKG), entfällt. Die Höhe der Reisekosten bemisst sich nicht mehr nach der Höhe der Besoldungsgruppe, weshalb die Anknüpfung an die Reisevergütung für Beamte der Besoldungsgruppe A 15 entfallen ist. Es gelten die allgemeinen Bestimmungen des LRKG.

**8** Nach Satz 4 erhält das Personalratsmitglied unabhängig davon, ob es vollumfänglich, teilweise oder gar nicht freigestellt ist, Reisekosten zu der Stelle, bei der der Personalrat gebildet ist.[15] Auch für Fahrten zu regelmäßigen Sitzungen bei einer anderen Stelle und täglicher Rückkehr zum Wohnort sind Reisekosten zu zahlen, aber keine Trennungsentschädigung.[16] Die Vorschrift ist so zu verstehen, dass zwar keine Trennungsentschädigung beansprucht werden kann, jedoch die dem Personalratsmitglied durch diese Reisen entstehenden Kosten im Übrigen nach den Regeln des Landesreisekostengesetzes durch Erstattung von Reisekostenvergütung und Wegstreckenentschädigung zu zahlen sind.[17]

In Satz 5 ist vorgesehen, dass sich Dienststelle und Personalrat im Rahmen eines Budgets über die voraussichtlich anfallenden notwendigen Kosten verständigen können und der Personalrat sodann im Rahmen dieses Budgets eigenverantwortlich entscheidet. Dadurch sollen[18] die Handlungsspiel-

---

11 Zu § 44 Abs. 1 BPersVG: *OVG NRW* 26. 3. 2013 – 20 A 878/12.PVB, PersV 2013, 345.
12 *BVerwG* 1. 3. 2018 – 5 P 5.17, PersV 2018, 263.
13 *OVG NRW* 26. 3. 2013, a. a. O.
14 Durchführungserlass vom 14. 3. 2013, Ziff. 6.1.
15 Durchführungserlass vom 14. 3. 2013, Ziff. 6.3.
16 *BVerwG* 1. 3. 2018 – 5 P 5.17, PersV 2018, 263.
17 *OVG NRW* 9. 6. 2004 – 1 A 898/02.PVL, PersR 2004, 400.
18 So LT-Drucks. 14/4239, 91.

räume in den Dienststellen erweitert werden. Nach den Vorstellungen des Gesetzgebers soll dem Personalrat ein Budget zur Verfügung gestellt werden, »dem aufgrund einer prognostischen Beurteilung die notwendigen Kosten zugrunde liegen«. Dabei dürfte in erster Linie auf den finanziellen Aufwand in den vergangenen Jahren abzustellen sein. Die Prüfung einer Kostenübernahme im Einzelfall soll dadurch entbehrlich und die Eigenverantwortlichkeit des Personalrats gestärkt werden.

Aus der Gesetzesbegründung ist zu entnehmen, dass für die Budgetierung nur solche Kosten in Betracht kommen, bei denen eine Kostenübernahme im Einzelfall überhaupt nötig ist. Laufende Kosten, z. B. für Bürobedarf, Büropersonal oder Räume sind daher einer Budgetierung nicht zugänglich. Sie wäre auch unzweckmäßig. Im Vordergrund dürften daher Reisekosten, Kosten für Seminarteilnahmen nach § 42 Abs. 5, fallweise entstehende sächliche Kosten sowie Kosten für Sachverständige stehen. In Betracht kommt jedoch auch, mit dem Personalrat per Dienstvereinbarung festzulegen, dass diesem die Verwaltung und der Betrieb einer Sozialeinrichtung im Sinne des § 72 Abs. 2 Nr. 5, wie der Kantine oder von Verpflegungsautomaten, überlassen wird. Hinsichtlich der dadurch entstehenden Kosten kann ebenfalls eine Budgetierung vereinbart werden, die es dem Personalrat erlaubt, eigenständig zu wirtschaften.

Bei der prognostischen Beurteilung der künftig benötigten und von der Dienststelle zur Verfügung zu stellenden Mittel dürfte allein der finanzielle Aufwand der vergangenen Jahre für eine Prognose noch nicht ausreichend sein. Als Maßstab hat die künftige Personalratstätigkeit zu dienen, wozu auch beabsichtigte Aktivitäten und Initiativen des Personalrats gehören, durch die Kosten entstehen können. Bezüglich der Kosten der Seminarteilnahme und der Reisekosten ist insbesondere zu berücksichtigen, dass der Aufwand nach einer Neuwahl deutlich höher ist als im letzten Jahr der abgelaufenen Amtszeit des Gremiums, und dass höhere Kosten für eine Seminarteilnahme auch dann entstehen, wenn Um- und Neustrukturierungen der Dienststelle bevorstehen, ein neues Tarifrecht[19] oder wesentliche neue Gesetze in Kraft getreten sind. Die Verständigung über eine solche Budgetierung setzt voraus, dass eine genaue Bezeichnung der Gegenstände und Kosten, die vom Budget zu bestreiten sind, erfolgt sowie die genaue Höhe des zur Verfügung stehenden Betrages festgelegt wird. Dem Personalrat muss außerdem ein Nachbewilligungsanspruch für die Fälle zugebilligt werden, dass notwendige Kosten, für die keinerlei Voraussicht bestand, vom Budget nicht bestritten werden können. Eine Budgetierung darf nicht erfolgen, wenn Kosten nicht einigermaßen präzise ermittelt werden können. Diese kann sich stets nur auf das bevorstehende Haushaltsjahr erstrecken.

---

19 Vgl. *OVG NRW* 9. 11. 2018 – 20 A 2884/17.PVL, PersV 2019, 105.

## § 40

Kommt eine Budgetierung zustande, so entscheidet der Personalrat im Rahmen des Budgets eigenverantwortlich. Wird ihm ein Gesamtbudget zur Verfügung gestellt, kann er die bewilligten Gelder auch innerhalb der für die Budgetierung kalkulierten Einzelpositionen verändern und verschieben, also z. B. für Seminarteilnahmen mehr als prognostiziert ausgeben und die Mehrausgaben an anderer Stelle einsparen.

Im Falle einer Budgetierung ist es nicht zulässig, dass die Dienststelle eine nachträgliche Kontrolle der Einzelausgaben dadurch vornimmt, dass sie die tatsächliche Bereitstellung der Mittel überprüft und von entsprechenden Begründungen abhängig macht.

Allerdings hat der Personalrat durch entsprechende Rechenschaftslegung sicherzustellen, dass die ihm durch Budgetierung pauschal zur Verfügung gestellten Mittel nur für notwendige Kosten im Sinne des Absatzes 1 und nur für Aufgaben des Personalrats verausgabt werden.

Bestehende Regeln für die Verausgabung und Rechnungslegung sind auch für den Personalrat verbindlich und bei der Vereinbarung über die Budgetierung festzulegen.

9 **Abs. 2:** Dem Personalrat sind Aufwandsdeckungsmittel zur Verfügung zu stellen, deren Höhe nach der Zahl der Regelbeschäftigten zu bemessen ist (§ 1 Aufwandsdeckungsverordnung vom 28. 4. 2015, GV NRW 430). Die stattdessen auf den Stellenplan abstellende, ehemalige Regelung des § 1 Satz 2 AufwDeckV NRW a. F. wurde für rechtsunwirksam erklärt.[20] So betragen nunmehr die Aufwandsdeckungsmittel z. B. in Dienststellen zwischen 20 und 100 Beschäftigten 76,70 Euro jährlich (§ 1 Nr. 2 AufwDeckV NRW).

Diese Mittel sollen den Aufwand des Personalrats für Repräsentation abdecken. Als Beispiele sind kleinere Geschenke oder Aufmerksamkeiten bei Gratulationen des Personalrats zu Dienstjubiläen oder herausgehobenen persönlichen Anlässen von Beschäftigten, kleinere Geschenke oder Aufmerksamkeiten bei Krankenbesuchen, Kranz- oder Blumenspenden im Todesfalle oder Bewirtungen von Besprechungsteilnehmern mit Mitgliedern der Stufenvertretung oder Gewerkschaftsvertretern zu nennen. Diese Aufwandsdeckungsmittel werden nach Feststellung des Haushaltsplanes dem Personalrat ausgezahlt; dieser hat im Rahmen einer Nachweispflicht prüffähige Unterlagen bereitzuhalten und der für die Rechnungsprüfung zuständigen Stelle vorzulegen.[21]

10 **Abs. 3:** Geschäftsbedarf und Büropersonal ist dem Personalrat für seine Sitzungen, die Sprechstunden und die laufende Geschäftsführung zur Verfügung zu stellen.

---

20 *BVerwG* 3. 7. 2013 – 6 P 2.13, ZTR 2013, 579.
21 Durchführungserlass vom 14. 3. 2013, Ziff. 7.

## § 40

Der Begriff »Geschäftsbedarf« umfasst alle sächlichen Mittel, also insbesondere
- Räume für die Erledigung der laufenden Arbeiten des Personalrats, die Durchführung von Sitzungen, Sprechstunden und Personalversammlungen,[22]
- die Ausstattung dieser Räume mit Büromöbeln, Beleuchtung, Belüftung, Beheizung,
- Bereitstellung von Büromaterial, schreibtechnischer Ausrüstung, Briefpapier, Porto,
- Gesetzestexte, Kommentare und Fachzeitschriften,
- IT-Ausstattung bestehend aus Telefon (eigener Anschluss/Anrufbeantworter/Mailbox) und Telefax sowie PC mit entsprechender Software,
- ein Internet-Zugang mit E-Mail-Adresse und ein Intranet-Zugang sind zu eröffnen, wenn sie in der Dienststelle allgemein genutzt werden.[23]

Ein PC gehört zur Normalausstattung eines jeden Arbeitsplatzes und steht daher auch dem Personalrat und seinem Büropersonal zu. Der Umfang (Vernetzung) und die Ausstattung mit Hardware-Komponenten (Plotter, Scanner, CD-ROM-Laufwerk, ZIP-Laufwerk) und der entsprechenden Software hängen von den Arbeitserfordernissen des Personalrats ab. Maßgebend wird auch regelmäßig sein, welche Ausstattung die Dienststelle insoweit nutzt. Zur Auslegung kann auch der 2001 geänderte § 40 BetrVG herangezogen werden, der dem Betriebsrat nunmehr ausdrücklich »Informations- und Kommunikationstechnik« zubilligt.[24]

Ebenso ist die Dienststelle nicht befugt, vom Personalrat versandte E-Mails einer Inhaltskontrolle zu unterziehen.[25]

Die Regelung des § 65 Abs. 4, der dem Personalrat die Einhaltung des Datenschutzes bei eigenen Dateien auferlegt, geht richtigerweise davon aus, dass dem Personalrat zur Aufgabenerledigung eine EDV-Anlage zur Verfügung steht. **11**

Zu den vom Personalrat zu beanspruchenden Sachmitteln gehören auch kommentierte Ausgaben von Gesetzen und Tarifverträgen, die von ihm in der täglichen Arbeit benötigt werden, insbesondere mindestens zwei verschiedene kommentierte Ausgaben zum Landespersonalvertretungsgesetz sowie kurz kommentierte Gesetzestexte für jedes Personalratsmitglied. Neben dem Bezug einer Fachzeitschrift zum Personalvertretungsrecht gehören auch amtliche Verkündungsblätter zum Geschäftsbedarf des Personalrats, **12**

---

22 Durchführungserlass vom 14.3.2013, Ziff. 8.
23 *LAG Baden-Württemberg* 26.9.1997 – 5 TaBV 1/97, AiB 1998, 521.
24 Zur Anwendbarkeit der BetrVG-Novelle: *Welkoborsky*, PersR 2002, 51.
25 *BVerwG* 27.10.2009 – 6 P 11.08, PersR 2010, 74.

## § 40

unabhängig von der Größe der Dienststelle und der Zahl der Beschäftigten.[26] Bezieht die Dienststelle noch keine Fachzeitschrift, kann der Personalrat die für ihn in Betracht kommende Zeitschrift aussuchen.

**13** Dem Personalrat ist weiterhin im Rahmen der Erforderlichkeit, die insbesondere anhand des Umfanges der in der Dienststelle anstehenden Personalratsaufgaben zu bemessen ist, Büropersonal zur Verfügung zu stellen, welches im Rahmen der laufenden Geschäftsführung, zur Erledigung von Schreib- und Registraturarbeiten herangezogen werden darf.[27] Die Änderung des Begriffs von »Schreibpersonal« im Landespersonalvertretungsgesetz von 1958 zu »Büropersonal« trägt dem Umstand Rechnung, dass der freigestellte Vorsitzende regelmäßig nicht zu Büro- und Schreibarbeiten verpflichtet ist und dass es aufgrund der Organisation eines Personalrats regelmäßig geboten ist, dieses Personal nicht nur für die schreibtechnische Erledigung, sondern auch für einfache, sachbearbeitende Aufgaben innerhalb der laufenden Geschäftsführung heranzuziehen – insbesondere die Bedienung des Telefons, Terminabsprachen, Aktenführung, Einsortieren von Loseblattausgaben etc.

Dem Büropersonal kann auch ein separater Raum zur Verfügung zu stellen sein – jedenfalls dann, wenn der Personalrat über Freistellungen gemäß § 42 Abs. 3 verfügt.

**14** **Abs. 4:** Der Personalrat kann die Beschäftigten über Angelegenheiten schriftlich unterrichten. Bei der Gestaltung solcher schriftlicher Unterrichtungen steht ihm ein Ermessensspielraum zu.[28] Dazu kann er auch elektronische Medien (Serienbrief, E-Mail etc.) benutzen. Die Dienststelle kann derartige Veröffentlichungen nicht unter Hinweis auf ihr nicht genehme Artikel oder vermeintlich »überflüssige« Ausführungen ablehnen oder die Kostentragungspflicht verweigern. Die Dienststelle trägt stets die Kosten der Mitteilungen des Personalrats an die Beschäftigten in Angelegenheiten, die diese unmittelbar betreffen.[29] Geschieht dies gleichwohl nicht, ist der Personalrat befugt, den Druck seiner Informationsschrift extern zu veranlassen und die dadurch entstehenden Kosten sodann gegenüber der Dienststelle geltend zu machen.[30] Die Personalräte einer Hochschule können solche Informationsschriften auch gemeinsam erstellen und die dafür entstehenden Kosten gemeinsam gegenüber der Dienststelle geltend machen.[31]

---

26 Durchführungserlass vom 14. 3. 2013, Ziff. 8; *BVerwG* 30. 1. 1991 – 6 P 7.89, PersR 1991, 213.
27 Durchführungserlass vom 14. 3. 2013, Ziff. 8.
28 Durchführungserlass vom 14. 3. 2013, Ziff. 8.
29 Durchführungserlass vom 14. 3. 2013, Ziff. 8.
30 *OVG NRW* 11. 3. 1994 – 1 A 1423/91.PVL, PersR 1994, 429.
31 *OVG NRW* 26. 6. 1998 – 1 A 123/96.PVL, PersR 1998, 479.

In Satz 1 ist geregelt, dass der Personalrat auch das Recht zur elektronischen Unterrichtung der Beschäftigten hat und ihm im Übrigen die Möglichkeit einer elektronischen Bekanntmachung zu eröffnen ist. Er ist mithin dazu berechtigt, die Beschäftigten über die in der Dienststelle vorhandenen oder ihm sonst zugänglichen elektronischen Kommunikationswege über die sie betreffenden Personalratsangelegenheiten zu unterrichten. Dazu können der E-Mail-Anschluss des Personalrats, die E-Mail-Anschlüsse der Beschäftigten, aber auch die privaten E-Mail-Anschlüsse der Beschäftigten – wenn diese das wünschen – genutzt werden. Satz 2 verpflichtet die Dienststelle, dem Personalrat die Möglichkeit einer elektronischen Bekanntmachung zu eröffnen. Besteht ein Intranet, hat der Personalrat künftig Anspruch darauf, dieses für Personalratsangelegenheiten und für die Unterrichtung der Arbeitnehmer oder für die Einladung zu bzw. für die Vorbereitung von Personalversammlungen zu nutzen. Die Dienststelle hat im Übrigen dem Personalrat eine eigene E-Mail-Adresse zur Verfügung zu stellen und/oder einzurichten, damit er diese gesetzliche Möglichkeit nutzen kann.

Daneben sind dem Personalrat geeignete Plätze für Bekanntmachungen (Schwarzes Brett) zur Verfügung zu stellen. Sie sind nur dann geeignet, wenn sie vom größten Teil der Beschäftigten bemerkt und zur Kenntnis genommen werden können (Kantine, Aufenthaltsräume, Flure, Ein- und Ausgänge).

## § 41

**Der Personalrat darf für seine Zwecke von den Beschäftigten keine Beiträge erheben oder annehmen.**

Der Personalrat darf, was selbstverständlich ist, für die Erledigung seiner Aufgaben von den Beschäftigten keine Beiträge (Geld- oder sonstige Unterstützungsleistungen) verlangen oder entgegennehmen. Sinn und Zweck der Vorschrift ist, jede nur denkbare Beeinflussung von Personalräten im Keim zu ersticken. Die Vorschrift wird – entgegen Wortlaut und Zielsetzung – auf personalratsinterne Umlagen, z.B. Tragung von Druckkosten einer Informationsschrift, ausgedehnt. Ebenfalls über den Wortlaut der Norm hinaus ist dem Personalrat auch die Entgegennahme von Zuwendungen Dritter – z.B. von Parteien oder Gewerkschaften – untersagt.[1]

Keine Einwände sind gegen Sammlungen für soziale Zwecke oder das Führen und die Verwaltung von Gemeinschaftseinrichtungen im Rahmen des § 72 Abs. 2 Nr. 4 zu erheben.

---

1 *OVG NRW* 11.10.1988 – CL 38/86, PersV 1989, 387; *Laber/Pagenkopf*, § 41 Rn. 6.

§ 42

## Vierter Abschnitt
## Rechtsstellung der Mitglieder

§ 42

(1) Die Mitglieder des Personalrats führen ihr Amt unentgeltlich als Ehrenamt.
(2) Versäumnis von Arbeitszeit, die zur ordnungsgemäßen Durchführung der Aufgaben des Personalrats erforderlich ist, hat keine Minderung der Bezüge oder des Arbeitsentgelts zur Folge. Werden Personalratsmitglieder durch die Erfüllung ihrer Aufgaben über ihre individuelle Arbeitszeit hinaus beansprucht, so ist ihnen Dienstbefreiung in entsprechendem Umfang zu gewähren.
(3) Mitglieder des Personalrats sind durch die Dienststelle von ihrer dienstlichen Tätigkeit ganz oder teilweise freizustellen, wenn und soweit es nach Umfang und Art der Dienststelle zur ordnungsgemäßen Durchführung ihrer Aufgaben erforderlich ist und der Personalrat die Freistellung beschließt. Dabei ist zunächst die vorsitzende Person und sodann je ein Mitglied der Gruppe, der die vorsitzende Person nicht angehört, unter Beachtung der in dieser Gruppe am stärksten vertretenen Liste zu berücksichtigen. Die übrigen Freistellungen richten sich nach der Gruppenstärke; Gewerkschaften, die zur selben Spitzenorganisation gehören sowie freie Listen können sich hierfür gruppenübergreifend zusammenschließen. Die Freistellung hat keine Minderung der Besoldung oder des Arbeitsentgelts zur Folge und darf nicht zur Beeinträchtigung des beruflichen Werdegangs führen.
(4) Von ihrer dienstlichen Tätigkeit sind nach Absatz 3 freizustellen in Dienststellen mit in der Regel 100 bis 199 Beschäftigten ein Mitglied für 12 Arbeitsstunden in der Woche. Im Einvernehmen zwischen Personalrat und Dienststelle kann bei außergewöhnlichem, anlassbezogenen Bedarf vorübergehend abgewichen werden.
Von ihrer dienstlichen Tätigkeit sind nach Absatz 3 ganz freizustellen in Dienststellen mit in der Regel
  200 bis   500 Beschäftigten ein Mitglied,
  501 bis   900 Beschäftigten zwei Mitglieder,
  901 bis 1500 Beschäftigten drei Mitglieder,
1501 bis 2000 Beschäftigten vier Mitglieder,
2001 bis 3000 Beschäftigten fünf Mitglieder,
3001 bis 4000 Beschäftigten sechs Mitglieder,
4001 bis 5000 Beschäftigten sieben Mitglieder,
5001 bis 6000 Beschäftigten acht Mitglieder,
6001 bis 7000 Beschäftigten neun Mitglieder,
7001 bis 8000 Beschäftigten zehn Mitglieder,

8001 bis 9000 Beschäftigten elf Mitglieder,
9001 bis 10 000 Beschäftigten zwölf Mitglieder.
In Dienststellen mit mehr als 10 000 Beschäftigten ist für je angefangene weitere 2000 Beschäftigte ein weiteres Mitglied freizustellen. Von den Sätzen 3 und 4 kann im Einvernehmen zwischen Personalrat und Dienststelle abgewichen werden. Auf Antrag des Personalrats können mehrere Mitglieder anteilig freigestellt werden.

(5) Die Mitglieder des Personalrats und Ersatzmitglieder, die regelmäßig zu Sitzungen des Personalrats herangezogen werden, sind unter Fortzahlung der Bezüge und Erstattung der angemessenen Kosten für die Teilnahme an Schulungs- und Bildungsveranstaltungen vom Dienst freizustellen, soweit diese Kenntnisse vermitteln, die für die Tätigkeit im Personalrat erforderlich sind. Dienststelle und Personalrat können sich im Rahmen eines Budgets über die voraussichtlich anfallenden notwendigen Kosten verständigen; der Personalrat entscheidet im Rahmen des Budgets eigenverantwortlich.

(6) Erleidet eine Beamtin oder ein Beamter anlässlich der Wahrnehmung von Rechten oder der Erfüllung von Pflichten nach diesem Gesetz einen Unfall, der im Sinne der beamtenrechtlichen Unfallfürsorgevorschriften ein Dienstunfall wäre, so finden diese Vorschriften entsprechende Anwendung.

Die besondere Rechtsstellung der Personalratsmitglieder ist dadurch charakterisiert, dass ihnen die zur Ausfüllung des Amtes nötige Zeit und Unabhängigkeit durch bezahlte Freistellung für die Personalratstätigkeit zu gewähren ist.

**Abs. 1:** Dass das Personalratsmitglied ein Ehrenamt ausübt und dies unentgeltlich tut, gibt ihm die nötige Unabhängigkeit sowie Freiheit zur Wahrnehmung seiner Aufgaben und stellt zugleich sicher, dass die Amtsausübung neutral erfolgt. Jegliches Entgelt für die Personalratsarbeit (oder für ihr Unterlassen) ist unzulässig. Diese Grundsätze finden ihre Entsprechung in zahlreichen Schutzvorschriften, die die äußere und innere Unabhängigkeit des Personalrats und seiner Mitglieder sichern sollen, wie z.B. das Verbot der Beitragserhebung in § 41, der Umsetzungs- und Versetzungsschutz in § 43 Abs. 1, der Ausschluss der ordentlichen und die Erschwerung der außerordentlichen Kündigung (§ 43 Abs. 2, § 15 KSchG) und schließlich das allgemeine Benachteiligungs- und Begünstigungsverbot (§ 7 Abs. 1). Dementsprechend darf die Personalratstätigkeit im Zeugnis des Arbeitgebers keine Erwähnung finden.[1]

---

1 *BAG* 19. 8. 1992 – 7 AZR 262/91, NZA 1993, 222.

## § 42

**3** **Abs. 2:** Arbeitszeit, die für die Erledigung von Personalratstätigkeit vom einzelnen Personalratsmitglied aufgewandt wird, führt nicht zur Minderung der Bezüge oder des Arbeitsentgelts. Es gilt das Lohnausfallprinzip, d. h. das freigestellte Personalratsmitglied ist so zu stellen, als hätte es gearbeitet.[2] Der Zusatz, dass ein Anspruch auf Dienstbefreiung für die Erfüllung von Personalratsangelegenheiten besteht, die über die »individuelle« Arbeitszeit des einzelnen Personalratsmitglieds hinausgeht, dient der Klarstellung, dass unter der regelmäßigen Arbeitszeit die für das betreffende Personalratsmitglied geltende Arbeitszeit zu verstehen ist. Dadurch wird Teilzeitbeschäftigten die Personalratsarbeit erleichtert.

Findet die Personalratsarbeit ganz oder teilweise außerhalb der Arbeitszeit statt, z. B. bei einer länger dauernden Personalratssitzung oder Personalversammlung, so besteht Anspruch auf Dienstbefreiung in dem entsprechenden Umfang; ein Vergütungsanspruch besteht insoweit nicht.[3] Es ist so viel Freizeit zu gewähren, wie Personalratsarbeit außerhalb der Arbeitszeit geleistet wird. Unberücksichtigt bleiben Reisezeiten.

**4** Soweit das einzelne Personalratsmitglied Aufgaben des gesamten Personalrats wahrnimmt, bedarf es eines besonderen Beschlusses oder einer entsprechenden Festlegung in der Geschäftsordnung. Das ist nicht erforderlich, wenn das Personalratsmitglied Zeit für die Wahrnehmung persönlicher Rechte wie die Vorbereitung der Personalratssitzung, die Einholung einer Auskunft, das Aufsuchen eines Arbeitsplatzes oder die Erkundigung bei Beschäftigten aufwendet.

Erforderlich ist das Versäumnis von Arbeitszeit zur Aufgabenwahrnehmung dann, wenn die aufgewendete Zeit in einem angemessenen Verhältnis zu der wahrgenommenen Aufgabe steht.

**5** Soweit das einzelne Personalratsmitglied an den Sitzungen teilnimmt, Sprechstunden wahrnimmt, Vorstellungs- und Eignungsgesprächen gemäß § 65 Abs. 2 beiwohnt oder auf Wunsch eines Beschäftigten zu Besprechungen mit der Dienststelle hinzugezogen wird (§ 65 Abs. 3 Satz 3), bedarf es einer Abmeldung vor Aufnahme dieser Tätigkeiten beim Dienststellenleiter nicht, weil dieser bereits durch die entsprechenden Erklärungen des Personalratsvorsitzenden von diesen Tätigkeiten unterrichtet ist.

Ansonsten hat sich das Personalratsmitglied bei Aufnahme einer solchen Tätigkeit beim Dienststellenleiter bzw. beim unmittelbaren Dienstvorgesetzten unter stichwortartiger Angabe des Grundes und der voraussichtlichen Dauer der Personalratstätigkeit abzumelden. Die Angaben müssen es der Dienststelle ermöglichen, zu erkennen, ob bei der beabsichtigten Tätigkeit ein Bezug zu dem gesetzlichen Aufgaben- und Pflichtenkreis des Personal-

---

2 Durchführungserlass vom 14.3.2013, Ziff. 9; vgl. *OVG NRW* 29.7.2014 – 1 A 2885/12 zu § 46 Abs. 2 BPersVG, juris.
3 Durchführungserlass vom 14.3.2013, Ziff. 9.

## § 42

rats vorliegt. Es bedarf jedoch nicht einer Genehmigung des Dienststellenleiters vor der Aufnahme von Personalratstätigkeit.

**Abs. 3:** Neben der Dienstbefreiung gemäß Absatz 2 im Einzelfall und für bestimmte Anlässe besteht die Möglichkeit, Personalratsmitglieder vollständig von ihrer dienstlichen Tätigkeit freizustellen, und zwar entweder für die gesamte Dauer ihrer Arbeitszeit oder für bestimmte Teile davon. 6

Die Freistellung von der dienstlichen Tätigkeit zur Durchführung von Personalratsaufgaben bedeutet zunächst, dass der Dienststellenleiter dem jeweiligen Personalratsmitglied die Erledigung von Personalratstätigkeit während der Dienst- oder Arbeitszeit zu ermöglichen hat. Diese Verpflichtung der Dienststelle erschöpft sich nicht darin, dem Personalratsmitglied zu erlauben, die dienstliche Tätigkeit für die Personalratsarbeit zu unterbrechen. Freistellung im Sinne des Abs. 3 meint vielmehr »die generelle (vollständige oder teilweise) Entbindung von der Pflicht, im Rahmen des Dienstverhältnisses weisungsgebundene Aufgaben zu erledigen, die der Dienststelle zur Aufgabenerfüllung zugewiesen sind«.[4] Das Personalratsmitglied ist also von seiner Arbeit, die es wegen der Personalratstätigkeit nicht erledigen kann, zu entlasten, ggf. durch Zuweisung eines geringeren Arbeitspensums oder Vertretung.

Voraussetzung für eine Freistellung von der Dienstpflicht ist, dass das Personalratsmitglied im Rahmen der ordnungsgemäßen Durchführung der Aufgaben des Personalrats handelt und die Arbeitszeitversäumnis erforderlich ist.

Das ist zunächst dann der Fall, wenn die Personalratstätigkeit des Einzelnen einen Bezug zum gesetzlichen Aufgaben- und Pflichtenkreis des Personalrats hat. Dazu gehört auf jeden Fall die Teilnahme an den gesetzlich vorgesehenen Sitzungen, Besprechungen, Erörterungen und Sprechstunden einschließlich der Zeit zur Vor- und Nachbereitung dieser Veranstaltungen. Auch Arbeitsplatzbegehungen, die Entgegennahme von Anregungen und Beschwerden der Beschäftigten oder das Führen von Gesprächen mit Gewerkschaften und außenstehenden Stellen im Zusammenhang mit der Wahrnehmung von Beteiligungsrechten haben den erforderlichen Bezug zum Aufgaben- und Pflichtenkreis des Personalrats. Der ordnungsgemäßen Durchführung der Personalratsaufgaben dient auch diejenige Zeit, die zur Vorbereitung von Initiativen des Personalrats aufgewandt wird.

Satz 1 legt den Grundsatz fest, dass für Personalratsarbeit ein Anspruch auf Freistellung von der dienstlichen Tätigkeit besteht, wenn es die Aufgabenstellung des Personalrats erfordert und der Personalrat die Freistellung beschließt. Eine Genehmigung des Dienststellenleiters ist nicht erforderlich. »Umfang und Art« der Freistellung spielen nur bei kleinen Dienststellen mit

---

[4] *OVG NRW* 28.5.2003 – 1 B 646/03, PersV 2004, 66.

## § 42

weniger als 100 Beschäftigten eine Rolle, denen keine Regelfreistellungen nach Absatz 4 zustehen. In diesen Fällen hängt der Umfang der Freistellung von den einzelnen Umständen sowohl der Personalratstätigkeit, wie der Aufgabenstellung der Dienststelle ab.

6a  Durch Abs. 3 Satz 2 wird dem Personalrat eine gewisse Reihenfolge bei der Auswahl der freizustellenden Personalratsmitglieder vorgegeben.

Danach ist zunächst zwingend die vorsitzende Person des Personalrats zu berücksichtigen. Sodann ist ein Mitglied der Gruppe, der die vorsitzende Person nicht angehört, freizustellen. Maßgebend ist allein die Gruppenstärke.[5] Das Gesetz benennt an dieser Stelle die stellvertretenden Vorsitzenden nicht als vorrangig zu berücksichtigende Personalratsmitglieder; diese dürfen aber dennoch nicht willkürlich übergangen werden.[6]

Für die Auswahl der Freistellung innerhalb der Gruppe ist die am stärksten vertretene Liste zu berücksichtigen, wobei auf die Zahl der über die jeweilige Liste gewählten Mitglieder und nicht auf die für die jeweilige Liste abgegebenen Stimmen abzustellen ist.[7]

Das *OVG NRW* hat zuletzt – allerdings zu § 46 Abs. 3 BPersVG – einen Ermessensspielraum des Personalrats bei der Entscheidung über die ersten beiden Freistellungen grundsätzlich nicht zugelassen, wenn es nicht konkrete, stichhaltige Gründe hierfür gibt.[8] Ein solcher Grund kann z. B. das Bestehen eines weiteren Amts (z. B. JAV-Vorsitz)[9] oder die fehlende persönliche Eignung[10] sein.

Mit der Novelle 2011 wurde in das Gesetz neu eingefügt, dass sich für die übrigen Freistellungen nach Satz 3 Gewerkschaften, die zur selben Spitzenorganisation gehören sowie freie Listen gruppenübergreifend zusammenschließen können. Hierdurch sollte erreicht werden, dass »nicht zwingend« Vertreter der stärksten Listen alle Freistellungen erhalten. So können »durch Zusammenschluss von Listen auch für kleinere Gewerkschaften Freistellungen erreicht werden«.[11]

Eine solche Regelung fand sich weder im alten LPVG vor der Novelle 2011, noch bis heute im BPersVG. Sinn und Wirkungsweise der Vorschrift erschließen sich nicht ohne Weiteres. Mit »Gewerkschaften« sowie »freien Listen« sind offensichtlich Wahlvorschläge im Sinne des § 16 gemeint. Wahl-

---

5  *OVG NRW* 25. 8. 2006 – 1 A 3619/05.PVL, juris.
6  *OVG NRW* 7. 8. 1998 – 1 A 6489/96.PVL, PersR 1999, 307.
7  *OVG NRW* 1. 6. 2017 – 20 A 2646/16.PVL, juris; *VG Gelsenkirchen* 29. 11. 2016 – 12c K 5552/16.PVL, juris; *OVG NRW* 16. 12. 1993 – 1 B 2477/93.PVL, PersV 1996, 377.
8  Zu § 46 Abs. 3 BPersVG: *OVG NRW* 29. 4. 2014 – 20 B 55/14.PVB, PersV 2014, 318; vgl. *BVerwG* 12. 1. 2009 – 6 PB 24.08, PersR 2009, 126.
9  *OVG NRW* 19. 2. 1997 – 1 B 2237/96.PVL.
10  *OVG NRW* 4. 8. 1997 – 1 B 2954/96.PVL.
11  LT-Drucks. 14/4239, 92.

vorschläge der Gewerkschaften bedürfen gemäß § 16 Abs. 7 der Unterzeichnung eines Beauftragten, Wahlvorschläge der Beschäftigten im Unterschied dazu gemäß § 16 Abs. 5 der geforderten Anzahl an Stützunterschriften. Der Begriff der »freien« Listen wird im LPVG und in der Wahlordnung nicht gebraucht. Es ist anzunehmen, dass sämtliche Wahlvorschläge »frei« in dem Sinne sind, dass Wahlvorschlag wie Kandidatur ohne Zwang und Druck zustande gekommen sind. Gemeint sind Wahlvorschläge der Beschäftigten nach § 16 Abs. 5.

Die Vorschrift des Satzes 3, 2. Halbs. kann nur angewandt werden, wenn die Personalrats- bzw. Gruppenwahl aufgrund mehrerer Wahlvorschläge – also nach Listen – durchgeführt wurde.

Satz 3 erlaubt einen gruppenübergreifenden Zusammenschluss von Listen, so dass sich die Gruppenstärke verändert, mithin in einer Gruppe mit Hilfe der Listenstärke die Gruppenstärke erhöht werden kann. Erlaubt sind ein Zusammenschluss von Gewerkschaften, die zur selben Spitzenorganisation gehören, und ein Zusammenschluss freier Listen. Gewerkschaften, die zur selben Spitzenorganisation gehören, sind solche im Sinne des § 2 Abs. 2 TVG. Fraglich ist, ob sich Gewerkschaften, die verschiedenen Spitzenorganisationen angehören, gruppenübergreifend zusammenschließen können und ob diese Möglichkeit auch zwischen freien Listen und einer Gewerkschaft – die ggf. keiner Spitzenorganisation angehört – bestehen soll. Der Wortlaut der Vorschrift spricht eher dagegen, weil Gewerkschaften und freie Listen durch das »sowie« gegenübergestellt werden. Ist eine Gewerkschaft aufgrund ihrer Listen in beiden Gruppen vertreten, so kann sie diese Listen miteinander zusammenschließen. Freie Listen dagegen können mit anderen freien Listen aus der eigenen wie aus der anderen Personengruppe einen solchen Zusammenschluss eingehen. Listen in einer Gruppe mit geringerer Beschäftigtenzahl können durch einen solchen Zusammenschluss mit – auch gewerkschaftlichen – Listen der größeren Gruppe majorisiert werden.

Für die Stärke der Listen ist auf die Anzahl der Personalratssitze, nicht auf die bei der Personalratswahl jeweils erreichte Stimmenzahl abzustellen.[12]

Nach Beschlussfassung durch den Personalrat ist die Freistellung vom Dienststellenleiter vorzunehmen. Es besteht jedoch eine Bindung an die Anzahl und die ausgewählten Personen sowie an die Reihenfolge der Freistellungsvorschläge. Der Personalrat ist nicht berechtigt, auf mögliche Freistellungen zu verzichten.[13]

Die ganze oder teilweise Freistellung von der dienstlichen Tätigkeit hat keine Minderung der Besoldung oder des Arbeitsentgelts zur Folge. Auch hier gilt

---

12 *OVG NRW* 1. 6. 2017 – 20 A 2646/16.PVL; *VG Gelsenkirchen* 29. 11. 2016 – 12c K 5552/16.PVL, juris; *OVG NRW* 16. 12. 1993 – 1 B 2477/93.PVL, PersV 1996, 377.
13 So *BVerwG* 11. 7. 1996 – 6 P 4.95, PersR 1997, 22 unter Hinweis auf den Gruppen- und Listenschutz.

## § 42

wie bei der Bedarfsfreistellung das Lohnausfallprinzip: Der Beschäftigte ist so zu stellen, als hätte er gearbeitet.[14] So ist z. B. eine Erschwerniszulage für Dienst zu ungünstigen Zeiten fortzugewähren.[15] Auch die Zulage für freiwillige, erhöhte wöchentliche Regelarbeitszeit im feuerwehrtechnischen Dienst ist ggf. zu zahlen, auch wenn das Personalratsmitglied aufgrund seiner Freistellung tatsächlich keine freiwillige, erhöhte wöchentliche Arbeitszeit leistet.[16] Lediglich solche Vergütungsbestandteile, die einen besonderen Aufwand oder konkrete Erschwernisse abgelten (Schmutzzulagen, Auslösen, Fahrtkosten etc.) müssen nicht gezahlt werden, wenn sie wegen der Personalratstätigkeit nicht mehr anfallen. Durch die Freistellung darf auch eine Beeinträchtigung des beruflichen Werdegangs nicht eintreten. Das freigestellte Personalratsmitglied ist bezüglich Beförderung, Höhergruppierung, Bewährungsaufstieg etc. so zu stellen und zu behandeln, als wäre es nicht freigestellt (vgl. § 7 Rn. 15). Das ist entweder durch Nachzeichnung des beruflichen Werdegangs[17] oder durch die Bildung einer Vergleichsgruppe mit Personen, deren beruflicher Werdegang und Leistungsbild mit demjenigen des freigestellten Personalratsmitglied vergleichbar ist, sicherzustellen.[18] Mit welcher Methode die fiktive Nachzeichnung des Werdegangs erfolgt, liegt zwar im pflichtgemäßen Ermessen des Dienstherrn. Es ist jedoch von den konkreten Verhältnissen der Dienststelle auszugehen. Es ist allgemein anerkannt, dass die Bildung einer Vergleichsgruppe ein geeignetes Mittel zur fiktiven Nachzeichnung darstellt. Der Dienstherr verstößt aber gegen das personalvertretungsrechtliche Benachteiligungsverbot, wenn er die Vergleichsgruppe so zusammenstellt, dass das berufliche Fortkommen des Personalratsmitglieds von vornherein ausgeschlossen ist.[19]

Dem langjährig freigestellten Personalratsmitglied dürfen das Fehlen aktuellen beruflichen Wissens und fehlende Erfahrung nicht angelastet werden,[20] bei Fortschreibung der dienstlichen Beurteilung muss eine durchschnittlich zu erwartende Leistungssteigerung berücksichtigt werden.[21] Das freigestellte Personalratsmitglied hat während der Freistellung auch Anspruch auf betriebliche Fortbildung – ggf. ist dazu kurzzeitig die Freistellung zu unterbrechen. Eine Befreiung von einem für einen Laufbahnwechsel erforderlichen Lehrgang beinhaltet die Freistellung aufgrund der Personalratstätigkeit dementsprechend nicht.[22] Nach Ende der Freistellung hat das Per-

---

14 Durchführungserlass vom 14.3.2013, Ziff. 9.
15 *BVerwG* 13.9.2001 – 2 C 34.00, PersR 2002, 162.
16 *OVG NRW* 12.6.2014 – 3 A 235/11, juris.
17 Siehe *BAG* 27.6.2001 – 7 AZR 496/99, PersR 2002, 39.
18 *BVerwG* 30.6.2014 – 2 B 11.14, juris.
19 *BVerwG* 30.6.2014 – 2 B 11.14, juris.
20 *LAG Köln* 28.8.1996 – 2 Sa 551/96, PersR 1997, 178.
21 *BVerwG* 10.4.1997 – 2 C 38.95, PersR 1997, 533.
22 *BVerwG* 23.12.2015 – 2 B 40.14, PersR 5/2016, 54.

sonalratsmitglied einen Anspruch darauf, dasjenige Wissen nachträglich zu erwerben, das es infolge der Freistellung im Zusammenhang mit der Berufstätigkeit nicht erwerben konnte.

Eine fiktive Laufbahnnachzeichnung ist auch dann möglich, wenn vor Beförderungen laufbahnrechtliche Erprobungen notwendig sind. Das Personalratsmitglied kann aber freiwillig auf die fiktive Nachzeichnung verzichten und die Erprobung tatsächlich durchlaufen. Entscheidet sich das Personalratsmitglied hierzu, sind jedoch die laufbahnrechtlichen Regelungen einzuhalten, auch wenn dies ggf. zu einem Verlust der Mitgliedschaft im Personalrat nach § 26 Abs. 1 f) führt.[23] Die Regelung des Satz 6, wonach statt eines Mitglieds mehrere Mitglieder anteilig freigestellt werden können, ist auch für Dienststellen mit 100–199 Beschäftigten anzuwenden. Zulässig ist also, eine Aufteilung der zwölf Arbeitsstunden pro Woche auf mehrere Personalratsmitglieder vorzunehmen.

**Abs. 4:** Satz 1 enthält eine pauschale Freistellungsstaffel für Dienststellen mit 100 bis 199 in der Regel Beschäftigten. Die Zahl der regelmäßig Beschäftigten ist in zwei Schritten zu ermitteln. In einem ersten Schritt ist die tatsächliche Personalstärke in dem Zeitpunkt zu ermitteln, in dem der Personalrat darüber entscheidet, für welche Personalratsmitglieder er eine Freistellung beantragt. Sodann ist in einem zweiten Schritt zu überprüfen, ob sich im Rahmen einer Rück- und Vorschau Anhaltspunkte dafür ergeben, dass die Verhältnisse im überwiegenden Teil der folgenden Amtsperiode von den aktuellen Verhältnissen abweichen werden.[24] In diesen Dienststellen kann ein Mitglied des Personalrats für zwölf Arbeitsstunden in der Woche freigestellt werden. Nach Satz 2 kann bei außergewöhnlichem, anlassbezogenem Bedarf im Einvernehmen zwischen Personalrat und Dienststelle vorübergehend davon abgewichen werden, die Stundenzahl also erhöht werden. Die Gesetzesbegründung betont, dass »nur« bei Vorliegen solch außergewöhnlicher Ereignisse vorübergehend abgewichen werden kann und nennt als Beispiel »die Neubildung von Behörden oder die Umsetzung besonders bedeutsamer Projekte«. Nur in diesen Fällen und nur für einen vorübergehenden Zeitraum soll die Befugnis bestehen, eine darüber hinausgehende Freistellungsregelung zu treffen. Zu beachten ist jedoch, dass es dem Personalrat nach wie vor unbenommen ist, neben der pauschalen Freistellung nach Abs. 1 Satz 4 die Bedarfsfreistellung nach Abs. 3 Satz 1 in Anspruch zu nehmen. Der Anspruch auf eine Bedarfsfreistellung nach Abs. 3 Satz 1 besteht zusätzlich immer dann, wenn die Wahrnehmung der Personalratsaufgaben eine über die pauschale Freistellung von zwölf Arbeitsstunden hinausgehende Freistellung eines anderen Personalratsmitglieds erfordert. Im Rahmen der Novelle 2011 wurden die Mitbestimmungs-, Mitwirkungs- und Anhörungsrechte

---

23 Durchführungserlass vom 14.3.2013, Ziff. 10.
24 *OVG NRW* 23.1.2019 – 20 A 1787/17.PVL, juris.

## § 42

des Personalrats erheblich erweitert. Dem damit entstehenden, erhöhten Freistellungsbedarf wurde Rechnung getragen, indem die Zahl der dem Personalrat zustehenden Freistellungen erhöht wurde.[25] Nach Satz 3 »sind« die entsprechenden Mitglieder von ihrer dienstlichen Tätigkeit freizustellen. Die Dienststelle ist mithin verpflichtet, mindestens die der Freistellungsstaffel entsprechende Zahl von Personalratsmitgliedern freizustellen. Es handelt sich um Mindestzahlen, deren Unterschreitung auch für den Personalrat nicht zulässig ist. Die Freistellungen nach Satz 3 sind unabhängig von einem konkreten Bedarf in der Dienststelle; der Dienststelle ist damit verweigert, eine Freistellung im Rahmen der Freistellungsstaffel mit der Begründung zu verweigern, aufgrund bestehender Besonderheiten der Dienststelle seien Freistellungen in dem geltend gemachten Umfang nicht erforderlich.

**8a** Darüber hinaus kann von den Sätzen 3 und 4 im Einvernehmen zwischen Personalrat und Dienststelle abgewichen werden (Satz 5). Besteht also vorübergehender oder dauerhafter Bedarf an zusätzlichen Freistellungen, können weitere Freistellungen bewilligt werden. Kann ein Einvernehmen hierüber nicht hergestellt werden, ist der Personalrat befugt, im Rahmen eines gerichtlichen Beschlussverfahrens klären zu lassen, ob weitere Freistellungen erforderlich sind.

**8b** In Satz 6 wird dem Personalrat die Möglichkeit eröffnet, statt der kompletten Freistellung eines Mitglieds des Personalrats die teilweise Freistellung mehrerer Personalratsmitglieder zu beschließen. Insoweit steht dem Personalrat ein Ermessensspielraum zu, an den die Dienststelle gebunden ist. Ein eigenes Ermessen bei Beurteilung der Zweckmäßigkeit der Teilung hat die Dienststelle nicht.[26]

**9** Zu beachten ist, dass die Teilnahme an Personalratssitzungen nicht vom Freistellungskontingent eines teilweise freigestellten Personalratsmitglieds umfasst ist. Zusätzlich zu der teilweisen Regelfreistellung ist den Mitgliedern demgemäß für die Teilnahme an Personalratssitzungen eine Bedarfsfreistellung nach § 42 Abs. 2 zu gewähren.[27]

**10 Abs. 5:** Wesentliches Instrument zur Schaffung gleichberechtigter Verhältnisse in der Dienststelle (»Waffengleichheit«) und zur Qualifizierung der Personalratsmitglieder ist der Anspruch auf Teilnahme an Schulungs- und Bildungsveranstaltungen. Diese Teilnahme ist nicht nur Vorbereitung auf Personalratsarbeit, sondern stellt selbst Personalratstätigkeit dar. Es besteht ein Anspruch auf Freistellung von allen im Zusammenhang mit diesen Veranstaltungen entstehenden Kosten sowie auf Fortzahlung von Lohn und Gehalt.

---

25 LT-Drucks. 15/1644, 78.
26 Teilweise anders: *OVG NRW* 11. 11. 1994 – 1 A 1409/94.PVL, juris.
27 *OVG NRW* 24. 8. 2009 – 16 B 1796/08.PVL, juris.

## § 42

Der Anspruch auf Teilnahme an Schulungs- und Bildungsveranstaltungen steht dem Personalrat als Organ zu, weshalb zur Entsendung einzelner Personalratsmitglieder ein Beschluss des Personalrats erforderlich ist. Dieser Beschluss muss über die teilnehmenden Personalratsmitglieder, die Dauer und das Thema der Schulungsveranstaltung einschließlich des Themenplans sowie über die entstehenden Kosten Auskunft geben. Der Beschluss des Personalrats ist für das einzelne Personalratsmitglied verpflichtend. Die Dienststelle hat es zur Teilnahme freizustellen.

Anspruchsberechtigt sind sowohl die Mitglieder des Personalrats wie auch diejenigen Ersatzmitglieder, die regelmäßig – also nicht nur ganz gelegentlich – zu Sitzungen des Personalrats herangezogen werden.[28] Ebenso sind Mitglieder des Wirtschaftsausschusses (§ 65a) berechtigt, an erforderlichen Schulungs- und Bildungsveranstaltungen teilzunehmen.[29] Selbiges gilt sinngemäß für Mitglieder der Jugend- und Auszubildendenvertretung.[30]

Ein Teilnahmeanspruch besteht nur bezüglich solcher Veranstaltungen, die »erforderliche« Kenntnisse vermitteln. Was erforderlich ist, bestimmt sich sachlich nach dem Aufgabenbereich des Personalrats, objektiv nach dem Kenntnisstand des Personalrats und subjektiv nach der Schulungsbedürftigkeit des einzelnen Personalratsmitglieds.[31] Deshalb ist die Einführung in das Personalvertretungsrecht für alle Personalratsmitglieder, die daran noch nicht teilgenommen haben, grundsätzlich erforderlich, da ohne Einführungs- und Grundwissen im Personalvertretungsrecht eine angemessene Beteiligung am Personalratsgeschehen für das einzelne Personalratsmitglied unmöglich ist. Selbiges gilt für eine Grundlagenschulung zum Arbeitsrecht, wobei die subjektive Erforderlichkeit z.B. dann zu verneinen sein kann, wenn das Personalratsmitglied die entsprechenden Kenntnisse bereits auf andere Weise, etwa durch eine langjährige Tätigkeit im Personalrat, erworben hat.[32] In dieser Entscheidung hat das *OVG NRW* die subjektive Erforderlichkeit für eine Grundlagenschulung bei einer Personalratszugehörigkeit von 22 bzw. 6 Jahren verneint. In einem solchen Fall wäre es Aufgabe des Personalrats, besondere Umstände vorzutragen, die trotz der langen Personalratsmitgliedschaft einen Schulungsbedarf rechtfertigen – dann auch bei langjähriger Mitgliedschaft eine Erforderlichkeit begründet werden. Die Teilnahme an solchen Grundschulungen kann nicht wegen angeblich fehlender Haushaltsmittel verweigert werden.[33] Dementsprechend muss jedem Personalratsmitglied auch ermöglicht werden, an Schulungsveranstaltungen

---

28 Durchführungserlass vom 14.3.2013, Ziff. 11.2.
29 Durchführungserlass vom 14.3.2013, Ziff. 11.8.
30 Durchführungserlass vom 14.3.2013, Ziff. 11.7.
31 *OVG NRW* 9.11.2018 – 20 A 2349/17.PVL, PersV 2019, 106.
32 *OVG NRW* 9.11.2018, a.a.O.
33 So *VG Köln* 8.1.1998 – 33 L 4426/97.PVB, PersR 1998, 32.

## § 42

teilzunehmen, die die jeweils aktuellen Entwicklungen in Rechtsprechung oder durch Gesetzesänderungen vermitteln und zugleich Basiswissen auffrischen. Aufbauseminare sind ebenfalls in regelmäßigen Abständen erforderlich, um vertiefte Kenntnisse im Personalvertretungsrecht zu gewährleisten. Ein Grundwissen über die in der Dienststelle geltenden arbeitsrechtlichen Bestimmungen ist für jedes Personalratsmitglied weiter erforderlich und rechtfertigt für neu gewählte Personalratsmitglieder regelmäßig die Teilnahme an einer einwöchigen Schulungsveranstaltung zur Einführung in das Arbeitsrecht.[34] Auch Grundkenntnisse im Tarifrecht werden für jedes Personalratsmitglied als erforderlich angesehen.[35]

Spezielle Seminare zu speziellen Themen oder für bestimmte Personalratsmitglieder gehören dann zu den »erforderlichen« Kenntnissen, wenn das vermittelte Wissen einen konkreten Bezug zu den Aufgaben des Personalrats oder des bestimmten Personalratsmitglieds hat.[36] Auf dieser Grundlage besteht Anspruch auf Teilnahme z. B. an Seminaren zur Arbeitssicherheit, zum Eingruppierungsrecht, zur Personaldatenverarbeitung, zur EDV im Personalratsbüro. Die Teilnahme an einer Spezialschulung, z. B. zur Entgeltordnung TVöD-VKA, ist aber regelmäßig auf ein einziges Personalratsmitglied oder einzelne Personalratsmitglieder beschränkt.[37]

Die erforderliche Dauer einer Schulungs- und Bildungsveranstaltung richtet sich nach Umfang und Schwierigkeitsgrad des Gegenstandes; dabei ist grundsätzlich davon auszugehen, dass auch bei schwierigen Themen die Dauer einer Veranstaltung fünf Arbeitstage nicht überschreitet.[38] Als Träger der Veranstaltung kommen die Gewerkschaften in Betracht, die im Rahmen ihrer Unterstützungsaufgaben solche Schulungen regelmäßig anbieten. Die Auswahl von Veranstalter und Veranstaltung liegt im Ermessen des Personalrats. Die Dienststelle kann nicht die Bevorzugung bestimmter – arbeitgebernaher – Veranstalter verlangen.

12 Die Teilnehmer an Schulungsveranstaltungen haben Anspruch auf vollständigen Ersatz der durch die Teilnahme entstehenden Kosten. Dazu gehören die Reisekosten, die entsprechend § 40 Abs. 1 Satz 3 nach den allgemeinen Bestimmungen des LRKG zu erstatten sind.[39] Eine Pauschalierung, wie sie der Runderlass des Innenministers in Höhe von 225 % des Tagesgeldsatzes

---

34 *BVerwG* 14.6.2006 – 6 P 13.05, PersR 2006, 468; vgl. *OVG Saarland* 6.3.2018 – 5 A 414/17.
35 Durchführungserlass vom 14.3.2013, Ziff. 11.1; *OVG NRW* 16.4.2008 – 1 A 4630/06.PVB, PersR 2009, 174.
36 Durchführungserlass vom 14.3.2013, Ziff. 11.1.
37 *OVG NRW* 9.11.2018 – 20 A 2884/17.PVL, PersV 2019, 105.
38 Durchführungserlass vom 14.3.2013, Ziff. 11.3.
39 Durchführungserlass vom 14.3.2013, Ziff. 11.6.

§ 42

der Reisekostenstufe B vorsah, ist nicht zulässig.[40] Vielmehr sind die tatsächlichen Kosten zu erstatten. Der Personalrat wird bei seiner Entscheidung über die Teilnahme den Grundsatz der Sparsamkeit der öffentlichen Verwaltung ebenso zu beachten haben wie die effektive Aufgabenerfüllung des Personalrats, die ohne Qualifizierung seiner Mitglieder unmöglich ist.

Die Dienststelle hat das vom Personalrat zur Teilnahme an einer erforderlichen Schulungs- und Bildungsveranstaltung ausgewählte Personalratsmitglied freizustellen. Zu beachten ist jedoch, dass kein Recht auf »Selbstbeurlaubung« besteht; im Falle der Verweigerung der Freistellung – gleich ob rechtmäßig oder nicht – ist deshalb das betroffene Personalratsmitglied nicht berechtigt, eigenmächtig dem Dienst fernzubleiben.[41] In diesem Fall ist es Sache des Personalrats, im Vorfeld der Seminarveranstaltung mittels eines personalvertretungsrechtlichen Beschlussverfahrens feststellen zu lassen, dass das betreffende Personalratsmitglied freizustellen ist.[42] Im Ausnahmefall kann der Erlass einer einstweiligen Verfügung in Betracht kommen. Sollte sich eine Schulungsteilnahme während eines personalvertretungsrechtlichen Beschlussverfahrens durch Zeitablauf erledigen, entfällt hierdurch nicht das Rechtsschutzbedürfnis bezüglich der Klärung der Frage, ob das geltend gemachte Teilnahmerecht für vergleichbare Schulungen besteht.[43]   **13**

**Absatz 5 Satz 2** sieht für Personalrat und Dienststelle die Möglichkeit vor, sich im Rahmen eines Budgets über die voraussichtlich anfallenden notwendigen Kosten für die Teilnahme der Personalrats- und Ersatzmitglieder an Schulungs- und Bildungsveranstaltungen zu einigen. Selbiges wird gelten bezüglich der Kosten der Teilnahme von Mitgliedern des Wirtschaftsausschusses oder der Jugend- und Auszubildendenvertretung an Schulungs- und Bildungsveranstaltungen. Eine solche Budgetierung wird wortgleich auch in § 40 Abs. 1 Satz 5 in Bezug auf die voraussichtlich anfallenden notwendigen Kosten für die Personalratstätigkeit allgemein ermöglicht. Ist ein Budget vereinbart, entscheidet der Personalrat im Rahmen des Budgets eigenverantwortlich. Gerade für die Schulungs- und Bildungsveranstaltungen bietet sich eine Budgetierung an, um die zahlreichen Streitigkeiten und Einzelfallprüfungen über Erforderlichkeit und Anzahl solcher Veranstaltungen zu vermeiden. Im Übrigen siehe zur Budgetierung § 40 Rn. 8.   **14**

**Abs. 6:** Durch die Novelle 2007 ist ein neuer Absatz 6 angefügt worden, der die unfallrechtlichen Folgen regelt, wenn ein Beamter bei Wahrnehmung von Rechten oder Erfüllung von Pflichten nach dem LPVG einen Unfall er-   **15**

---

40 *OVG NRW* 5. 2. 1997 – 1 A 3978/95.PVL, PersR 1997, 313 unter Hinweis auf die Rspr. des *BVerwG*.
41 *OVG NRW* 4. 3. 1993 – CL 33/89, PersV 1995, 463.
42 *OVG NRW* 4. 3. 1993, a. a. O.
43 Vgl. *BVerwG* 9. 7. 2007 – 6 P 9.06, PersR 2007, 434.

leidet. Die Vorschrift war bis dahin in § 109 BPersVG als unmittelbar für die Länder geltende Vorschrift enthalten. Durch die Föderalismusreform und den damit verbundenen Wegfall der konkurrierenden Gesetzgebung des Bundes gelten die §§ 107, 109 BPersVG nach Art. 125a GG nur solange fort, wie sie nicht durch Landesrecht ersetzt sind. Dementsprechend ist § 109 BPersVG inhaltsgleich mit dieser Vorschrift in das LPVG übernommen worden.

Abs. 6 entspricht im Übrigen § 11 BPersVG. Die Vorschrift ist deshalb erforderlich, weil Personalratstätigkeit nicht Dienst im Sinne des Beamtenrechts ist.

Von der Vorschrift werden alle Beamten geschützt, die Rechte und Pflichten nach dem LPVG wahrnehmen, wie Wahlbewerber, Wahlvorstandsmitglieder, Wahlhelfer, Wähler, Personalratsmitglieder, Teilnehmer an Personalversammlungen, Mitglieder von Einigungsstellen, Mitglieder des Wirtschaftsausschusses und der Jugend- und Auszubildendenvertretung (§ 58). Erleiden diese verbeamteten Beschäftigten bei Wahrnehmung dieser Rechte und Aufgaben einen Unfall, so sind die entsprechenden beamtenrechtlichen Unfallfürsorgevorschriften anzuwenden. Voraussetzung ist, dass der Unfall als Dienstunfall im Sinne des § 31 Beamtenversorgungsgesetz anzuerkennen ist.

Für Arbeitnehmer ist eine solche Vorschrift nicht erforderlich, da Dienst- und Arbeitsunfälle bei Gelegenheit der Tätigkeit als Personalratsmitglied u. Ä. nach diesem Gesetz der Arbeitsleistung gleichstehen.

## § 43

**(1) Eine Versetzung, Abordnung, Umsetzung nach § 72 Absatz 1 Satz 1 Nummer 5, Zuweisung oder Gestellung darf gegen den Willen des Mitglieds des Personalrats nur erfolgen, wenn dies auch unter Berücksichtigung der Mitgliedschaft im Personalrat aus wichtigen dienstlichen Gründen unvermeidbar ist, und der Personalrat, dem das Mitglied angehört, zustimmt. Dies gilt entsprechend für Ersatzmitglieder, solange sie gemäß § 28 Abs. 1 in den Personalrat eingetreten sind.**

**(2) Die außerordentliche Kündigung von Mitgliedern des Personalrats, die in einem Arbeitsverhältnis stehen, bedarf der Zustimmung des Personalrats. Verweigert der Personalrat seine Zustimmung oder äußert er sich nicht innerhalb von drei Arbeitstagen nach Eingang des Antrags, so kann das Verwaltungsgericht sie auf Antrag der Dienststelle ersetzen, wenn die außerordentliche Kündigung unter Berücksichtigung aller Umstände gerechtfertigt ist. In dem Verfahren vor dem Verwaltungsgericht ist die betroffene Arbeitnehmerin oder der betroffene Arbeitnehmer Beteiligte oder Beteiligter.**

## § 43

Die Unabhängigkeit der Amtsführung des Personalrats und seiner Mitglieder erfordert wirksamen Schutz vor unmittelbaren und mittelbaren Nachteilen und Benachteiligungen. Zahlreiche gesetzliche Vorschriften tragen dem Rechnung: § 7 Abs. 1 verbietet generell jede Behinderung, Benachteiligung oder Begünstigung von Personalratsmitgliedern. § 15 KSchG und § 43 Abs. 2 schaffen einen besonderen Kündigungsschutz für Personalratsmitglieder. Ordentliche Kündigungen sind für die Dauer der Amtszeit generell ausgeschlossen und die außerordentliche Kündigung ist nur mit Zustimmung des Personalrats bzw. deren Ersetzung durch das Verwaltungsgericht zulässig. § 7 Abs. 2–6 schließlich schützen die Mitglieder der Jugend- und Auszubildendenvertretung nach Ende ihres Ausbildungsverhältnisses gegen Benachteiligungen. Die Vertrauensperson der Schwerbehinderten ist durch § 179 Abs. 2 SGB IX wie ein Personalratsmitglied vor Benachteiligung geschützt. Sie hat gemäß §§ 96, § 179 Abs. 3 SGB IX den gleichen Kündigungs-, Versetzungs- und Abordnungsschutz wie ein Mitglied des Personalrats. 1

Gemäß § 43 Abs. 2 sind die Personalratsmitglieder vor außerordentlichen Kündigungen geschützt. Dies war bis 2007 in § 108 Abs. 1 BPersVG geregelt. Mit der Föderalismus-Reform und dem Wegfall der Rahmengesetzgebung des Bundes traten die unmittelbar für die Länder geltenden Vorschriften (§§ 107–109 BPersVG) außer Kraft und galten nach Art. 125a GG nur solange weiter, bis sie in das Landesrecht aufgenommen wurden. Das ist durch die Regelung in § 43 Abs. 2 erfolgt. Die Vorschrift entspricht der Regelung für Personalräte des Bundes in § 47 Abs. 1 BPersVG.

**Abs. 1:** § 43 Abs. 1 regelt den Schutz der Personalratsmitglieder bei Versetzungen, Abordnungen und Umsetzungen im Sinne des § 72 Abs. 1 Satz 1 Nr. 5 und 6. Seit der LPVG-Novelle 2011 ist der Schutz auf Zuweisungen (§ 72 Abs. 1 Satz 1 Nr. 6) und Gestellungen (§ 4 Abs. 2 TVöD/TV-L) erweitert. Dieser besondere Schutz der Personalratsmitglieder besteht unabhängig von und neben den Mitbestimmungsrechten des Personalrats bei Versetzungen und Umsetzungen nach § 72 Abs. 1 Nr. 5 sowie Abordnungen und Zuweisungen nach § 72 Abs. 1 Nr. 6. Anders als die Versetzung, Umsetzung, Abordnung und Zuweisung ist die einzelne Gestellung für den »abgebenden« Personalrat außerhalb des Anwendungsbereichs von § 43 Abs. 1, also für Beschäftigte ohne Personalratsamt, nicht mitbestimmungspflichtig. Gemäß § 72 Abs. 4 Satz 1 Nr. 20 ist hier nämlich nur der Abschluss von Gestellungsverträgen mit Dritten außerhalb der Dienststelle mitbestimmungspflichtig. 2

Der Schutz der Personalratsmitglieder vor Versetzung, Abordnung, Umsetzung, Zuweisung und Gestellung soll den Verlust des Personalratsamtes durch einseitige Maßnahmen der Dienststelle verhindern. Maßnahmen, die mit einem Wechsel des Dienstortes verbunden sind, führen zum Ausscheiden aus der Dienststelle, wodurch gemäß § 26 Abs. 1 Buchst. e das Perso-

## § 43

nalratsamt endet. Bei solchen personellen Maßnahmen gegenüber Personalratsmitgliedern, hegt der Gesetzgeber die generelle Besorgnis, dass sie nicht allein aus dienstlichen, dem Allgemeinwohl verpflichteten Gründen stattfinden, sondern dass sie das jeweilige Personalratsmitglied in Anknüpfung an die Wahrnehmung seines Mandats und damit aus unsachlichen Gründen treffen sollen oder doch können.[1] Die Ergänzung der Vorschrift im LPVG 2011 um Zuweisung und Gestellung trägt dem Umstand Rechnung, dass diese Maßnahmen dieselben Auswirkungen für die Personalratsmitglieder haben wie Versetzungen usw. Die Vorschrift will sowohl das einzelne Personalratsmitglied vor dem Verlust des Amtes schützen, als auch den Personalrat vor Eingriffen in seine Zusammensetzung durch einseitige Maßnahmen der Dienststelle. Darüber hinaus dient die Vorschrift dazu, die ungestörte Amtsausübung sowohl des Gremiums wie auch des einzelnen Personalratsmitgliedes zu sichern.

3 Wenn das betroffene Personalratsmitglied mit der Maßnahme einverstanden ist und ihr zustimmt, so richtet sich die Beteiligung des Personalrats bei der Versetzung bzw. Abordnung, Umsetzung oder Zuweisung nach den allgemeinen Vorschriften der §§ 72 Abs. 1 und 66. Das gesonderte Verfahren gemäß § 43 Abs. 1 findet dann nicht statt.

Deshalb hat die Dienststelle bei beabsichtigter Versetzung, Umsetzung, Abordnung, Zuweisung bzw. Gestellung eines Personalratsmitglieds vor Einleitung des Mitbestimmungsverfahrens das Personalratsmitglied um sein Einverständnis mit der beabsichtigten Maßnahme zu bitten. Stimmt das Personalratsmitglied zu, so kann es sich nach Bekanntgabe der Versetzungs-, Abordnungs-, Umsetzungs-, Zuweisungs- oder Gestellungsverfügung hiervon nicht mehr durch einseitige Erklärung lösen.[2] Das Einverständnis ist jedoch dann nicht bindend, wenn die verfügte Maßnahme nicht identisch ist mit derjenigen, der das Personalratsmitglied zugestimmt hat. In solchen Fällen ist sein Einverständnis zu der geänderten Maßnahme erneut zu erfragen.

Äußert sich das Personalratsmitglied nicht oder verweigert es seine Zustimmung, so ist das besondere Mitbestimmungsverfahren nach § 43 durchzuführen, wenn die Dienststelle bei ihrer Absicht bleibt. Die Dienststelle hat dann beim Personalrat die Zustimmung zu der Maßnahme zu beantragen. Dabei ist darzulegen, dass ein dienstliches Bedürfnis besteht und die Versetzung, Abordnung, Umsetzung, Zuweisung oder Gestellung unter Berücksichtigung sowohl der Rücksichtsnahmepflicht des Arbeitgebers, wie auch der Interessen des Arbeitnehmers rechtmäßig und geboten ist. Darüber hinaus ist dem Personalrat darzulegen, dass und warum die Maßnahme auch angesichts der Mitgliedschaft im Personalrat »aus wichtigen dienstlichen

---

1 *OVG NRW* 12.2.2007 – 1 A 2358/05.PVL, PersR 2007, 317, im Anschluss an *BVerwG* 15.7.2004 – 6 P 15.03, PersV 2004, 427.

2 *BVerwG* 12.4.2000 – 1 WB 7.00, PersV 2000, 557.

## § 43

Gründen unvermeidbar ist«. Es hat also eine Abwägung zwischen dem Interesse des Personalrats an einer dem Wählerwillen entsprechenden Zusammensetzung für die Dauer der Amtszeit sowie dem Interesse des Personalratsmitgliedes am Erhalt und Fortbestand des Wahlamtes einerseits und wichtigen dienstlichen Gründen andererseits stattzufinden. Hierbei reicht der Verweis auf die tarifliche bzw. beamtenrechtliche Möglichkeit der Versetzung, Abordnung, Umsetzung, Zuweisung oder Gestellung von Beschäftigten nicht aus. Die Maßnahme muss vielmehr aus dienstlichen oder betrieblichen – nicht in der Person des Personalratsmitglieds – liegenden Gründen unabwendbar sein. Diese unabwendbaren dienstlichen Bedürfnisse müssen von solchem Gewicht sein, dass ihnen zum einen nur durch Durchführung der Maßnahme gerade gegenüber dem betroffenen Personalratsmitglied Rechnung getragen werden kann. Zum anderen ist erforderlich, dass eine Bewertung und Abwägung der Gründe ergibt, dass die dienstlichen Interessen dem Interesse des Personalrats am Erhalt des Amtes und der ungestörten Amtsausübung zwingend vorgehen. Diese Abwägung ist vom Personalrat vorzunehmen.

Über die Zustimmung des Personalrats ist durch Beschluss gemäß § 33 zu entscheiden, das betroffene Personalratsmitglied ist anzuhören, kann jedoch an der Abstimmung nicht teilnehmen, es ist verhindert im Sinne von § 28 Abs. 1. Insoweit ist ein Ersatzmitglied heranzuziehen. Der Personalrat ist in seiner Entscheidung frei, ob er der beabsichtigten Personalmaßnahme zustimmt oder nicht. Er darf die Zustimmung jedoch nur erteilen, wenn die von ihm vorgenommene Abwägung ergibt, dass die Personalmaßnahme auch unter Berücksichtigung der Mitgliedschaft im Personalrat aus den vorgebrachten wichtigen dienstlichen Gründen unvermeidbar ist. Erteilt der Personalrat seine Zustimmung, obwohl solche wichtigen dienstlichen Gründe nicht vorhanden sind bzw. die Personalmaßnahme vermeidbar erscheint, ist die erteilte Zustimmung des Personalrats unwirksam. Diese Unwirksamkeit kann von dem betroffenen Personalratsmitglied gerichtlich im verwaltungsgerichtlichen Beschlussverfahren geltend gemacht und zur Überprüfung gestellt werden.

Hat der Personalrat die Zustimmung verweigert, so findet ein Zustimmungsersetzungsverfahren – etwa durch Anrufung der Einigungsstelle oder des Verwaltungsgerichts – nicht statt. Die Entscheidung des Personalrats ist endgültig, so dass die beabsichtigte Maßnahme nicht durchgeführt werden kann. Das Demokratieprinzip steht dieser weitreichenden Befugnis des Personalrats nicht entgegen, da sich der Schutzzweck der Norm ausschließlich auf die Funktionsfähigkeit des Personalrats richtet und keine Auswirkungen auf die Wahrnehmung des Amtsauftrags der Dienststelle hat. Verfassungs-

## § 43

rechtliche Bedenken gegen diese Schutznorm zugunsten von Personalratsmitgliedern bestehen daher nicht.[3]

Der besondere Versetzungsschutz des Satzes 1 ist auch dann zu beachten, wenn die Versetzung eines Personalratsmitglieds vor Ablauf des Amtes verfügt und erst nach dessen Ende wirksam wird.[4]

Nach Satz 2 gilt der Versetzungsschutz entsprechend für Ersatzmitglieder solange sie gemäß § 28 Abs. 1 in den Personalrat eingetreten sind. Der Schutz erstreckt sich also sowohl auf das endgültig für ein ausgeschiedenes Personalratsmitglied in den Personalrat nachrückende Ersatzmitglied als auch auf diejenigen Ersatzmitglieder, die nur für die Dauer der zeitweiligen Verhinderung eines Personalratsmitglieds in den Personalrat eintreten. In diesem Fall besteht der besondere Schutz nach Satz 1 »solange« das Ersatzmitglied als Personalratsmitglied tätig ist, er fällt danach weg.[5]

Der besondere Schutz vor Versetzung, Abordnung, Umsetzung, Zuweisung und Gestellung nach Satz 1 gilt gemäß § 21 Abs. 1 Satz 2 auch für Mitglieder des Wahlvorstands und für Wahlbewerber, für Mitglieder von Personalkommissionen gemäß § 44 Abs. 3, für Mitglieder von Stufenvertretungen gemäß § 51 Satz 1, für Mitglieder des Gesamtpersonalrats gemäß § 53, für die Mitglieder der Jugend- und Auszubildendenvertretung sowie der Stufen- und Gesamtjugend-Auszubildendenvertretung gemäß §§ 60 Abs. 1 Satz 2, 58. Mitglieder des Wirtschaftsausschusses gemäß § 65a genießen diesen Schutz ebenso wenig (vgl. Kommentierung zu § 65a) wie Kandidaten für das Amt des Wahlvorstands.[6]

**4 Abs. 2:** Personalratsmitglieder sind durch § 15 Abs. 2 KSchG vor jeder ordentlichen Kündigung aus personen-, verhaltens- oder betriebsbedingten Gründen geschützt. Solche Kündigungen sind generell unzulässig. Außerordentliche Kündigungen von Mitgliedern des Personalrats bedürfen der Zustimmung des Gremiums. Dies gilt auch für Änderungskündigungen.[7] Diese Zustimmung muss vor Ausspruch der Kündigung vorliegen. Stimmt der Personalrat nicht zu, so darf die Kündigung nur ausgesprochen werden, wenn die Zustimmung rechtskräftig von der Verwaltungsgerichtsbarkeit ersetzt worden ist. Auch für solche Kündigungen gilt § 74 Abs. 3, wonach eine Kündigung unwirksam ist, wenn der Personalrat nicht ordnungsgemäß beteiligt wurde.

§ 15 Abs. 3 KSchG schützt neben Personalratsmitgliedern bereits Mitglieder des Wahlvorstands und Wahlbewerber. Auch für deren außerordentliche Kündigungen aus wichtigem Grund ohne Einhaltung einer Kündigungsfrist

---

3 *OVG NRW* 12. 2. 2007 – 1 A 2358/05.PVL, PersR 2007, 317.
4 *BVerwG* 18. 5. 2004 – 1 WDS-VR 1.04, PersR 2005, 322.
5 *BVerwG* 17. 5. 2017 – 5 P 6.15, PersR 12/2017, 38 ff.
6 *BAG* 31. 7. 2014 – 2 AZR 505/13.
7 *BAG* 21. 6. 2012 – 2 AZR 343/11, PersR 2013, 5.

## § 43

ist die Zustimmung des Personalrats oder im Verweigerungsfall eine gerichtliche Entscheidung erforderlich. Der nachwirkende Kündigungsschutz nach Ende der Tätigkeit als Wahlvorstand oder nach Bekanntgabe des Wahlergebnisses verbietet für die Dauer von sechs Monaten Kündigungen mit Ausnahme von Kündigungen aus wichtigem Grund ohne Einhaltung einer Kündigungsfrist. Der besondere Kündigungsschutz gilt nicht für Kandidaten für das Amt des Wahlvorstands[8] und für Mitglieder des Wirtschaftsausschusses.

Eine außerordentliche Kündigung kann gemäß § 626 Abs. 1 BGB nur aus wichtigem Grund ausgesprochen werden, d. h. wenn Tatsachen vorliegen, aufgrund derer dem Kündigenden unter Berücksichtigung aller Umstände des Einzelfalls und unter Abwägung der Interessen beider Vertragsteile die Fortsetzung des Dienstverhältnisses bis zum Ablauf der Kündigungsfrist, die gelten würde, wenn eine fristgerechte Kündigung möglich wäre, oder bis zu der vereinbarten Beendigung des Dienstverhältnisses nicht zugemutet werden kann. Der Begriff des wichtigen Grundes ist gesetzlich definiert und unabänderlich. An ihn sind nicht etwa geringere Anforderungen deshalb zu stellen, weil das Personalratsmitglied ordentlich nicht gekündigt werden kann und für die Dauer von vier Jahren gewählt ist. Der Schutz nach Satz 1 erstreckt sich auf alle Arten der außerordentlichen Kündigung, also auch auf die außerordentlichen Kündigungen von tariflich unkündbaren Beschäftigten mit sozialer Auslauffrist sowie auf außerordentliche Änderungskündigungen. Die außerordentliche Kündigung mit sozialer Auslauffrist kommt gegenüber einem Amtsinhaber/einer Amtsinhaberin grundsätzlich nicht in Betracht.[9]

Die Dienststelle hat die Zustimmung bei dem zuständigen Personalrat zu beantragen. Diesem ist darzulegen, welche Tatsachen es dem Arbeitgeber nach seiner Auffassung unzumutbar machen, das Arbeitsverhältnis bis zum Ablauf der Kündigungsfrist fortzusetzen und eine sofortige Beendigung des Arbeitsverhältnisses erfordern. Dem Personalrat sind auch die Umstände und Tatsachen mitzuteilen, die zugunsten des betroffenen Personalratsmitglieds sprechen, damit der Personalrat bei seiner Entscheidung überprüfen kann, ob die Dienststelle die bei jeder Kündigung vorzunehmende Interessenabwägung durchgeführt hat. Dabei ist zu beachten, dass nicht etwa die noch verbleibende Amtszeit, sondern ausschließlich die für den betroffenen Arbeitnehmer fiktiv geltende Kündigungsfrist als Maßstab für die Unzumutbarkeit zu dienen hat. Ansonsten wäre das Personalratsmitglied durch das Personalratsamt benachteiligt. Der Ausspruch einer außerordentlichen Kündigung würde allein wegen der bis zum Ablauf der Amtszeit ausgeschlossenen ordentlichen Kündigung erleichtert.

---

8 *BAG* 31.7.2014 – 2 AZR 505/13.
9 *BAG* 12.5.2010 – 2 AZR 587/08.

## § 43

Der Personalrat hat das betroffene Personalratsmitglied zu den Kündigungsgründen anzuhören. Bei der Beschlussfassung des Personalrats über die beantragte Zustimmung zur außerordentlichen Kündigung des Personalratsmitgliedes, ist der Betroffene aufgrund Befangenheit gemäß § 28 Abs. 1 Satz 2 verhindert. Für ihn ist zu diesem Tagesordnungspunkt ein Ersatzmitglied hinzuzuziehen.

Der Personalrat kann aufgrund des Antrags der Dienststelle die verlangte Zustimmung erteilen, sie verweigern oder von einer Mitteilung absehen. Eine Verpflichtung, sich in jedem Falle zu äußern, besteht nicht. Das ergibt sich aus Satz 2, demzufolge die Dienststelle das Verwaltungsgericht anrufen kann, wenn der Personalrat seine Zustimmung verweigert oder sich nicht innerhalb von drei Arbeitstagen äußert. Die Berechnung der Frist erfolgt gemäß § 187 Abs. 1 BGB, weshalb der Tag des Eingangs des Zustimmungsantrags beim Personalrat bei Berechnung der Frist nicht mit zählt. Unter Arbeitstagen sind diejenigen zu verstehen, an denen in der Dienststelle betriebsüblich gearbeitet wird. Es muss sich um die für die Kerntätigkeit der Dienststelle typischen Arbeitstage handeln; so ist etwa für ein Krankenhaus üblich, dass an jedem Kalendertag des Jahres gearbeitet wird, während für eine Verwaltung montags bis freitags als Arbeitstage typisch sind – auch wenn einige Mitarbeiter regelmäßig am Wochenende entweder Überstunden oder Bereitschaftsdienste ableisten. Die Frist ist gesetzlich zwingend, sie kann nicht verkürzt werden. Allerdings kann der Personalrat auch noch zu einem späteren Zeitpunkt, z. B. nach vier Arbeitstagen, seine Zustimmung erteilen. Für den Arbeitgeber gilt die Frist des § 626 Abs. 2 BGB von zwei Wochen, vor deren Ablauf er spätestens das Zustimmungsersetzungsverfahren bei dem Verwaltungsgericht eingeleitet haben muss (siehe unten).

Die Nichtäußerung des Personalrats gilt nicht als Zustimmung.

Verweigert der Personalrat die Zustimmung oder äußert er sich nicht innerhalb der drei Arbeitstage, so kann der Dienststellenleiter einen Antrag an das Verwaltungsgericht stellen, die vom Personalrat verweigerte Zustimmung zur außerordentlichen Kündigung des Personalratsmitglieds zu ersetzen. Ein vom Dienststellenleiter vor Ablauf der Dreitagesfrist beim Verwaltungsgericht eingeleiteter Antrag ist unzulässig. In diesem Beschlussverfahren ist der Dienststellenleiter Antragsteller, der Personalrat Antragsgegner, das betroffene Personalratsmitglied ist gemäß Satz 3 Beteiligter in diesem Verfahren mit eigenen Rechten.

Der Antrag auf gerichtliche Zustimmung zu der außerordentlichen Kündigung des Personalratsmitglieds muss innerhalb von zwei Wochen ab dem Zeitpunkt, zu dem der Dienststellenleiter von dem Kündigungsgrund Kenntnis erlangt hat, bei dem Verwaltungsgericht eingehen. Diese Frist ergibt sich aus § 626 Abs. 2 BGB. Innerhalb dieser Frist muss sowohl der Antrag auf Zustimmung bei dem Personalrat als auch der Zustimmungserset-

## § 43

zungsantrag im Falle der Zustimmungsverweigerung oder der Nichtäußerung des Personalrats bei dem Verwaltungsgericht gestellt werden. Der Antrag des Dienststellenleiters an das Verwaltungsgericht kann nur auf diejenigen Gründe gestützt werden, die in dem Antrag auf Zustimmung an den Personalrat ausdrücklich genannt worden sind und auf die er sein Kündigungsbegehren stützt. Das Verwaltungsgericht kann nur darüber entscheiden, ob diese Gründe eine Kündigung rechtfertigen. Weitere und zusätzliche Gründe und Tatsachen können nur nach erneuter Durchführung des Zustimmungsverfahrens beim Personalrat in das Verfahren eingeführt werden.

Das Verwaltungsgericht hat nach Satz 2 zu überprüfen, ob die verweigerte Zustimmung des Personalrats zu ersetzen ist, weil die außerordentliche Kündigung unter Berücksichtigung aller Umstände gerechtfertigt ist. Dafür sind zunächst Tatsachen erforderlich, die an und für sich geeignet sind, einen wichtigen Grund im Sinne des § 626 Abs. 1 BGB zu bilden. Sodann ist auch unter Berücksichtigung aller Umstände wie Verschulden, Maß der Störung des Vertrauens, Höhe eines Schadens, Umfang der betrieblichen Störung zu prüfen, ob die konkret beabsichtigte außerordentliche Kündigung gerechtfertigt erscheint. Vor allem bei Sachverhalten, die einen Bezug zur Personalratstätigkeit haben, ist ein besonders strenger Maßstab anzulegen, damit ausgeschlossen wird, dass mit Hilfe einer außerordentlichen Kündigung dem Arbeitgeber missfallendes Personalratsverhalten sanktioniert wird.

Gibt das Verwaltungsgericht dem Antrag der Dienststelle statt, können Personalrat und das betroffene Personalratsmitglied unabhängig voneinander Beschwerde zum OVG NRW und sodann im Falle des Unterliegens – bei entsprechender Zulassung durch das OVG – die Rechtsbeschwerde bei dem Bundesverwaltungsgericht einlegen.

Wird die vom Personalrat verweigerte Zustimmung zur außerordentlichen Kündigung rechtskräftig ersetzt, so ist die Kündigung unverzüglich auszusprechen, anderenfalls sie unwirksam ist. Gegen die Kündigung kann der Arbeitnehmer Kündigungsschutzklage erheben. Er muss jedoch diejenigen Tatsachen, die das Verwaltungsgericht als erwiesen betrachtet hat, gegen sich gelten lassen (sog. Präklusion). Er kann sich auch nicht auf Tatsachen berufen, die er schon im Zustimmungsersetzungsverfahren hätte geltend machen können. Es ist also für das Personalratsmitglied von besonderer Wichtigkeit, dass es sich selbst in dem Zustimmungsersetzungsverfahren zu seiner Entlastung äußert und dort Stellung nimmt.[10]

Endet die Amtszeit des Personalratsmitglieds während des Verfahrens, egal, ob wegen Endes der Wahlperiode oder aufgrund persönlichen Amtsverlusts,

---

10 *BAG* 16. 11. 2017 – 2 AZR 14/17; 25. 4. 2018 – 2 AZR 401/17.

entfällt das Zustimmungserfordernis nach Absatz 2, das gerichtliche Zustimmungsersetzungsverfahren erledigt sich und ist einzustellen. Dies gilt nicht, wenn sich an das Ende der Amtszeit ohne Unterbrechung eine neue Amtszeit anschließt.[11]

Während der Dauer des Gerichtsverfahrens besteht das Arbeitsverhältnis des Personalratsmitglieds fort, das Personalratsamt kann uneingeschränkt ausgeübt werden. Grundsätzlich besteht während der Dauer des Zustimmungsersetzungsverfahrens auch der Anspruch auf vertragsgemäße Beschäftigung. Stellt der Arbeitgeber das Personalratsmitglied, aus besonderen Gründen berechtigt, für die Dauer des Verfahrens von der Arbeitsleistung frei, behält es gleichwohl das uneingeschränkte Recht zur weiteren Ausübung seines Personalratsamts. Ein Hausverbot ist daher grundsätzlich unzulässig.[12]

5   Die Vorschrift des § 43 Abs. 2 gilt auch für Änderungskündigungen, wenn sie aus »wichtigem Grund« erfolgen sollen. Mit der Änderungskündigung (§ 2 KSchG) will die Dienststelle das Arbeitsverhältnis kündigen und zu veränderten Bedingungen mit dem Personalratsmitglied fortsetzen. Hierfür gelten dieselben formellen Vorschriften und Fristen wie für eine fristlose Beendigungskündigung.[13]

## Drittes Kapitel
## Personalkommission

### § 44

**(1) Wird in der Landesverwaltung durch Zusammenlegung von Dienststellen oder von Teilen von Dienststellen eine neue Dienststelle gebildet, die die Voraussetzungen des § 13 Abs. 1 erfüllt, so werden die Rechte des bei der neuen Dienststelle zu wählenden Personalrats von einer Personalkommission wahrgenommen, bis der Personalrat zu seiner ersten Sitzung zusammengetreten ist. Das gilt auch für die Umbildung von Gemeinden, Gemeindeverbänden und sonstigen Körperschaften, Anstalten oder Stiftungen des öffentlichen Rechts, wenn im Zusammenhang mit der Umbildung keine besonderen personalvertretungsrechtlichen Vorschriften erlassen werden.**

**(2) Die Mitglieder der Personalkommission müssen für den Personalrat der neuen Dienststelle wählbar sein. § 13 Abs. 3 und 4 gilt entsprechend.**

---

11  *BAG* 27.1.2011 – 2 ABR 114/09.
12  *VG Mainz* 14.10.2016 – 5 L 989/16.Mz.
13  *Cecior u. a.*, § 43 Rn. 56 m.w.N.

**§ 44**

Die Mitglieder sind von den Personalräten der von der Organisationsmaßnahme betroffenen Dienststellen zu bestellen; die anteilige Zahl der Mitglieder wird entsprechend dem Verhältnis der von der Organisationsmaßnahme betroffenen wahlberechtigten Beschäftigten der bisherigen Dienststellen an der Gesamtzahl der wahlberechtigten Beschäftigten der neuen Dienststelle nach dem d'Hondt'schen Höchstzahlenverfahren ermittelt. Sind in der neuen Dienststelle Angehörige verschiedener Gruppen beschäftigt, so soll jede Gruppe entsprechend ihrer Stärke vertreten sein.

(3) Für die Geschäftsführung der Personalkommission und die Rechtsstellung ihrer Mitglieder gelten die §§ 29 bis 43 entsprechend.

(4) Die Personalkommission hat spätestens zwei Monate nach Wirksamwerden der Organisationsmaßnahmen einen Wahlvorstand für die Wahl des Personalrats zu bestellen. Die §§ 17 und 19 gelten entsprechend.

(5) Wird durch eine Organisationsmaßnahme im Sinne des Absatzes 1 eine Dienststelle betroffen, bei der eine Stufenvertretung besteht, so werden auch die Rechte der bei der neuen Dienststelle zu wählenden Stufenvertretung von einer Personalkommission wahrgenommen, bis die Stufenvertretung zu ihrer ersten Sitzung zusammengetreten ist. Die Absätze 2 bis 4 gelten entsprechend.

(6) Wird eine Dienststelle geteilt, umgewandelt oder aufgelöst, so bleibt deren Personalrat im Amt und führt die Geschäfte für die ihm bislang zugeordneten Dienststellenteile weiter, die die Voraussetzungen des § 13 Absatz 1 erfüllen und nicht in eine Dienststelle eingegliedert werden, in der ein Personalrat besteht (Übergangsmandat). Absatz 4 gilt entsprechend. Das Übergangsmandat endet, sobald ein neuer Personalrat zu seiner ersten Sitzung zusammengetreten ist, spätestens jedoch sechs Monate nach der Teilung. Ist eine Dienststelle betroffen, in der eine Stufenvertretung besteht, gelten Satz 1 bis 3 entsprechend.

§ 44 regelt zwei Arten von organisatorischen Veränderungen: Zum einen befasst sich Absatz 1 mit der Bildung einer neuen Dienststelle durch Zusammenlegung von bisher getrennten Dienststellen oder von Teilen aus verschiedenen Dienststellen. In diesen Fällen ist eine Personalkommission zu bilden. Die Absätze 2 bis 5 regeln die Einzelheiten der Bildung und der Aufgaben der Personalkommission. Die zweite Fallkonstellation in Absatz 6 sieht für die Fälle der Teilung, Umwandlung oder Auflösung einer Dienststelle ein Übergangsmandat des bisher zuständigen Personalrats vor. § 44 Abs. 1 gilt gemäß Satz 1 für die Landesverwaltung und gemäß Satz 2 für Gemeinden, Gemeindeverbände, sonstige Körperschaften, Anstalten und Stiftungen des öffentlichen Rechts, es sei denn, eine andere Personalvertretungskonstellation ist für deren Umbildung in Spezialvorschriften vorgesehen. Die Fälle des vollständigen oder teilweisen Übergangs von Dienststel-

## § 44

len auf Arbeitgeber des privaten Rechts oder die räumliche Veränderung von Dienststellen sind von der Vorschrift nicht erfasst. Insbesondere gibt es keine Regelung der Beteiligung des Personalrats bei diesen Vorgängen, die – wie z. B. §§ 111 ff., BetrVG – die Möglichkeit der Herbeiführung von Regelungen zur Vermeidung oder zum Ausgleich von Nachteilen der Beschäftigten beinhaltet. Schließlich fehlt dem LPVG eine dem Konzernbetriebsrat entsprechende Institution, die die Rechte der Arbeitnehmer bei Unternehmen wie dem »Konzern Stadt«, der sich sowohl auf Dienststellen wie auf Betriebe im Sinne des BetrVG erstreckt, wahrnimmt. Zur Gewährleistung eines Mindestmaßes an personalrätlichem Schutz ist in diesen Fällen in entsprechender Anwendung der Rechtsprechung des *BAG* und der Regel des § 21a BetrVG ebenfalls ein Übergangsmandat zu bejahen.[1]

**Abs. 1:** Wird eine Dienststelle im Sinne von § 13 Abs. 1 durch Zusammenlegung von Dienststellen oder Teilen verschiedener Dienststellen neu gebildet, so ist für diese Dienststelle ein neuer Personalrat zu wählen. Für die Zeit bis zur ersten Sitzung dieses Personalrats nimmt eine zum Zeitpunkt der Bildung der Dienststelle zu installierende Personalkommission die Rechte des Personalrats wahr, um eine personalratslose Zeit zu vermeiden.

2 **Abs. 2:** Die Personalkommission wird von den Personalräten der Dienststellen bestellt, die zusammengelegt oder aus denen Teile ausgegliedert und zusammengelegt werden. Sie besteht aus derselben Anzahl von Mitgliedern wie der neu zu wählende Personalrat. Die Mitglieder müssen in der neuen Dienststelle zum Personalrat wählbar sein. Sie müssen nicht dem Personalrat der bisherigen Dienststelle angehören.

3 **Abs. 3:** Geschäftsführung und Rechtsstellung der Personalkommission und ihrer Mitglieder richten sich nach den allgemeinen für den Personalrat geltenden Vorschriften in §§ 29 bis 43.

4 **Abs. 4:** Die Personalkommission hat unverzüglich nach ihrer Errichtung, spätestens jedoch zwei Monate nach Bildung der neuen Dienststelle einen Wahlvorstand zur Durchführung der Wahl des Personalrats zu bestellen.

5 **Abs. 5:** Wenn durch die in § 44 Abs. 1 beschriebenen Maßnahmen Dienststellen betroffen sind, bei der eine Stufenvertretung besteht bzw. zu bilden ist, so werden auch deren Rechte von einer Personalkommission so lange wahrgenommen, bis die Stufenvertretung gewählt ist. Die Personalkommission gemäß Abs. 5 wird ebenfalls von den Personalräten der von der Organisationsmaßnahme betroffenen Dienststellen nach den Vorgaben des § 44 Abs. 2 gewählt, ihre Geschäftsführung und ihre Aufgaben richten sich nach

---

1 So h. M.: Altvater-*Kröll*, § 26 Rn. 9; *Fischer/Goeres/Gronimus*, BPersVG, § 26 Rn. 26; *Ilbertz/Widmaier/Sommer*, BPersVG, § 26 Rn. 12; a. A. *LAG Köln* 10. 2. 2000 – 4 TaBV 2/00 und 10. 3. 2000 – 13 TaBV 9/00, PersR 2000, 378 und 380.

Abs. 3 und Abs. 4. In der Fallkonstellation des Abs. 5 sind also zwei Personalkommissionen zu bilden.

**Abs. 6:** Zur Verhinderung personalratsloser Zeiten und Zustände besteht gemäß § 44 Abs. 6 ein Übergangsmandat des Personalrats. Es gilt für die Fälle der Teilung, Umwandlung oder Auflösung der Dienststelle. Die Vorschrift entspricht im Wesentlichen § 21a BetrVG, die dort schon seit 2001 besteht. Allerdings wird in § 44 Abs. 6 nicht zwischen einem Übergangsmandat oder einem Restmandat unterschieden, wobei im Falle der Auflösung der Dienststelle materiell von einem Restmandat auszugehen ist.

6

Von einer Teilung einer Dienststelle ist auszugehen, wenn Teile einer Dienststelle ausgegliedert werden, ohne dass die Teile mit Teilen einer anderen Dienststelle zusammengelegt bzw. in eine andere Dienststelle eingegliedert werden. Von einer Teilung ist auch auszugehen, wenn im Sinne von § 1 Abs. 3 Nebenstellen oder Teile einer Dienststelle verselbstständigt werden.[2] Dies entspricht sowohl dem Wortlaut, als auch dem Sinn und Zweck des in Abs. 6 geregelten Übergangsmandats.

Der Begriff der Umwandlung ist in § 44 Abs. 6 nicht definiert. Die Umwandlung wurde in die Vorschrift aufgenommen, um zum Schutz der Beschäftigten bei Betriebsänderungen die Aufrechterhaltung der kollektiven Vertretung zu gewährleisten. Der Begriff der Umwandlung ist nicht nach den Vorschriften des Umwandlungsgesetzes (UmwG) zu definieren. Umstrukturierungen im Bereich des öffentlichen Rechts sind nicht Gegenstand des Umwandlungsgesetzes.[3] Der Begriff der Umwandlung ist weit auszulegen. Es fallen hierunter alle Maßnahmen, die die Organisation der Dienststelle so verändern, dass das Amt des bestehenden Personalrats erlischt und keine andere personalvertretungsrechtliche Vertretung an seine Stelle tritt. Als Beispiel kann die in § 114a Abs. 1 GO NW geregelte Möglichkeit von Gemeinden, Unternehmen und Einrichtungen in der Form einer Anstalt des öffentlichen Rechts zu errichten oder bestehende Regie- und Eigenbetriebe sowie eigenbetriebsähnliche Einrichtungen in rechtsfähige Anstalten des öffentlichen Rechts umzuwandeln, herangezogen werden. Im Übrigen können unter diesen Begriff alle die organisatorischen Maßnahmen gefasst werden, die nicht unter die Abs. 1 bis 5 fallen und den Wegfall des Personalrats zur Folge haben.

Eine Dienststelle wird aufgelöst, wenn sie vollständig und ersatzlos beseitigt wird (vgl. § 73 Nr. 3). Eine Auflösung durch Zusammenlegung bzw. Aufteilung mit der Folge der Bildung neuer Dienststellen fällt unter Abs. 1. Die Auflösung und Eingliederung in eine andere Dienststelle, in der bereits ein Personalrat besteht, fällt weder unter Abs. 6 noch unter Abs. 1, da der Perso-

---

2 Anderer Auffassung *Cecior u. a.*, § 44 Rn. 46.
3 *BAG* 2. 3. 2006 – 8 AZR 124/05, PersR 2006, 374; 18. 12. 2008 – 8 AZR 666/07, PersR 2009, 426.

nalrat der aufnehmenden Dienststelle insgesamt zuständig wird und eventuell gemäß § 24 Abs. 1a neu zu wählen ist.

**7** Wenn aufgrund einer Teilung oder Umwandlung eine neue Dienststelle gebildet wird, für die gemäß § 13 Abs. 1 ein Personalrat gewählt werden kann, so bleibt der Personalrat der bisherigen Dienststelle auch für diese neue Dienststelle im Amt und führt im Rahmen seines Übergangsmandats die Personalratsgeschäfte weiter. Das Übergangsmandat umfasst alle Rechte und Pflichten der Personalratstätigkeit als Vollmandat. Es besteht keineswegs nur in der im Gesetz durch Verweis auf Abs. 4 geregelten Verpflichtung innerhalb der Frist von zwei Monaten einen Wahlvorstand für die Wahl des Personalrats zu bestellen. Das Vollmandat endet erst mit der konstituierenden Sitzung des neu gewählten Personalrats. Allerdings dauert das Übergangsmandat längstens sechs Monate ab dem Zeitpunkt der Teilung bzw. Umwandlung. Der Personalrat im Übergangsmandat besteht in seiner ursprünglichen personellen Zusammensetzung fort. Ihm gehören auch die Personalratsmitglieder weiterhin an, die mit der Teilung oder Umwandlung auf die neue Dienststelle übergegangen sind. Deren Personalratsamt endet also nicht mit dem Ausscheiden aus der bisherigen Dienststelle, § 26 Abs. 1d bis f finden insoweit keine Anwendung, da die Vorschrift betreffend das Übergangsmandat eine Sonderregelung enthält.[4]

Ist bis zum Ablauf der Sechsmonatsfrist ein neuer Personalrat nicht gewählt, so entsteht in der neuen Dienststelle wegen der Beendigung des Übergangsmandats eine personalratslose Zeit, die es durch Einhaltung der Fristen in § 44 Abs. 6 zu vermeiden gilt.

**8** § 44 Abs. 6 bezeichnet auch für den Fall der Auflösung der Dienststelle das fortbestehende Amt als Übergangsmandat. Es handelt sich allerdings eher um ein Restmandat, wie es z. B. in § 21b BetrVG vorgesehen ist. Wird eine Dienststelle aufgelöst, so kann es nicht mehr Aufgabe des Personalrats sein, einen Wahlvorstand zu bestellen, der eine Neuwahl durchzuführen hat. Es besteht keine personalratsfähige Dienststelle mehr. Aufgabe des Personalrats ist es, in dieser Fallkonstellation die Mitwirkungs- und Mitbestimmungsrechte auszuüben, die im Zusammenhang mit der Auflösung der Dienststelle bestehen bzw. zuvor begonnene Angelegenheiten zu Ende zu bringen. Zu diesen Aufgaben gehört in jedem Fall die Wahrnehmung des Mitbestimmungsrechts gemäß § 74 bei eventuellen Kündigungen.

**9** § 44 Abs. 6 lässt sich nicht eindeutig entnehmen, wann das Übergangsmandat im Falle einer Auflösung der Dienststelle endet. Dem Wortlaut nach bezieht sich die Dauer von sechs Monaten nur auf den Tatbestand der Teilung. Es ist nicht als zwingend anzusehen, dass auch für das »Restmandat« bei Auflösung einer Dienststelle diese Befristung zu gelten hat. Im Falle der Tei-

---

4 DKKW-*Buschmann*, § 21a Rn. 35; *Cecior u. a.*, § 44 Rn. 52.

lung und der Umwandlung besteht die Möglichkeit und Verpflichtung innerhalb kurzer Zeit die Neuwahl eines Personalrats zu veranlassen, der nach seiner Wahl dann alle personalvertretungsrechtlichen Aufgaben wahrnimmt. Im Falle der Auflösung würde bei Anwendung der Sechsmonatsfrist das Amt des Personalrats ersatzlos enden und eventuell noch anfallende Aufgaben nicht mehr wahrgenommen werden können, die Beschäftigten wären dann nicht geschützt. Es ist davon auszugehen, dass die Personalratsaufgaben im Laufe der Zeit nach der Auflösung immer weniger werden. Deshalb gibt es allen Anlass dafür, das Restmandat so lange bestehen zu lassen, wie Aufgaben anfallen. Auch das Restmandat gemäß § 21b BetrVG besteht unbefristet.

Gemäß § 46 Abs. 6 letzter Satz besteht für eine Stufenvertretung im Falle der Teilung, Umwandlung oder Auflösung ebenfalls das Übergangs-/Restmandat mit den entsprechenden Rechten. 10

# Viertes Kapitel
# Personalversammlung

## § 45

**(1) Die Personalversammlung besteht aus den Beschäftigten der Dienststelle. Sie wird von der vorsitzenden Person des Personalrats geleitet. Sie ist nicht öffentlich.**
**(2) Kann nach den dienstlichen Verhältnissen eine gemeinsame Versammlung aller Beschäftigten nicht stattfinden, so sind Teilversammlungen abzuhalten. Das Gleiche gilt, wenn dies zur Erörterung der besonderen Belange eines Teils der Beschäftigten erforderlich ist.**

Die Personalversammlung ist das demokratische Forum der Beschäftigten, der Ort der Aussprache, Meinungsbildung und Unterrichtung.[1] Sie ist Organ der Personalvertretung und besteht aus allen Beschäftigten der Dienststelle (vgl. § 5) – gleichgültig, ob wahlberechtigt oder nicht. An der Personalversammlung können alle Beschäftigten der Dienststelle im Sinne von § 5 ohne Rücksicht auf den Umfang ihrer Beschäftigung oder die Wahlberechtigung teilnehmen, so dass auch Beschäftigte mit einem ruhenden Arbeitsverhältnis teilnahmeberechtigt sind. Sie ist jedoch kein Beschlussgremium. Sie kann zu der Tätigkeit des Personalrats Stellung nehmen, ihm Anträge unterbreiten (vgl. § 48), aber keine bindenden Beschlüsse fassen und den Personalrat weder abwählen noch zu bestimmten Handlungen anweisen. 1

---

1 Vgl. allgemein *Roggenkamp*, PersR 2005, 315; *Welkoborsky*, PersR 2013, 431.

## § 45

**2** **Abs. 1:** Die Leitung und Durchführung der Personalversammlung obliegt der vorsitzenden Person des Personalrats.
Die gesamte organisatorische Vorbereitung der Personalversammlung ist jedoch Sache des Personalrats insgesamt. Dazu gehört insbesondere die Beschlussfassung über die zeitliche Lage und Dauer der Personalversammlung, ihren inhaltlichen und organisatorischen Ablauf sowie über den Tätigkeitsbericht.
Während der Personalversammlung ist die vorsitzende Person Inhaberin des Hausrechts. Sie leitet die Sitzung, erteilt das Wort und sorgt für eine Behandlung aller vorgesehenen Tagesordnungspunkte.
Die Personalversammlung ist zum Schutze der freien Aussprache nicht öffentlich. Auskunftspersonen, dienststellenfremde sachkundige Personen (§ 49 Satz 4) sowie Vortragende und Redner dürfen vom Personalrat jedoch zugelassen werden. Nicht zulässig sind jedoch z. B. allgemeine Einladungen an Ratsmitglieder.[2] Aus dem gleichen Grund sind Mitschriften von Vertretern der Dienststelle sowie Bild- und Tonbandaufnahmen ebenso unzulässig wie Videoaufzeichnungen.[3]
Äußerungen in der Personalversammlung sind vom Grundrecht der allgemeinen Meinungsfreiheit gemäß Art. 5 GG gedeckt. Sie können nicht Gegenstand von Abmahnungen o. Ä. sein, die Grenzen der Meinungsfreiheit sind allerdings zu beachten (keine Beleidigungen oder Drohungen).

**3** **Abs. 2:** Personalversammlungen finden ausschließlich auf der Ebene des örtlichen Personalrats statt. Die §§ 45 ff. sind in den Vorschriften über die Stufenvertretung und den Gesamtpersonalrat nicht als entsprechend anwendbar aufgeführt. Regelmäßig findet die Personalversammlung für alle Beschäftigten gleichzeitig statt. Teilversammlungen sind die Ausnahme und dürfen nur stattfinden, wenn eine Versammlung aller Beschäftigten »nach den dienstlichen Verhältnissen« nicht möglich ist. Das kann z. B. bei Schichtarbeit oder dann der Fall sein, wenn nicht alle Beschäftigten gleichzeitig abkömmlich sind, beispielsweise weil Überwachungseinrichtungen nicht verlassen werden können. Nicht ausreichend sind höhere Kosten, weitere Reisen sowie Störungen des Betriebsablaufs durch zeitweise Schließung der Dienststelle.
Der Personalrat kann darüber hinaus Teilversammlungen zur Erörterung besonderer Belange eines Teils der Beschäftigten durchführen. Das bietet sich z. B. dann an, wenn die Dienststelle Maßnahmen plant, die eine bestimmte Gruppe von Beschäftigten besonders betreffen. An den Hochschulen und Fachhochschulen können die Personalräte – wenn sie es für zweckmäßig erachten – gemeinsame Personalversammlungen für die nichtwis-

---

2 Siehe *OVG NRW* 23. 2. 1994 – 1 A 35/94.PVL.
3 Ähnlich *Cecior u. a.*, § 45 Rn. 21; *Laber/Pagenkopf*, § 45 Rn. 21.

senschaftlichen und die wissenschaftlich/künstlerisch Beschäftigten abhalten.[4]

Die Teilversammlungen sowie die Versammlungen zur Erörterung der besonderen Belange eines Teils der Beschäftigten finden – wie alle anderen Personalversammlungen – während der Arbeitszeit statt. Dies ergibt sich aus § 47 Abs. 1, der klarstellend durch die Novelle 2011 eingefügt wurde. Das ist auch interessengerecht, da es sich um ordentliche Personalversammlungen handelt, die nur deshalb abzuhalten sind, weil nach den dienstlichen Verhältnissen eine gemeinsame Versammlung im Sinne des § 46 Abs. 1 nicht stattfinden kann. Für die Teilnehmer der Teilversammlungen nach Satz 1 und 2 ist in der Regel die Teilnahme an der kalenderjährlich stattfindenden ordentlichen Personalversammlung nach § 46 Abs. 1 nicht möglich. Schon um insoweit eine Benachteiligung zu verhindern, ist die Durchführung der Teilversammlungen während der Arbeitszeit zwingend. Zusätzliche Kosten für die Teilnahme der Mitarbeiter dürften – sieht man von den sächlichen Kosten einer solchen Teilversammlung ab – nicht entstehen (vgl. im Übrigen § 47 Rn. 1).

## § 46

(1) **Der Personalrat hat einmal in jedem Kalenderjahr in einer Personalversammlung über seine Tätigkeit zu berichten.**
(2) **Der Personalrat ist berechtigt und auf Antrag der Dienststelle oder eines Viertels der wahlberechtigten Beschäftigten verpflichtet, zusätzliche Personalversammlungen einzuberufen und den Gegenstand, dessen Beratung beantragt ist, auf die Tagesordnung zu setzen.**
(3) **Auf Antrag einer in der Dienststelle vertretenen Gewerkschaft muss der Personalrat vor Ablauf von zwölf Arbeitstagen nach Eingang des Antrags eine Personalversammlung einberufen, wenn im vorhergegangenen Kalenderjahr keine Personalversammlung und keine Teilversammlung durchgeführt worden ist.**

Der Personalrat hat mindestens einmal im Jahr auf einer ordentlichen Personalversammlung einen Tätigkeitsbericht zu erstatten (Abs. 1). Er kann bei Bedarf zusätzliche Personalversammlungen abhalten, wozu er auf Antrag der Dienststelle oder eines Viertels der wahlberechtigten Beschäftigten sogar verpflichtet ist (Abs. 2). Hat der Personalrat es entgegen § 46 Abs. 1 versäumt, in einem Jahr eine Personalversammlung durchzuführen, so muss er dies auf Antrag einer in der Dienststelle vertretenen Gewerkschaft innerhalb von zwölf Arbeitstagen im Folgejahr nachholen (Abs. 3).

1

---

4 *VG Düsseldorf* 29. 9. 1997 – 34 K 13091/96.PVL, PersR 1998, 203.

## § 46

**2 Abs. 1:** Der Tätigkeitsbericht wird grundsätzlich von der vorsitzenden Person des Personalrats vorgetragen, inhaltlich jedoch vom Personalrat insgesamt vorbereitet. In ihm soll für die Beschäftigten – in verständlicher Form – dargestellt werden, womit sich der Personalrat seit dem letzten Tätigkeitsbericht befasst hat. Eine bloße Aufzählung der in der Vergangenheit angefallenen Mitbestimmungsfälle wird dieser Verpflichtung nicht gerecht. Vielmehr müssen die sachlichen Zusammenhänge und Entwicklungen in der Dienststelle dargestellt werden. Es kann sinnvoll sein, dass der Personalrat den Tätigkeitsbericht den Teilnehmern der Personalversammlung in schriftlicher Form zumindest stichwortartig zur Verfügung stellt und den Vortrag dadurch anschaulicher und lebendiger macht, dass die einzelnen Personalratsmitglieder die in ihr Ressort fallenden Teile des Tätigkeitsberichts vortragen und erläutern. Der Personalrat ist gegenüber der Personalversammlung und den daran teilnehmenden Beschäftigten grundsätzlich an die Schweigepflicht gemäß § 9 gebunden. Er darf weder den Inhalt von Personalakten, noch Angelegenheiten, die seitens der Dienststelle oder von Beschäftigten als vertraulich bezeichnet wurden, preisgeben. Allerdings darf die Schweigepflicht nicht so weit gehen, dass es dem Personalrat unmöglich wird, einen Tätigkeitsbericht abzugeben. Deshalb darf er die Teilnehmer der Personalversammlung auch über Angelegenheiten informieren, die ihrer Bedeutung nach Außenstehenden gegenüber einer Geheimhaltung unterlägen (siehe auch die Kommentierung zu § 9).[1] Dies ergibt sich auch durch Rückschluss aus der Regelung in § 106 Abs. 1 und Abs. 2 Satz 2. Danach dürfen Angelegenheiten, die als Verschlusssache mindestens des Geheimhaltungsgrades »VS-vertraulich« eingestuft sind, in der Personalversammlung nicht behandelt werden.

Persönliche Angelegenheiten von Beschäftigten sind jedoch – wenn sie überhaupt erwähnt werden müssen – zu anonymisieren, d.h. unkenntlich zu machen. Die Persönlichkeitsrechte der Beschäftigten sind stets zu beachten, bei personenbezogenen Angelegenheiten ist eine Individualisierung nur mit ausdrücklicher Zustimmung der betroffenen Beschäftigten zulässig.

Im Anschluss an diesen Tätigkeitsbericht ist entsprechend der Aufgabenstellung der Personalversammlung Gelegenheit zur Aussprache, Nachfrage und Meinungsbildung sowie ggf. Beschlussfassung gemäß § 48 zu geben.

**3 Abs. 2:** Zusätzliche Personalversammlungen kann der Personalrat bei Bedarf neben der ordentlichen Personalversammlung einberufen. Das ist dann zweckmäßig, wenn die ordentliche Personalversammlung mit der Erstattung und Diskussion des Tätigkeitsberichts zeitlich bereits ausgefüllt ist und weitere Themen aus Sicht des Personalrats mit den Beschäftigten erörtert werden sollen. Diese weiteren Personalversammlungen können jederzeit

---

1 Altvater-*Herget*, § 10 Rn. 20; a. A. *Cecior u. a.*, § 9 Rn. 37.

und nicht erst dann abgehalten werden, wenn eine besondere Dringlichkeit oder Wichtigkeit dargelegt wird. Verpflichtet ist der Personalrat zur Durchführung zusätzlicher Personalversammlungen, wenn der Dienststellenleiter oder ein Viertel der wahlberechtigten Beschäftigten einen darauf gerichteten Antrag stellen und zusammen mit dem Antrag die Behandlung eines bestimmten Beratungsgegenstandes verlangen, der auf die Tagesordnung gesetzt werden soll. Die Behandlung solcher Anträge kann jedoch mit der Durchführung der nächsten – zusätzlichen – Personalversammlung verbunden werden, wenn diese zeitnah stattfinden kann.

**Abs. 3:** Führt der Personalrat entgegen seiner Verpflichtung aus Absatz 1 die jährliche Personalversammlung nicht durch, so kann dies von einer in der Dienststelle vertretenen Gewerkschaft erzwungen werden. Wird ein solcher Antrag von einer Gewerkschaft gestellt, so ist der Personalrat verpflichtet, innerhalb von zwölf Arbeitstagen nach Eingang des Antrags die Personalversammlung einzuberufen. Das gewerkschaftliche Antragsrecht besteht jedoch nur dann, wenn innerhalb des letzten Kalenderjahres weder eine Personalversammlung noch eine Teilversammlung stattgefunden hat. Die antragstellende Gewerkschaft muss durch ihre Mitglieder in der Dienststelle vertreten sein, es ist nicht erforderlich, dass eines ihrer Mitglieder auch im Personalrat vertreten ist.[2]

Zur Einberufung von Personalversammlungen jeder Art ist nur der Personalrat berechtigt. Die Dienststelle sowie die in Abs. 2 und 3 benannten Stellen können den Personalrat nur verpflichten, die Personalversammlungen anzuberaumen und durchzuführen, ein eigenes Einberufungsrecht haben sie nicht.

4

5

### § 47

**Personalversammlungen finden während der Arbeitszeit statt, soweit nicht die dienstlichen Verhältnisse eine andere Regelung erfordern. Die Teilnahme an der Personalversammlung hat keine Minderung der Bezüge oder des Arbeitsentgelts zur Folge. Soweit in den Fällen des Satzes 1 Personalversammlungen aus dienstlichen Gründen außerhalb der Arbeitszeit stattfinden müssen, ist den Teilnehmerinnen und Teilnehmern Dienstbefreiung in entsprechendem Umfang zu gewähren. Fahrtkosten, die den Beschäftigten durch die Teilnahme an einer Personalversammlung nach Satz 1 entstehen, sind von der Dienststelle in entsprechender Anwendung des Landesreisekostengesetzes zu erstatten.**

---

2 So auch *Cecior u. a.*, § 46 Rn. 21.

## § 47

**1** § 47 Satz 1 stellt klar, dass sämtliche Personalversammlungen, d. h. ordentliche gemäß § 46 Abs. 1, Teilversammlungen gemäß § 45 Abs. 2 sowie zusätzliche Personalversammlungen gemäß § 46 Abs. 2, gleichgültig von wem sie veranlasst sind, während der Arbeitszeit stattfinden. Dies trägt dem Grundsatz Rechnung, dass von den Beschäftigten für die Teilnahme an der Personalversammlung als »demokratischem Forum« (vgl. § 45) kein Arbeitszeitopfer verlangt werden darf. Eine Zustimmung der Dienststelle zur Teilnahme an der Personalversammlung während ihrer Arbeitszeit benötigen die Beschäftigten nicht. Die Teilnahme darf ihnen also weder untersagt noch auch nur erschwert werden.

**2** Die Entscheidung über die zeitliche Lage der Personalversammlung trifft der Personalrat durch Beschluss, eine Zustimmung der Dienststelle oder gar eine Erlaubnis ist nicht erforderlich. Der Personalrat hat die zeitliche Lage der Personalversammlung so zu wählen, dass Beginn und Ende der Personalversammlung in die Arbeitszeit fallen. Damit die Beschäftigten in der Personalversammlung von ihrem Recht auf Aussprache und Behandlung aller Tagesordnungspunkte auch Gebrauch machen können, wird es regelmäßig geboten sein, sie an den Beginn der Arbeitszeit eines Tages zu legen. Zwingende dienstliche Besonderheiten können unter engen Voraussetzungen dazu führen, dass die Durchführung der Personalversammlung während der Arbeitszeit nicht möglich ist. Ob dies der Fall ist, und wie diesem Umstand Rechnung getragen werden kann, entscheidet allein der Personalrat im Rahmen des ihm zustehenden Ermessens. Er kann z. B., um die Teilnahme während der Arbeitszeit zu ermöglichen, zeitlich versetzte Teilversammlungen gemäß § 45 Abs. 2 für Gruppen von Beschäftigten durchführen. Da jede Personalversammlung gemäß Satz 1 grundsätzlich während der Arbeitszeit stattzufinden hat, kann die dadurch regelmäßig verursachte Störung des normalen Betriebsablaufs oder die zeitweise Schließung der Dienststelle für sich allein nicht als »dienstlicher Grund« im Sinne von Satz 3 anerkannt werden. Hinzu kommen müssen besondere Umstände etwa aufgrund der besonderen Aufgabenstellung der Dienststelle und drohender etwa nicht wieder gut zu machender Schäden, die durch die zeitweise Schließung eintreten könnten.

**3** Die Beschäftigten, die an der Personalversammlung teilnehmen, erhalten diejenigen Dienstbezüge, die sie ohne Teilnahme an der Personalversammlung zu beanspruchen hätten. Findet die Personalversammlung außerhalb der dienststellenüblichen Arbeitszeit oder außerhalb der persönlichen Arbeitszeit statt, so ist den Beschäftigten zum Ausgleich Dienstbefreiung unter Fortzahlung der Bezüge in entsprechendem Umfang zu gewähren.

**4** Fahrtkosten, die durch die Teilnahme an der Personalversammlung entstehen, werden von der Dienststelle entsprechend den Vorschriften des Landesreisekostengesetzes erstattet.

## § 48

Die Personalversammlung kann dem Personalrat Anträge unterbreiten und zu seinen Beschlüssen Stellung nehmen. Sie darf alle Angelegenheiten behandeln, die die Dienststelle oder ihre Beschäftigten unmittelbar betreffen, insbesondere Tarif-, Besoldungs- und Sozialangelegenheiten, Fragen der Förderung der Gleichstellung von Frauen und Männern und der Vereinbarkeit von Familie und Beruf. § 2 Abs. 2 und § 3 Abs. 1 gelten für die Personalversammlung entsprechend.

**1** Die Personalversammlung kann sich mit allen Themen befassen, die einen Bezug zur Dienststelle, zur Arbeit des Personalrats oder zu dienst- und arbeitsrechtlichen sowie sozialen Belangen und Problemen der Beschäftigten haben. Die Personalversammlung kann dem Personalrat Anträge unterbreiten. In der Personalversammlung kann daher über Entschließungen zur Arbeit des Personalrats abgestimmt werden. Auch zu Beschlüssen des Personalrats kann durch Abstimmung in der Personalversammlung Stellung genommen werden. Solche Anträge und Stellungnahmen der Personalversammlung haben zwar keine bindende Wirkung, sie sind vom Personalrat jedoch auf der nächsten Personalratssitzung zu beraten, damit auf der folgenden Personalversammlung Rechenschaft darüber abgelegt werden kann, was der Personalrat zur Durchführung der Entscheidungen der Personalversammlung unternommen hat.

**2** Die möglichen Themen der Personalversammlung sind in Satz 2 beispielhaft aufgeführt. In diesem Katalog der »insbesondere« von der Personalversammlung zulässigerweise zu behandelnden Themen ist die Frage der Förderung der Gleichstellung von Frauen und Männern und der Vereinbarkeit von Familie und Beruf besonders hervorgehoben. Zu den Angelegenheiten, die die Dienststelle unmittelbar betreffen, gehören nicht nur personalvertretungsrechtliche Themen, sondern z. B. auch in der Öffentlichkeit bekannt gewordene Kritik am Verhalten der Dienststellenleitung u. Ä. Behandelt werden dürfen auch solche Angelegenheiten, die die Beschäftigten unmittelbar betreffen, worunter alle Tarif-, Besoldungs- und Sozialangelegenheiten gehören, ohne dass ein unmittelbarer Dienststellenbezug erforderlich wäre. Die Unterrichtung und Diskussion über die Forderungen der Gewerkschaften in der jeweils laufenden Tarifrunde, die Belastungen von Arbeitnehmern mit zusätzlichen Abgaben gehören ebenso zu den zulässigen Themen einer Personalversammlung wie die im Zusammenhang mit der Tätigkeit des Personalrats stehenden Angelegenheiten, die sich aus dem Tätigkeitsbericht und den Vorschriften des LPVG ergeben.

**3** Auch für die Personalversammlung gelten die Friedenspflicht und das Gebot der parteipolitischen Neutralität. Arbeitskampf (Streik)- und politische Wahlaufrufe können daher nicht Gegenstand von Diskussionsbeiträgen sein. Jedoch muss der Personalrat nicht jedes Wort auf die »Goldwaage« legen. Nicht jede überspitzte Formulierung ist bereits geeignet, den Frieden in der Dienststelle zu beeinträchtigen, auch scharfe Kritik sowie Polemik müssen hingenommen werden. Eine gewerkschaftspolitische Neutralität wird von der Personalversammlung nicht verlangt.

## § 49

**Die Dienststelle, Beauftragte aller in der Dienststelle vertretenen Gewerkschaften, eine beauftragte Person der Arbeitgebervereinigung, der die Dienststelle angehört, je ein beauftragtes Mitglied der Stufenvertretungen oder des Gesamtpersonalrats sowie je eine beauftragte Person der Dienststellen, bei denen die Stufenvertretungen bestehen, sind berechtigt, mit beratender Stimme an der Personalversammlung teilzunehmen. Der Personalrat hat die Einberufung der Personalversammlung der Dienststelle und den in Satz 1 genannten Gewerkschaften mitzuteilen. An Versammlungen, die auf Antrag der Dienststelle einberufen sind oder zu denen sie ausdrücklich eingeladen ist, hat sie teilzunehmen. Der Personalrat kann sachkundigen Personen die Teilnahme an der Personalversammlung gestatten.**

1 Der Dienststellenleiter ist vom Personalrat über die Einberufung sowie Zeitpunkt und Ort der Personalversammlung zu unterrichten, damit er sein Recht auf beratende Teilnahme wahrnehmen kann.
Auch sämtliche in der Dienststelle durch Mitglieder vertretene Gewerkschaften muss der Personalrat über den Zeitpunkt und den Ort der Personalversammlung unterrichten, damit diese Beauftragte ihrer Wahl zur beratenden Teilnahme an der Personalversammlung entsenden können. Die Gewerkschaften sind berechtigt, mehrere Beauftragte zu entsenden.[1]
Mit beratender Stimme teilnahmeberechtigt ist auch ein Beauftragter der Arbeitgebervereinigung, wenn die Dienststelle tarifgebunden ist. Dieser ist jedoch nicht vom Personalrat, sondern ggf. von der Dienststelle zu unterrichten. Die Arbeitgebervereinigung darf nur eine beauftragte Person entsenden.[2]

2 Je ein beauftragtes Mitglied der Stufenvertretungen oder des Gesamtpersonalrats hat ein beratendes Teilnahmerecht, es kann also sowohl der Bezirks- als auch der Hauptpersonalrat ein beauftragtes Mitglied seines Gremiums zur Personalversammlung der örtlichen Dienststelle entsenden. Die Vorschrift ist weitgehend wortgleich mit § 52 Abs. 1 Satz 3 BPersVG. Dazu hat das *BVerwG* entschieden, dass die Formulierung betreffend das Teilnahmerecht der Stufenvertretungen oder des Gesamtpersonalrats nicht im Sinne

---

1 *Cecior u. a.*, § 49 Rn. 17.
2 *Cecior u. a.*, § 49 Rn. 19.

eines strengen »entweder-oder«, also nicht alternativ zu verstehen sei. Teilnahmeberechtigt sind also sowohl ein Mitglied der Stufenvertretung als auch des Gesamtpersonalrats.³

Beruft der Personalrat eine Personalversammlung auf Antrag des Dienststellenleiters ein (§ 46 Abs. 2) oder wird die Dienststelle vom Personalrat nicht nur über die Personalversammlung informiert, sondern ausdrücklich eingeladen, so ist der Dienststellenleiter verpflichtet, an der Versammlung tatsächlich teilzunehmen. Er hat Fragen des Personalrats und der Beschäftigten entgegenzunehmen und grundsätzlich auch zu beantworten.

Den in Satz 1 genannten Stellen steht es grundsätzlich frei zu entscheiden, wen sie als Beauftragten in die Personalversammlung entsenden. Die beauftragte Person muss sich gegenüber dem Personalrat bzw. der Versammlungsleitung als solche legitimieren.⁴

Gemäß § 178 Abs. 8 SGB IX ist die Schwerbehindertenvertretung berechtigt, an Personalversammlungen in der Dienststelle teilzunehmen, für die sie als Schwerbehindertenvertretung zuständig ist. Sie hat dort ein Rederecht, auch wenn die Mitglieder der Schwerbehindertenvertretung nicht Angehörige der Dienststelle sind.

Der Personalrat ist berechtigt, sachkundigen Personen die Teilnahme an der Personalversammlung zu gestatten, er kann also Beschäftigte anderer Dienststellen, bestimmte Gewerkschaftsbeauftragte oder andere Sachkundige und Sachverständige bitten, an der Personalversammlung teilzunehmen, damit sie in Referaten, Vorträgen oder Diskussionsbeiträgen zu bestimmten Themen Stellung nehmen können. Ihre Teilnahme ist nicht auf die Dauer ihres Diskussionsbeitrages beschränkt. Sie unterliegen der allgemeinen Verschwiegenheitspflicht des § 9 Abs. 1.   3


# Fünftes Kapitel
# Stufenvertretung

## § 50

(1) **In der Landesverwaltung werden für den Geschäftsbereich mehrstufiger Verwaltungen bei den Mittelbehörden Bezirkspersonalräte und bei den obersten Landesbehörden Hauptpersonalräte gebildet.**

(2) **Die Mitglieder des Bezirkspersonalrats werden von den zum Geschäftsbereich der Mittelbehörde, die Mitglieder des Hauptpersonalrats von den zum Geschäftsbereich der obersten Landesbehörde gehörenden**

---

3 *BVerwG* 30.7.2010 – 6 P 11.09, PersR 2010, 400ff.
4 *Cecior u.a.*, § 49 Rn. 12.

## § 50

Beschäftigten gewählt. Soweit bei Mittelbehörden die Personalangelegenheiten der Beschäftigten zum Geschäftsbereich verschiedener oberster Landesbehörden gehören, sind diese Beschäftigten für den Hauptpersonalrat bei der jeweils zuständigen obersten Landesbehörde wahlberechtigt.

(3) Die §§ 10 bis 12, 13 Abs. 3, 14 Abs. 1, 2, 5 und 6, §§ 15 bis 18 und 20 bis 22 gelten entsprechend. Die in § 10 Abs. 4 genannten Beschäftigten sind nicht wählbar. § 11 Abs. 2 Buchstabe b gilt nur für die Beschäftigten der Dienststelle, bei der die Stufenvertretung zu errichten ist. Die Stufenvertretung hat höchstens fünfzehn Mitglieder. Eine Personalversammlung zur Bestellung des Bezirks- oder Hauptwahlvorstands findet nicht statt. An ihrer Stelle übt die Dienststelle, bei der die Stufenvertretung zu errichten ist, die Befugnis zur Bestellung des Wahlvorstands nach § 17 Abs. 2, §§ 18 und 20 Abs. 1 aus.

(4) Werden in einer Verwaltung die Personalräte und die Stufenvertretungen gleichzeitig gewählt, so führen die bei den Dienststellen bestehenden Wahlvorstände die Wahlen der Stufenvertretungen im Auftrag des Bezirks- oder Hauptwahlvorstands durch; andernfalls bestellen auf sein Ersuchen die Personalräte oder, wenn solche nicht bestehen, die Dienststellen die örtlichen Wahlvorstände für die Wahl der Stufenvertretungen.

(5) In den Stufenvertretungen erhält jede Gruppe mindestens ein Mitglied.

1 Die Errichtung von Stufenvertretungen ist Folge des hierarchischen Aufbaus der Landesverwaltung.
**Abs. 1:** Nur in den Landesverwaltungen und dort nur für den Geschäftsbereich mehrstufiger Verwaltungen werden Stufenvertretungen gebildet; bei den Mittelbehörden Bezirkspersonalräte und bei den obersten Landesbehörden Hauptpersonalräte. Mehrstufig ist eine Verwaltung, die innerhalb eines Geschäftsbereichs Verwaltungen im Über- und Unterordnungsverhältnis hat. Die Einteilung in untere, mittlere und oberste Landesbehörden geht von der Dreistufigkeit der Verwaltung aus, die in der Landesverwaltung zumeist auch vorhanden ist (Ausnahme: zweistufiger Aufbau Universität/Wissenschaftsministerium sowie vierstufiger Aufbau Amtsgericht/Landgericht/Oberlandesgericht/Justizministerium).

2 **Abs. 2 und 3:** Wahlberechtigt zur Wahl des Bezirkspersonalrats sind die Beschäftigten, die zum Geschäftsbereich der Mittelbehörde gehören. Wahlberechtigt zur Wahl des Hauptpersonalrats sind alle Beschäftigten, die zum Geschäftsbereich der obersten Landesbehörde gehören. Soweit bei den Mittelbehörden – z. B. den Bezirksregierungen – die Personalangelegenheiten der Beschäftigten zum Geschäftsbereich verschiedener oberster Landesbehörden gehören, sind diese Beschäftigten für den Hauptpersonalrat der jeweils zuständigen obersten Landesbehörde wahlberechtigt.

## § 51

Die Wahlvorschriften der §§ 10 bis 22 gelten für die Wahlen der Stufenvertretungen mit einigen Einschränkungen und Besonderheiten (vgl. §§ 28–38 WO-LPVG).

Die Stufenvertretung hat höchstens fünfzehn Mitglieder.

**Abs. 4:** Aufgrund der gleichen Amtszeit und Wahlperiode werden die Wahlen zu den örtlichen Personalräten und zu den Stufenvertretungen regelmäßig gleichzeitig stattfinden und dementsprechend von den bei den örtlichen Dienststellen bestehenden Wahlvorständen durchgeführt. Es ist dann die Bestellung zusätzlicher, örtlicher Wahlvorstände zur Wahl der Stufenvertretungen entbehrlich.

**Abs. 5:** In den Stufenvertretungen erhält jede Gruppe (§ 6) mindestens ein Mitglied; durch diese Regelung wird der Minderheitenschutz der Gruppe mit geringerer Beschäftigtenzahl gestärkt. Zugleich schließt der Gesetzgeber hierdurch eine nur aus einer Person bestehende Stufenvertretung aus.

### § 51

**Für die Amtszeit und die Geschäftsführung der Stufenvertretungen sowie für die Rechtsstellung ihrer Mitglieder gelten §§ 23, 24 Abs. 1 Satz 1 Buchstaben b bis e und Satz 2, Abs. 2 und 3, §§ 25 bis 38, 40, 41, 42 Absatz 1 bis 3, 5 und 6 und § 43 entsprechend. § 42 Abs. 3 Satz 1 findet mit der Maßgabe Anwendung, dass höchstens fünf Mitglieder freigestellt werden dürfen. In begründeten Fällen kann im Einvernehmen zwischen Dienststelle und Stufenvertretung von Satz 2 abgewichen werden, um die ordnungsgemäße Wahrnehmung der Aufgaben durch die Stufenvertretung zu gewährleisten. § 30 Abs. 1 gilt mit der Maßgabe, dass die Mitglieder der Stufenvertretung spätestens zwei Wochen nach dem Wahltag einzuberufen sind.**

Für die Amtszeit, die Geschäftsführung und die Rechtsstellung der Stufenvertretungen gelten – mit wenigen Ausnahmen – die §§ 23 bis 43. Abweichend davon hat keine Neuwahl stattzufinden, wenn während der laufenden Amtszeit die Zahl der Beschäftigten steigt oder absinkt, da § 51 nicht auf die Vorschrift des § 24 Abs. 1 Satz 1 Buchst. a) verweist. Die Stufenvertretungen können zudem keine besonderen Sprechstunden gemäß § 39 einrichten.

Bezüglich des Umfangs der Freistellungen gilt Satz 2. Danach findet die Freistellungsstaffel in § 42 Abs. 3 Satz 1 »mit der Maßgabe« Anwendung, dass höchstens fünf Mitglieder der Stufenvertretung freigestellt werden dürfen. Regelfreistellungen nach § 42 Abs. 4 können nach wie vor nicht beansprucht werden. Der Gesetzesbegründung ist zu entnehmen, dass mit dieser Regelung »eine gleichmäßigere Freistellungspraxis ermöglicht«[1] und eine vertretbare

---

1 Gesetzesentwurf, LT-Drucks. 14/4239, 93.

## § 52

Begrenzung der Freistellungen auch bei den Stufenvertretungen erreicht werden soll. Es wird darüber hinaus betont, dass mit der Regelung gerade nicht pauschal ermöglicht werden sollte, bei allen Stufenvertretungen die Höchstzahl von fünf Freistellungen auszuschöpfen; es müsse insoweit auch die Zahl der von der Stufenvertretung vertretenen Beschäftigten berücksichtigt werden. Nur in Ausnahmefällen kann davon abgewichen werden.

**3** Von Satz 2 kann in begründeten Fällen im Einvernehmen zwischen Dienststelle und Stufenvertretung abgewichen werden (Satz 3). Hierdurch soll die ordnungsgemäße Wahrnehmung der Aufgaben durch die Stufenvertretung gewährleistet werden. Im Zusammenhang mit Satz 2 bedeutet dies, dass für die Stufenvertretungen unter den Voraussetzungen des Satz 3 mehr als fünf Freistellungen möglich sind.[2] Dies entspricht der Regelung des § 42 Abs. 4 Satz 5. Die konstituierende Sitzung der Stufenvertretungen findet abweichend von § 30 Abs. 1 spätestens zwei Wochen nach dem Wahltag statt.

# Sechstes Kapitel
# Gesamtpersonalrat

## § 52

**In den Fällen des § 1 Absatz 2 Halbsatz 2 und Absatz 3 ist neben den einzelnen Personalräten ein Gesamtpersonalrat zu errichten. Die Gesamtpersonalräte der Landschaftsverbände, des Landesbetriebs Straßenbau NRW und des Bau- und Liegenschaftsbetriebs NRW nehmen die Aufgaben des Hauptpersonalrates wahr.**

**1** Gesamtpersonalräte sind zu bilden, wenn bei einer Dienststelle im Sinne des § 1 Abs. 3 infolge Verselbständigung von Nebenstellen oder Teilen einer Dienststelle mehrere Personalräte nebeneinander existieren. Die Verselbständigungserklärung bedarf der Zustimmung des Personalrats gemäß § 72 Abs. 4 Satz 1 Nr. 12. Im Rahmen der Novelle 2011 wurde die Möglichkeit zur Errichtung eines Gesamtpersonalrats auf die Fälle des § 1 Abs. 2 2. Halbsatz erweitert; danach sind auch bei den Gemeinden, den Gemeindeverbänden und den sonstigen der Aufsicht des Landes unterstehenden Körperschaften, Anstalten und Stiftungen des öffentlichen Rechts Gesamtpersonalräte zu bilden.[1] Seitdem kommt die Bildung eines Gesamtpersonalrats z. B. auch dann in Betracht, wenn Aufgaben einer Gemeinde auf Eigenbetriebe oder

---

2 Vgl. LT-Drucks. 15/1644, 80.

1 Vgl. LT-Drucks. 15/2218, 37a.

öffentlich-rechtliche Körperschaften bzw. Anstalten ausgelagert werden, soweit dort ebenfalls Personalvertretungen bestehen. Dann ist neben den Personalräten ein Gesamtpersonalrat zu errichten. Durch die Errichtung von Gesamtpersonalräten wird sichergestellt, dass keine mitbestimmungsfreien Räume entstehen.

Ebenfalls im Rahmen der Novelle 2011 eingefügt wurde Satz 2. Hierdurch wird klargestellt, dass die Gesamtpersonalräte der Landschaftsverbände, des Landesbetriebs Straßen NRW und des Bau- und Liegenschaftsbetriebs NRW (auch) die Aufgaben des Hauptpersonalrats wahrnehmen. Zur Begründung wurde ausgeführt, dass sich dieser Zustand, der bezüglich der Gesamtpersonalräte der Landesbetriebe bereits zuvor durch Zusatzgesetz gebildet worden war, in der Praxis bewährt habe und deshalb in das neue LPVG übernommen werden müsse. Diese Aufgabenübertragung müsse auch für die Gesamtpersonalräte der Landschaftsverbände erfolgen, und dürfe auch für diese nicht wie bisher von einer Benehmensherstellung mit der Dienststelle abhängen.[2]

## § 53

**Für die Wahl, die Amtszeit und die Geschäftsführung des Gesamtpersonalrats sowie für die Rechtsstellung seiner Mitglieder gelten § 50 Abs. 2 bis 5 und § 51 entsprechend.**

Für die Wahl, Amtszeit, Geschäftsführung und Rechtsstellung des Gesamtpersonalrats und seiner Mitglieder gelten die Vorschriften über die Stufenvertretung aus § 50 Abs. 2 bis 5 und § 51.

Durch Verweis auf § 51, der seinerseits auf § 42 Abs. 1 bis 3, 5 und 6 verweist, wird klargestellt, dass bezüglich der Freistellung von Mitgliedern des Gesamtpersonalrats diese Vorschriften entsprechend gelten. Ist ein Beschäftigter zugleich Mitglied eines örtlichen Personalrats und des Gesamtpersonalrats, führt eine Vollfreistellung für seine Tätigkeit im Gesamtpersonalrat allein nicht dazu, dass dessen Mitgliedschaft im örtlichen Personalrat erlischt.[1]

Für die Wahl des Gesamtpersonalrats gelten gemäß § 39 WO-LPVG die Vorschriften über die Wahl der Personalräte (§§ 1–27 WO-LPVG) bzw. die Vorschriften über die Wahl der Bezirkspersonalräte (§§ 28–35 WO-LPVG) entsprechend.

Im Übrigen wird auf die Kommentierung zu den §§ 50, 51 verwiesen.

---

2 LT-Drucks. 15/2218, 37a.

1 Vgl. *VGH Baden-Württemberg* 21. 9. 2016 – PL 15 S 689/15, juris.

## Siebtes Kapitel
## Jugend- und Auszubildendenvertretung

### § 54

In Dienststellen mit in der Regel mindestens fünf zur Jugend- und Auszubildendenvertretung wahlberechtigten Beschäftigten werden Jugend- und Auszubildendenvertretungen gebildet.

1 Die Errichtung von Jugend- und Auszubildendenvertretungen hat den Sinn, den besonderen Belangen und Interessen der jugendlichen Beschäftigten und Auszubildenden Raum zu geben und sie zur Geltung zu bringen.
Die Jugend- und Auszubildendenvertretung ist jedoch kein gegenüber der Dienststelle selbständig wirkendes Vertretungsorgan. Vielmehr bestehen unmittelbare Rechte und Pflichten ausschließlich im Verhältnis zum Personalrat (siehe die Aufgabenstellung in § 61).
2 Jugend- und Auszubildendenvertretungen können gewählt werden, wenn in der Dienststelle mindestens fünf wahlberechtigte Beschäftigte im Sinne des § 55 Abs. 1 vorhanden sind.
3 Die Amtszeit der Jugend- und Auszubildendenvertretung beträgt zwei Jahre (siehe § 57 Abs. 2).

### § 55

(1) Wahlberechtigt sind alle jugendlichen Beschäftigten, die das 18. Lebensjahr noch nicht vollendet haben, sowie Auszubildende, Beamtenanwärterinnen und Beamtenanwärter und Praktikantinnen und Praktikanten. § 10 Abs. 2 bis 4 gilt entsprechend.
(2) Wählbar sind Beschäftigte, die am Wahltag noch nicht das 27. Lebensjahr vollendet haben, sowie Auszubildende, Beamtenanwärterinnen und Beamtenanwärter und Praktikantinnen und Praktikanten. §§ 11 und 12 gelten entsprechend.

1 **Abs. 1:** Die Wahlberechtigung zur Wahl der Jugend- und Auszubildendenvertretung ist seit den 1990er Jahren erheblich erweitert worden. Bis dahin hatten Auszubildende, Beamtenanwärter und Praktikanten ihr Wahlrecht nur bis zum 25. Lebensjahr. Diese Altersbegrenzung ist entfallen. Wahlberechtigt sind demnach
- jugendliche Beschäftigte (ohne Ausbildungsverhältnis) bis zum vollendeten 18. Lebensjahr sowie
- Auszubildende, Beamtenanwärter und Praktikanten ohne Rücksicht auf ihr Lebensalter.

Die Einschränkungen der Wahlberechtigung durch § 10 Abs. 2 bis 4 gelten entsprechend auch für die Wahlberechtigung zur Wahl der Jugend- und Auszubildendenvertretung. Auszubildende, Beamtenanwärter und Praktikanten, die älter als 18 Jahre sind, haben also ein doppeltes Wahlrecht sowohl zur Jugend- und Auszubildendenvertretung als auch zum Personalrat (siehe § 10 Abs. 1), wenn sie die übrigen Voraussetzungen der §§ 10, 5 erfüllen.

**Abs. 2:** Wählbar zur Jugend- und Auszubildendenvertretung sind 2
- alle Beschäftigten, die am Wahltag noch nicht das 27. Lebensjahr vollendet haben sowie
- Auszubildende, Beamtenanwärter und Praktikanten ohne Rücksicht auf ihr Lebensalter.

Die Vorschriften über den Verlust der Wählbarkeit in §§ 11 und 12 gelten entsprechend.

Die Wählbarkeit ist auf das 27. Lebensjahr erstreckt worden; dies betrifft damit v. a. Beschäftigte, die nach beendeter Ausbildung noch in der Jugend- und Auszubildendenvertretung mitarbeiten möchten. Außerdem wird den jugendlichen Beschäftigten mehr als eine Amtszeit ermöglicht.

Anders als bei den Wahlvorschriften zum Personalrat kann in die Jugend- und Auszubildendenvertretung daher auch ein Beschäftigter gewählt werden, der nach Absatz 1 nicht wahlberechtigt ist, weil er bereits das 18. Lebensjahr vollendet hat.

### § 56

(1) Die Jugend- und Auszubildendenvertretung besteht in Dienststellen mit in der Regel

| | | |
|---|---|---|
| 5 bis | 20 | wahlberechtigten Beschäftigten aus einer Person, |
| 21 bis | 50 | wahlberechtigten Beschäftigten aus drei Mitgliedern, |
| 51 bis | 200 | wahlberechtigten Beschäftigten aus fünf Mitgliedern, |
| 201 bis | 300 | wahlberechtigten Beschäftigten aus sieben Mitgliedern, |
| 301 bis | 500 | wahlberechtigten Beschäftigten aus elf Mitgliedern, |
| 501 bis | 1000 | wahlberechtigten Beschäftigten aus dreizehn Mitgliedern, |
| mehr als | 1000 | wahlberechtigten Beschäftigten aus fünfzehn Mitgliedern. |

(2) § 14 Abs. 5 und 6 gelten entsprechend.

## § 57

**1** **Abs. 1:** Die Größe der Jugend- und Auszubildendenvertretung hängt allein von der Regelzahl der zur Jugend- und Auszubildendenvertretung wahlberechtigten Beschäftigten ab, und nicht – wie die Größe des Personalrats nach § 13 Abs. 3 – von der Zahl der Gesamtbeschäftigten. Zur Begründung wird hervorgehoben, dass die Jugend- und Auszubildendenvertretung keine so umfassenden Befugnisse wie die Personalvertretung hat und es oft Schwierigkeiten bereite, in ausreichender Zahl Kandidaten für die JAV zu finden.[1] Die Staffelung entspricht derjenigen zum BPersVG.

**2** **Abs. 2:** Die Vorschriften über die Zusammensetzung des Personalrats nach Gruppen gelten für die Jugend- und Auszubildendenvertretung nicht. Es wird lediglich durch Verweis auf § 14 Abs. 5 und 6 empfohlen, dass sich die Jugend- und Auszubildendenvertretung aus den Vertretern der verschiedenen Beschäftigungsarten zusammensetzen, und Frauen und Männer ihrem zahlenmäßigen Anteil unter den jugendlichen Beschäftigten entsprechend auch in der Jugend- und Auszubildendenvertretung vertreten sein sollen.

### § 57

**(1) Der Personalrat bestimmt den Wahlvorstand und seine vorsitzende Person. Für die Wahl der Jugend- und Auszubildendenvertretung gelten § 16 Abs. 1, 3, 4, 6 Satz 1, Abs. 7 und 8, § 20 Abs. 2, §§ 21 und 22 entsprechend.**

**(2) Die regelmäßige Amtszeit der Jugend- und Auszubildendenvertretung beginnt und endet mit der jeweiligen Wahlperiode. Sie beträgt zwei Jahre. Im übrigen gelten für die Amtszeit der Jugend- und Auszubildendenvertretung § 23 Abs. 2 und 3, § 24 Abs. 1 Satz 1 Buchstaben b bis e und Abs. 2 und §§ 25, 26 Abs. 1 und 2 sowie §§ 27 und 28 Abs. 1, 2 und 4 entsprechend. Die Mitgliedschaft in der Jugend- und Auszubildendenvertretung erlischt nicht dadurch, dass ein Mitglied während der Amtszeit das 27. Lebensjahr vollendet.**

**(3) Besteht die Jugend- und Auszubildendenvertretung aus drei oder mehr Mitgliedern, so wählt sie aus ihrer Mitte eine vorsitzende Person und deren Stellvertreterin oder Stellvertreter. Im Übrigen gelten für die Geschäftsführung die §§ 30 bis 33 und 37 bis 39, § 40 Abs. 1, 3 und 4 und § 41 entsprechend. An den Sitzungen der Jugend- und Auszubildendenvertretung kann ein vom Personalrat beauftragtes Mitglied des Personalrats teilnehmen.**

**1** **Abs. 1:** Die Wahl zur Jugend- und Auszubildendenvertretung wird von einem durch den Personalrat bestimmten Wahlvorstand durchgeführt. Dazu

---

1 LT-Drucks. 14/4239, 93.

ist ein Beschluss des Personalrats erforderlich. Mitglieder des Wahlvorstands können sowohl jugendliche Beschäftigte als auch lebensältere, nicht mehr zur Jugend- und Auszubildendenvertretung wahlberechtigte oder wählbare Beschäftigte sein.

Die für die Wahl des Personalrats maßgebenden Vorschriften über Wahlverfahren, Teilnahme von Gewerkschaftsbeauftragten an Wahlvorstandssitzungen, Wahlschutz, Wahlkosten und Wahlanfechtung gelten entsprechend (siehe § 40 WO-LPVG).

**Abs. 2:** Die Amtszeit der Jugend- und Auszubildendenvertretung beginnt mit der Wahlperiode des Personalrats, die Amtsdauer beträgt jedoch nur zwei Jahre. Eine Neuwahl bei Absinken oder Steigen der Beschäftigtenzahlen ist nicht vorgesehen, da § 57 Abs. 2 Satz 3 nicht auf die Vorschrift des § 24 Abs. 1 Satz 1 Buchst. a verweist. Erreicht ein Mitglied der Jugend- und Auszubildendenvertretung während der laufenden Amtszeit das Höchstalter des § 55 Abs. 2, kann er noch bis zum Ende der Amtszeit weiter amtieren. Im Übrigen gelten die Vorschriften über die Auflösung des Personalrats und den Ausschluss von Personalratsmitgliedern (§ 25 Abs. 1) sowie zum Erlöschen der Mitgliedschaft im Personalrat (§ 26) entsprechend.

**Abs. 3:** Ist eine mehrköpfige Jugend- und Auszubildendenvertretung gewählt worden, so wählt sie aus ihrer Mitte eine vorsitzende Person und deren Stellvertreterin oder Stellvertreter. Für die Geschäftsführung der Jugend- und Auszubildendenvertretung gelten die Vorschriften für den Personalrat mit Ausnahme der die Gruppenrechte betreffenden Vorschriften der §§ 34 bis 36 entsprechend. Der Jugend- und Auszubildendenvertretung stehen darüber hinaus die Aufwandsdeckungsmittel des § 40 Abs. 2 nicht zu.

Der Personalrat kann eines seiner Mitglieder zur Teilnahme an den Sitzungen entsenden.

## § 58

**Für die Rechtsstellung der Mitglieder der Jugend- und Auszubildendenvertretung gelten § 42 Abs. 1, 2, 3 Satz 1 und 4, Abs. 5 und 6 und § 43 entsprechend.**

Die Rechtsstellung der Mitglieder der Jugend- und Auszubildendenvertretung entspricht derjenigen von Personalratsmitgliedern. Für sie gilt, dass sie ihr Amt unentgeltlich als Ehrenamt führen (§ 42 Abs. 1). Die Vorschriften des § 42 Abs. 2 und 3 über das Verbot der Minderung von Dienstbezügen bei Verrichtung von gesetzlichen Aufgaben und die Bedarfsfreistellung im Umfange der Erforderlichkeit gelten auch für die Mitglieder der Jugend- und Auszubildendenvertretung. Es steht ihnen darüber hinaus – analog zu den Personalratsmitgliedern – die Freistellung zur Teilnahme an erforderlichen

## § 59

Schulungs- und Bildungsveranstaltungen auf Kosten der Dienststelle zu.[1] Beamtete Mitglieder der Jugend- und Auszubildendenvertretung haben bei Unfällen aus Anlass der Wahrnehmung des Amtes Anspruch auf beamtenrechtliche Unfallfürsorge gemäß § 42 Abs. 6.

**2** Der Versetzungs-, Abordnungs- und Umsetzungsschutz des § 43 Abs. 1 gilt auch für die Mitglieder der Jugend- und Auszubildendenvertretung uneingeschränkt. Die ordentliche, fristgerechte Kündigung von Mitgliedern der JAV ist unzulässig (§ 15 Abs. 1 Satz 1 KSchG); die außerordentliche Kündigung von Jugend- und Auszubildendenvertretern bedarf gemäß § 43 Abs. 2 der Zustimmung nicht des eigenen Gremiums, sondern des Personalrats.

**3** Darüber hinaus gilt für die Mitglieder der Jugend- und Auszubildendenvertretung die besondere Schutzvorschrift des § 7 Abs. 2–6, die auf Verlangen des Auszubildenden die Übernahme in ein Arbeitsverhältnis im Anschluss an die erfolgreiche Beendigung des Ausbildungsverhältnisses bewirkt. Insoweit wird auf die Kommentierung zu § 7 verwiesen.

## § 59

**Die Jugend- und Auszubildendenvertretung hat einmal in jedem Kalenderjahr eine Jugend- und Auszubildendenversammlung durchzuführen, die von der vorsitzenden Person der Jugend- und Auszubildendenvertretung geleitet wird. Außer dieser kann eine weitere Jugend- und Auszubildendenversammlung während der Arbeitszeit stattfinden. Die vorsitzende Person des Personalrats oder ein vom Personalrat beauftragtes anderes Mitglied soll an der Jugend- und Auszubildendenversammlung teilnehmen. Im Übrigen sind die Vorschriften des Vierten Kapitels auf die Jugend- und Auszubildendenversammlung entsprechend anzuwenden.**

**1** Die Jugend- und Auszubildendenvertretung muss mindestens einmal und kann höchstens zweimal pro Jahr eine Jugend- und Auszubildendenversammlung während der Arbeitszeit durchführen. Weitere Versammlungen oder Teilversammlungen sind zwar statthaft, können aber nicht während der Arbeitszeit stattfinden. Jedoch kann der Personalrat auf Antrag der Jugend- und Auszubildendenvertretung eine Teilversammlung gemäß § 45 Abs. 2 Satz 2 für alle oder Teile der jugendlichen Beschäftigten und Auszubildenden neben der Jugend- und Auszubildendenversammlung einberufen.

**2** Teilnahmeberechtigt sind alle Wahlberechtigten im Sinne des § 55 Abs. 1, also alle jugendlichen Beschäftigten bis zur Vollendung des 18. Lebensjahres sowie – ohne Rücksicht auf ihr Alter – die Auszubildenden, Beamtenanwärter und Praktikanten.

---

1 Durchführungserlass vom 14.3.2013, Ziff. 11.7.

Die Rechte der Jugend- und Auszubildendenversammlung entsprechen denjenigen der Personalversammlung, weshalb zweckmäßigerweise ein Tätigkeitsbericht zu erstellen sowie Gelegenheit zur Aussprache, Diskussion und zur Stellung von Anträgen zu geben ist (§§ 46, 48). Teilnahmeberechtigt sind neben den jugendlichen Beschäftigten und Auszubildenden der Vorsitzende des Personalrats oder ein vom Personalrat beauftragtes anderes Mitglied sowie der in § 49 genannte Personenkreis.

## § 60

(1) In der Landesverwaltung werden für den Geschäftsbereich mehrstufiger Verwaltungen, in denen Stufenvertretungen bestehen, bei den Mittelbehörden Bezirksjugend- und Auszubildendenvertretungen und bei den obersten Landesbehörden Hauptjugend- und Auszubildendenvertretungen gebildet. Für sie gelten § 50 Abs. 2 und 4, §§ 55, 56, 58 und 61 entsprechend, ferner § 57 mit der Maßgabe, dass die Einrichtung von Sprechstunden entfällt. Die Jugend- und Auszubildendenstufenvertretung hat höchstens fünf Mitglieder.

(2) Bestehen in Fällen des § 1 Abs. 3 mehrere Jugend- und Auszubildendenvertretungen, so ist neben diesen eine Gesamtjugend- und Auszubildendenvertretung zu errichten. Für sie gilt Absatz 1 Satz 2 und 3 entsprechend.

**Abs. 1:** In den Landesverwaltungen werden dort, wo Stufenvertretungen bestehen, Bezirks- und Hauptjugend- und Auszubildendenvertretungen gebildet. Bei den Mittelbehörden also Bezirksjugend- und Auszubildendenvertretungen und bei den obersten Landesbehörden Hauptjugend- und Auszubildendenvertretungen. Diese Gremien sind zugleich mit den Stufenvertretungen zu wählen, für die Wahlberechtigung gilt § 50 Abs. 2 entsprechend. Gemäß § 57 obliegt die Durchführung dieser Wahl dem jeweils örtlichen Personalrat. Für die Wahl der Jugend- und Auszubildendenstufenvertretung gelten gemäß § 41 WO-LPVG die Vorschriften über die Wahl der örtlichen JAV (§ 40 WO-LPVG) entsprechend. Die Dauer der Amtszeit und die Geschäftsführungsrechte entsprechen denjenigen der örtlichen Jugend- und Auszubildendenvertretungen, allerdings können Sprechstunden von den Bezirks- bzw. Hauptjugend- und Auszubildendenvertretungen nicht abgehalten werden. Sie bestehen aus höchstens fünf Mitgliedern.

**Abs. 2:** Bestehen in Nebenstellen oder Teilen einer Dienststelle (§ 1 Abs. 3), die verselbständigt worden sind, mehrere Jugend- und Auszubildendenvertretungen, wird neben diesen eine Gesamtjugend- und Auszubildendenvertretung errichtet. Ihre Errichtung ist – anders als in der Landesverwaltung im Geschäftsbereich mehrstufiger Verwaltungen – nicht davon abhängig, dass auch ein Gesamtpersonalrat besteht. Für die Geschäftsführung der Ge-

## § 61

samtjugend- und Auszubildendenvertretung gelten die Vorschriften der Jugendstufenvertretungen entsprechend.

## § 61

(1) Die Jugend- und Auszubildendenvertretung hat folgende allgemeine Aufgaben:
1. Maßnahmen, die den Beschäftigten im Sinne von § 55 Abs. 1 dienen, insbesondere in Fragen der Berufsbildung und der Entscheidung über die Übernahme der Auszubildenden in ein Beschäftigungsverhältnis, beim Personalrat zu beantragen,
2. darüber zu wachen, dass die zugunsten der Beschäftigten im Sinne von § 55 Abs. 1 geltenden Gesetze, Verordnungen, Unfallverhütungsvorschriften, Tarifverträge, Dienstvereinbarungen und Verwaltungsanordnungen durchgeführt werden,
3. Anregungen und Beschwerden von Beschäftigten im Sinne von § 55 Abs. 1, insbesondere in Fragen der Berufsbildung, entgegenzunehmen und, falls sie berechtigt erscheinen, beim Personalrat auf eine Erledigung hinzuwirken; die Jugend- und Auszubildendenvertretung hat die betroffenen Beschäftigten im Sinne von § 55 Abs. 1 über den Stand und das Ergebnis der Verhandlungen zu informieren.

(2) Die Befugnisse der Jugend- und Auszubildendenvertretung gegenüber dem Personalrat bestimmen sich nach § 30 Abs. 3, § 35 Abs. 1 und 2 und § 36. Sie beziehen sich auf die in den §§ 72 bis 75 genannten beteiligungspflichtigen Angelegenheiten der Beschäftigten im Sinne von § 55 Abs. 1.

(3) Zur Durchführung ihrer Aufgaben ist die Jugend- und Auszubildendenvertretung durch den Personalrat rechtzeitig und umfassend zu unterrichten. Die Jugend- und Auszubildendenvertretung kann verlangen, dass ihr der Personalrat die zur Durchführung ihrer Aufgaben erforderlichen Unterlagen zur Verfügung stellt.

(4) Der Personalrat hat die Jugend- und Auszubildendenvertretung zu den Besprechungen zwischen Dienststelle und Personalrat nach § 63 beizuziehen, wenn Angelegenheiten behandelt werden, die besonders Beschäftigte im Sinne von § 55 Abs. 1 betreffen. Im Übrigen kann ein Mitglied der Jugend- und Auszubildendenvertretung, das von dieser benannt wird, an Besprechungen nach § 63 beratend teilnehmen.

(5) An der Auswahl der ausbildenden Personen, soweit eigene Ausbildungsbezirke in den Dienststellen existieren, und an der Auswahl der Ausbildungsleiterin oder des Ausbildungsleiters nimmt ein Mitglied der Jugend- und Auszubildendenvertretung teil. Hierzu ist die Jugend- und Auszubildendenvertretung frühzeitig und fortlaufend zu informieren.

## § 61

Die Jugend- und Auszubildendenvertretung hat Aufgaben und Befugnisse 1
nur gegenüber dem Personalrat, nicht unmittelbar gegenüber der Dienststelle. Eine vertrauensvolle Zusammenarbeit mit dem Personalrat ist damit für die JAV unerlässlich. Die Vorschrift zählt die Aufgaben und Befugnisse der Jugend- und Auszubildendenvertretung gegenüber dem Personalrat vollständig und abschließend auf. Im Wesentlichen bestehen sie aus Antrags-, Anregungs- und Überwachungsrechten (Abs. 1 Nr. 1 bis 3), dem Recht auf Teilnahme an Sitzungen und Abstimmungen des Personalrats, dem Recht auf Aussetzungsanträge (Abs. 2) sowie Unterrichtungsansprüchen (Abs. 3) und der Hinzuziehung zur Quartalsbesprechung zwischen Dienststelle und Personalrat (Abs. 4). Nach Abs. 5 muss die Jugend- und Auszubildendenvertretung zudem in die Auswahl der ausbildenden Personen sowie der Ausbildungsleiter einbezogen werden.

Die allgemeinen Aufgaben der Jugend- und Auszubildendenvertretung sind 2
den in § 64 Nr. 1, 2 und 5 genannten allgemeinen Aufgaben des Personalrats nachgebildet. Förmliche Mitbestimmungs- oder Beteiligungsverfahren kann die Jugend- und Auszubildendenvertretung für sich nicht in Anspruch nehmen, jedoch ergibt die Aufgabenstellung der Nr. 1 bis 3 die Allzuständigkeit für sämtliche Angelegenheiten der von der Jugend- und Auszubildendenvertretung vertretenen Beschäftigten. Zuständig ist die Jugend- und Auszubildendenvertretung für diejenigen Beschäftigten, die sie haben wählen können, also
- jugendliche Beschäftigte, die das 18. Lebensjahr noch nicht vollendet haben,
- Auszubildende (auch Anlernlinge und Umschüler),
- Beamtenanwärter und
- Praktikanten, jeweils ohne Rücksicht auf ihr Alter.

(Zu den Begriffen siehe Kommentierung zu § 55.)

Die Zuständigkeit der Jugend- und Auszubildendenvertretung ist auf die 3
wahlberechtigten Beschäftigten des § 55 Abs. 1 beschränkt. Sie ist also nicht zuständig für Beschäftigte, die älter als 18 Jahre sind. Darüber hinaus zuständig ist die Jugend- und Auszubildendenvertretung aber für Auszubildende, Beamtenanwärterinnen und Beamtenanwärter sowie Praktikantinnen und Praktikanten, unabhängig von deren Lebensalter (§ 55 Abs. 1 Satz 1 2. Halbsatz).

**Abs. 1:** Zu den allgemeinen Aufgaben der JAV gehört zunächst, Maßnahmen 4
zu beantragen, die den vertretenen Beschäftigten dienen. Beispielhaft werden Fragen der Berufsausbildung und der Entscheidung über die Übernahme der Auszubildenden in ein Beschäftigungsverhältnis genannt. Solche, aber auch weitere Maßnahmen, die zu den Angelegenheiten aus §§ 72 bis 75 zählen (siehe Abs. 2), kann die Jugend- und Auszubildendenvertretung beim Personalrat beantragen. Dieser hat darüber unter Teilnahme der Jugend- und Auszubildendenvertretung gemäß §§ 33, 36 Abs. 2 zu beschlie-

## § 61

ßen und die beschlossenen Maßnahmen ihrerseits bei der Dienststelle zu beantragen.

5 Nr. 2 überträgt der Jugend- und Auszubildendenvertretung die Überwachung der zugunsten ihrer wahlberechtigten Beschäftigten geltenden Vorschriften. Dazu zählen zum einen die Vorschriften, die nur und ausschließlich einen Bezug zu dem vertretenen Personenkreis haben, aber auch alle anderen in der Dienststelle geltenden Gesetze, Verordnungen, Unfallverhütungsvorschriften, Tarifverträge, Dienstvereinbarungen und Verwaltungsanordnungen, die auf die Beschäftigten im Sinne des § 55 Abs. 1 gleichermaßen angewandt werden. Um dieses Recht ausüben zu können, hat die Jugend- und Auszubildendenvertretung in Absprache mit dem Personalrat ein Recht, die Arbeitsplätze jugendlicher Beschäftigter und Auszubildender aufzusuchen und sich von der Einhaltung der einschlägigen Bestimmungen zu überzeugen.

6 Schließlich sind gemäß Nr. 3 von der Jugend- und Auszubildendenvertretung Anregungen und Beschwerden der von ihr vertretenen Beschäftigten entgegenzunehmen und, falls sie berechtigt erscheinen, beim Personalrat auf eine Erledigung hinzuwirken. Solche Anregungen und Beschwerden können sich auf die Durchführung der Berufsausbildung, aber auch auf alle anderen Arbeitsumstände beziehen, die die Beschäftigten im Sinne des § 55 Abs. 1 betreffen. Die Jugend- und Auszubildendenvertretung hat – bevor sie sich damit an den Personalrat wendet – darüber zu beraten, ob die Anregungen und Beschwerden berechtigt »erscheinen«. Es genügt, wenn die Berechtigung als möglich erscheint. Ist das der Fall, so hat die Jugend- und Auszubildendenvertretung beim Personalrat auf eine Erledigung hinzuwirken und diesen zu veranlassen, sich seinerseits mit der jeweiligen Anregung oder Beschwerde auf einer Personalratssitzung zu befassen, ihre Berechtigung zu überprüfen und gegebenenfalls sodann beim Dienststellenleiter – am besten im Vierteljahresgespräch unter Beteiligung der Jugend- und Auszubildendenvertretung (Abs. 4) – auf Erledigung hinzuwirken. Es besteht weder seitens der Jugend- und Auszubildendenvertretung noch seitens des Personalrats eine Verpflichtung, die Namen eines einzelnen Beschwerdeführers der Dienststelle bekanntzugeben.

7 Pflicht der Jugend- und Auszubildendenvertretung ist es, die Beschäftigten, die mit einer Anregung oder Beschwerde an sie herangetreten sind, über den Stand und das Ergebnis der Verhandlungen mit dem Personalrat bzw. das Ergebnis der Bemühungen des Personalrats gegenüber der Dienststelle zu informieren. Das kann durch Aufsuchen am Arbeitsplatz, Einrichten einer Sprechstunde oder – dann aber anonymisiert – durch Behandlung auf der Jugend- und Auszubildendenversammlung (§ 59) geschehen.

8 **Abs. 2:** Der Personalrat hat umfassende Kooperations- und Unterstützungspflichten gegenüber der Jugend- und Auszubildendenvertretung, da er deren Ansprechpartner in allen beteiligungspflichtigen, die Beschäftigten im Sinne

**§ 61**

des § 55 Abs. 1 betreffenden Angelegenheiten ist. Diese umfassende Verpflichtung des Personalrats ergibt sich zum einen aus den in § 61 der Jugend- und Auszubildendenvertretung zugewiesenen Aufgaben und wird zum anderen durch § 64 Nr. 9 besonders hervorgehoben. Diese Vorschrift weist dem Personalrat als allgemeine Aufgabe die enge Zusammenarbeit mit der Jugend- und Auszubildendenvertretung zur Förderung der Belange der von dieser vertretenen Beschäftigten zu. Der Personalrat ist daher als alleiniger Ansprech- und Verhandlungspartner der Jugend- und Auszubildendenvertretung besonders verpflichtet und gehalten, auf die Einhaltung der Rechte, Pflichten und Aufgaben der Jugend- und Auszubildendenvertretung zu achten und ihr – auch durch Gewährung der entsprechenden Räume, Geschäftsbedarf und Büropersonal – Gelegenheit für die Erledigung ihrer gesetzlichen Aufgaben zu geben. Missachtet der Personalrat diese gesetzliche Aufgabe, verstößt er gegen seine Pflichten aus diesem Gesetz, was in groben – also beharrlichen – Fällen zu einer Auflösung des Personalrats nach § 25 Abs. 1 führen kann.

Beteiligungspflichtige Angelegenheiten der zur Jugend- und Auszubildendenvertretung wahlberechtigten Beschäftigten gemäß §§ 72 bis 75 unterliegen zunächst der Mitbestimmung oder sonstigen Beteiligung des Personalrats. Die Jugend- und Auszubildendenvertretung kann das Mitbestimmungsrecht nicht anstelle des Personalrats ausüben; sie wird vielmehr an der Willensbildung des Personalrats durch Einräumung von Beratungs- und Abstimmungsrechten beteiligt. Soweit in den §§ 30, 35 und 36 solche Rechte eingeräumt sind, können sie von der Jugend- und Auszubildendenvertretung nur ausgeübt werden, wenn sie sich auf beteiligungspflichtige Angelegenheiten der §§ 72 bis 75 beziehen. Andere Angelegenheiten sind im Rahmen der nach Abs. 1 zugewiesenen allgemeinen Aufgaben zu behandeln. Eine formelle Unterscheidung verbietet sich jedoch, da es für die Befassung des Personalrats nicht darauf ankommt, ob die Behandlung einer Angelegenheit aufgrund eines Antrags nach § 61 Abs. 1 oder nach § 30 Abs. 3 erfolgt. 9

In beteiligungspflichtigen Angelegenheiten der §§ 72 bis 75 kann die Jugend- und Auszubildendenvertretung verlangen, dass der Personalrat eine Sitzung anberaumt und einen bestimmten Beratungsgegenstand auf die Tagesordnung setzt, damit dieser behandelt werden kann (§ 30 Abs. 3). Dieses Verlangen setzt den Beschluss der Mehrheit der Mitglieder der Jugend- und Auszubildendenvertretung voraus. Der Personalratsvorsitzende muss sodann entweder eine eigene Sitzung anberaumen oder den gewünschten Tagesordnungspunkt auf der nächsten, zeitnah anzuberaumenden Sitzung mitbehandeln. Betrifft die beteiligungspflichtige Angelegenheit ausschließlich einen oder mehrere Beschäftigte im Sinne des § 55 Abs. 1, ist davon auszugehen, dass es sich um eine Angelegenheit handelt, die »besonders« diese Beschäftigten betrifft. In diesem Fall hat die gesamte Jugend- und Auszubil-

## § 61

dendenvertretung sowohl das Recht, an der Sitzung des Personalrats, in der diese Angelegenheit behandelt wird, teilzunehmen, als auch das Recht, bei Beschlüssen darüber mitzustimmen (§ 36 Abs. 2).

Ist die Jugend- und Auszubildendenvertretung der Auffassung, dass ein Beschluss des Personalrats eine erhebliche Beeinträchtigung wichtiger Interessen der durch sie vertretenen Beschäftigten darstellt (zum Begriff siehe Kommentierung zu § 35 Abs. 1), so kann sie den Beschluss des Personalrats beanstanden und verlangen, dass er für die Dauer von einer Woche ab Beschlussfassung ausgesetzt wird. Innerhalb dieser Frist ist eine Verständigung zwischen Personalrat und Jugend- und Auszubildendenvertretung – ggf. unter Hinzuziehung von Gewerkschaftsbeauftragten – zu versuchen. Am Ende der Wochenfrist ist vom Personalrat über die Angelegenheit erneut zu beraten und zu beschließen.

10 Die Jugend- und Auszubildendenvertretung kann dem Personalrat ein Mitglied benennen, das sodann an allen Sitzungen des Personalrats beratend teilnehmen kann. Die Auswahl dieses Mitglieds ist Sache der Jugend- und Auszubildendenvertretung. Dem Vertreter der Jugend- und Auszubildendenvertretung ist in der Personalratssitzung Gelegenheit zur Wortmeldung und Stellungnahme zu geben. Dieses Recht kann nicht auf die Tagesordnungspunkte mit einem Bezug zu den Beschäftigten im Sinne des § 55 Abs. 1 beschränkt werden. Eine Abstimmungsteilnahme ist jedoch nicht möglich. Das sieht das Gesetz nur dann vor, wenn »besonders« Belange der Beschäftigten im Sinne des § 55 Abs. 1 vom Personalrat behandelt werden und die gesamte Jugend- und Auszubildendenvertretung an der Sitzung teilnimmt.

11 **Abs. 3:** Entsprechend der Verpflichtung der Dienststelle gemäß § 65 Abs. 1 zur rechtzeitigen und umfassenden Unterrichtung des Personalrats zur Durchführung seiner Aufgaben ist der Personalrat seinerseits verpflichtet, die Jugend- und Auszubildendenvertretung zur Durchführung ihrer Aufgaben ebenso rechtzeitig und ebenso umfassend zu unterrichten. Der Personalrat ist also gehalten, von sich aus und ohne Aufforderung dasjenige Wissen und diejenigen Unterlagen der Jugend- und Auszubildendenvertretung weiterzugeben, die die Beschäftigten im Sinne des § 55 Abs. 1 betreffen. Das kann sich auf Angelegenheiten beziehen, die diesen Personenkreis ausschließlich oder besonders betreffen, erstreckt sich aber auch auf solche Angelegenheiten, die alle Beschäftigten unter Einschluss der jugendlichen Beschäftigten des § 55 Abs. 1 angehen.

12 Satz 2 sieht zwar vor, dass der Jugend- und Auszubildendenvertretung dem Personalrat vorliegende Unterlagen nur auf Verlangen zur Verfügung gestellt werden müssen. Damit dieses Recht ausgeübt werden kann, ist der Jugend- und Auszubildendenvertretung vom Personalrat jedoch in der Regel mitzuteilen, ob und ggf. welche Unterlagen ihm von der Dienststelle zugänglich gemacht wurden. Erfordert die ordnungsgemäße Durchführung der Auf-

gaben der Jugend- und Auszubildendenvertretung, dass Angaben gemacht oder Unterlagen zur Verfügung gestellt werden, über die der Personalrat selbst nicht verfügt, so ist dieser gehalten, diese bei der Dienststelle unter Hinweis auf die Aufgabenstellung der Jugend- und Auszubildendenvertretung oder gegebenenfalls auch auf eigene Rechte abzuverlangen.

Der Personalrat ist nicht berechtigt, der Jugend- und Auszubildendenvertretung die begehrte Einsichtnahme in Unterlagen zu verweigern. Eine Einsichtnahme in die Personalakten, Sammlungen von Personaldaten oder dienstliche Beurteilungen ist jedoch wegen der Sondervorschrift des § 65 Abs. 3 durch die Jugend- und Auszubildendenvertretung unmittelbar nicht möglich. Diese regelt, dass nur von dem Beschäftigten bestimmte Mitglieder des Personalrats Einsicht nehmen dürfen. Zwar ist das Personalratsmitglied grundsätzlich nicht im Verhältnis zur Jugend- und Auszubildendenvertretung zur Verschwiegenheit verpflichtet; § 9 Abs. 2 Satz 3 nimmt hiervon jedoch die Fälle des § 65 Abs. 3 ausdrücklich aus. Deshalb ist nur mit ausdrücklicher Zustimmung des Beschäftigten die Weitergabe von Informationen aus der Personalakte oder sonstigen Sammlungen von Personaldaten an die Jungend- und Auszubildendenvertretung möglich.

**Abs. 4:** Die Jugend- und Auszubildendenvertretung kann – wie zur Personalratssitzung auch – zu sämtlichen Quartalsbesprechungen im Sinne des § 63 einen von ihr benannten Vertreter zur beratenden Teilnahme entsenden. Werden im Vierteljahresgespräch Angelegenheiten behandelt, die die von ihr vertretenen Beschäftigten »besonders« betreffen (zum Begriff siehe Kommentierung zu § 36 Abs. 2), so hat die gesamte Jugend- und Auszubildendenvertretung ein Teilnahme- und Beratungsrecht.

**Abs. 5:** Soweit eigene Ausbildungsbezirke in den Dienststellen existieren, ist die Jugend- und Auszubildendenvertretung an der Auswahl der ausbildenden Personen sowie an der Auswahl der Ausbildungsleiterin oder des Ausbildungsleiters zu beteiligen. Bei Letzteren handelt es sich um die in der Dienststelle für die Ausbildung letztverantwortlichen Personen im Sinne der Ausbilder-Eignungsverordnung (AEVO). Die Jugend- und Auszubildendenvertretung hat ein Recht auf »Teilnahme« an dem Auswahlverfahren. Zu diesem Zwecke steht der Jugend- und Auszubildendenvertretung zudem ein Anspruch auf frühzeitige und fortlaufende Unterrichtung zu. Die Jugend- und Auszubildendenvertretung ist bereits über die Grundentscheidung der Dienststelle zu unterrichten, überhaupt ein Auswahlverfahren einzuleiten; darüber hinaus ist sie während des gesamten Auswahlverfahrens stets auf dem aktuellen Stand zu halten. Sämtliche auswahlrelevante Informationen sind ihr bekannt zu geben und diesbezügliche Unterlagen, insbesondere Bewerbungsunterlagen, vorzulegen. In analoger Anwendung des § 65 Abs. 2 besteht zudem ein Recht zur Teilnahme an Vorstellungsgesprächen.

## Achtes Kapitel
## Beteiligung der Personalvertretung

## Erster Abschnitt
## Allgemeines

### § 62

Dienststelle und Personalvertretung haben darüber zu wachen, dass alle Angehörigen der Dienststelle nach Recht und Billigkeit behandelt werden, insbesondere, dass jede Benachteiligung von Personen aus Gründen ihrer Rasse oder wegen ihrer ethnischen Herkunft, ihrer Abstammung oder sonstigen Herkunft, ihrer Nationalität, ihrer Religion oder Weltanschauung, ihrer Behinderung, ihres Alters, ihrer politischen oder gewerkschaftlichen Betätigung oder Einstellung oder wegen ihres Geschlechts oder ihrer sexuellen Identität unterbleibt.

1 Die der Dienststelle und dem Personalrat auferlegte Überwachungspflicht erstreckt sich sowohl auf die jeweils andere Seite als auch auf beliebige Dritte. Dienststelle und Personalrat sollen verhindern, dass die Beschäftigten – gleichgültig durch wen – ungerecht und unbillig behandelt werden. Verpflichtet sind alle »Personalvertretungen«, also alle örtlichen Personalräte und Gesamtpersonalräte sowie die Stufenvertretungen und nach § 85 Abs. 2 Satz 1 ebenfalls die Lehrerräte.

§ 62 enthält eine Zusammenfassung aller im Grundgesetz und der Landesverfassung verankerten, grundlegenden Menschenrechte, die selbstverständlich auch innerhalb der Dienststelle gelten. Die Verpflichtung des Personalrats auf diese grundlegenden Normen zeigt zugleich, dass die Wahrnehmung von Rechten nach dem LPVG stets auch die Geltendmachung von Verfassungsrechten der Beschäftigten ist. Die Beteiligungsrechte des Personalrats wurzeln im Sozialstaatsgedanken des Art. 20 Abs. 1 GG und gehen auf Vorstellungen zurück, die auch den Grundrechtsverbürgungen der Art. 1, 2 und 5 Abs. 1 GG zugrunde liegen.[1] Der Personalrat nimmt die Mitbestimmungsrechte daher nicht aus eigenem Recht wahr, sondern bringt mit ihrer Ausübung die Rechte der Beschäftigten gegenüber der Dienststelle zur Geltung. Weil der einzelne Beschäftigte dies aufgrund seiner abhängigen Stellung im Arbeits- und Dienstverhältnis so nicht kann, ist es Aufgabe des durch § 7 Abs. 1 und den besonderen Kündigungsschutz usw. seiner Mitglieder besser geschützten Personalrats, durch Ausübung seiner Beteiligungsrechte zur Grundrechtsverwirklichung der Beschäftigten in der Dienststelle beizutragen.

---

1 So *BVerwG* 28.7.2006 – 6 P 3.06, PersR 2006, 519; *BAG* 1.2.2011 – 1 ABR 79/09.

Zugleich wird durch die Betonung des Grundrechtsbezugs deutlich, dass die auf diese Weise vom Gesetzgeber dem Personalrat übertragenen Mitbestimmungsrechte nicht zu seiner Disposition stehen. Er kann und darf nicht auf ihre Ausübung verzichten, da es sich nicht um »seine« Rechte, sondern um diejenigen der Beschäftigten handelt.

Durch das Gesetz zur Umsetzung europäischer Richtlinien zur Verwirklichung des Grundsatzes der Gleichbehandlung vom 14. 8. 2006,[2] mit dem das Allgemeine Gleichbehandlungsgesetz (AGG) in Kraft gesetzt wurde, sind zugleich die § 62 entsprechenden Bestimmungen in § 75 Abs. 1 BetrVG und § 67 Abs. 1 BPersVG geändert und um die Diskriminierungsmerkmale des § 1 AGG ergänzt worden – soweit sie noch nicht in der Vorschrift enthalten waren.[3] Nunmehr enthält der Katalog neben den bisherigen sämtliche Diskriminierungsmerkmale von § 1 AGG und die nach § 19 Abs. 6 Satz 1 LBG NRW bei Beförderungen zu beachtenden Kriterien des § 9 BeamtStG. § 62 ist weiter gefasst und überantwortet Dienststelle und Personalrat einen umfassenderen Aufgabenkatalog als das AGG.

Es ist zu überwachen, dass alle Angehörigen der Dienststelle nach Recht und Billigkeit behandelt werden und jede Benachteiligung unterbleibt. Nach der Neufassung des § 62 ist zu überwachen, dass jede Benachteiligung »von Personen« unterbleibt, während sich nach altem Recht die Überwachung auf »alle Beschäftigten« beschränkte. Entsprechend den Begriffsbestimmungen des AGG erstreckt sich daher die Überwachung nach § 62 nicht nur auf die Beschäftigten im Sinne des § 5, sondern darüber hinaus auf arbeitnehmerähnliche Personen im Sinne des § 6 Abs. 1 Nr. 3 AGG, auf Mitarbeiter von Drittunternehmen, die als Leiharbeitnehmer oder gestellte Arbeitnehmer im Sinne des § 4 TVöD/TV-L in der Dienststelle eingegliedert sind und weisungsabhängige Tätigkeiten verrichten – soweit sie nicht bereits von § 5 erfasst sind –, sowie auf Bewerberinnen und Bewerber und frühere Beschäftigte im Sinne des § 6 Abs. 1 Satz 2 AGG.

Zu überwachen ist, dass jegliche Benachteiligungen aufgrund der einzelnen Merkmale unterbleiben:

- Der Begriff **Rasse** wird in Ablehnung aller rassistischen Theorien und Auffassungen verwendet und stellt keine biologische Tatsache dar. Er umfasst Benachteiligungen aufgrund der Hautfarbe, des nationalen Ursprungs oder der kulturellen Herkunft.
- **Ethnische Herkunft**, **Abstammung** oder **sonstige Herkunft** bezieht sich auf Menschengruppen, die kulturell, sozial und historisch oder aufgrund gemeinsamer Sprache eine Einheit bilden. Damit ist auch die Benachteiligung wegen eines Migrationshintergrunds untersagt.[4] Sonstige Her-

---

2 BGBl. I 1897.
3 Gesetzesbegründung, LT-Drucks. 14/4239, 94.
4 *Laber/Pagenkopf*, § 62 Rn. 20.

kunft ist diejenige aus einem bestimmten Gebiet oder aus einer bestimmten – auch sozialen – Schicht.
- Unter **Nationalität** ist die Staatsangehörigkeit zu verstehen. Der Personalrat hat nach § 64 Nr. 8 die Eingliederung ausländischer Mitarbeiter besonders zu fördern.
- **Religion** ist der Glaube an eine transzendentale übermenschliche Wirklichkeit.[5] Geschützt sind die mit der Zugehörigkeit zu der jeweiligen Religionsgemeinschaft verbundene Überzeugung und deren Kundgabe nach außen.[6] Werden äußere religiöse Bekundungen durch Lehrerinnen und Lehrer (z. B. Kopftücher) in öffentlichen bekenntnisoffenen Gemeinschaftsschulen zum Zweck der Wahrung des Schulfriedens und der staatlichen Neutralisierung untersagt, so muss dies für alle Glaubens- und Weltanschauungsrichtungen grundsätzlich unterschiedslos geschehen.[7]
- **Weltanschauung** ist ein umfassendes, konkretes Wertesystem, das nicht an ein religiöses Glaubensbekenntnis gebunden ist und bestimmte Aussagen zum Weltganzen sowie zur Herkunft und zum Ziel des menschlichen Lebens beinhaltet. Nicht davon erfasst sind politische Meinungen.
- **Behindert** ist ein Mensch, wenn seine körperliche Funktion, geistige Fähigkeit oder seelische Gesundheit mit hoher Wahrscheinlichkeit länger als sechs Monate von dem für das Lebensalter typischen Zustand abweicht und daher seine Teilhabe am Leben in der Gesellschaft beeinträchtigt ist (vgl. § 2 Abs. 1 Satz 1 SGB IX, § 3 Behindertengleichbehandlungsgesetz). Nicht erforderlich ist das Vorliegen einer Schwerbehinderung, also das Erreichen eines Grades der Behinderung von 50 und mehr.
- Der Begriff **Alter** knüpft an das jeweilige Lebensalter an. Benachteiligungen wegen des Alters können sowohl gegenüber älteren im Verhältnis zu den jüngeren als auch gegenüber jüngeren im Verhältnis zu den älteren Menschen entstehen.
- Der Schutz der **politischen sowie gewerkschaftlichen Betätigung und Einstellung** ist eines derjenigen Merkmale, die weder in § 1 AGG und nur z. T. in § 9 BeamtStG enthalten sind. Auch insoweit ist die gemeinsame Verpflichtung von Dienststelle und Personalvertretung weiter gefasst. Dieser Schutz bezieht sich sowohl auf die Zugehörigkeit wie auch auf die Betätigung in oder für eine Partei bzw. Gewerkschaft und schützt sowohl das bloße Haben bzw. Äußern politischer und gewerkschaftlicher Überzeugungen als auch die Betätigung in und für eine Partei oder Gewerkschaft.

Das Verbot, Personen und Beschäftigte wegen ihrer politischen Betätigung oder Einstellung zu benachteiligen, besagt nichts über das Recht,

---

5 Vgl. DKKW-*Berg*, § 75 Rn. 45 m. w. N.
6 *BVerfG* 27. 1. 2015 – 1 BvR 471/10.
7 *BVerfG* 27. 1. 2015, a. a. O.

## § 62

sich in der Dienststelle politisch zu betätigen. Dafür sieht § 56 LBG die Pflicht zur Mäßigung und Zurückhaltung bei politischer Betätigung vor, für Angestellte soll aufgrund der Treuepflicht Entsprechendes gelten.

§ 3 Abs. 1 verbietet der Dienststelle und der Personalvertretung jede parteipolitische Betätigung in der Dienststelle.

Die Gewerkschaftsmitgliedschaft und -betätigung ist nach Art. 9 Abs. 3 GG auch in der Dienststelle ausdrücklich garantiert.

Die Betätigungsgarantie von Personalratsmitgliedern in und für ihre Gewerkschaft innerhalb der Dienststelle ist in § 3 Abs. 2 geregelt.

Weiterhin ist es allgemeine Aufgabe des Personalrats nach § 64 Nr. 3, sich für die Vereinigungsfreiheit der Beschäftigten einzusetzen. Unter »gewerkschaftlicher« Betätigung ist auch eine Tätigkeit für einen nach § 110 gleichgestellten Berufsverband zu verstehen, der einer gewerkschaftlichen Spitzenorganisation angeschlossen ist.

- Das Verbot der Benachteiligung wegen des **Geschlechts** bezieht sich auf Ungleichbehandlungen von Männern und Frauen sowie von Personen diversen Geschlechts.

- Das Merkmal der **sexuellen Identität** bezieht sich auf die heterosexuelle, homosexuelle oder bisexuelle Orientierung eines Menschen.

Allgemein gilt die Verpflichtung des § 62 für Dienststelle und Personalrat zur Beachtung von »Recht und Billigkeit«. Dies bedeutet, dass nicht nur das geltende Recht und die sich daraus ergebenden Rechtsansprüche zugunsten der Beschäftigten einzuhalten sind. Darüber hinaus ist insbesondere die Dienststelle gehalten, die sozialen und persönlichen Belange der Beschäftigten zu berücksichtigen, vor allem die Grundsätze der materiellen Gerechtigkeit, von Treu und Glauben (§ 242 BGB) und billigem Ermessen (§ 315 BGB) z. B. bei der Ausübung von Ermessen sowie des Direktionsrechtes und in allen übrigen die Beschäftigten betreffenden Angelegenheiten.

Das Verbot unterschiedlicher Behandlung ist Ausprägung des Gleichheitsgrundsatzes des Art. 3 GG. Die beispielhaft aufgeführten Verletzungstatbestände werden ergänzt durch zahlreiche weitere Anti-Diskriminierungs-Vorschriften, z. B. im AGG, TzBfG, SGB IX und im Gleichstellungsgesetz NRW. Während bislang zu überwachen war, dass »jede unterschiedliche Behandlung« unterbleibt, formuliert das Gesetz nunmehr in Anlehnung an das AGG, dass jede »Benachteiligung« zu unterbleiben hat. Dementsprechend kann für den Begriff auf § 3 AGG zurückgegriffen werden. Danach liegt eine unmittelbare Benachteiligung vor, wenn eine Person wegen eines in § 62 genannten Grundes eine weniger günstige Behandlung erfährt, als andere Personen in einer vergleichbaren Situation erfahren oder erfahren würden. Eine mittelbare Benachteiligung liegt vor, wenn dem Anschein nach neutrale Vorschriften, Kriterien oder Verfahren, Personen wegen eines in § 62 genannten Grundes gegenüber anderen Personen in besonderer Weise benachteiligen können, es sei denn, die betreffenden Vorschriften, Kriterien oder Verfahren sind durch ein rechtmäßiges Ziel sachlich gerechtfertigt und die Mittel zur Erreichung dieses Ziels angemessen und erforderlich. Eine Benachteiligung kann auch in einer Belästigung liegen, worunter unerwünschte Verhaltensweisen zu verstehen sind, die mit einem in § 62 genannten Grund im Zusammenhang stehen und bezwecken oder bewirken, dass die Würde der betreffenden Person verletzt und ein von Einschüchterungen, Anfeindungen, Erniedrigungen, Entwürdigungen oder Beleidigungen gekennzeichnetes Umfeld geschaffen wird.

2   Sowohl § 62 als auch die besonderen Diskriminierungsverbote des AGG haben Einfluss auf Inhalt und Umfang der Beteiligungsrechte des Personalrats:

§ 62 erstreckt die Überwachung durch Dienststelle und Personalrat auf Benachteiligungen »von Personen«. Diese Formulierung ist ein Hinweis darauf, dass sich die Zuständigkeiten des Personalrats auf den in § 6 AGG genannten Personenkreis erweitert haben. Er ist also sowohl für die Beschäftigten im Sinne von § 5 als auch für arbeitnehmerähnliche Personen, Leiharbeitnehmer und die gestellten Mitarbeiter fremder Arbeitgeber, Bewerber und frühere Beschäftigte im Rahmen der von § 62 definierten Aufgaben zuständig, sofern diese durch die Novellierung 2011 nicht ohnehin bereits von § 5 erfasst werden. Die mit den Themen des § 62 verbundenen Beteiligungsrechte, insbesondere § 64 Nr. 10 (Förderung der Verwirklichung des Grundrechts der Gleichberechtigung von Frauen und Männern) und das Mitbestimmungsrecht nach § 72 Abs. 4 Nr. 18 (Maßnahmen zur Durchsetzung der tatsächlichen Gleichberechtigung von Frauen und Männern) können dem Personalrat darüber hinaus erweiterte Kompetenzen und Aufgaben sowie zusätzliche Zustimmungsverweigerungsrechte nach § 66 Abs. 3 zuweisen. Der Personalrat kann nämlich seine Zustimmung dann verweigern, wenn die durch Tatsachen begründete Besorgnis besteht, dass betroffene oder andere Beschäftigte benachteiligt werden. Aufgrund der Beweislastregelung in § 22 AGG muss der Personalrat eine solche Benachteiligung zur Wirksamkeit einer Zustimmungsverweigerung nach § 66 Abs. 3 Nr. 2 nicht mehr vollständig durch Tatsachen belegen und einen geschehenen Verstoß darlegen. Es kann genügen, wenn er Umstände vorbringt, aus denen sich ein solcher Verstoß ergeben könnte, z. B. eine entgegen § 11 AGG unterlassene Ausschreibung oder die Missachtung der Handlungspflichten des Dienststellenleiters nach § 12 AGG.

## § 63

**Die Dienststelle und der Personalrat müssen mindestens einmal im Vierteljahr zu gemeinschaftlichen Besprechungen zusammentreten. In ihnen soll auch die Gestaltung des Dienstbetriebs behandelt werden, insbesondere alle Vorgänge, die die Beschäftigten wesentlich berühren. Sie haben**

## § 63

über strittige Fragen mit dem ernsten Willen zur Einigung zu verhandeln und Vorschläge für die Beilegung von Meinungsverschiedenheiten zu machen. Im Rahmen der Besprechungen unterrichtet die Dienststelle den Personalrat zweimal im Jahr über die Haushaltsplanung und die wirtschaftliche Entwicklung, sofern kein Wirtschaftsausschuss nach § 65a besteht. Die Dienststelle ist berechtigt, zu der Besprechung für Personal- und Organisationsangelegenheiten zuständige Beschäftigte hinzuzuziehen.

Dienststelle und Personalrat sind zwingend verpflichtet (Satz 1: »müssen«), einmal im Vierteljahr zu einer gemeinschaftlichen Besprechung zusammenzutreffen. Diese Verpflichtung ist Ausprägung der vertrauensvollen Zusammenarbeit. Es sollen alle gegenseitig interessierenden Fragen außerhalb von Beteiligungsverfahren und abseits des Tagesgeschäftes im Gespräch behandelt und erörtert werden. Das Entscheidende ist, dass Dienststelle und Personalrat im unmittelbaren und persönlichen Gespräch und nicht auf administrativem Wege miteinander umgehen und dieser Gesprächskontakt regelmäßig – mindestens viermal im Jahr außerhalb von Beteiligungsverfahren – stattfindet. 1

Gegenstand des Quartalsgespräches können alle den Dienstbetrieb, die Beschäftigten, den Personalrat und den Dienststellenleiter interessierenden und betreffenden Angelegenheiten sein. Satz 2 führt beispielhaft auf, dass »auch« die Gestaltung des Dienstbetriebes behandelt werden soll und insbesondere alle Vorgänge, die die Beschäftigten wesentlich berühren. Der Themenkreis ist daher nicht auf die Zuständigkeiten und Aufgaben der Personalvertretung beschränkt, sondern ähnlich weit gefasst wie das Themenspektrum der Personalversammlung, die nach § 48 Satz 2 alles behandeln kann, was die Dienststelle oder ihre Beschäftigten »unmittelbar betreffen« (vgl. § 48 Rn. 2). 2

Satz 3 ist Ausdruck der allgemeinen Verpflichtung zur vertrauensvollen Zusammenarbeit. Die in den Quartalsgesprächen aufgerufenen Themen sollen konstruktiv besprochen, Meinungsverschiedenheiten auf der Basis gegenseitiger Lösungsvorschläge erörtert werden.

Zweimal im Jahr hat die Dienststelle nach Satz 4 den Personalrat über die Haushaltsplanung und die wirtschaftliche Entwicklung zu unterrichten, sofern kein Wirtschaftsausschuss nach § 65a besteht. Sofern ein solcher besteht, wird dem Unterrichtungsanspruch des Personalrates bei wirtschaftlichen Angelegenheiten durch die Unterrichtung des Wirtschaftsausschusses und die Weitergabe der Informationen an den Personalrat Genüge getan. 3

Unter Haushaltsplanung ist die Feststellung und Deckung des Finanzbedarfs, der zur Erfüllung der Aufgaben der Dienststelle voraussichtlich notwendig ist, zu verstehen (vgl. § 2 LHO). Zum Haushaltsplan und damit zum Unterrichtungsanspruch des Personalrates gehören die Darstellung der Ein-

## § 63

nahmen und Ausgaben, eine Übersicht über die den Haushalt in Einnahmen und Ausgaben durchlaufenden Posten sowie eine Übersicht über die Planstellen der Beamtinnen und Beamten und die Arbeitnehmerinnen und Arbeitnehmer (vgl. § 14 LHO). Darüber hinaus ist der Personalrat zu unterrichten über die Notwendigkeit der im Haushaltsplan aufgeführten Ausgaben zur Erfüllung der Aufgaben der Dienststelle sowie die Einhaltung der Grundsätze der Wirtschaftlichkeit und Sparsamkeit (vgl. §§ 6, 7 LHO). Die Unterrichtung über die wirtschaftliche Entwicklung der Dienststelle ist weitgehend deckungsgleich mit dem Unterrichtungsanspruch des Wirtschaftsausschusses über die wirtschaftliche und finanzielle Lage der Dienststelle (§ 65a Abs. 3 Nr. 1; siehe auch § 65a Rn. 4).

Der Funktion des Vierteljahresgesprächs entsprechend ist weder eine Tagesordnung noch ein Protokoll vorgeschrieben. Es kann jedoch zweckmäßig sein, dass Themenwünsche zuvor gegenseitig bekannt gegeben werden und dass die wesentlichen Ergebnisse der Besprechung schriftlich festgehalten werden. Die zeitliche Lage des Vierteljahresgesprächs ist zwischen Dienststelle und Personalrat abzusprechen. Es handelt sich nicht um eine Personalratssitzung.[1]

**4** Teilnahmeberechtigt und -verpflichtet ist der gesamte Personalrat einerseits, der Dienststellenleiter in Person andererseits. Eine Vertretung des Dienststellenleiters nach § 8 Abs. 1 Satz 2 kommt wegen der Funktion des Quartalsgesprächs nicht in Betracht.

Teilnahmeberechtigt sind weiter Vertreter der Jugend- und Auszubildendenvertretung oder das gesamte Gremium nach Maßgabe des § 61 Abs. 4. Die Schwerbehindertenvertrauensperson und der Vertrauensmann der Zivildienstleistenden haben gemäß § 178 Abs. 5 SGB IX bzw. § 37 Zivildienstgesetz ein Teilnahmerecht. Der Dienststellenleiter ist berechtigt, »für Personal- und Organisationsangelegenheiten zuständige Beschäftigte« hinzuzuziehen. Die Einräumung dieses Rechts ist damit begründet worden, dass es einer geübten Praxis entspreche. Eine sachliche Änderung der Rechtslage ist daher nicht eingetreten. Solche Beschäftigte können nach der Entscheidung des *OVG NRW* vom 22.1.1986[2] hinzugezogen werden, wenn der Personalrat dazu sein Einvernehmen erklärt. Diese Handhabung entspricht auch der Praxis.

Gemäß § 18 Abs. 4 LGG hat die Gleichstellungsbeauftragte ein Teilnahmerecht, wenn Angelegenheiten ihres Aufgabenkreises besprochen werden sollen.

Auch der Personalrat kann die Hinzuziehung weiterer Beschäftigter oder Gewerkschaftsbeauftragter verlangen, was – wenn es bei der Behandlung von Themen sachgerecht ist – von der Dienststelle nicht grundlos verweigert werden kann.

---

1 Siehe *OVG NRW* 4.10.1990 – CL 42/88, PersR 1991, 95.
2 CL 42/83, PersV 1987, 162.

## § 64

Der Personalrat hat folgende allgemeine Aufgaben:
1. Maßnahmen, die der Dienststelle, ihren Angehörigen oder im Rahmen der Aufgabenerledigung der Dienststelle der Förderung des Gemeinwohls dienen, zu beantragen,
2. darüber zu wachen, dass die zugunsten der Beschäftigten geltenden Gesetze, Verordnungen, Tarifverträge, Dienstvereinbarungen und Verwaltungsanordnungen durchgeführt werden,
3. sich für die Wahrung der Vereinigungsfreiheit der Beschäftigten einzusetzen,
4. auf die Verhütung von Unfall- und Gesundheitsgefahren zu achten, die für den Arbeitsschutz zuständigen Stellen durch Anregung, Beratung und Auskunft zu unterstützen und sich für die Durchführung gesundheitsfördernder Maßnahmen und des Arbeitsschutzes einzusetzen,
5. Anregungen und Beschwerden von Beschäftigten entgegenzunehmen und, falls sie berechtigt erscheinen, durch Verhandlung mit der Dienststelle auf ihre Erledigung hinzuwirken,
6. die Eingliederung und berufliche Entwicklung schwerbehinderter Beschäftigter und sonstiger schutzbedürftiger, insbesondere älterer Personen, zu fördern,
7. Maßnahmen zur beruflichen Förderung schwerbehinderter Beschäftigter zu beantragen,
8. an der Entwicklung der interkulturellen Öffnung der Verwaltung mitzuwirken und die Eingliederung von Beschäftigten mit Migrationshintergrund in die Dienststelle sowie das Verständnis zwischen Beschäftigten unterschiedlicher Herkunft zu fördern,
9. mit der Jugend- und Auszubildendenvertretung zur Förderung der Belange der von ihr vertretenen Beschäftigten eng zusammenzuarbeiten,
10. die Verwirklichung des Grundrechts der Gleichberechtigung von Frauen und Männern zu fördern,
11. Maßnahmen, die dem Umweltschutz in der Dienststelle dienen, anzuregen.

Die dem Personalrat zugewiesenen »allgemeinen« Aufgaben erstrecken sich auf das gesamte Geschehen der Dienststelle und alle Interessen, Anliegen sowie Rechte und Pflichten der Beschäftigten. Sie begründen die Allzuständigkeit des Personalrats ohne förmliche Durchsetzungsrechte wie z. B. in Mitbestimmungsangelegenheiten. Die allgemeinen Aufgaben gehören wie die förmlichen Beteiligungsrechte des Personalrats der §§ 72 bis 75 zum Rechts- und Pflichtenkreis des Personalrats und sind nicht lediglich allgemeine Leit-

## § 64

linien. Ihre Anwendung im 8. Kapitel unter dem Begriff »Beteiligung der Personalvertretung« zeigt, dass § 64 konkrete Aufgaben und Zuständigkeiten enthält. Über Angelegenheiten des § 64 kann also z. B.
- in der Personalratssitzung beraten und beschlossen werden,
- Dienstbefreiung gemäß § 42 Abs. 2 für ihre Erledigung beansprucht werden,
- der Unterrichtungsanspruch gemäß § 65 geltend gemacht werden,
- Beschäftigte befragt und am Arbeitsplatz aufgesucht werden.

Die Handlungsmöglichkeiten des Personalrats wären ohne diese umfassende und weitgehende Formulierung der Aufgaben auf die wesentlich enger zugeschnittenen Beteiligungstatbestände der §§ 72 bis 75 beschränkt. Der thematisch umfassende Zuschnitt der Aufgaben und Rechte des § 64 weist dem Personalrat eine Allzuständigkeit für alle dienstlichen Angelegenheiten zu, die die Beschäftigten berühren.

2 Nr. 1 weist dem Personalrat ganz allgemein die Aufgabe zu, Maßnahmen zu beantragen, die der Dienststelle bzw. ihren Angehörigen und im Rahmen der Aufgabenwahrnehmung der Dienststelle der Förderung des Gemeinwohls dienen. Damit wird die gesellschaftliche Verantwortung der Personalräte betont. Nach der Gesetzesbegründung soll der Personalrat seine Aufgaben nicht isoliert, sondern unter Beachtung der bürgerorientierten Aufgabenerfüllung der Dienststelle wahrnehmen, um gesellschaftlichen Entwicklungen und den damit verbundenen Auswirkungen auf die Aufgabenerfüllung besser Rechnung tragen zu können. Die Aufgaben des Personalrates sind damit nicht auf die Wahrnehmung der Rechte einzelner Beschäftigter oder der Dienststelle beschränkt, sondern dienststellenübergreifend, sofern ein Bezug zu den Aufgaben der Dienststelle besteht. Hat die Dienststelle z. B. die Aufgabe, die medizinische Versorgung der Bevölkerung sicherzustellen, so kann der Personalrat Maßnahmen beantragen, die auf die Verbesserung der Versorgungsleistung gerichtet sind. Auch im kommunalen Bereich kommen Anträge des Personalrats in Betracht, welche die Aufgabenerfüllung der Gemeinde gegenüber Einwohnern und Bürgern im Sinne der §§ 3, 22 GO NW betreffen. In diesem Rahmen wird der Personalrat auch geltend machen könne, dass die Beschäftigtenzahl der Dienststelle nicht ausreichend ist, um die der Dienststelle zugewiesenen Aufgaben ordnungsgemäß wahrnehmen zu können. Die Vorschrift soll im Übrigen »der umfassenden Wahrnehmung der Beschäftigtenbelange« dienen.[1]

Die allgemeinen Aufgaben des Personalrats umfassen sowohl beteiligungspflichtige Angelegenheiten, als auch solche, die nicht der besonderen Beteiligung nach den nachfolgenden Vorschriften unterfallen. Bereits durch die Novelle 1994 ist klargestellt worden, dass die vom Personalrat beantragten

---

1 LT-Drucks. 15/1644, 80.

**§ 64**

Maßnahmen entweder der Dienststelle »oder« ihren Angehörigen dienen können. Gleiches gilt für Maßnahmen, die dem Gemeinwohl dienen. Es müssen nicht kumulativ alle angeführten Zwecke mit der vom Personalrat angestrebten Maßnahme erreicht werden.

**Nr. 2** verpflichtet den Personalrat, alle zugunsten der Beschäftigten geltenden Vorschriften aus Gesetzen, Verordnungen, Tarifverträgen, Dienstvereinbarungen und Verwaltungsanordnungen auf ihre Einhaltung und Durchführung hin zu überwachen. Das geschieht zum einen laufend, kann zum anderen aber auch dadurch erfolgen, dass der Personalrat sich mit entsprechenden Auskunftsersuchen oder Fragestellungen an die Dienststelle wendet. Der Personalrat bedarf nicht eines irgendwie gearteten Verdachtes, um überwachend tätig zu werden.  3

**Nr. 3** weist dem Personalrat – wie schon in § 62 – die Aufgabe zu, sich für die Wahrung der Vereinigungsfreiheit der Beschäftigten einzusetzen, also die ungehinderte Ausübung gewerkschaftlicher Betätigung im Betrieb durch die Beschäftigten zu ermöglichen und Behinderungen entgegenzutreten.  4

**Nr. 4** überträgt dem Personalrat die Verpflichtung, auf die Verhütung von Unfall- und Gesundheitsgefahren zu achten und sich mit den für den Arbeitsschutz zuständigen Stellen in Verbindung zu setzen und aktiv auf die Durchführung gesundheitsfördernder Maßnahmen sowie Maßnahmen des Arbeitsschutzes hinzuwirken. Diese Verpflichtung wird in § 77 Abs. 1 fast wortgleich wiederholt und damit unterstrichen; es besteht darüber hinaus ein Mitbestimmungsrecht des Personalrats bei Maßnahmen zur Verhütung von Dienst- und Arbeitsunfällen und sonstigen Gesundheitsstörungen nach § 72 Abs. 4 Nr. 7, bei der Bestellung und Abberufung von Vertrauens- oder Betriebsärzten nach § 72 Abs. 4 Nr. 6. Auch das Mitbestimmungsrecht bei Gestaltung der Arbeitsplätze gemäß § 72 Abs. 4 Nr. 10 hat einen Bezug zum Gesundheits- und Arbeitsschutz, Zuständigkeiten in diesem Themenbereich ergeben sich weiter aus § 77 Abs. 2 bis 5.  5

Die Hervorhebung der Zusammenarbeit mit den zuständigen Stellen sowohl in Nr. 4 wie in § 77 Abs. 1 stellt klar, dass der Personalrat in Angelegenheiten des Arbeits- und Gesundheitsschutzes außenstehende Stellen im Sinne des § 2 Abs. 3 auch bereits dann einschalten kann, wenn noch keine Einigung in der Dienststelle erzielt worden ist. Dieser zeitraubende Weg verbietet sich bereits wegen der Bedeutung der Schutzrechte der Beschäftigten auf körperliche Unversehrtheit.  6

Nach **Nr. 5** hat der Personalrat Anregungen und Beschwerden von Beschäftigten zunächst entgegenzunehmen. Es kann sich dabei um die Anregung oder Beschwerde eines einzelnen Beschäftigten oder von Gruppen von Beschäftigten handeln. Nach dieser Vorschrift ist der Personalrat zur Entgegennahme und Behandlung von Mobbingbeschwerden über Vorgesetzte, ein-  7

## § 64

zelne oder Gruppen von Beschäftigten zuständig.[2] Der Personalrat kann auch Anregungen und Beschwerden von betrieblichen Gruppierungen der in der Dienststelle vertretenen Gewerkschaften nach dieser Vorschrift entgegennehmen und behandeln. Solche Anregungen und Beschwerden sind vom Personalrat auf einer Sitzung zu beraten und daraufhin zu überprüfen, ob sie berechtigt »erscheinen«. Das ist der Fall, wenn es sich nach Meinung des Personalrats um ein Anliegen handelt, dem weiter nachgegangen oder das gefördert werden soll. Hält der Personalrat die Anregung oder Beschwerde für berechtigt, so hat er durch Verhandlung mit dem Dienststellenleiter auf Erledigung hinzuwirken. Über das Ergebnis dieser Verhandlungen hat der Personalrat die Beschwerdeführer zu unterrichten.[3]

Der Personalrat ist weder berechtigt noch verpflichtet, der Dienststelle die Namen von Beschäftigten bekanntzugeben, die eine solche Anregung oder Beschwerde an den Personalrat gerichtet haben. Die Benachteiligung solcher Beschäftigter verbietet § 612a BGB ausdrücklich.

**8** Nr. 6 verpflichtet den Personalrat, die Eingliederung und berufliche Entwicklung schwerbehinderter Beschäftigter und sonstiger Schutzbedürftiger – insbesondere älterer Mitarbeiter – zu fördern. Die Vorschrift steht im Zusammenhang mit den vom Personalrat ebenfalls zu beachtenden Aufgaben nach dem SGB IX – Rehabilitation und Teilhabe behinderter Menschen – (siehe § 176 SGB IX) sowie den Rechten und Pflichten der Schwerbehindertenvertrauensperson gemäß §§ 176 ff. SGB IX. Sonstige schutzbedürftige Personen sind neben den ausdrücklich genannten älteren Beschäftigten z. B. weibliche Beschäftigte, jugendliche Beschäftigte, Beschäftigte mit ruhenden Arbeitsverhältnissen (Elternzeit/Erziehungsurlaub), neu eingestellte Beschäftigte nach längerer Arbeitslosigkeit etc.

**9** Gemäß Nr. 7 hat der Personalrat Maßnahmen zur beruflichen Förderung schwerbehinderter Beschäftigter, z. B. auf Einrichtung von Schwerbehinderten-Arbeitsplätzen, die Unterstützung bei Zustandekommen einer Inklusionsvereinbarung gemäß § 166 Abs. 1 SGB IX oder die Beschaffung von Mitteln für besondere Fortbildungslehrgänge etc. zu beantragen.

**10** Nach Nr. 8 hat der Personalrat an der Entwicklung der interkulturellen Öffnung der Verwaltung mitzuwirken und die Eingliederung von Beschäftigten mit Migrationshintergrund in die Dienststelle sowie das Verständnis zwischen Beschäftigten unterschiedlicher Herkunft zu fördern.

Die interkulturelle Öffnung der Verwaltung ist dabei als Ausrichtung der öffentlichen Institutionen auf die Anforderungen der Einwanderungsgesellschaft zu verstehen. Ziel dieses Prozesses ist es, Zugangshemmnisse zu öffentlichen Dienststellen abzubauen, die auf den kulturellen Hintergründen

---

2 Zum Mobbingbegriff siehe *LAG Thüringen* 10.4.2001 – 5 Sa 403/00, PersR 2001, 532.

3 Vgl. *Laber/Pagenkopf*, § 64 Rn. 16.

§ 64

oder der besonderen sozialen und rechtlichen Situation von Migranten beruhen. Die Landesregierung verfolgt das Ziel, den Anteil der Menschen mit Migrationshintergrund im öffentlichen Dienst zu erhöhen. Dadurch soll die Leistungsfähigkeit von Behörden, der kompetente Umgang mit Vielfalt und die Identifikation der Menschen mit Migrationshintergrund mit staatlichen Stellen mittelbar erhöht werden. Mit der Verwendung des Begriffs »Mitwirkung« wird zwar kein neuer Beteiligungstatbestand ergänzend zu § 73 geschaffen. Der Gesetzgeber will aber dadurch offensichtlich darauf hinweisen, dass dem Personalrat bei der interkulturellen Öffnung eine eigene gestaltende Rolle zugewiesen werden soll, die sich nicht in formlosen Bitten und Anregungen erschöpfen soll. Eine eingehende Erörterung der Anträge des Personalrats analog § 69 Abs. 1 sowie eine ausdrückliche Einbeziehung in die Integrationsstrategien der Dienststelle entsprechen wohl mehr den gesetzgeberischen Vorstellungen.

Sofern nunmehr statt von ausländischen Beschäftigten von Beschäftigten mit Migrationshintergrund die Rede ist, handelt es sich um eine Anpassung an die in der Integrationspolitik verwendete Sprachregelung.

Eine Diskriminierung ausländischer Beschäftigter verbietet § 62 ausdrücklich. Unter Eingliederung ist die Einstellung, Einarbeitung und das Vertrautmachen mit der Arbeitsumgebung zu verstehen. Der Personalrat kann beispielsweise durch Übersetzung seiner Bekanntmachungen zur Überwindung von Sprachproblemen beitragen. Die Novelle des BetrVG 2001 hat den vergleichbaren § 80 dahingehend ergänzt, dass zu den Aufgaben des Betriebsrats die Bekämpfung von Fremdenfeindlichkeit und Rassismus gehört.

Die Vorschrift erhält vor dem Hintergrund der Flüchtlingszuwanderung besondere Bedeutung. Das Recht des Personalrats, an der Eingliederung auch von Flüchtlingen mitzuwirken, braucht sich nicht auf Maßnahmen zur Erhöhung des Migrantenanteils im öffentlichen Dienst zu beschränken. Vielmehr ist der Personalrat berechtigt, Programme und Maßnahmen anzustoßen und die Beschäftigten zur Teilnahme aufzurufen, die eine Integration von Flüchtlingen in die Zivilgesellschaft beinhalten.

**11** Die Zusammenarbeit mit der Jugend- und Auszubildendenvertretung und die Förderung der Belange der von dieser vertretenen Beschäftigten ist dem Personalrat nach **Nr. 9** zugewiesen. Diese enge Zusammenarbeit ergibt sich bereits aus der besonderen Rechtsstellung, die die Jugend- und Auszubildendenvertretung gegenüber dem Personalrat nach den Vorschriften des 7. Kapitels, insbesondere der Aufgabenstellung des § 61, hat.

**12** **Nr. 10** formuliert, dass der Personalrat auf die Gleichstellung von Frau und Mann hinzuwirken habe. Damit soll[4] die Zielsetzung des § 1 LGG aufge-

---

4 Gesetzesentwurf, LT-Drucks. 14/4239, 94.

## § 65

griffen und der Grundrechtsbezug der Gleichberechtigung von Frauen und Männern verdeutlicht werden. Die Vorschrift hat einen engen Bezug zu der allgemeinen Verpflichtung in § 62, darüber zu wachen, dass jede Benachteiligung u. a. wegen des Geschlechts unterbleibt sowie zu dem Mitbestimmungsrecht nach § 72 Abs. 4 Nr. 18 bei Maßnahmen, die der Durchsetzung der tatsächlichen Gleichberechtigung von Frauen und Männern dienen. Der Personalrat ist damit aufgefordert, an der Verwirklichung der Grundsätze des Landesgleichstellungsgesetzes mitzuwirken[5] und entsprechend dem Appell des § 17 Abs. 1 AGG zur Verwirklichung des in § 1 AGG genannten Ziels zur Verhinderung oder Beseitigung jeglicher Benachteiligungen beizutragen.

13 Nr. 11: Die Aufgaben im Zusammenhang mit dem betrieblichen Umweltschutz sind angelehnt an die §§ 80 Abs. 1 Nr. 9, 89 Abs. 3 BetrVG. In der Gesetzesbegründung heißt es, dass dem Personalrat ein allgemeines Initiativrecht zukommen soll, um der wichtigen Aufgabe »Umweltschutz« gerecht zu werden.[6]

Die Aufgaben des Personalrats sind insofern eingeschränkt, als es sich um Umweltschutz »in der Dienststelle« handeln muss. Es besteht kein allgemeines umweltpolitisches Mandat. Angelehnt an die Definition in § 89 Abs. 3 BetrVG sind danach alle personellen und organisatorischen Maßnahmen sowie alle die dienstlichen Bauten, Räume, technischen Anlagen, Arbeitsverfahren, Arbeitsabläufe und Arbeitsplätze betreffenden Maßnahmen von der Vorschrift erfasst, die dem Umweltschutz dienen. Erfasst werden alle von der Dienststelle und deren Organisation ausgehenden Auswirkungen auf die Umwelt. Dementsprechend kann sich die Förderungspflicht des Personalrates beispielsweise auf Maßnahmen zur Abfallverminderung, zur Energieeinsparung und zur Verwendung umweltschonender Materialien beziehen.[7]

### § 65

(1) **Der Personalrat ist zur Durchführung seiner Aufgaben rechtzeitig und umfassend zu unterrichten. Ihm sind die dafür erforderlichen Unterlagen vorzulegen. Vor Organisationsentscheidungen der Dienststelle, die beteiligungspflichtige Maßnahmen zur Folge haben, ist der Personalrat frühzeitig und fortlaufend zu informieren. An Arbeitsgruppen, die der Vorbereitung derartiger Entscheidungen dienen, kann der Personalrat beratend teilnehmen.**

---

5 Gesetz zur Gleichstellung von Frauen und Männern i. d. F. vom 6.12.2016 (GV.NRW 1052).
6 LT-Drucks. 15/1644, 80.
7 Vgl. *Fitting u. a.*, BetrVG, § 80 Rn. 47 zu § 80 Abs. 1 Nr. 9 BetrVG.

## § 65

(2) Bei Einstellungen sind ihm auf Verlangen die Unterlagen aller Bewerberinnen und Bewerber vorzulegen. An Gesprächen, die im Rahmen geregelter oder auf Übung beruhender Vorstellungsverfahren zur Auswahl unter mehreren dienststelleninternen oder dienststellenexternen Bewerberinnen und Bewerbern von der Dienststelle geführt werden, kann ein Mitglied des Personalrats teilnehmen; dies gilt nicht in den Fällen des § 72 Abs. 1 Satz 2. Ein Mitglied der Jugend- und Auszubildendenvertretung kann zusätzlich teilnehmen, wenn zu den Gesprächen Beschäftigte im Sinne des § 55 Absatz 1 eingeladen sind.

(3) Personalakten oder Sammlungen von Personaldaten dürfen nur mit Zustimmung der oder des Beschäftigten und nur von den von ihr oder ihm bestimmten Mitgliedern des Personalrats eingesehen werden; dies gilt nicht für listenmäßig aufgeführte Personaldaten, die regelmäßig Entscheidungsgrundlage in beteiligungspflichtigen Angelegenheiten sind. Dienstliche Beurteilungen sind auf Verlangen der oder des Beschäftigten dem Personalrat zur Kenntnis zu bringen. Ein Mitglied des Personalrats kann auf Wunsch der oder des Beschäftigten an Besprechungen mit entscheidungsbefugten Personen der Dienststelle teilnehmen, soweit dabei beteiligungspflichtige Angelegenheiten berührt werden. Das Gleiche gilt für ein Mitglied der Jugend- und Auszubildendenvertretung soweit es um beteiligungspflichtige Angelegenheiten der von ihr vertretenen Beschäftigten geht.

(4) Die Einhaltung des Datenschutzes obliegt dem Personalrat. Der Dienststelle sind die getroffenen Maßnahmen mitzuteilen.

Der Personalrat kann die ihm vom Gesetz übertragenen Aufgaben nur dann erfüllen, wenn die Dienststelle ihn rechtzeitig und umfassend unterrichtet und er bei Wahrnehmung seiner Aufgaben zeitgleich und im gleichen Umfang wie die Dienststelle über alle Angelegenheiten und Tatsachen unterrichtet ist. 1

**Abs. 1 Satz 1:** Der Unterrichtungsanspruch des Personalrats erstreckt sich auf die Durchführung seiner Aufgaben, also auf sämtliche im Personalvertretungsgesetz aufgeführten Rechte und Pflichten, insbesondere die im Achten Kapitel unter »Beteiligung der Personalvertretung« zusammengefassten Beteiligungsrechte des Personalrats. Darüber hinaus sind besondere Informationsrechte des Personalrats (siehe z.B.: § 7 Abs. 3, § 20 TzBfG bzgl. der Anzahl von befristeten und in Teilzeit Beschäftigten; § 21 Gefahrstoffverordnung oder EG-Richtlinie 2001/23/EG zur Unterrichtung bei Privatisierungen) zu beachten. Die Überwachung des AGG und die Bedeutung dieses Gesetzes sowie die von § 62 geschützten Rechtsgüter der Beschäftigten und im Zusammenhang damit dem Personalrat nach §§ 64 Nr. 10, 72 Abs. 4 Nr. 18 übertragenen Aufgaben erweitern den Unterrichtungsanspruch auf alle Angelegenheiten, die mit einer Benachteiligung oder Diskriminierung nicht 1a

## § 65

nur der Beschäftigten im Sinne des § 5, sondern aller »Personen« (§ 62) einhergehen. Der Personalrat ist insoweit auch für die Verhinderung und Beseitigung von Benachteiligungen von arbeitnehmerähnlichen Personen, von Leiharbeitnehmern und gestellten Arbeitnehmern von Dritt-Arbeitgebern, Bewerberinnen und Bewerbern sowie früheren Beschäftigten zuständig. Dem Personalrat ist darüber hinaus künftig ein Überblick über alle Fälle einer möglichen Benachteiligung und über alle Beschwerden, die im Rahmen des AGG an die Dienststelle gelangen, zu geben.[1]

Die Unterrichtung darf sich nicht auf diejenigen Angelegenheiten beschränken, die die Dienststelle beabsichtigt, sondern hat sich auch auf Angelegenheiten zu erstrecken, die vom Personalrat verlangt oder beabsichtigt werden. Sowohl zur Erfüllung der allgemeinen Aufgaben des § 64 als auch zur Vorbereitung von Initiativanträgen im Rahmen von mitbestimmungspflichtigen Angelegenheiten besteht daher ein uneingeschränkter Unterrichtungsanspruch. Aus den allgemeinen Aufgaben des Personalrats kann sich auch außerhalb konkreter Beteiligungsverfahren die Verpflichtung des Dienststellenleiters zur Vorlage von Unterlagen ergeben.[2] Der Personalrat ist auch nicht darauf beschränkt, auf Missstände, Unterlassungssünden u. Ä. hinzuweisen, um ein Recht auf Information zu erhalten. Macht der Personalrat geltend, es bestünden Dienstvereinbarungen mit einem von Gesetz oder Tarifvertrag abweichenden Inhalt, sind ihm sämtliche Dienstanweisungen vorzulegen.[3]

Der Unterrichtungsanspruch soll es dem Personalrat ermöglichen, die ihm obliegenden Aufgaben »effektiv« zu bewältigen.[4] Dabei stehen die verschiedenen Aufgaben des Personalrats im Grundsatz gleichwertig nebeneinander. Für sämtliche in den §§ 62–78 genannten Aufgaben hat der Personalrat einen inhaltlich und qualitativ gleichen Unterrichtungsanspruch. Das vermeintlich unterschiedliche Gewicht der verschiedenen Aufgabenstellungen rechtfertig es nicht, je nach Reichweite des Beteiligungsrechtes einen geringeren Unterrichtungsanspruch anzunehmen oder dem Personalrat bei der Wahrnehmung der allgemeinen Aufgaben nach § 64 weniger Unterrichtungsrechte zuzubilligen, als bei der Wahrnehmung von Mitbestimmungsrechten des § 72[5] bzw. die Unterrichtungsansprüche des Personalrats auf Beteiligungsangelegenheiten zu beschränken.[6] Im Gegenteil legt es – so das

---

1 *Vogelsang*, PersV 2007, 231, 238 f.
2 So *OVG NRW* 11. 9. 1997 – 1 A 650/95.PVL, PersR 1998, 250, unter Hinweis auf *BVerwG* 22. 12. 1993 – 6 P 34.92, juris.
3 *OVG NRW* 27. 10. 1999 – 1 A 5223/97.PVL, PersR 2000, 112.
4 So *OVG NRW* 20. 9. 2002 – 1 A 1061/01.PVB, PersR 2003, 161; 4. 11. 2005 – 1 A 4935/04.PVB, PersR 2006, 522.
5 So ausdrücklich: *OVG NRW* 20. 9. 2002 – 1 A 1061/01.PVB, PersR 2003, 161.
6 *BVerwG* 19. 12. 2018 – 5 P 6.17, NZA-RR 2019, 332, Rn. 33.

## § 65

*OVG* – die systematische Stellung insbesondere der Überwachungstatbestände der §§ 62 Satz 1 und 64 Nr. 2 nahe, die Unterrichtungsansprüche des Personalrats als »eine Art der nicht förmlichen Beteiligung zu verstehen«,[7] also ein Beteiligungsrecht eigener Art. Jedenfalls sind die Überwachungsaufgaben der Personalvertretung und ihre Aufgaben aus Beteiligungsrechten nebeneinander anwendbar und schließen sich nicht aus.[8]

Der Personalrat muss nicht die Besorgnis einer Rechtsverletzung darlegen, um Informationen beanspruchen zu können.[9] Die vom Personalrat begehrte Information muss jedoch stets einen Bezug zu den Aufgaben der Personalvertretung und ihrer Wahrnehmung haben (»untrennbare Beziehung«).[10] Der erforderliche Bezug darf nicht ein völlig abstrakter sein, sondern muss an einen bestimmten, sachlich gerechtfertigten Anlass anknüpfen. Das bedeutet aber nicht, dass der Personalrat nur in Einzelfällen tätig werden darf. Lediglich ein von seinen konkreten Aufgaben losgelöster, umfassender Informationsanspruch besteht nicht. Es kann jedoch nur eine sehr lockere Bindung an eine dem Personalrat übertragene Aufgabe verlangt werden. Die Grenze zwischen einer unzulässigen allgemeinen Überwachung der Dienststelle durch den Personalrat ist nach dem Maßstab der Erforderlichkeit zu ermitteln.[11] Ohnehin stehen dem Personalrat bei ständig wiederkehrenden Beteiligungsangelegenheiten bestimmte, dauerhaft zu überlassene Basis- und Grundinformationen zu.[12]

Die Unterrichtungspflicht des Dienststellenleiters soll dem Personalrat den gleichen Informationsstand sichern, wie ihn der Dienststellenleiter selbst hat.

Steht dem Personalrat gemäß § 72 Abs. 1 Satz 2 ein Mitbestimmungsrecht in personellen Einzelmaßnahmen nur auf Antrag zu, kann bei Fehlen eines solchen Antrags ein Unterrichtungsanspruch nicht auf die allgemeinen Überwachungsaufgaben gestützt werden.[13]

Datenschutzrechtliche Erwägungen allgemeiner Art können dem Unterrichtungsanspruch des Personalrats nicht entgegengehalten werden, da der

---

7 So *OVG NRW* 20.9.2002 – 1 A 1061/01.PVB, PersR 2003, 161.
8 *BVerwG* 19.12.2018 – 5 P 6.17, NZA-RR 2019, 332, Rn. 33.
9 So *BVerwG* 19.12.2018 – 5 P 6.17, NZA-RR 2019, 332ff., Rn. 39; 27.2.1985 – 6 P 9.84, PersR 1985, 124; 22.12.1993 – 6 P 15.92, ZfPR 1994, 41; *OVG NRW* 20.9.2002 – 1 A 1061/01.PVB, PersR 2003, 161.
10 *OVG NRW* 22.5.1996 – 1 A 1864/93.PVL, PersV 1998, 517.
11 So *BVerwG* 19.12.2018 – 5 P 6.17, NZA-RR 2019, 332ff., Rn. 39.
12 *OVG NRW* 24.11.2005 – 1 A 2562/04.PVL.
13 *OVG NRW* 30.8.2018 – 20 A 2500/16.PVB.

Personalrat nicht »verantwortliche Stelle« im Sinne des Art. 4 Nr. 7 DS-GVO sondern Teil der speichernden Stelle »Arbeitgeber« bzw. »Behörde« ist.[14] Auch das Recht betroffener Beschäftigter auf informationelle Selbstbestimmung gemäß Art. 2 Abs. 1 GG steht einem Unterrichtungsanspruch des Personalrates nicht zwingend entgegen. Zwar umfasst das Persönlichkeitsrecht die Befugnis des Einzelnen, grundsätzlich selbst zu bestimmen, wann und innerhalb welcher Grenzen persönliche Lebenssachverhalte offenbart werden. Dieses Recht ist aber nicht schrankenlos gewährleistet, sondern muss sich Einschränkungen im überwiegenden Allgemeininteresse gefallen lassen. Ein solches überwiegendes Allgemeininteresse kann vorliegen, wenn der Personalrat die Informationen benötigt, um die ihm gesetzlich zugewiesenen Aufgaben erfüllen zu können.[15] Nur bei höchstpersönlichen und besonders schützenswerten Daten, wie etwa dem Bestehen einer Schwangerschaft, geht das Recht auf informationelle Selbstbestimmung der grundsätzlich bestehenden Informationspflicht der Dienststelle vor.[16] Das dürfte für die privaten Telefonnummern und privaten E-Mail-Adressen der Beschäftigten nicht zutreffen, wenn der Personalrat sie anlässlich einer konkreten Mitbestimmungsvorlage verlangt. Soweit die Dienststelle über diese Daten verfügt und dementsprechend die betroffenen Lehrkräfte sie der Dienststelle bereits offenbart haben, ist ein Informationsanspruch des Personalrats zu bejahen und muss nicht hinter den Persönlichkeitsrechten der Beschäftigten nach Art. 2 Abs. 1 i. V. m. Art. 1 GG zurücktreten.[17]

2   **Rechtzeitige Unterrichtung** bedeutet, dass die Dienststelle den Personalrat so frühzeitig über alle beabsichtigten Maßnahmen informieren muss, dass die Maßnahme noch gestaltungsfähig ist, keine vollendeten Tatsachen geschaffen worden sind und dem Personalrat zeitlich und inhaltlich durch Ausübung der gesetzlichen Beteiligungsrechte die Möglichkeit einer Mitgestaltung im Interesse der Beschäftigten offensteht. Die Unterrichtung muss so rechtzeitig erfolgen, dass der Personalrat sich äußern kann, um »vor Schaffung vollendeter Tatsachen tätig werden zu können und ggf. bei nur durch die Dienststellenleitung aufklärbaren Unklarheiten oder bei Einwänden substantiierter Art eine Erklärung bzw. Begründung der beabsichtigten

---

14 Vgl. *Däubler*, PersR 4/2019, 12 ff.; *Körner*, Die Auswirkungen der Datenschutz-Grundverordnung (DSGVO) in der betrieblichen Praxis, HSI-Schriftenreihe Nr. 28, 2019, S. 56 ff.; a. A. *Meinhold*, NZA 2019, 670 ff.
15 Vgl. *BVerwG* 19. 12. 2018 – 5 P 6.17, NZA-RR 2019, 332 ff., Rn. 49; 23. 6. 2010 – 6 P 8.09; 4. 9. 2012 – 6 P 5.11, PersR 2012, 508; *BayVGH* 14. 3. 2016 – 17 P 14.2689, PersR 10/2016, 46; *Düwell*, PersR 10/2016, 36 zum Informationsrecht des Personalrats beim betrieblichen Eingliederungsmanagement.
16 *BVerwG* 29. 8. 1990 – 6 P 30.87, PersR 1990, 301; *VG Münster* 11. 3. 2016 – 22 K 660/15.PVL (n. rkr.).
17 So aber *OVG NRW* 3. 4. 2017 – 20 A 628/16:PVL, juris.

§ 65

Maßnahme durch die Dienststellenleitung zu erhalten und sich auch nach Abgabe dieser Begründung erneut äußern zu können.«[18]
Der Zeitpunkt der Unterrichtung des Personalrats über eine beteiligungspflichtige Angelegenheit muss deutlich vor dem Zeitpunkt liegen, zu dem die Einleitung eines Mitbestimmungsverfahrens nach § 66 Abs. 2 angezeigt ist. Ein Mitbestimmungsverfahren ist einzuleiten, wenn die Überlegungen der Dienststelle in einer mitbestimmungspflichtigen Angelegenheit zu einem vorläufigen Abschluss gekommen sind. Die Unterrichtung hat zu einem wesentlich früheren Zeitpunkt zu beginnen, wenn nämlich die Dienststelle die ersten Planungsschritte abgeschlossen hat und Lösungswege für die vorgestellte Maßnahme entwickelt. Bei Organisationsentscheidungen hat die Unterrichtung zu einem noch früheren Zeitpunkt zu erfolgen (siehe Rn. 7).

Die Unterrichtung des Personalrats hat auch **umfassend** zu sein. Dem Personalrat sind alle Unterlagen zur Verfügung zu stellen, die der Dienststelle bei ihrer Entscheidungsfindung zur Verfügung gestanden haben.[19] Der Personalrat ist darüber hinaus so zu unterrichten, dass er  3

- »alle entscheidenden Gesichtspunkte kennt, die für die Ausübung des Mitbestimmungsrechtes von Bedeutung sein können«;[20]
- feststellen kann, »ob ihm ein Mitbestimmungsrecht zusteht und ob er davon Gebrauch machen soll, sofern nicht ein Mitbestimmungsrecht offensichtlich nicht in Betracht kommt«;[21]
- »in die Lage versetzt wird, zu prüfen, ob ein bestimmter Mitbestimmungstatbestand vorliegt«.[22]

Die Dienststelle kann sich daher nicht damit begnügen, die beabsichtigte Maßnahme aus ihrer Sicht darzustellen. Vielmehr muss auch auf die Mitbestimmungsrechte des Personalrats Rücksicht genommen werden und die Unterrichtung muss so gestaltet werden, dass der Personalrat erkennen kann, welche Mitbestimmungsrechte überhaupt in Betracht kommen und welche Bedenken bestehen können. Bei personellen Einzelmaßnahmen wird also die Unterrichtung insbesondere sicherzustellen haben, dass der Personalrat erkennen kann, ob Einwendungen in Betracht kommen, die zum Schutze der Belegschaft oder eines einzelnen Beschäftigten oder Bewerbers erforderlich sind. Dazu bedarf es einer Darstellung der Konkurrenzsituation, unter Umständen des Geschlechts der Mitbewerberinnen und -bewerber sowie der Stellungnahme der Gleichstellungsbeauftragten. Bei Stellungsbesetzungsvorgängen hat der Personalrat Anspruch darauf, dass ihm sämt-

---

18 *OVG NRW* 20. 9. 2002 – 1 A 1061/01.PVB, PersR 2003, 161.
19 Siehe *Welkoborsky*, PersR 1989, 220.
20 *OVG NRW* 11. 10. 1988 – CL 23/86, PersV 1990, 79.
21 *OVG NRW* 11. 10. 1988, a. a. O.
22 *OVG NRW* 11. 10. 1988, a. a. O.

## § 65

liche Bewerbungsunterlagen sämtlicher Bewerber einschließlich der Eignungsgutachten, Ergebnisse von Assessment-Centern, anderen Auswahlverfahren und -gesprächen vollständig zur Verfügung gestellt werden.[23]

**4** **Abs. 1 Satz 2: Unterlagen**, die zur Durchführung der Arbeit des Personalrats erforderlich sind, sind von der Dienststelle unaufgefordert vorzulegen. Einfachere Unterlagen – wie Übersichten, Auflistungen, Statistiken – sind zur Erfüllung von Informationspflichten von der Dienststelle eigens zu erstellen.[24] Unter Vorlage ist zu verstehen, dass die Unterlagen dem Personalrat als Organ dann zur Verfügung stehen, zugänglich sind und eingesehen werden können, wenn eine Entscheidung zu treffen ist. Die Unterlagen müssen also auf der Personalratssitzung vorhanden sein. Beschränkungen im Einsichtnahmerecht darf die Dienststelle nicht vornehmen. Ständig benötigte Unterlagen – wie z. B. Personalbedarfsrechnung oder Stellenplan – sind auf Dauer in Kopie zu überlassen.[25] Der Personalrat hat Anspruch auf diejenigen Unterlagen, die bei generalisierender Betrachtung regelmäßig für die Entscheidungsfindung in beteiligungspflichtigen Angelegenheiten von Bedeutung sind, also absehbar deren »Basismaterial« darstellen. Der Personalrat muss nicht »einem Bittsteller ähnlich« in jedem Einzelfall wegen derselben Schriftstücke immer wieder erneut vorstellig werden.[26] Zu solchen Unterlagen, die dem Personalrat auf Dauer zur Verfügung zu stellen sind, zählen insbesondere

- Bruttolohn- und Gehaltslisten,[27] § 65 bildet eine bereichsspezifische Rechtsgrundlage für die Einsichtnahme des Personalrats in die Bruttolohn- und Gehaltslisten, die zu einem entsprechenden Eingriff in das Grundrecht des einzelnen Beschäftigten auf informationelle Selbstbestimmung ermächtigt und insoweit den verfassungsrechtlichen Bestimmtheitsanforderungen genügt.[28]
- Personalmesszahlen zur Errechnung des künftig benötigten Personals,[29]
- eine aktuelle Beschäftigtenliste gegliedert nach Beamten und Arbeitnehmern, Frauen und Männern, ATZ, Inanspruchnahme von Elternzeit nach Maßgabe der EZVO bzw. dem BEEG[30] unter Angabe der Eintrittsdaten und des Geburtsdatums/Lebensalters,

---

23 BVerwG 11.2.1981, PersV 1981, 320; so auch: VG Münster 11.3.2016 – 22 K 660/15.PVL (n. rkr.).
24 OVG NRW 27.10.1999, a. a. O.
25 So OVG NRW 24.1.2001 – 1 A 1538/99.PVB, PersR 2001, 391, sowie BVerwG 23.1.2002 – 6 P 5.01, PersR 2002, 201.
26 So OVG NRW 24.11.2005 – 1 A 2562/04.PVL.
27 BVerwG 16.2.2010 – 6 P 5.09, PersR 2010, 204.
28 BVerwG 16.5.2012 – 6 PB 2.12, PersV 2013, 353.
29 OVG NRW 24.11.2005 – 1 A 2562/04.PVL, juris.
30 VG Düsseldorf 16.12.2010 – 34 K 2416/10.PVL.

## § 65

- § 7 Abs. 3 TzBfG verpflichtet die Dienststelle, den Personalrat über Teilzeitarbeit zu informieren, insbesondere über vorhandene oder geplante Teilzeitarbeitsplätze und über die Umwandlung von Teilzeitarbeitsplätzen in Vollzeitarbeitsplätze und umgekehrt. Auf Verlangen des Personalrats sind ihm die erforderlichen Unterlagen zur Verfügung zu stellen (§ 7 Abs. 3 Satz 2 TzBfG).
- Beschäftigtenscharfe und periodenübergreifende Listen abgeleisteter Mehrarbeit und Überstunden aller betroffenen Beschäftigten,
- Kopie der Personalbedarfsberechnung und des Stellenplans,[31]
- im Rahmen des Überwachungsrechts des Personalrats nach § 167 Abs. 2 Satz 7 SGB IX hat die Dienststelle dem Personalrat bzw. einem Mitglied des Personalrats regelmäßig die Namen derjenigen Beschäftigten mitzuteilen, denen ein betriebliches Eingliederungsmanagement anzubieten ist, und Einsicht in das Hinweisschreiben an die betroffenen Beschäftigten zu gewähren.[32]
- in beamtenrechtlichen Verfahren der vorzeitigen Zurruhesetzung wegen Dienstunfähigkeit sind dem Personalrat zugleich mit der Mitbestimmungsvorlage nach § 72 Abs. 1 Nr. 9 alle amtsärztlichen Gutachten vorzulegen.[33]

Die Dienststelle kann sich nicht darauf berufen, dass die vom Personalrat verlangten Unterlagen entweder nicht oder nicht in der gewünschten Form vorlägen. Das steht dem Bestehen eines entsprechenden Unterrichtungsanspruchs prinzipiell nicht entgegen.[34]

Der Personalrat hat neben dem Recht, von der Dienststelle alle Angaben und Unterlagen zu erhalten, auch das Recht zur Eigenunterrichtung.[35] Das kann durch Anhörung und Befragung von Beschäftigten, Hinzuziehung von Gewerkschaftsbeauftragten, sachkundigen Personen und Sachverständigen auf Personalratssitzungen erfolgen. Der Personalrat hat auch das Recht, die Beschäftigten zum Zwecke der Informationsbeschaffung am Arbeitsplatz aufzusuchen. Er hat dazu jedoch zuvor das Einvernehmen mit der Dienststelle herbeizuführen,[36] das allerdings nur aus triftigem Grund verweigert werden darf.

Der Personalrat kann Sachverständige hinzuziehen. Dazu muss in dem Beschluss des Personalrats zum Ausdruck kommen, dass eine Willensbildung über Erforderlichkeit und Umfang des Gutachtenauftrages stattgefunden hat. Der Auftrag an den Gutachter muss genau bezeichnet, die voraussicht-

---

31 OVG NRW 24.1.2001 – 1 A 1538/99.PVB, PersR 2001, 391.
32 BVerwG 4.9.2012 – 6 P 5.11, PersR 2012, 508.
33 OVG Berlin-Brandenburg 19.1.2017 – OVG 60 PV 6.16, PersR 3/2018, 45.
34 OVG NRW 4.11.2005 – 1 A 4935/04.PVL, PersR 2006, 522.
35 So zutreffend OVG NRW 4.3.1993 – CL 25/89, PersR 1993, 401.
36 BVerwG 9.3.1990 – 6 P 15.88, PersR 1990, 177.

## § 65

lich entstehenden Kosten begründet und in einer Vereinbarung mit dem Sachverständigen festgelegt werden. Ein Sachverständigengutachten kann nur im Rahmen der gesetzlichen Aufgabenstellung des Personalrats – regelmäßig im Zusammenhang mit der Ausübung von Mitbestimmungsrechten – verlangt werden.[37] Es muss ein konkreter Bezug zu einer bestimmten Aufgabenstellung vorhanden sein.[38]

In mitbestimmungspflichtigen Angelegenheiten trägt der Dienststellenleiter die Beweislast dafür, dass er den Personalrat ordnungsgemäß unterrichtet hat;[39] unvollständige Unterrichtung hat zur Folge, dass die Erklärungsfristen des Personalrats in mitbestimmungspflichtigen Angelegenheiten nicht in Lauf gesetzt sind.[40] Der Personalrat muss jedoch innerhalb der Erklärungsfristen darauf hinweisen, dass er sich nicht als ausreichend unterrichtet ansieht.

7 **Abs. 1 Satz 3 und 4:** Durch die Novelle 2011 wurde in Abs. 1 Satz 3 und 4 ein neuartiger Unterrichtungsanspruch geschaffen. Danach ist der Personalrat vor Organisationsentscheidungen der Dienststelle, die beteiligungspflichtige Maßnahmen zur Folge haben, frühzeitig und fortlaufend zu unterrichten. An Arbeitsgruppen, die der Vorbereitung derartiger Maßnahmen dienen, kann der Personalrat beratend teilnehmen.

Eingeführt wurde der neuartige Unterrichtungsanspruch mit der Begründung, bei Organisationsentscheidungen, wie beispielsweise der Auflösung oder Neubildung von Behörden, müsse eine Information des Personalrates möglichst frühzeitig vor diesen Entscheidungen erfolgen, um die kollektiven Interessen, insbesondere die Gleichbehandlung der betroffenen Beschäftigten, effektiver sicherstellen zu können. Bislang war der Personalrat in derartigen Fällen darauf beschränkt, abzuwarten, ob die Organisationsentscheidung beteiligungspflichtige Maßnahmen, wie z. B. Versetzungen oder Kündigungen nach sich zog. Aufgrund des bisher an die Beteiligungspflichtigkeit geknüpften Unterrichtungsanspruchs des Personalrates erfolgte erst zu diesem – oft zu späten – Zeitpunkt eine Unterrichtung des Personalrates, ohne dass dieser noch auf die zugrunde liegende Organisationsentscheidung einwirken konnte. Dem soll künftig durch den neuartigen Unterrichtungsanspruch entgegengewirkt werden.[41] Durch die Einführung des neuen Unterrichtungsanspruchs ist damit – neben der Einführung der Unterrichtungsansprüche nach § 65a (vgl. die Kommentierung dort) – auch ein weiterer

---

37 Siehe *BVerwG* 8.11.1989 – 6 P 6.87, PersR 1990, 102; zum Sachverständigen im Übrigen: *Welkoborsky*, PersR 1987, 162 und PersR 1991, 210.
38 Keine Unterrichtung über denkbare Problemfälle: *OVG NRW* 8.11.2000 – 1 A 5943/98.PVL, PersR 2001, 211.
39 *OVG NRW* 11.10.1988, – CL 23/86, PersV 1990, 79.
40 *OVG NRW* 11.10.1988, a. a. O.
41 LT-Drucks. 15/1644, 81.

Schritt zur Umsetzung der Richtlinie 2002/14/EG vom 11.3.2002 zur Festlegung eines allgemeinen Rahmens für die Unterrichtung und Anhörung der Arbeitnehmer in der europäischen Gemeinschaft gemacht. Die Richtlinie statuiert Unterrichtungsansprüche, die keinen konkreten Bezug oder Anlass voraussetzen und gebietet, dass eine regelmäßige Unterrichtung des Personalrates über Beschäftigungssituation, Beschäftigtenstruktur und wahrscheinliche Beschäftigungsentwicklung erfolgt. Diesem Unterrichtungsanspruch kann, ebenso wenig wie dem neuartig geschaffenen Unterrichtungsanspruch in Abs. 1 Satz 3 und 4, entgegengehalten werden, dass dem Personalrat in Bezug auf die Organisationsentscheidung keine ausdrücklich im Gesetz genannten Aufgaben zugewiesen sind.

Organisationsentscheidungen sind Maßnahmen, die die Bildung, Änderung **8** oder Auflösung der Dienststelle und ihre Stellung in der Verwaltung betreffen. Diese grundlegenden Entscheidungen sind zwar wegen ihrer Auswirkungen auf das Gemeinwesen wesentlicher Bestandteil der Regierungsgewalt und damit einer Beteiligung des Personalrates weitgehend entzogen (vgl. § 104 Satz 3 BPersVG, von dem allerdings seit der Föderalismusreform 2006 durch Landesgesetz abgewichen werden kann). Durch die Neuregelung in Abs. 1 Satz 3 und 4 wird aufgrund der weit reichenden Bedeutung solcher Organisationsmaßnahmen für die betroffenen Beschäftigten aber erstmals ein umfassender Unterrichtungsanspruch geschaffen.

Die Unterrichtung muss »frühzeitig« erfolgen, d.h., sobald die Dienststelle **9** beabsichtigt, eine Organisationsentscheidung zu treffen und in konkrete Planungen[42] eintritt. Die Unterrichtung hat zu erfolgen, noch bevor erste Planungsschritte abgeschlossen sind. Der Zeitpunkt der Unterrichtung bei Organisationsentscheidungen liegt damit noch vor dem Zeitpunkt der Unterrichtung nach Abs. 1 Satz 1 (vgl. Rn. 2). Durch die frühzeitige Unterrichtung soll der Personalrat in die Lage versetzt werden, den gesamten Planungsprozess der Organisationsentscheidung von Beginn an zu begleiten, um die Rechte der von ihr betroffenen Beschäftigten effektiv wahrnehmen zu können. Der Informationsanspruch nach Satz 3 findet auch auf solche Organisationsentscheidungen Anwendung, die endgültig vom Rat als verfassungsmäßig zuständigem obersten Organ oder von einem von diesem bestimmten Ausschuss zu treffen sind.[43]

Darüber hinaus ist der Personalrat »fortlaufend« zu unterrichten. Durch **10** diese Regelung soll – korrespondierend mit der Legaldefinition des Maßnahmebegriffs in § 66 Abs. 1 Satz 2 – erstmals ein Anspruch auf eine prozessbegleitende Unterrichtung geschaffen werden. Der Personalrat ist während des gesamten Entscheidungsprozesses – von dessen Einleitung bis zur endgültigen Festlegung der Organisationsentscheidung – über den jeweils aktu-

---

42 So *OVG NRW* 20.8.2013 – 20 B 585/13.PVL, PersR 2013, 467.
43 *OVG NRW* 20.8.2013 – 20 B 585/13.PVL, PersR 2013, 467.

## § 65

ellen Stand der Willensbildung und Planung der Dienststelle zu unterrichten. Nach der Gesetzesbegründung soll dies dazu dienen, dass der Personalrat in die Entscheidungsfindung der Dienststelle »einbezogen« und nicht lediglich informiert wird.[44] Den Personalräten wird im Sinne eines »Co-Managements« also die Rolle eines Mitgestalters zugewiesen, der aktiv an Organisationsentscheidungen der Dienststelle gestaltend mitwirkt, statt nur die von der Dienststelle vorgelegten Pläne zu beurteilen und im Rahmen der Beteiligungsrechte zu behandeln (vgl. auch die Kommentierung zu § 66 Abs. 1 Satz 2).

11 An Arbeitsgruppen, die Organisationsentscheidungen vorbereiten, kann der Personalrat beratend teilnehmen. Nach dem Wortlaut der Vorschrift steht dem Personalrat als Gremium das Teilnahmerecht zu. Aus Zweckmäßigkeitserwägungen wird es aber zulässig sein, dass der Personalrat sein Teilnahmerecht durch Beschluss auf eines oder mehrere Personalratsmitglieder überträgt. Der Personalrat hat das Recht, an sämtlichen Sitzungen der Arbeitsgruppe teilzunehmen sowie Einsicht in sämtliche der Arbeitsgruppe vorliegenden Unterlagen zu nehmen. Im Rahmen der beratenden Teilnahme ist der Personalrat berechtigt, Vorschläge zu unterbreiten. Eine förmliche Beteiligung ist nicht vorgesehen. Durch die Teilnahme an den Sitzungen der Arbeitsgruppen werden weder der Unterrichtungsanspruch noch die Beteiligungsrechte des Personalrats berührt.

12 Abs. 2: Im Zusammenhang mit der Ausübung des Mitbestimmungsrechtes bei Einstellungen gemäß § 72 Abs. 1 Nr. 1 sind dem Personalrat – wenn er es verlangt – alle Unterlagen sämtlicher Bewerber vorzulegen. Die Dienststelle ist nicht berechtigt, die Bewerber »vorzusortieren« und nur einen Teil der Bewerber dem Personalrat bekannt zu geben.

Das **Teilnahmerecht an Vorstellungs- oder Eignungsgesprächen** ist auf Vorstellungsverfahren zur Auswahl unter mehreren dienststelleninternen oder -externen Bewerbern erstreckt worden. Bis dahin hatte die Rechtsprechung aufgrund des Bezugs zu Satz 1 auf dem Standpunkt gestanden,[45] dass der Personalrat nur an solchen Gesprächen teilnehmen kann, die aus Anlass einer beabsichtigten Einstellung geführt wurden; Vorstellungsgespräche mit internen Bewerbern konnten daher ohne Beteiligung des Personalrats stattfinden.

Allerdings kann der Personalrat nach der Neufassung nur an solchen Vorstellungsgesprächen teilnehmen, die im Rahmen geregelter oder auf Übung beruhender Vorstellungsverfahren durchgeführt werden. Als Vorstellungsverfahren sind – entsprechend § 9 VwVfG NW – alle solche Bewerbergespräche und Bewerberanhörungen zu verstehen, die auf die Vorbereitung einer Entscheidung (z. B. Einstellung, Umsetzung, Versetzung, Höhergruppie-

---

44 LT-Drucks. 15/2218, 53.
45 *OVG NRW* 13.12.1989 – CL 46/87, PersV 1991, 172.

rung, Übertragung einer höherwertigen Tätigkeit) abzielen.[46] Auf die Dienststellenzugehörigkeit des Bewerbers, der einem Vorstellungsgespräch unterzogen wird, kommt es daher nicht mehr an. Zu Auswahlgesprächen zählen auch solche mit mehreren Bewerbern, z. B. um den Aufstieg in eine höhere Laufbahngruppe. Nicht dazu zählen Gespräche im Rahmen von Beurteilungsverfahren, wie sie z. B. in den »Richtlinien für die dienstliche Beurteilung« des Kultusministers vom 25.2.1992 enthalten sind. Ebenfalls nicht zu diesen Vorstellungsgesprächen zählen die Prüfungen im Rahmen von Auswahlverfahren durch Dritte im Auftrag der Dienststelle. Finden Assessment-Center statt, so kann der Personalrat an den Gesprächen und Übungen teilnehmen, die mit den Bewerbern veranstaltet werden. An der Prüfung und Beratung der Ergebnisse besteht zwar kein Teilnahmerecht, jedoch sind Verlauf und Ergebnisse bei Begründung der Auswahlentscheidung bekanntzugeben.[47] Teilnahmeberechtigt ist ein Personalratsmitglied, das aufgrund eines gemeinsamen Beschlusses des Personalrats (§ 34) entsandt wird.

Nach Satz 2, 2. Halbsatz besteht kein Recht des Personalrats auf Teilnahme an Auswahlgesprächen in den Fällen des § 72 Abs. 1 Satz 2. Es handelt sich dabei um eine Formulierungspanne des Gesetzgebers. § 72 Abs. 1 Satz 2 sieht vor, dass für bestimmte Beschäftigte die Mitbestimmungsrechte in personellen Einzelmaßnahmen vom Personalrat nur ausgeübt werden können, wenn diese Personen es beantragen. Wird ein solcher Antrag gestellt, so ist dem Personalrat – entgegen dem missverständlichen Wortlaut von Abs. 2 Satz 2, 2. Halbsatz – auch ein Teilnahmerecht an dem Auswahlgespräch mit diesem Personenkreis einzuräumen. **13**

Das Teilnahmerecht der JAV an Vorstellungsgesprächen besteht nur dann, wenn zu den Gesprächen Beschäftigte im Sinne des § 55 Abs. 1 eingeladen sind, also solche, die das 18. Lebensjahr noch nicht vollendet haben, sowie Auszubildende, Beamtenanwärter und Praktikanten ohne Rücksicht auf das Lebensalter. Sofern ein Beschäftigter im Sinne des § 55 Abs. 1 zu den Gesprächen eingeladen ist, besteht ein Teilnahmerecht der JAV an sämtlichen Gesprächen, die im Rahmen des konkreten Auswahlverfahrens geführt werden, d. h., auch bei solchen Gesprächen, die nicht mit Beschäftigten im Sinne des § 55 Abs. 1 geführt werden. **14**

Nach § 17 Abs. 2, 3. Spiegelstrich hat auch die Gleichstellungsbeauftragte ein Recht zur Teilnahme an Bewerbungsgesprächen.

**Abs. 3:** Die **Einsichtnahme in Personalakten** (zum Begriff siehe § 84 LBG) bedarf der Zustimmung des einzelnen Beschäftigten. Absatz 3 bestimmt auch, welches Personalratsmitglied die Einsichtnahme vornehmen kann. Die Regelung gilt ebenfalls für Sammlungen von Personaldaten, worunter **15**

---

46 *BVerwG* 2.6.1993 – 6 P 23.91, PersR 1993, 444.
47 *OVG NRW* 22.3.2000 – 1 A 4382/98.PVL.

## § 65

das Ergebnis einer zielgerichteten Sammlung von Einzelangaben über persönliche und sachliche Verhältnisse einer bestimmten oder bestimmbaren natürlichen Person verstanden wird.[48] Sammlungen von Personaldaten sind richtigerweise jedoch nur solche, die anstelle von Personalakten geführt werden und z. B. nicht mehr in herkömmlicher Form in Akten, sondern nur noch per EDV vorhanden sind.[49] Dem Schutz des Gesetzes unterstehen nur solche Sammlungen, die Daten über eine bestimmte Person zusammenfassen. Sammlungen von Personaldaten, in denen – wie in Lohnlisten – einzelne Personaldaten eines Beschäftigten mit gleichartigen Personaldaten der übrigen Beschäftigten zusammengestellt werden, unterliegen nicht dem Schutze des Abs. 3 Satz 1.[50] Etwas anderes gilt dann, wenn eine Mehrzahl von Personaldaten über einen Beschäftigten, die bereits für sich eine Sammlung von Personaldaten bilden würde, mit gleichartigen Daten anderer Beschäftigter zusammengefasst wird. In diesen Fällen führt die listenmäßige Zusammenstellung nicht zu einem Verlust des Schutzes gemäß Abs. 3 Satz 1.

**16** Seit der Novelle 1994 sind von der Beschränkung des Einsichtnahmerechts listenmäßig aufgeführte Personaldaten, die regelmäßig Entscheidungsgrundlage in beteiligungspflichtigen Angelegenheiten sind, ausgenommen worden. »Hierzu gehören folgende listenmäßig aufgeführte Personaldaten: Name, Vorname, Geburtsjahr, Hinweis auf Ausbildung (z. B. Dipl.-Volkswirt), Eintritt in den Vorbereitungsdienst, Ernennungsdaten, Abteilungs-, Dezernatszugehörigkeit, Beurlaubung und Ermäßigung der Arbeitszeit (von – bis); zusätzlich bei Arbeitnehmern: Datum der letzten Eingruppierung, Vergütungs- bzw. Lohngruppe und Fallgruppe, feste Zulagen. Beurteilungsdaten werden hiervon nicht erfasst.«[51] Es handelt sich dabei um die üblicherweise geführten Beförderungslisten u. Ä., die dem Personalrat aus Anlass von Mitbestimmungsverfahren üblicherweise vorgelegt werden.

**17** **Dienstliche Beurteilungen** werden dem Personalrat nur dann zur Kenntnis gebracht, wenn der betroffene Beschäftigte es verlangt.

Der Personalrat kann bei **Gesprächen zwischen Beschäftigten und entscheidungsbefugten Personen** auf Wunsch der/des Beschäftigten teilnehmen. Das Teilnahmerecht besteht an solchen Gesprächen, bei denen »beteiligungspflichtige Angelegenheiten berührt werden«.

Beteiligungspflichtige Angelegenheiten werden dann berührt, wenn entweder eine der in den §§ 64 bis 77 aufgeführten Angelegenheiten Gegenstand des Gesprächs ist oder das Gespräch der Prüfung dient, ob derartige Maßnahmen ergriffen werden. Dazu zählen mitbestimmungspflichtige Angele-

---

48 So *OVG NRW* 6. 12. 1990 – CL 61/88, PersR 1991, 175.
49 Zur elektronischen Personalakte vgl. *OVG NRW* 17. 12. 2018 – 1 A 203/17, NZA-RR 2019, 339.
50 Vgl. *OVG NRW* 25. 3. 1992 – CL 83/88, PersR 93, 129.
51 LT-Drucks. 11/5258, 38.

genheiten, insbesondere aus dem Absatz 1 des § 72, aber auch die Erörterung von Eignung, Leistung und Befähigung aus Anlass einer dienstlichen Beurteilung (§ 65 Abs. 3) oder einer vom Personalrat gemäß § 64 Nr. 5 der Dienststelle übermittelten Beschwerde. Ausreichend ist es, dass in dem Gespräch *voraussichtlich* beteiligungspflichtige Angelegenheiten zur Sprache kommen.

Es kann sich auch um Gespräche und Erörterungen handeln, die auf Wunsch des Beschäftigten zustande gekommen sind.

Entscheidungsbefugte Personen sind diejenigen, die in § 8 sowie in § 11 Abs. 2c aufgeführt sind. Darüber hinaus können auch andere Personen »entscheidungsbefugt« im Sinne der Vorschrift sein. Entscheidend ist, ob der jeweiligen Person eine Entscheidungsbefugnis gerade für die Angelegenheit eingeräumt wurde, die Gegenstand der Besprechung ist. Sofern dienststellenfremde Dritte, z. B. Revisoren, im Auftrag der Dienststelle ein Gespräch mit Beschäftigten führen, besteht kein Teilnahmerecht.[52]

Durch die Novelle 2011 wurde ein Teilnahmerecht der JAV an Gesprächen eingeführt, die beteiligungspflichtige Angelegenheiten betreffen. Voraussetzung ist, dass es sich um eine beteiligungspflichtige Angelegenheit eines gemäß § 55 Abs. 1 von der JAV vertretenen Beschäftigten handelt.

**Abs. 4** dient der Klarstellung, dass der Personalrat als Teil der Dienststelle verpflichtet ist, im Rahmen der ihm zugegangenen Informationen die Belange des Datenschutzes zu beachten.[53] Der Personalrat hat die gleichen Regeln des Datenschutzes zu beachten wie die Dienststelle. Maßgebend ist das DSG NRW. Dabei ist es gleichgültig, auf welchem Wege der Personalrat die Daten erlangt hat. Sie können im Rahmen der Unterrichtung durch die Dienststelle oder von Beschäftigten im Rahmen einer Sprechstunde, durch Anregungen und Beschwerden i. S. d. § 64 Nr. 5 oder durch Dritte zu seiner Kenntnis gekommen sein. Die Datenschutzgrundverordnung (DS-GVO) hat an dieser Rechtslage nichts geändert. Die in Satz 2 vorgesehene Verpflichtung, den Dienststellenleiter über die »getroffenen Maßnahmen« zu unterrichten, soll dem Dienststellenleiter eine Überprüfung der Einhaltung des Datenschutzes beim Personalrat ermöglichen. Damit ist der Dienststellenleiter auf eine Überprüfung derjenigen Angaben beschränkt, die er von dem Personalrat erhält. Eine eigene Überprüfung der vom Personalrat unterhaltenen Dateien ist ihm nicht gestattet. Weder Dienststellenleiter noch Datenschutzbeauftragter sind der »datenschutzrechtliche Vorgesetzte« des Personalrats; entsprechende Weisungen sind unzulässig. Es ist zweckmäßig und geboten, dass der Personalrat in einer Art »freiwilliger Selbstkontrolle« die Einhaltung des Datenschutzes durch den Personalrat und seiner Mitglieder organisiert und regelt. Dazu kann der Personalrat den behördeninternen

18

---

52 Vgl. *OVG NRW* 24. 2. 2010 – 16 A 566/08.PVL, ZfPR 2010, 71.
53 So Regierungsentwurf, LT-Drucks. 11/5258, 38.

## § 65a

Datenschutzbeauftragten fallweise oder dauerhaft beauftragen und interne Regeln darüber aufstellen, z. B. auf welche Weise den Personalratsmitgliedern Daten zugeleitet werden, dass Unterlagen mit personenbezogenen Daten nicht versandt, sondern lediglich zur Sitzung bereitgestellt werden und wer für die Pflege der vom Personalrat gespeicherten Daten verantwortlich ist.[54]

Die Vorschrift geht – was richtig ist – davon aus, dass der Personalrat regelmäßig zur Aufgabenerledigung EDV-gestützte Dateien unterhält und pflegt. Indirekt hat damit der Gesetzgeber zum Ausdruck gebracht, dass er es für erforderlich und zweckmäßig hält, dem Personalrat im Rahmen des § 40 Abs. 2 eine EDV-Anlage zur Verfügung zu stellen. Das Vorhandensein einer solchen EDV-Anlage beim Personalrat ist »Geschäftsgrundlage« für die Einfügung dieses Absatz 4 (siehe zur PC-Ausrüstung auch § 42 Rn. 6).

## § 65a

(1) In Dienststellen mit in der Regel mehr als einhundert ständig Beschäftigten soll auf Antrag des Personalrats ein Wirtschaftsausschuss gebildet werden. Der Wirtschaftsausschuss hat die Aufgabe, wirtschaftliche Angelegenheiten der Dienststelle im Sinne des Absatzes 3 zu beraten und den Personalrat zu unterrichten.

(2) Die Dienststelle hat den Wirtschaftsausschuss rechtzeitig und umfassend über die wirtschaftlichen Angelegenheiten unter Vorlage der erforderlichen Unterlagen zu unterrichten – soweit dadurch nicht die Betriebs- und Geschäftsgeheimnisse oder Dienstgeheimnisse gefährdet werden – sowie die sich daraus ergebenden Auswirkungen auf die Personalplanung darzustellen.

(3) Zu den wirtschaftlichen Angelegenheiten im Sinne des Absatzes 1 Satz 2 gehören insbesondere
  1. die wirtschaftliche und finanzielle Lage der Dienststelle,
  2. Veränderungen der Produktpläne,
  3. beabsichtigte Investitionen,
  4. beabsichtigte Partnerschaften mit Privaten,
  5. Stellung der Dienststelle in der Gesamtdienststelle,
  6. Rationalisierungsvorhaben,
  7. Einführung neuer Arbeits- und Managementmethoden,
  8. Fragen des betrieblichen Umweltschutzes,
  9. Verlegung von Dienststellen oder Dienststellenteilen,
  10. Neugründung, Zusammenlegung oder Teilung der Dienststelle oder von Dienststellenteilen,

---

54 Vgl. *Schierbaum*, PersR 2002, 499.

11. Kooperation mit anderen Dienststellen im Rahmen interadministrativer Zusammenarbeit,
12. sonstige Vorgänge und Vorhaben, welche die Interessen der Beschäftigten der Dienststelle wesentlich berühren können.

(4) Der Wirtschaftsausschuss besteht aus mindestens drei und höchstens sieben Mitgliedern, die der Dienststelle angehören müssen, darunter mindestens einem Personalratsmitglied. Die Mitglieder sollen die zur Erfüllung ihrer Aufgaben erforderliche fachliche und persönliche Eignung besitzen. Sie werden vom Personalrat für die Dauer seiner Amtszeit bestimmt.

(5) Der Wirtschaftsausschuss soll vierteljährlich einmal zusammentreten. Er hat über jede Sitzung dem Personalrat unverzüglich und vollständig zu berichten.

(6) An den Sitzungen des Wirtschaftsausschusses hat die Dienststelle teilzunehmen. Sie kann weitere sachkundige Beschäftigte hinzuziehen.

Mit der Novelle 2011 wurden erstmals Bestimmungen zu einem Wirtschaftsausschuss in ein Personalvertretungsgesetz in Deutschland aufgenommen. § 65a orientiert sich weitgehend an den Vorschriften zum Wirtschaftsausschuss in den §§ 106–108 BetrVG. Die Begründung für die Einführung des Wirtschaftsausschusses lautete, dass in Teilen der öffentlichen Verwaltung eine zunehmende wirtschaftliche Betätigung zu verzeichnen sei. Unter den Voraussetzungen des Absatz 1 kann deshalb seit der Novelle 2011 in allen Dienststellen ein Wirtschaftsausschuss gebildet werden kann. Für Hochschulen und Universitätskliniken findet sich eine Sonderregelung in § 105b (siehe die dortige Kommentierung). 1

Durch den Wirtschaftsausschuss als Informations- und Beratungsgremium des Personalrats soll dieser in die Lage versetzt werden, die teilweise komplexen wirtschaftlichen Zusammenhänge in der Dienststelle nachzuvollziehen und durch regelmäßige Befassung mit wirtschaftlichen Themen Informationen angemessen prüfen und bewerten zu können. Der Wirtschaftsausschuss ist ein Hilfsorgan des Personalrats.[1] Über dieses Hilfsorgan wird der Personalrat über Angelegenheiten informiert, deren Kenntnis bislang alleine der Dienststellenleitung oder den politischen Gremien vorbehalten war.

**Abs. 1:** In Dienststellen mit in der Regel mehr als 100 ständig Beschäftigten soll auf Antrag des Personalrats ein Wirtschaftsausschuss gebildet werden. Durch die Formulierung »soll auf Antrag« wird deutlich, dass die Errichtung eines Wirtschaftsausschusses anders als im BetrVG nicht zwingend ist und nur auf Antrag des Personalrats erfolgt.[2] Die Bildung eines Wirtschaftsaus- 2

---

1 Durchführungserlass vom 14.3.2013, Ziff. 15; vgl. *Welkoborsky/Baumgarten*, ZTR 2014, 520.
2 Durchführungserlass vom 14.3.2013, Ziff. 15.

schusses liegt damit im Ermessen des Personalrats; ein irgendwie gearteter Ermessensspielraum der Dienststelle, den diese der Ermessensentscheidung des Personalrats entgegenstellen könnte, besteht nicht. Erforderlich ist jedoch, dass neben einem Beschluss des Personalrats zur Bildung des Wirtschaftsausschusses auch die materiellen Voraussetzungen des § 65a Abs. 1 Satz 1 erfüllt sind.[3] Die Bildung eines Wirtschaftsausschusses ist damit nur in Dienststellen möglich, in denen »in der Regel mehr als 100 ständig Beschäftigte« vorhanden sind. Insoweit kann nicht ohne Weiteres auf das Merkmal des »in der Regel Beschäftigten« zurückgegriffen werden, wie es z. B. in § 13 Abs. 1, § 14 Abs. 4 oder § 42 Abs. 4 zu finden ist. Den dortigen Wendungen fehlt es an dem Zusatz »ständig«. »Ständig« beschäftigt sind nur solche Mitarbeiter, die auf unbestimmte Zeit in der Dienststelle tätig sind.[4]

Als Hilfsorgan des Personalrats verfügt der Wirtschaftsausschuss nicht über eigene Mitbestimmungsrechte. Allgemeine Aufgabe des Wirtschaftsausschusses ist es vielmehr, die Zusammenarbeit und den Informationsfluss zwischen der Dienststelle und dem Personalrat in wirtschaftlichen Angelegenheiten zu fördern. Der Wirtschaftsausschuss berät mit der Dienststelle über deren wirtschaftliche Angelegenheiten und unterrichtet den Personalrat über jede Beratung unverzüglich und vollständig. Der Wirtschaftsausschuss hat also ein eigenständiges Unterrichtungs- und Beratungsrecht in den wirtschaftlichen Angelegenheiten nach Absatz 3. Die Beratung der Dienststelle mit dem Wirtschaftsausschuss ersetzt die Unterrichtungspflicht der Dienststelle nach § 63 dem Personalrat gegenüber (siehe § 63 Satz 4).[5]

**3 Abs. 2:** Die Dienststelle hat den Wirtschaftsausschuss rechtzeitig und umfassend über die wirtschaftlichen Angelegenheiten unter Vorlage der erforderlichen Unterlagen zu unterrichten sowie die sich daraus ergebenden Auswirkungen auf die Personalplanung darzustellen. Im Unterschied zu den Informationsrechten des Personalrats aus § 65 Abs. 1–3 LPVG NW ist der Wirtschaftsausschuss nicht nur »zur Durchführung seiner Aufgaben« (vgl. Kommentierung zu § 65) zu unterrichten. Die »Aufgabe« des Wirtschaftsausschusses besteht nämlich gerade darin, über sämtliche wirtschaftlichen Angelegenheiten unterrichtet zu werden. Dementsprechend ist der Unterrichtungsanspruch des Wirtschaftsausschusses weitgehender als derjenige des Personalrats. Es ergeben sich aus dem Gesetzeswortlaut keinerlei Einschränkungen bezüglich des Umfangs der Unterrichtungspflicht der Dienststelle.

Die Unterrichtung des Wirtschaftsausschusses ist eine »Bringschuld« der Dienststelle; sie setzt kein vorheriges Verlangen des Personalrats oder des

---

3 *OVG NRW* 11. 7. 2014 – 20 B 236/14.PVL, PersR 2014, 51.

4 *OVG NRW* 11. 7. 2014, a. a. O.

5 Durchführungserlass vom 14. 3. 2013, Ziff. 15.

Wirtschaftsausschusses voraus. Die Unterrichtung hat unaufgefordert zu erfolgen. Rechtzeitig erfolgt die Unterrichtung, wenn der Wirtschaftsausschuss noch vor der endgültigen Entscheidung der Dienststelle und auch vor einer Beschlussfassung im Personalrat unterrichtet wird, denn nur dann kann er seiner Beratungsfunktion gegenüber dem Personalrat gerecht werden.[6] Daraus folgt, dass die Unterrichtung des und die Beratung mit dem Wirtschaftsausschuss zeitlich vor der Unterrichtung des Personalrats stattzufinden haben.

Eine umfassende Unterrichtung des Wirtschaftsausschusses setzt voraus, dass alle der Dienststelle vorliegenden Informationen auch dem Wirtschaftsausschuss vorgelegt werden.[7] Hierzu gehört auch die Aufbereitung der Informationen in überschaubarer Form.[8] Der Wirtschaftsausschuss ist erst dann ordnungsgemäß unterrichtet, wenn er genauso viel weiß wie die Dienststelle und er über die gleichen Unterlagen verfügt wie diese.[9]

Der Wirtschaftsausschuss hat zudem einen Anspruch auf Vorlage von Unterlagen. Er hat einen Anspruch darauf, dass ihm die Unterlagen grundsätzlich vor den Sitzungen mit der Dienststelle, in denen über wirtschaftliche Angelegenheiten beraten werden soll, zur Verfügung gestellt werden. Je nach Art und Umfang der Informationen reicht eine bloße Einsichtnahme in Unterlagen nicht aus; der Wirtschaftsausschuss hat dann einen Anspruch darauf, dass ihm Unterlagen in Schriftform überlassen werden.[10] Zu den »erforderlichen Unterlagen« gehören beispielsweise Organisations- oder Rationalisierungspläne, Bilanzen, Berichte von Wirtschaftsprüfern, Investitionspläne, Personalentwicklungspläne usw. Die Dienststelle kann in gewissem Umfang sogar verpflichtet sein, Unterlagen herzustellen, die der Wirtschaftsausschuss zur Unterrichtung benötigt.[11] Dies insbesondere bezüglich solcher Unterlagen, ohne die eine sinnvolle Unterrichtung des Wirtschaftsausschusses nicht möglich wäre. Eine Pflicht zur Anfertigung von Unterlagen seitens der Dienststelle besteht zudem, wenn Unterlagen, z.B. die Aufbereitung von Personaldaten nach bestimmten Kriterien, ohne Weiteres angefertigt werden können, z.B. durch bloßes Ausdrucken bestimmter Dateien oder durch Anfertigung von Auszügen. Nur bei unverhältnismäßig großem

---

6 Durchführungserlass vom 14.3.2013, Ziff. 15.
7 Durchführungserlass vom 14.3.2013, Ziff. 15; vgl. *Welkoborsky/Baumgarten*, ZTR 2014, 520.
8 *BAG* 17.3.1987 – 1 ABR 59/85, PersR 1988, 73.
9 Vgl. *LAG Baden-Württemberg* 9.10.2013 – 10 TaBV 2/13, juris.
10 Vgl. *BAG* 20.11.1984 – 1 ABR 64/82, NZA 1985, 432.
11 Vgl. *LAG Baden-Württemberg* 9.10.2013 – 10 TaBV 2/13, juris; *Welkoborsky/ Baumgarten*, ZTR 2014, 520.

## § 65a

Kosten- oder Zeitaufwand kann die Dienststelle die Anfertigung und Bereitstellung von Unterlagen verweigern.

Die Unterrichtung des Wirtschaftsausschusses hat nur zu erfolgen, soweit dadurch nicht Betriebs- und Geschäftsgeheimnisse oder Dienstgeheimnisse gefährdet werden. Diese Einschränkung, die wörtlich aus § 106 Abs. 2 Satz 1 BetrVG übernommen wurde, hat nur eine geringe Bedeutung. Gemäß § 9 Abs. 1 sind alle Personen, die Aufgaben nach diesem Gesetz wahrnehmen – also auch Mitglieder des Wirtschaftsausschusses – verpflichtet, über sämtliche bei Gelegenheit der Tätigkeit bekannt gewordenen Angelegenheiten und Tatsachen zu schweigen. Die Mitglieder des Wirtschaftsausschusses unterliegen damit einer umfassenden, uneingeschränkten Schweigepflicht. Mit Blick auf diese Schweigepflicht kann daher eine Unterrichtung nach § 65a nur schwerlich verweigert oder eingeschränkt werden. Das Zurückhalten von Informationen oder Unterlagen aufgrund der Gefährdung von Betriebs- und Geschäftsgeheimnissen oder Dienstgeheimnissen ist deshalb nur in objektiv begründeten Ausnahmefällen zulässig.[12] Ein solcher Ausnahmefall wäre z. B. denkbar, wenn eine Angelegenheit aufgrund subjektiver Umstände, die in der Person eines oder mehrerer Mitglieder des Wirtschaftsausschusses liegen, einer besonderen Geheimhaltungsbedürftigkeit unterliegt.[13]

**4** **Abs. 3:** Die Unterrichtungspflicht der Dienststelle bezieht sich auf alle wirtschaftlichen Angelegenheiten, die in Absatz 3 beispielhaft aufgeführt sind. Der Katalog ist nicht abschließend, wie aus der Formulierung »insbesondere« hervorgeht.

Die in Absatz 3 beispielhaft aufgezählten wirtschaftlichen Angelegenheiten decken sich weitgehend mit den in Art. 4 Abs. 2 der Richtlinie 2003/14/EG des Europäischen Parlaments und des Rats zur Festlegung eines allgemeinen Rahmens für die Unterrichtung und Anhörung der Arbeitnehmer in der Europäischen Gemeinschaft vom 11.3.2002 aufgeführten Unterrichtungsansprüchen. Schon in der Richtlinie 2002/14/EG war normiert worden, dass die Unterrichtung folgende Themen zu umfassen habe:

a) Die jüngste Entwicklung und die wahrscheinliche Weiterentwicklung der Tätigkeit und der wirtschaftlichen Situation des Unternehmens oder des Betriebs;

b) Beschäftigungssituation, Beschäftigungsstruktur und wahrscheinliche Beschäftigungsentwicklung im Unternehmen oder Betrieb, geplante antizipative Maßnahmen, insbesondere bei einer Bedrohung für die Beschäftigung;

c) Entscheidungen, die wesentliche Veränderungen der Arbeitsorganisation oder der Arbeitsverträge mit sich bringen können.

---

12 Durchführungserlass vom 14.3.2013, Ziff. 15; vgl. *Welkoborsky/Baumgarten*, a. a. O.
13 Durchführungserlass vom 14.3.2014, Ziff. 15.

## § 65a

Diese bereits im Jahre 2002 normierten Unterrichtungsansprüche wurden durch die Novelle 2011 im Wesentlichen in das LPVG eingegliedert und ergänzt. Danach ist der Wirtschaftsausschuss zu unterrichten über:

- **Nr. 1:** Die wirtschaftliche und finanzielle Lage der Dienststelle: Zur wirtschaftlichen und finanziellen Lage der Dienststelle gehören alle Informationen, die für die Aufgabenerfüllung und deren Planung der Dienststelle von Bedeutung sein können, soweit sie wirtschaftliche und finanzielle Auswirkungen haben. Hierzu gehören sowohl die Haushaltspläne als auch die Haushaltsentwicklungspläne, wobei zum Haushaltsplan die Darstellung der Einnahmen und Ausgaben, eine Übersicht über die den Haushalt in Einnahmen und Ausgaben durchlaufenden Posten sowie eine Übersicht über die Planstellen der Beamtinnen und Beamten und der Arbeitnehmerinnen und Arbeitnehmer gehören (vgl. § 14 LHO). Auch Informationen über eventuelle Unterdeckungen oder »Haushaltslöcher« werden hiervon erfasst. Weiterhin gehören hierzu Zahlenwerte, wie sie aus der Bilanz oder der Gewinn- und Verlustrechnung abzuleiten sind. Zu nennen wären die Eigen- und Fremdkapitalstruktur, die Liquiditätslage, Rückstellungen und Rücklagen, Verwaltungs- und Vertriebskosten, Personalkosten etc. Zur ordnungsgemäßen Unterrichtung gehören auch Angaben zur Auftragslage, Marktanalysen oder zum Rating sog. Ratingagenturen. Zudem sind dem Wirtschaftsausschuss die Auswirkungen der finanziellen Ausstattung der Dienststelle auf die Personalplanung darzustellen. In anderen Landespersonalvertretungsgesetzen wird ein diesbezüglicher, nicht aufgabenakzessorischer Unterrichtungsanspruch unmittelbar dem Personalrat eingeräumt.[14] Auch über die wirtschaftliche und finanzielle Lage von Dienststellenteilen (§ 1 Abs. 3) ist der Wirtschaftsausschuss zu unterrichten.
- **Nr. 2:** Veränderungen der Produktpläne: Hierunter sind sämtliche Änderungen der Aufgabenstellung der Dienststelle zu verstehen, die Auswirkungen auf die Aufgabenerledigung der Dienststelle haben. Dies kann z. B. das Setzen von anderen Schwerpunkten der Erledigung sein. Nach dem kommunalen Finanzmanagement (NKF) sind unter Produktplänen die im Haushaltsplan vorzunehmenden Unterteilungen nach Leistungen und Gruppen von Leistungen (Produkten) zu verstehen. Es geht mithin um die veränderte Art oder Form der Leistungserbringung durch die Dienststelle.
- **Nr. 3:** Beabsichtigte Investitionen: Hier geht es um Investitionsprojekte oder Einzelinvestitionen, die der Aufgabenerledigung der Dienststelle dienen sollen (z. B. das Bereitstellen finanzieller Mittel für einen geplanten Neubau). Der Wirtschaftsausschuss ist auch darüber zu unterrichten, wie die Finanzierung des Projektes geplant ist.

---

14 Zum PersVG BE: *BVerwG* 28. 2. 2017 – 5 P 3.16, PersR 2017, 61.

## § 65a

- **Nr. 4:** Beabsichtigte Partnerschaften mit Privaten: Gemeint sind insbesondere die Fälle der sog. »Public Private Partnership (PPP)«, in denen öffentlich-rechtliche Träger Kooperationen mit privaten Unternehmen eingehen, um ihre staatlichen Aufgaben zu erfüllen (z. B. im Rahmen des Baus eines Parkhauses oder einer Schule). Die öffentliche Hand bezieht private Investoren bei der Errichtung und Bewirtschaftung öffentlicher Infrastruktureinrichtungen ein. Anders als bei Privatisierungen verbleibt jedoch die Erfüllung der jeweiligen öffentlichen Aufgabe in der Verantwortung des öffentlichen Trägers. Die Unterrichtung des Wirtschaftsausschusses hat schon im Planungsstadium zu erfolgen, wenn Kooperationen mit Privatunternehmen eingegangen werden sollen, um mit deren Hilfe die öffentlichen Aufgaben zu erfüllen.
- **Nr. 5:** Stellung der Dienststelle in der Gesamtdienststelle: Der Begriff der »Gesamtdienststelle« findet sich im LPVG eigentlich nicht. Gemeint sein dürften damit die Mittelbehörden und obersten Landesbehörden, bei denen Stufenvertretungen zu bilden sind, sowie Dienststellen, bei denen wegen des Bestehens von Nebenstellen oder Teildienststellen ein Gesamtpersonalrat (§ 52) zu bilden ist. Der Wirtschaftsausschuss soll Informationen über die Wertigkeit der Dienststelle im Gefüge der Gesamtdienststelle erlangen, da diese auch Auswirkungen auf die Personalplanung haben kann. Darzustellen sind deshalb z. B. die im Rahmen der Gesamtdienststelle zur Verfügung stehenden Haushaltsmittel, Haushaltspläne etc.
- **Nr. 6:** Rationalisierungsvorhaben: Unter Rationalisierungsvorhaben sind alle Vorhaben der Dienststelle zu verstehen, die darauf ausgerichtet sind, die Wirtschaftlichkeit der Dienststelle zu steigern, z. B. durch Umgestaltung von Arbeitsvorgängen oder das sog. Outsourcing. Die Unterrichtung muss sich auf den Umfang der Rationalisierungsvorhaben, den wirtschaftlichen Nutzen und insbesondere die personellen Auswirkungen erstrecken.
- **Nr. 7:** Einführung neuer Arbeits- und Managementmethoden: Unter dem Begriff der Arbeitsmethode ist das entwickelte Modell des Ablaufs derjenigen Arbeit, die zur Erfüllung der gestellten Aufgabe geleistet werden muss, zu verstehen. Sie ist das Leitbild für die Organisation und die technische Ausgestaltung des Arbeitsablaufs. Managementmethoden sind Maßnahmen, die sich auf die Systematisierung der Führung der Dienststelle beziehen, z. B. die Festlegung von Entscheidungsbefugnissen oder der Abschluss von Zielvereinbarungen. Sowohl zu Arbeits- und Managementmethoden hat sich die Unterrichtung über Art und Umfang der geplanten Maßnahme sowie die Auswirkungen auf die Arbeitsplätze zu verhalten.
- **Nr. 8:** Fragen des betrieblichen Umweltschutzes: In Anlehnung an § 64 Nr. 11 sind hierunter alle personellen und organisatorischen Maßnahmen sowie alle die dienstlichen Bauten, Räume, technischen Anlagen, Arbeits-

§ 65a

verfahren, Arbeitsabläufe und Arbeitsplätze betreffenden Maßnahmen, die dem Umweltschutz dienen, erfasst (vgl. hierzu § 64 Rn. 13). Hierzu gehören auch die Aufstellung eines innerbetrieblichen Umweltschutzkonzepts oder Maßnahmen zur Einhaltung der Vorschriften des BImSchG. Dem Wirtschaftsausschuss sind die Kosten der Maßnahme sowie die Auswirkungen auf die Arbeitsplätze darzustellen.

- **Nr. 9:** Verlegung von Dienststellen oder Dienststellenteilen: Wenn sich die örtliche Lage der Dienststelle oder eines Dienststellenteils (§ 1) verändert, muss der Wirtschaftsausschuss insbesondere über die Auswirkungen auf die Dienstverhältnisse (Anfahrtswege, Erreichbarkeit der Dienststelle, ...) unterrichtet werden. Zudem sind dem Wirtschaftsausschuss Informationen über die örtlichen Gegebenheiten am neuen Standort zugänglich zu machen.
- **Nr. 10:** Neugründung, Zusammenlegung oder Teilung von Dienststellen oder Dienststellenteilen: Die Neugründung, Zusammenlegung oder Teilung von Dienststellen kann erhebliche Auswirkungen auf die betroffenen Arbeitsplätze haben. Die Neugründung einer Dienststelle ist auch dann gegeben, wenn durch die Verselbständigung einer Nebenstelle oder einer Teildienststelle (§ 1 Abs. 3) eine neue Dienststelle entsteht; zugleich ist dies auch eine Teilung der Dienststelle. Die Zusammenlegung von Dienststellen ist gegeben, wenn mehrere, zuvor selbständige Dienststellen miteinander verschmolzen werden oder eine zuvor selbständige Dienststelle in eine andere Dienststelle eingegliedert wird. Im Rahmen der Unterrichtung sind auch etwaige Konsequenzen für die betroffenen Personalräte zu offenbaren.
- **Nr. 11:** Kooperation mit anderen Dienststellen im Rahmen interadministrativer Zusammenarbeit: Im Geltungsbereich des LPVG kommt es zunehmend zu dienststellenübergreifender Zusammenarbeit. Sinn und Zweck ist es in der Regel, die Aufgabenerfüllung zu bündeln. Beispielhaft sei die Bildung gemeinsamer Einrichtungen von kommunalen Trägern und der Bundesagentur für Arbeit (§ 44b SGB II) genannt. Der Wirtschaftsausschuss ist in diesen Fällen insbesondere über die Auswirkungen auf die betroffenen Arbeitsverhältnisse sowie auf die Organisation der Dienststelle und über die zu erwartenden Kosten zu unterrichten.
- **Nr. 12:** Über die in Ziff. 1–11 genannten Themen hinaus ist der Wirtschaftsausschuss über alle weiteren Angelegenheiten zu informieren, die die Dienststelle und/oder ihre Beschäftigten betreffen und die mit der Aufgabenerledigung der Dienststelle zu tun haben. Es handelt sich um eine – sehr weitgehende – Generalklausel. Die einzige inhaltliche Einschränkung des Informationsanspruchs des Wirtschaftsausschusses ist, dass die begehrten Informationen sich auf die Dienststelle zu beziehen haben. Das Informationsbegehren des Wirtschaftsausschusses darf sich daher auf alle Umstände, Angelegenheiten, finanzielle Mittel oder die Per-

## § 65a

sonal-, Büro- und EDV-Ausstattung der Dezernate einschließlich der darauf bezogenen Verträge und eingegangenen Verpflichtungen oder vorhandenen Kalkulationen, Kostenvoranschläge, Pflichten- und Lastenhefte etc. beziehen. Zudem ist der Wirtschaftsausschuss darüber zu unterrichten, mit welchem Personal, welchen Sach- und finanziellen Mitteln und auf welche Art und Weise die einzelnen Dezernate/Abteilungen/Bereiche die ihnen zugewiesenen Aufgaben erledigen sowie über existierende Planungen, wie dies auch in Zukunft sichergestellt werden soll. Es ist Sache der Dienststelle, im Einzelfall zu belegen, dass es sich nicht um eine die Dienststelle betreffende, wirtschaftliche Angelegenheit handelt.

5 **Abs. 4:** Der Wirtschaftsausschuss besteht aus mindestens drei und höchstens sieben Mitgliedern, die der Dienststelle angehören müssen; darunter muss mindestens ein Personalratsmitglied sein. Die Größe des Wirtschaftsausschusses ist nicht abhängig von der Größe der Dienststelle. Sie wird allein vom Personalrat festgelegt. Die Mitglieder des Wirtschaftsausschusses werden jeweils durch Beschluss des Personalrats bestimmt. Nicht ausgeschlossen ist, dass der Wirtschaftsausschuss ausschließlich aus Personalratsmitgliedern besteht. Es wird sich jedoch häufig empfehlen, auch Beschäftigte außerhalb des Personalrats in den Wirtschaftsausschuss zu berufen. Eine Verpflichtung zur Übernahme eines Mandates im Wirtschaftsausschuss besteht jedoch nicht.[15] Im Vordergrund der Erwägungen, wer in den Wirtschaftsausschuss berufen wird, sollte der wirtschaftliche Sachverstand des oder der Betreffenden stehen. So sollen die Mitglieder des Wirtschaftsausschusses die zur Erfüllung ihrer Aufgaben erforderliche »fachliche und persönliche Eignung« besitzen. Unter der »fachlichen Eignung« muss die Fähigkeit verstanden werden, gegebene Informationen in ihrem wirtschaftlichen Zusammenhang zu verstehen, um im Wirtschaftsausschuss sinnvoll mitarbeiten zu können. Wirtschaftliche Grundkenntnisse dürften hierfür zu fordern sein. Bei der »persönlichen Eignung« ist primär auf Loyalität und Diskretion sowie auf die Fähigkeit, sich bei Beratungen von sachlichen Erwägungen leiten zu lassen, abzustellen. Die Mitglieder des Wirtschaftsausschusses werden für die Dauer der Amtszeit des Personalrats bestimmt. Die Amtszeit des Wirtschaftsausschusses endet zudem, wenn die Voraussetzungen für die Errichtung eines Wirtschaftsausschusses nach § 65a Abs. 1 Satz 1 entfallen, insbesondere wenn die Zahl der in der Regel in der Dienststelle ständig Beschäftigten auf 100 oder weniger absinkt.[16] Die Amtszeit einzelner Mitglieder kann jederzeit durch Rücktritt enden.[17] Zudem kann der Personalrat einzelne Mitglieder des Wirtschaftsausschusses jederzeit durch Be-

---

15 Durchführungserlass vom 14.3.2013, Ziff. 15.
16 Durchführungserlass vom 14.3.2013, Ziff. 15.
17 Durchführungserlass vom 14.3.2013, Ziff. 15.

schluss abberufen. Auch kann der Personalrat den Wirtschaftsausschuss insgesamt jederzeit per Beschluss auflösen.

Die Rechtsstellung der Mitglieder des Wirtschaftsausschusses entspricht teilweise derjenigen der Personalratsmitglieder. Für die Mitglieder des Wirtschaftsausschusses gilt § 42 Abs. 1, 2 und 5 entsprechend.[18] Folgerichtig ist insbesondere, dass auch die Mitglieder des Wirtschaftsausschusses einen Schulungsanspruch nach § 42 Abs. 5 analog haben. Immerhin fordert bereits das Gesetz, dass die Mitglieder die zur Erfüllung ihrer Aufgaben erforderliche fachliche Eignung besitzen müssen. Die notwendige Sachkunde kann auch durch entsprechende Fort- und Weiterbildungsmaßnahmen erlangt werden. Der besondere Kündigungsschutz des § 15 KSchG und des § 43 Abs. 2 steht den Mitgliedern des Wirtschaftsausschusses, die nicht zugleich Personalratsmitglied sind, jedoch nicht zu. Entsprechendes gilt für den Schutz des § 43 Abs. 1. Die Mitglieder des Wirtschaftsausschusses, die nicht zugleich Personalratsmitglied sind, unterliegen lediglich einem relativen Kündigungsschutz durch den allgemeinen Schutz vor Benachteiligungen nach § 7. Danach dürfen auch Mitglieder des Wirtschaftsausschusses nicht wegen ihrer Tätigkeit benachteiligt werden. Daraus folgt, dass eine Kündigung unwirksam ist, wenn sie »wegen« der Tätigkeit im Wirtschaftsausschuss erfolgt. Einen weitergehenden Kündigungsschutz haben diese Mitglieder jedoch nicht. Die Mitglieder des Wirtschaftsausschusses unterliegen hingegen auch der Schweigepflicht des § 9 Abs. 1.[19] Die Kosten des Wirtschaftsausschusses trägt in entsprechender Anwendung des § 40 Abs. 1 die Dienststelle.

**Abs. 5:** Der Wirtschaftsausschuss »soll« vierteljährlich tagen. Durch die Formulierung »soll« wird deutlich, dass das Gesetz bezüglich der Häufigkeit der Sitzungen und der Zeitspanne zwischen den Sitzungen keine verbindlichen Vorgaben tätigt. Der Wirtschaftsausschuss kann bei Notwendigkeit auch häufiger tagen; umgekehrt ist auch eine längere Zeitspanne zwischen zwei Sitzungen möglich, wenn es keine Veranlassung für eine Sitzung gibt. Die Sitzungen finden – wie auch die Sitzungen des Personalrats – grundsätzlich während der Arbeitszeit der Mitglieder statt. Die Ladung zu den Sitzungen erfolgt durch den Vorsitzenden des Wirtschaftsausschusses, welcher in der ersten, konstituierenden Sitzung aus der Mitte der Mitglieder gewählt werden sollte. Das Amt des Vorsitzenden ist zwar im Gesetz nicht vorgesehen; es macht aber Sinn, damit ein Mitglied die organisatorischen Abläufe verantwortlich führen kann. Für die Sitzungen sind die Mitglieder analog § 42 Abs. 2 freizustellen, auch wenn sie nicht zugleich Mitglied im Personalrat sind. Über jede Sitzung des Wirtschaftsausschusses sollte ein Protokoll über die wesentlichen Beschlüsse erstellt werden. Sodann hat der Wirtschaftsaus-

6

---

18 Durchführungserlass vom 14.3.2013, Ziff. 15.
19 Durchführungserlass vom 14.3.2013, Ziff. 15.

schuss unverzüglich, d.h. ohne schuldhaftes Zögern, den Personalrat vollständig über das Ergebnis der jeweiligen Sitzung zu unterrichten. Eine Schweigepflicht zwischen Wirtschaftsausschuss und Personalrat besteht nicht.

7 **Abs. 6:** Die Sitzungen des Wirtschaftsausschusses sind grundsätzlich nicht öffentlich. Da die Dienststelle an den Sitzungen des Wirtschaftsausschusses teilzunehmen hat, ist die Terminierung mit der Dienststellenleitung abzustimmen. Die Dienststelle kann zudem weitere »sachkundige Beschäftigte« hinzuziehen. Hier wäre z.B. an einen in der Dienststelle beschäftigten Bilanzbuchhalter o. Ä. zu denken, der den Jahresabschluss erläutert. Demgegenüber ist die Berechtigung des Wirtschaftsausschusses, ebenfalls sachkundige Beschäftigte oder Vertreter der im Personalrat vertretenen Gewerkschaften zu den Sitzungen einzuladen, nicht gesetzlich normiert. In analoger Anwendung des § 32 Abs. 1 ist es jedoch sachgerecht, dies dem Wirtschaftsausschuss zu gestatten.[20] Zudem hat gemäß § 178 Abs. 4 Satz 1 SGB IX die Schwerbehindertenvertretung das Recht, an allen Sitzungen des Personalrats »und dessen Ausschüssen« beratend teilzunehmen. Insoweit ist anerkannt, dass sich dieses Teilnahmerecht auch auf die Sitzungen des Wirtschaftsausschusses bezieht.[21]

## Zweiter Abschnitt
## Formen und Verfahren

### § 66

(1) Soweit eine Maßnahme der Mitbestimmung des Personalrats unterliegt, kann sie nur mit seiner Zustimmung getroffen werden. Eine Maßnahme im Sinne des Satzes 1 liegt bereits dann vor, wenn durch eine Handlung eine mitbestimmungspflichtige Maßnahme vorweggenommen oder festgelegt wird.

(2) Die Dienststelle unterrichtet den Personalrat von der beabsichtigten Maßnahme und beantragt seine Zustimmung. Der Personalrat kann verlangen, dass die Dienststelle die beabsichtigte Maßnahme begründet; der Personalrat kann außer in Personalangelegenheiten auch eine schriftliche Begründung verlangen. Der Beschluss des Personalrats über die beantragte Zustimmung ist der Dienststelle innerhalb von zwei Wochen mitzuteilen; in dringenden Fällen kann die Dienststelle diese Frist auf eine Woche verkürzen. In den Fällen des § 35 verlängert sich die Frist um eine

---

20 Vgl. zum BetrVG: BAG 11.7.2000 – 1 ABR 43/99, NZA 2001, 402.
21 Vgl. zum BetrVG: *BAG* 4.6.1987 – 6 ABR 70/85, ZTR 1987, 254.

§ 66

Woche. Die Maßnahme gilt als gebilligt, wenn nicht der Personalrat innerhalb der genannten Frist die Zustimmung unter Angabe der Gründe schriftlich verweigert.

(3) Sofern der Personalrat beabsichtigt, der Maßnahme nicht zuzustimmen, hat er dies nach Zugang des Antrags innerhalb der Fristen des Absatzes 2 Satz 3 oder Satz 4 der Dienststelle mitzuteilen; in diesen Fällen ist die Maßnahme mit dem Ziel einer Verständigung zwischen der Dienststelle und dem Personalrat innerhalb von zwei Wochen zu erörtern; die Frist kann im Einvernehmen zwischen der Dienststelle und dem Personalrat verlängert werden. In dringenden Fällen kann die Dienststelle verlangen, dass die Erörterung innerhalb einer Frist von einer Woche durchzuführen ist. In den Fällen einer Erörterung beginnt die Frist des Absatzes 2 Satz 3 und 4 mit dem Tag der Erörterung. Absatz 2 Satz 5 gilt entsprechend. Die Dienststelle ist berechtigt, zu der Erörterung für Personal- und Organisationsangelegenheiten zuständige Beschäftigte hinzuzuziehen. Soweit Beschwerden oder Behauptungen tatsächlicher Art vorgetragen werden, die für eine Beschäftigte oder einen Beschäftigten ungünstig sind oder ihr oder ihm nachteilig werden können, ist der oder dem Beschäftigten Gelegenheit zur Äußerung zu geben; die Äußerung ist aktenkundig zu machen. Soweit anstelle der Dienststelle das verfassungsmäßig zuständige oberste Organ oder ein von diesem bestimmter Ausschuss über eine beabsichtigte Maßnahme zu entscheiden hat, ist der Personalrat so rechtzeitig zu unterrichten, dass seine Stellungnahme bei der Entscheidung von dem zuständigen Organ oder Ausschuss berücksichtigt werden kann. Die vorsitzende Person der zuständigen Personalvertretung und ein Mitglied der betreffenden Gruppe sind berechtigt, an den Sitzungen des verfassungsmäßig zuständigen obersten Organs oder des von ihm bestimmten Ausschusses mit Ausnahme der Beschlussfassung teilzunehmen und die Auffassung der Personalvertretung darzulegen, sofern personelle oder soziale Angelegenheiten der Angehörigen der Dienststelle behandelt werden. Termin und Tagesordnung sind der Personalvertretung rechtzeitig bekannt zu geben.

(4) Im Rahmen seiner Aufgaben nach § 72 kann der Personalrat in allen personellen, sozialen, organisatorischen und sonstigen innerdienstlichen Angelegenheiten Maßnahmen bei der Dienststelle beantragen, die die Beschäftigten der Dienststelle insgesamt, Gruppen von ihnen oder einzelne Beschäftigte betreffen oder sich auf sie auswirken. Der Personalrat hat die Maßnahme schriftlich vorzuschlagen und zu begründen. Die Entscheidung über seinen Vorschlag ist dem Personalrat innerhalb von zwei Wochen nach Zugang des Vorschlags bei der Dienststelle mitzuteilen. Sofern beabsichtigt ist, dem Vorschlag nicht zu entsprechen, hat die Dienststelle dies innerhalb der Frist des Satzes 3 nach Zugang des Vorschlags dem Personalrat mitzuteilen; in diesen Fällen gelten Absatz 3 Satz 1 Halbsatz 2

## § 66

und 3 und Satz 2 und 3 entsprechend. Bei einer Ablehnung des Vorschlags sind die Gründe anzugeben.

(5) Kommt eine Einigung über eine von der Dienststelle beabsichtigte Maßnahme nicht zustande, so kann sie innerhalb von zwei Wochen die Angelegenheit der im Verwaltungsaufbau übergeordneten Stelle, bei der eine Stufenvertretung besteht, vorlegen. Für das Stufenverfahren gelten die Absätze 2 und 3 entsprechend. Kommt eine Einigung über eine vom Personalrat beantragte Maßnahme nicht zustande oder trifft die Dienststelle innerhalb der in Absatz 4 Satz 3 genannten Frist keine Entscheidung, so kann der Personalrat innerhalb von zwei Wochen nach Ablauf der in Absatz 3 genannten Frist die Angelegenheit der Stufenvertretung, die bei der im Verwaltungsaufbau übergeordneten Stelle besteht, vorlegen. Für das Stufenverfahren gilt Absatz 4 entsprechend. Die Dienststelle und der Personalrat unterrichten sich gegenseitig, wenn sie die Angelegenheit der übergeordneten Stelle oder der bei ihr bestehenden Stufenvertretung vorlegen.

(6) Bei Anträgen des Personalrats nach Absatz 4, die Maßnahmen nach § 72 Abs. 1 zum Gegenstand haben, entscheidet in der Landesverwaltung die oberste Landesbehörde und bei den Gemeinden, den Gemeindeverbänden und den sonstigen der Aufsicht des Landes unterstehenden Körperschaften, Anstalten und Stiftungen des öffentlichen Rechts die Dienststelle (§ 1 Abs. 2 Halbsatz 2) endgültig.

(7) Ergibt sich bei Maßnahmen, die von der Dienststelle beabsichtigt sind, und bei den vom Personalrat beantragten Maßnahmen, die nach § 72 Abs. 2 bis 4 seiner Mitbestimmung unterliegen,

a) in der Landesverwaltung zwischen der obersten Landesbehörde,
b) bei den Gemeinden, den Gemeindeverbänden und den sonstigen der Aufsicht des Landes unterstehenden Körperschaften, Anstalten und Stiftungen des öffentlichen Rechts zwischen der Dienststelle (§ 1 Abs. 2 Halbsatz 2 und Abs. 3)

und der dort bestehenden zuständigen Personalvertretung keine Einigung, so entscheidet auf Antrag der Dienststelle (§ 1 Abs. 2 Halbsatz 2) oder der Personalvertretung die Einigungsstelle (§ 67). Die Personalvertretung kann die Entscheidung der Einigungsstelle auch dann beantragen, wenn die Dienststelle über einen Antrag nach Absatz 4 nicht innerhalb der in Absatz 4 Satz 3 vorgesehenen Frist entscheidet. In den Fällen des § 72 Absatz 1, 3 und 4 Satz 1 Nummer 2, 6, 11, 12, 14 bis 17, 19 bis 22 und des § 74 Absatz 1 beschließt die Einigungsstelle eine Empfehlung an die in diesen Fällen endgültig entscheidende Stelle (§ 68). Wurde über eine Maßnahme nach Satz 1, die wegen ihrer Auswirkungen auf das Gemeinwohl wesentlicher Bestandteil der Regierungsgewalt sein kann, durch bindenden Beschluss der Einigungsstelle entschieden, können die beteiligten Dienststellen innerhalb eines Monats nach Zustellung des Beschlusses auf dem Dienstweg die nach § 68 zuständige Stelle anrufen. Den beteiligten Personalräten ist von dieser Stelle Gelegenheit zur Stellungnahme zu geben; hierfür kann eine Frist gesetzt werden. Die nach § 68 zuständige Stelle stellt fest, ob der Beschluss der Einigungsstelle wegen der Maßnahme, die aufgrund ihrer Auswirkungen auf das Gemeinwohl wesentlicher Bestandteil der Regierungsgewalt ist, nur empfehlenden Charakter hat und entscheidet über die Maßnahme abschließend. Die Entscheidung ist zu begründen. Liegen diese Voraussetzungen nicht vor, verbleibt es beim Beschluss der Einigungsstelle. Die vorsitzende Person der Einigungsstelle sowie die am Einigungsverfahren beteiligten Dienststellen und Personalvertretungen sind unverzüglich über die Entscheidung und deren Gründe schriftlich zu informieren.

(8) Die Dienststelle kann bei Maßnahmen, die der Natur der Sache nach keinen Aufschub dulden, bis zur endgültigen Entscheidung vorläufige Regelungen treffen. Sie hat dem Personalrat die vorläufige Regelung mitzuteilen und zu begründen und unverzüglich das Verfahren nach den Absätzen 2, 3, 5 und 7 einzuleiten oder fortzusetzen.

Die Vorschrift regelt das Verfahren in den mitbestimmungspflichtigen Angelegenheiten der §§ 72, 74 Abs. 1. Durch die Novelle 2011 wurde das Mitbestimmungsverfahren aufgewertet. Dazu ist der Begriff der »Maßnahme«, die Gegenstand der Mitbestimmung ist, in Abs. 1 Satz 2 definiert worden. Durch den dort geregelten Maßnahmebegriff soll, so die Gesetzesbegründung,[1] eine »prozessbegleitende Mitbestimmung« eingeführt werden, die durch das Informationsrecht bei Organisationsentscheidungen gemäß § 65 Abs. 1 Satz 3 und 4 ergänzt und begleitet wird (vgl. dazu Rn. 4). Nach Abs. 3 Satz 8 und 9 hat die Personalvertretung das Recht, soweit Entscheidungen nicht von der Dienststelle, sondern von dem verfassungsmäßig zuständigen obersten Organ getroffen werden, diesem Gremium ihren Standpunkt vor der Beschlussfassung in geeigneter Weise darzulegen. Der frühere Katalog der Zustimmungsverweigerungsgründe ist entfallen, weil – so die Gesetzesbegründung – durch die Rechtsprechung geklärt ist, dass die Ablehnung der Zustimmung nur aus Gründen erfolgen kann, die nicht willkürlich sind und im Rahmen des Mitbestimmungstatbestandes liegen.[2] Das Evokationsrecht nach Abs. 7 Satz 4ff. beinhaltet, dass die beteiligten Dienststellen das verfassungsmäßig zuständige oberste Organ anrufen können, wenn ein bindender Beschluss der Einigungsstelle wegen seiner Auswirkungen auf das Gemeinwohl wesentlicher Bestandteil der Regierungsgewalt sein kann. Das verfassungsmäßig zuständige oberste Organ stellt dann fest, ob der beanstandete

1

---

1 LT-Drucks. 15/2218, 53.
2 LT-Drucks. 15/1644, 82.

## § 66

Beschluss der Einigungsstelle nur empfehlenden Charakter hat und entscheidet in diesem Fall endgültig.

**2** Grundsätzlich kann eine Maßnahme nur getroffen werden, wenn zuvor die Zustimmung des Personalrats eingeholt wurde und sie nach ordnungsgemäßem Abschluss des Mitbestimmungsverfahrens in Form der Zustimmung des Personalrats, Ersetzung der Zustimmung durch die Einigungsstelle oder Entscheidung der nach § 68 endgültig entscheidenden Stelle vorliegt. Diese Zustimmung muss vorliegen, wenn die Maßnahme getroffen wird, eine nachträgliche Genehmigung ist unzulässig. Bezüglich der Rechtsfolgen der Nichtbeachtung von Mitbestimmungsrechten besagt die Theorie der Wirksamkeitsvoraussetzung.[3]

- Rechtsgeschäftliches Handeln des Arbeitgebers, das er unter Verletzung des Mitbestimmungsrechts vorgenommen hat, ist unwirksam.
- Verfügungen im Beamtenrecht, die unter Verletzung von Mitbestimmungsrechten erfolgen, sind anfechtbar.
- Der Arbeitgeber soll keinen Rechtsvorteil aus personalvertretungsrechtlichem Unterlassen ziehen dürfen.
- Der Arbeitnehmer darf aufgrund einer Pflichtwidrigkeit des Arbeitgebers keine Nachteile erleiden.

Daraus folgt:

- Wird der Personalrat an einer beteiligungspflichtigen Maßnahme gar nicht beteiligt, ist die gleichwohl getroffene Maßnahme unwirksam und anfechtbar.
- Wird der Personalrat fehlerhaft beteiligt, z. B. durch fehlerhafte Einleitung eines Mitbestimmungsverfahrens durch einen Unzuständigen, falsche oder unvollständige Unterrichtung oder unrechtmäßigen Abbruch des Mitbestimmungsverfahrens, so führen solche Fehler im Verantwortungsbereich der Dienststelle ebenfalls zur Unwirksamkeit und Anfechtbarkeit der Maßnahmen.
- Fehler, die im Verantwortungsbereich des Personalrats liegen – z. B. Beschlussfassung ohne Sitzung, Entscheidung durch den Personalratsvorsitzenden allein, Teilnahme eines befangenen Personalratsmitgliedes an der Abstimmung –, haben grundsätzlich keinen Einfluss auf die Wirksamkeit. Wegen der Bindung an Recht und Gesetz muss sich die Dienststelle jedoch solche im Bereich des Personalrats entstandenen Fehler anrechnen lassen, an denen sie beteiligt war oder die offenkundig sind.[4]
- Damit der Arbeitnehmer infolge Pflichtwidrigkeiten des Arbeitgebers keine Nachteile erleidet, trifft die Unwirksamkeitsfolge nur solche Maßnahmen, die für den Arbeitnehmer ungünstig oder belastend sind. Deshalb bleibt eine ohne den Personalrat vorgenommene Einstellung, Beför-

---

3 Siehe dazu *Altvater*, § 68 Rn. 62.
4 *BVerwG* 13. 10. 1986 – 6 P 14.84, PersR 1987, 40.

derung, Höhergruppierung oder die Gewährung einer Unterstützung bzw. Zuweisung einer Wohnung wirksam. Belastende Maßnahmen – wie Versetzung, Umsetzung, Abordnung, Versagung einer Nebentätigkeit oder die Geltendmachung von Ersatzansprüchen – sind unwirksam. Diese Maßnahmen sind rückgängig zu machen, wenn der Betroffene oder der Personalrat das verlangt oder gerichtlich durchsetzt. Für Kündigungen findet sich diese Rechtsfolge ausdrücklich in § 74 Abs. 3. Die Vorschrift erklärt, dass eine Kündigung oder ein Aufhebungs- oder Beendigungsvertrag unwirksam ist, wenn der Personalrat nicht beteiligt worden ist.

Die Dienststelle ist jedoch nicht gehindert, die Maßnahme nach ordnungsgemäßer Durchführung des Mitbestimmungsverfahrens und Vorliegen der Zustimmung des Personalrats, der Einigungsstelle oder des Letztentscheidungsgremiums erneut durchzuführen.

- Maßnahmen kollektiver Art, an denen der Personalrat nicht beteiligt war, z. B. die Veränderung der regelmäßigen Arbeitszeit, die Anordnung von Überstunden oder eine Regelung betreffend die Ordnung in der Dienststelle (z. B. Anordnung von Taschenkontrollen), müssen von den Beschäftigten nicht befolgt werden. Sie können die Überschreitung des Direktions- bzw. Weisungsrechts durch Gegenvorstellung, Remonstration oder im Wege einer gerichtlichen Klage geltend machen. Der Personalrat kann die Rückgängigmachung der Maßnahmen verlangen sowie das Nachholen des unterbliebenen Mitbestimmungsverfahrens (vgl. § 79 Rn. 11).
- Maßnahmen gegenüber Beamten, an denen der Personalrat nicht oder nicht ordnungsgemäß beteiligt war, sind zunächst stets anfechtbar. Ein entsprechendes Rechtsmittel kann jedoch nur von den betroffenen Beamten eingelegt werden und nur dann, wenn die Maßnahme für ihn belastend, also nachteilig ist. Bei anderen Maßnahmen besteht eine Verpflichtung der Dienststelle, sie – soweit möglich[5] – rückgängig zu machen, wenn auf Antrag des Personalrats die Missachtung seiner Mitbestimmungsrechte gerichtlich festgestellt wird. Beförderungen können allerdings – anders als Umsetzungen, Versetzungen und Abordnungen[6] – nicht rückgängig gemacht werden.

Der von der Rechtsprechung eingeräumten Möglichkeit, dass die Zustimmung des Personalrats bis zum Abschluss des beamtenrechtlichen Widerspruchsverfahrens nachgeholt werden kann, solange die Maßnahme noch nicht vollzogen ist – etwa bei einer fristgerechten, nicht jedoch bei fristloser Entlassung eines Beamten –, ist durch Wegfall des beamtenrechtlichen Vorverfahrens in NRW (vgl. § 104 LBG) weitgehend der Boden entzogen. Die Zustimmung des Personalrats muss daher in den Fällen, in denen das Vorverfahren weggefallen ist, vor Durchführung einer Maßnahme vorliegen, so

---

5 *BVerwG* 15. 12. 1978 – 6 P 13.78, PersR 1980, 145.
6 *BVerwG* 19. 7. 1994 – 6 P 33.92, PersR 1995, 128.

## § 66

dass bei der entsprechenden Ausübung des Direktions- oder Weisungsrechts oder der Bekanntmachung einer entsprechenden Verfügung die Zustimmung des Personalrats vorliegen und das Mitbestimmungsverfahren ordnungsgemäß durchgeführt sein muss.

Ist die Dienststelle durch gerichtliche Entscheidung verpflichtet worden, über eine beamtenrechtliche Auswahlentscheidung unter Beachtung der Rechtsauffassung des Gerichts erneut zu entscheiden, ist grundsätzlich die erneute Beteiligung des Personalrats erforderlich.[7] Das gilt auch, wenn die Dienststelle einer schuldrechtlichen Verpflichtung aus einem arbeitsgerichtlichen Vergleich oder einem rechtskräftigen Urteil nachkommen will.[8] Der Personalrat ist verpflichtet, sich auch ohne Änderung der Sach- und Rechtslage mit einer erneuten Vorlage im Rahmen des Mitbestimmungsverfahrens zu befassen.[9] Diese Pflicht besteht auch in den Fällen, in denen die Dienststelle nach Abschluss des Mitbestimmungsverfahrens den ursprünglichen Antrag an den Personalrat wiederholt und die Anrufung der Einigungsstelle unterlässt.

3 **Abs. 1 Satz 1:** Die Vorschrift formuliert das der Mitbestimmung zugrundeliegende Prinzip: Beabsichtigt die Dienststelle eine nach § 72 der Mitbestimmung unterworfene Maßnahme, bedarf sie dazu der ausdrücklichen und vorherigen Zustimmung des Personalrats. In den nachfolgenden Absätzen finden sich sodann die Regeln, nach denen diese Zustimmung zu beantragen ist, wann und in welchen Formen sie erteilt und verweigert werden kann und darf und schließlich, welche Konfliktlösungs-Mechanismen zur Verfügung stehen, wenn sich zwischen Dienststelle und Personalrat keine Einigung ergibt.

Unter Zustimmung ist die vorherige Einwilligung zu verstehen, die nachträgliche Genehmigung sieht das Gesetz nicht vor. Jedoch gebietet der Grundsatz der vertrauensvollen Zusammenarbeit, dass das Mitbestimmungsverfahren nachgeholt wird, wenn gerichtlich die Verletzung eines Mitbestimmungsrechtes festgestellt wird.[10]

Eine Maßnahme im personalvertretungsrechtlichen Sinne ist prinzipiell jede Handlung oder Entscheidung des Dienststellenleiters, mit der dieser in eigener Zuständigkeit eine Angelegenheit der Dienststelle regelt, sofern hierdurch der Rechtsstand der Beschäftigten oder eines einzelnen Beschäftigten berührt wird. Ihrem Inhalt nach muss die Maßnahme auf eine Veränderung des bestehenden Zustandes abzielen, nach ihrer Durchführung müssen das Beschäftigungsverhältnis oder die Arbeitsbedingungen eine Veränderung

---

7 *OVG NRW* 22. 6. 2012 – 6 B 588/12, juris.
8 *VG Düsseldorf* 8. 11. 2019 – 34 K 4231/18. PVL.
9 *HessVGH* 21. 9. 2016 – 1 A 2101/14, NZA-RR 2017, 160.
10 *BVerwG* 15. 3. 1995 – 6 P 28.93, n. v.; 15. 3. 1995 – 6 P 31.93, PersR 1995, 423; 17. 2. 2010 – 6 PB 43.09, PersR 2010, 208.

§ 66

erfahren haben.[11] Keine Maßnahme ist daher z. B. der Erlass einer obersten Dienstbehörde, wenn dadurch Rechte und Pflichten für die Beschäftigten des Geschäftsbereichs nicht begründet werden.[12]
Der Vorschrift ist zu entnehmen, dass sämtliche mitbestimmungspflichtigen Maßnahmen der Dienststelle – unabhängig davon, ob sie angeordnet, geduldet, billigend zur Kenntnis genommen werden oder überhaupt bekannt sind – nur mit vorheriger Zustimmung des Personalrats getroffen, also durchgeführt werden dürfen. »Daraus folgt, dass der Leiter der Dienststelle mitbestimmungspflichtige Maßnahmen, die ohne seine Kenntnisse in Teilbereichen der Dienststelle getroffen werden, entweder verhindern oder aber sie sich dergestalt zu eigen machen muss, dass er sie wie eine eigene Maßnahme dem bei ihm gebildeten Personalrat gegenüber vertritt«.[13] Durch eine – auch stillschweigende – Delegation von Zuständigkeiten dürfen keine Beteiligungslücken entstehen.[14] Ist die Dienststelle jedoch lediglich rechtlich oder tatsächlich in Sachzusammenhänge einbezogen, ohne selbst handelnd einzugreifen, liegt keine Maßnahme vor.[15] Auch beabsichtigte Maßnahmen, die rechtswidrig oder nichtig sind, lassen das Mitbestimmungsrecht des Personalrats nicht entfallen.[16]
Im Übrigen ist die Zuständigkeitsverteilung durch das »Prinzip der partnerschaftlichen Zuordnung von Dienststelle und Personalvertretung« geprägt. Dieses besagt, dass sich die Beteiligung des Personalrats auf die Maßnahmen erstreckt und beschränkt, die der Leiter der Dienststelle, der er zugeordnet ist, in eigener Verantwortung zu treffen beabsichtigt.[17] Kommt es z. B. durch eine Gestellung von Personal gemäß § 4 Abs. 3 TVöD/TV-L zu einer »doppelten Dienststellenzugehörigkeit« in der Form, dass auch dem Dienststellenleiter der aufnehmende Dienststelle ein Weisungsrecht gegenüber dem gestellten Personal eingeräumt wird, so ist stets der Personalrat zu beteiligen, dessen Dienststellenleiter über die beabsichtigte Maßnahme eigenverantwortlich entscheidet.[18] Gleiches gilt für die Abgrenzung der Zuständigkeiten in mehrstufigen Verwaltungen. Hier ist der Personalrat der Stufe zu betei-

---

11 Vgl. *BVerwG* 17. 5. 2017 – 5 P 2.16, NZA-RR 2017, 565; 25. 4. 2014 – 6 P 17.13, ZTR 2014, 434; *OVG NRW* 2. 4. 2008 – 1 A 3615/06.PVL, juris.
12 *OVG NRW* 25. 9. 2017 – 20 A 1562/16. PVL, PersR 7–8/2018, 62.
13 So *OVG NRW* 20. 3. 1997 – 1 A 3755/94.PVL, PersR 1997, 253; 20. 1. 2000 – 1 A 128/98.PVL, PersR 2000, 456.
14 *OVG NRW* 20. 1. 2000, a. a. O.
15 *OVG NRW* 3. 2. 2000 – 1 A 4968/98.PVL, PersR 2000, 519; 20. 5. 2010 – 16 A 276/09.PVL, PersV 2010, 391; *BVerwG* 9. 9. 2010 – 6 PB 12.10, PersR 2010, 459.
16 *OVG NRW* 6. 10. 2010 – 16 A 1539/09.PVL, PersV 2011, 147.
17 *OVG NRW* 26. 2. 1996 – 1 A 4141/92.PVL, PersV 1998, 527; *VG Münster* 3. 3. 2010 – 22 K 531/09.PVL, juris.
18 Vgl. auch *OVG NRW* 23. 3. 2010 – 16 A 2423/08.PVL, PersR 2010, 358; 2. 4. 2008 – 1 A 3615/06.PVL, juris.

ligen, dessen Dienststellenleiter die maßgebliche Entscheidung eigenverantwortlich trifft.[19] Von dieser Zuständigkeitsverteilung sind auch die allgemeinen Aufgaben des Personalrats gemäß § 64 erfasst.[20] Eine die Mitbestimmung des örtlichen Personalrats ausschließende gestaltende Anordnung der übergeordneten Dienststelle liegt allerdings nicht vor, wenn diese generelle Weisungen für Personalangelegenheiten erlässt, die von den nachgeordneten Dienststellen im Wege personeller Einzelmaßnahmen mit oder ohne Entscheidungsspielraum umzusetzen sind. In diesen Fällen ist der örtliche Personalrat zu beteiligen.[21] In Dienststellen, in denen ein Gesamtpersonalrat gebildet wurde, ist dieser zu beteiligen, wenn der Leiter der Hauptdienststelle Maßnahmen beabsichtigt, die alle Beschäftigten der Gesamtdienststelle betreffen.[22]

4 **Abs. 1 Satz 2:** Nach der Legaldefinition in Absatz 1 Satz 2 liegt eine Maßnahme bereits dann vor, wenn durch eine Handlung eine mitbestimmungspflichtige Maßnahme vorweggenommen oder festgelegt wird. Durch die Formulierung soll – so die Gesetzesbegründung – gewährleistet sein, dass der Personalrat »nicht nur informiert, sondern auch einbezogen wird«. Lediglich vorbereitende Handlungen sollen nicht unter den Maßnahmenbegriff fallen.[23] Die vorstehende Gesetzesbegründung ist offenkundig angelehnt an die Rechtsprechung des *BVerwG* zum Maßnahmebegriff. So heißt es in dem Beschluss des *BVerwG* vom 14.10.2002:[24] »Lediglich der Vorbereitung einer Maßnahme dienende Handlungen der Dienststelle sind, wenn sie nicht bereits eine beabsichtigte Maßnahme vorwegnehmen oder unmittelbar festlegen, keine Maßnahmen.«[25] Aus dem Umkehrschluss ergibt sich, dass Handlungen, die eine beabsichtigte Maßnahme vorwegnehmen oder unmittelbar festlegen, Maßnahmen im personalvertretungsrechtlichen Sinne sind. Daraus folgt, dass die Dienststelle, soweit sie Organisationsentscheidungen wie z.B. eine Privatisierung (§ 72 Abs. 4 Satz 1 Nr. 22) oder die Einschränkung der Dienststelle (§ 73 Nr. 3) beabsichtigt, diese erst dann umsetzen darf, wenn der Personalrat an den daraus folgenden Maßnahmen ebenfalls beteiligt wurde. Wird durch die Organisationsentscheidung z.B. festgelegt, dass Beschäftigte versetzt (§ 72 Abs. 1 Satz 1 Nr. 5) oder ordentlich gekündigt (§ 74 Abs. 1) werden müssen, so sind vor Umsetzung der Organisationsmaßnahme zunächst die Mitbestimmungsverfahren hinsichtlich der

---

19 *OVG NRW* 17.11.2009 – 16 A 3277/07.PVB, juris.
20 *BVerwG* 12.8.2009 – 6 PB 18.09, PersR 2009, 416.
21 *BVerwG* 30.3.2009 – 6 PB 29.08, PersR 2009, 332; 2.9.2009 – 6 PB 22.09, PersR 2009, 458.
22 *BVerwG* 26.11.2008 – 6 P 7.08, PersR 2009, 267.
23 LT-Drucks. 15/2218, 53.
24 6 P 7.01, PersR 2003, 113.
25 So auch *BVerwG* 25.4.2014 – 6 P 17.13, ZTR 2014, 434.

§ 66

personellen Einzelmaßnahmen durchzuführen und abzuschließen. Erst wenn das geschehen ist, kann die beabsichtigte Organisationsmaßnahme umgesetzt werden. Die Dienststelle kann nicht zunächst isoliert die Organisationsmaßnahme festlegen und umsetzten und erst im Anschluss daran – wenn deren Folgen bereits feststehen – die durch die Organisationsmaßnahme festgelegten Maßnahmen zum Gegenstand weiterer Mitbestimmungsverfahren machen.

Diese »prozessbegleitende Mitbestimmung« findet auch Ausdruck in § 65 Abs. 1 Satz 2 (frühzeitige und fortlaufende Unterrichtung), den prozesshaft ausgestalteten Mitbestimmungstatbeständen in § 72 Abs. 3 Nr. 1, 2 und 5 sowie in der Mitbestimmung bei nur probeweise oder befristet durchgeführten Maßnahmen gemäß § 72 Abs. 5. Durch diese, auch in der Gesetzesbegründung[26] erwähnte »Einbeziehung« der Personalräte in die Entscheidungsprozesse der Dienststelle wird die Rolle der Personalräte im Mitbestimmungsverfahren wesentlich gestärkt. Statt die Personalräte lediglich über beabsichtigte Maßnahmen zu unterrichten und diese zur Zustimmung vorzulegen, haben die Dienststellen die Personalräte in die Entscheidungsprozesse der Dienststelle einzubeziehen. Die Personalräte sind dazu aufgerufen, sich in die Entscheidungsprozesse einzubringen und diese aktiv mitzugestalten.

**Abs. 2:** Nach **Satz 1** hat der Dienststellenleiter den Personalrat von einer bevorstehenden Maßnahme zu unterrichten und seine Zustimmung dazu zu beantragen. Dazu ist er verpflichtet, wenn er sich zu ihrer Durchführung entschlossen hat und die Willensbildung zu einem vorläufigen Abschluss gekommen ist. Zu beachten ist dabei, dass der Maßnahmebegriff durch die Einfügung des Abs. 1 Satz 2 erweitert wurde, so dass auch die Beteiligung bereits zu einem früheren Zeitpunkt zu erfolgen hat, wenn durch eine Handlung eine Maßnahme vorweggenommen oder unmittelbar festgelegt wird (vgl. Rn. 1, 4). Von dem Zeitpunkt der Beteiligung zu unterscheiden ist der Beginn der Unterrichtung des Personalrats nach § 65 Abs. 1. In mitbestimmungspflichtigen Angelegenheiten, denen eine gewisse Vorüberlegung und Planung vorausgeht, hat die Unterrichtung des Personalrats nicht erst stattzufinden, wenn die Maßnahme bereits beabsichtigt ist, sie hat vielmehr in der Planungsphase einzusetzen (siehe § 65 Rn. 2). Bei Organisationsentscheidungen wurde der Zeitpunkt der Unterrichtung des Personalrats durch die Novelle 2011 noch weiter vorverlagert (vgl. § 65 Rn. 9). In den Fällen des § 65a Abs. 3 ist der Wirtschaftsausschuss in der Regel noch vor dem Personalrat zu unterrichten, damit er seiner Beratungsfunktion gegenüber dem Personalrat gerecht werden kann. In Gemeinden und Gemeindeverbänden ist zu beachten, dass eine Maßnahme dann beabsichtigt ist, wenn der Bür-

5

---

26 LT-Drucks. 15/2218, 53.

## § 66

germeister vorhat, sie dem Entscheidungsorgan (Rat oder Kreistag) vorzuschlagen. Die Zuleitung einer Rats- oder Kreistagsvorlage an das Beschlussgremium oder den von diesem bestellten Ausschuss ist daher erst nach Beendigung des Mitbestimmungsverfahrens zulässig. Wird zwischen Dienststelle und Personalrat längere Zeit verhandelt, so muss der Dienststellenleiter den Personalrat ausdrücklich darauf aufmerksam machen, wenn nach seiner Auffassung die Frist des Absatzes 2 in Lauf gesetzt wird. Formvorschriften für den Zustimmungsantrag bestehen nicht, jedoch muss ein ausdrücklicher und unmissverständlicher Antrag auf Erteilung der Zustimmung gestellt werden.

Welche Maßnahme Gegenstand des Mitbestimmungsverfahrens sein soll, unterliegt der Organisationshoheit des Dienststellenleiters, so dass nicht nur Einzelfälle, sondern auch künftige Fallgestaltungen (z. B. sukzessive Privatisierung der städtischen Reinigungsarbeiten[27]) Gegenstand eines Mitbestimmungsverfahrens sein können, solange für den Personalrat die Maßnahme bestimmt genug erläutert und begründet wird.

Wirksam eingeleitet ist das Verfahren nur dann, wenn der Dienststellenleiter den Antrag stellt. Zur Unwirksamkeit der Maßnahme – z. B. einer Kündigung – führt der Antrag eines personalvertretungsrechtlich unzuständigen Vertreters allerdings nur dann, wenn der Personalrat den Fehler innerhalb der Erklärungsfrist rügt.[28]

Die Stellungnahmefristen der Absätze 2, 3 und 5 werden nur in Lauf gesetzt, wenn der Personalrat zugleich mit dem Zustimmungsantrag ordnungsgemäß unterrichtet wird, also die Einzelheiten der Maßnahme dargelegt werden, bei mehreren Alternativen eine Begründung für die getroffene Entscheidung abgegeben wird und die für die Ausübung der Mitbestimmungsrechte maßgebenden Gesichtspunkte genannt werden (siehe § 65 Rn. 3). Ohne ausreichende Unterrichtung beginnt der Fristenlauf nicht, kann die Billigungsfiktion des Satzes 5 nicht eintreten.[29] Der Personalrat muss innerhalb der Erklärungsfrist des Absatzes 2 jedoch ausdrücklich die mangelhafte Unterrichtung rügen und angeben, welche zusätzlichen Informationen er benötigt.[30] Erklärt er seine endgültige Zustimmungsverweigerung im Sinne des Satzes 3, so kann er sich nachträglich nicht mehr auf unzureichende Unterrichtung berufen.[31]

---

27 *OVG NRW* 25.3.1999 – 1 A 4469/98.PVL, PersR 2000, 81.
28 *BAG* 25.2.1998 – 2 AZR 226/97, PersR 1998, 298.
29 *BVerwG* 7.4.2010 – 6 P 6.09, PersR 2010, 312; *OVG NRW* 21.12.2015 – 20 A 643/14.PVB, NZA-RR 2016, 279; 19.4.1993 – CL 59/89, PersV 1995, 493; 27.3.1998 – 1 A 5737/95.PVL, PersR 1999, 170.
30 *OVG NRW* 27.3.1998 – 1 A 7537/95.PVL, PersR 1999, 170.
31 *OVG NRW* 31.5.2001 – 1 A 2277/99.PVL, PersR 2002, 215.

§ 66

Die Berechnung der Fristen erfolgt nach den allgemeinen Regeln der §§ 187 bis 193 BGB. Da für den Anfang der Fristen ein Ereignis, nämlich der Antrag der Dienststelle bzw. das letzte Erörterungsgespräch maßgeblich ist, zählt der Tag dieses Ereignisses gemäß § 187 Abs. 1 BGB für die Berechnung der Frist nicht mit. Weil es sich um eine nach Wochen berechnete Frist handelt, endet diese gemäß § 188 Abs. 2 BGB mit Ablauf desjenigen Tages der letzten Woche der Frist, welcher durch seine Benennung dem Tage entspricht, in den das Ereignis fällt. Wird die Erörterung z. B. am 3. 8. 2020 beendet, beginnt der Lauf der zweiwöchigen Frist am Dienstag, den 4. 8. 2020 (§ 187 Abs. 1 BGB), und endet mit Ablauf des Dienstags, den 18. 8. 2020 (§ 188 Abs. 2 BGB).

Nach **Satz 2** kann der Personalrat verlangen, dass der Dienststellenleiter die beabsichtigte Maßnahme begründet. Durch die Novelle 2007 ist hinzugefügt worden, dass der Personalrat außer in Personalangelegenheiten auch eine schriftliche Begründung verlangen kann. Damit entspricht die Regelung der vergleichbaren Vorschrift in § 69 Abs. 2 Satz 2 BPersVG. Einen sachlichen Unterschied zwischen der Unterrichtung im Sinne des Satzes 1 und der vom Personalrat einzufordernden Begründung im Sinne des Satzes 2 gibt es nicht. Der Personalrat kann eine Begründung verlangen. Dieses Verlangen ändert jedoch nichts am Lauf der Frist, so dass von einem solchen Verlangen regelmäßig abzuraten ist. Innerhalb der Stellungnahmefristen nach Abs. 2 und 3 wird es dem Personalrat selten gelingen, zweimal zu tagen und nach Beschluss des Begründungsverlangens und Zugang dieser Begründung erneut eine Stellungnahme zu beschließen. 6

Die Frist in **Satz 3 1. Halbsatz** innerhalb derer der Personalrat der Dienststelle den Beschluss über die beantragte Zustimmung mitzuteilen hat, beträgt zwei Wochen. 7

Nach **Satz 3 2. Halbsatz** kann die Frist von der Dienststelle in dringenden Fällen auf eine Woche (nicht wie bisher auf drei Arbeitstage) abgekürzt werden.

Dringende Fälle liegen nur vor, wenn die Einhaltung der Zweiwochenfrist schlechterdings unzumutbar ist oder zu einer erheblichen Beeinträchtigung öffentlicher Belange führt.[32] Die Beachtung der Beratungsrechte des Personalrats ist abzuwägen gegen die aus Sicht der Dienststelle bestehende Dringlichkeit.

**Satz 4** verlängert in den Fällen des § 35 die Frist um eine Woche. Gemeint sind die Fälle der Aussetzung eines Beschlusses des Personalrats auf Antrag einer Gruppe, der JAV oder der Schwerbehindertenvertretung für eine Woche. Dem Personalrat ist es in diesen Fällen nicht möglich, in der gesetzlichen Zustimmungs- und Erörterungsfrist den internen Meinungsbildungs- 8

---

32 *BVerwG* 15. 11. 1995 – 6 P 4.94, PersR 1996, 157.

## § 66

prozess abzuschließen, so dass eine Verlängerung der Frist erforderlich war. Die Fristverlängerung von einer Woche ist nach der Gesetzesbegründung bei den Fristberechnungen des Abs. 2 und 3 zu berücksichtigen.[33]

9 Die Maßnahme gilt gemäß **Satz 5** als gebilligt und die Zustimmung zu dem Antrag des Dienststellenleiters als erteilt, wenn nicht der Personalrat seine Ablehnung unter Wahrung von drei Formerfordernissen erklärt. Eine Zustimmungsverweigerung ist nur wirksam, wenn sie innerhalb der genannten Frist von zwei Wochen bzw. einer Woche erklärt wird, unter Angabe der Gründe und schriftlich erfolgt. Will der Personalrat die Maßnahme ablehnen, so muss er dies innerhalb der Zweiwochenfrist unter Angabe der Gründe und schriftlich mitteilen. Wird eines dieser Formerfordernisse nicht beachtet, gilt die Maßnahme als gebilligt. Hat der Personalrat also die Frist versäumt und/oder keine Gründe angegeben und/oder dies nicht schriftlich getan, so hat er der Maßnahme nach der Gesetzesfiktion des Satzes 5 zugestimmt. Fristwahrend ist die Übergabe der schriftlichen Zustimmungsverweigerung an die Vertretungsberechtigten im Sinne des § 8 Abs. 1 und 2.[34]
Die Maßnahme gilt jedoch nicht schon dann als gebilligt, wenn der Personalrat vor Ablauf der Zweiwochenfrist erklärt, er enthalte sich einer Stellungnahme, er stimme weder zu, noch widerspreche er.[35]
Zur Erfüllung des Schriftformerfordernisses bedarf es nicht der Schriftform des § 126 BGB, der eigenhändige Namensunterschrift verlangt. Vielmehr genügt Textform im Sinne des § 126b BGB, also eine lesbare Erklärung auf einem dauerhaften Datenträger, in der die Person des Erklärenden genannt ist. Ausreichend ist daher die Übermittlung der Zustimmungsverweigerung in einem eingescannten Schreiben, das als Anhang zu einer E-Mail der Dienststelle übersandt wird.[36] Besteht Zugang zu elektronischen Dokumenten, genügt eine E-Mail mit Namen und qualifizierter Signatur.
Ein Zustimmungsverweigerungskatalog besteht nicht. Nach Ansicht des Gesetzgebers ist durch die Rechtsprechung geklärt, dass die Ablehnung der Zustimmung nur aus Gründen erfolgen könne, die nicht willkürlich seien und im Rahmen des Mitbestimmungstatbestandes lägen.[37] Dementsprechend gibt es keine gesetzlich ausdrücklich erlaubten oder verbotenen Zustimmungsverweigerungsgründe, jedoch müssen sich die Erklärungen des Personalrats auf eine bestimmte Maßnahme beziehen und einen Bezug zum jeweiligen Mitbestimmungstatbestand haben. Ansonsten ist der Personalrat

---

33 LT-Drucks. 15/1644, 81.
34 *OVG NRW* 10.2.1999 – 1 A 800/97.PVL, PersR 1999, 316.
35 *BAG* 21.3.2018 – 7 AZR 408/16, PersR 10/18, 39; *LAG Hamm* 13.11.2014 – 17 Sa 1123/14, juris.
36 *OVG NRW* 1.2.2019 – 20 A 3100/17.PVB, PersR 7/2019, 50; 1.9.2015, 20 A 1868/14.PVB, PersR 2/2016, 52.
37 LT-Drucks. 15/1644, 82.

§ 66

in seinen Ablehnungsgründen frei.[38] Das *OVG NRW* hat allerdings zum alten (und neuen) Recht, das einen Zustimmungsverweigerungskatalog wie in § 66 Abs. 3 a. F. nicht kannte, in einer ausufernden Rechtsprechung die Rechtsfigur der »Beachtlichkeit« der Zustimmungsverweigerung entwickelt und so eine Kontrolle und Überprüfung der Zustimmungsverweigerungsgründe des Personalrats eingeführt.[39] Das ist jedoch Sache der Einigungsstelle. Weder die Rechtsprechung noch der Dienststellenleiter sind nach § 66 berufen und befugt, die sachliche Richtigkeit der Zustimmungsverweigerungen zu überprüfen. Der Personalrat ist verpflichtet, im Falle einer Zustimmungsverweigerung eine sachliche Begründung abzugeben, die einen Bezug zur konkreten Maßnahme haben muss und sich auch dem jeweiligen Mitbestimmungsrecht zuordnen lässt.[40] Die vom Personalrat angegebenen Gründe zur Zustimmungsverweigerung sind bereits dann beachtlich, wenn sie möglicherweise noch innerhalb der eingeräumten Mitbestimmung liegen. An die Zustimmungsverweigerung dürfen daher keine allzu hohen Anforderungen gestellt werden.[41] Maßgebend ist, wie die Dienststelle die Begründung nach Treu und Glauben unter Berücksichtigung der Verkehrssitte nach den jeweiligen Umständen (Rechtsgedanke des § 133 BGB) verstehen muss.[42] Nur wenn dies offensichtlich nicht der Fall ist, fehlt es der gegebenen Begründung an ihrer Beachtlichkeit mit der Folge, dass sie wie eine nicht gegebene Begründung zur Fiktion der Billigung der Maßnahme nach Satz 5 führt.[43] Das Merkmal der »Offensichtlichkeit« soll dabei sicherstellen, dass sich der Abbruch des Mitbestimmungsverfahrens durch den Dienststellenleiter trotz rechtzeitiger formgerechter Zustimmungsverweigerung des Personalrats auf Fälle beschränkt, in denen der Personalrat seine durch den jeweiligen Mitbestimmungstatbestand begrenzten Kompetenzen eindeutig überschreitet.[44] In allen anderen Fällen ist die Dienststelle nicht befugt, das Mitbestimmungsverfahren von sich aus abzubrechen, sondern muss die Einigungsstelle anrufen, die dann über die Beachtlichkeit der vom Personalrat angegebenen Zustimmungsverweigerungsgründe zu beschließen hat. Trägt der Personalrat Bedenken vor, so hat die Dienststelle ggf. zu überprüfen, ob

---

38 Dazu: *OVG NRW* 3. 4. 2017 – 20 A 2696/15.PVL, juris.
39 Siehe *OVG NRW* 29. 1. 1999 – 1 A 6324/96.PVL, PersR 1999, 538, unter Hinweis auf seine frühere Rspr.; zur Personalauswahlentscheidung vgl. vom 24. 11. 1999 – 1 A 3563/97.PVL, PersR 2000, 288.
40 In diese Richtung weisen die Entscheidungen des *OVG NRW*, z. B. vom 10. 3. 1999 – 1 A 1083/97.PVL, PersR 2000, 79; 24. 11. 1999 – 1 A 3563/97.PVL, PersR 2000, 288; 21. 6. 2001 – 1 A 5600/99.PVL, PersR 2001, 527.
41 *OVG NRW* 25. 8. 2011 – 16 A 783/10.PVB, PersR 2012, 229.
42 *OVG NRW* 21. 12. 2015 – 20 A 643/14.PVB, PersR 9/2016, 45.
43 *BVerwG* 3. 3. 2016 – PB 31.15, PersR 2/2017, 47; *OVG NRW* 3. 4. 2017 – 20 A 2696/15, NZA-RR 2017, 510; 3. 2. 2005 – 1 A 1994/03.PVL, PersV 2006, 29.
44 *BVerwG* 30. 4. 2001 – 6 P 9.00, PersR 2001, 382.

## § 66

diese Bedenken eine Korrektur der getroffenen Auswahlentscheidung erforderlich machen und in Verhandlungen mit dem Personalrat vor Anrufung der Einigungsstelle den Versuch zu unternehmen, eine Einigung herbeizuführen.[45] Da keine Frist zur Anrufung der Einigungsstelle besteht, ist die Dienststelle auch verpflichtet, diesen Versuch zu unternehmen, bevor die Einigungsstelle angerufen wird. Ein in der Erörterung vorgebrachter Einwand verliert seine Beachtlichkeit nicht dadurch, dass der Personalrat ihn in der schriftlichen Zustimmungsverweigerung wiederholt.[46]

**10** **Abs. 3:** Der Personalrat hat drei Möglichkeiten der Reaktion auf einen Antrag auf die beantragte Zustimmung: Er kann der Maßnahme zustimmen, wofür ein bestimmtes Formerfordernis nicht vorgeschrieben ist. Er kann die Maßnahme auch sogleich ablehnen, was neben der Beachtung der Stellungnahmefrist von zwei Wochen nach Abs. 2 Satz 5 die Angabe der Gründe und die Schriftform verlangt. Der Personalrat ist nicht verpflichtet, im Falle einer beabsichtigten Ablehnung zunächst in eine Erörterung einzutreten, sondern kann ohne Erörterung ablehnen.[47]

**11** Nach **Satz 1** kann der Personalrat die vorläufige Mitteilung abgeben, dass er beabsichtige, nicht zuzustimmen, wenn er aufgrund der Erstunterrichtung und des Zustimmungsantrags des Dienststellenleiters keine Möglichkeit sieht, zuzustimmen. Er muss dies innerhalb der Zweiwochenfrist nach Abs. 2 Satz 3 oder im Falle der Abkürzung der Frist innerhalb der Wochenfrist nach Abs. 2 Satz 4 tun. Die Erklärung der beabsichtigten Zustimmungsverweigerung ist im Regelfall auch zweckmäßig, jedoch nicht verpflichtend, um Gelegenheit zur Erörterung zu haben. Ist aus Sicht des Personalrats nach dem Antrag der Dienststelle für ein solches Einigungsgespräch kein Raum – z. B. bei Wiederholung eines vom Personalrat bereits mit eingehender Begründung abgelehnten Antrags – so kann er sogleich gemäß Abs. 2 Satz 3 seine endgültige Ablehnung erklären.[48] Die Mitteilung, dass beabsichtigt ist, nicht zuzustimmen, bedarf lediglich der Beschlussfassung des Personalrats, eine Begründung oder Schriftform ist nicht erforderlich.

Die Erörterung kommt auf Initiative des Dienststellenleiters zustande. Verlangt dieser keine Erörterung, so findet kein weiteres Mitbestimmungsverfahren statt. Der Dienststellenleiter muss dann jedoch von der beabsichtigten Maßnahme Abstand nehmen. Im Falle von Initiativanträgen des Personalrats nach Abs. 6 wird die Erörterung auf Veranlassung des Personalrats eingeleitet. Unter Erörterung ist grundsätzlich die Durchführung eines Gesprächs zwischen den im Gesetz genannten Beteiligten – also dem Personalrat und der Dienststelle – zu verstehen. Der Austausch von Schriftsätzen

---

45 *BVerwG* 20. 6. 1986 – 6 P 4.83, PersR 1986, 197.
46 *OVG NRW* 21. 6. 2001 – 1 A 5600/99.PVL, PersR 2001, 527.
47 Vgl. *OVG NRW* 29. 1. 1999 – 1 A 6324/96, PersR 1999, 538.
48 *OVG NRW* 29. 1. 1999, a. a. O.

ersetzt dieses zwingend erforderliche Gespräch nicht.[49] An dem Gespräch nimmt der gesamte Personalrat und nicht nur die vorsitzende Person teil. Die Erörterung ist kein laufendes Geschäft im Sinne des § 29 Abs. 2. Nach **Satz 1 Halbs. 2** ist die Erörterung mit dem Ziel einer Verständigung innerhalb von zwei Wochen ab Mitteilung des Personalrats durchzuführen. Findet innerhalb dieser Frist keine Erörterung statt, ist das Mitbestimmungsverfahren beendet. Der Dienststellenleiter ist jedoch berechtigt, einen erneuten Antrag auf Zustimmung zu stellen. Verweigert der Personalrat eine Erörterung, so beginnt seine Frist zur endgültigen Stellungnahme nach Abs. 1 Satz 3 mit Erklärung einer solchen endgültigen Verweigerung.

12

Die Frist, innerhalb derer die Erörterung stattzufinden hat, kann nach **Satz 1, Halbsatz 3** im Einvernehmen zwischen Dienststelle und Personalrat verlängert werden. Eine Verkürzung der Frist ist nicht möglich. Sofern kein Einvernehmen über eine Fristverlängerung oder den zeitlichen Rahmen der Fristverlängerung herbeigeführt werden kann, verbleibt es bei der gesetzlichen Frist von zwei Wochen. In der Gesetzesbegründung heißt es weiter, »dass in diesem Falle auch die Zustimmungsfiktion eintritt, sofern die gesetzlichen Voraussetzungen vorliegen«.[50] Der Sinn dieser Gesetzesbegründung erschließt sich nicht. Hat der Personalrat erklärt, er beabsichtige der Maßnahme nicht zuzustimmen und ist deshalb eine Erörterung gemäß Abs. 3 Satz 1, 2. Halbsatz erforderlich, findet diese jedoch nicht innerhalb der Zweiwochenfrist oder der einvernehmlich verlängerten Frist statt, kann eine Zustimmungsfiktion aufgrund der gesetzlich vorgeschriebenen aber nicht durchgeführten Erörterung nicht eintreten. Findet innerhalb der Zweiwochenfrist oder der einvernehmlich verlängerten Frist keine Erörterung statt, ist das Mitbestimmungsverfahren vielmehr beendet. Will die Dienststelle die Maßnahme dennoch umsetzen, ist sie gehalten, einen erneuten Antrag auf Zustimmung zu stellen und im Falle der erneuten beabsichtigten Ablehnung durch den Personalrat fristgerecht zu erörtern.

Nach **Satz 2** kann der Dienststellenleiter in dringenden Fällen verlangen, dass die Erörterung innerhalb einer Frist von einer Woche durchzuführen ist. Der Begriff der »Dringlichkeit« ist ebenso auszulegen, wie in Abs. 2 Satz 3, 2. Halbsatz (siehe Rn. 7). Nach **Satz 3** beginnen die Fristen für die Stellungnahme des Personalrats zur beantragten Zustimmung des Dienststellenleiters im Falle der Durchführung einer Erörterung nicht mit dem Zugang des Zustimmungsantrages, sondern mit der Erörterung. Finden mehrere Erörterungsgespräche statt oder wird die Erörterung einvernehmlich unterbrochen – z. B. um dem Personalrat weitere Informationen zukommen zu lassen –, beginnt die Frist des Abs. 2 Satz 3 und 4 erst mit der letzten Erör-

13

---

49 *BAG* 15.8.2006 – 9 AZR 571/05, PersR 2007, 164, im Anschluss an *BVerwG* 27.1.1995 – 6 P 22.92, PersR 1995, 185.
50 LT-Drucks. 15/1644, 81.

## § 66

terung bzw. nach Ende der Unterbrechung und Abschluss der Erörterung.[51] In jedem Fall laufen die Fristen zur Stellungnahme des Personalrats erst nach Wiederaufnahme der Erörterung und nicht etwa nach Zugang fehlender Informationen oder Wegfall eines Hindernisses, dessenwegen die Erörterung unterbrochen wurde. Für den Fall, dass die Dienststelle die Erörterung einseitig für beendet erklärt, der Personalrat diese Auffassung jedoch nicht teilt, sollte der Personalrat innerhalb der Frist des Abs. 2 Satz 3 und 4 erklären, dass er die Erörterung nicht für beendet hält und aus welchen Gründen dies der Fall ist. Darüber hinaus sollte der Personalrat innerhalb der Frist vorsorglich die Zustimmung zu der Maßnahme unter Angabe von Gründen endgültig verweigern. Tut der Personalrat dies nicht, läuft er Gefahr, dass das Gericht feststellt, dass die Erörterung tatsächlich mit der Erklärung der Dienststelle beendet war. Hat der Personalrat die Zustimmung in diesen Fällen nicht gemäß Abs. 2 Satz 3 und 4 fristgemäß endgültig verweigert, tritt gemäß **Satz 4** die Zustimmungsfiktion des Abs. 2 Satz 5 ein.

**14** Nach **Satz 5** kann die Dienststelle die für Personal- und Organisationsangelegenheiten zuständigen Beschäftigten zur Erörterung hinzuziehen.[52] Auch zur früheren Rechtslage hat das *OVG NRW* ein Recht zur Hinzuziehung der für Personal- und Organisationsangelegenheiten zuständigen Beschäftigten bejaht und zwar mit der wenig überzeugenden Begründung, dass der Personalrat nach dem Gebot der vertrauensvollen Zusammenarbeit dazu verpflichtet sei, die Hinzuziehung zu dulden.[53]

Werden in der Zustimmungsverweigerung des Personalrats Beschwerden oder Behauptungen tatsächlicher Art vorgetragen, die für einen Beschäftigten ungünstig sind oder ihm nachteilig werden können, so verpflichtet **Satz 6** den Personalrat, dem Beschäftigten Gelegenheit zur Äußerung zu geben und diese Äußerung aktenkundig zu machen. Die Vorschrift bezieht sich auf den Inhalt einer vom Personalrat in einer mitbestimmungspflichtigen Angelegenheit abgegebenen Zustimmungsverweigerung. Die Vorschrift hat eine Parallele zu § 85 LBG, wonach Beamte zu hören sind, wenn Beschwerden, Behauptungen oder Bewertungen, die für diese ungünstig sind oder werden können, zur Personalakte genommen werden sollen. Enthält also die Zustimmungsverweigerung des Personalrats Nachteiliges über Beschäftigte und können diese Tatsachen, Umstände oder Bewertungen für das berufliche Fortkommen ungünstige Folgen haben, muss der Personalrat den betroffenen Beschäftigten hören und Gelegenheit zur Stellungnahme geben. Die Äußerung des Beschäftigten ist sodann »aktenkundig zu machen«, also der Zustimmungsverweigerung beizufügen. Eine Aufnahme in die Personalakte ist nicht zwingend.

---

51 *OVG NRW* 18. 10. 2000 – 1 A 4961/98.PVL, PersR 2001, 159.
52 Vgl. LT-Drucks. 15/1644, 82.
53 *OVG NRW* 21. 12. 2009 – 16 A 1340/08.PVL, juris.

Nach **Satz 7** entfällt die Erörterung in Angelegenheiten, in denen nicht der  **15**
Dienststellenleiter, sondern nur das verfassungsmäßig oberste Organ über
eine mitbestimmungspflichtige Maßnahme zu entscheiden hat. In diesen
Fällen ist dem Personalrat vom Dienststellenleiter Gelegenheit zu geben,
eine Stellungnahme zur Vorlage bei dem zuständigen Organ oder Ausschuss
abzugeben. Es ist jedoch zu beachten, dass nur die Erörterung entfällt und
nicht etwa das gesamte Mitbestimmungsverfahren gegenstandslos wird.[54]
Das Absehen von der Erörterung hat der Gesetzgeber deshalb vorgenommen, weil der nicht entscheidungsbefugte Dienststellenleiter ein Erörterungsgespräch mit dem Ziel einer Einigung mangels Entscheidungsbefugnis
nicht sinnvoll führen kann.

Die Dienststelle hat zunächst beim Personalrat die Zustimmung zu beantra-  **16**
gen. Teilt dieser gemäß Satz 1 mit, dass er beabsichtige, nicht zuzustimmen,
so hat der Dienststellenleiter dem Personalrat Gelegenheit zur Stellungnahme zu geben. Die Erörterung wird also durch diese Stellungnahme
des Personalrats gegenüber dem verfassungsmäßig zuständigen Organ oder
dem entsprechenden Ausschuss ersetzt. Dem Personalrat muss dabei eine
angemessene Frist – analog Abs. 2 Satz 3 in der Regel zwei Wochen – eingeräumt werden und zugleich bekanntgegeben werden, wann das Entscheidungsgremium tagt. Die Dienststelle hat dafür zu sorgen, dass die Stellungnahme des Personalrats so rechtzeitig erfolgt, dass sie dem Entscheidungsträger bei seiner Beschlussfassung vorliegt. Die Stellungnahme des Personalrats hat der Dienststellenleiter in vollständiger Form dem zur Entscheidung
berufenen Gremium vorzulegen. Der Personalrat ist auch berechtigt, seine
Stellungnahme unmittelbar dem verfassungsmäßig zuständigen Organ zuzuleiten. Entscheidet sich das verfassungsmäßig zuständige Gremium für die
beabsichtigte Maßnahme – wobei diese Entscheidung unter dem Vorbehalt
der Zustimmung des Personalrats steht –, nimmt das Mitbestimmungsverfahren seinen Fortgang. Das *OVG NRW*[55] verneint eine Verpflichtung der
Dienststelle, das vollständige Mitbestimmungsverfahren noch vor dieser
Entscheidung durchzuführen, weil die Entscheidung des verfassungsmäßig
zuständigen Organs erst diejenige Entschließung sein soll, die dem Ende
der – nicht vorgesehenen – Erörterung gleichsteht. Dementsprechend beginnt die Frist des Satz 3 in diesem Fall mit der Unterrichtung des Personalrats seitens der Dienststelle über den Beschluss des Entscheidungsgremiums.
Verweigert der Personalrat seine Zustimmung, ist die Entscheidung der Einigungsstelle herbeizuführen.[56] Bis zur abschließenden Entscheidung der
Einigungsstelle bzw. des verfassungsmäßig zuständigen Gremiums über eine

---

54  *OVG NRW* 9. 11. 2001 – 1 B 1146/01, PersR 2002, 257.
55  Entscheidung vom 30. 10. 2002 – 1 A 1149/00.PVL, juris.
56  Siehe zum gesamten Verfahren: *OVG NRW* 30. 10. 2002 – 1 A 1149/00.PVL, juris.

## § 66

Empfehlung der Einigungsstelle darf der Dienststellenleiter die Maßnahmen nicht durchführen.

**17** Nach den **Sätzen 8 und 9** hat die Personalvertretung bei Körperschaften, in denen nicht die Dienststelle, sondern das zuständige oberste Organ entscheidet, das Recht, ihren Standpunkt vor der Beschlussfassung auch an geeigneter Stelle darzulegen.[57] Abgestellt wird auf die Rechtsprechung des *OVG NRW* zu § 66 Abs. 2 Satz 10 a. F. (entspricht Abs. 3 Satz 7 n. F.). In seiner Entscheidung vom 2.4.2008[58] hat das *OVG NRW* festgestellt, dass es sich bei dieser Vorschrift um eine Bestimmung mit Ausnahmecharakter handelt, welche allein den kommunalen Bereich betrifft. Für andere Dienststellen, beispielsweise den Hochschulbereich, habe der Landesgesetzgeber die verschiedensten Gelegenheiten nicht wahrgenommen, diesen Bereich in die betreffende Sonderregelung einzubeziehen. Dadurch kam es zu einer personalvertretungsrechtlichen Beteiligungslücke, wenn eine an sich beteiligungspflichtige Maßnahme nicht vom Dienststellenleiter, sondern von einem anderen, zuständigen Organ/Gremium (außerhalb des kommunalen Bereichs) getroffen wurde. Mangels Entscheidungskompetenz des Dienststellenleiters liegt in diesen Fällen keine Maßnahme der Dienststelle im Sinne des Absatz 1 vor, so dass auch eine Beteiligung des Personalrats nicht in Betracht kommt. Um diese Beteiligungslücke zu schließen, wird der vorsitzenden Person der zuständigen Personalvertretung sowie einem Mitglied der betroffenen Gruppe das Recht eingeräumt, an den Sitzungen des verfassungsmäßig zuständigen obersten Organs oder des von ihm bestimmten Ausschusses mit Ausnahme der Beschlussfassung teilzunehmen und die Auffassung der Personalvertretung darzulegen. Dies gilt in allen personellen oder sozialen Angelegenheiten der Angehörigen der Dienststelle, also in den Fällen des § 72 Abs. 1, 2 und 4 Nr. 6, 11 bis 20. Der Termin und die Tagesordnung der Sitzung des verfassungsmäßig zuständigen obersten Organs oder des von ihm bestimmten Ausschusses sind der Personalvertretung rechtzeitig bekanntzugeben, um die Teilnahmemöglichkeit sicherzustellen. Erst nach Durchführung des vorgeschriebenen Verfahrens kann das verfassungsmäßig zuständige oberste Organ die Maßnahmen beschließen.

**18** **Abs. 4:** Die Vorschrift räumt dem Personalrat in sämtlichen mitbestimmungspflichtigen Angelegenheiten des § 72 ein uneingeschränktes Initiativ-Mitbestimmungsrecht ein, d.h., dass der Personalrat die in § 72 aufgeführten Angelegenheiten auch selbst initiativ bei der Dienststelle beantragen kann und in einem solchen Fall ein im Einzelnen geregeltes Mitbestimmungsverfahren stattzufinden hat.

Der Gesetzgeber unternahm mit der Neufassung von Satz 1 dieser Vorschrift durch die Novelle 1994 bereits den dritten Versuch, das Initiativrecht des

---

57 LT-Drucks. 15/1644, 82.
58 1 A 278/06.PVL, juris.

§ 66

Personalrats umfassend und auch für die personellen Einzelmaßnahmen »gerichtsfest« zu regeln. Die 1985 – auch damals bereits im Hinblick auf die restriktive Rechtsprechung – vorgenommene Neufassung war vom *OVG NRW*[59] für unklar gehalten worden, der gesetzgeberische Wille sei angeblich nicht deutlich genug geworden. Mit der Neufassung ist dieser Rechtsprechung über das »Wesen der Mitbestimmung« der Boden entzogen und klargestellt, dass der Personalrat in Nordrhein-Westfalen ein Initiativrecht in sämtlichen Angelegenheiten hat, die § 72 aufführt – und zwar auch dann, wenn sie nur Gruppen oder gar einen Einzelnen betreffen, sich auf ihn auswirken oder er in der Angelegenheit selbst Rechtsmittel in Anspruch nehmen könnte.[60]

Das Initiativ-Mitbestimmungsrecht wird nach Satz 2 durch einen schriftlichen und begründeten Antrag des Personalrats gegenüber der Dienststelle eingeleitet. Diese hat nach dem durch die Novelle 2011 neu gefassten Satz 3 innerhalb von zwei Wochen mitzuteilen, ob dem Vorschlag entsprochen werden soll oder nicht. Will der Dienststellenleiter dem Initiativantrag nicht entsprechen, hat er dies gemäß Satz 4 innerhalb der gleichen Frist von zwei Wochen nach Zugang des Vorschlags mitzuteilen und den Vorschlag sodann mit dem Personalrat mit dem ernsten Willen zur Einigung zu erörtern. Für die Erörterung und das Erörterungsverfahren gelten die Vorschriften aus Absatzes 3 Satz 1 Halbsatz 2 und 3 entsprechend. Die Erörterung muss also innerhalb von zwei Wochen, in dringenden Fällen innerhalb von einer Woche durchgeführt werden. Die zweiwöchige Frist nach Satz 3, binnen derer der Dienststellenleiter über den Vorschlag des Personalrats zu entscheiden hat, beginnt in diesen Fällen mit dem Abschluss der Erörterung. Nach Satz 6 hat der Dienststellenleiter dem Personalrat bei einer endgültigen Ablehnung des Initiativantrages »die Gründe« anzugeben. Dafür ist keine Schriftform vorgesehen und auch für Inhalt und Umfang der anzugebenden Gründe gibt es keine Vorschriften. Jedoch muss die Begründung so vollständig sein, dass der Personalrat eine ausreichende Beratungsgrundlage zur Prüfung der Frage hat, ob er den Antrag nach Absatz 6 und 7 weiterverfolgt. Nach Absatz 7 Satz 2 kann die Personalvertretung die Einigungsstelle unter den Voraussetzungen des Absatzes 7 Satz 1 auch dann anrufen, wenn der Dienststellenleiter über einen Initiativantrag des Personalrats entgegen Absatz 4 Satz 3 nicht innerhalb der zweiwöchigen Frist nach Antragsstellung bzw. nach Erörterung entschieden hat.

19

---

59 Entscheidungen vom 8. 3. 1988 – CL 19/87, PersR 88, 329, und vom 5. 8. 1991 – CL 24/89, PersV 1993, 41.
60 So ausdrücklich bezüglich im Initiativantrag namentlich benannter Beschäftigter: *BVerwG* 24. 10. 2001 – 6 P 13.00, PersR 2002, 21.

## § 66

Abs. 4 und 6 gelten aufgrund § 74 Abs. 8 auch für Initiativanträge des Personalrats, die eine ordentliche Kündigung nach § 74 Abs. 1 zum Gegenstand haben.

**20 Abs. 5:** Beabsichtigt der Dienststellenleiter eine Maßnahme und verweigert der Personalrat seine Zustimmung, so kann der Dienststellenleiter nach Satz 1 innerhalb von zwei Wochen nach Erhalt der Zustimmungsverweigerung die Angelegenheit der dem Verwaltungsaufbau übergeordneten Stelle, bei der eine Stufenvertretung besteht, vorlegen. Die Vorschrift ist nur in Verwaltungen anwendbar, die eine Stufenvertretung im Sinne des § 50 (siehe die Kommentierung dort) haben. In einstufigen Verwaltungen sowie in Dienststellen und Verwaltungen mit einem Gesamtpersonalrat kann diese Vorschrift nicht angewandt werden, vielmehr ist in diesen Fällen nach Zustimmungsverweigerung des Personalrats unmittelbar nach Absatz 7 zu verfahren. Eine Ausnahme bilden die Landschaftsverbände, der Landesbetrieb Straßenbau NRW sowie der Bau- und Liegenschaftsbetrieb NRW, deren Gesamtpersonalräte nach § 52 Satz 2 die Aufgaben des Hauptpersonalrats wahrnehmen (vgl. die Kommentierung dort). Zwischen Stufenvertretung und Stufendienststelle hat erneut eine Unterrichtung über die Maßnahme und Erörterung nach Absatz 3 stattzufinden. Kommt eine Einigung nicht zustande, so wird das Mitbestimmungsverfahren nach Absatz 6 bzw. 7 fortgesetzt. Wird das Stufenverfahren von der übergeordneten Dienststelle mit der Begründung abgebrochen, ein Mitbestimmungsrecht des Personalrats bestehe nicht, so bindet das weder den örtlichen Personalrat noch den Dienststellenleiter. Dieser ist vielmehr nach wie vor zur Beachtung des Mitbestimmungsrechts verpflichtet.[61]

Hat der Personalrat einen Initiativantrag gestellt und kommt in der Stufenvertretung entweder eine Einigung nicht zustande oder trifft der Dienststellenleiter keinerlei Entscheidung, kann der Personalrat nach Satz 3 binnen einer Frist von zwei Wochen die Angelegenheit der nächsthöheren Stufenvertretung erneut vorlegen. In diesen Fällen ist nach Satz 4 auf das Stufenverfahren Absatz 4 entsprechend anwendbar, so dass die Regeln über die vom Dienststellenleiter zu beachtenden Fristen bei Eingang eines Initiativantrages sowie diejenigen über die Erörterung des Abs. 3 Satz 1 bis 3 einschließlich der Verpflichtung zur Begründung der Ablehnung eines Vorschlages zur Anwendung kommen.

Ruft der Dienststellenleiter die Stufenverwaltung oder der Personalrat die Stufenvertretung an, so soll nach Satz 5 eine gegenseitige Unterrichtung über diesen Schritt erfolgen.

---

61 *OVG NRW* 9. 12. 1995 – 1 A 2005/92.PVL, PersR 1995, 304.

## § 66

**Abs. 6:** Hat der Personalrat einen Initiativantrag nach Absatz 4 gestellt, der sich auf eine personelle Einzelmaßnahme nach § 72 Abs. 1 bezieht, so ist das Einigungsstellenverfahren nicht eröffnet. Vielmehr entscheidet 21
- in der Landesverwaltung die oberste Landesbehörde,
- bei den Gemeinden, den Gemeindeverbänden und den sonstigen der Aufsicht des Landes unterstehenden Körperschaften, Anstalten und Stiftungen des öffentlichen Rechts die Dienststelle,

endgültig und damit verfahrensbeendend.

Das Verfahren nach Absatz 6 gilt für sämtliche Maßnahmen des § 72 Abs. 1 und daher auch in den Fällen der antragsabhängigen Mitbestimmung in personellen Einzelmaßnahmen nach § 72 Abs. 1 Satz 2.

Das Initiativmitbestimmungsrecht führt in personellen Einzelmaßnahmen, also nach schriftlicher Antragstellung, Beratung, Erörterung und Entscheidung des Dienststellenleiters lediglich zu einer neuen endgültigen Entscheidung der Dienststelle. Nur in der Landesverwaltung entscheidet anstelle der Dienststelle die oberste Landesbehörde.

**Abs. 7:** Unter Berufung auf die Entscheidung des *BVerfG* zum schleswig-holsteinischen Mitbestimmungsgesetz[62] kommt eine endgültige Entscheidung der Einigungsstelle in personellen Angelegenheiten insgesamt nicht mehr in Betracht, sondern nur noch eine Empfehlung an das verfassungsmäßig zuständige, oberste Organ im Sinne des § 68. Die Einigungsstelle (§ 67) kann von der Dienststelle und dem Personalrat angerufen werden, damit diese in einer streitigen Mitbestimmungsangelegenheit eine Entscheidung trifft. Die Einigungsstelle kann entweder durch Beschluss verbindlich entscheiden (§ 67 Abs. 6 Satz 2) oder durch eine Empfehlung an die erst danach endgültig entscheidende Stelle (§ 68). 22

Nach Satz 1 kann die Einigungsstelle in allen Maßnahmen, die von der Dienststelle beabsichtigt und vom Personalrat abgelehnt worden sind, angerufen werden sowie bei den vom Personalrat im Wege des Initiativrechtes beantragten Maßnahmen, soweit diese nach § 72 Abs. 2–4 seiner Mitbestimmung unterliegen. Die Anrufung der Einigungsstelle ist daher dann nicht möglich, wenn sich das Initiativrecht des Personalrats auf Personalangelegenheiten des § 72 Abs. 1 erstreckte. In diesen Fällen gilt Absatz 6.

Die Anrufung der Einigungsstelle setzt voraus, dass in der Landesverwaltung zwischen dem Leiter der obersten Landesbehörde und der dort bestehenden zuständigen Personalvertretung keine Einigung erzielt worden ist. Bei den Gemeinden, Gemeindeverbänden und den sonstigen der Aufsicht des Landes unterstehenden Körperschaften, Anstalten und Stiftungen des öffentlichen Rechtes muss eine Nichteinigung zwischen der Dienststelle im Sinne des § 1 Abs. 2 Halbsatz 2 und Abs. 3 bestehen. Dieser Klammerzusatz und

---

62 *BVerfG* 24. 5. 1995 – 2 BvF 1/92, PersR 1995, 483.

## § 66

der Verweis auf § 1 Abs. 2 soll – ebenso wie der nachfolgende Hinweis auf den »Antrag der Dienststelle« (§ 1 Halbsatz 2) sicherstellen, dass der Gesamtpersonalrat nicht als Stufenvertretung angesehen werden kann. Damit soll eine im kommunalen Bereich aufgetretene Rechtsunsicherheit beseitigt werden.[63]

Zuständig für die Anrufung der Einigungsstelle in Gemeinden mit verselbständigten Teildienststellen (§ 1 Abs. 3) ist nur der Gesamtdienststellenleiter, der sich zuvor mit dem ihm zugeordneten Gesamtpersonalrat um eine Einigung innerhalb der Dienststelle zu bemühen hat.[64]

Die Anrufung der Einigungsstelle ist unter der Voraussetzung zulässig, dass sich keine Einigung zwischen Dienststelle und Personalrat ergeben hat und dementsprechend die Verfahren nach Abs. 2–5 bei Maßnahmen, die die Dienststelle beabsichtigt hat, sowie bei Initiativanträgen des Personalrats vollständig durchgeführt und abgeschlossen sind. Die bis zur Novelle 2007 für die Anrufung der Einigungsstelle vorgesehene Frist von 14 Tagen nach Zugang des ablehnenden Beschlusses der Personalvertretung oder der ablehnenden Mitteilung des Dienststellenleiters ist entfallen. Für eine solche Frist gebe es – so der Gesetzesentwurf[65] – kein praktisches Bedürfnis: »Ein am zügigen Fortgang des Verfahrens interessierter Leiter der Dienststelle wird die Einigungsstelle schnellstmöglich befassen.« Die Regelung entspreche auch Bundesrecht. Nach Satz 2 kann der Personalrat die Entscheidung der Einigungsstelle auch dann beantragen, wenn der Dienststellenleiter entgegen Absatz 4 Satz 3 eine Entscheidung über den Vorschlag des Personalrats nicht oder nicht innerhalb von zwei Wochen nach Zugang des Antrags oder nach Abschluss der Erörterung getroffen hat. Damit ist – so der Gesetzesentwurf[66] – eine Regelungslücke für den Fall geschlossen worden, dass der Leiter der Dienststelle über einen Initiativantrag nicht fristgerecht entscheidet.

Satz 3 schränkt die der Einigungsstelle in Satz 1 zugewiesene Kompetenz zur Entscheidung der Angelegenheit in den dort vorgesehenen Fällen ein. Der Katalog wurde an die erweiterten Mitbestimmungstatbestände gemäß § 72 Abs. 4 angepasst. Darüber hinaus wurde § 74 Abs. 1 in die Aufzählung aufgenommen. Dementsprechend entscheidet die Einigungsstelle endgültig in den Mitbestimmungsangelegenheiten von §§ 72 Abs. 2, 4 Satz 1 Nr. 1, 3–5, 7–10, 13, 18.

Im Übrigen kann die Einigungsstelle in folgenden Fällen eine Empfehlung beschließen: §§ 72 Abs. 1, 3 und 4 Satz 1 Nr. 2, 6, 11, 12, 14–17, 19–22, 74 Abs. 1.

---

63 Gesetzesentwurf, LT-Drucks. 14/4239, 95.
64 *OVG NRW* 30. 1. 2003 – 1 A 1148/00 PVL, PersR 2003, 411; 2. 12. 1993 – CL 31/90, PersR 1994, 428.
65 LT-Drucks. 14/4239, 95.
66 LT-Drucks. 14/4239, 95.

Ist der Einigungsstelle nur die Kompetenz einer Empfehlung zugewiesen, so hat sie diese Empfehlung an die in diesen Fällen endgültig entscheidende Stelle zu richten. Das ist gemäß § 68 bei den Beschäftigten des Landes nunmehr erneut, wie bereits vor der Novelle 2007, die Landesregierung und nicht mehr die oberste Dienstbehörde, bei Beschäftigten der Gemeinden, der Gemeindeverbände und der sonstigen der Aufsicht des Landes unterstehenden Körperschaften, Anstalten und Stiftungen des öffentlichen Rechtes deren verfassungsmäßig zuständiges oberstes Organ oder der von ihm bestimmte Ausschuss. Diese Zuständigkeit ergibt sich aus dem jeweiligen Gesetzes- oder Satzungsrecht.

Das Zustandekommen der Einigungsstelle und das von ihr zu beachtende Verfahren ergibt sich aus § 67.

Das Evokationsrecht wurde durch die Novelle 2011 eingeschränkt. Bisher 23 gab es für das zuständige oberste Organ im Sinne des § 68 die Möglichkeit, einen bindenden Beschluss der Einigungsstelle innerhalb eines Monats ganz oder teilweise aufzuheben und *abweichend* selbst zu entscheiden, wenn ein Beschluss im Einzelfall wegen seiner Auswirkungen auf das Gemeinwohl wesentlicher Bestandteil der Regierungsgewalt war. Dieses Evokationsrecht besteht künftig in der Form, dass die beteiligten Dienststellen auf dem Dienstweg die nach § 68 entscheidende Stelle – das verfassungsmäßig zuständige oberste Organ – anrufen können und dieses feststellen kann, ob der Beschluss der Einigungsstelle nur empfehlenden Charakter hat. In diesem Fall entscheidet das verfassungsmäßig zuständige oberste Organ *abschließend*. Die Einschränkung besteht darin, dass nunmehr keine vollständig abweichende Entscheidung mehr getroffen werden kann. Das zuständige oberste Organ kann lediglich im Rahmen der im Einigungsstellenverfahren gestellten Anträge entscheiden und keine vollständige eigenständige abweichende Entscheidung treffen, wie dies bisher möglich war. Außerdem besteht bezüglich Dienstvereinbarungen kein Evokationsrecht mehr (vgl. § 70 Rn. 13). Liegen die Voraussetzungen für die Evokation nicht vor, verbleibt es beim verbindlichen Beschluss der Einigungsstelle. Begründet wurde die Neuregelung des Evokationsrechtes damit, dass aufgrund der Entscheidung des *BVerfG* vom 24.5.1995 zum schleswig-holsteinischen Personalvertretungsgesetz[67] zwar Maßnahmen, die im Einzelfall wegen ihrer Auswirkungen auf das Gemeinwesen wesentlicher Bestandteil der Regierungsgewalt sind, der endgültigen Entscheidung der Einigungsstelle nicht zugänglich sein dürfen. Zu der Art und Weise, wie dieses Letztentscheidungsrecht der demokratisch-legitimierten Entscheidungsträger sicherzustellen ist, habe das Urteil allerdings keine Vorgaben gemacht. Auch nach der Rechtsprechung des *BVerwG* – die Gesetzesbegründung verweist beispielhaft auf den Beschluss

---

67 *BVerfG* 24.5.1995 – 2 BvF 1/92, PersR 1995, 483.

des *BVerwG* vom 4.6.2010[68] – obliegt die Ausgestaltung der vom *BVerfG* vorgegebenen Grundsätze dem Gesetzgeber, die dann durch die Gerichte zu beachten ist.

Das Evokationsrecht besteht in den Fällen, in denen die Einigungsstelle nach Satz 1 einen bindenden Beschluss gefasst hat. Die Ausübung des Evokationsrechtes kommt nur in Betracht, wenn der fragliche Einigungsstellenbeschluss im Einzelfall wegen seiner Auswirkungen auf das Gemeinwesen wesentlicher Bestandteil der Regierungsgewalt ist. Diese dem rheinland-pfälzischen Personalvertretungsgesetz entnommene Formulierung entspricht dem Postulat der rahmenrechtlichen Vorschrift des § 104 Satz 3 BPersVG. Danach dürfen Entscheidungen, die wegen ihrer Auswirkung auf das Gemeinwesen wesentlicher Bestandteil der Regierungsgewalt sind, nicht den Stellen entzogen werden, die der Volksvertretung verantwortlich sind. Die Vorschrift gab den Ländern vor, den »unabhängigen Stellen« in bestimmten Angelegenheiten keine Letztentscheidung zu übertragen. Als Beispiele werden personelle Angelegenheiten der Beamten, die Gestaltung von Lehrveranstaltungen im Rahmen des Vorbereitungsdienstes einschließlich der Auswahl der Lehrpersonen sowie organisatorische Angelegenheiten genannt. Da diese Vorgaben bereits durch die Beschränkung der Letztentscheidung der Einigungsstelle erfüllt sind, ist äußerst fraglich, unter welchen Voraussetzungen für die Evokation noch Raum sein könnte. Das *BVerfG* hat in der Entscheidung vom 24.5.1995[69] auch nicht verlangt, dass ein Evokationsrecht kumulativ neben die Beschränkung und Beschneidung der Letztentscheidungsbefugnis der Einigungsstelle treten müsse. Unter dieser Voraussetzung kommt eine Evokation von Einigungsstellenbeschlüssen zunächst nur in Betracht, wenn das im Einzelfall erforderlich und unabweisbar ist. Darüber hinaus muss der Einigungsstellenbeschluss Auswirkungen auf das Gemeinwohl haben, so dass Einigungsstellenbeschlüsse in den sozialen Angelegenheiten z.B. nach § 72 Abs. 2 nur dann der Evokation zugänglich sein dürften, wenn durch die Gewährung der dort genannten Leistungen Verfassungsgrundsätze verletzt werden oder durch die bei Erfüllung eines Einigungsstellenspruches notwendigen Ausgaben ein Haushaltsnotstand eintreten würde. Selbst wenn solche Auswirkungen auf das Gemeinwesen eintreten könnten – zu denken wäre etwa an die Einschränkung von Öffnungszeiten öffentlicher Einrichtungen durch Beschluss der Einigungsstelle zu Arbeitszeiten oder die Verweigerung von Überstunden an Samstagen und Sonntagen – ist darüber hinaus zu verlangen, dass das jeweils zu schützende Rechtsgut als wesentlicher Bestandteil der Regierungsgewalt anzusehen ist und einen Eingriff in den Kernbereich der gemeindlichen Selbstverwaltung darstellt. Nicht jede Einschränkung, z.B. von Öffnungszeiten von Museen,

---

68 6 PB 4.10, PersR 2010, 361.
69 *BVerfG* 24.5.1995, a.a.O.

Theatern oder Schwimmbädern, stellt jedoch bereits einen Eingriff in den Kernbereich der gemeindlichen Selbstverwaltung dar.

Liegen die Voraussetzungen vor, können die beteiligten Dienststellen innerhalb einer Frist von einem Monat nach Zustellung des Beschlusses der Einigungsstelle auf dem Dienstweg die nach § 68 zuständige Stelle anrufen. Das Antragsrecht steht nur der beteiligten Dienststelle zu. Dem beteiligten Personalrat ist lediglich Gelegenheit zur Stellungnahme zu geben. Hierfür kann dem Personalrat durch die nach § 68 zuständige Stelle eine angemessene Frist gesetzt werden. 24

Die nach § 68 zuständige Stelle hat sodann festzustellen, ob die Voraussetzungen des Satz 4 vorliegen, d. h., ob es sich um einen bindenden Beschluss handelt und ob die Maßnahme aufgrund ihrer Auswirkungen auf das Gemeinwohl wesentlicher Bestandteil der Regierungsgewalt ist. Ist dies der Fall, stellt die zuständige Stelle fest, dass der Beschluss der Einigungsstelle nur empfehlenden Charakter hat. An die Stelle der Entscheidung der Einigungsstelle tritt sodann die abschließende Entscheidung der nach § 68 zuständigen Stelle. Nach Satz 7 ist die Entscheidung zu begründen.

Liegen die genannten Voraussetzungen nicht vor, verbleibt es nach Satz 8 beim Beschluss der Einigungsstelle. 25

Nach Satz 9 sind die vorsitzende Person der Einigungsstelle sowie die am Einigungsstellenverfahren beteiligte Dienststelle und der Personalrat unverzüglich, d. h. ohne schuldhaftes Zögern, über die Entscheidung der nach § 68 zuständigen Stelle und deren Gründe in Schriftform zu informieren.

Da es sich bei der Evokation um eine Entscheidung des zuständigen obersten Organs nach § 68 handelt, ist eine gerichtliche Überprüfung der Entscheidung im personalvertretungsrechtlichen Beschlussverfahren ausgeschlossen, da das personalvertretungsrechtliche Verfahren mit der Beschlussfassung der Einigungsstelle endet und die Entscheidung der zuständigen Stelle nach § 68 der Einflussnahme der Personalvertretung entzogen ist.[70] 26

**Abs. 8:** Die Dienststelle kann bei Maßnahmen, die keinen Aufschub dulden, bis zur endgültigen Entscheidung eine vorläufige Regelung, also eine Eilmaßnahme treffen. Unaufschiebbar ist eine Angelegenheit nicht bereits dann, wenn sie eilbedürftig ist. Vielmehr bedarf es einer größeren Dringlichkeit.[71] Bei bloßer Eilbedürftigkeit genügt es, von der Möglichkeit zur Abkürzung der Fristen in § 66 Abs. 2 und 3 Gebrauch zu machen.[72] Es muss ein Sachzwang zum sofortigen Handeln bestehen, wobei ein strenger Maßstab zur Beurteilung anzulegen ist. Das Merkmal der Unaufschiebbarkeit ist des- 27

---

70 Vgl. BVerwG 31. 8. 2009 – 6 PB 21.09, PersR 2009, 510.
71 *OVG NRW* 15. 3. 1988 – CL 44/87, PersR 1989, 28; bejaht z. B. bei vorläufiger Versetzung auf einen Arbeitsplatz ohne berufliche Außenkontakte nach Verurteilung wegen Vorteilsnahme: *OVG NRW* 25. 8. 2005 – 1 A 4779/03.PVL, PersV 2006, 184.
72 *OVG NRW* 15. 3. 1988, a. a. O.; *Cecior u. a.*, § 66 Rn. 482.

## § 66

halb eng auszulegen, weil der Dienststellenleiter nur ausnahmsweise eine vorläufige Regelung treffen darf. In der Regel sind die vorherige Beteiligung des Personalrats und der Abschluss des Mitbestimmungsverfahrens erforderlich, bevor die Maßnahme getroffen werden kann.

Es ist daher eine Abwägung zwischen der Erfüllung der Aufgaben der Dienststelle einerseits und der Wahrnehmung der Interessen der Beschäftigten durch den Personalrat andererseits erforderlich. Nur wenn bei Unterlassung der alsbaldigen Durchführung
- der Erfolg vereitelt würde,
- einem durch die Unterlassung Betroffenen ein Schaden entstehen würde, der in keinem Verhältnis zum Nutzen und Zweck der Mitbestimmung steht,
- weitere Verzögerungen die Erfüllung der der Dienststelle obliegenden Aufgaben in Frage stellen würden,
- keine andere Möglichkeit besteht, durch sonstige organisatorische Maßnahmen den Notfall abzuwenden,[73]

darf eine vorläufige Regelung getroffen werden. Das *OVG NRW*[74] lässt eine vorläufige Maßnahme auch bei selbstverschuldeter Dringlichkeit zu.

Auch in einem solchen Fall darf die vorläufige Maßnahme die endgültige nicht vorwegnehmen. Sie muss in ihrer Wirkung, Dauer oder Reichweite so weit hinter der beabsichtigten Maßnahme zurückbleiben, dass eine wirksame Ausübung des Mitbestimmungsrechts möglich bleibt.[75] An Stelle einer endgültigen Versetzung hat sich die Dienststelle auf eine Abordnung zu beschränken.[76] Die zeitliche Festlegung von Überstunden im Wege einer vorläufigen Regelung ist in der Regel schon deswegen unzulässig, weil sie einen nicht mehr rückgängig zu machenden Tatbestand schafft.[77]

Zur Beurteilung der Dringlichkeit ist auf den Bereich der gesamten Dienststelle, nicht auf die Verhältnisse in einer Abteilung oder eines einzelnen Lehrstuhls an einer Universität abzustellen.[78]

Der Personalrat kann die Zulässigkeit einer Eilmaßnahme im Wege der einstweiligen Verfügung feststellen lassen. Allerdings sind besonders strenge Anforderungen an den Verfügungsgrund – die Eilbedürftigkeit des Verfahrens – zu stellen. Der Erlass einer solchen einstweiligen Verfügung wird nur

---

73 *OVG NRW* 15.3.1988, a.a.O.; 23.9.1993 – 1 A 557/91, PersR 1993, 567.
74 *OVG NRW* 27.10.1999 – 1 A 3216/97.PVL, PersR 2000, 168; 28.1.2003 – 1 B 1681/02.PVL, PersR 2004, 64.
75 *OVG NRW* 6.3.1997 – 1 A 3910/93.PVL, PersR 1997, 454.
76 *OVG NRW* 12.6.1997 – 1 A 4174/94.PVL, PersR 1998, 34; 27.10.1999 – 1 A 3216/97.PVL, PersR 2000, 168.
77 *OVG NRW* 9.8.1999 – CB 29/87, PersR 1990, 29.
78 *OVG NRW* 23.9.1993 – 1 A 557/93, PersR 1993, 567.

dann in Betracht kommen, wenn dessen Versagung zu einem endgültigen Rechtsverlust oder sonstigen irreparablen Zustand führen würde.[79] Die Eilmaßnahme ist dem Personalrat spätestens mit Vornahme der vorläufigen Regelung[80] mitzuteilen und zu begründen. Darüber hinaus ist unverzüglich das reguläre Mitbestimmungsverfahren nach den Abs. 2, 3, 5 und 7 einzuleiten. Leitet die Dienststelle das Mitbestimmungsverfahren nicht ein, so kann sie im Wege der einstweiligen Verfügung angehalten werden, dass Mitbestimmungsverfahren einzuleiten oder fortzusetzen.[81]

### § 67

(1) **Bei jeder obersten Dienstbehörde wird für die Dauer der Wahlperiode der Personalvertretung eine Einigungsstelle gebildet. Sie besteht aus einer unparteiischen vorsitzenden Person, ihrer Stellvertreterin oder ihrem Stellvertreter und Beisitzerinnen und Beisitzern. Auf die vorsitzende Person und deren Stellvertreterin oder Stellvertreter haben sich die oberste Dienstbehörde und die bei ihr bestehende Personalvertretung innerhalb von zwei Monaten nach Beginn der Wahlperiode zu einigen. Kommt eine Einigung nicht zustande, so entscheidet auf Antrag der obersten Dienstbehörde oder der Personalvertretung die Präsidentin oder der Präsident des Oberverwaltungsgerichts. Die Beisitzerinnen und Beisitzer werden für das jeweilige Einigungsstellenverfahren benannt; sie müssen Beschäftigte im Geltungsbereich eines Personalvertretungsgesetzes sein.**

(2) **Die Mitglieder der Einigungsstelle sind unabhängig und üben ihre Tätigkeit als Ehrenamt in eigener Verantwortung aus. Für sie gilt § 40 Abs. 1 Sätze 1 bis 4 und Abs. 3 und, soweit sie Beschäftigte im Geltungsbereich dieses Gesetzes sind, § 42 Abs. 2 entsprechend. Der vorsitzenden Person kann eine Entschädigung für Zeitaufwand gewährt werden. Die Mitglieder scheiden aus der Einigungsstelle außer durch Zeitablauf (Absatz 1 Satz 1) oder Niederlegung des Amtes nur unter den in § 50 Abs. 1 Nr. 1 und 2 des Landesdisziplinargesetzes bezeichneten Voraussetzungen aus, die Beisitzerinnen und Beisitzer ferner bei Beendigung des Dienst- oder Arbeitsverhältnisses im Geltungsbereich eines Personalvertretungsgesetzes.**

(3) **Die Einigungsstelle wird tätig in der Besetzung mit der vorsitzenden Person oder, falls sie verhindert ist, der Stellvertreterin oder dem Stellvertreter und sechs Beisitzerinnen und Beisitzern, die auf Vorschlag der**

---

79 *OVG NRW* 28.1.2003 – 1 B 1681/02.PVL, PersR 2004, 64.
80 *Laber/Pagenkopf*, § 66 Rn. 83.
81 Vgl. *Lechtermann*, PersV 2006, 1 ff.

§ 67

obersten Dienstbehörde und der Personalvertretung je zur Hälfte benannt werden.

(4) Die Sitzungen der Einigungsstelle sind nicht öffentlich. Den Beteiligten ist die Anwesenheit nur bei der Verhandlung zu gestatten; sachverständigen Personen kann die Teilnahme gestattet werden. Den Beteiligten ist Gelegenheit zur mündlichen Äußerung zu geben, die mit ihrem Einverständnis auch schriftlich erfolgen kann.

(5) Die Einigungsstelle entscheidet durch Beschluss über die Anträge der Beteiligten, sie kann den Anträgen auch teilweise entsprechen. Die Einigungsstelle soll binnen zwei Monaten nach der Erklärung einer oder eines Beteiligten, die Entscheidung der Einigungsstelle herbeiführen zu wollen, entscheiden. Der Beschluss muss sich im Rahmen der geltenden Rechtsvorschriften, insbesondere des Haushaltsgesetzes, halten. Der Beschluss wird mit Stimmenmehrheit gefasst.

(6) Der Beschluss der Einigungsstelle ist zu begründen und den Beteiligten zuzustellen. Er bindet diese, soweit er eine Entscheidung im Sinne des Absatzes 5 enthält; § 66 Abs. 7 Satz 4 bleibt unberührt. Eine Bindung besteht nicht in den Fällen des § 66 Abs. 7 Satz 3.

(7) Für die Geschäftsführung der Einigungsstelle gilt § 40 Abs. 1 Sätze 1 bis 4 und Abs. 3 entsprechend.

(8) Besteht bei einer obersten Dienstbehörde ein Hauptpersonalrat oder ein Gesamtpersonalrat, so nimmt dieser die Befugnisse der Personalvertretung nach Absatz 1 Satz 3 und 4 und Absatz 3 wahr.

(9) In den Fällen des § 84, des § 89 Absatz 1 Satz 2 Nummer 2, § 94 Absatz 1 Nummer 3 und des § 94b Absatz 1 ist die Einigung nach Absatz 1 Satz 3 zwischen der obersten Dienstbehörde und allen Hauptpersonalräten des Geschäftsbereichs herbeizuführen. Bei der Verhandlung von Angelegenheiten aus dem Zuständigkeitsbereich der Hauptpersonalräte nach § 84, § 89 Absatz 1 Satz 2 Nummer 2, § 94 Absatz 1 Nummer 3 und § 94b Absatz 1 üben diese Hauptpersonalräte das Vorschlagsrecht nach Absatz 3 aus.

1 § 67 regelt das Zustandekommen und die Tätigkeit der nach § 66 Abs. 7 zu bildenden Einigungsstelle. Sie ist für die Schlichtung und Entscheidung von Streitfällen zuständig, wenn sich zwischen Personalvertretung und Dienststelle keine Einigung in Mitbestimmungsangelegenheiten der §§ 72, 74 Abs. 1 ergibt.

2 **Abs. 1:** Eine Einigungsstelle wird bei jeder obersten Dienstbehörde für die Dauer der gesamten Wahlperiode gebildet. Ihre Einrichtung ist zwingend. Oberste Dienstbehörde ist im Bereich der Landesverwaltung die oberste Landesbehörde, bei der gemäß § 50 Abs. 1 ein Hauptpersonalrat zu bilden ist. In dem Bereich der Gemeinden und der Gemeindeverbände sowie der sonstigen der Aufsicht des Landes unterstehenden Körperschaften, Anstalten und Stiftungen des öffentlichen Rechtes bestehen keine Hauptpersonal-

räte, so dass die Einigungsstelle auf der Ebene des Leiters der Dienststelle bzw. der Gesamtdienststelle – beim Bestehen von Gesamtpersonalräten – zu bilden ist. Durch die Gesetzesänderung in § 52 Satz 1, wonach nunmehr auch bei Gemeinden und von ihr errichteten Anstalten, Körperschaften und Stiftungen Gesamtpersonalräte zu bilden sind, ist es nunmehr möglich, eine gemeinsame Einigungsstelle für Gemeinden und von ihnen errichtete Anstalten, Körperschaften oder Stiftungen zu bilden. Es ist bei jeder obersten Dienstbehörde eine Einigungsstelle zu bilden. Die Bildung gemeinsamer Einigungsstellen für mehrere oberste Dienstbehörden ist nicht möglich. In Stufenverwaltungen ist die Einigungsstelle für alle Angelegenheiten zuständig, die von den örtlichen Personalräten über die Stufenvertretungen zur obersten Dienstbehörde gelangen. Bei Teildienststellen, die nach § 1 Abs. 3 verselbständigt worden sind, ist der Gesamtdienststellenleiter für Anrufung der Einigungsstelle zuständig, wenn sich zwischen Teildienststellenleiter und Teilpersonalrat endgültig keine Einigung ergeben hat.[1]

Die Einigungsstelle besteht nach Satz 2 aus der vorsitzenden Person, ihrem Stellvertreter und einer gleichen Zahl von Beisitzern. Auf die Person des Vorsitzenden und des Stellvertreters haben sich Dienststelle und Personalvertretung gemäß Satz 3 innerhalb von zwei Monaten nach Beginn der Wahlperiode – sie beginnt jeweils am 1. Juli eines Wahljahres (vgl. § 23 Abs. 1) – zu einigen. Kommt eine Einigung zustande, so amtieren die vorsitzende Person sowie ihr Stellvertreter für die gesamte Wahlperiode des Personalrats. Seit der Novelle 2011 gilt dies nicht mehr für die Beisitzer. Diese werden nicht mehr wie bisher für die gesamte Wahlperiode, sondern nur für das jeweilige Einigungsstellenverfahren benannt. Dies soll eine sachkundige Besetzung der Einigungsstelle gewährleisten, was bislang nicht der Fall war, da alle Beisitzerinnen und Beisitzer am Anfang der Amtszeit des Personalrats bestimmt werden mussten. Die Beisitzerinnen und Beisitzer sollen daher nur noch anlassbezogen bestellt werden.[2] Die Aufstellung einer Liste ist nicht mehr erforderlich. Die Benennung der Beisitzer auf Seiten des Personalrats erfolgt durch Beschluss des Personalrats. Die Bestellung der vorsitzenden Person für die gesamte Amtsperiode wurde beibehalten, um eine Kontinuität der Entscheidungspraxis zu gewährleisten.[3]

3

Kommt eine Einigung über die vorsitzende Person und ihren Stellvertreter innerhalb der Zweimonatsfrist bis zum 31. August des Wahljahres nicht zustande, entscheidet gemäß Satz 4 der Präsident des Oberverwaltungsgerichts auf Antrag entweder der Dienststelle oder der Personalvertretung. Da erfahrungsgemäß eine Berücksichtigung von personellen Vorschlägen durch den OVG-Präsidenten nicht erfolgt, eine mündliche Anhörung und Rechtsmittel

---

1 *OVG NRW* 30. 1. 2003 – 1 A 1148/00.PVL, PersR 2003, 411.
2 LT-Drucks. 15/1644, 83.
3 LT-Drucks. 15/1644, 83.

## § 67

gegen diese Entscheidung nicht vorgesehen sind, empfiehlt sich eine Einigung innerhalb der Dienststelle. Sie kann darin bestehen, dass in einer Wahlperiode der von der Dienststelle Vorgeschlagene als Vorsitzender und der vom Personalrat Vorgeschlagene als Stellvertreter amtiert und umgekehrt in der folgenden Amtszeit verfahren wird.

**4** Die Beisitzer müssen gemäß Satz 5 2. Halbsatz Beschäftigte aus dem Geltungsbereich eines Personalvertretungsgesetzes sein, können also sowohl im Bereich des BPersVG wie im Bereich eines Personalvertretungsgesetzes der Länder beschäftigt sein. Sie müssen der Dienststelle nicht angehören, auf ihre Gruppenzugehörigkeit muss der Personalrat keine Rücksicht nehmen. Für die Personalvertretungen ist das eine Gelegenheit, Sachverstand und Argumentationskraft innerhalb der Einigungsstelle zu verstärken und die »intellektuelle Waffengleichheit« zu gewährleisten. So ist es z. B. der Personalvertretung gestattet, Vertreter von Personalräten anderer Dienststellen – auch aus anderen Bundesländern oder aus Bundesverwaltungen – zu Beisitzern zu bestellen und darüber hinaus auch Beschäftigte aus Dienststellen ohne Personalvertretung.

Wird die Einigungsstelle angerufen und nach Absatz 3 tätig, so sind die Beisitzer sowohl von Dienststelle wie Personalvertretung dem Einigungsstellenvorsitzenden namentlich zu benennen. Die Benennung durch den Personalrat bedarf eines entsprechenden Beschlusses.

**5** **Abs. 2:** Ebenso wie das Personalratsamt gemäß § 42 Abs. 1 ist die Tätigkeit als Einigungsstellenmitglied ein Ehrenamt, das unabhängig und in eigener Verantwortung – also ohne Weisungen oder imperatives Mandant – auszuüben ist. Die Mitglieder der Einigungsstelle haben Anspruch auf Erstattung der ihnen erwachsenen Kosten, die durch das Amt entstehen, insbesondere auf Reisekosten nach den reisekostenrechtlichen Bestimmungen. Für Beisitzer, die in einer Dienststelle im Sinne des § 1 beschäftigt sind, gilt außerdem § 42 Abs. 2, demzufolge Versäumnis von Arbeitszeit, die durch die Tätigkeit in der Einigungsstelle verursacht wird, nicht zur Minderung der Bezüge des Arbeitsentgeltes führt sowie, dass bei Beanspruchung mit Einigungsstellentätigkeit außerhalb der regelmäßigen Arbeitszeit Dienstbefreiung in entsprechendem Umfang zu gewähren ist. Der Vorsitzende hat nach Satz 3 Anspruch auf eine Entschädigung nach Zeitaufwand. Dazu kann als Stundensatz der Richtwert für die Berücksichtigung des Verwaltungsaufwandes bei der Festlegung der nach dem Gebührengesetz für das Land NRW zu erhebenden Verwaltungsgebühren[4] oder das Justizvergütungs- und -entschädi-

---

4 So Runderlass des Ministeriums für Inneres und Kommunales zur Durchführung des Landespersonalvertretungsgesetzes (MBl. NRW 2013, 116).

gungsgesetz[5] sinngemäß herangezogen oder eine Pauschalvereinbarung getroffen werden.

Die Möglichkeit der Budgetierung von Personalratskosten gemäß § 42 Abs. 5 Satz 2 ist nicht auf das Einigungsstellenverfahren entsprechend anzuwenden.

Das Mandat der Beisitzer endet mit Abschluss des Einigungsstellenverfahrens, für das sie bestellt wurden. Die Einigungsstellenmitglieder scheiden darüber hinaus aus der Einigungsstelle aus 6
- durch Zeitablauf, also mit Ablauf der Wahlperiode des Personalrats,
- durch Niederlegung des Amtes,
- unter den Voraussetzungen des § 50 Abs. 1 Nr. 1 und 2 LDG (Verurteilung zu einer Freiheitsstrafe in Strafverfahren oder Verhängung einer Disziplinarmaßnahme mit Ausnahme des Verweises),
- im Falle der Beendigung des Dienst- oder Arbeitsverhältnisses zu einem Arbeitgeber oder Dienstherrn im Geltungsbereich eines Personalvertretungsgesetzes.
- Eine Abberufung eines Beisitzers kann dadurch erfolgen, dass Dienststelle bzw. Personalrat dem Einigungsstellenvorsitzenden einen anderen Beisitzer anstelle eines bereits Benannten benennen, z. B. bei längerer Verhinderung oder Störung des Vertrauensverhältnisses.

**Abs. 3:** Die Einigungsstelle wird auf Antrag gemäß § 66 Abs. 7 tätig. Die Anträge sind an den Vorsitzenden zu richten. Dieser – im Verhinderungsfalle sein Stellvertreter – fordert zur Benennung der Beisitzer auf, leitet Anträge und Stellungnahmen weiter, setzt einen Verhandlungstermin fest und leitet die Verhandlung der Einigungsstelle. Die Einigungsstellensitzung findet unter Teilnahme des Vorsitzenden und von je drei Beisitzern beider Seiten statt. Sowohl Dienststelle als auch Personalrat steht es frei, die Beisitzer für jede Sitzung gesondert zu bestellen oder fallweise – um eine gewisse Kontinuität zu gewährleisten – für sämtliche Sitzungen in einer Angelegenheit, über die die Einigungsstelle zu entscheiden hat. 7

**Abs. 4:** Die Sitzungen der Einigungsstelle sind nicht öffentlich. Den Beteiligten, also Dienststelle und Personalrat, ist nach **Satz 2** die Anwesenheit nur bei der Verhandlung – also der Erörterung der Angelegenheit – zu gestatten, nicht auch bei der Beratung und Entscheidungsfindung. Die Beteiligten können sich in der Verhandlung vor der Einigungsstelle durch Verfahrensbevollmächtigte – Vertreter von Gewerkschaften oder Arbeitgeberverbänden und von Rechtsanwälten – vertreten lassen bzw. diese zu der Verhandlung mitbringen. Durch die Novelle 2011 wurde die erst durch die Novelle 2007 abgeschaffte Möglichkeit der Hinzuziehung von sachverständigen Personen wieder eingeführt. Aufgrund der in den Einigungsstellenverfahren 8

---

5 Gesetz vom 5. 4. 2002, BGBl. I 718, 776, geändert durch Gesetz vom 11. 10. 2016, BGBl. I 2222.

## § 67

häufig diskutierten sehr komplexen Fragestellungen soll sachverständigen Personen wieder die Teilnahme an den Sitzungen (nicht bei der Beratung und Beschlussfassung) gestattet werden. Über die Teilnahme sachverständiger Personen hat die Einigungsstelle zu entscheiden.[6] Werden von der Einigungsstelle zur Beratung oder Beschlussfassung nicht der Einigungsstelle angehörige Dritte zugelassen, so stellt dies einen schwerwiegenden Verstoß gegen Verfahrensvorschriften dar, der zur Unwirksamkeit des Einigungsstellenbeschlusses führt. Gleiches gilt für einen Verstoß gegen den Grundsatz der Nichtöffentlichkeit bei der Verhandlung der Einigungsstelle.[7]

Abgeschafft wurde durch die Novelle 2007 das Recht der Personalvertretung, Beauftragte einer in der Personalvertretung vertretenen Gewerkschaft zu den Verhandlungen hinzuzuziehen. Die Streichung der entsprechenden Vorschriften wurde damit begründet, dass für eine Teilnahme dieses Personenkreises kein Bedürfnis bestehe und das BPersVG solche Möglichkeiten ebenfalls nicht vorsehe. Durch die Novelle 2011 wurde diese verschlechternde Regelung nicht zurückgenommen. Mit der Abschaffung dieser Beteiligungsrechte ist die Transparenz des Einigungsstellenverfahrens geringer geworden und die Möglichkeiten des Personalrats, sich zur Unterstützung seiner Anliegen vor der Einigungsstelle externer Hilfe zu bedienen, beschränkt worden. Die »intellektuelle Waffengleichheit« ist daher zu Ungunsten des Personalrats verändert und verschlechtert worden. Die verbliebenen Rechte zur Anhörung sowie die sich aus allgemeinem Verfahrensrecht ergebenden Ansprüche und Gewährleistungen auf rechtliches Gehör erhalten daher besondere Bedeutung.

9 Für das Verfahren vor der Einigungsstelle finden sich im Gesetz keine ausdrücklichen Vorschriften. Jedoch sind die grundlegenden Regelungen des Prozessrechts der ZPO einzuhalten. Der Vorsitzende der Einigungsstelle hat also den Beteiligten rechtliches Gehör zu gewähren, indem die jeweiligen Anträge den Parteien zugeleitet werden und ihnen Gelegenheit zur Stellungnahme und zur Antragsstellung gegeben wird. Der Vorsitzende kann vorbereitende Verfügungen erlassen, z. B. die Beiziehung der Akten anordnen, die Ladung von Zeugen und Auskunftspersonen veranlassen. Zur Einberufung der Einigungsstelle sind die Ladungsfristen einzuhalten. Die Ladungen erfolgen durch den Vorsitzenden, der sich dazu der Organisation der Dienststelle bedienen kann. Mit Anberaumung eines Termins zur Verhandlung vor der Einigungsstelle hat der Vorsitzende Dienststelle und Personalrat aufzufordern, die drei Beisitzer je zur Hälfte zu benennen. Diese sind dann vom Vorsitzenden zum Sitzungstermin zu laden.

---

6 LT-Drucks. 15/1644, 83.
7 *OVG NRW* 20. 5. 2010 – 16 A 296/09.PVL, PersR 2010, 502.

**§ 67**

Absatz 4 ist obligatorisch, weshalb von einer Sitzung der Einigungsstelle nicht abgesehen werden kann und die Durchführung eines schriftlichen Verfahrens unzulässig ist.

**Abs. 5:** Nach **Satz 1** entscheidet die Einigungsstelle durch Beschluss über die Anträge der Beteiligten. Der Beschluss kann in einer Empfehlung an das verfassungsmäßig zuständige oberste Organ im Sinne des § 68 bestehen (§ 66 Abs. 7 Satz 3). In den übrigen der Einigungsstelle zur verbindlichen Entscheidung übertragenen Mitbestimmungsangelegenheiten trifft die Einigungsstelle einen die Beteiligten bindenden und das Mitbestimmungsverfahren beendenden Beschluss. Die Beteiligten haben dementsprechend in der Sitzung der Einigungsstelle Anträge zu stellen, die sich auf das streitgegenständliche Mitbestimmungsverfahren beziehen. Es können in der Einigungsstelle keine Anträge gestellt werden, die nicht bereits zuvor im Mitbestimmungsverfahren von der Dienststelle gemäß § 66 Abs. 2 und vom Personalrat gemäß § 66 Abs. 4 beantragt oder vorgeschlagen worden sind. Die Einigungsstelle ist ausschließlich dafür zuständig, über die vom Personalrat verweigerte Zustimmung zu einer ganz bestimmten Maßnahme bzw. über die dem Dienststellenleiter vom Personalrat vorgeschlagene und von ihm abgelehnte Maßnahme zu entscheiden. Im Rahmen dieser Zuständigkeit haben sich auch die Anträge von Dienststellenleiter und Personalrat zu bewegen. Die Einigungsstelle kann den gestellten Anträgen auch teilweise entsprechen, ist also nicht gezwungen, den gestellten Anträgen entweder zu entsprechen oder sie vollständig abzulehnen, was z. B. bei der Gestaltung der Arbeitszeit in Betracht kommt, nicht jedoch bei einem Antrag auf Höhergruppierung.

Nach **Satz 2** soll die Einigungsstelle binnen zwei Monaten nach der Erklärung eines Beteiligten, die Entscheidung der Einigungsstelle herbeiführen zu wollen, entscheiden. Die Frist beginnt mit Anrufung der Einigungsstelle gemäß § 66 Abs. 7 Satz 1 und 2. Entscheidet die Einigungsstelle nicht innerhalb dieser Frist, kann unter Hinweis auf dieses Versäumnis zunächst der Vorsitzende und bei andauernder Untätigkeit der gemäß Absatz 1 bestellte Vertreter des Vorsitzenden zur unverzüglichen Anberaumung einer Sitzung der Einigungsstelle aufgefordert werden. Die Versäumung der Frist führt jedoch nicht zur Beendigung des Mitbestimmungsverfahrens.

Zur Ordnungsgemäßheit der Beschlüsse gehört außerdem, dass eine ordnungsgemäß anberaumte Sitzung mit Anhörung der Beteiligten stattgefunden hat. Die Beschlussfähigkeit setzt allerdings nicht die vollständige Besetzung der Einigungsstelle voraus. Erscheinen die Beisitzer einer Seite nicht, kann die Einigungsstelle dennoch mit Stimmenmehrheit einen Beschluss fassen.

Der Beschluss der Einigungsstelle muss sich im Rahmen der geltenden Rechtsvorschriften halten, insbesondere des Haushaltsgesetzes. Dieser Vorbehalt soll darauf hinweisen, dass die Einigungsstelle nicht Maßnahmen be-

## § 67

schließen kann, für deren Durchführung die Dienststelle aus Gründen des Haushaltsgesetzes keine Mittel bereitstellen darf. Noch kein Verstoß gegen das Haushaltsgesetz liegt vor, wenn der Einigungsstellenbeschluss Kosten auslöst, die im Haushaltsplan nicht vorgesehen sind, gleichwohl durch Mittelumschichtung oder Nachbewilligung bereitgestellt werden können. Es besteht eine Bindung an das Haushaltsgesetz, nicht an den jeweiligen Haushaltsplan.

12 **Abs. 6:** Der Beschluss der Einigungsstelle ist schriftlich zu begründen und den Beteiligten zuzustellen. Dazu ist die Unterschrift sowohl des Vorsitzenden wie aller Beisitzer unter den vollständigen, vom Vorsitzenden abgefassten, Beschluss erforderlich.[8] Die Unterschriften können nachgeholt werden. Das personalvertretungsrechtliche Beteiligungsverfahren hat durch den Beschluss der Einigungsstelle sein Ende gefunden. Die Dienststelle ist deswegen berechtigt, z. B. nach Beschluss der Einigungsstelle und vor Zugang des vollständig begründeten und von allen Seiten unterschriebenen Beschlusses eine Kündigung, zu der die Einigungsstelle ihre Zustimmung erteilt hat, auszusprechen.[9]

Der Einigungsstellenspruch ist für die Beteiligten verbindlich, wenn er sich im Rahmen der geltenden Rechtsvorschriften, insbesondere des Haushaltsgesetzes, hält. Diese Verbindlichkeit besteht so lange, bis auf Antrag einer der Beteiligten das Verwaltungsgericht gemäß § 79 Abs. 1 Nr. 6 rechtskräftig festgestellt hat, dass der Einigungsstellenspruch nicht rechtmäßig ist bzw. die Beteiligten nicht bindet. Durch die Novelle 2007 ist daher hinzugefügt worden, dass § 66 Abs. 7 Satz 4 unberührt bleibt und eine Bindung an Einigungsstellensprüche in den Fällen des § 66 Abs. 7 Satz 3 nicht eintritt. Die Vorschriften haben nur klarstellende Bedeutung. Jedoch hat die Einigungsstelle kein Wahlrecht,[10] ob sie einen die Beteiligten bindenden Beschluss trifft oder eine Empfehlung. Vielmehr hat die Entscheidung entsprechend § 66 Abs. 7 Satz 3 zu ergehen. Ist danach nur eine Empfehlung zulässig, muss die Einigungsstelle sich an diese Schranke halten. Umgekehrt kann keine Empfehlung ergehen, wenn nach § 66 Abs. 7 Satz 3 ein verbindlicher Beschluss der Einigungsstelle vorgesehen ist. Verkennt die Einigungsstelle ihre Kompetenzen, so kann im gerichtlichen Verfahren nach § 79 Abs. 1 Nr. 6 geklärt werden, ob der strittige Beschluss der Einigungsstelle – unabhängig von seiner Formulierung oder seinem Inhalt – die Beteiligten im Sinne des Satz 2 bindet.

In den Fällen der Ausübung des Evokationsrechtes durch die nach § 68 endgültig entscheidende Stelle tritt eine Bindung an einen verbindlichen Eini-

---

8 *BVerwG* 20.12.1988 – 6 P 34.85, PersR 1989, 49; *OVG NRW* 20.12.1989 – CL 28/87, PersV 1991, 177.
9 *BAG* 23.1.2014 – 2 AZR 638/13, DB 2014, 1873.
10 *OVG NRW* 12.3.2007 – 1 A 4523/05.PVL, PersV 2007, 481.

gungsstellenbeschluss nicht ein, da dieser im Falle der Evokation in einen empfehlenden Beschluss umgestaltet wird. Ebenfalls fehlt es an einer Bindung, wenn die Einigungsstelle nur eine Empfehlung an das verfassungsmäßig zuständige oberste Organ ausspricht, da diese Empfehlung die nach § 68 endgültig entscheidende Stelle nicht bindet.

**Abs. 7:** Ebenso wie die durch die Tätigkeit des Personalrats entstehenden Kosten trägt die Dienststelle nach Satz 1 die Kosten der Einigungsstelle und sorgt für die Bereitstellung der sächlichen Mittel, insbesondere für die Sitzungen, die laufende Geschäftsführung – soweit erforderlich –, den Geschäftsbedarf und im Einzelfall auch für Büropersonal.

In diesem Rahmen gehört es ggf. auch zu den Befugnissen der Einigungsstelle, sich externer Sachverständiger zu bedienen.

Die Vorschrift des § 40 über den Geschäftsbedarf und die Kosten des Personalrats sind teilweise auf die Einigungsstelle entsprechend anwendbar. Nicht anzuwenden sind die Möglichkeiten einer Budgetierung der Kosten der Einigungsstelle. Ebenso wenig kommen Aufwandsdeckungsmittel nach § 40 Abs. 2 für die Einigungsstelle in Betracht.

**Abs. 8:** Nach Absatz 1 wird die Einigungsstelle bei der obersten Dienstbehörde gebildet. Besteht bei dieser obersten Dienstbehörde ein Haupt- oder Gesamtpersonalrat, so übt dieser die in Absatz 1 bezeichneten Rechte zur Einigung über die Person des Vorsitzenden und des Stellvertreters sowie der Beisitzerzahl der Einigungsstelle und ggf. zur Anrufung des Präsidenten des OVG NRW aus.

Die Vorschrift macht deutlich – was sich auch aus § 66 Abs. 7 ergibt –, dass die bei der obersten Dienstbehörde gebildete Einigungsstelle für alle Angelegenheiten aller Stufen und Bereiche des Geschäftsbereichs zuständig ist – also z. B. die bei einem Ministerium gebildete Einigungsstelle für alle Streitigkeiten aus dem Geschäftsbereich, die bei einer Stadt gebildete Einigungsstelle für alle Streitigkeiten der Gesamt- wie der Teildienststellen. Das einem Teilpersonalrat zustehende Recht, unmittelbar die Einigungsstelle anzurufen, bleibt von der Vorschrift unberührt.[11]

**Abs. 9:** In den Geschäftsbereichen des Innenministeriums, innerhalb des Geschäftsbereichs des Schulministeriums sowie im Geschäftsbereich des Justizministeriums bestehen mehrere Hauptpersonalräte. Um das Prinzip aufrechtzuerhalten, dass je Geschäftsbereich und damit auch je Ministerium nur eine Einigungsstelle besteht, sieht die Vorschrift ein Abweichen von dem Grundsatz vor, dass jeder Hauptpersonalrat eine Einigungsstelle bildet. Vielmehr sollen sich der Polizeihauptpersonalrat und der ansonsten beim Innenministerium gebildete Hauptpersonalrat, die Lehrerhauptpersonalräte sowie der Hauptpersonalrat Justiz und der ansonsten beim Justizministe-

---

11 *OVG NRW* 27. 6. 2019 – 20 A 1710/17.PVL, juris.

rium gebildete Personalrat auf die Person des Vorsitzenden und seines Stellvertreters einigen. Nach Satz 2 besteht das Recht dieser in §§ 84, 89 Abs. 1 Satz 2 Nr. 2, 94 Satz 1 Nr. 2 genannten Hauptpersonalräte im Falle einer Verhandlung vor der Einigungsstelle über Angelegenheiten aus ihrem Zuständigkeitsbereich das Vorschlagsrecht für die drei Beisitzer des Personalrats, die zur Einigungsstellensitzung herangezogen werden sollen, auszuüben.

## § 68

**In den in § 66 Abs. 7 Satz 3 bezeichneten Fällen entscheidet**
1. **bei Beschäftigten des Landes die Landesregierung,**
2. **bei Beschäftigten der Gemeinden, der Gemeindeverbände und der sonstigen der Aufsicht des Landes unterstehenden Körperschaften, Anstalten und Stiftungen des öffentlichen Rechts deren verfassungsmäßig zuständiges oberstes Organ oder der von ihm bestimmte Ausschuss**

**endgültig. Bei Maßnahmen im Bereich der Verwaltung des Landtags tritt an die Stelle der Landesregierung die Präsidentin oder der Präsident des Landtags im Benehmen mit dem Präsidium, im Geschäftsbereich des Landesrechnungshofs die Präsidentin oder der Präsident des Landesrechnungshofs und im Bereich des Landesbeauftragten für Datenschutz und Informationsfreiheit die oder der Landesbeauftragte für Datenschutz und Informationsfreiheit.**

1 § 68 definiert die Einrichtung, die in Mitbestimmungsangelegenheiten abschließend entscheidet. Das verfassungsmäßig zuständige oberste Organ ist durch die Novelle 2007 aufgewertet worden, indem ihm neben der endgültigen Entscheidung in den Empfehlungsangelegenheiten der Einigungsstelle nach § 66 Abs. 7 Satz 3 auch das Evokationsrecht gemäß § 66 Abs. 7 Satz 4–9 übertragen worden ist. Durch die Novelle 2011 wurde bei Beschäftigten des Landes wiederum – wie vor der Novelle 2007 – die Landesregierung als zuständiges oberstes Organ benannt. Hierdurch soll, so die Gesetzesbegründung, die Empfehlung der Einigungsstelle aufgewertet werden, da die abschließende Entscheidung nicht mehr wie bisher die oberste Dienstbehörde, sondern die Landesregierung trifft.[1]
2 Nach § 66 Abs. 7 Satz 3 entscheidet die Einigungsstelle in den Personalangelegenheiten des § 72 Abs. 1 sowie in den Fällen des Abs. 3 und 4 Satz 1 Nr. 2, 6, 11, 12, 14–17, 19–22 und des § 74 Abs. 1 nicht endgültig, sondern beschließt eine Empfehlung an die in diesen Fällen endgültig entscheidende Stelle. Diese endgültig entscheidende Stelle ist in Satz 1 definiert. Für die Be-

---

1 LT-Drucks. 15/1644, 83.

schäftigten des Landes ist dies nach der Novelle 2011 wiederum die Landesregierung.

Bei den Beschäftigten der Gemeinden, der Gemeindeverbände und der sonstigen der Aufsicht des Landes unterstehenden Körperschaften, Anstalten und Stiftungen des öffentlichen Rechts ist die Letztentscheidung dem verfassungsmäßig zuständigen obersten Organ bzw. dem von ihm bestimmten Ausschuss übertragen. Welches Gremium zur Letztentscheidung berufen ist, ergibt sich aus den jeweiligen Zuständigkeitsregeln der Gemeinden, der Gemeindeverbände sowie der Körperschaften, Anstalten und Stiftungen. Es ist also auf das jeweilige Gesetzes- oder Satzungsrecht abzustellen. Diese organisationsrechtlichen Fragen können daher nicht im Wege eines personalvertretungsrechtlichen Beschlussverfahrens nach § 79 geklärt werden.[2]

In der Landtagsverwaltung trifft nach Satz 2 anstelle der Landesregierung der Präsident des Landtages im Benehmen mit dem Präsidium die endgültige Entscheidung über eine Empfehlung der Einigungsstelle. Im Geschäftsbereich des Landesrechnungshofes trifft der Präsident des Landesrechnungshofes und im Bereich des Landesbeauftragten für Datenschutz und Informationsfreiheit der Landesbeauftragte für Datenschutz und Informationsfreiheit die Entscheidung. 3

Einer erneuten Anhörung des Personalrats vor einer endgültigen Entscheidung bedarf es nicht; die Möglichkeit kann jedoch eingeräumt werden. Eine Bindung an die Empfehlung der Einigungsstelle besteht nicht. Die Ausübung des Letztentscheidungsrechts setzt jedoch voraus, dass zuvor das Mitbestimmungsverfahren ordnungsgemäß durchgeführt wurde. Wurde der Personalrat etwa im Mitbestimmungsverfahren nicht ordnungsgemäß unterrichtet, darf das Letztentscheidungsrecht nicht ausgeübt werden.[3]

Soweit die oberste Dienstbehörde bzw. das verfassungsmäßig zuständige oberste Organ von dem Evokationsrecht Gebrauch macht, richtet sich das Verfahren nach § 66 Abs. 7 Satz 4–9 (vgl. dort).

## § 69

**(1) Soweit der Personalrat an Entscheidungen mitwirkt, ist die beabsichtigte Maßnahme vor der Durchführung mit dem Ziel einer Verständigung rechtzeitig und eingehend mit ihm zu erörtern. § 66 Absatz 3 Satz 7 bis 9 gilt entsprechend.**

**(2) Äußert sich der Personalrat nicht innerhalb von zwei Wochen oder hält er bei Erörterung seine Einwendungen oder Vorschläge nicht aufrecht, so gilt die beabsichtigte Maßnahme als gebilligt. Erhebt der Perso-**

---

2 So *OVG NRW* 25. 8. 2006 – 1 A 1724.PVL, juris.
3 Vgl. *BVerwG* 10. 2. 2009 – 6 PB 25.08, PersR 2009, 203.

## § 69

nalrat Einwendungen, so hat er der Dienststelle die Gründe mitzuteilen. § 66 Absatz 3 Satz 6 gilt entsprechend. Entspricht die Dienststelle den Einwendungen des Personalrats nicht oder nicht in vollem Umfang, so teilt sie dem Personalrat ihre Entscheidung unter Angabe der Gründe schriftlich mit.

(3) Der Personalrat einer nachgeordneten Behörde kann innerhalb von zwei Wochen nach Zugang der Mitteilung (Absatz 2 Satz 4) die Entscheidung der im Verwaltungsaufbau übergeordneten Stelle, bei der eine Stufenvertretung besteht, beantragen. Diese entscheidet nach Verhandlung mit der bei ihr bestehenden Stufenvertretung. Eine Abschrift des Antrags leitet der Personalrat seiner Dienststelle zu.

(4) Ist ein Antrag nach Absatz 3 Satz 1 gestellt, so ist eine beabsichtigte Maßnahme bis zur Entscheidung der angerufenen Stelle auszusetzen.

(5) § 66 Abs. 8 gilt entsprechend.

(6) In den Fällen des Absatzes 2 Satz 4 kann der Personalrat einer Gemeinde, eines Gemeindeverbandes oder einer sonstigen der Aufsicht des Landes unterstehenden Körperschaft, Anstalt oder Stiftung des öffentlichen Rechts die Entscheidung des verfassungsmäßig zuständigen obersten Organs oder des von ihm bestimmten Ausschusses beantragen. Die Absätze 3 bis 5 gelten entsprechend.

**1** In den Mitwirkungsangelegenheiten des § 73 findet das besondere Mitwirkungsverfahren statt, das eine schwächere Beteiligung als die Mitbestimmung nach §§ 66, 72, 74 Abs. 1 darstellt. Die Vorschrift ist § 72 BPersVG weitgehend nachgebildet. Das Mitwirkungsverfahren kann für die Mitwirkung des Personalrats an der Entwicklung der interkulturellen Öffnung der Verwaltung nach § 64 Nr. 8 sinngemäß angewendet werden.

**1a** **Abs. 1:** Das Mitwirkungsverfahren ist in analoger Anwendung des § 66 Abs. 2 Satz 1 durch eine ordnungsgemäße Unterrichtung des Personalrates durch die Dienststelle einzuleiten. Für den Umfang der Unterrichtung gilt § 65.

Der Leiter der Dienststelle hat die Mitwirkung des Personalrates an der beabsichtigten Maßnahme zu beantragen und diese zu begründen.

**1b** **Satz 1** sieht vor, dass die beabsichtigte Maßnahme vor ihrer Durchführung mit dem Ziel einer Verständigung rechtzeitig und eingehend mit dem Personalrat zu erörtern ist.

Eine Erörterung ist grundsätzlich ein Gespräch zwischen Dienststelle und Personalrat. Der Austausch von Schriftsätzen ist nicht ausreichend.[1] Die Erörterung findet zwischen Dienststellenleiter und dem gesamten Personalrat und nicht lediglich der vorsitzenden Person statt. Die Erörterung ist kein laufendes Geschäft im Sinne des § 29 Abs. 2.

---

1 *BAG* 15.8.2006 – 9 AZR 571/05, PersR 2007, 164, im Anschluss an *BVerwG* 27.1.1995 – 6 P 22.92, PersR 1995, 185.

## § 69

Die Erörterung ist mit dem Ziel einer Verständigung durchzuführen, sie sollte daher von beiden Seiten ergebnisoffen geführt werden. Zu verlangen ist eine ernsthafte Auseinandersetzung mit der Position der jeweils anderen Seite.[2] Die Erörterung ist auch dann zwingend, wenn lediglich der Personalrat sie will und die Dienststelle sie für entbehrlich hält. Eine Begründung für das Erörterungsbegehren kann nicht verlangt werden.[3]

Der genaue Zeitpunkt der Erörterung wird durch das Gesetz nicht festgelegt. Aus Satz 1 ergibt sich lediglich, dass die beabsichtigte Maßnahme »vor der Durchführung mit dem Ziel einer Verständigung« zu erörtern ist. Ziel dieser Regelung ist es, dem Personalrat die Möglichkeit zu geben, auf den Entscheidungsprozess der Dienststelle Einfluss zu nehmen.[4] Da dem Personalrat im Mitwirkungsverfahren nicht die Möglichkeit offen steht, die Einigungsstelle anzurufen, kommt der Erörterung im Mitwirkungsverfahren eine erhöhte Bedeutung zu. Der Austausch von Argumenten anlässlich der Erörterung ist für den Personalrat die einzige Möglichkeit, die Entscheidung der Dienststelle zu beeinflussen. Deshalb muss die Erörterung der Umsetzung der Maßnahme vorausgehen. Um den Zeitpunkt der Erörterung weiter einzugrenzen, kann auf Abs. 2 Satz 1 zurückgegriffen werden. Danach gilt die beabsichtigte Maßnahme als gebilligt, wenn sich der Personalrat nicht innerhalb von zwei Wochen äußert oder »er bei Erörterung seine Einwendungen oder Vorschläge nicht aufrecht« erhält. Das Gesetz geht also offenbar davon aus, dass die Einwendungen oder Vorschläge des Personalrates dem Dienststellenleiter bei der Erörterung bereits bekannt sind. Grundsätzlich wird die Erörterung daher nach erfolgter Stellungnahme im Sinne des Abs. 2 Satz 1 zu erfolgen haben. Sinn und Zweck dieser zeitlichen Abfolge ist es, sicherzustellen, dass zum Zeitpunkt der Erörterung sowohl dem Personalrat die Argumente der Dienststelle aufgrund der erfolgten Unterrichtung bekannt sind, als auch dem Leiter der Dienststelle die Einwendungen oder Vorschläge des Personalrates.

Zusammenfassend lässt sich also folgender Verfahrensablauf festhalten:
- Zunächst ist der Personalrat vom Dienststellenleiter über die beabsichtigte Maßnahme rechtzeitig und umfassend zu unterrichten (§ 65 Abs. 1).
- Sodann besteht für den Personalrat die Möglichkeit, Einwendungen zu erheben oder Vorschläge zu unterbreiten (Abs. 2 Satz 2).
- Im Anschluss daran ist die beabsichtigte Maßnahme vor ihrer Umsetzung zu erörtern (Abs. 1 Satz 1). Eine Frist ist hierfür nicht vorgesehen.

Nach **Satz 2** gilt § 66 Abs. 3 Satz 7 bis 9 entsprechend. Unterliegt die mitwirkungspflichtige Maßnahme nicht dem Letztentscheidungsrecht des Dienststellenleiters selbst, sondern der Landesregierung oder dem verfassungsmä-

2

---

2 *BVerwG* 27.1.1995 – 6 P 22.92, PersR 1995, 185.
3 Altvater-*Berg*, § 72 Rn. 8.
4 *BVerwG* 27.1.1995, a.a.O.

## § 69

ßigen obersten Organ einer Gemeinde, eines Gemeindeverbandes oder einer Körperschaft, Anstalt bzw. Stiftung, findet eine Erörterung nicht statt. In diesen Fällen hat der Dienststellenleiter den Personalrat von der beabsichtigten Maßnahme zu unterrichten und ihm Gelegenheit zu geben, eine Stellungnahme abzugeben, die dem verfassungsmäßig zuständigen obersten Organ zuzuleiten ist.

Damit ist das Mitwirkungsverfahren in diesen Fällen jedoch nicht beendet. Vielmehr ist vor Zuleitung der Angelegenheit an das verfassungsmäßig oberste Organ das gesamte Mitwirkungsverfahren des § 69 abzuschließen. Lediglich die Erörterung entfällt. Bei Körperschaften, in denen personalvertretungsrelevante Entscheidungen nicht von der Dienststelle, sondern von dem obersten zuständigen Organ getroffen werden, soll die Personalvertretung das Recht haben, ihren Standpunkt vor der Beschlussfassung dem obersten Organ darzulegen (vgl. die Kommentierung zu § 66 Abs. 3 Satz 8 und 9).

**3** **Abs. 2:** Stimmt der Personalrat der beabsichtigten Maßnahme nicht zu, so muss er dem Dienststellenleiter innerhalb von zwei Wochen seine Einwendungen mitteilen. Zum Zeitpunkt des Fristbeginns schweigt das Gesetz. Der Wortlaut des Gesetzestextes spricht allerdings für einen mit der ordnungsgemäßen Unterrichtung beginnenden Lauf der Frist. Da das Gesetz offenbar davon ausgeht, dass die Einwendungen oder Vorschläge des Personalrates bei Erörterung bereits vorliegen (vgl. Rn. 1a) kommt die Erörterung als maßgeblicher Zeitpunkt für den Fristbeginn nicht in Betracht. Es spricht also vieles dafür, den Fristbeginn mit der ordnungsgemäßen Unterrichtung des Personalrates und nicht mit der Erörterung zu verknüpfen.[5]

Die zweiwöchige Frist beginnt also mit der ordnungsgemäßen Unterrichtung des Personalrates. Bei nicht erfolgter oder unvollständiger Unterrichtung beginnt der Fristlauf hingegen nicht. Hält der Personalrat sich nicht für ausreichend unterrichtet, so muss er dies der Dienststelle innerhalb der zweiwöchigen Frist mitteilen.

Erhebt der Personalrat keine Einwendungen oder tut er dies nicht fristgerecht, gilt die Maßnahme als gebilligt. Schriftform ist für die Einwendungen nicht vorgesehen. Die Billigungsfiktion lässt das *OVG NRW*[6] auch dann eintreten, wenn der Personalrat innerhalb der Frist keine oder außerhalb des Mitwirkungsrechts liegende Einwendungen erhebt. Die Maßnahme gilt auch dann als gebilligt, wenn der Personalrat bei der Erörterung seine Einwendungen oder Vorschläge nicht aufrechterhält.

**4** Erhebt der Personalrat Einwendungen, hat er gemäß Satz 2 die Gründe dafür mitzuteilen, damit der Dienststellenleiter ersehen kann, was der Personalrat

---

5 So auch *BVerwG* 27. 1. 1995, a. a. O.; *BAG* 14. 1. 1993 – 2 AZR 387/92, PersR 1993, 406 ff.
6 Entscheidung vom 18. 10. 2000 – 1 A 5334/98.PVL, PersR 2001, 163.

**§ 69**

gegen die beabsichtigte Maßnahme vorzubringen hat. Die Einwendungen können sich gegen die Maßnahme insgesamt richten – also ihr Unterbleiben verlangen –, aber auch gegen Einzelheiten der Maßnahme, wie z. B. bestimmte Vorschriften und Regelungen innerhalb einer Verwaltungsanordnung gemäß § 73 Nr. 1 oder das Verlangen nach Aufnahme ergänzender Angaben in einer Stellenausschreibung gemäß § 73 Nr. 2. Nach Satz 2 gilt § 66 Abs. 3 Satz 6 entsprechend. Dementsprechend hat der Personalrat in den Fällen, in denen bei seinen Stellungnahmen oder Einwendungen für einen Beschäftigten ungünstige oder nachteilige Beschwerden oder Behauptungen tatsächlicher Art vorgetragen werden, dem Beschäftigten Gelegenheit zur Äußerung zu geben. Diese Äußerungen sind dann aktenkundig zu machen.

Entspricht die Dienststelle den Einwendungen des Personalrats, unterbleibt die Maßnahme entweder oder wird mit den vom Personalrat verlangten Änderungen durchgeführt. Entspricht die Dienststelle den Einwendungen des Personalrats nicht oder nicht vollständig, so hat sie ihm ihre Entscheidung unter Angabe der Gründe schriftlich mitzuteilen. Eine Frist ist für diese Entscheidung nicht vorgesehen. Die Begründung muss so abgefasst sein, dass der Personalrat beurteilen kann, ob er von seinem Recht zur Anrufung der übergeordneten Stelle gemäß Absatz 3 Gebrauch machen will.[7]

**Abs. 3:** Trifft die Dienststelle in einer mitwirkungspflichtigen Angelegenheit 5 die Entscheidung, den Einwendungen des Personalrats gar nicht oder nicht vollständig zu entsprechen, hat der Personalrat einer nachgeordneten Behörde die Möglichkeit, innerhalb von zwei Wochen nach Mitteilung der schriftlichen Entscheidung unter Angabe der Gründe die Entscheidung der im Verwaltungsaufbau übergeordneten Stelle, bei der eine Stufenvertretung besteht, zu beantragen. Den Antrag auf Entscheidung durch die übergeordnete Verwaltungsbehörde hat der Personalrat dem Dienststellenleiter zuzuleiten. Die Stufenverwaltung wird sodann mit der Stufenvertretung über die mitwirkungspflichtige Angelegenheit verhandeln, was gleichbedeutend mit der in Absatz 1 vorgeschriebenen Erörterung zwischen Dienststelle und Personalrat ist. Nach dieser Verhandlung trifft die Stufenverwaltung eine Entscheidung.

**Abs. 4:** Ruft der örtliche Personalrat bei Uneinigkeit zwischen ihm und dem 6 Dienststellenleiter über eine mitwirkungspflichtige Maßnahme die im Verwaltungsaufbau übergeordnete Stelle zur Entscheidung an, darf die beabsichtigte Maßnahme bis zur Entscheidung dieser Stelle nicht durchgeführt werden. Sie ist auszusetzen.

**Abs. 5:** Ausnahmsweise kann die Dienststelle schon vor Beendigung des Mit- 7 wirkungsverfahrens vorläufige Regelungen treffen, wenn es sich um Maß-

---

7 *BVerwG* 10. 11. 2010 – 6 PB 13.10, PersR 2011, 28.

nahmen handelt, die der Natur der Sache nach unaufschiebbar im Sinne des § 66 Abs. 8 sind (siehe die Kommentierung dort).

8 **Abs. 6:** In Gemeinden, Gemeindeverbänden oder sonstigen der Aufsicht des Landes unterstehenden Körperschaften, Anstalten oder Stiftungen des öffentlichen Rechts entscheidet anstelle der nicht vorhandenen übergeordneten Stelle das verfassungsmäßig zuständige oberste Organ oder der von ihm bestimmte Ausschuss. Welches Organ das jeweils ist, ergibt sich aus dem Satzungs- und Organisationsrecht der jeweiligen Dienststelle (siehe hierzu die Kommentierung zu § 68). Das gilt auch bei Bestehen eines Gesamtpersonalrats. Der Landrat, so das *OVG NRW*, ist das verfassungsgemäß zuständige oberste Organ des Kreises.[8]

9 Die Anordnung gemäß Satz 2, dass auch in diesem Fall die Absätze 3 bis 5 entsprechend gelten, bedeutet, dass das verfassungsmäßig zuständige oberste Organ eine Entscheidung erst treffen darf, wenn eine »Verhandlung« mit dem Personalrat stattgefunden hat. Diese Verhandlung tritt an die Stelle der nach Absatz 1 Satz 2 ausgeschlossenen Erörterung. Diese Verhandlung hat zwischen der im Verwaltungsaufbau übergeordneten Dienststelle und der bei ihr gebildeten Stufenvertretung stattzufinden – nicht zwischen dem Gesamtpersonalrat und dem verfassungsmäßig zuständigen obersten Organ. Dieses entscheidet vielmehr ohne erneute Beteiligung eines Personalrats.[9]

## § 70

(1) **Dienstvereinbarungen sind zulässig, soweit nicht gesetzliche oder tarifliche Regelungen entgegenstehen. Sie sind unzulässig, soweit sie Arbeitsentgelte oder sonstige Arbeitsbedingungen betreffen, die durch Tarifvertrag geregelt sind oder üblicherweise geregelt werden; dies gilt nicht, wenn ein Tarifvertrag ergänzend Dienstvereinbarungen zulässt.**

(2) **Dienstvereinbarungen, die für einen größeren Bereich gelten, gehen den Dienstvereinbarungen für einen kleineren Bereich vor.**

(3) **Dienstvereinbarungen bedürfen der Schriftform, sie sind von beiden Seiten zu unterzeichnen und von der Dienststelle in geeigneter Weise bekanntzumachen.**

(4) **Dienstvereinbarungen können, soweit nichts anderes vereinbart ist, mit einer Frist von drei Monaten gekündigt werden. Nach Kündigung oder Ablauf einer Dienstvereinbarung gelten ihre Regelungen in Angelegenheiten, in denen der Spruch der Einigungsstelle die Einigung zwischen Dienststelle und Personalrat ersetzen kann, weiter, bis sie durch eine neue Dienstvereinbarung ersetzt wird. Die Nachwirkung kann ausgeschlossen werden.**

---

8 *OVG NRW* 12. 7. 2010 – 16 A 109/09.PVL, juris.
9 *OVG NRW* 11. 1. 2013 – 20 A 298/12.PVL, PersV 2013, 188.

## § 70

**Abs. 1:** Dienstvereinbarungen haben den Zweck, die Beteiligung der Personalvertretung in einer Vielzahl von Einzelfällen mit gleichem sachlichem Gegenstand zu erübrigen. Der Abschluss einer Dienstvereinbarung stellt sich mithin als vorweggenommene Mitbestimmung dar.[1] Aufgrund abweichender Regelungen sind in den meisten Personalvertretungsgesetzen Dienstvereinbarungen nur in den vom Gesetz ausdrücklich eröffneten Fällen zulässig (vgl. §§ 73 Abs. 1, 75 Abs. 3, 76 Abs. 2 BPersVG). Im Bereich des LPVG NRW sind Dienstvereinbarungen jedoch generell zulässig. Es können sämtliche Themen, Angelegenheiten und Maßnahmen, soweit sie zum gesetzlichen Aufgabenkatalog des Personalrats gehören, zum Gegenstand von Dienstvereinbarungen gemacht werden. Das kann sich sowohl auf Sachverhalte erstrecken die der Beteiligung des Personalrats unterliegen,[2] wie auf Angelegenheiten aus dem Bereich der Rechtsstellung und Geschäftsführung des Personalrats.[3] Auch die Budgetierung der Kosten des Personalrats in § 40 Abs. 1 Satz 5 sowie der Kosten für die Teilnahme an Schulungs- und Bildungsveranstaltungen gemäß § 42 Abs. 5 Satz 2 können durch Dienstvereinbarung geregelt werden. Regelungen in Dienstvereinbarungen haben unmittelbare normative Wirkungen auf die Ordnung in der Dienststelle und die Beziehungen zwischen Personalvertretung und Dienststelle.[4] Dienstvereinbarungen über Einzelfälle sind allerdings ausgeschlossen.

Unzulässig sind Dienstvereinbarungen, soweit gesetzliche oder tarifliche Regelungen entgegenstehen. Das ist dann der Fall, wenn es sich um zwingendes, nicht nachgiebiges Recht handelt, das Gesetz oder der Tarifvertrag eine erschöpfende, jegliche betriebliche Regelung ausschließende und vollständige Regelung getroffen hat.[5] Schweigt das Gesetz oder der Tarifvertrag zu bestimmten Themen, liegt eine den Abschluss einer Dienstvereinbarung ausschließende Regelung nur dann vor, wenn Gesetz oder Tarifvertragsparteien bewusst eine solche Regelung ausgeschlossen bzw. abgelehnt haben.

Das *OVG NRW* steht auf dem Standpunkt, dass der Gesetzes- und Tarifvorbehalt auf dem Vorrang von Gesetzes- und Tarifnormen innerhalb der Rangordnung der Rechtsquellen beruht.[6] Dieses hierarchische Denkmodell ist jedoch im Arbeitsrecht – und darum handelt es sich – fehl am Platze und ist zur Beurteilung der Frage, ob eine tarifliche oder gesetzliche Regelung vollständig und abschließend ist, ungeeignet. Zwingendes staatliches Recht haben die Betriebsparteien stets zu beachten, so dass sich z. B. Dienstver-

---

1 *BVerwG* 30. 3. 2009 – 6 PB 29.08, PersR 2009, 332.
2 Vgl. *OVG NRW* 17. 12. 2003 – 1 A 1088/01.PVL, PersV 2004, 379.
3 Str., a. M.: *Laber/Pagenkopf*, § 70 Rn. 10.
4 *OVG NRW* 17. 12. 2003 – 1 A 1008/01.PVL, PersV 2004, 379.
5 *OVG NRW* 9. 11. 1987 – CL 11/87, PersV 1988, 316; 17. 12. 2003, a. a. O.; *BVerwG* 2. 2. 2009 – 6 P 2.08, PersR 2009, 164.
6 *OVG NRW* 2. 12. 1993 – 1 A 6/91.

## § 70

einbarungen zur außerbetrieblichen, privaten Lebensführung aufgrund der grundrechtlich geschützten Persönlichkeitsrechte verbieten.[7]
Der Vorrang tariflicher Regelungen hat seinen Grund in der Sicherung der ausgeübten Tarifautonomie und der Erhaltung der Funktionsfähigkeit der Koalitionen. Ein das Mitbestimmungsrecht verdrängender Tarifvertrag liegt nur vor, wenn die Dienststelle vom räumlichen, betrieblichen und persönlichen Geltungsbereich des Tarifvertrages erfasst ist und Tarifbindung besteht.[8] Auch das Günstigkeitsprinzip in § 4 Abs. 3 TVG tritt insoweit zurück.[9] Das Mitbestimmungsrecht des Personalrats ist ferner nur dann ausgeschlossen, wenn in dem Tarifvertrag ein Sachverhalt unmittelbar geregelt ist, es also zum Vollzug keines Ausführungsaktes bedarf,[10] bzw. kein Entscheidungs- oder Ermessensspielraum verbleibt.[11] Ein nur nachwirkender Tarifvertrag führt nicht zur Unzulässigkeit einer betrieblichen Regelung.[12]

**3** Dienstvereinbarungen sind nach Satz 2 ferner dann unzulässig, wenn sie sich auf Arbeitsentgelte – also Vergütung und Vergütungsbestandteile – oder sonstige Arbeitsbedingungen materieller Art beziehen, die tarifvertraglich entweder geregelt sind oder normalerweise geregelt werden. Üblicherweise sind solche Themen dann tariflich geregelt, wenn eine tarifliche Regelung existierte, diese gegenwärtig außer Kraft ist und aufgrund Verhandlungen der Tarifvertragsparteien mit einer erneuten Regelung gerechnet werden kann. Satz 2 gilt ausschließlich für Dienstvereinbarungen, nicht für Mitbestimmungsrechte nach § 72. Diese stehen ausschließlich unter dem Vorbehalt, dass eine entgegenstehende gesetzliche oder tarifliche Regelung ausdrücklich nicht besteht (§ 72 Abs. 3 und 4 Einleitungssatz). Mitbestimmungsrechte in Bezug auf Arbeitsentgelte entfallen also auch dann nicht, weil sie üblicherweise tariflich geregelt werden.

Es ist jedoch nach Satz 2 2. Halbsatz zulässig, dass eine Dienstvereinbarung Themen betreffend Arbeitsentgelte oder sonstige Arbeitsbedingungen regelt, wenn der Tarifvertrag entsprechende Öffnungsklauseln enthält, die ergänzende betriebliche Vereinbarungen zulassen. Ein Beispiel für eine solche Öffnungsklausel stellt § 18 Abs. 6 TVöD/TV-L dar, der vorsieht, dass das jeweilige System eines leistungs- und/oder erfolgsorientierten Entgelts »betrieblich« vereinbart wird. Derartige Regeln gelten gemäß § 38 Abs. 2 TVöD/TV-L für Verwaltungen und für Parteien nach dem Personalvertretungsrecht entsprechend. Nach § 18 Abs. 6 Satz 3 TVöD/TV-L hat die Ausgestaltung

---

7 Vgl. *BAG* 18.7.2006 – 1 AZR 578/05, NZA 2007, 462 zur Unzulässigkeit einer Regelung über Bearbeitungsgebühren für Lohnpfändungen.
8 Vgl. zu § 70 Abs. 1 LPVG NRW: *BAG* 27.6.2006 – 3 AZR 255/05, PersR 2006, 443.
9 *BAG* 27.6.2006, a.a.O.
10 *OVG NRW* 3.2.2000 – 1 A 426/98.PVL, PersR 2000, 517.
11 *BVerwG* 18.5.2004 – 6 P 13.03, PersR 2004, 349.
12 *BAG* 24.2.1987 – 1 ABR 18/85, NZA 1987, 639.

durch eine einvernehmliche Dienstvereinbarung zu erfolgen. Aufgrund dieser tarifvertraglichen Öffnungsklauseln besteht eine Verpflichtung zum Abschluss einer einvernehmlichen Dienstvereinbarung, wenn ein solches System der leistungsbezogenen Bezahlung innerhalb der Dienststelle eingeführt werden soll. Eine einvernehmliche Dienstvereinbarung liegt nach § 38 Abs. 3 TVöD/TV-L nur vor, wenn sie ohne Entscheidung der Einigungsstelle zustande gekommen ist.

Eine Regelungssperre für Dienstvereinbarungen stellt auch § 4 dar, der anordnet, dass durch Tarifvertrag oder Dienstvereinbarungen das Personalvertretungsgesetz nicht abweichend von diesem Gesetz geregelt werden kann (siehe die Kommentierung dort).

Unzulässige Dienstvereinbarungen sind unwirksam und entfalten keine Rechtswirkung. Die Unwirksamkeit einzelner Regelungen in einer Dienstvereinbarung führt aber nicht zwangsläufig zur Unwirksamkeit der gesamten Dienstvereinbarung. Sofern der verbleibende wirksame Teil der Dienstvereinbarung eine sinnvolle und in sich geschlossene Regelung enthält, bleibt die Dienstvereinbarung im Übrigen wirksam.[13]

**Abs. 2:** Dienstvereinbarungen, die für einen größeren Bereich abgeschlossen worden sind – also z. B. durch den Hauptpersonalrat für den Geschäftsbereich einer obersten Dienstbehörde oder durch den Gesamtpersonalrat für die Gesamtdienststelle –, gehen den Dienstvereinbarungen für einen kleineren Bereich vor. Das gilt auch dann, wenn die Dienstvereinbarungen für den größeren Bereich später als die örtlichen Dienstvereinbarungen abgeschlossen wurden. Die Anordnung dieser Rangfolge bewirkt auch, dass ungünstigere Dienstvereinbarungen für einen größeren Bereich günstigere Dienstvereinbarungen eines Teilbereichs verdrängen und außer Kraft setzen. **4**

**Abs. 3:** Das Gesetz äußert sich über das Zustandekommen einer Dienstvereinbarung nicht. **5**

Dienstvereinbarungen werden zumeist in Bezug auf beteiligungspflichtige, insbesondere mitbestimmungspflichtige Angelegenheiten geschlossen. Solche Dienstvereinbarungen sind Ergebnis des Mitbestimmungsverfahrens nach § 66 und stellen die schriftliche Einigung über die mitbestimmungspflichtige Angelegenheit dar.

Der Personalrat kann im Rahmen eines Mitbestimmungsverfahrens seine Zustimmung vom Abschluss einer Dienstvereinbarung abhängig machen.[14] Er kann aber auch selbst im Rahmen seines Initiativrechtes gemäß § 66 Abs. 4 der Dienststelle den Abschluss einer Dienstvereinbarung in einer Angelegenheit, über die die Betriebsparteien verhandeln, vorschlagen. Kommt eine Einigung über die von der Dienststelle gewünschte Angelegenheit wegen des Verlangens einer Dienstvereinbarung nicht zustande oder lehnt die Dienst- **6**

---

13 *BAG* 10. 2. 2009 – 3 AZR 653/07, NZA 2009, 796.
14 Insoweit bedenklich: *OVG NRW* 24. 11. 1999 – 1 A 5595/97.PVL, juris.

### § 70

stelle die Initiative des Personalrats auf Abschluss einer Dienstvereinbarung ab, so entscheidet die Einigungsstelle. Diese kann in den Fällen der erzwingbaren Mitbestimmung auch eine von einer der Parteien verlangten Dienstvereinbarung beschließen. Soweit mitbestimmungspflichtige Angelegenheiten Gegenstand eines Einigungsstellenverfahrens sein können und Dienstvereinbarungen nach Abs. 1 zulässig sind, erstreckt sich die Kompetenz der Einigungsstelle zur verbindlichen Entscheidung – so das BVerwG[15] – auch auf die Form der Dienstvereinbarung. Die Vorschrift des § 67 Abs. 6 Satz 1, derzufolge der Beschluss der Einigungsstelle zu begründen und den Beteiligten zuzustellen ist, enthält – so das *BVerwG* – eine im Verhältnis zu Abs. 3 »gleichwertige formelle Regelung«.[16] Insoweit kann auch der Personalrat eine Dienstvereinbarung in der Einigungsstelle erzwingen.[17]

**7** In Mitbestimmungsangelegenheiten ist das dann der Fall, wenn die Ausübung von Mitbestimmungsrechten normative Bedeutung hat, also die Rechtsstellung und der Pflichtenkreis der Beschäftigten durch Ausübung von Mitbestimmung unmittelbar berührt oder verändert wird. Dies kommt z. B. bei Arbeitszeitregelungen, Fragen der Lohngestaltung sowie in den Fällen des § 72 Abs. 4 Nr. 8, 13 bis 17 und 18 in Betracht.

**8** In Angelegenheiten, in denen der Dienststellenleiter keine abschließende Entscheidung treffen kann, kann eine Dienstvereinbarung auch dadurch zustande kommen, dass die Einigungsstelle dem verfassungsmäßig zuständigen Organ empfiehlt, in der mitbestimmungspflichtigen Angelegenheit eine Dienstvereinbarung dadurch in Kraft zu setzen, dass sie den Dienststellenleiter anweist, mit dem Personalrat eine bestimmte Dienstvereinbarung abzuschließen.

**9** Ist eine Dienstvereinbarung durch betriebliche Verhandlung zwischen Dienststelle und Personalrat, durch Spruch der Einigungsstelle oder Entscheidung des verfassungsmäßig zuständigen Organs zustande gekommen, so ist sie schriftlich niederzulegen, von Dienststelle und Personalrat zu unterzeichnen und in geeigneter Weise bekanntzumachen. Die Bekanntmachung einer Dienstvereinbarung ist Sache der Dienststelle. Der Personalrat kann die Dienstvereinbarung auf den durch § 40 Abs. 4 vorgezeichneten Wegen bekannt machen, also die Dienstvereinbarung schriftlich oder elektronisch den Beschäftigten übermitteln. Zur Bekanntmachung können auch die Stellen genutzt werden, an denen der Personalrat im Übrigen Veröffentlichungen und Aushänge bekannt macht – auch die elektronische Bekanntmachung z. B. im behördeneigenen Intranet kann erfolgen.

Unmittelbare normative – also verpflichtende – Wirkungen für und gegen die Beschäftigten haben Dienstvereinbarungen nur, wenn sie in dieser Form

---

15 *BVerwG* 17. 12. 2003 – 6 P 7.03, PersR 2004, 106.
16 *BVerwG* 17. 12. 2003, a. a. O.
17 A.A. *Laber/Pagenkopf*, § 70 Rn. 16.

niedergelegt und unterzeichnet worden sind. Die Bekanntmachung, bei der es sich um eine Verpflichtung der Dienststelle handelt, ist keine Wirksamkeitsvoraussetzung für eine Dienstvereinbarung.[18]

**Abs. 4:** Dienstvereinbarungen gelten zunächst für den Zeitraum, für den ihre Gültigkeit ausdrücklich in der Dienstvereinbarung vereinbart ist. Fehlt es an einer solchen Regelung, gelten Dienstvereinbarungen auf Dauer, sind jedoch mit einer Frist von drei Monaten kündbar. Die Vereinbarung einer anderen Kündigungsfrist ist zulässig. Die Frist wird nach § 187 Abs. 1 BGB berechnet. Eine nicht fristgerechte Kündigung ist in eine Kündigung zum nächstzulässigen, fristgerechten Termin umzudeuten. Hinsichtlich der Kündigungsfrist kann jedoch »anderes« vereinbart werden, also eine befristete Geltung der Dienstvereinbarung ohne zwischenzeitliche Kündigungsmöglichkeiten, z. B. durch die Formulierung: »Die Dienstvereinbarung endet, ohne dass es einer Kündigung bedarf mit Ablauf des 31.12.2022« Zulässig sind auch längere Kündigungsfristen oder die Beschränkung der Kündigungsmöglichkeit auf bestimmte Termine. Z. B.: »Die Dienstvereinbarung kann mit einer Frist von drei Monaten zum Ende eines Kalenderjahres gekündigt werden, die Kündigungsfrist beträgt sechs Monate und ist erstmals zum 30.6.2022 zulässig.«

10

Durch die Neuregelung in **Satz 2** ist die Nachwirkung von Dienstvereinbarungen beschränkt worden. Unter »Nachwirkung« wird – entsprechend § 4 Abs. 5 TVG – verstanden, dass die Rechtsnormen der Dienstvereinbarung nach Ablauf durch Befristung oder Kündigung solange weitergelten, bis sie durch eine andere Abmachung ersetzt worden sind. Eine Nachwirkung tritt nur noch in den Fällen ein, in denen der Spruch der Einigungsstelle die Einigung zwischen Dienststelle und Personalrat ersetzen kann. § 66 Abs. 7 Satz 3 definiert negativ, in welchen Fällen die Einigungsstelle eine solche die Beteiligten bindende Entscheidung **nicht** treffen kann, indem aufgezählt wird, in welchen Fällen die Einigungsstelle nur eine Empfehlung an die in diesen Fällen endgültig entscheidende Stelle des § 68 richten kann. Daraus folgt, dass eine Nachwirkung von Dienstvereinbarungen nur in folgenden Angelegenheiten möglich ist:

11

- in allen sozialen Angelegenheiten des § 72 Abs. 2,
- in den Angelegenheiten des § 72 Abs. 4 Nr. 1, 3–5, 7–10, 13 und 18.

Sind in einer Dienstvereinbarung Angelegenheiten geregelt, die nach mehreren Mitbestimmungstatbeständen der Mitbestimmung unterliegen und handelt es sich dabei sowohl um Fälle der Letztentscheidung der Einigungsstelle wie um Fälle der nur empfehlenden Entscheidung der Einigungsstelle, so hängt die Nachwirkung davon ab, ob nach Ablauf der Dienstvereinbarung die Regelungen aus dem Bereich der erzwingbaren Mitbestimmung für sich

---

18 *BVerwG* 9.3.2012 – 6 P 27.10, PersR 2012, 265.

## § 70

genommen noch sinnvoll sind und anwendbar bleiben. Ist das der Fall, tritt die Nachwirkung des erzwingbaren Teils ein, der übrige Teil tritt außer Kraft. Haben jedoch die Parteien erkennbar eine Gesamtregelung getroffen, tritt die Dienstvereinbarung mit ihrem Ablauf insgesamt außer Kraft.

Nach § 111 findet Satz 2 keine Anwendung auf Dienstvereinbarungen, die vor Inkrafttreten des Gesetzes beschlossen worden sind. Die Vorschrift ist unverändert aus dem alten Gesetz (§ 126a) übernommen worden, weshalb fraglich ist, auf welches Gesetz sich die Regelung bezieht. Aufgrund der unveränderten Übernahme spricht einiges dafür, dass das Inkrafttreten der Gesetzesnovelle 1984 gemeint ist und nicht das Inkrafttreten der Novelle 2007. Den Gesetzesmaterialien[19] lässt sich nichts darüber entnehmen, dass die mit der Novelle 2007 eingeführte begrenzte Nachwirkung von Dienstvereinbarungen nur auf solche angewandt werden soll, die nach Inkrafttreten der Novelle 2007 abgeschlossen worden sind.

**12** Nach **Satz 3** kann die Nachwirkung ausgeschlossen werden, d. h., die an sich nach Satz 2 eintretende Nachwirkung kann in der Dienstvereinbarung durch eine entsprechende Regelung (»diese Dienstvereinbarung wirkt nach ihrem Ablauf nicht nach«) ausgeschlossen werden.

Wird eine gekündigte Dienstvereinbarung, der keine Nachwirkung zukommt, weiterhin angewandt und praktiziert, so nimmt die ältere Rechtsprechung eine Nachwirkung aufgrund betrieblicher Übung bzw. konkludenter Dienstanweisung an.[20]

**13** Dass durch die Novelle 2007 eingeführte Evokationsrecht wurde durch die Novelle 2011 ersatzlos gestrichen. Das Evokationsrecht für Dienstvereinbarungen ist – so die Gesetzesbegründung – verzichtbar, da dem Erfordernis demokratischer Legitimation in diesem Zusammenhang bereits durch ein nicht kodifiziertes außerordentliches Kündigungsrecht Rechnung getragen wird. Die außerordentliche Kündigung einer Dienstvereinbarung setzt allerdings voraus, dass ein wichtiger Grund für die Kündigung vorliegt. Ein solcher ist dann gegeben, wenn unter Berücksichtigung aller Umstände des Einzelfalls ein Festhalten an der Dienstvereinbarung nicht zugemutet werden kann. Diese Voraussetzung wiederum ist gegeben, wenn die Dienstvereinbarung wegen ihrer Auswirkungen auf das Gemeinwesen wesentlicher Bestandteil der Regierungsgewalt ist (vgl. dazu die Kommentierung zu § 66 Abs. 7). Bei außerordentlichen Kündigungen ist auch eine Nachwirkung ausgeschlossen, da die gesetzliche Anordnung oder Nachwirkung auf die Fälle einer ordentlichen Kündigung oder des Ablaufs einer Dienstvereinbarung beschränkt ist, so die Gesetzesbegründung.[21]

---

19 LT-Drucks. 14/4239 und LT-Drucks. 14/5034.
20 *OVG NRW* 1. 4. 1992 – CL 22/89, PersR 1993, 240 (Leitsatz), NWVBl. 1993, 36.
21 LT-Drucks. 15/2218, 54.

Dem Personalrat steht das Recht zu, von der Dienststelle, mit der er eine Dienstvereinbarung abgeschlossen hat, die vertragsgemäße Durchführung dieser Vereinbarung zu verlangen.[22] Mit diesem Recht korrespondiert – so das *BVerwG*[23] – das gerichtlich durchsetzbare Recht der Personalvertretung, von der Dienststelle die abredegemäße Durchführung einer mit dieser geschlossenen Dienstvereinbarung verlangen zu können.

## § 71

**(1) Entscheidungen, an denen der Personalrat beteiligt war, führt die Dienststelle durch, es sei denn, dass im Einzelfall etwas anderes vereinbart ist.**

**(2) Wird eine Maßnahme, der der Personalrat zugestimmt hat, von der Dienststelle nicht unverzüglich durchgeführt, so hat diese den Personalrat unter Angabe von Gründen zu unterrichten.**

**Abs. 1:** Die Durchführung von Maßnahmen, die einer Beteiligung des Personalrats bedurft haben, ist Sache des Dienststellenleiters. Absatz 1 formuliert das allgemeine Durchführungsrecht der Personalvertretung im Hinblick auf Maßnahmen, zu denen der Personalrat seine Zustimmung gegeben hat, an denen er mitgewirkt hat oder zu denen er angehört wurde.[1] Die Vorschrift entspricht § 71 BPersVG und § 77 Abs. 1 BetrVG. Die Dienststelle ist kraft Direktionsrechts berechtigt, aber auch verpflichtet zur Durchführung von Maßnahmen, an denen der Personalrat beteiligt war.[2] Die Dienststelle kann jedoch die Durchführung solcher Maßnahmen dem Personalrat überlassen, etwa Verwaltung und Betrieb einer Sozialeinrichtung (Kantine, Getränkeautomat, Freud- und Leidkasse.)[3]

1

Der Personalrat kann die vertragsgemäße Durchführung und Einhaltung von Dienstvereinbarungen von der Dienststellenleitung, mit der er die Dienstvereinbarung abgeschlossen hat, verlangen.[4] Mit dieser »objektiven Rechtspflicht« zur Durchführung von Dienstvereinbarungen korrespondiert das gerichtlich durchsetzbare Recht der Personalvertretung, von der Dienststelle die abredegemäße Durchführung einer abgeschlossenen Dienstvereinbarung verlangen zu können. Die Zuständigkeit des Verwaltungsgerichts

1a

---

22 *BVerwG* 27.6.2019 – 5 P 2.18, NZA-RR 2019, 42.
23 *BVerwG* 27.6.2019, a.a.O.

1 *Laber/Pagenkopf*, § 71 Rn. 3.
2 *BVerwG* 27.6.2019 – 5 P 2.18, NZA-RR 2019, 42, Rn. 38 ff., unter ausdrücklichem Hinweis auf die Rspr. des *BAG* zur Durchführungspflicht aufgrund des gleichlautenden § 77 Abs. 1 BetrVG.
3 Weitere Beispiele bei Altvater-*Berg*, § 74 Rn. 1d.
4 *BVerwG* 27.6.2019, a.a.O., Rn. 28.

## § 72

folgt aus § 79 Abs. 1 Nr. 3. Die Vorschrift weist den Verwaltungsgerichten die Zuständigkeit für Entscheidungen über »Zuständigkeit und Geschäftsführung der Personalvertretungen« zu. § 79 Abs. 1 Nr. 5 (Bestehen oder Nichtbestehen von Dienstvereinbarungen) ist dagegen keine »verdrängende Spezialität« gegenüber der Auffangnorm des § 79 Abs. 1 Nr. 3.[5]

2 **Abs. 2:** Absatz 2 will erreichen, dass der Personalrat nachvollziehen kann, weshalb eine Maßnahme trotz erklärter Zustimmung nicht – unverzüglich – durchgeführt werden kann.

Diese Unterrichtungspflicht erhöht die Transparenz des behördlichen Handelns sowie des Mitbestimmungsverfahrens. Der Personalrat muss darüber unterrichtet werden, warum Maßnahmen, die die Dienststelle zunächst beabsichtigt hat und denen der Personalrat seine Zustimmung erteilt hat, nun doch nicht – oder nicht unverzüglich – durchgeführt werden sollen. Die Beschäftigten dürfen – vor allem bei für sie günstigen Maßnahmen – erwarten, dass sie das behördliche Handeln verstehen und nachvollziehen können.

Der Personalrat hat Anspruch auf eine Unterrichtung unter Angabe von Gründen. Die Gründe müssen sich auf die Ursache für die Verzögerung bzw. darauf beziehen, warum die Maßnahme überhaupt nicht mehr durchgeführt werden soll.

## Dritter Abschnitt
## Beteiligungspflichtige Angelegenheiten

### § 72

(1) Der Personalrat hat mitzubestimmen in Personalangelegenheiten bei
1. Einstellung, Nebenabreden zum Arbeitsvertrag, erneuter Zuweisung eines Arbeitsplatzes gemäß Arbeitsplatzsicherungsvorschriften sowie nach Beendigung eines Urlaubs ohne Dienstbezüge nach § 64 und § 70 des Landesbeamtengesetzes vom 14. Juni 2016 (GV.NRW. S. 310, ber. S. 642) in der jeweils geltenden Fassung und nach Beendigung einer Teilzeitbeschäftigung im Blockmodell nach § 65 des Landesbeamtengesetzes oder den entsprechenden Regelungen für Arbeitnehmerinnen und Arbeitnehmer und nach der Rückkehr aus der Elternzeit ohne gleichzeitige Teilzeit oder aus der Pflegezeit nach § 67 des Landesbeamtengesetzes, Verlängerung der Probezeit, Befristung von Arbeitsverträgen,
2. Beförderung, Zulassung zum Aufstieg, Übertragung eines anderen Amtes mit niedrigerem Endgrundgehalt,
3. Laufbahnwechsel,

---
5 *BVerwG* 27. 6. 2019, a. a. O., Rn. 23.

§ 72

4. Eingruppierung, Höhergruppierung, Herabgruppierung, Übertragung einer höher oder niedriger zu bewertenden Tätigkeit, Stufenzuordnung und Verkürzung und Verlängerung der Stufenlaufzeit gemäß Entgeltgrundsätzen, Bestimmung der Fallgruppen innerhalb einer Entgeltgruppe, wesentliche Änderung von Arbeitsverträgen,
5. Versetzung zu einer anderen Dienststelle, Umsetzung innerhalb der Dienststelle für eine Dauer von mehr als drei Monaten, Umsetzung innerhalb der Dienststelle, die mit einem Wechsel des Dienstortes verbunden ist, wobei das Einzugsgebiet im Sinne des Umzugskostenrechts zum Dienstort gehört,
6. Abordnung, Zuweisung von Beamtinnen und Beamten gemäß § 20 des Beamtenstatusgesetzes, Zuweisung von Arbeitnehmerinnen und Arbeitnehmern gemäß tarifrechtlicher Vorschriften, für eine Dauer von mehr als drei Monaten und ihrer Aufhebung,
7. Kürzung der Anwärterbezüge oder der Unterhaltsbeihilfe,
8. Entlassung von Beamtinnen und Beamten auf Lebenszeit, auf Probe oder Widerruf oder Entlassung aus einem öffentlich-rechtlichen Ausbildungsverhältnis, wenn die Entlassung nicht selbst beantragt wurde,
9. vorzeitiger Versetzung in den Ruhestand, Feststellung der begrenzten Dienstfähigkeit und der Polizeidienstunfähigkeit, wenn die Maßnahme nicht selbst beantragt wurde,
10. Weiterbeschäftigung von Beamtinnen und Beamten und Arbeitnehmerinnen und Arbeitnehmern über die Altersgrenze hinaus,
11. Anordnungen, welche die Freiheit in der Wahl der Wohnung beschränken,
12. Versagung, Untersagung oder Widerruf der Genehmigung einer Nebentätigkeit,
13. Ablehnung eines Antrags auf Teilzeitbeschäftigung oder Urlaub gemäß §§ 63 bis 67 oder § 70 und 74 des Landesbeamtengesetzes sowie Ablehnung einer entsprechenden Arbeitsvertragsänderung bei Arbeitnehmerinnen und Arbeitnehmern,
14. Ablehnung eines Antrags auf Einrichtung eines Arbeitsplatzes außerhalb der Dienststelle.

Satz 1 gilt für die in § 8 Absatz 1 bis 3 und § 11 Absatz 2 Buchstabe b bezeichneten Beschäftigten und für Dozentinnen und Dozenten gemäß § 20 Fachhochschulgesetz öffentlicher Dienst nur, wenn sie es beantragen; er gilt nicht
1. für die in § 37 des Landesbeamtengesetzes bezeichneten Beamtinnen und Beamten,
2. für Beamtenstellen von der Besoldungsgruppe B 3 an aufwärts sowie für Arbeitnehmerinnen und Arbeitnehmer, die ein der Besoldungsgruppe B 3 an aufwärts vergleichbares Entgelt erhalten,

## § 72

3. für überwiegend und unmittelbar künstlerisch tätige Beschäftigte an Theatern, die unter den Geltungsbereich des Normalvertrages (NV) Bühne fallen,
4. für kommunale Wahlbeamtinnen und Wahlbeamte,
5. für Leiterinnen und Leiter von öffentlichen Betrieben in den Gemeinden, den Gemeindeverbänden und den sonstigen der Aufsicht des Landes unterstehenden Körperschaften, Anstalten und Stiftungen des öffentlichen Rechts.

Satz 1 Nr. 5 gilt nicht für Beschäftigte in der Berufsausbildung.

(2) Der Personalrat hat mitzubestimmen in sozialen Angelegenheiten bei
1. Gewährung und Versagung von Unterstützungen, Vorschüssen, Darlehen und entsprechenden Zuwendungen,
2. Zuweisung und Kündigung von Wohnungen, über die die Beschäftigungsdienststelle verfügt, und Ausübung eines Vorschlagsrechts sowie der allgemeinen Festsetzung der Nutzungsbedingungen,
3. Zuweisung von Dienst- und Pachtland und Ausübung eines Vorschlagsrechts sowie Festsetzung der Nutzungsbedingungen,
4. Errichtung, Verwaltung und Auflösung von Sozialeinrichtungen ohne Rücksicht auf ihre Rechtsform,
5. Aufstellung von Sozialplänen einschließlich Plänen für Umschulungen zum Ausgleich von Härtefällen sowie Milderung wirtschaftlicher Nachteile infolge von Rationalisierungsmaßnahmen.

(3) Der Personalrat hat, soweit eine gesetzliche oder tarifliche Regelung nicht besteht, mitzubestimmen in Rationalisierungs-, Technologie- und Organisationsangelegenheiten bei
1. Einführung, Anwendung, wesentlicher Änderung oder wesentlicher Erweiterung von automatisierter Verarbeitung personenbezogener Daten der Beschäftigten außerhalb von Besoldungs-, Gehalts-, Lohn-, Versorgungs- und Beihilfeleistungen sowie Jubiläumszuwendungen,
2. Einführung, Anwendung und Erweiterung technischer Einrichtungen, es sei denn, dass deren Eignung zur Überwachung des Verhaltens oder der Leistung der Beschäftigten ausgeschlossen ist,
3. Einführung grundlegend neuer, wesentlicher Änderung und wesentlicher Ausweitung von Arbeitsmethoden,
4. Maßnahmen, die die Hebung der Arbeitsleistung oder Erleichterungen des Arbeitsablaufs zur Folge haben sowie Maßnahmen der Änderung der Arbeitsorganisation,
5. Einführung, wesentlicher Änderung oder wesentlicher Ausweitung betrieblicher Informations- und Kommunikationsnetze,
6. Einrichtung von Arbeitsplätzen außerhalb der Dienststelle.

(4) Der Personalrat hat, soweit eine gesetzliche oder tarifliche Regelung nicht besteht, mitzubestimmen über

## § 72

1. Beginn und Ende der täglichen Arbeitszeit und der Pausen sowie Verteilung der Arbeitszeit auf die einzelnen Wochentage, Einführung, Ausgestaltung und Aufhebung der gleitenden Arbeitszeit,
2. Anordnung von Überstunden oder Mehrarbeit, soweit sie vorauszusehen oder nicht durch Erfordernisse des Betriebsablaufs oder der öffentlichen Sicherheit und Ordnung bedingt sind, sowie allgemeine Regelung des Ausgleichs von Mehrarbeit,
3. Zeit, Ort und Art der Auszahlung der Dienstbezüge und Arbeitsentgelte,
4. Aufstellung des Urlaubsplans, Festsetzung der zeitlichen Lage des Erholungsurlaubs für einzelne Beschäftigte, wenn zwischen der Dienststelle und der oder dem beteiligten Beschäftigten kein Einverständnis erzielt wird,
5. Fragen der Gestaltung des Entgelts innerhalb der Dienststelle, insbesondere die Aufstellung von Entgeltgrundsätzen, die Einführung und Anwendung von neuen Entgeltmethoden und deren Änderung sowie die Festsetzung der Akkord- und Prämiensätze und vergleichbarer leistungsbezogener Entgelte, einschließlich der Geldfaktoren, sowie entsprechende Regelungen für Beamtinnen und Beamte,
6. Bestellung und Abberufung von Vertrauens- und Betriebsärztinnen und Vertrauens- und Betriebsärzten sowie Sicherheitsfachkräften und Bestellung der oder des Datenschutzbeauftragten,
7. Maßnahmen zur Verhütung von Dienst- und Arbeitsunfällen und sonstigen Gesundheitsschädigungen einschließlich Maßnahmen vorbereitender und präventiver Art,
8. Grundsätze über die Prämierung von anerkannten Vorschlägen im Rahmen des behördlichen und betrieblichen Vorschlagswesens,
9. Regelung der Ordnung in der Dienststelle und des Verhaltens der Beschäftigten,
10. Gestaltung der Arbeitsplätze,
11. Geltendmachung von Ersatzansprüchen gegen eine oder einen Beschäftigten,
12. Maßnahmen nach § 1 Abs. 3,
13. Grundsätze über die Durchführung der Berufsausbildung der Beschäftigten,
14. Richtlinien für die personelle Auswahl bei Einstellungen, bei Versetzungen, bei Höhergruppierungen und bei Kündigungen,
15. Beurteilungsrichtlinien,
16. allgemeine Fragen der Fortbildung der Beschäftigten, Auswahl der Teilnehmerinnen und Teilnehmer an Fortbildungsveranstaltungen,
17. Inhalt von Personalfragebogen,
18. Maßnahmen, die der Durchsetzung der tatsächlichen Gleichberechtigung von Frauen und Männern, insbesondere bei der Einstellung, Be-

schäftigung, Aus-, Fort- und Weiterbildung und dem beruflichen Aufstieg dienen,
19. Grundsätze der Arbeitsplatz- und Dienstpostenbewertung in der Dienststelle,
20. Abschluss von Arbeitnehmerüberlassungs- oder Gestellungsverträgen,
21. Aufstellung von Grundsätzen zu Arbeitszeitmodellen und erstmalige Einführung grundlegend neuer Formen der Arbeitsorganisation,
22. Übertragung von Arbeiten der Dienststelle, die üblicherweise von ihren Beschäftigten vorgenommen werden, auf Dauer an Privatpersonen oder auf Dritte in jeglicher Rechtsform (Privatisierung).

In den Fällen des Satzes 1 Nr. 11 bestimmt der Personalrat nur auf Antrag der oder des Beschäftigten mit; diese oder dieser ist von der beabsichtigten Maßnahme rechtzeitig vorher in Kenntnis zu setzen. Satz 1 Nr. 17 gilt nicht für den Inhalt von Personalfragebogen, die der Finanzkontrolle durch den Landesrechnungshof dienen.

(5) Der Personalrat hat in den Fällen der Absätze 3 und 4 auch mitzubestimmen, wenn eine Maßnahme probeweise oder befristet durchgeführt werden soll.

| Inhaltsübersicht | Rn. |
|---|---|
| I. Vorbemerkungen | 1– 8 |
| II. Mitbestimmung in Personalangelegenheiten (Abs. 1) | 9 |
| 1. Einstellung (Abs. 1 Nr. 1) | 10–15 |
| 2. Nebenabreden (Abs. 1 Nr. 1) | 16 |
| 3. Erneute Zuweisung eines Arbeitsplatzes gemäß Arbeitsplatzsicherungsvorschriften sowie nach Beendigung eines Urlaubs ohne Dienstbezüge nach §§ 70 und 71 des LBG und nach Beendigung der Jahresfreistellung nach § 64 des LBG bzw. den entsprechenden Regelungen für Arbeitnehmerinnen und Arbeitnehmer (Abs. 1 Nr. 1) | 17 |
| 4. Rückkehr aus der Elternzeit ohne gleichzeitige Teilzeit (Abs. 1 Nr. 1) | 18 |
| 5. Verlängerung der Probezeit (Abs. 1 Nr. 1) | 19 |
| 6. Befristung von Arbeitsverträgen (Abs. 1 Nr. 1) | 20 |
| 7. Beförderung (Abs. 1 Nr. 2) | 21 |
| 8. Zulassung zum Aufstieg (Abs. 1 Nr. 2) | 22 |
| 9. Übertragung eines anderen Amtes mit niedrigerem Endgrundgehalt (Abs. 1 Nr. 2) | 23 |
| 10. Laufbahnwechsel (Abs. 1 Nr. 3) | 24 |
| 11. Eingruppierung (Abs. 1 Nr. 4) | 25 |
| 12. Höhergruppierung (Abs. 1 Nr. 4) | 26 |
| 13. Herabgruppierung (Abs. 1 Nr. 4) | 27 |
| 14. Übertragung einer höher oder niedriger zu bewertenden Tätigkeit (Abs. 1 Nr. 4) | 28 |
| 15. Stufenzuordnung und Verkürzung oder Verlängerung der Stufenlaufzeit gemäß Entgeltgrundsätzen (Abs. 1 Nr. 4) | 29 |
| 16. Bestimmung der Fallgruppen innerhalb einer Entgeltgruppe (Abs. 1 Nr. 4) | 30 |

17. Wesentliche Änderung von Arbeitsverträgen (Abs. 1 Nr. 4) .... 31
18. Versetzung zu einer anderen Dienststelle (Abs. 1 Nr. 5) ...... 32–35
19. Umsetzung innerhalb der Dienststelle (Abs. 1 Nr. 5) ........ 36, 37
20. Abordnung für eine Dauer von mehr als drei Monaten und ihre Aufhebung (Abs. 1 Nr. 6) ............................... 38
21. Zuweisung gemäß beamten- oder tarifrechtlicher Vorschriften und ihre Aufhebung (Abs. 1 Nr. 6)............................ 39–41
22. Kürzung der Anwärterbezüge oder der Unterhaltsbeihilfe (Abs. 1 Nr. 7) ............................................ 42
23. Entlassung von Beamtinnen und Beamten auf Lebenszeit (Abs. 1 Nr. 8) ............................................ 43
24. Entlassung von Beamtinnen und Beamten auf Probe oder auf Widerruf (Abs. 1 Nr. 8)................................... 44
25. Entlassung aus einem öffentlich-rechtlichen Ausbildungsverhältnis (Abs. 1 Nr. 8) ............................................ 45
26. Vorzeitige Versetzung in den Ruhestand, Feststellung der begrenzten Dienstfähigkeit und der Polizeidienstunfähigkeit (Abs. 1 Nr. 9) .. 46
27. Weiterbeschäftigung von Beamtinnen und Beamten und Arbeitnehmerinnen und Arbeitnehmern über die Altersgrenze hinaus (Abs. 1 Nr. 10)............................................ 47
28. Anordnungen, welche die Freiheit in der Wahl der Wohnung beschränken (Abs. 1 Nr. 11) ..................................... 48
29. Versagung, Untersagung oder Widerruf der Genehmigung einer Nebentätigkeit (Abs. 1 Nr. 12)................................. 49
30. Ablehnung von Teilzeitbeschäftigung oder Urlaub (Abs. 1 Nr. 13) . 50–53
31. Ablehnung eines Antrags auf Einrichtung eines Arbeitsplatzes außerhalb der Dienststelle (Abs. 1 Nr. 14) ..................... 53a
32. Ausnahmen von der Mitbestimmung (Abs. 1 Satz 2)......... 54–56
III. Mitbestimmung in sozialen Angelegenheiten (Abs. 2) ......... 57
1. Gewährung und Versagung von Unterstützungen, Vorschüssen, Darlehen und entsprechenden Zuwendungen (Abs. 2 Nr. 1).... 58
2. Zuweisung und Kündigungen von Wohnungen, Ausübung des Vorschlagsrechts, allgemeine Festsetzung der Nutzungsbedingungen (Abs. 2 Nr. 2) ............................................ 59, 60
3. Zuweisung von Dienst- und Pachtland, Ausübung des Vorschlagsrechts, Festsetzung der Nutzungsbedingungen (Abs. 2 Nr. 3) ... 61
4. Einrichtung, Verwaltung und Auflösung von Sozialeinrichtungen (Abs. 2 Nr. 4) ............................................ 62, 63
5. Sozialpläne (Abs. 2 Nr. 5) ................................. 64–67
IV. Rationalisierungs-, Technologie- und Organisationsangelegenheiten (Abs. 3).................................................... 68–71
1. Automatisierte Verarbeitung personenbezogener Daten der Beschäftigten (Abs. 3 Nr. 1) ................................... 72–79
2. Technische Einrichtungen (Abs. 3 Nr. 2) ................... 80–88
3. Neue Arbeitsmethoden (Abs. 3 Nr. 3).................... 89–91
4. Hebung der Arbeitsleistung, Erleichterung des Arbeitsablaufs, Änderung der Arbeitsorganisation (Abs. 3 Nr. 4)........... 92–96

## § 72

    5. Betriebliche Informations- und Kommunikationsnetze (Abs. 3 Nr. 5)    97
    6. Einrichtung von Arbeitsplätzen außerhalb der Dienststelle
       (Abs. 3 Nr. 6) . . . . . . . . . . . . . . . . . . . . . . . . . . . 98
V. Insbesondere kollektive Angelegenheiten (Abs. 4) . . . . . . . . . . . 99
    1. Beginn und Ende der täglichen Arbeitszeit und der Pausen, Verteilung der Arbeitszeit auf die einzelnen Wochentage, gleitende Arbeitszeit (Abs. 4 Nr. 1) . . . . . . . . . . . . . . . . . . . . . . 100–106a
    2. Gleitzeit (Abs. 4 Nr. 1) . . . . . . . . . . . . . . . . . . . . . . 107, 108
    3. Anordnung von Überstunden und Mehrarbeit (Abs. 4 Nr. 2) . . . . 109–114
    4. Allgemeine Regelungen zum Ausgleich von Mehrarbeit (Abs. 4 Nr. 2)    115
    5. Zeit, Ort und Art der Auszahlung der Dienstbezüge und Arbeitsentgelte (Abs. 4 Nr. 3) . . . . . . . . . . . . . . . . . . . . . . . 116, 117
    6. Urlaubsplan, zeitliche Lage des Erholungsurlaubs (Abs. 4 Nr. 4) . .    118
    7. Fragen der Gestaltung des Entgelts, Entgeltgrundsätze und Entgeltmethoden (Abs. 4 Nr. 5) . . . . . . . . . . . . . . . . . . . . . 119–123
    8. Bestellung von Vertrauens- und Betriebsärzten, Sicherheitsfachkräften und Datenschutzbeauftragten (Abs. 4 Nr. 6) . . . . . . . . 124–127
    9. Maßnahmen zur Verhütung von Dienst- und Arbeitsunfällen und sonstigen Gesundheitsschädigungen (Abs. 4 Nr. 7) . . . . . . . . . 128–140
   10. Betriebliches Vorschlagswesen (Abs. 4 Nr. 8) . . . . . . . . . . . .    141
   11. Regelung der Ordnung in der Dienststelle und des Verhaltens der Beschäftigten (Abs. 4 Nr. 9) . . . . . . . . . . . . . . . . . . . . 142–145
   12. Gestaltung der Arbeitsplätze (Abs. 4 Nr. 10) . . . . . . . . . . . .    146
   13. Geltendmachung von Ersatzansprüchen gegen einen Beschäftigten (Abs. 4 Nr. 11) . . . . . . . . . . . . . . . . . . . . . . . . . . .    147
   14. Verselbständigung von Nebenstellen oder Teilen einer Dienststelle (Abs. 4 Nr. 12) . . . . . . . . . . . . . . . . . . . . . . . . . . .    148
   15. Grundsätze über die Durchführung der Berufsausbildung der Arbeitnehmer (Abs. 4 Nr. 13) . . . . . . . . . . . . . . . . . . . 149, 150
   16. Richtlinien für die personelle Auswahl bei Einstellungen, Versetzungen, Höhergruppierungen und Kündigungen (Abs. 4 Nr. 14) . . 151–153
   17. Beurteilungsrichtlinien (Abs. 4 Nr. 15) . . . . . . . . . . . . . . . 154–156
   18. Allgemeine Fragen der Fortbildung der Beschäftigten, Auswahl der Teilnehmer an Fortbildungsveranstaltungen (Abs. 4 Nr. 16) . . . . 157, 158
   19. Personalfragebogen (Abs. 4 Nr. 17) . . . . . . . . . . . . . . . . . 159–162
   20. Maßnahmen, die der Durchsetzung der tatsächlichen Gleichberechtigung von Frauen und Männern dienen (Abs. 4 Nr. 18) . . . . . . 163–166
   21. Grundsätze der Arbeitsplatz- und Dienstpostenbewertung in der Dienststelle (Abs. 4 Nr. 19) . . . . . . . . . . . . . . . . . . . . .    167
   22. Abschluss von Arbeitnehmerüberlassungsverträgen (Abs. 4 Nr. 20)    168
   23. Abschluss von Gestellungsverträgen (Abs. 4 Nr. 20) . . . . . . . . 169–174
   24. Aufstellung von Grundsätzen zu Arbeitszeitmodellen (Abs. 4 Nr. 21)    175
   25. Erstmalige Einführung grundlegend neuer Formen der Arbeitsorganisation (Abs. 4 Nr. 21) . . . . . . . . . . . . . . . . . . . . . . .    176
   26. Privatisierung (Abs. 4 Nr. 22) . . . . . . . . . . . . . . . . . . . . 177–188
VI. Abs. 4 Satz 2 und 3 . . . . . . . . . . . . . . . . . . . . . . . . . . .    189
VII. Probeweise oder befristet durchgeführte Maßnahmen (Abs. 5) . . . . .    190

## § 72

### I. Vorbemerkungen

§ 72 und § 74 Abs. 1 enthalten sämtliche Angelegenheiten, bei denen der Personalrat ein Mitbestimmungsrecht hat. 1
Nach den Einschränkungen der Mitbestimmungstatbestände durch die Novelle 2007 (vgl. § 72 Rn. 1 ff., 4. Aufl.) ist der Katalog der mitbestimmungspflichtigen Maßnahmen durch das Gesetz von 2011 wieder ausgeweitet worden. Die 2007 beseitigten Beteiligungsrechte sind durchweg wieder aufgenommen worden, zum Teil mit Änderungen, Ergänzungen und Verbesserungen.

**Abs. 1** und **§ 74 Abs. 1** enthalten sämtliche Mitbestimmungsrechte in personellen Einzelmaßnahmen der Arbeitnehmer und Beamten. 2

**Abs. 2** zählt die Mitbestimmungsrechte in »sozialen« Angelegenheiten auf – also solchen, die freiwillig aus sozialen Erwägungen heraus ohne Rechtsanspruch gewährt werden. 3

**Abs. 3** beinhaltet nach dem Einleitungssatz Mitbestimmungsrechte in Rationalisierungs-, Technologie- und Organisationsangelegenheiten. 4

**Abs. 4** regelt die Mitbestimmungsrechte in kollektiven Angelegenheiten bzw. solchen, die einen kollektiven Bezug haben. 5

**Abs. 5** sieht Mitbestimmungsrechte bei befristeten oder probeweise vorgesehenen Maßnahmen vor. 5a

Mitbestimmung ist die effektivste und am weitesten reichende Beteiligung des Personalrats. Allerdings reicht das Mitbestimmungsrecht bei den verschiedenen Maßnahmen verschieden weit. So endet es in personellen Angelegenheiten nach Absatz 1 und § 74 Abs. 1 mit einer Empfehlung der Einigungsstelle an das Letztentscheidungsorgan im Sinne § 68. Übt der Personalrat in personellen Angelegenheiten des Absatzes 1 sowie nach § 74 Abs. 1 sein Initiativmitbestimmungsrecht aus, so trifft die Letztentscheidung der Dienststellenleiter der eigenen bzw. der obersten Dienstbehörde ohne vorherige Befassung durch die Einigungsstelle. Die Angelegenheiten des Absatzes 3 und eine Reihe von Angelegenheiten nach Absatz 4 unterfallen ebenfalls nicht der Letztentscheidung der Einigungsstelle (siehe § 66 Abs. 7 Satz 3). 6

Mitbestimmung und Beteiligung des Personalrats ist nicht Selbstzweck. Vielmehr dient sie der Richtigkeitskontrolle behördlichen Handelns, der Geltendmachung kollektiver Interessen gegenüber der Dienststelle, der Sicherung sozialer Teilhabe und dem Schutz des Einzelnen vor Ungerechtigkeit und Willkür sowie schließlich der Transparenz und Akzeptanz behördlichen Handelns.

Das Mitbestimmungsrecht kann sowohl dadurch ausgeübt werden, dass der Personalrat Maßnahmen der Dienststelle ablehnt, sie durch Mitbestimmung beeinflusst und verändert oder ihnen zustimmt als auch durch Ausübung des Initiativmitbestimmungsrechtes, das für sämtliche mitbestimmungspflichtigen Angelegenheiten besteht. 7

## § 72

Die Ausübung der Mitbestimmung und das Verfahren richten sich nach §§ 66 bis 68.

Das Mitbestimmungsrecht kann vom Personalrat auch dadurch ausgeübt werden, dass er den Abschluss einer Dienstvereinbarung im Sinne des § 70 verlangt und seine Zustimmung von dem Abschluss einer solchen Vereinbarung abhängig macht.

Unterbleibt die Beteiligung des Personalrats oder ist sie fehlerhaft, kann die unter Verletzung des Mitbestimmungsrechts getroffene Maßnahme unwirksam sein (vgl. § 66 Rn. 2). Das gilt auch dann, wenn die Zustimmung des Personalrats aufgrund unzutreffender Unterrichtung erteilt wurde.[1]

**8** Treffen mehrere Beteiligungstatbestände zusammen, sind dem Personalrat sämtliche Rechte nebeneinander einzuräumen, soweit sie verschiedene Zwecke haben. Nur wenn das schwächere eine wirkliche Sonderregelung gegenüber dem stärken Beteiligungsrecht darstellt, wird das Stärkere verdrängt.[2] Eine Rangordnung, derzufolge das jeweils schwächere Recht die anderen Rechte verdrängt, besteht nicht. Vielmehr hat jedes Beteiligungsrecht verschiedene Zwecke und Absichten, die dem Personalrat dementsprechend zur differenzierten Geltendmachung einzuräumen sind. Einheitliche Sachverhalte dürfen nicht in »Mitbestimmungs-Kästchen« gepresst werden, die Beteiligung des Personalrats kann von der Dienststelle daher nicht auf bestimmte Mitbestimmungstatbestände beschränkt werden.[3] Treffen Mitbestimmungsrechte bei einer Maßnahme zusammen, können diese nebeneinander ausgeübt werden. So kann z. B. der Personalrat der Einstellung einer Mitarbeiterin oder eines Mitarbeiters zustimmen, jedoch der gleichzeitigen Bestellung als Vertrauens- und Betriebsarzt nach Absatz 4 Nr. 6 die Zustimmung verweigern. Ebenso ist der Personalrat berechtigt, die Zustimmung zu einer Einstellung nach Absatz 1 Satz 1 Nr. 1 zu erteilen, sie aber bei der Eingruppierung gemäß Absatz 1 Satz 1 Nr. 4 zu verweigern.[4]

### II. Mitbestimmung in Personalangelegenheiten (Abs. 1)

**9** **Abs. 1:** In Satz 1 dieser Vorschrift sind die Mitbestimmungsrechte bei den personellen Einzelmaßnahmen betreffend Arbeitnehmer und Beamte zusammengefasst. Das neu geschaffene Mitbestimmungsrecht bei der ordentlichen Kündigung ist in § 74 Abs. 1 enthalten. Satz 2 schränkt diese Mitbe-

---

1 *OVG NRW* 22. 3. 1996 – 1 B 353/96.PVL, PersR 1996, 365.
2 *BVerwG*, Beschluss vom 19. 5. 2003 – 6 P 16.02, PersR 2003, 314 zum Verhältnis zwischen dem Mitbestimmungsrecht nach § 72 Abs. 4 Nr. 7 und dem Mitwirkungsrecht nach § 73 Nr. 1; *OVG NRW* 26. 9. 2003 – 1 A 3411/01.PVB, AP Nr. 83 zu § 75 BPersVG.
3 Siehe dazu *Welkoborsky*, PersR 1989, 220.
4 So ausdrücklich: *BVerwG* 22. 10. 2007 – 6 P 1.07, PersR 2008, 23.

stimmungsrechte für bestimmte Personenkreise dahingehend ein, dass der Personalrat entweder nur auf ihren Antrag hin oder gar nicht beteiligt wird.

## 1. Einstellung (Abs. 1 Nr. 1)

Eine Einstellung liegt unter folgenden Voraussetzungen vor: **10**

1. Der Arbeitnehmer wird tatsächlich in die Dienststelle eingegliedert, d. h., die Aufnahme der vorgesehenen Arbeit (i. d. R. Wahrnehmung von Daueraufgaben)[5] wird im Rahmen der Arbeitsorganisation der Dienststelle durch Unterordnung unter das Direktionsrecht tatsächlich vollzogen.[6] Von einer tatsächlichen Eingliederung ist regelmäßig dann auszugehen, wenn Daueraufgaben der Dienststelle wahrgenommen werden, die so auch den bereits in der Dienststelle tätigen Beschäftigten obliegen. Das wird für Aufgaben vorübergehender und geringfügiger Art verneint.[7]
2. Für die Annahme einer Einstellung ist stets ein sog. rechtliches Band – in der Regel ein Vertrag – erforderlich, »durch welches ein Weisungsrecht der Dienststelle, verbunden mit entsprechenden Schutzpflichten und damit korrespondierend die Weisungsgebundenheit des Dienstleistenden, verbunden mit entsprechenden Schutzrechten, begründet« wird.[8] Die dadurch begründete (rechtliche) Zugehörigkeit zu einer Dienststelle ist eine ungeschriebene systemimmanente Voraussetzung des Beschäftigungsverhältnisses und damit des Mitbestimmungsrechts.[9]
3. Neben Eingliederung und dem Bestehen eines rechtlichen Bandes ist weiter Voraussetzung, dass der Beschäftigte an der Erfüllung öffentlicher Aufgaben teilnimmt.[10] Daran fehlt es z. B., wenn Strafgefangene in einer Dienststelle eine Arbeit aufnehmen, die ihnen von der Leitung der Justizvollzugsanstalt zugewiesen wurde.[11]

Das rechtliche Band kann auch durch mehrseitige Rechtsbeziehungen, z. B. durch eine Gestellungsvereinbarung,[12] durch Beauftragung eines Fremdunternehmens,[13] durch Eingliederung eines Leiharbeitnehmers aufgrund einer mit einer Zeitarbeitsfirma abgeschlossenen Arbeitnehmerüberlassungsver-

---

5 So *VG Münster* 10. 12. 2003 – 22 K 1359/02.PVL, *www.justiz.nrw.de/nrwe*.
6 *BVerwG* 8. 1. 2003 – 6 P 8.02, PersR 2004, 148.
7 *OVG NRW* 1. 6. 2017 – 20 A 965/17.PVL, PersR 7/2018, 59, bei bis zu zweimonatiger Tätigkeit.
8 *BVerwG* 21. 3. 2007 – 6 P 4.06, PersR 2007, 301.
9 *VGH München* 21. 5. 2019 – 17 P 17.1115, NZA-RR 2019, 605.
10 *BVerwG* 14. 8. 2013 – 6 P 8.12, PersR 2013, 464.
11 *BVerwG* 14. 8. 2013, a. a. O.
12 So *BVerwG* 18. 6. 2002 – 6 P 12.01, PersR 2002, 467.
13 Zu den Voraussetzungen: *BVerwG* 8. 1. 2003 – 6 P 8.02, PersR 2004, 48.

## § 72

einbarung oder durch Zuweisung einer Arbeitsgelegenheit in einer Eingliederungsvereinbarung[14] erfolgen. Die Anforderungen an den Nachweis und das Bestehen solcher vertraglichen Dreiecks-Beziehungen dürfen aber nicht dahingehend überspannt werden, dass ein vollständiges Vertragswerk verlangt werden müsste.[15] Das Be- und Entstehen eines Beamten- oder Arbeitsverhältnisses im Zusammenhang mit der Einstellung ist zwar die Regel,[16] jedoch nicht zwingend. Beschäftigte im Sinne des § 5 sind neben den Beamten und Tarifbeschäftigten die arbeitnehmerähnlichen Personen (§ 12a TVG), die in der Dienststelle weisungsgebunden Tätigen (§ 5 Abs. 1) ohne Dienst- oder Arbeitsverhältnis zur Dienststelle sowie alle Beschäftigten, die nach dem für die Dienststelle maßgebenden Tarifvertrag bzw. der maßgebenden Dienstordnung oder nach ihrem Arbeitsvertrag Arbeitnehmerinnen oder Arbeitnehmer sind. Darin eingeschlossen sind die über- oder außertariflich Beschäftigten sowie die zu ihrer Berufsausbildung Beschäftigten.

11 Eine Einstellung kann auch in folgenden Fällen vorliegen:
- Beschäftigung als freier Mitarbeiter, im faktischen Arbeitsverhältnis oder aufgrund Scheinwerkvertrages,[17] tatsächlich jedoch Einbindung in den arbeitsorganisatorischen Ablauf der Dienststelle – also eine Eingliederung.[18]
- Aufnahme der Tätigkeit aufgrund einer Gestellungsvereinbarung.[19]
- Die Übernahme eines Leiharbeitnehmers zur Arbeitsleistung aufgrund eines mit einem Dritten geschlossenen (echten oder unechten) Arbeitnehmerüberlassungsvertrages ist ebenfalls eine Einstellung.[20] Zwar gilt die Sondervorschrift über das Mitbestimmungsrecht des Personal- oder Betriebsrats des aufnehmenden Betriebes in § 14 Abs. 4 AÜG dem Wortlaut nach nur für das BPersVG und im Geltungsbereich eines Landespersonalvertretungsgesetzes nur bei ausdrücklicher Bezugnahme.[21] Jedoch stellt der Vorgang der Übernahme zur Arbeitsleistung aufgrund eines Ver-

---

14 Dazu *BVerwG* 21.3.2007 – 6 P 4.06, PersR 2007, 309.
15 *OVG NRW* 12.3.2007 – 1 A 2037/05.PVL, PersR 2007, 393.
16 *BVerwG* 18.6.2002 – 6 P 12.01, PersR 2002, 467; 8.1.2003 – 6 P 8.02, PersR 2004, 148.
17 Dazu *BVerwG* 6.9.1995 – 6 P 9.93, PersR 1996, 118.
18 Siehe *OVG NRW* 5.4.1990 – CL 54/87, PersR 1990, 335; zum Einsatz von ehrenamtlichen Angehörigen der Freiwilligen Feuerwehr in der Wachbereitschaft der Berufsfeuerwehr: *OVG NRW* 27.10.1999 – 1 A 5193/97.PVL, PersR 2000, 117.
19 *OVG NRW* 23.10.1986 – CL 15/85, PersV 1999, 30; *BVerwG* 18.6.2002 – 6 P 12.01, PersR 2002, 467; *OVG NRW* 21.6.2001 – 1 A 280/99.PVL –, PersR 2002, 122; *BVerwG* 13.4.2004 – 6 PB 2.04, PersR 2004, 269; *BAG* 21.2.2017 – 1 ABR 62/12, AuR 2017, 181.
20 Vgl. *BVerwG* 7.4.2010 – 6 P 6.09, PersR 2010, 312; 25.4.2012 – 6 PB 24.11, PersR 2012, 324.
21 *BVerwG* 25.4.2012 – 6 PB 24.11, NZA-RR 2012, 500.

trages zwischen Verleiher und Entleiher unter Übertragung des Direktionsrechts in Bezug auf den Leiharbeitnehmer eine Eingliederung dar. Es besteht auch ein rechtliches Band durch Begründung mehrseitiger Rechtsbeziehungen sowohl zwischen Verleiher und Entleiher aufgrund des AÜG-Vertrages, als auch zwischen Leiharbeitnehmer und Entleiher aufgrund Bestehens des Direktionsrechtes. Da es sich bei dem Leiharbeitnehmer im Übrigen um einen weisungsgebundenen Beschäftigten im Sinne des § 5 Abs. 1 Satz 2 handelt, besteht ein Mitbestimmungsrecht bei der Überlassung eines Leiharbeitnehmers zur Arbeitsleistung auch ohne ausdrückliche gesetzliche Bezugnahme auf § 14 Abs. 3 AÜG. Mitbestimmungspflichtig ist der tatsächliche Vorgang der Übernahme zur Arbeitsleistung. Das rechtliche Band zur Schaffung des Weisungsrechts und der Weisungsgebundenheit des Leiharbeitnehmers unterliegt der gesonderten Mitbestimmung nach Abs. 4 Nr. 20. Als Einstellung mitbestimmungspflichtig ist der tatsächliche Einsatz von Leiharbeitnehmern und zwar jede noch so kurze tatsächliche Beschäftigung. Bei mehreren, auch aufeinanderfolgenden befristeten Einsätzen löst jeder von ihnen das Mitbestimmungsrecht erneut aus.[22] Die Dienststelle ist verpflichtet, vor Einstellung eines Leiharbeitnehmers dessen Namen mitzuteilen.[23]

- Bei arbeitnehmerähnlichen Personen im Sinne des § 12a TVG liegt eine Einstellung dann vor, wenn aufgrund der Vertragsbeziehungen eine wirtschaftliche Abhängigkeit und die einem Arbeitnehmer vergleichbare soziale Schutzbedürftigkeit des Betreffenden besteht.[24] Diese ersetzen die »Eingliederung« eines Arbeitnehmers. Die arbeitnehmerähnlichen Personen sind Selbständige und können daher nicht einem Arbeitnehmer vergleichbar »eingegliedert« sein. Der Bestandsschutz-Tarifvertrag für arbeitnehmerähnliche Personen des WDR gilt für Beschäftigte, die »über lange oder längere Zeit« verpflichtet werden, wobei die lange/längere Zeit ab einer sechsmonatigen Tätigkeit erreicht ist. Erfolgt also ein Vertragsabschluss für mindestens sechs Monate oder dauert die Tätigkeit so lange an, liegt eine Einstellung einer arbeitnehmerähnlichen Person vor, soweit im Vertragszeitraum die Voraussetzungen der §§ 2 und 3 des Bestandsschutz-Tarifvertrages erfüllt werden.

- Die Beschäftigung erwerbsfähiger Hilfsbedürftiger (»Ein-Euro-Jobs«) gemäß § 16d SGB II unterliegt ebenfalls der Mitbestimmung des Personalrats als Einstellung.[25] Die Dienststelle muss entweder zu dem Zeitpunkt, zu dem die ARGE einen Hilfebedürftigen benennt, den Personalrat beteiligen

---

22 *BVerwG* 7.4.2010 – 6 P 6.09, NZA 2011, 871.
23 *BAG* 9.3.2011 – 7 ABR 137/09.
24 Vgl. zum BremPersVG: *OVG Bremen* 1.12.2015 – 6 LP 103/14, PersR 7–8/2016, 70.
25 *BVerwG* 21.3.2007 – 6 P 4.06, PersR 2007, 301.

## § 72

oder wenn ihr von der ARGE ein Hilfebedürftiger vorgeschlagen wird und sie diesem oder einen Ersatzteilnehmer akzeptieren will. Dem Mitbestimmungsrecht bei der Beschäftigung der sog. Ein-Euro-Kräfte steht nicht entgegen, dass mit ihnen kein Arbeitsverhältnis zum Rechtsträger der Dienststelle abgeschlossen wird. Vielmehr ist – wie bei gestellten Arbeitnehmern und Leiharbeitnehmern – ausreichend, dass ein rechtliches Band in Form einer vertraglichen Dreiecks-Beziehung besteht und die Eingliederung in die Dienststelle nicht nur ganz vorübergehend erfolgt. Jeweils vor diesen Zeitpunkten ist das Mitbestimmungsrecht des Personalrats zu beachten.
- Einstellung ist auch die Vergabe von Arbeiten in Heimarbeit und an Hausgewerbetreibende.
- Die Arbeitsaufnahme von Beschäftigten, die aufgrund einer Arbeitsbeschaffungsmaßnahme nach dem SGB III zugewiesen werden, ist ebenfalls eine mitbestimmungspflichtige Einstellung.[26]
- Eine Einstellung ist auch die Verlängerung eines befristet abgeschlossenen Arbeitsverhältnisses im unmittelbaren Anschluss an das Vertragsende. Dabei ist sowohl der Abschluss eines erneut befristeten Arbeitsverhältnisses, wie die Umwandlung in ein unbefristetes Arbeitsverhältnis als Einstellung mitbestimmungspflichtig.[27]
- Die Aufstockung eines Teilzeitarbeitsverhältnisses – soweit die Aufstockung nicht nur ganz geringfügig ist – unterliegt ebenfalls aufgrund der veränderten Eingliederung in die Dienststelle der Mitbestimmung des Personalrats.[28] Darüber hinaus ist bezüglich der Veränderung der Arbeitszeit das Mitbestimmungsrecht nach Nr. 4 bei wesentlicher Änderung von Arbeitsverträgen zu beachten.
- Bei Abrufkräften ist sowohl die Aufnahme in eine sog. Abrufliste wie die nachfolgende Heranziehung zur Tätigkeit als Einstellung anzusehen. »Mitbestimmungspflichtige Maßnahme ist der zusammengehörige Lebensvorgang, der mit der Aufnahme der Bewerber in die Liste beginnt und alle nachfolgenden Arbeitsverhältnisse umfasst, die auf der Grundlage der Liste für ein und dieselbe Person geschlossen werden.«[29]
- Eine im Arbeitsvertrag für weniger als zwei Monate vorgesehene Beschäftigung von Vertretungslehrern unterliegt dann der Mitbestimmung, wenn die Verlängerung über die Dauer der zwei Monate wegen des Vertretungsgrundes (z. B. Mutterschutz/langfristige Erkrankung/Elternzeit) absehbar und beabsichtigt ist.[30] Kein Mitbestimmungsrecht besteht bei

---

26 Siehe dazu im Einzelnen *OVG NRW* 29. 7. 1980 – CL 10/80, PersV 1981, 375.
27 *BVerwG* 15. 11. 1995 – 6 P 2.94, PersR 1996, 278.
28 *BVerwG* 23. 3. 1999 – 6 P 10.97, PersR 1999, 396; 22. 6. 2001 – 6 P 11.00, PersR 2001, 422.
29 *BVerwG* 3. 2. 1993 – 6 P 28.91, PersR 1993, 260.
30 *OVG NRW* 9. 4. 2003 – 1 A 423/01.PVL, juris.

vorübergehender und geringfügiger Beschäftigung.[31] Die Einstellung von Hilfskräften mit Bachelor-Abschluss, die zeitgleich Studierende sind, unterliegt der Mitbestimmung.[32]

Nur wenn Tätigkeiten verrichtet werden, die ersichtlich zu keiner »betrieblichen und sozialen Bindung« führen, weil sie nur geringfügig und nur vorübergehender Natur sind, wird nicht in jedem Fall eine Einstellung vorliegen. Erfolgt eine Beschäftigung für längstens zwei Monate als Aushilfe oder aufgrund Befristung, vorübergehende und zugleich geringfügige Beschäftigung in den Grenzen des § 8 Abs. 1 SGB IV spricht eine Vermutung gegen eine Einstellung.[33] Abwandlungen aufgrund fallspezifischer und beteiligungsrechtlich erheblicher Wertungen können jedoch die Beachtung des Mitbestimmungsrechtes des Personalrats erforderlich machen, eine Eingliederung bei einer Tätigkeit unterhalb von zwei Monaten kann nicht automatisch verneint werden.[34] Dementsprechend ist auch die Aufstockung einer Teilzeitbeschäftigung als Einstellung anzusehen.[35]

12

In allen Fällen, in denen eine Einstellung vorliegt, gelten die eingegliederten Mitarbeiter unabhängig von der Gestaltung ihrer Rechtsbeziehungen zur Dienststelle als Arbeitnehmer im Sinne des § 5 Abs. 3 und damit als Beschäftigte nach § 5 Abs. 1 und den übrigen Vorschriften des Gesetzes. Sie können dementsprechend vom Personalrat vertreten werden, an der Personalversammlung teilnehmen und die Sprechstunden des Personalrats aufsuchen und sind bei der Ermittlung der Regelzahlen nach §§ 13 Abs. 3, 42 Abs. 4 Satz 4 sowie der Zahlen der Gruppenangehörigen zu berücksichtigen.

Bei allen diesen Vorgängen ist der Personalrat stets bei dem frühesten Vorgang, der die Dienststelle bindet und eine tatsächliche Eingliederung bewirkt, zu beteiligen.

Nicht als Einstellung werden betrachtet:

13

- der Abschluss von Werkverträgen für abgegrenzte Aufgaben;
- der Eintritt von Mitarbeitern, die durch Zusammenlegung oder Teilung von Dienststellen oder aufgrund eines Betriebs(teil-)übergangs im Sinne des § 613a BGB eines anderen Betriebes(-teils) in die Dienststelle gelangen, ist ebenfalls keine Einstellung;
- keine Einstellung liegt vor bei Krankentransporten im Klinikgelände durch eine Fremdfirma, wenn diese Krankenwagen und Besatzungen stellt, die »Personalhoheit« von der Fremdfirma ausgeübt wird und von

---

31 *OVG NRW* 1.6.2017 – 20 A 965/17.PVL, PersR 7/2018, 59.
32 *OVG NRW* 10.1.2018 – 20 A 2767/17.PVL, juris.
33 *OVG NRW* 27.10.1999 – 1 A 5193/97.PVL, PersR 2000, 117, unter Hinweis auf *BVerwG* 25.9.1995 – 6 P 44.93, PersR 1996, 147, und 21.3.2007 – 6 P 4.06, PersR 2007, 309.
34 *OVG NRW* 9.4.2003 – 1 A 423/01.PVL, juris.
35 *BVerwG* 23.3.1999 – 6 P 10.77, PersR 1999, 395.

## § 72

der Dienststelle lediglich Anordnungen im üblichen Rahmen eines Werkvertrages gegeben werden;[36]
- keine Einstellung ist ebenfalls die Umwandlung eines Vollzeitarbeitsverhältnisses in ein (Alters-)Teilzeitarbeitsverhältnis.[37] Dabei ist zu beachten, dass im Falle einer Weigerung eines vollbeschäftigten Arbeitnehmers, sein Arbeitsverhältnis auf Teilzeit zu reduzieren, § 11 TzBfG ein Kündigungsverbot ausspricht und § 8 TzBfG ein umfassendes Benachteiligungsverbot zugunsten von Teilzeitbeschäftigten statuiert;
- die Fortsetzung des Arbeitsverhältnisses nach Rücknahme einer Kündigung oder aufgrund Abschlusses eines gerichtlichen Vergleichs über die Fortsetzung des Arbeitsverhältnisses mit einem gekündigten Arbeitnehmer.[38]
- Die Übernahme eines Mitglieds der Jugend- und Auszubildendenvertretung in ein Arbeitsverhältnis nach § 7 Abs. 3 ist keine Einstellung, jedoch ist ein Mitbestimmungsrecht bei der Ersteingruppierung zu beachten.[39]

**14** Bei Beamten ist nach § 14 Abs. 1 LBG NRW als Einstellung die Ernennung zur Begründung des Beamtenverhältnisses zu verstehen. Diese Ernennung wird mit dem Tag der Aushändigung der Ernennungsurkunde wirksam (§ 16 Abs. 3 LBG). Als Einstellung ist auch die Reaktivierung und Neuberufung eines bereits in den vorzeitigen Ruhestand versetzten Beamten anzusehen.[40]

Das Mitbestimmungsrecht erstreckt sich gegenständlich auf alle mit der Einstellung im Zusammenhang stehenden Einzelheiten, also auf die Person des Einzustellenden, die von ihr auszuübende Tätigkeit, die Art des Beschäftigungsverhältnisses (Arbeitnehmer, Beamte). Gegenstand des Mitbestimmungsrechts ist der Vorgang der tatsächlichen Eingliederung des Arbeitnehmers in die Dienststelle. Er bezieht sich im Schwerpunkt nicht auf Art und Inhalt des Beschäftigungsverhältnisses und die einzelnen Vertragsbedingungen. Deswegen besteht auch kein Anspruch auf Vorlage des Arbeitsvertrages aus Anlass der Einstellung. Vielmehr hat der Personalrat zu überprüfen, ob der Einzustellende zur Erfüllung der ihm zu übertragenden Tätigkeit geeignet ist und ob gesetzliche Beschäftigungsverbote oder -einschränkungen der Übertragung von Tätigkeiten entgegenstehen.[41]

**15** Dem Mitbestimmungsrecht bei Einstellungen sind weitere Beteiligungsrechte des Personalrats vor- und nachgeordnet. Der Einstellungsentscheidung voraus geht eine Stellenausschreibung, an der der Personalrat gemäß

---

36 *BVerwG* 8.1.2003 – 6 P 8.02, PersR 2004, 148; vgl. auch *BAG* 8.11.2016 – 1 ABR 57/14, NZA-RR 2017, 134.
37 *BVerwG* 12.6.2001 – 6 P 11.00, PersV 2002, 93.
38 *BVerwG* 25.8.1988 – 6 P 36.85, PersR 1988, 298.
39 *BVerwG* 26.5.2015 – 5 P 9.14, PersR 12/2015, 50.
40 *BAG* 15.8.2012 – 7 ABR 6/11, PersV 2013, 145.
41 *BVerwG* 21.3.2007 – 6 P 4.06, PersR 2007, 309.

§ 73 Nr. 2 mitwirkt, und ein Auswahlverfahren, an dem der Personalrat und ggf. die JAV gemäß § 65 Abs. 2 im Falle von Vorstellungsgesprächen mit Bewerbern teilnehmen. Zusammen mit der Einstellung ist über die Eingruppierung zu entscheiden. Generell hat der Personalrat zu beachten, dass dem öffentlichen Dienstherrn ein Auswahlermessen unter Berücksichtigung von Eignung, Leistung und Befähigung zusteht und in dieses Auswahlermessen durch Mitbestimmung und durch Zustimmungsverweigerungen nicht eingegriffen werden darf. Zu beachten ist auch, dass der Dienstherr an den Grundsatz der Bestenauslese (Art. 33 Abs. 2 GG) gebunden ist.

In das Ermessen des Dienstherrn kann der Personalrat nicht eingreifen, so dass er seine Zustimmungsverweigerung nicht auf eine eigene, abweichende Ermessensentscheidung (»der Personalrat lehnt den Bewerber A ab, weil Bewerber B geeigneter ist«) stützen darf.[42] Der Personalrat ist allerdings berechtigt, seine Zustimmung mit der Begründung zu verweigern, ihm fehlten ausreichende Informationen, deren Vorlage es ermöglicht hätte, die getroffene Auswahl bei der Einstellung am Prinzip der Bestenauslese zu prüfen.[43] Die Überprüfung solcher Ermessensentscheidungen kann vom Betroffenen selbst im Wege der Konkurrentenklage[44] beim Arbeits- oder Verwaltungsgericht veranlasst werden. Die Nichtbeachtung von zuvor festgelegten Bedingungen und Kriterien sowie verlangten Voraussetzungen und Fähigkeiten (z. B. in einer Stellenausschreibung gemäß § 73 Nr. 2) kann der Personalrat jedoch zum Anlass einer Zustimmungsverweigerung (Verstoß gegen die Selbstbindung) nehmen.

Die Einstellung eines Beschäftigten kann der Beteiligung weiterer Gremien unterliegen. Sind Rechte oder Interessen schwerbehinderter Menschen betroffen, ist die Schwerbehindertenvertretung nach § 178 Abs. 2 Satz 1 SGB IX vor einer Einstellung zu unterrichten und anzuhören. Bei Einstellungen, die Auswirkungen auf die Gleichstellung von Frauen und Männern haben können, ist die Gleichstellungsbeauftragte nach §§ 17 Abs. 1, 18 Abs. 1 Landesgleichstellungsgesetz zu unterrichten und anzuhören.[45]

### 2. Nebenabreden (Abs. 1 Nr. 1)

Bei Vereinbarung und Formulierung der Hauptleistungspflichten – also bei der Arbeitspflicht des Arbeitnehmers und der Vergütungspflicht des Arbeitgebers – besteht ein Mitbestimmungsrecht nach Nr. 4 bei der wesentlichen

16

---

42 *OVG NRW* 22. 3. 2000 – 1 A 956/98.PVL.
43 *OVG NRW* 28. 2. 2001 – 1 A 55/99.PVL; 9. 4. 2003 – 1 A 423/01.PVL, juris.
44 Dazu: *BVerwG* 4. 11. 2010 – 2 C 16.09, PersR 2011, 178; *OVG NRW* 27. 4. 2010 – 1 E 404/10, NZA-RR 2010, 433.
45 *OVG NRW* 23. 10. 2017 – 6 A 766/16, PersR 5/2018, 44, zur Ablehnung einer Einstellung.

## § 72

Änderung von Arbeitsverträgen. Nebenabreden, die zwischen Arbeitgeber und Arbeitnehmer aus Anlass des Abschlusses eines Arbeitsvertrages oder später getroffen werden, beziehen sich auf Gegenstände, die weder wesensnotwendig, noch von besonderer Bedeutung sind, sondern sekundären, außergewöhnlichen Charakter haben und nicht bereits von den arbeitsvertraglichen Hauptpflichten umfasst sind.[46] Inhalt solcher Nebenabreden können z. B. betriebliche Sozialleistungen, Fahrtkostenzuschüsse, Verpflegungszuschüsse, Aufwandspauschalen, Überlassung einer Dienstmietwohnung, Verpflichtung zur Rückzahlung von Ausbildungs- und Fortbildungskosten, die Abkürzung der Probezeit und die Anrechnung von Vordienstzeiten sein.[47] In Betracht kommt auch:
- Einordnung in die Stufen nach § 16 Abs. 2 und 3 TVöD-Bund/VKA,
- Abschluss einer Qualifizierungsvereinbarung nach § 5 Abs. 5 TVöD,
- Zusage einer unentgeltlichen Beförderung.

Solche Nebenabreden sind gemäß § 2 Abs. 3 TVöD/TV-L nur wirksam, wenn sie schriftlich vereinbart werden. Sie können nur dann gesondert gekündigt werden, soweit dies einzelvertraglich – ebenfalls ausdrücklich und schriftlich – vereinbart ist (§ 2 Abs. 3 TVöD/TV-L).

### 3. Erneute Zuweisung eines Arbeitsplatzes gemäß Arbeitsplatzsicherungsvorschriften sowie nach Beendigung eines Urlaubs ohne Dienstbezüge nach §§ 70 und 71 des LBG und nach Beendigung der Jahresfreistellung nach § 64 des LBG bzw. den entsprechenden Regelungen für Arbeitnehmerinnen und Arbeitnehmer (Abs. 1 Nr. 1)

17 Die erneute Zuweisung eines Arbeitsplatzes nach Arbeitsplatzsicherungsvorschriften kann im Anschluss an den Grundwehrdienst oder den Ersatzdienst – beides mittlerweile fortgefallen – nach § 6 des Arbeitsplatzschutzgesetzes bzw. dem Gesetz über den Zivildienst beansprucht werden. Beamten kann nach § 70 LBG aus arbeitsmarktpolitischen Gründen sowie nach § 71 LBG aus familiären Gründen Urlaub ohne Dienstbezüge für die Dauer von insgesamt höchstens sechs (§ 70 LBG) bzw. drei Jahren mit der Möglichkeit einer Verlängerung auf längstens zwölf Jahre (§ 71 LBG) gewährt werden. Nach § 64 LBG kann die vom Beamten gewünschte Teilzeitbeschäftigung auch in der Weise bewilligt werden, dass dem Beamten gestattet wird, auf die Dauer von drei bis sieben Jahren die Arbeitszeit auf $\frac{2}{3}$ bis $\frac{6}{7}$ der regelmäßigen Arbeitszeit mit der Maßgabe zu ermäßigen, dass er zwei bis sechs Jahre

---

[46] Vgl. *OVG NRW* 29. 1. 1996 – 1 A 3027/92.PVL, PersR 1996, 160, zur Rufbereitschaft im Sinne des § 15 Abs. 6b BAT.
[47] *OVG NRW* 29. 1. 1996 – 1 A 3815/92.PVL, PersR 1996, 160.

vollbeschäftigt und anschließend ein ganzes Jahr voll vom Dienst freigestellt wird.
In all diesen Fällen besteht ein Mitbestimmungsrecht bei der Wiedereingliederung dieses Personenkreises durch erneute Zuweisung eines Arbeitsplatzes nach Ende dieser Beurlaubungen und Freistellungen.
Für Arbeitnehmer kann das in Betracht kommen, wenn ein Langzeitkonto (§ 10 Abs. 6 TVöD/TV-L) eingerichtet ist, der Arbeitnehmer davon Gebrauch gemacht hat und in die Dienststelle zurückkehrt. Das Modell der Jahresfreistellung gemäß § 64 LBG kann unter Umständen auch im Rahmen des § 11 Abs. 2 TVöD/TV-L vereinbart werden.

### 4. Rückkehr aus der Elternzeit ohne gleichzeitige Teilzeit (Abs. 1 Nr. 1)

Beamte und Arbeitnehmer, die Elternzeit nach Bundeselterngeld- und Elternzeitgesetz bzw. der Elternzeitverordnung vom 1. 4. 2008[48] in Anspruch genommen haben und keinen Antrag auf Teilzeitbeschäftigung im Anschluss an die Elternzeit stellen, sind erneut in die Dienststelle einzugliedern. Bei diesem Vorgang hat der Personalrat ein Mitbestimmungsrecht, um zu gewährleisten, dass die betroffenen Arbeitnehmer auf einem Arbeitsplatz eingesetzt werden, der die Vereinbarkeit von Kinderbetreuung und Beruf gewährleistet.

### 5. Verlängerung der Probezeit (Abs. 1 Nr. 1)

Bei Arbeitnehmern ist eine Verlängerung der Probezeit in § 2 Abs. 4 TVöD/TV-L im Unterschied zum früheren § 5 BAT nicht mehr vorgesehen. Wird eine solche Verlängerung arbeitsvertraglich vereinbart, gelten nach Ablauf der sechs Monate das Kündigungsschutzgesetz und damit die längeren Kündigungsfristen. Eine vereinfachte Kündigung, wie sie während der Probezeit möglich ist, kommt dann nicht mehr in Betracht. Vielmehr sind die Kündigungsfristen nach § 34 TVöD/TV-L zu berücksichtigen. Auf eine Kündigung nach Ablauf der sechsmonatigen Wartefrist ist das KSchG uneingeschränkt auch dann anwendbar (§ 1 Abs. 1 KSchG), wenn sie innerhalb einer verlängerten Probezeit erfolgt.
Bei Beamten kann die regelmäßig dreijährige Probezeit gemäß § 7 Abs. 6 LVO um höchstens zwei Jahre verlängert werden.
Keine Verlängerung der Probezeit, sondern eine erneute Einstellung liegt vor, wenn Beschäftigte zur Erprobung befristet eingestellt werden und sodann zur weiteren Erprobung erneut befristet beschäftigt werden sollen.

---

48 GV.NW., 370.

## § 72

### 6. Befristung von Arbeitsverträgen (Abs. 1 Nr. 1)

**20** Befristung ist die Vereinbarung, dass das Arbeitsverhältnis zu einem bestimmten Zeitpunkt mit Erreichen der vereinbarten Frist ohne Kündigung endet. § 30 TVöD/TV-L verweist für die Zulässigkeit von Befristungen auf das Teilzeit- und Befristungsgesetz (TzBfG) sowie das Wissenschaftszeitvertragsgesetz (WissZeitVG).

Nach § 14 Abs. 2 TzBfG ist eine Befristung ohne Sachgrund[49] bis zur Dauer von zwei Jahren und innerhalb dieser Zeit die höchstens dreimalige Verlängerung zulässig. Nach § 30 Abs. 4 TVöD/TV-L gelten die ersten sechs Wochen als Probezeit im Sinne von § 34 Abs. 1 Satz 1 TVöD/TV-L, innerhalb derer mit einer Frist von zwei Monaten zum Monatsschluss gekündigt werden kann. Danach ist die ordentliche Kündigung – wenn sie für mindestens zwölf Monate vereinbart ist – mit besonderen Kündigungsfristen (vgl. § 30 Abs. 5 Satz 3 TVöD/TV-L) möglich.

Die Zulässigkeit von Befristungen mit Sachgrund richtet sich nach § 14 Abs. 1 Nr. 1 bis 8 TzBfG und dem Wissenschaftszeitvertragsgesetz.

Ist eine Befristung beabsichtigt, so unterliegt sie der Mitbestimmung des Personalrats zum Zeitpunkt der Einstellung. Auch hier kann der Personalrat sein Mitbestimmungsrecht bei jedem Tatbestand verschieden ausüben, also z. B. der Einstellung zustimmen und die Befristung ablehnen. Die Dienststelle hat dem Personalrat die beabsichtigte Dauer der Befristung mitzuteilen und ihm im Falle einer Befristung mit Sachgrund die Sachgründe der Befristung ihrer Art nach (z. B. »akuter Vertretungsbedarf am G-Gymnasium«) zu erläutern.[50] Eine Erläuterung im Einzelnen ist nur bei ausdrücklicher Aufforderung des Personalrats gemäß § 66 Abs. 2 Satz 2 erforderlich. Da die Schriftform gemäß § 14 Abs. 4 TzBfG Wirksamkeitserfordernis einer Befristung ist, sollte der Personalrat stets die beabsichtigten Befristungsgründe einer Inhaltskontrolle unterziehen und nachprüfen, ob der Befristung sachliche Gründe zugrunde liegen.[51] Wird eine Befristung ohne Zustimmung des Personalrats vereinbart oder weicht die Befristungsdauer von dem Zustimmungsantrag ab, ist die Befristung wegen Verletzung des Mitbestimmungsrechtes unwirksam.[52] Die Zustimmung des Personalrats muss vor Abschluss der Befristungsvereinbarung vorliegen, eine gleichwohl ohne die Zustimmung des Personalrats vereinbarte, die Privatautonomie missachtende Be-

---

49 Vgl. *BAG* 14.6.2017 – 7 AZR 608/15, NZA 2018, 385.
50 *BAG* 20.2.2002 – 7 AZR 662/00, PersR 2002, 353; 10.3.2004 – 7 AZR 397/03, PersR 2004, 276; *ArbG Aachen* 13.9.2018 – 6 Ca 695/18, NZA-RR 2018, 679.
51 *OVG NRW* 29.1.1997 – 1 A 3151/93.PVL, PersR 1997, 368.
52 *BAG* 18.7.2012 – 7 AZR 443/09, PersR 2012, 343; 27.9.2000 – 7 AZR 412/99, PersR 2001, 125; 8.7.1998 – 7 AZR 308/97, PersR 1998, 483; 11.9.1997 – 8 AZR 4/96, PersR 1998, 39.

fristungsabrede kann keine Rechtswirksamkeit beanspruchen.[53] Die Erklärung des Personalrats, auf eine Stellungnahme zu verzichten, ist keine Zustimmung. Sie führt auch nicht zum vorzeitigen Eintritt der Zustimmungsfiktion im Sinne des § 66 Abs. 2.[54] Nach Aufnahme der Tätigkeit kann sie nicht mehr wirksam erteilt oder durch gerichtlichen Vergleich vereinbart werden.[55] In diesen Fällen besteht das Arbeitsverhältnis fort.

Die erneute befristete Beschäftigung eines Arbeitnehmers im zeitlich unmittelbaren Anschluss an ein vorheriges, befristetes Arbeitsverhältnis unterliegt sowohl als erneute Einstellung als auch bezüglich der Befristung der erneuten Mitbestimmung des Personalrats.[56] Als Einstellung ist auch die unbefristete Weiterbeschäftigung im zeitlich unmittelbaren Anschluss an ein befristetes Arbeitsverhältnis mitbestimmungspflichtig. Die Umwandlung eines unbefristeten in ein befristetes Arbeitsverhältnis stellt eine wesentliche Änderung des Arbeitsvertrages im Sinne von Abs. 1 Nr. 4 dar. Lehnt der Arbeitgeber die Weiterbeschäftigung über den vereinbarten Befristungszeitraum ab, so ist die Berufung auf die Befristung keine mitbestimmungsrelevante Maßnahme, insbesondere keine Kündigung.

Von den Mitbestimmungsrechten des Personalrats unberührt bleibt die Möglichkeit des Beschäftigten selbst, die Rechtmäßigkeit und Wirksamkeit der Befristung arbeitsgerichtlich überprüfen zu lassen. Dafür sieht § 17 TzBfG die Anrufung des Arbeitsgerichts innerhalb von drei Wochen nach dem vereinbarten Ende des befristeten Arbeitsverhältnisses vor.

### 7. Beförderung (Abs. 1 Nr. 2)

Beförderung ist gemäß § 20 LBG die Verleihung eines anderen Amtes mit höherem Endgrundgehalt und anderer Amtsbezeichnung. Hierzu ist die Ernennung nach § 15 LBG notwendig. Die Mitbestimmung des Personalrats beginnt bei der Übertragung eines höherwertigen Dienstpostens, wenn dies mit dem Ziel der Beförderung bei Bewährung erfolgt. Als Beförderung anzusehen sind die ihr gleichgestellten Maßnahmen wie

- die Übertragung eines anderen Amtes mit höherem Grundgehalt ohne Änderung der Amtsbezeichnung;

21

---

53 *LAG Düsseldorf* 30. 5. 2016 – 7 Sa 759/15, juris.
54 *BAG* 21.2018 – 7 AZR 408/16, PersR 10/2018, 39.
55 *BAG* 18. 6. 2008 – 7 AZR 214/07, NZA 2009, 35; 20. 2. 2002 – 7 AZR 707/00, PersR 2002, 355; *LAG Köln* 1. 8. 2000 – 13 (10) Sa 637/00, PersR 2001, 310; vor Abschluss der Befristungsvereinbarung sowie vor Arbeitsbeginn: *LAG Düsseldorf* 30. 5. 2016 – 7 Sa 759/15, juris; 14. 8. 2015 – 10 Sa 263/15, juris; 9. 8. 2001 – 11 Sa 559/01, PersR 2002, 522.
56 *BAG* 8. 7. 1998 – 7 AZR 308/97, PersR 1998, 483.

## § 72

- die Verleihung eines anderen Amtes mit gleichem Endgrundgehalt, jedoch anderer Amtsbezeichnung beim Wechsel der Laufbahngruppe (bei Laufbahnwechsel gilt § 72 Abs. 1 Nr. 3);
- die Übertragung eines Amtes mit Amtszulage.

Kein Mitbestimmungsrecht räumt das *OVG NRW* bei den – die Beförderungsentscheidungen regelmäßig prägenden – Stellenwertverlagerungsverfahren[57] sowie der Höherbewertung eines Dienstpostens[58] ein. Das Mitbestimmungsrecht entfällt nicht deshalb, weil der von der Beförderung betroffene Beamte für längere Zeit beurlaubt ist, wenn er aus Anlass seiner Rückkehr aus einer solchen Beurlaubung befördert werden soll.[59]

Der Personalrat hat aus Anlass von Beförderungsentscheidungen das Recht auf Teilnahme an den vorangehenden Auswahlentscheidungen und Auswahlverfahren im Rahmen des § 65 Abs. 1. Ihm sind auf Verlangen alle Unterlagen von sämtlichen Bewerbern vorzulegen – soweit es sich nicht um Personalakten handelt.

### 8. Zulassung zum Aufstieg (Abs. 1 Nr. 2)

22  Die Zulassung zum Aufstieg, also der Übertritt von einer Laufbahn in die nächsthöhere Laufbahn derselben Fachrichtung setzt in der Regel die bestandene Aufstiegsprüfung, die der Laufbahnprüfung entsprechen soll, voraus (§ 23 Abs. 2 LBG).

### 9. Übertragung eines anderen Amtes mit niedrigerem Endgrundgehalt (Abs. 1 Nr. 2)

23  Die Übertragung eines anderen Amtes mit geringerem Endgrundgehalt kommt unter den Voraussetzungen des § 26 Abs. 2 LBG bei Auflösung oder wesentlicher Änderung des Aufbaus oder der Aufgaben einer Behörde sowie im Falle einer Verschmelzung von Behörden in Betracht. Ist aus diesen Gründen eine entsprechende Verwendung des Beamten im bisherigen Amt nicht möglich, kann er auch ohne seine Zustimmung in ein anderes Amt derselben oder einer gleichwertigen Laufbahn mit geringerem Grundgehalt im Bereich desselben oder eines anderen Dienstherrn im Land NRW versetzt werden. Das Grundgehalt – so § 26 Abs. 2 Satz 1, 2. Halbsatz LBG – muss mindestens dem desjenigen Amtes entsprechen, dass der Beamte vor seinem bisherigem Amt innehatte.

---

57 *OVG NRW* 5. 2. 1997 – 1 A 3104/93.PVL, PersR 1998, 33.
58 Vom 26. 2. 1996 – 1 A 4265/92.PVL, ZBR 1996, 404, wonach allerdings die Übertragung einer Planstelle nach vorangegangener Um- bzw. Höherbewertung eine mitbestimmungspflichtige Beförderung ist.
59 So zur Versetzung *BVerwG* 15. 11. 2006 – 6 P 1.06, PersR 2007, 119.

Außerhalb von § 26 LBG ist die Übertragung eines anderen Amtes mit niedrigerem Endgrundgehalt nur nach § 9 LDG nach förmlichen Disziplinarverfahren durch Urteil des Disziplinargerichts möglich.

### 10. Laufbahnwechsel (Abs. 1 Nr. 3)

Laufbahnwechsel ist das Ausscheiden aus der bisherigen Laufbahn und das Eintreten in eine neue Laufbahn (z. B. der Wechsel eines Polizeivollzugsbeamten in die Laufbahn der allgemeinen Verwaltung, eines Verwaltungsbeamten in die technische Laufbahn, eines Feuerwehrbeamten vom feuerwehrtechnischen Dienst in den allgemeinen Verwaltungsdienst). Auch die Eingliederung eines Regierungsschuldirektors aus der Laufbahn des Schulaufsichtsdienstes in die Laufbahn des Lehramtes am Gymnasium mit dem Amt eines Studiendirektors ist ein solcher Laufbahnwechsel.[60] 24

Nach § 25 Abs. 1 LBG ist eine Versetzung ohne Zustimmung des Beamten möglich, wenn das neue Amt zum Bereich desselben Dienstherrn gehört, der bisherigen Laufbahn angehört und mindestens das gleiche Endgrundgehalt aufweist. Nach § 25 Abs. 2 LBG kann der Beamte – ebenfalls ohne seine Zustimmung – in ein Amt versetzt werden, das zwar das gleiche Endgrundgehalt aufweist, aber einer gleichwertigen anderen Laufbahn – auch im Bereich eines anderen Dienstherrn – angehört. Schließlich statuiert § 25 Abs. 3 LBG die Verpflichtung des Beamten, an Maßnahmen für den Erwerb der neuen Befähigung für die andere Laufbahn teilzunehmen.

Der Personalrat ist an der Versetzung und ggf. Abordnung zu beteiligen, aber auch bei dem unter Umständen damit verbundenen Laufbahnwechsel.

### 11. Eingruppierung (Abs. 1 Nr. 4)

Die Eingruppierung ist die erstmalige Einreihung einer von einem Arbeitnehmer zu verrichtenden Tätigkeit in ein bestimmtes kollektives Vergütungssystem.[61] Sinn und Zweck der Mitbestimmung ist, den Personalrat in den Stand zu versetzen, »mitprüfend darauf zu achten, dass die beabsichtigte Eingruppierung mit dem Entgeltsystem in Einklang steht, auf die Wahrung des Tarifgefüges zu achten und damit zur Verwirklichung des arbeitsrechtlichen Gleichheitsgrundsatzes innerhalb der Dienststelle sowie zur Wahrung des Friedens in der Dienststelle beizutragen.«[62] Damit der Personalrat dazu imstande ist, erstreckt sich die Mitbestimmung auf »alle bedeutsamen Parameter, die für den Kernbestandteil des tariflichen Entgelts maßgeblich 25

---

60 *OVG NRW* 6. 12. 1988 – CL 22/86, PersV 1990, 84.
61 So *BVerwG* 27. 8. 2008 – 6 P 11.08, PersR 2009, 38; 7. 3. 2011 – 6 P 15.10, PersR 2011, 210; *OVG NRW* 25. 2. 1998 – 1 A 2222/96.PVB, PersR 1998, 424.
62 *BVerwG* 27. 8. 2008 – 6 P 3.08, PersR 2009, 38.

sind.«[63] Deshalb betrachtet das *BVerwG* z. B. die Stufenzuordnung als Bestandteil der Eingruppierung, die nach Nr. 4 ebenfalls gesondert der Mitbestimmung unterliegt.

Das Mitbestimmungsrecht wird regelmäßig im Zusammenhang mit der Einstellung auszuüben sein. Mitbestimmungspflichtige Maßnahme ist etwa die mit der Übertragung der konkreten Tätigkeit verbundene konkludente Verlautbarung der Dienststelle, dem Arbeitnehmer eine bestimmte Entwicklungs- und Funktionsstufe zuzuordnen.[64] Die Eingruppierung stellt einen eigenen und von der Einstellung zu trennenden Mitbestimmungstatbestand dar. Darin – so das *BVerwG*[65] – verwirklicht sich zugleich das Prinzip der Trennung von personaler Status- und Verwendungsentscheidung und tarifrechtlicher Tätigkeitszuordnung. Das bedeutet ebenfalls, dass der Personalrat die beiden Mitbestimmungsrechte unterschiedlich ausüben kann – also der Einstellung zustimmen und der Eingruppierung die Zustimmung verweigern kann. Daneben kommt die Eingruppierung dann in Betracht, wenn ein neuer Tarifvertrag neue Tätigkeitsmerkmale oder neue Entgeltgruppen geschaffen hat und die Beschäftigten diesen neuen Tätigkeitsmerkmalen und Entgeltgruppen zuzuordnen sind, damit ihr zutreffendes Entgelt festgestellt werden kann. Die Mitbestimmung findet auch aus Anlass der Zuweisung eines neuen Arbeitsplatzes statt, und zwar auch dann, wenn dieser Arbeitsplatz bereits einmal unter Beteiligung des Personalrats bewertet worden ist.[66]

Eine Eingruppierung liegt auch bei der Entscheidung über eine Verkürzung der Entwicklungsstufenlaufzeit nach § 19 Abs. 2 TV-BA vor.[67] Die Ablehnung eines Antrags auf Höhergruppierung nach § 29b TVÜ-VKA ist eine das Mitbestimmungsrecht auslösende Eingruppierung.[68]

Unerheblich für das Mitbestimmungsrecht ist, ob sich Tätigkeitsmerkmale und Entgeltgruppen in einem Tarifvertrag oder einer betrieblichen Regelung finden und ob Tarifbindung besteht oder der Tarifvertrag aufgrund arbeitsvertraglicher Inbezugnahme Anwendung findet.

Die Entscheidung darüber, ob ein Arbeitnehmer einer der Berufsgruppen der sog. nachgeordneten Bühnentechniker des § 1 Abs. 3 Unterabs. 3 Normalvertrag Bühne angehört, ist eine Eingruppierung.[69]

---

63 *BVerwG* 27. 8. 2008, a. a. O.
64 *BVerwG* 19. 2. 2019 – 5 P 7.17, NZA-RR 2019, 446.
65 *BVerwG* 26. 5. 2015 – 56 P 9.14, PersR 12/2015, 50; 24. 11. 2015 – 5 P 13.14, PersR 3/2016, 46.
66 *BVerwG* 8. 11. 2011 – 6 P 23.10, unter teilweiser Aufgabe der bisherigen Rspr. *BVerwG* 8. 12. 1999 – 6 P 3.98, PersR 2000, 106.
67 *OVG NRW* 14. 5. 2013 – 20 A 83/12.PVB, PersR 2013, 320.
68 *VG Münster* 2. 5. 2019 – 22 K 987/18.PVL, juris.
69 *BAG* 9. 3. 2011 – 7 ABR 118/09, NZA 2011, 1056.

Bei Beamten liegt eine mitbestimmungspflichtige Eingruppierung bei der Neufestsetzung der Erfahrungsstufen (§ 91 Abs. 13 Landesbesoldungsgesetz) vor.[70]

## 12. Höhergruppierung (Abs. 1 Nr. 4)

Höhergruppierung ist der Wechsel der Entgeltgruppe dahingehend, dass der Arbeitnehmer eine Entgeltgruppe erhalten soll, die höhere Bezüge vorsieht als die bisher innegehaltene. Ohne Wechsel der Entgeltgruppe liegt keine Höhergruppierung vor, weshalb z. B. die Bestellung zum Vorarbeiter oder Gewährung und Entzug der Vorarbeiter- und Vorhandwerker-Zulage keine Höhergruppierung darstellt.

26

Auch in den Fällen der sog. Tarifautomatik – also dem Nachvollzug der nach dem Tarifvertrag gebotenen richtigen Eingruppierung – besteht ein Mitbestimmungsrecht des Personalrats.[71]

Ein Mitbestimmungsrecht besteht auch bei Höhergruppierungen, die nicht anhand eines Tarifvertrages, sondern aufgrund allgemeiner Grundsätze über die Vergütung und Eingruppierung erfolgen,[72] was z. B. auf die vom tariflichen Geltungsbereich ausgenommenen Arbeitnehmer zutreffen kann, die nur aufgrund von Eingruppierungserlassen eingruppiert und vergütet werden.

## 13. Herabgruppierung (Abs. 1 Nr. 4)

Die Herabgruppierung ist die Einstufung eines Arbeitnehmers in eine niedrigere Lohn- bzw. Entgeltgruppe mit geringerer Vergütung. Eine solche Herabgruppierung ist entweder nur einvernehmlich durch Änderung des Arbeitsvertrages oder als sog. korrigierende Rückgruppierung möglich. Die Grundsätze dieser korrigierenden Rückgruppierung bleiben nach der Protokollerklärung zu §§ 12, 13 TVöD unberührt. Nach der Rechtsprechung des *BAG*[73] ist der Arbeitgeber des öffentlichen Dienstes grundsätzlich berechtigt, eine fehlerhafte Eingruppierung zu korrigieren, wenn er darlegt und ggf. beweist, dass die bisherige Vergütung fehlerhaft ist, weil es an einer der tariflichen Voraussetzungen für die mitgeteilte Eingruppierung mangelt, er unzutreffende Tatsachen zugrunde gelegt und/oder eine objektiv unzutreffende rechtliche Bewertung vorgenommen hat. Jedoch ist die Eingruppierung nicht in das Ermessen des Arbeitgebers gestellt. Erlauben die tariflichen Regelungen dem Arbeitgeber ein rechtsgestaltendes Handeln, kommt eine ein-

27

---

70 *BVerwG* 24. 11. 2015 – 5 P 13.14, NZA-RR 2016, 219.
71 So *OVG NRW* 10. 2. 1993 – CL 11/90, PersR 1994, 43 (Ls.).
72 Vgl. *OVG NRW* 5. 8. 2011 – 16 A 783/10.PVB, PersR 2012, 229.
73 *BAG* 5. 6. 2014 – 6 AZR 1008/12, PersR 2014, 49.

## § 72

seitig korrigierende Rückgruppierung oder Rückstufung jedoch nicht in Betracht. Der korrigierenden Rückgruppierung kann auch der Vertrauensschutz des Arbeitnehmers in die richtige Eingruppierung entgegenstehen.[74]

### 14. Übertragung einer höher oder niedriger zu bewertenden Tätigkeit (Abs. 1 Nr. 4)

**28** Das Mitbestimmungsrecht bei Übertragung einer höher bewerteten Tätigkeit gibt dem Personalrat einen Einfluss im Vorfeld der Höhergruppierung bzw. Beförderung. Ist eine höher bewertete Stelle erst einmal einem Beschäftigten übertragen, so wird er regelmäßig auch die Höhergruppierung oder Beförderung auf dieser Stelle erhalten. Die anderen Mitbewerber sind zum Zeitpunkt der Höhergruppierung/Beförderung faktisch ausgeschlossen. Die Übertragung einer Planstelle einer höheren Besoldungsgruppe an einen Beamten stellt die Übertragung einer höher zu bewertenden Tätigkeit dar, und zwar auch dann, wenn die wahrgenommene Funktion sich für den betroffenen Beamten nicht ändert.[75] Auch die Übertragung oder der Entzug einer Zusatzaufgabe, welche die Zahlung einer Funktionsstufenzulage auslöst, stellt eine solche mitbestimmungspflichtige Maßnahme dar.[76]

Höher bewertet ist eine Tätigkeit dann, wenn auf sie die Tätigkeitsmerkmale einer höheren Entgeltgruppe/Lohngruppe oder die zu besetzende Stelle nach einer höheren Besoldungsgruppe ausgewiesen ist.[77] Keine Übertragung einer höherbewerteten Tätigkeit ist daher die Bestellung zum Vorarbeiter oder Vorhandwerker. Die vertretungsweise Bearbeitung von 20 % eines unbesetzten Dezernats stellt nach Ansicht des OVG ebenfalls keine Übertragung einer niedriger bewerteten Tätigkeit dar.[78]

Eine niedriger zu bewertende Tätigkeit wird dann übertragen, wenn die neue Tätigkeit einer niedrigeren Entgeltgruppe zugeordnet werden muss und deswegen niedriger zu bewerten ist. Das Mitbestimmungsrecht ist auch bei einvernehmlicher Übertragung der niedriger bewerteten Tätigkeit zu beachten. Seine Verletzung hat zur Folge, dass die Übertragung der niedriger bewerteten Tätigkeit unwirksam ist.[79] Ist der Arbeitnehmer mit der Übertragung der niedriger bewerteten Tätigkeit nicht einverstanden, so wird der Arbeitgeber diesen Tätigkeitswechsel in der Regel nicht einseitig durch Direktionsrecht, sondern nur im Wege einer Änderungskündigung durchsetzen

---

74 *BAG* 14.9.2005 – 4 AZR 348/04, ZTR 2006, 253.
75 *OVG NRW* 5.7.2001 – 1 A 4182/99.PVB, PersR 2002, 81, unter Hinweis auf *BVerwG* 26.11.1979 – 6 P 6.79, ZBR 1980, 323.
76 *BVerwG* 27.5.2009 – 6 P 18.08, PersR 2009, 357.
77 *OVG NRW* 9.11.2001 – 1 B 1146/01, PersR 2002, 257.
78 *OVG NRW* 24.3.2015 – 20 A 97/14.PVL, PersR 4/2016, 48.
79 *BAG* 12.5.2004 – 4 AZR 338/03, PersR 2005, 289.

können. In diesem Fall ist zusätzlich das Mitwirkungsrecht bei Kündigungen nach § 74 zu beachten.

Eine niedriger zu bewertende Tätigkeit liegt bei einem Beamten dann vor, wenn ihm eine Tätigkeit übertragen werden soll, die üblicherweise einer anderen Besoldungsgruppe und damit einem anderen/niedrigeren Amt im statusrechtlichen Sinne zugeordnet wird.[80] Es genügt aber, wenn auch ohne verbindliche Zuordnung einer Planstelle mit der Übertragung eines Dienstpostens eine klar verbindliche, sich konkret abzeichnende Beförderungschance eröffnet wird. Der Personalrat soll nicht von vermeintlich beteiligungsfreien Vorentscheidungen ausgeschlossen werden.[81]

Gleichgültig für dieses Mitbestimmungsrecht bei Übertragung einer höher oder niedriger zu bewertenden Tätigkeit ist es, ob sich die Vergütung des Arbeitnehmers bzw. die Besoldung des Beamten tatsächlich ändert. Geschieht dies, handelt es sich um eine Höhergruppierung bzw. Beförderung, die der gesonderten Mitbestimmung unterliegt.

Nach § 14 TVöD/TV-L hat der Beschäftigte Anspruch auf eine persönliche Zulage ab dem ersten Tag der Übertragung einer höherwertigen Tätigkeit, wenn sie für mindestens einen Monat ausgeübt wurde.

### 15. Stufenzuordnung und Verkürzung oder Verlängerung der Stufenlaufzeit gemäß Entgeltgrundsätzen (Abs. 1 Nr. 4)

Im Geltungsbereich des TVöD/TV-L ist neben der Eingruppierung in eine bestimmte Entgeltgruppe auch die Zuordnung in eine der sechs (EG 2–8) bzw. 5 (EG 9–15) Entgeltgruppen umfassende Stufe vorgesehen (vgl. § 16 TVöD/TV-L). Bei Einstellung in eine der Entgeltgruppen 9–15 werden die Beschäftigten »zwingend« der Stufe 1 zugeordnet. Etwas anderes gilt nach § 16 Abs. 2 Satz 2 TVöD/TV-L nur, wenn eine mindestens einjährige einschlägige Berufserfahrung aus einem bisherigen befristeten oder unbefristeten Arbeitsverhältnis zum Bund vorliegt.

Bei Einstellung in eine der Entgeltgruppen 2–8 erfolgt die Zuordnung in die Entgeltstufe 1, sofern keine einschlägige Berufserfahrung vorliegt. Eine mindestens dreijährige einschlägige Berufserfahrung rechtfertigt i. d. R. eine Zuordnung zur Stufe 3, ansonsten wird bei entsprechender Berufserfahrung von mindestens einem Jahr in die Stufe 2 zugeordnet. Der Arbeitgeber kann unabhängig davon aber auch bei Neueinstellungen »zur Deckung des Personalbedarfs« Zeiten einer vorherigen beruflichen Tätigkeit ganz oder teilweise für die Stufenzuordnung berücksichtigen, wenn diese Tätigkeit für die vorgesehene Tätigkeit förderlich ist (§ 16 Abs. 3 TVöD/TV-L).

---

80 *OVG NRW* 9. 11. 2001, a. a. O.
81 *BVerwG* 28. 8. 2008 – 6 P 12.07, PersR 2008, 453.

## § 72

Die Stufenzuordnung ist zwingend zusammen mit der Eingruppierung aus Anlass der Einstellung vorzunehmen und unterliegt gesondert neben der Einstellung und der Eingruppierung der Mitbestimmung des Personalrates. Er soll nachvollziehen können, ob die Voraussetzungen für die gewählte Stufenzuordnung – Berufserfahrung bzw. Deckung des Personalbedarfs – vorliegen.[82]

Soweit der Tarifvertrag dem Arbeitgeber bei der Stufenzuordnung einen Ermessensspielraum zubilligt – so »kann« er z. B. nach § 16 Abs. 2 Satz 3 TVöD (VKA) eine vorherige berufliche Tätigkeit berücksichtigen –, besteht ein Mitbestimmungsrecht nur »gemäß Entgeltgrundsätzen«.[83] Erfolgt eine Anrechnung vorheriger beruflicher Tätigkeiten, ohne dass zuvor der Personalrat bei solchen Grundsätzen nach Abs. 4 Nr. 5 mitbestimmen durfte, kann er seine Zustimmung zu der beabsichtigten Stufenzuordnung verweigern.

Die jeweils nächste Stufe wird nach § 16 Abs. 4 TVöD/TV-L nach bestimmten Zeiten einer ununterbrochenen Tätigkeit innerhalb derselben Entgeltgruppe erreicht (§ 16 Abs. 4 TVöD/TV-L, § 16 Abs. 3 TVöD-VKA).

Allerdings soll die Vorweggewährung von Stufen als übertarifliche Maßnahme des Arbeitgebers nicht der Mitbestimmung des Personalrats unterliegen.[84]

Nach § 17 Abs. 2 TVöD/TV-L kann eine Verkürzung oder Verlängerung der regelmäßigen Stufenlaufzeiten des § 16 in Betracht kommen, wenn die Leistungen des Beschäftigten erheblich über oder unter dem Durchschnitt liegen. Beabsichtigt der Arbeitgeber eine Verlängerung der Stufenlaufzeiten, besteht ein Beschwerderecht des Beschäftigten bei einer betrieblichen Kommission (§ 17 Abs. 2 Satz 4 TVöD/TV-L). Der Arbeitgeber hat auf Vorschlag dieser Kommission darüber zu entscheiden, ob und in welchem Umfang der Beschwerde abgeholfen werden soll.

Sowohl bei der Verkürzung als auch bei der Verlängerung der Stufenlaufzeit steht dem Personalrat ein Mitbestimmungsrecht zu.

Die Erstfestsetzung von Erfahrungsstufen aufgrund Dienstanpassungsgesetz NRW vom 16. 5. 2013 bei Beamten unterliegt nicht der Mitbestimmung.[85]

### 16. Bestimmung der Fallgruppen innerhalb einer Entgeltgruppe (Abs. 1 Nr. 4)

**30** Nach der Gesetzesbegründung[86] ist die Bestimmung der Fallgruppen deshalb in das Gesetz aufgenommen worden, weil sie in der Praxis nach wie vor

---

82 Vgl. dazu *VG Köln* 10. 2. 2010 – 34 K 4350/09.PVL, ZfPR 2010, 71.
83 *BVerwG* 22. 9. 2011 – 6 PB 15.11, PersR 2011, 532; vgl. dazu *Kaiser*, PersR 2009, 66.
84 *BVerwG* 13. 10. 2009 – 6 P 15.08, PersR 2009, 501; a. A. *Kaiser*, PersR 2009, 66.
85 *OVG NRW* 27. 9. 2019 – 20 A 803/18.PVL, BeckRS 2019, 27158.
86 LT-Drucks. 15/2218, 54.

von Bedeutung ist. Grund dafür ist wohl, dass bislang TVöD und TV-L eine Entgeltordnung mit definierten Entgeltgruppen und Fallgruppen noch nicht geschaffen haben und insoweit immer noch BAT – allerdings ohne die Fallgruppen über den Bewährungsaufstieg – Anwendung finden.

### 17. Wesentliche Änderung von Arbeitsverträgen (Abs. 1 Nr. 4)

Dieses 1985 geschaffene und 2007 wieder abgeschaffte Mitbestimmungsrecht ist insbesondere auf missbräuchliche Vertragsgestaltungen bei der Erhöhung und Ermäßigung der individuellen Arbeitszeit durch arbeitsvertragliche Vereinbarungen zurückzuführen. Das Mitbestimmungsrecht soll dem Personalrat die Möglichkeit geben, derartige »einvernehmliche« Regelungen einer Rechtmäßigkeits- und Billigkeitskontrolle zu unterziehen.

31

Unter Arbeitsvertrag ist der zwischen Arbeitnehmer und Arbeitgeber – nach § 2 Abs. 1 TVöD/TV-L schriftlich zu schließende – Arbeitsvertrag über ein Arbeitsverhältnis zu verstehen (vgl. zum notwendigen Inhalt auch § 2 NachwG). Auch die wesentliche Änderung eines Ausbildungsverhältnisses ist von der Vorschrift umfasst.

Wesentliche Änderungen des Arbeitsvertrages sind nur solche, die durch eine Änderung der vertraglichen Beziehungen hervorgerufen werden. Bloße Änderungen des Arbeitsverhältnisses genügen nicht. Nach Auffassung des *OVG NRW*[87] ist eine Änderung des Arbeitsvertrages zu verneinen, wenn eine bloße Vertragsanpassung nach Wegfall der Geschäftsgrundlage durchgeführt wird.

Die Änderungen müssen »wesentlich« sein, d.h., für eine der beiden Vertragsparteien von einigem Gewicht. Das ist stets zu bejahen, wenn der Inhalt der Hauptleistungspflichten aus dem Arbeitsverhältnis – also Inhalt und Umfang der Arbeitsleistung sowie Höhe und Bemessung der Vergütung – verändert werden. Vertragliche Vereinbarungen über »unwesentliche« Nebenleistungen aus dem Arbeitsvertrag sind regelmäßig als Nebenabreden gemäß Nr. 1 mitbestimmungspflichtig. Zu beachten ist, dass aufgrund § 3 NachwG spätestens nach einem Monat alle wesentlichen Änderungen dem Arbeitnehmer schriftlich mitzuteilen sind.

Änderungen des Arbeitsvertrages können auch nach weiteren Vorschriften der Beteiligung des Personalrats unterliegen. Es müssen dann sämtliche Beteiligungsrechte nebeneinander beachtet und eingeräumt werden. So unterliegt eine Änderungskündigung der Mitbestimmung nach § 74 und darüber hinaus unter Umständen wegen der beabsichtigten Änderung der Arbeitsvertragsbedingungen bei der Änderung von Nebenabreden, der Verlänge-

---

87 *OVG NRW* 18.11.1993 – CL 49/90, PersV 1995, 503.

rung der Probezeit (Nr. 1) oder der Verlängerung von Teilzeitbeschäftigung[88] sowie den in Nr. 11 bis 14 aufgeführten Tatbeständen.

### 18. Versetzung zu einer anderen Dienststelle (Abs. 1 Nr. 5)

**32** Der personalvertretungsrechtliche Begriff der »**Versetzung**« unterscheidet sich sowohl vom beamtenrechtlichen (§ 28 LBG) als auch vom arbeits- (§ 4 Abs. 1 TVöD/TV-L) und betriebsverfassungsrechtlichen (§ 95 Abs. 3 BetrVG) Begriff der Versetzung.

Unter Versetzung ist die auf Dauer angelegte Übertragung einer anderen Aufgabe bzw. eines anderen Amtes oder eines anderen Arbeitsplatzes bei einer Dienststelle unter Fortsetzung des bestehenden Dienst- bzw. Arbeitsverhältnisses zu verstehen. Dabei legt das *BVerwG* den dienstrechtlichen und nicht den personalvertretungsrechtlichen Begriff der Dienststelle zugrunde,[89] wobei beide zumeist identisch sind. Es ist daher nicht maßgeblich, ob die Versetzung dazu führt, dass der Beschäftigte bei einer anderen Behörde tätig zu sein hat. Abzustellen ist allein auf den Dienststellenwechsel,[90] der auch mit einem Wechsel der personalvertretungsrechtlichen Zuständigkeit verbunden ist. Auf die weiteren Umstände wie die Änderung von Art, Ort oder Umfang der Tätigkeit kommt es nicht an. »Dienststelle« ist nicht im personalvertretungsrechtlichen Sinne, sondern organisationsrechtlich zu verstehen.[91] Eine Versetzung liegt daher auch dann vor, wenn ein Beschäftigter einer Dienststelle, die an mehreren Standorten Krankenhäuser betreibt, angewiesen wird, auf Dauer seine Arbeitsleistung an einem anderen Standort zu erbringen.[92]

Von der Versetzung unterscheidet sich die Abordnung dadurch, dass die Versetzung die dauerhafte Übertragung eines anderen Amtes, eines anderen Arbeitsplatzes oder einer anderen Tätigkeit ist, während die Abordnung die vorübergehende Übertragung meint.

Versetzungen sind – ebenso wie Umsetzungen und Abordnungen – wegen des kollektiven Schutzzwecks des Mitbestimmungsrechts auch dann beteiligungspflichtig, wenn der Beschäftigte der Maßnahme zustimmt und selbst dann, wenn er sie selbst beantragt hat.

Versetzungen können mit weiteren – ebenfalls beteiligungspflichtigen – Maßnahmen verbunden sein, wie der Übertragung einer höher oder niedriger bewerteten Tätigkeit, einer Änderungskündigung u. Ä.

---

88 *OVG NRW* 9. 12. 1994 – 1 A 2005/92.PVL, PersR 1995,304.
89 *BVerwG* 11. 11. 2009 – 6 PB 25.09, PersR 2010, 169.
90 Vgl. *BVerwG* 11. 11. 2009, a. a. O.
91 *BVerwG* 11. 11. 2009 – 6 PB 25.09, PersR 2010, 169.
92 *VG Minden* 27. 6. 2011 – 14 K 2116/10.PVL.

§ 72

Vom Inhalt und Umfang des Mitbestimmungsrechts zu unterscheiden ist die arbeits- und dienstrechtliche Zulässigkeit einer Versetzung. Dafür sind die gesetzlichen (§ 28 Abs. 1 und 2 LBG für Beamte), tarifvertraglichen (§ 4 Abs. 1 TVöD/TV-L) und die Regeln über die Ausübung des Direktionsrechts (insbesondere § 315 BGB, § 106 GewO) maßgebend.

Das Mitbestimmungsrecht ist nicht davon abhängig, ob der Beschäftigte mit der beabsichtigten Versetzung einverstanden ist oder nicht. Auch bei Versetzungen, die der Beschäftigte selbst wünscht, entfällt es nicht.[93]

Ein Mitbestimmungsrecht besteht auch bei der Aufhebung einer Versetzung.[94]

Nach der Rechtsprechung des *BVerwG*[95] hat bei einer Versetzung grundsätzlich der Personalrat sowohl der abgebenden wie der aufnehmenden Dienststelle mitzubestimmen. Bei »horizontalen« Versetzungen zwischen zwei gleichberechtigten Behörden gilt dies sowohl dann, wenn die aufnehmende Behörde ihr stillschweigendes oder ausdrückliches Einverständnis zur Aufnahme des versetzten Beschäftigten zu geben hat oder gibt. Die Feststellung eines bestimmenden Einflusses der aufnehmenden Dienststelle ist nicht mehr erforderlich. Eine Beteiligung des Personalrats der aufnehmenden Dienststelle ist in den Fällen der überwiegenden Betroffenheit der von ihr vertretenen Beschäftigten unabhängig vom Verhalten und Einfluss des Dienststellenleiters geboten.

33

Das Mitbestimmungsrecht bei Versetzungen entfällt nicht deshalb, weil der von der Versetzung betroffene Arbeitnehmer oder Beamte für längere Zeit beurlaubt ist. Beabsichtigt die Dienststelle, dem Arbeitnehmer oder Beamten aus Anlass seiner Rückkehr aus einer Beurlaubung eine Tätigkeit bei einer anderen Dienststelle zuzuweisen, unterliegt dies der Mitbestimmung bei Versetzungen.[96]

Kein Mitbestimmungsrecht hat der bei der aufnehmenden Schule bestehende Personalrat bei (Teil-)Versetzung eines Lehrers an eine Schule aufgrund der Sondervorschrift des § 91 Abs. 2.[97]

Solange die Zustimmung beider Personalräte nicht vorliegt, hat der betroffene Arbeitnehmer einen im Wege der einstweiligen Verfügung durchsetzbaren Anspruch auf Weiterbeschäftigung am bisherigen Arbeitsplatz der abgebenden Dienststelle.[98]

---

93 *OVG NRW* 25. 3. 1999 – 1 A 4470/98.PVL, PersR 2000, 80.
94 *BVerwG* 3. 7. 1990 – 6 P 22.87, PersR 1990, 294; *OVG NRW* 23. 9. 1993 – CL 61/90, ZTR 1994, 172.
95 Beschlüsse vom 19. 7. 1994 – 6 P 33.92, und 16. 9. 1994 – 4 P 42.92 sowie – 6 P 33.93, PersR 1995, 16 und 20.
96 *BVerwG* 15. 11. 2006 – 6 P 1.06, PersR 2007, 119.
97 *OVG NRW* 27. 3. 1998 – 1 A 1/96.PVL, PersR 1998, 528.
98 *LAG Hamm* 13. 7. 1995 – 17 Sa 101/95, PersR 1995, 393.

## § 72

Bei vertikalen Versetzungen von »oben nach unten« und umgekehrt besteht ebenfalls ein Mitbestimmungsrecht beider Personalräte. In der Regel wird in solchen Fällen die Stufenvertretung nach § 78 Abs. 1 ersatzzuständig sein. Da es sich aber um eine bloße Ersatzzuständigkeit handelt, bleibt es bei der Zuständigkeit des örtlichen Personalrats einer Dienststelle, »die sowohl über die Versetzung entscheidet als auch gleichzeitig in ihrem Personalbestand betroffen ist«. In diesen Fällen wird die Zuständigkeit des örtlichen Personalrats nicht durch § 78 Abs. 1 verdrängt.[99]

Mitbestimmungsfrei sind nach Absatz 1 Satz 3 Versetzungen für Beschäftigte in der Berufsausbildung. Für Lehrer gilt ein besonderer Versetzungsbegriff mit verändertem Mitbestimmungsverfahren (siehe § 91 Abs. 1 und 2).

**34, 35** *Nicht besetzt.*

### 19. Umsetzung innerhalb der Dienststelle (Abs. 1 Nr. 5)

**36** Die Umsetzung ist die Versetzung ohne Dienststellenwechsel. Dementsprechend ist unter Umsetzung die Zuweisung einer anderen Aufgabe, eines anderen Arbeitsplatzes bzw. eines anderen Dienstpostens innerhalb der gleichen Dienststelle oder derselben Behörde zu verstehen.[100] Zwar stammt der Begriff der Umsetzung aus dem Beamtenrecht, jedoch sind die Begriffsbestimmungen und -inhalte des Beamtenrechts für das Personalvertretungsrecht weder abschließend noch verbindlich. Eine Umsetzung im personalvertretungsrechtlichen Sinne liegt stets dann vor, »wenn die Maßnahme den Beschäftigten zwingt, unter veränderten personellen Bedingungen andere Aufgaben zu erfüllen.«[101]

Wird ein für den Dienstposten prägender Teil der Aufgaben entzogen und erhält er dadurch eine neue Prägung, liegt eine mitbestimmungspflichtige Teilumsetzung vor.[102] Erschöpft sich die Maßnahme jedoch in einer bloßen Organisations- oder Aufgabenänderung ohne Eingriff in die individuelle Rechtssphäre des Beschäftigten, entfällt ein Mitbestimmungsrecht.[103] Erforderlich ist – so das *OVG NRW* – ein Eingriff in die individuelle Rechtssphäre des Betroffenen als zusätzliches »subjektives Kriterium«.[104]

**37** Eine Umsetzung ohne Ortswechsel ist dann mitbestimmungspflichtig, wenn sie die Dauer von drei Monaten übersteigt. Das ist entweder der Fall, wenn

---

99 *BVerwG* 16.9.1994, a.a.O.
100 *BVerwG* 16.6.2000 – 6 P 6.99, PersR 2000, 416.
101 *OVG NRW* 12.2.2007 – 1 A 2358/05.PVL, PersR 2007, 317.
102 *BVerwG* 18.12.1996 – 6 P 8.95, PersR 1997, 364; *OVG NRW* 15.1.2019 – 20 A 797/17.PVL, PersR 11/2019, 47, mit krit. Anm. *Welkoborsky*; eingehend auch *VG Aachen* 28.8.1997 – 16 K 1038/97.PVL, PersR 1998, 116.
103 Zur Einführung eines rollierenden Abteilungswechsels siehe *VG Gelsenkirchen* 23.4.1999 – 3c K 4843/96.PVL.
104 *OVG NRW* 15.1.2019, a.a.O.

die Umsetzung von vornherein für länger als drei Monate geplant ist, aber auch dann, wenn eine zunächst kürzer befristete Umsetzung über drei Monate hinaus aufrechterhalten wird. Das Mitbestimmungsrecht entfällt nicht dadurch, dass mehrere, unter drei Monate befristete Umsetzungen aneinandergereiht werden. Das würde eine Umgehung des Mitbestimmungsrechts darstellen. Überschreitet also die Umsetzung – auch aufgrund mehrerer Umsetzungsverfügungen – die Frist von drei Monaten, ist das Mitbestimmungsrecht zu beachten.

Unabhängig von der beabsichtigten Dauer einer Umsetzung besteht ein Mitbestimmungsrecht dann, wenn die Zuweisung des anderen Arbeitsplatzes zwar innerhalb der Dienststelle erfolgt, aber zu einem Wechsel des Dienstortes führt. Dienstort ist diejenige politische Gemeinde, innerhalb derer sich die Dienststelle bzw. der Dienststellenteil befindet. Bei Umsetzungen, die mit einem Wechsel der Dienststelle im personalvertretungsrechtlichen Sinne ohne Wechsel der Behörde verbunden sind, steht auch dem Personalrat der aufnehmenden Dienststelle ein Mitbestimmungsrecht zu.[105]

Zum Dienstort gehört auch das Einzugsgebiet im Sinne des Umzugskostenrechts. § 1 LUKG verweist dazu auf das BUKG. Nach § 3 Abs. 1 Buchst. c BUKG ist Einzugsgebiet das Gemeindegebiet, in dem sich die Wohnung befindet, die auf einer üblicherweise befahrenen Strecke nicht mehr als 30 km von der Gemeindegrenze des neuen Dienstortes entfernt liegt. Abzustellen ist also auf die Beziehung der Wohnung des Beschäftigten zum neuen Dienstort und nicht auf die räumliche Beziehung der Dienstorte zueinander. Eine mitbestimmungspflichtige Umsetzung liegt also nur dann vor, wenn der Betroffene von seiner Wohnung bis zur Gemeindegrenze des neuen Dienstortes mehr als 30 km zurücklegen muss. Ob alter und neuer Dienstort unmittelbar aneinandergrenzen, ist unerheblich.

Personalratsmitglieder und Ersatzmitglieder sind gem. § 43 Abs. 1 u. a. vor Umsetzungen gegen ihren Willen geschützt.[106]

## 20. Abordnung für eine Dauer von mehr als drei Monaten und ihre Aufhebung (Abs. 1 Nr. 6)

Abordnung ist die vorübergehende Zuweisung einer dem bisherigen Amt bzw. der innegehaltenen Vergütungs-/Lohngruppe entsprechenden Tätigkeit an einer anderen Dienststelle (siehe § 29 LBG NW).[107] Es handelt sich also um eine Versetzung von begrenzter Dauer.

Sie ist erst dann mitbestimmungspflichtig, wenn die Dauer drei Monate überschritten wird. Wird die Abordnung jedoch nur formell auf drei Mo-

**38**

---

105 *OVG NRW* 29. 1. 1999 – 1 A 2617/97.PVL, PersR 1999, 311.
106 Vgl. dazu *BVerwG* 17. 5. 2017 – 5 P. 6/15, PersR 12/2017, 38.
107 Siehe auch *OVG NRW* 3. 7. 1986 – CL 46/84, PersR 1987, 87.

nate begrenzt und besteht die Absicht, sie länger andauern zu lassen, jedoch eine Personalratsbeteiligung zu vermeiden, so ist die Abordnung von ihrem ersten Tage an mitbestimmungspflichtig.[108] Auch die Teilabordnung, also die vorübergehende Zuweisung einer Tätigkeit bei einer anderen Dienststelle unter Aufrechterhaltung der Zugehörigkeit zur bisherigen Stammdienststelle unterliegt der Mitbestimmung.[109]

Auch die Aufhebung einer Abordnung ist mitbestimmungspflichtig. Im Hinblick auf die Rechtsprechung des *BVerwG* zur Versetzung (siehe Rn. 33) ist sowohl bei Abordnungen wie bei der Aufhebung einer Abordnung das Mitbestimmungsrecht sowohl des Personalrats der abgebenden wie der aufnehmenden Dienststelle zu beachten.[110]

Eine Abordnung kann auch dann vorliegen, wenn ein Bediensteter aus einer Dienststelle ausgegliedert und in eine andere eingegliedert wird, die bisherige Dienststelle für ihn jedoch weiterhin arbeitsrechtlich zuständig bleibt.[111]

Eine mitbestimmungspflichtige Abordnung kommt auch dann in Betracht, wenn durch eine entsprechende Befristung der Abordnung Mitbestimmungsrechte vereitelt werden und wenn bereits feststeht, dass die Abordnung über den Befristungszeitraum hinaus andauern soll.[112]

### 21. Zuweisung gemäß beamten- oder tarifrechtlicher Vorschriften und ihre Aufhebung (Abs. 1 Nr. 6)

**39** Beamtenrechtlich ist nach § 20 BeamtStG eine sog. »Zuweisung« möglich.[113] Nach Absatz 1 dieser Vorschrift kann Beamtinnen und Beamten mit ihrer Zustimmung vorübergehend ganz oder teilweise eine ihrem bisherigen Amt entsprechende Tätigkeit bei einer öffentlichen Einrichtung ohne Dienstherreneigenschaft oder bei einer öffentlich-rechtlichen Religionsgemeinschaft zugewiesen werden, wenn dies im dienstlichen oder öffentlichen Interesse liegt. Eine solche Zuweisung zu einer anderen Einrichtung kommt dann in Betracht, wenn öffentliche Interessen dies erfordern. Beides bedarf jedoch der Zustimmung des Beamten. Nach § 20 Abs. 2 BeamtStG kann eine solche Zuweisung sowohl auf Dauer wie ohne Zustimmung der Beamten erfolgen, wenn sie einer Dienststelle angehören, die ganz oder teilweise in eine öffentlich-rechtlich organisierte Einrichtung ohne Dienstherreneigenschaft oder

---

108 *BVerwG* 18.9.1984 – 6 P 19.83, PersR 1986, 37.
109 *OVG NRW* 3.7.1986 – CL 46/84, PersR 1987, 87.
110 *OVG NRW* 20.5.1998 – 1 A 3042/96.PVL, PersR 1999, 24.
111 *BVerwG* 2.9.1983 – 6 P 29.83, PersV 1985, 164.
112 *OVG NRW* 27.3.2007 – 6 B 171/07, juris.
113 Zum Mitbestimmungsrecht bei der Zuweisung vgl. *OVG NRW* 17.10.2017 – 20 A 2477/16.PVB, PersR 6/2018, 60.

§ 72

eine privatrechtlich organisierte Einrichtung der öffentlichen Hand umgewandelt wird. Ein öffentliches Interesse muss diese Maßnahme erfordern. Die Vorschrift hat Bedeutung für Privatisierungsfälle sowie für die Fälle der Verlagerung von Aufgaben unter dem Gesichtspunkt »Personal folgt der Aufgabe«.

Tarifrechtlich ist die in § 20 Abs. 1 BeamtStG definierte Zuweisung gemäß Protokollerklärung zu § 4 Abs. 2 TVöD/TV-L die vorübergehende Beschäftigung bei einem Dritten im In- und Ausland, bei dem der Allgemeine Teil des TVöD nicht zur Anwendung kommt, und zwar unter Fortsetzung des bestehenden Arbeitsverhältnisses. § 4 Abs. 2 TVöD/TV-L sieht darüber hinaus vor, dass Beschäftigten im dienstlichen/betrieblichen oder öffentlichen Interesse vorübergehend mindestens gleich vergütete Tätigkeiten bei einem Dritten zugewiesen werden können, wenn sie dem zustimmen. Die Zustimmung kann jedoch (§ 4 Abs. 2 Satz 2 TVöD) nur aus wichtigem Grund verweigert werden. Das Arbeitsverhältnis und die Rechtsstellung des Beschäftigten bleiben unverändert und unberührt.

Der Zuweisung im Sinne des § 20 Abs. 2 BeamtStG entspricht im Tarifrecht die Gestellung nach § 4 Abs. 3 TVöD.[114] Die Vorschrift sieht vor, dass im Falle der Verlagerung von Aufgaben der Beschäftigten zu einem Dritten diese Beschäftigten auf Verlangen des Arbeitgebers ohne ihre Zustimmung verpflichtet werden können, die bisher arbeitsvertraglich geschuldete Leistung bei einem Dritten zu erbringen. Das Arbeitsverhältnis mit dem bisherigen Arbeitgeber bleibt weiterhin bestehen, § 613a BGB sowie gesetzliche Kündigungsrechte bleiben ebenfalls unberührt. Die Protokollerklärung zu § 4 Abs. 3 TVöD/TV-L erläutert darüber hinaus, dass Personalgestellung die auf Dauer angelegte Beschäftigung bei einem Dritten unter Fortsetzung des bestehenden Arbeitsverhältnisses ist, und weist darauf hin, dass die Modalitäten der Personalgestellung zwischen dem Arbeitgeber und dem Dritten vertraglich zu regeln sind.

Da die Zuweisung gemäß § 20 BeamtStG und die Zuweisung von Arbeitnehmern gemäß tarifrechtlicher Vorschriften das gleiche Mitbestimmungsrecht auslösen, wird es sich auch auf die gleichen Tatbestände beziehen müssen. Personalvertretungsrechtlich ist daher die Zuweisung sowohl diejenige des § 20 Abs. 1 und 2 BeamtStG als auch Zuweisung wie Gestellung im Sinne der § 4 Abs. 2 und 3 TVöD/TV-L. Eine Einschränkung des Schutzbereichs dieses Mitbestimmungsrechts wegen der unterschiedlichen Wortwahl des § 4 Abs. 3 TVöD/TV-L einerseits und im BeamtStG anderseits ist im Hinblick auf die Legaldefinition in § 20 Abs. 1 und 2 BeamtStG nicht gerechtfertigt. Es besteht auch ein Bedürfnis für eine personalvertretungsrechtliche Definition der Zuweisung, weil die Protokollerklärungen Nr. 1 und 2 zu § 4 Abs. 1

---

114 Vgl. dazu: *Welkoborsky*, Gestellung und Personalvertretung, Sozialer Dialog in der Krise – Social dialogue in crisis, 2009, 107.

## § 72

TVöD/TV-L auch die Abordnung und die Versetzung als Zuweisung einer vorübergehenden bzw. auf Dauer bestimmten Beschäftigung bei einer anderen Dienststelle oder einem anderen Betrieb desselben Arbeitgebers definieren.

Die Personalräte des abgebenden Arbeitgebers und der aufnehmenden Dienststelle haben im Übrigen bei Abschluss des Gestellungsvertrages nach Abs. 4 Nr. 20 ein gesondertes Mitbestimmungsrecht. Dazu ordnet die Protokollerklärung zu § 4 Abs. 3 TVöD/TV-L an, dass die Modalitäten der Personalgestellung zwischen dem Arbeitgeber und dem Dritten – also dem Gestellungsnehmer – zu regeln sind. Der Personalrat ist berechtigt, im Falle einer Gestellung im Einzelfall seine Zustimmung von der vorherigen Durchführung des Mitbestimmungsverfahrens nach Abs. 4 Nr. 20 abhängig zu machen. Insbesondere der neu geschaffene § 66 Abs. 1 Satz 2 legt nahe, dass bei Gestellungsvorgängen die einzelnen Gestellungen von dem jeweiligen Gestellungsvertrag vorweggenommen und festgelegt werden, weil darin die Verlagerung der Aufgaben der betroffenen Beschäftigten vereinbart wird. Deshalb kann der Personalrat verlangen, dass ihm der Gestellungsvertrag vor oder zeitgleich mit den einzelnen Gestellungen zur Mitbestimmung vorgelegt wird.

Der Mitbestimmung unterliegen nur solche Zuweisungen, die eine Dauer von mehr als drei Monaten erreichen. Der Personalrat ist also zu beteiligen, wenn eine zunächst für weniger als drei Monate geplante Zuweisung länger andauern soll oder wenn die Zuweisung von vornherein auf eine Dauer von mehr als drei Monaten angelegt ist.

**40** Auch die Aufhebung einer einmal verfügten Zuweisung unterliegt der Mitbestimmung. Der Personalrat hat insoweit ein Mitbestimmungsrecht bei Beschäftigten, die die Dienststelle bereits verlassen haben, jedoch zu ihr zurückkehren sollen. Gegenstand des Mitbestimmungsrechts ist – wie bei der Einstellung gemäß Nr. 1 – die Wiedereingliederung des bislang dem Dritten zugewiesenen Beschäftigten in die Dienststelle. Ob eine solche Aufhebung überhaupt in Betracht kommt, wird der Personalrat der abgebenden Dienststelle der ursprünglichen Zuweisung bzw. den Vereinbarungen und Verträgen zwischen Dienststelle und aufnehmender Behörde bzw. aufnehmendem Dritten zu entnehmen haben.

**41** Der Personalrat der aufnehmenden Dienststelle hat im Falle einer Zuweisung ebenfalls ein Mitbestimmungsrecht, da es sich bei der Eingliederung eines Mitarbeiters aufgrund Zuweisung durch einen Dritten oder einer anderen Dienststelle um eine Einstellung im Sinne der Nr. 1 handelt. Soweit Beschäftigte daher zu einer öffentlichen Einrichtung oder einem Arbeitgeber oder einem Dritten zugewiesen werden sollen, der unter ein LPVG fällt, kann der Personalrat der aufnehmenden Dienststelle den Nachweis der Zustimmung des Personalrats der abgebenden Behörde verlangen.

## 22. Kürzung der Anwärterbezüge oder der Unterhaltsbeihilfe (Abs. 1 Nr. 7)

Den Beamten auf Widerruf im Vorbereitungsdienst können gemäß § 66 BBesG die Grundbezüge herabgesetzt werden, wenn die Ausbildung sich aus einem von ihnen zu vertretenen Grund verzögert oder die vorgeschriebene Laufbahnprüfung nicht bestanden wird. Gemäß § 20 Abs. 6 Juristenausbildungsgesetz kann die den Rechtsreferendaren als Unterhaltsbeihilfe zu gewährende Vergütung bei Nichtbestehen des Examens um bis zu 15 % gekürzt werden. Bei dieser Ermessensentscheidung hat der Personalrat ein Mitbestimmungsrecht.

**42**

## 23. Entlassung von Beamtinnen und Beamten auf Lebenszeit (Abs. 1 Nr. 8)

Lebenszeitbeamte sind nach §§ 22, 23 BeamtStG und nach §§ 27, 28 LBG unter bestimmten Voraussetzungen zu entlassen. Vor Erlass des entsprechenden Verwaltungsaktes hat der Personalrat mitzubestimmen, soweit die Beamtin/der Beamte seine Entlassung nicht selbst beantragt hat.

**43**

Die Entfernung aus dem Beamtenverhältnis nach § 10 LDG ist nur nach vorangegangenem förmlichen Disziplinarverfahren durch Urteil des Disziplinargerichts möglich. Dabei besteht kein Beteiligungsrecht des Personalrats.

## 24. Entlassung von Beamtinnen und Beamten auf Probe oder auf Widerruf (Abs. 1 Nr. 8)

Die Beamtinnen und Beamten auf Probe (§ 10 BeamtStG, § 14 LBG, § 7 LVO) können nach § 23 Abs. 3, diejenigen auf Widerruf nach § 23 Abs. 4 BeamtStG entlassen werden. Eine Beteiligung des Personalrats erfolgt nur, wenn die Beamtin/der Beamte die Entlassung nicht selbst beantragt hat. Auf die unzureichende Unterrichtung des Personalrats bzw. der Gleichstellungsbeauftragten über die Umstände der Entlassung kann sich der betroffene Beamte nicht mit Erfolg berufen, wenn der Personalrat bzw. die Gleichstellungsbeauftragte dies nicht beanstandet.[115]

**44**

## 25. Entlassung aus einem öffentlich-rechtlichen Ausbildungsverhältnis (Abs. 1 Nr. 8)

Als öffentlich-rechtliches Ausbildungsverhältnis bezeichnet § 14 Abs. 1 LVO den im Beamtenverhältnis auf Widerruf abzuleistenden Vorbereitungsdienst zur Erlangung der jeweiligen Laufbahnbefähigung (vgl. §§ 6, 10

**45**

---

115 *OVG NRW* 3.11.2010 – 6 B 1249/10, juris.

§ 72

LBG). Diese Widerrufsbeamten können gemäß § 23 Abs. 4 Satz 1 BeamtStG jederzeit entlassen werden, ihnen soll jedoch nach Satz 2 dieser Vorschrift die Gelegenheit zur Beendigung des Vorbereitungsdienstes und zur Ablegung der Laufbahnprüfung gegeben werden.

### 26. Vorzeitige Versetzung in den Ruhestand, Feststellung der begrenzten Dienstfähigkeit und der Polizeidienstunfähigkeit (Abs. 1 Nr. 9)

**46** Die vorzeitige Versetzung in den Ruhestand vor Erreichen der Altersgrenze kommt bei amtsärztlich festgestellter Dienstunfähigkeit in Betracht (§ 33 Abs. 1 LBG, § 26 Abs. 1 BeamtStG). Soll die vorzeitige Zurruhesetzung verfügt werden (§ 34 Abs. 2 LBG), hat der Personalrat mitzubestimmen.
Wird von der vorzeitigen Versetzung in den Ruhestand abgesehen, weil der Beamte unter Beibehaltung des übertragenen Amtes die Dienstpflichten noch mindestens während der Hälfte der Arbeitszeit verrichten kann (begrenzte Dienstfähigkeit), ist die Arbeitszeit entsprechend herabzusetzen (§ 27 Abs. 2 BeamtStG).
Kein Mitbestimmungsrecht besteht, soweit die Versetzung in den vorzeitigen Ruhestand bzw. die Herabsetzung der Arbeitszeit wegen begrenzter Dienstfähigkeit selbst beantragt wurde.
Entsprechendes gilt für die Feststellung der Polizeidienstunfähigkeit.
Dem Personalrat sind sämtliche amtsärztlichen Gutachten und Stellungnahmen vorzulegen, die tragende Feststellungen und Gründe enthalten, auf die sich die Dienststelle für ihre Entscheidung über die vorzeitige Versetzung in den Ruhestand oder über die Feststellung der begrenzten Dienstfähigkeit bezieht.[116]

### 27. Weiterbeschäftigung von Beamtinnen und Beamten und Arbeitnehmerinnen und Arbeitnehmern über die Altersgrenze hinaus (Abs. 1 Nr. 10)

**47** Das Mitbestimmungsrecht bei der Weiterbeschäftigung über die Altersgrenze hinaus ist ein Sonderfall der Einstellung, nämlich der erneuten Eingliederung eines Beschäftigten in die Dienststelle.
Für Beamtinnen und Beamte erfolgt der Eintritt in den Ruhestand mit Vollendung des 67. Lebensjahres. Für die Jahrgänge 1947 bis 1967 besteht eine Übergangsregelung, wonach die Regelaltersgrenze von 65 mit jedem Geburtsjahrgang um einen Monat steigt. Der Eintritt in den Ruhestand kann gemäß § 32 LBG auf Antrag um bis zu drei Jahre, jedoch nicht über das 70.

---

116 *OVG Berlin-Brandenburg* 19. 1. 2017 – OVG 60 PV 6.16, PersR 3/2018, 46.

Lebensjahr hinausgeschoben werden, wenn ein dienstliches Interesse vorliegt. Während der Verlängerungszeit kann die Beamtin/der Beamte jederzeit in den Ruhestand versetzt werden, aus zwingenden dienstlichen Gründen kann der Zeitpunkt um drei Monate hinausgeschoben werden.
Bei einer Fortsetzung des Arbeitsverhältnisses über die Altersgrenze hinaus sieht § 33 Abs. 5 TVöD/TV-L den Abschluss eines neuen schriftlichen Arbeitsvertrages mit einer besonderen, auf vier Wochen zum Monatsende verkürzten Kündigungsfrist vor. Eine solche Weiterbeschäftigung eines Arbeitnehmers kann zum einen bei Vorliegen eines dienstlichen Bedürfnisses, zum anderen aber auch dann in Betracht kommen, wenn der Arbeitnehmer die Mindestversicherungszeiten zum Bezug von Altersrente ausnahmsweise noch nicht erreicht hat. Erfolgt eine solche Weiterbeschäftigung an einem anderen Arbeitsplatz oder in einer anderen Dienststelle bzw. bei einem anderen Dienstherrn, ist die Maßnahme daneben als Einstellung mitbestimmungspflichtig. Aufgrund der Arbeitsmarktlage und der Altersteilzeitmöglichkeiten kommt eine solche Weiterbeschäftigung jedoch regelmäßig nicht in Frage.

### 28. Anordnungen, welche die Freiheit in der Wahl der Wohnung beschränken (Abs. 1 Nr. 11)

Gemäß § 44 LBG kann der Beamte angewiesen werden, sich während der dienstfreien Zeit erreichbar in der Nähe seines Dienstortes aufzuhalten, wenn besondere dienstliche Verhältnisse es dringend erfordern. Eine allgemeine »Residenzpflicht« gibt es im Beamtenrecht nicht mehr. Erfolgt eine solche Anweisung ist das Mitbestimmungsrecht zu beachten.
Für Beschäftigte finden sich im TVöD und TV-L keine Regelungen zur Verpflichtung, eine Wohnung zu beziehen. Es wird aber wohl zulässig sein, durch arbeitsvertragliche Regelungen eine solche Verpflichtung zu schaffen und zu verlangen, dass der Arbeitnehmer eine Wohnung in der Nähe der Dienststelle oder eine bestimmte Dienstwohnung zu beziehen hat.[117] Diese arbeitsvertragliche Regelung kann als Nebenabrede nach Abs. 1 Satz 1 Nr. 1, 2. Alternative der gesonderten Mitbestimmung des Personalrats unterliegen.
Das Mitbestimmungsrecht besteht dann, wenn im Arbeitsvertrag eine ausdrückliche Verpflichtung zum Bezug einer solchen Dienstwohnung begründet werden soll, und auch im Einzelfall, wenn der Arbeitnehmer angewiesen wird, eine bestimmte Wohnung zu beziehen.

---

117 Vgl. *BAG* 7.6.2006 – 4 AZR 316/05, NZA 2007, 343.

## § 72

### 29. Versagung, Untersagung oder Widerruf der Genehmigung einer Nebentätigkeit (Abs. 1 Nr. 12)

**49** Während die Übernahme einer Nebentätigkeit oder Nebenbeschäftigung nicht der Mitbestimmung des Personalrats unterliegt, ist die Versagung oder der Widerruf einer einmal genehmigten Tätigkeit von der Zustimmung des Personalrats abhängig. Nach § 48 LBG kann der Beamte auf Verlangen des Dienstvorgesetzten zur Übernahme einer Nebentätigkeit verpflichtet werden. Andere Nebentätigkeiten bedürfen nach § 49 LBG der vorherigen Genehmigung, insbesondere bei Übernahme einer Nebenbeschäftigung gegen Vergütung. Die Genehmigung kann bei Beeinträchtigung dienstlicher Interessen nach § 49 Abs. 2 LBG versagt werden. Insgesamt werden die Genehmigungen gemäß § 49 Abs. 3 LBG für jede Einzelnebentätigkeit auf längstens fünf Jahre erteilt und können mit Auflagen und Bedingungen versehen werden.

Wird die Zuweisung einer auf Verlangen des Dienstherrn ausgeübten Nebentätigkeit eines Beamten widerrufen, unterliegt dieser Widerruf – weil nicht eine Genehmigung, sondern eine Zuweisung widerrufen wird – nicht der Mitbestimmung.[118]

Nach § 3 Abs. 3 TVöD/TV-L müssen Arbeitnehmer Nebentätigkeiten gegen Entgelt rechtzeitig vorher schriftlich anzeigen. Der Arbeitgeber kann Nebentätigkeiten untersagen oder mit Auflagen versehen, wenn sie geeignet sind, die Erfüllung der arbeitsvertraglichen Pflichten oder berechtigte Interessen des Arbeitgebers zu beeinträchtigen.

Grundsätzlich ist der Arbeitnehmer, nicht jedoch der Beamte, berechtigt, einer Nebentätigkeit nachzugehen, solange diese keinen nachteiligen Einfluss auf die arbeitsvertraglichen Pflichten hat oder die Nebentätigkeit wesentliche Belange oder berechtigte Interessen des Arbeitgebers nicht beeinträchtigt. Einer Genehmigung bedarf es daher nicht, so dass eine Mitbestimmung des Personalrats nur bei der Versagung oder Untersagung einer beabsichtigten Nebentätigkeit in Betracht kommt. Wird dem Arbeitnehmer eine beabsichtigte Nebentätigkeit versagt oder eine ausgeübte untersagt, kann das nur mit Zustimmung des Personalrats erfolgen. Eine arbeitsgerichtliche Überprüfung ist daneben möglich.

### 30. Ablehnung von Teilzeitbeschäftigung oder Urlaub (Abs. 1 Nr. 13)

**50** Nach den §§ 63 bis 67 und 70 LBG können Beamte bei Vorliegen bestimmter Voraussetzungen Teilzeitbeschäftigung, Altersteilzeit oder Urlaub ohne Dienstbezüge beantragen.

---

118 *OVG NRW* 28. 2. 2002 – 1 A 149/00.PVL, PersR 2002, 481.

Wird der entsprechende Antrag des Beamten auf Teilzeitbeschäftigung oder Urlaub abgelehnt, so besteht ein Mitbestimmungsrecht.

§§ 63 bis 67 LBG sehen verschiedene Möglichkeiten der Teilzeitbeschäftigung vor. Nach § 63 Abs. 1 kann Teilzeitbeschäftigung bis zur Hälfte der regelmäßigen Arbeitszeit beantragt und bewilligt werden, solange dienstliche Belange nicht entgegenstehen. Nach § 64 kann Teilzeitbeschäftigung in der Weise bewilligt werden, dass dem Beamten für die Dauer von drei bis sieben Jahren die Amtszeit auf $2/_3$ bis $6/_7$ der regelmäßigen Arbeitszeit ermäßigt wird, mit der Maßgabe, dass er zwei bis sechs Jahre vollbeschäftigt und anschließend ein ganzes Jahr vom Dienst freigestellt wird (sog. Sabbatical).

§ 65 LBG betrifft die sog. Altersteilzeit. Altersteilzeit kann entweder als Teilzeitarbeit im Umfang der halben bisherigen wöchentlichen Arbeitszeit für einen bestimmten Zeitraum von maximal zehn Jahren vereinbart werden oder im Blockmodell, demzufolge die erste Zeit vollständig gearbeitet und eine gleich lange, darauffolgende Zeit Arbeitsfreistellung erfolgt – jedoch gleichbleibende Bezüge während des gesamten Altersteilzeit-Zeitraumes zu beanspruchen sind (§ 65 Abs. 2 LBG, 3 TV ATZ).

Bei Beamten kann gemäß § 65 Abs. 1 Nr. 1 Altersteilzeit ab dem 55. Lebensjahr bewilligt werden. Sie muss (§ 65 Abs. 1 Nr. 2) vor dem 31. Dezember 2012 beginnen. Eine Ablehnung kann nur bei dringenden dienstlichen Belangen (Abs. 1 Nr. 3 LBG) erfolgen. Arbeitnehmer ab dem 60. Lebensjahr haben Anspruch auf Altersteilzeit.

Mitbestimmungspflichtig ist die Ablehnung des Antrags auf Altersteilzeit. Dabei kommt es nicht darauf an, ob die Ablehnung nur deshalb erfolgt ist, weil der Arbeitnehmer bestimmte Bedingungen (Umfang und Dauer der Altersteilzeit) wünscht oder ob die Altersteilzeit insgesamt von der Dienststelle abgelehnt worden ist.

§ 70 LBG regelt den Urlaub aus arbeitsmarktpolitischen Gründen. Beschäftigte können unbezahlten Urlaub nehmen, wenn in ihrem Bereich ein außergewöhnlicher Bewerberüberhang besteht. Wird das abgelehnt, unterliegt die Ablehnung der Mitbestimmung.

## 31. Ablehnung eines Antrags auf Einrichtung eines Arbeitsplatzes außerhalb der Dienststelle (Abs. 1 Nr. 14)

Das Mitbestimmungsrecht räumt ein Mitbestimmungsrecht ein, wenn die Dienststelle einen Antrag eines einzelnen Beschäftigten auf Einrichtung eines Arbeitsplatzes außerhalb der Dienststelle ablehnen will. Die Vorschrift korrespondiert mit dem Mitbestimmungsrecht nach Abs. 3 Nr. 6, das bei den kollektiven Regelungen zur Einrichtung von Arbeitsplätzen außerhalb der Dienststelle zu beachten ist.

Ein individueller Rechtsanspruch auf Einrichtung eines Home Office oder eines Telearbeitsplatzes besteht weder arbeits- noch beamtenrechtlich. So-

## § 72

weit sich jedoch Dienststelle und Personalrat auf allgemeine Regeln und Voraussetzungen für die Schaffung solcher externer Arbeitsplätze im Rahmen des Mitbestimmungsrechts nach Abs. 3 Nr. 6 geeinigt haben (vgl. Rn. 98), besteht in den Grenzen dieser Vereinbarung u. U. ein Rechtsanspruch auf Einrichtung eines Home Office oder Telearbeitsplatzes.

### 32. Ausnahmen von der Mitbestimmung (Abs. 1 Satz 2)

**54** Die in Abs. 1 Satz 1 Nr. 1 bis 13 aufgeführten Mitbestimmungsrechte gelten nur auf Antrag
1. für den Dienststellenleiter und seine Vertreter im Sinne des § 8 Abs. 1 bis 3, für die sonstigen Beauftragten im Sinne des § 8 Abs. 1 Satz 2 sowie für die in § 11 Abs. 2 Buchst. b aufgeführten Beschäftigten, die zu selbständigen Entscheidungen von Angelegenheiten nach Absatz 1 befugt sind;
2. für Dozentinnen und Dozenten gemäß § 20 Fachhochschulgesetz öffentlicher Dienst (FHGöD).

Beabsichtigt der Arbeitgeber eine Personalmaßnahme nach § 72 Abs. 1 Satz 1 in Bezug auf diesen Personenkreis, besteht eine Hinweispflicht des Arbeitgebers auf das Bestehen des Antragsrechts – jedenfalls bei solchen Maßnahmen, die dem Beschäftigten vollkommen unbekannt sind.[119]

**55** Vom Mitbestimmungsrecht in den Angelegenheiten des Absatzes 1 ganz ausgenommen sind
1. diejenigen Spitzen-Beamte, die gemäß § 37 LBG von der Landesregierung jederzeit in den einstweiligen Ruhestand versetzt werden können;
2. Personalangelegenheiten betreffend »Beamtenstellen« von der Besoldungsgruppe B3 an aufwärts – also nicht nur Beamte ab B 3, sondern alle Personalvorgänge des § 72, die Stellen betreffen, die nach B 3 und höher ausgewiesen sind. Durch die Novelle 2011 ist der vor 2007 bestehende Rechtszustand wiederhergestellt worden. Entsprechend ausgenommen sind die Stellen für Arbeitnehmerinnen und Arbeitnehmer, die ein der Besoldungsgruppe B 3 an aufwärts vergleichbares Entgelt erhalten. Damit knüpft die Bereichsausnahme für Tarifbeschäftigte nicht mehr an ein über die höchste Entgeltgruppe hinausgehendes Entgelt an, sondern an das – vielfach höhere – der Besoldungsgruppe B 3 vergleichbare Entgelt. Nach § 55 Abs. 2 WDR-Gesetz[120] gilt § 72 Abs. 1 Satz 1 ebenfalls nicht für Arbeitnehmerinnen und Arbeitnehmer, die ein Entgelt nach der höchsten Vergütungsgruppe des WDR-Vergütungstarifvertrages oder darüber hinaus erhalten. Die bisherige Ausnahme für

---

119 Siehe die Einschränkungen des *BAG* 26. 8. 1993 – 2 AZR 376/93, PersR 1994, 36; 3. 11. 1999 – 7 AZR 880/98, PersR 2000, 173, und *BVerwG* 23. 2. 1989 – 2 C 76.86, PersR 1989, 201.
120 Vom 25. 4. 1998, GV.NW 265.

WDR-Beschäftigte, die an der Programmgestaltung beteiligt sind, ist durch die Novelle 2011 entfallen.
3. Beschäftigte an Theatern, die unter den Geltungsbereich des Normalvertrages (NV) Bühne fallen, sind künftig nur noch eingeschränkt von der Mitbestimmung in personellen Angelegenheiten nach Absatz 1 ausgeschlossen. Die tarifvertragliche Änderung beim Bühnennormalvertrag aus dem Jahre 2006 hatte dazu geführt, dass die Bereichsausnahme nach altem Recht auch für Personen galt, die entweder nicht unmittelbar oder nicht überwiegend künstlerisch tätig sind. Es konnte im Arbeitsvertrag eine künstlerische Tätigkeit ohne Rücksicht darauf vereinbart werden, ob sie tatsächlich vorlag.[121] Deshalb wurde durch die Novelle 2011 die Ausnahme von der Mitbestimmung – so die Gesetzesbegründung[122] – auf das im Hinblick auf die Kunstfreiheit des Art. 5 Abs. 3 Satz 1 GG gebotene Maß beschränkt. Es kommt künftig nicht mehr auf die arbeitsvertraglich getroffene Vereinbarung, sondern ausschließlich auf die unmittelbar und überwiegend ausgeübte Tätigkeit an.
4. kommunale Wahlbeamtinnen und Wahlbeamte;
5. Leiterinnen und Leiter von öffentlichen Betrieben in den Gemeinden, den Gemeindeverbänden und den sonstigen der Aufsicht des Landes unterstehenden Körperschaften, Anstalten und Stiftungen des öffentlichen Rechts. Wer Leiter ist, ergibt sich aus der jeweiligen Satzung der Einrichtung.

Nach § 55 Abs. 4 WDR-Gesetz gilt § 72 Abs. 1 Satz 1 nicht für Beschäftigte, die aufgrund eines Tarifvertrags auf Produktionsdauer beschäftigt werden.

Absatz 1 Satz 3 ordnet an, dass für Beschäftigte in der Berufsausbildung das Mitbestimmungsrecht bei Versetzungen und Umsetzungen im Sinne des Absatzes 1 Nr. 5 nicht gilt. **56**

### III. Mitbestimmung in sozialen Angelegenheiten (Abs. 2)

Die unter diesem Absatz 2 zusammengefassten Mitbestimmungstatbestände **57** sollen als gemeinsames Thema den »sozialen« Bezug haben. Der Begriff der »sozialen Angelegenheiten« im Eingangssatz des Absatzes 2 ist – so das *OVG NRW* – ein bei allen Mitbestimmungstatbeständen zu beachtendes Tatbestandsmerkmal, kein lediglich bedeutungsloser Oberbegriff.[123]

---

121 Vgl. dazu *OVG NRW* 27. 10. 2006 – 1 A 4733/04.PVL, PersR 2007, 174; *BVerwG* 7. 10. 2003 – 6 P 4.03, PersR 2004, 30.
122 LT-Drucks. 15/2218.
123 *OVG NRW* 20. 1. 2000 – 1 A 207/98.PVL, PersV 2000, 461.

## § 72

Die Rechtsprechung[124] beschränkt unter Hinweis auf diesen Begriff das Mitbestimmungsrecht auf solche Angelegenheiten, die aus sozialen Überlegungen gewährt werden und nimmt solche Leistungen von der Mitbestimmung aus, auf die ein Rechtsanspruch besteht oder die aus anderen Gründen gewährt werden. Das ist allerdings für die Abgrenzung des Mitbestimmungsrechts unbrauchbar, weil die Leistungen nach Absatz 2 Nr. 1–5 zwar im weitesten Sinne »soziale Angelegenheiten« sind, jedoch keineswegs in jedem Fall »soziale« Gesichtspunkte für ihre Gewährung maßgebend sind. In aller Regel hat die Gewährung solcher Leistungen mehrfache Zwecke. So wird z. B. die Bereitstellung von Dienstwohnungen nicht ausschließlich deswegen vorgenommen, um den Beschäftigten billigen Wohnraum zu sichern, sondern auch um die Mitarbeiter nahe an der Dienststelle unterzubringen und so leichter Bereitschaftsdienste, Überstunden u. Ä. anordnen und durchführen zu können. Das Mitbestimmungsrecht kann jedoch nicht davon abhängen, welcher Gesichtspunkt für die Bereitstellung oder Versagung solcher Leistungen im Einzelfall maßgebend war.

Die Bedeutung dieser Mitbestimmungsrechte ist jedoch – mit Ausnahme von Nr. 5 bei der Aufstellung von Sozialplänen – geringer geworden, weil solche Unterstützungsleistungen weitgehend abgeschafft worden sind und daher der Mitbestimmung nicht unterworfen werden können.

### 1. Gewährung und Versagung von Unterstützungen, Vorschüssen, Darlehen und entsprechenden Zuwendungen (Abs. 2 Nr. 1)

58 Sowohl die Zubilligung einer solchen – finanziellen – Leistung als auch ihre Versagung unterliegen der Mitbestimmung des Personalrats, damit er die Anwendung gleichmäßiger Grundsätze bei solchen Leistungen umfassend durch Mitbestimmung beeinflussen kann.

Unterstützungen können nach den sog. Unterstützungsgrundsätzen – sie gelten für Beamte und durch tarifliche Verweisung auch für Arbeitnehmer – gewährt werden, wenn der Beschäftigte unverschuldet in eine Notlage geraten ist.

Vorschüsse sind sämtliche geldlichen Leistungen, die im Vorgriff und unter Anrechnung auf Lohn, Gehalt oder Besoldung gewährt werden.

Darlehen sind geldliche Leistungen an Beschäftigte, die für einen besonderen Zweck im Zusammenhang mit dem Arbeitsverhältnis unter der üblichen oder einer günstigeren Verzinsung gewährt werden.

Entsprechende Zuwendungen sind solche, die einen Unterstützungs-Charakter für die Beschäftigten haben und ohne rechtliche Verpflichtungen sowie aufgrund sozialer Überlegungen von der Dienststelle geleistet werden.

---

124 *BVerwG* 30. 3. 1989 – 6 P 8.86, PersR 1989, 159; *OVG NRW* 20. 1. 2000 – 1 A 207/98.PVL, PersR 2000,461.

Das Mitbestimmungsrecht besteht aber nicht erst dann, wenn Zuwendungen gewährt werden, die eine konkrete Bedürftigkeit im Einzelfall ausgleichen sollen. Die Inanspruchnahme solcher Leistungen kann nicht von der weiteren Voraussetzung einer »Bedürftigkeit« abhängen, weil Kategorien aus dem SGB II nicht maßgebend sind.
Soweit hinsichtlich der Gewährung und der Versagung solcher Leistungen allgemeine Richtlinien aufgestellt werden, unterliegen diese der gesonderten Mitbestimmung des Personalrats nach § 72 Abs. 4 Nr. 5.[125]

### 2. Zuweisung und Kündigungen von Wohnungen, Ausübung des Vorschlagsrechts, allgemeine Festsetzung der Nutzungsbedingungen (Abs. 2 Nr. 2)

In diesem Mitbestimmungsrecht ist nunmehr präzisiert, dass es sich nur auf solche Wohnungen bezieht, über die die »Beschäftigungsdienststelle« verfügt. Dadurch sollte klargestellt werden, dass es sich bei der Wohnungsvergabe um eine innerdienstliche Maßnahme der personalführenden Dienststelle zur Erfüllung ihrer Fürsorgepflicht handelt. Ob die fraglichen Wohnungen im Eigentum der Dienststelle stehen, lediglich ein Belegungsrecht oder eine Mitentscheidung im Rahmen von Belegungsrechten besteht, ist für das Mitbestimmungsrecht ohne Belang. Auch eine Empfehlung oder ein Mitentscheidungsrecht löst das Mitbestimmungsrecht aus. Es erstreckt sich auf die Kündigung bzw. den Widerruf der Zuweisung auch solcher Dienstwohnungen, die zwischenzeitlich entwidmet wurden, also nicht mehr als Dienstwohnung genutzt werden sollen.[126] Als Wohnung ist auch ein Platz in einem Personalwohnheim anzusehen.[127] Solche Wohnheimanlagen können auch zugleich als Sozialeinrichtung gemäß Nr. 4 mitbestimmungspflichtig sein.[128]

59

Bei Dienstwohnungen, also solchen Wohnungen, deren Bewohnen zu den dienstlichen oder arbeitsvertraglichen Pflichten gehört, soll die Zuweisung nur dann der Mitbestimmung unterliegen, wenn die Dienststelle unter mehreren Berechtigten und Bewerbern eine Auswahl treffen kann.[129] Im Falle der Zuweisung und Kündigung von Wohnungen ist das jedoch nicht Voraussetzung für die Mitbestimmung. Kann der Dienststellenleiter bei der Zuweisung und Kündigung von Wohnungen deren Mieter verbindlich auswählen,

---

125 Dazu *OVG NRW* 13.11.1996 – 1 A 378/93.PVL, PersR 1997, 535.
126 *OVG NRW* 9.9.1999 – 1 A 648/97.PVL, PersR 2000, 115.
127 *OVG NRW* 6.3.1997 – 1 A 1094/94.PVL, PersR 1997, 456.
128 *OVG NRW* 6.2.2002 – 1 A 144/00.PVL, PersR 2002, 478.
129 *BVerwG* 16.11.1987 – 6 P 5.86, PersR 1988, 71; *OVG NRW* 20.1.2000 – 1 A 207/98.PVL, PersR 2000, 461; 6.2.2002 – 1 A 144/00.PVL, PersR 2002, 478.

so besteht ein Mitbestimmungsrecht auch dann, wenn der Zuweisung z. B. einer Personalunterkunft keine Auswahlentscheidung vorausgeht.[130] Die Ausübung des Vorschlagsrechtes besteht darin, dass die Dienststelle demjenigen, der über die Wohnung verfügt, einen personellen Vorschlag zur Belegung der Wohnung mit einem bestimmten Beschäftigten macht. Die Kündigung von Wohnungen umfasst sämtliche Maßnahmen, die zu einer Beendigung des Mietverhältnisses bzw. der Berechtigung zum Bewohnen der fraglichen Wohnung durch den Beschäftigten führen.

Die Festlegung der Grundsätze, die Inhalt des Mietverhältnisses sind, unterliegt ebenfalls der Mitbestimmung.

**60** Für Dienstwohnungen sind solche Nutzungsbedingungen in der Dienstwohnungsverordnung für Beamte[131] geregelt, für Arbeitnehmer im Dienstwohnungserlass des Finanzministers vom 9.11.1965.[132] Für andere Wohnungen, die nicht Dienstwohnungen sind, jedoch mit Rücksicht auf das Beschäftigungsverhältnis überlassen werden, besteht ein uneingeschränktes Mitbestimmungsrecht bei den Nutzungsbedingungen, wenn sie allgemein festgesetzt werden.

Die Mitbestimmung bei den Nutzungsbedingungen kann auch in diesem Fall nicht mit der Begründung verweigert werden, es handele sich nicht um eine »soziale« Angelegenheit.

### 3. Zuweisung von Dienst- und Pachtland, Ausübung des Vorschlagsrechts, Festsetzung der Nutzungsbedingungen (Abs. 2 Nr. 3)

**61** Der Personalrat hat auch bei der Zuweisung von Dienst- und Pachtland ein Mitbestimmungsrecht im gleichen Umfang wie bei Wohnungen gemäß Nr. 2.

### 4. Einrichtung, Verwaltung und Auflösung von Sozialeinrichtungen (Abs. 2 Nr. 4)

**62** **Sozialeinrichtungen** sind »auf Dauer errichtete, von der Dienststelle geschaffene Einrichtungen, die dazu dienen, den Beschäftigten Vorteile zukommen zu lassen«.[133] Sie können von der Dienststelle allein oder zusammen mit dem Personalrat betrieben und verwaltet werden. Betrieb und Verwaltung können auch aufgrund entsprechender Vereinbarung dem Personalrat alleine überlassen werden. Die Kosten für den Betrieb einer solchen

---

130 *OVG NRW* 9.6.2006 – 1 A 1030/05.PVL, PersR 2006, 481.
131 VO vom 9.11.1965, SGV. 20320.
132 I.d.F. des Runderlasses vom 12.8.1991, MBl. 1306.
133 *BVerwG* 24.4.1992 – 6 P 33.90, PersR 1992, 308; 9.11.1998 – 6 P 1.98, PersR 1999, 125.

§ 72

Sozialeinrichtung können – wenn ihre Verwaltung und der laufende Betrieb dem Personalrat übertragen worden ist – gemäß § 40 Abs. 1 Satz 5 budgetiert werden. In diesem Fall entscheidet dann der Personalrat im Rahmen des vereinbarten Budgets eigenverantwortlich darüber, welche Gelder im Rahmen der Zweckbestimmung der Sozialeinrichtung auf welche Weise verwandt werden.

Für den Begriff der Sozialeinrichtungen kommt es nicht darauf an, welche Zwecke der Arbeitgeber subjektiv damit verfolgt, die objektiven Zwecke sind maßgebend.[134] Das Mitbestimmungsrecht besteht ohne Rücksicht auf die Rechtsform der Sozialeinrichtung. Es kommt also nicht darauf an, ob die Sozialeinrichtung überhaupt eine bestimmte Rechtsform hat oder ob sie rechtlich unselbständiger Teil der Dienststelle ist.

Auch Dienstwohnungen können eine Sozialeinrichtung sein, weshalb sowohl die erhebliche Veränderung der Wohnungsverhältnisse durch Umbau als auch die Außerbetriebnahme[135] und Umwandlung von Dienstwohnungen zu Mietwohnungen der Mitbestimmung unterliegen.[136]

Sozialeinrichtungen können Kantinen[137], Betriebskindergärten u. Ä. sein.

Das Mitbestimmungsrecht des Personalrats bei Sozialeinrichtungen umfasst nicht nur Form, Ausgestaltung und Verwaltung, sondern auch die Errichtung und Auflösung von Sozialeinrichtungen. Das Initiativrecht des Personalrats ist nicht auf eine bloße Empfehlung der Einigungsstelle beschränkt, vielmehr sieht § 66 Abs. 7 einen verbindlichen Beschluss der Einigungsstelle vor, der sich freilich nach § 67 Abs. 5 Satz 3 an den Rahmen der geltenden Rechtsvorschriften, insbesondere des Haushaltsgesetzes halten muss. Beachtliche Zustimmungsverweigerungsgründe können auch betriebswirtschaftliche Überlegungen sein.[138] Sind Sozialeinrichtungen errichtet, besteht ein uneingeschränktes Mitbestimmungsrecht bei sämtlichen Einzelheiten,[139] insbesondere bei den Nutzungsbedingungen – also z. B. den Kantinen- und Kindergartenpreisen, den Benutzungs- und Öffnungszeiten, eventuellen Zuschussregelungen sowie grundlegenden Maßnahmen wie z. B. die Verpachtung solcher Einrichtungen an private Dritte. Dieser Vorgang ist auch nach Abs. 4 Nr. 7 beteiligungspflichtig.

63

---

134 *BVerwG* 9. 11. 1998 – 6 P 1.98, PersR 1999, 125.
135 *OVG NRW* 3. 2. 2005 – 1 A 1994/03.PVL, PersV 2006, 29.
136 So *BVerwG* 24. 4. 1992 – 6 P 33.90, PersR 1992, 308, gegen *OVG NRW* 26. 8. 1994 – CL 94/90, PersR 1995, 26, und 1. 4. 1992 – CL 7/89, PersR 1993, 240 – Ls.; bejahend für Personal-Wohnheime *OVG NRW* 6. 2. 2002 – 1 A 144/00.PVL, PersR 2002, 478.
137 Auch die Hochschulmensa für die Beschäftigten: *OVG NRW* 8. 3. 1989 – CL 23/87, PersR 1989, 234; dazu *Beckmann*, PersV 1993, 262.
138 *OVG NRW* 3. 2. 2005 – 1 A 1994/03.PVL, PersV 2006, 29.
139 *OVG NRW* 8. 3. 1989 – CL 23/87, PersR 1989, 234; 6. 2. 2002 – 1 A 144/00.PVL, juris.

## § 72

Der Mitbestimmung des Personalrats unterliegen auch eventuelle Satzungsvorschriften über die gemeinsame Verwaltung der Sozialeinrichtungen in Ausschüssen oder ähnlichen Gremien. Dazu ist zweckmäßigerweise eine Dienstvereinbarung abzuschließen.

### 5. Sozialpläne (Abs. 2 Nr. 5)

64 Ein Sozialplan ist »die Gesamtheit der Regelungen, die dem Ausgleich oder der Milderung von wirtschaftlichen Nachteilen der Beschäftigten in Folge von Rationalisierungsmaßnahmen dienen soll«.[140] Sozialpläne können abgeschlossen werden, wenn infolge von organisatorischen oder sonstigen Veränderungen Arbeitsplätze entfallen, Arbeitnehmern anderswertige Tätigkeiten oder andere Arbeitsplätze übertragen werden sollen. Inhalt des Sozialplanes sind Ausgleichsmaßnahmen finanzieller Art durch Zahlung von Abfindungen, Übernahme von Fahrtkosten zum neuen Arbeitsplatz, übergangsweise Garantie des bisherigen Gehalts, Qualifizierungs- und Umschulungshilfen u. Ä.

Ein Mitbestimmungs- und Initiativrecht des Personalrats zur Aufstellung eines Sozialplans scheitert nicht daran, dass die Dienststelle den Einwand fehlender Haushaltsmittel erhebt.[141] Es ist ausreichend, wenn zum Zeitpunkt des Abschlusses des Sozialplans der geltende Haushaltsplan einen entsprechenden Haushaltsansatz enthält. Fehlt dieser, können und müssen der Personalrat und die Dienststelle den Sozialplan unter den Vorbehalt stellen, dass der künftige Haushaltsplan die entsprechenden Mittel zur Verfügung stellt.[142]

65 Ein Sozialplan kann nur bei Rationalisierungsmaßnahmen verlangt werden. Der Begriff ist z. B. im Tarifvertrag über Rationalisierungsschutz für Angestellte dahingehend definiert, dass es sich um vom Arbeitgeber veranlasste erhebliche Änderungen der Arbeitstechnik oder wesentliche Änderungen der Arbeitsorganisation mit dem Ziel einer rationelleren Arbeitsweise handeln muss. Als solche Maßnahmen nennt § 1 Abs. 1 des Tarifvertrages über den Rationalisierungsschutz vom 9. 1. 1987:

a) Stilllegung oder Auflösung einer Verwaltung/eines Betriebes bzw. eines Verwaltungs-/Betriebsteils,

b) Verlegung oder Ausgliederung einer Verwaltung/eines Betriebes bzw. eines Verwaltungs-/Betriebsteils,

c) Zusammenlegung von Verwaltungen/Betrieben bzw. von Verwaltungs-/Betriebsteilen,[143]

---

140 *BVerwG* 28. 11. 2012 – 6 P 11.11, PersR 2013, 130.
141 *BVerwG* 26. 9. 2017 – 5 P 1.16, PersR 4/2018, 54.
142 *BVerwG* 26. 9. 2017, a. a. O.
143 Zur Sozialplanpflichtigkeit: *v. Roetteken*, PersR 2001, 315, 329.

§ 72

d) Verlagerung von Aufgaben zwischen Verwaltungen/Betrieben,
e) Einführung anderer Arbeitsmethoden und Fertigungsverfahren, auch soweit sie durch Nutzung technischer Veränderungen bedingt sind.

In der Protokollnotiz zu § 1 Abs. 1 werden in Nr. 3 als wesentliche Änderung der Arbeitsorganisation auch Privatisierungen in Form der Vergabe durch Werkvertrag genannt.

Es handelt sich dabei jedoch nur um Beispiele. Die tarifvertraglichen Begriffsdefinitionen sind für das Personalvertretungsrecht nicht bindend und erschöpfend.[144] Es können auch weitere Maßnahmen – z. B. Maßnahmen zum Abbau von Arbeitsbelastungen im Sinne des § 1 Abs. 2 des Tarifvertrages über den Rationalisierungsschutz oder Maßnahmen im Sinne des Absatzes 3 Nr. 5 des Tarifvertrages bzw. im Sinne der §§ 90, 111 BetrVG oder der Umzug der Dienststelle – als Rationalisierungsmaßnahme den Anspruch auf Herbeiführung eines Sozialplanes auslösen.

Der Begriff der Rationalisierungsmaßnahme ist im Übrigen im Hinblick auf die Umsetzung der Unterrichtungs- und Anhörungsrichtlinie (2002/14/EG) ergänzend und ausdehnend zu interpretieren. Als Rationalisierungsmaßnahmen sind auch alle die Angelegenheiten anzusehen, die in Art. 4 Abs. 2 Buchst. b und c der Richtlinie aufgeführt sind, insbesondere die antizipativen Maßnahmen bei einer Bedrohung für die Beschäftigung, Maßnahmen zur wesentlichen Veränderung der Arbeitsorganisation oder der Arbeitsverträge sowie Massenentlassungen, Verschmelzungen und Betriebsübergänge.

Allein maßgebend ist, dass eine Rationalisierung beabsichtigt ist, also »die zweckmäßige Gestaltung von Arbeitsabläufen zur Leistungssteigerung und Aufwandssenkung, die Erhöhung der Arbeitsintensität und des Leistungsgrades in allen Zweigen der Wirtschaft und Verwaltung«.[145]

Inhalt eines Sozialplans können alle Maßnahmen und Leistungen zum Ausgleich von Härtefällen sowie zur Milderung wirtschaftlicher Nachteile sein. Wirtschaftliche Nachteile infolge einer Rationalisierungsmaßnahme können durch Arbeitsplatz- und Einkommensverlust, erhöhte Kosten durch längere Anfahrt zum neuen Arbeitsplatz eintreten und betreffen alle vermögenswerten, in Geld auszudrückenden Nachteile. Treffen die Auswirkungen einer Rationalisierungsmaßnahme den Beschäftigten und seine Unterhaltsberechtigten im persönlichen Bereich besonders, spricht man von Härtefällen. Sie liegen z. B. vor, wenn der Beschäftigte nach Versetzung oder Änderungskündigung besonders pflegebedürftige Angehörige nicht mehr betreuen kann oder infolge einer Schwerbehinderung oder bestimmter per-

66

---

144 *OVG NRW* 9.8.1989 – CB 15/86, PersR 1990, 71; *v. Roetteken*, PersR 1994, 554; *Klar*, PersR 1994, 364.
145 Siehe *OVG NRW* 9.8.1989 – CB 15/86, PersR 1990, 71f., so auch *BVerwG* 17.6.1992 – 6 P 17.91, PersR 1992, 451.

sönlicher Umstände der verlängerte Weg zum neuen Arbeitsplatz besonders beschwerlich erscheint. Auch vorbeugende Maßnahmen zur Vermeidung wirtschaftlicher Nachteile, wie Kündigungsverbote, vorrangige Verpflichtungen der Dienststelle zur Umsetzung, Versetzung, Umschulung können Gegenstand eines Sozialplanes sein. Es handelt sich dabei zwar nicht um den unmittelbaren Ausgleich wirtschaftlicher Nachteile, das ist – wie der Hinweis auf die »Pläne für Umschulungen« zeigt – aber nicht der einzige Zweck und ausschließliche Inhalt von Sozialplänen im Sinne dieser Vorschrift. Solche Regelungen können ggf. auch durch eine Auswahlrichtlinie im Sinne des Abs. 4 Nr. 14 in den Sozialplan integriert werden. Die Einigungsstelle kann über einen Sozialplan verbindlich entscheiden.

Das Initiativrecht des Personalrats nach § 66 Abs. 4 umfasst auch Sozialpläne.[146] Der Personalrat wird in diesem Fall gehalten sein, den vollständigen Text eines von ihm für richtig gehaltenen Sozialplanes der Dienststelle zur Zustimmung vorzulegen und – falls die Dienststelle dem nicht nähertritt – die Einigungsstelle anzurufen. Diese Regelung hat als Dienstvereinbarung – wenn eine abweichende Regelung nicht getroffen wird – gemäß § 70 Abs. 4 Satz 2 Nachwirkung, da der Spruch der Einigungsstelle die Einigung über einen Sozialplan zwischen Dienststelle und Personalrat ersetzen kann.

**67** Gegen die Verbindlichkeit des Einigungsstellenspruchs kann seitens der Dienststelle nicht unter Hinweis auf § 67 Abs. 5 Satz 3 eingewandt werden, er verstoße bei der Zubilligung von finanziellen Leistungen gegen das bestehende Haushaltsgesetz, da entsprechende Haushaltsvorsorgen nicht getroffen worden seien.[147] Durch Dienstvereinbarung können Sozialpläne auch aus anderem Anlass als Rationalisierungsmaßnahmen abgeschlossen sowie nach dem Vorbild des § 92a BetrVG Beschäftigungssicherungspläne vereinbart werden. Das schließt auch die Inanspruchnahme von Maßnahmen und Leistungen des SGB III durch die Betriebsparteien ein.

### IV. Rationalisierungs-, Technologie- und Organisationsangelegenheiten (Abs. 3)

**68** Die Novelle 2011 hat mit der Wiedereinführung der vor 2007 in Absatz 3 enthaltenen Mitbestimmungsrechte auch die Überschrift wiederhergestellt. Damit wird hervorgehoben, dass dem Personalrat in diesen Angelegenheiten umfassende Mitbestimmungsrechte eingeräumt werden sollen. Sie sind Gegenstand der »prozessbegleitenden Mitbestimmung«, die der Gesetzgeber in mehreren Normen etabliert hat:

---

146 Vgl. dazu: *OVG NRW* 17. 12. 1993 – 1 A 564/92.PVB, PersR 1994, 427.
147 Vgl. *BVerwG* 26. 9. 2017 – 5 P 1.16, PersR 4/2018, 54, m. Anm. *Klimpe-Auerbach*.

## § 72

- § 65 Abs. 1 Satz 2 sieht die frühzeitige und fortlaufende Information des Personalrats vor Organisationsentscheidungen, die beteiligungspflichtige Maßnahmen zur Folge haben, vor; § 65 Abs. 1 Satz 3 berechtigt den Personalrat künftig zur Teilnahme an Arbeitsgruppen, die derartige Organisationsentscheidungen vorbereiten;
- § 66 Abs. 1 Satz 2 erweitert den Begriff der Maßnahme um solche Handlungen, mit denen eine mitbestimmungspflichtige Maßnahme vorweggenommen oder festgelegt wird;
- Die – ebenfalls prozesshaft – ausgestalteten Beteiligungsrechte in Absatz 3 sind nach dem Vorbild der Gesetzesfassung von 1984 wieder eingeführt worden. Neben Unterrichtung im Vorfeld und Beteiligung an der Planung stehen dem Personalrat damit Mitbestimmungsrechte zur Verfügung, die – so die Nr. 1, 2, 3 und 5 – bei erstmaliger Einführung, bei Ausgestaltung der praktischen Anwendung und schließlich bei nachfolgenden Änderungen von Belang zur wiederholten und damit prozesshaften Beteiligung des Personalrats beim gleichen Gegenstand führen müssen.
- Zur Sicherung der prozesshaften Mitbestimmung trägt schließlich § 72 Abs. 5 bei, der unverändert ein Mitbestimmungsrecht bei probeweisen oder befristeten Maßnahmen vorsieht.

Das Mitbestimmungsrecht kann im Einzelfall wie durch Abschluss von Dienstvereinbarungen ausgeübt werden. Insbesondere im Bereich der Personaldatenverarbeitung wird die Rechtmäßigkeit des Datenbetriebes und die Unterlassung nicht beabsichtigter Kontrollmöglichkeiten davon abhängen, dass mit dem Personalrat eine ausdrückliche Dienstvereinbarung abgeschlossen wird. Eine einseitige Erklärung der Dienststelle genügt nicht.[148] **69**

Die Mitbestimmungsrechte nach Absatz 3 können nur ausgeübt werden, soweit eine gesetzliche oder tarifliche Regelung nicht besteht (vgl. auch die Kommentierung zu § 70 Abs. 1). **70**

Unter einer gesetzlichen Regelung sind formelle und materielle Gesetze, also vom Parlament beschlossene Gesetze, aber auch Rechtsverordnungen zu verstehen, nicht jedoch Erlasse, Verwaltungsanordnungen, innerdienstliche Weisungen etc. Das Mitbestimmungsrecht ist durch solche Gesetze ausgeschlossen, wenn es sich um eine erschöpfende, zwingende und unmittelbar geltende Regelung handelt[149] und der Mitbestimmungssachverhalt unmittelbar geregelt ist, so dass es zum Vollzug keines Ausführungsaktes mehr bedarf.[150] Eine Rechtsverordnung kann zwar auch ein solches Gesetz darstellen, schließt das Mitbestimmungsrecht jedoch dann nicht aus, wenn sie

---

148 Siehe dazu *BVerwG* 16.12.1987 – 6 P 32.84, PersR 1988, 51.
149 *OVG NRW* 4.11.1991 – CL 77/88, PersR 1992, 419; 9.11.2018 – 20 A 526/17.PVL, PersR 9/2019, 38, m. Anm. *Kohte*.
150 *BVerwG* 10.6.2011 – 6 PB 2.11, PersR 2011, 484; *OVG NRW* 9.11.2018 – 20 A 526/17.PVL, juris.

§ 72

noch der Ausgestaltung und damit der Umsetzung durch den Dienststellenleiter bedarf.[151] Nachgiebiges Recht führt weder zur Einschränkung noch zum Ausschluss des Mitbestimmungsrechts. Das Mitbestimmungsrecht bleibt auch erhalten, wenn die gesetzlichen Regelungen ausführungsbedürftig sind oder der Dienststelle Gestaltungsmöglichkeiten belassen. Ausgeschlossen ist das Mitbestimmungsrecht auch nur in den ausdrücklich vom Gesetz geregelten Fällen, eine ausdehnende Auslegung ist nicht zulässig.[152] Die Freiheit von Wissenschaft und Forschung gemäß Art. 5 Abs. 3 GG ist im LPVG durch Einschränkung des persönlichen Geltungsbereichs sowie durch die Antragsabhängigkeit der Mitbestimmungsrechte in Personalangelegenheiten berücksichtigt.[153] Die Mitbestimmungsrechte nach Absatz 3 unterliegen unter dem Gesichtspunkt des Art. 5 Abs. 3 GG im Übrigen keinen Einschränkungen.

Tarifliche Regelungen schließen das Mitbestimmungsrecht aus, wenn es sich um eine abschließende Regelung handelt, die aus sich heraus anwendbar ist und die Tarifvertragsparteien zum Ausdruck gebracht haben, dass sie das fragliche Thema abschließend und vollständig geregelt haben. Schweigen der Tarifvertragsparteien lässt das Mitbestimmungsrecht nicht entfallen. Eine tarifliche Regelung ist jedoch nur dann von Bedeutung, wenn sie für die Dienststelle räumlich, fachlich und sachlich ausdrücklich gilt und der Arbeitgeber tarifgebunden ist.[154]

Die bloße Nachwirkung eines Tarifvertrages reicht nicht aus.[155]

71 Eine weitergehende Regelungssperre sieht § 70 Abs. 1 Satz 2 für den Abschluss von Dienstvereinbarungen vor. Sie sind dann unzulässig, wenn durch Vereinbarungen Arbeitsentgelte oder sonstige Arbeitsbedingungen geregelt werden sollen, die »üblicherweise« durch Tarifvertrag geregelt werden. Das führt lediglich zu einer formellen Beschränkung der Mitbestimmungsrechte, da der Personalrat in diesen Fällen nicht den Abschluss von Dienstvereinbarungen verlangen und im Rahmen des Mitbestimmungsrechts durchsetzen kann. Die Mitbestimmungsrechte selbst bleiben auch bei Tarifüblichkeit einer Regelung vollständig unberührt. Will die Dienststelle in diesen tarifüblichen Bereichen Maßnahmen ergreifen, die der Mitbestimmung unterliegen, besteht ein uneingeschränktes Mitbestimmungsrecht. Lediglich Dienstvereinbarungen können nicht erzwungen werden.

Rationalisierungsangelegenheiten ist begrifflich weiter gefasst als »Rationalisierungsmaßnahme« im Sinne des Absatz 2 Nr. 5. Umfasst sind auch solche

---

151 *OVG NRW* 29.1.2007 – 1 A 152/06.PVL; *BVerwG* 1.7.2007 – 6 PB 4.07, PersR 2007, 356.
152 *OVG NRW* 20.1.2000 – 1 A 128/98.PVL, PersR 2000, 456.
153 *OVG NRW* 20.1.2000 – 1 A 128/98.PVL, a.a.O.
154 *BAG* 27.6.2006 – 3 AZR 255/05, NZA 2006, 1285.
155 *BAG* 24.2.1987 – 1 ABR 18/85, NZA 1987, 639.

§ 72

Vorgänge, die noch nicht als »Maßnahmen« im Sinne des § 66 Abs. 1 angesprochen werden können. Eine Rationalisierung liegt vor, wenn Güte und Menge der Arbeit gesteigert werden sollen. Technologieangelegenheiten sind alle, die mit dem Einsatz von Technik im weitesten Sinne innerhalb der Dienststelle zu tun haben. Organisationsangelegenheiten schließlich sind diejenigen, die mit dem planmäßigen Ordnen, Gestalten, Einrichten und Aufbau der Dienststelle zu tun haben.

Mit dem Einleitungssatz soll neben der prozessbegleitenden Mitbestimmung in den Nr. 1, 2, 3 und 5 auch betont werden, dass bei diesen Angelegenheiten eine lückenlose Beteiligung des Personalrats gewünscht wird und die Beteiligungsrechte nach Nr. 1–6 so auszulegen sind, dass keine Beteiligungslücken in Rationalisierungs-, Technologie- und Organisationsangelegenheiten verbleiben.

### 1. Automatisierte Verarbeitung personenbezogener Daten der Beschäftigten (Abs. 3 Nr. 1)

Mit der Wiedereinführung dieses umfassenden Mitbestimmungsrechts durch die Novelle 2011 unterliegt jegliche Personaldatenverarbeitung durch ADV oder EDV der Mitbestimmung des Personalrats. Gleichgültig ist, zu welchem Zweck die Personaldatenverarbeitung erfolgt. Mit der Erstreckung auf Einführung, Anwendung, Änderung und Erweiterung drückt der Gesetzgeber aus, dass er dem Personalrat ein lückenloses Beteiligungsrecht bei sämtlichen denkbaren Vorgängen der Personaldatenverarbeitung, die nicht auf »Papier und Bleistift« beschränkt ist, einräumen will. Die Vorschrift ergänzt den Datenschutz, um den Belangen der Beschäftigten auf dem Gebiet des Datenschutzes im Arbeitsleben mit den Mitteln des Personalvertretungsrechts Rechnung zu tragen.[156] Das Mitbestimmungsrecht erstreckt sich auch auf Dateien, die vor Schaffung dieses Mitbestimmungsrechtes eingerichtet wurden.[157]

72

Die Neufassung des Datenschutzgesetzes (DSG) NRW vom 17.5.2018[158] diente der Anpassung an die ab 25. Mai 2018 in Kraft getretene Datenschutzgrundverordnung (DSGVO)[159] und der Umsetzung der Richtlinie (EU) 2016/680 vom 27.4.2016 zum Schutz natürlicher Personen bei der Verarbeitung personenbezogener Daten durch die zuständigen Behörden zum Zwe-

73

---

156 *OVG NRW* 20.1.2000 – 1 A 128/98.PVL, PersR 2000, 456.
157 Siehe *OVG NRW* 6.12.1990 – CL 91/88, PersR 1991, 173.
158 Datenschutzanpassungs- und Umsetzungsgesetz EU vom 17.5.2018, GV.NRW 2018, 243; Änderungen im GV.NRW 2018, 278 und 404.
159 Verordnung (EU) 2016/679 vom 4.5.2016, ABl. L 119.

## § 72

cke der Verhütung, Ermittlung, Aufdeckung oder Verfolgung von Straftaten oder Strafvollstreckung.[160]

In § 2 des Teil 1 dieses DSG NRW wird den obersten Landesbehörden, den Gemeinden und Gemeindeverbänden sowie den sonstigen der Aufsicht des Landes unterstehenden juristischen Personen des öffentlichen Rechts und deren Vereinigungen die Sicherstellung des Datenschutzes zugewiesen. Für diese gilt nach § 5 Teil 1 des DSG NRW, für die Verarbeitung personenbezogener Daten Teil 2 dieses Gesetzes.

Teil 2 enthält im Wesentlichen wort- und inhaltsgleiche Begriffsbestimmungen aus der DSGVO insbesondere zu personenbezogenen Daten, Datenverarbeitung, Dateisystemen etc. Damit verfolgt das Gesetz das Ziel, »im Bereich des allgemeinen Datenschutzes einen einheitlichen Rechtsrahmen zu schaffen, der von allen öffentlichen Stellen gleichermaßen zu beachten ist«.[161]

Unter »Verarbeitung von Daten«, die Gegenstand der Mitbestimmung sind, sind alle Informationen, die sich auf identifizierte oder identifizierbare natürliche Personen (betroffene Person) beziehen, anzusehen; als identifizierbar wird eine natürliche Person angesehen, die direkt oder indirekt, insbesondere mittels Zuordnung zu einer Kennung wie einem Namen, zu einer Kennnummer, zu Standortdaten, zu einer Online-Kennung oder zu einem oder mehreren besonderen Merkmalen, die Ausdruck der physischen, psychologischen, genetischen psychischen, wirtschaftlichen, kulturellen oder sozialen Identität dieser Person sind, identifiziert werden kann. Die Definition wird ergänzt durch pseudonymisierte und anonymisierte Daten, die nur mit Zusatzinformationen oder mit erheblichem technischen und/oder organisatorischen Maßnahmen deanonymisiert und einer Person zugeordnet werden können (§ 36 Nr. 5 und 6 DSG NRW). Der Begriff des personenbezogenen Datums ist – so der Landesdatenschutzbeauftragte[162] – sehr weit zu verstehen und erstreckt sich auch auf Angaben, die erst durch Kombination miteinander und/oder mit Zusatzwissen auf eine konkrete Person zu beziehen sind.

Das Mitbestimmungsrecht bezieht sich auf sämtliche »Beschäftigten«, gleichgültig, in welchem Zusammenhang ihre Daten verarbeitet werden.[163] Der Mitbestimmung unterliegen auch die Daten von arbeitnehmerähnli-

---

160 ABl. L 119 vom 4.5.2016, 89ff.
161 Gesetzesbegründung zu Art. 1 DSG NRW, LT-Drucks. 17/1981 vom 20.2.2018, S. 1.
162 Siehe: Umgang mit der Datenschutzgrundverordnung, Leitfaden für öffentliche Stellen, Hrsg.: Landesbeauftragter für Datenschutz und Informationsfreiheit NRW, August 2018, Einl. II, Nr. 1.
163 Unzutreffend daher *OVG NRW* 27.5.1998 – 1 B 963/98.PVL, PersV 1998, 529, und 29.11.2000 – 1 A 2014/98.PVL, PersR 2001, 30, demzufolge die Daten dienststelleninterner Bewerber nicht erfasst seien.

chen Personen im Sinne von § 12a TVG sowie von Beschäftigten im Sinne des § 5 Abs. 1, die in der Dienststelle weisungsgebunden tätig sind oder der Dienstaufsicht unterliegen, jedoch kein Arbeits- oder Dienstverhältnis zur Dienststelle haben, und schließlich die Daten von externen Bewerbern.

Unter »Verarbeitung« versteht § 36 Nr. 2 DSG NRW »jeden mit oder ohne Hilfe automatisierter Verfahren ausgeführten Vorgang oder jede solche Vorgangsreihe im Zusammenhang mit personenbezogenen Daten wie das Erheben, das Erfassen, Die Organisation, das Ordnen, die Speicherung, die Anpassung, die Veränderung, das Auslesen, das Abfragen, die Verwendung, die Offenlegung durch Übermittlung, Verbreitung oder eine andere Form der Bereitstellung, den Abgleich, die Verknüpfung, Die Einschränkung, Löschung oder die Vernichtung.« Aufgrund dieser umfassenden und detaillierten Begriffsbestimmung unterliegt jeglicher Umfang mit personenbezogenen Daten der Mitbestimmung.

Die Mitbestimmung bei Einführung der automatisierten Personaldatenverarbeitung ist entsprechend den gesetzgeberischen Absichten des LPVG NRW auf einen möglichst frühen Zeitpunkt zu verlegen, um einen gestaltenden Einfluss des Personalrats sicherzustellen. Unter Einführung ist daher die »Systementscheidung« für automatische Personaldatenverarbeitung zu verstehen. Der Personalrat ist also zu dem Zeitpunkt zu beteiligen, zu dem die Entscheidung getroffen wird, ob und in welchem Umfang und zu welchen Bedingungen welche Aufgabe der Dienststelle durch automatisierte Personaldatenverarbeitung erledigt werden soll. Demgegenüber versteht das *OVG NRW* unter »Einfügung« die erstmalige Aufnahme der automatisierten Datenverarbeitung.[164]

Anwendung automatisierter Verarbeitung personenbezogener Daten ist der Beginn der Inbetriebnahme der EDV bzw. des entsprechenden Programms. Aus Anlass der Anwendung ist dem Personalrat ein Mitbestimmungsrecht bei allen für den laufenden Betrieb der Personaldatenverarbeitung maßgeblichen Regeln einzuräumen, insbesondere also hinsichtlich der Gerätekonfiguration (Aufstellung und Ausstattung mit Einzelgeräten), der Auswahl der benutzten Software, der Regeln zur Datensicherung und zum technischen wie organisatorischen Datenschutz (Zugriffsverbote, Zugangskontrollen, Passwortsysteme, Verschlüsselungs-Software usw.) sowie Regeln zur Sicherung der Persönlichkeitsrechte der Beschäftigten einschließlich der Regeln zur Weiter-Nutzung und Weiter-Übermittlung per Datenfernübertragung o. Ä. Das *OVG NRW*[165] betont, dass es sich bei der »Änderung« nicht um jeden einzelnen Bedienungsschritt, sondern um die allgemeine Handhabung der automatisierten Verarbeitung personenbezogener Daten handelt – u.a. also um die technischen und organisatorischen Maßnahmen, die gemäß § 37

---

164 *OVG NRW* 20. 1. 2000, a.a.O.
165 Entscheidung vom 20. 1. 2000, a.a.O.

### § 72

Nr. 6 DSG NRW, Art. 25 Abs. 2 DSGVO von öffentlichen Stellen zu treffen sind, um eine den Vorschriften des Datenschutzes entsprechende Datenverarbeitung zu betreiben.

**77** Die Änderung der automatisierten Verarbeitung personenbezogener Daten bezieht sich auf alle Veränderungen von Technik, Software, Daten und Übermittlungswegen, die neue Anwendungs- und Auswertungsmöglichkeiten eröffnen.[166]

**78** Eine Erweiterung liegt vor, wenn zusätzliche Technik, andere oder neue Software, zusätzliche Daten und Dateien oder Übermittlungstechniken (Netzbetrieb, externe Anschlüsse wie DATEX-P, DATEX-J, Internet oder Intranet-Zugänge, Chat-Programme o.Ä.) in Betrieb genommen werden sollen. Wesentlich sind solche Änderungen und Erweiterungen, wenn sie in irgendeiner Weise in die Rechte eines einzelnen oder Gruppen von Beschäftigten eingreifen und deshalb nicht mehr durch die bisher erteilte Zustimmung des Personalrats als gedeckt angesehen werden können.[167] Unerheblich für die »Wesentlichkeit« ist, welche Auswirkungen auf den behördlichen Ablauf die jeweilige Änderung und Erweiterung hat oder haben kann.[168]

**79** Die sog. Bereichsausnahme entzieht die Personaldatenverarbeitung von Besoldungs-, Gehalts-, Lohn- und Versorgungsleistungen der Mitbestimmung des Personalrats – seit der Novelle 1994 auch die Personaldatenverarbeitung im Rahmen von Beihilfeleistungen und Jubiläumszuwendungen. Es handelt sich dabei um Personaldatenverarbeitung, die unmittelbar und unverzichtbar zur Errechnung solcher Leistungen dient.

Nach wie vor gilt – auch im DSG NRW von 2018 – für Personaldatenverarbeitung der Grundsatz eines »Verbots mit Erlaubnisvorbehalt«.[169] Ein besonders kritischer Umgang ist bei beabsichtigter Verarbeitung genetischer, biometrischer und Gesundheitsdaten[170] angebracht.

#### 2. Technische Einrichtungen (Abs. 3 Nr. 2)

**80** Das Mitbestimmungsrecht bei technischen Einrichtungen hat durch die Gesetzesnovelle 2011 eine bedeutsame Neuformulierung erfahren. Während das Gesetz seit 1984 eine Beteiligung des Personalrats dann vorsah, wenn eine technische Einrichtung zur Leistungs- und Verhaltenskontrolle »geeignet« war, beschränkte die Novelle 2007 das Mitbestimmungsrecht auf solche technischen Einrichtungen, die zur Leistungs- und Verhaltenskontrolle »bestimmt« waren. Mit der Novelle 2011 wird die Beteiligung auf alle tech-

---

166 *OVG NRW* 20.1.2000, a.a.O.
167 *OVG NRW* 20.1.2000, a.a.O.
168 So nach *OVG NRW* 17.6.1992 – CL 39/90.
169 Vgl. Umgang mit der Datenschutz-Grundverordnung, a.a.O., Abschnitt II Nr. 3.
170 Zur Begriffsbestimmung vgl. § 36 Nrn. 13 bis 15 DSG NRW.

## § 72

nischen Einrichtungen ausgedehnt, bei denen eine Eignung zur Leistungs- und Verhaltensüberwachung nicht »ausgeschlossen« ist. Die Gesetzesbegründung für diese Änderung lautet: »*Im Hinblick auf die technische Einrichtung kann im Regelfall davon ausgegangen werden, dass vielen neuen technischen Einrichtungen die Geeignetheit zur Überwachung des Verhaltens oder der Leistung immanent ist. Im Übrigen ist aufgrund der Komplexität technischer Vorgänge das Nachvollziehen der Möglichkeiten, die die Technik bietet, immer schwieriger und oft nur noch technisch geschulten Personen möglich. Insofern ist es angezeigt, grundsätzlich von einer Mitbestimmung auszugehen. Nur wenn eindeutig keine Überwachung möglich ist, scheidet eine Mitbestimmung aus.*«[171]

Für das Mitbestimmungsrecht und seine Handhabung sind die gesetzgeberische Absicht und die Neuformulierung des Mitbestimmungsrechts in mehrfacher Hinsicht von Bedeutung:

81 Jedwede technische Einrichtung – gleichgültig ob sie im Eigentum oder am Standort der Dienststelle oder Dritter steht[172] – unterliegt im Zweifel zunächst einmal der Mitbestimmung. Das erfordert – wie bei der prozessbegleitenden Mitbestimmung auch vom Gesetzgeber beabsichtigt – eine wesentlich umfassendere und frühere Unterrichtung des Personalrats als nach dem alten Rechtszustand. Ihm sind zunächst alle beabsichtigten Anschaffungs-, Einführungs-, Nutzungs- sowie Änderungs- und Erweiterungsvorgänge bezüglich technischer Einrichtungen bekannt zu machen. Auszunehmen von dieser Unterrichtungspflicht sind ausnahmsweise solche technischen Einrichtungen, von denen ganz offensichtlich keinerlei Überwachungseignung ausgehen kann (z. B. Heizstrahler, Bohrmaschine). Grundsätzlich aber hat der Personalrat einen Anspruch auf lückenlose Unterrichtung und ausnahmslose Mitbestimmung bezüglich sämtlicher technischer Einrichtungen der Dienststelle. Gerätelisten und vergleichbare Bestandsverzeichnisse sind daher künftig laufend unaufgefordert vorzulegen.

82 Sodann hat die Dienststelle in einem »Mitbestimmungsvorverfahren« darzulegen, inwieweit eine Eignung zur Überwachung des Verhaltens oder der Leistung der Beschäftigten »ausgeschlossen« ist. Dabei sind die Anforderungen an den Ausschluss der Überwachungseignung hoch, es besteht eine gesetzliche Vermutung dafür, dass technischen Einrichtungen die Überwachungseignung innewohnt und deshalb ein Schutz der Beschäftigten durch Mitbestimmung erforderlich ist. Aufgrund dieser gesetzlichen Vermutung und des Regel-Ausnahme-Verhältnisses wird die Dienststelle i. d. R. sogleich ein Mitbestimmungsrecht einräumen müssen und sich nur ganz ausnahmsweise auf eine bloße Unterrichtung beschränken können. Eines solchen Vorverfahrens bedarf es ausnahmsweise dann nicht, wenn die Dienststelle dar-

---

171 LT-Drucks. 15/1644, 85.
172 *BVerwG* 29. 9. 2001 – 6 P 10.00, PersR 2001, 521.

## § 72

legen will und kann, dass die Überwachungseignung in jedem Fall und offensichtlich ausgeschlossen ist. Das ist nicht erst dann der Fall, wenn die Überwachung objektiv unmöglich ist, sondern nur dann, wenn die technische Einrichtung objektiv und zweifelsfrei keinerlei »Eignung« zur Überwachung bietet und unter keinem denkbaren technischen, organisatorischen oder sonstigen Gesichtspunkt in Betracht kommt. Eine solche Eignung liegt aber vor, wenn die Überwachungsmöglichkeiten zwar vorhanden, aber nicht beabsichtigt oder nur unwesentlicher Nebenzweck sind oder aber abgeschaltet bzw. untersagt werden sollen oder die Überwachung keinerlei sinnvollen Auskünfte über Leistung und Verhalten ergeben kann (z.B. Registrierung der Zahl der Anschläge auf einer Tastatur). In allen diesen Fällen mag die Überwachung im konkreten Fall ausgeschlossen sein, nicht aber die Überwachungseignung. Es kommt allein auf die objektive, abstrakt und unabhängig von der Dienststelle und den Nutzern der technischen Einrichtung zu ermittelnde Überwachungseignung an, subjektive Absichten und Ansichten sind insoweit ohne Belang.[173] Erst recht ist die Überwachungseignung nicht ausgeschlossen, wenn lediglich von bestehenden Kontrollmöglichkeiten wie der Auswertung von Telefon- oder Arbeitszeitdaten kein Gebrauch gemacht werden soll oder Bilder von Überwachungs- und Bewegungskameras nur zum Zweck der Kundenüberwachung ausgewertet werden sollen.

**83** Die Zusicherung, von bestehenden Überwachungsmöglichkeiten keinen Gebrauch zu machen, ist im Übrigen auch nur dann verbindlich, wenn sie mit dem Personalrat in einer entsprechenden Dienstvereinbarung niedergelegt ist.[174] Bereits die Erhebung und Speicherung solcher Daten und Bilder ist zweifellos eine Überwachung. Diese Dateien sind auch dann überwachungsgeeignet, wenn zu ihrer Auswertung besondere Programme, Tools oder Geräte angeschafft werden müssten oder es einer technischen Änderung bedarf.[175] Kein Ausschluss der Überwachungseignung liegt auch dann vor, wenn zwar keine individuelle Überwachung einzelner Beschäftigter möglich ist, jedoch eine bestimmte Gruppe von Beschäftigten überwacht werden kann. Der Personalrat ist anhand der Herstellerunterlagen und Betriebsanleitungen und ggf. weiterer Unterlagen (Pflichten- und Lastenhefte, Kostenvoranschläge, Spezifikationen der Lieferung und der Rechnung, Software-Beschreibung) über die Überwachungseignung zu unterrichten. Die Unterrichtung muss sich auch auf unbeabsichtigte, zufällige Überwachungsmöglichkeiten sowie die mit den fraglichen Änderungen und Erweiterungen verbundenen Möglichkeiten und Absichten beziehen.

Ergibt die Darlegung der Dienststelle im Rahmen des Mitbestimmungsvorverfahrens, dass eine Überwachungseignung ausgeschlossen ist, dann endet

---

173 Vgl. auch *OVG NRW* 30.10.2002 – 1 A 142/00.PVL, juris = BeckRS 2005, 30461.
174 *BVerwG* 16.12.1987 – 6 P 32.84, PersR 1988, 51.
175 *BVerwG* 14.6.2011 – 6 P 10.10, PersR 2011, 516.

## § 72

in Bezug auf die fragliche technische Einrichtung das Beteiligungsverfahren. Es kann dann jedoch z. B. bei der Personaldatenverarbeitung das Mitbestimmungsrecht nach Nr. 1 in den Fällen in Betracht kommen, in denen eine Überwachungseignung zwar ausgeschlossen ist, jedoch Personaldaten verarbeitet werden.[176]

Ist jedoch die Eignung zur Überwachung durch die jeweilige technische Einrichtung von vornherein oder aufgrund der Darlegungen im o. g. Vorverfahren nicht ausgeschlossen, so hat ein Mitbestimmungsverfahren zu beginnen.

Technische Einrichtungen sind akustische, elektronische, mechanische, optische oder sonstige Anlagen und Gerätschaften, die unter Verwendung nicht menschlicher, sondern anderweitig erzeugter Energie mit den Mitteln der Technik, insbesondere der Elektronik, eine selbständige[177] und eine eigenständige Leistung erbringen. Deshalb sind Türspione, Spiegel, einseitig durchsichtige Scheiben mangels eigenständiger Kontrollwirkung keine technischen Einrichtungen.[178] Herkömmlichen Gerätschaften, wie Schreibgeräte und Papier, Ferngläser, Lupen, Taschenrechnern oder Stoppuhren, fehlen ebenfalls die Eigenschaft der eigenständigen Kontrollwirkung. Aufgrund der Gesetzesänderung 2011 unterliegen künftig auch Chatprogramme für die interne Kommunikation der Mitbestimmung,[179] weil nicht ausgeschlossen werden kann, dass diese Programme Rückschlüsse auf den Aufenthalt der Beschäftigten erlauben.   84

Die Vorschrift dient dem Persönlichkeitsschutz der Beschäftigten.[180] Es soll den Gefahren durch unbemerkte, unverhältnismäßige, in ihrem Ausmaß nicht durchschaubare Überwachung[181] durch die technisierte Ermittlung von Leistungs- und Verhaltensdaten durch Einräumung des Mitbestimmungsrechts begegnet und der »gläsernen Belegschaft« entgegengewirkt werden. Es soll verhindert werden, dass der Beschäftigte durch eine fortlaufende Kontrolle unter einen Überwachungsdruck gerät, der die freie Entfaltung der Persönlichkeit verhindert.[182] Das Mitbestimmungsrecht dient zugleich dem Schutz des Grundrechts auf informationelle Selbstbestimmung.[183]

---

176 *BVerwG* 14. 6. 2011, a. a. O.
177 *BVerwG* 14. 6. 2011, a. a. O.; 23. 9. 1992 – 6 P 26.90, PersR 1993, 28; 31. 8. 1988 – 6 P 21.86, PersR 1988, 271.
178 *BVerwG* 31. 8. 1988, a. a. O.
179 Anders noch *OVG NRW* 30. 1. 2009 – 16 A 2412/07.PVL, PersR 2009, 217.
180 *OVG NRW* 17. 2. 2000 – 1 A 199/98.PVL, PersR 2001, 31.
181 *BVerwG* 14. 6. 2011 – 6 P 10.10.
182 *BVerwG* 22. 10. 2013 – 6 PB 20.13, BeckRS 2013, 58654.
183 Vgl. Beschluss des *BVerfG* 15. 12. 1983 – 1 BVR 209/83, NJW 1984, 419.

## § 72

**85** Nach der Rechtsprechung des *BVerwG*[184] unterliegen diejenigen technischen Einrichtungen der Mitbestimmung des Personalrats, die nach Konstruktion oder konkreter Verwendungsweise eine Überwachung von Verhalten und Leistung der Beschäftigten ermöglichen. Diese Eignung haben EDV-Anlagen dann, wenn sie mit einem entsprechenden Programm versehen sind oder versehen werden können. Haben solche EDV-Anlagen objektiv eine solche »Eignung«, sind sie auch dazu »bestimmt«, eine Leistungs- und Verhaltenskontrolle durchzuführen. Eignung und Bestimmung sind also insoweit identisch, als alle Anlagen, die objektiv dazu in der Lage sind, eine Leistungs- und Verhaltenskontrolle auf technischem Wege durchzuführen, mitbestimmungsrechtlich auch dazu bestimmt sind, dies zu tun – es sei denn, dass solche Zwecke sowohl technisch ausgeschlossen bzw. beseitigt sind, als auch durch Zusicherung in einer Dienstvereinbarung untersagt sind.

Dementsprechend ist zwischen der objektiven Eignung zur Leistungs- und Verhaltensüberwachung einerseits und der Durchführung einzelner Kontrollhandlungen andererseits zu unterscheiden. Bereits Ersteres löst das Mitbestimmungsrecht aus, z. B. die Erhebung von Leistungs- und Verhaltensdaten der Beschäftigten. Das gilt auch dann, wenn die Verarbeitung dieser Daten mangels eines geeigneten Programms (noch) nicht möglich ist. Es kommt darauf an, was die Beschäftigten vernünftigerweise, durch objektive Umstände veranlasst, an möglicher und zu erwartender Überwachung befürchten dürfen oder müssen.[185] Die Verarbeitung solcher Daten ist eine erst später nachfolgende Kontrollhandlung. Im Hinblick auf die durch die Datenerhebung geschaffene Gefahrenlage für die Persönlichkeitsrechte der Beschäftigten ist ein Mitbestimmungsrecht des Personalrats bereits bei der Datenerhebung und nicht erst bei ihrer Nutzung zu konkreten Kontrollmaßnahmen geboten. Der Mitbestimmung unterliegen sowohl die Regeln bei der Datenerhebung wie diejenigen der Kontroll- und Auswerteschritte. Das schließt die Fragen der Datenverwendung – also die Nutzung solcher Daten für disziplinarische oder arbeitsrechtliche Maßnahmen – ein, weshalb der Mitbestimmung auch die Frage unterliegt, wie mit Daten umgegangen werden soll, die zufällig entstanden sind und mit dem eigentlichen Zweck der Datenerhebung gar nichts zu tun haben.[186] Das *BVerwG* hat seine ursprüngliche Meinung, demzufolge keine Mitbestimmungsrechte bei fehlender Installation entsprechender Programme zur Datenauswertung bestehen, abgeschwächt und erklärt, dass die objektive Eignung zur Überwachung und da-

---

184 Beschluss vom 23. 9. 1992 – 6 P 26.90, PersR 1993, 29, und vom 16. 12. 1987 – 6 P 34.84, PersR 1988, 51.
185 *OVG NRW* 1. 3. 2000 – 1 A 307/98.PVL, n. v.
186 *OVG NRW* 17. 2. 2000 – 1 A 199/98.PVL, PersR 2001, 30.

mit ein Mitbestimmungsrecht dann anzunehmen seien, wenn die Anlage ohne Weiteres mit einem solchen Programm versehen werden könne.[187]
Eine Überwachung des Verhaltens oder der Leistung der Beschäftigten liegt vor, wenn die erhobenen, gespeicherten und genutzten Daten den einzelnen Beschäftigten individuell zugeordnet werden können. Bei Datenerhebung der Tätigkeit einer Arbeitsgruppe ist ein Mitbestimmungsrecht wegen des dadurch auf der gesamten Gruppe und damit auf jedem einzelnen Gruppenmitglied lastenden Überwachungsdrucks zu bejahen.
Mitbestimmungspflichtig ist eine Überwachung sowohl des Verhaltens, wie der Leistung der Arbeitnehmer. Unter Verhalten ist jegliches – sei es dienstliches oder außerdienstliches – Tun oder Unterlassen des Beschäftigten zu verstehen. Leistung meint die Erfüllung der dienstlichen bzw. arbeitsvertraglichen Haupt- oder Nebenpflichten. Eine genaue Abgrenzung zwischen Verhaltens- und Leistungsüberwachung ist jedoch nicht erforderlich, weil sich das Mitbestimmungsrecht auf beide Bereiche bezieht.
Die Rechtsprechung des *BVerwG* ist auf das LPVG NRW nur sehr beschränkt übertragbar, da für die Bejahung eines Mitbestimmungsrechts nicht darauf abzustellen ist, ob eine Überwachungseignung besteht oder zu befürchten ist, sondern darauf, ob die Eignung zur Überwachung ausgeschlossen ist.

Unter **Einführung** einer technischen Einrichtung zur Verhaltens- oder Leistungskontrolle ist die Entscheidung zu verstehen, eine ganz bestimmte Einrichtung zu erwerben, aufzustellen und in Betrieb zu nehmen. Das Mitbestimmungsrecht beginnt bei der frühesten, verbindlichen Entscheidung – sei es durch Auftragsvergabe, Kauf- und Dienstvertrag oder Installation. 86

Die **Anwendung** einer Einrichtung zur technischen Leistungs- und Verhaltenskontrolle ist der tatsächliche Beginn der Inbetriebnahme sowie die Handhabung der Kontrolleinrichtung. Aus Anlass der Anwendung ist dem Personalrat ein Mitbestimmungsrecht bei allen für den laufenden Betrieb der Personaldatenverarbeitung maßgeblichen Regeln einzuräumen, insbesondere also hinsichtlich der Gerätekonfiguration (Aufstellung und Ausstattung mit Einzelgeräten), der Auswahl der benutzten Software, der Regeln zur Datensicherung und zum technischen wie organisatorischen Datenschutz (Zugriffsverbote, Zugangskontrollen, Passwortsysteme, Verschlüsselungssoftware o.Ä.) sowie Regeln zur Sicherung der Persönlichkeitsrechte der Beschäftigten einschließlich der Regeln zur Weiternutzung und -übermittlung per Datenfernübertragung o.Ä. Das *OVG NRW*[188] betont, dass es sich bei der »Anwendung« nicht um jeden einzelnen Bedienungsschritt, sondern um die allgemeine Handhabung der technischen Kontrolleinrichtung handelt – u. a. also um die technischen und organisatorischen Maßnahmen, die gemäß § 37 Nr. 6 DSG NRW, Art. 25 Abs. 2 DSGVO von öffentli- 87

---

187 *BVerwG* 27.11.1991 – 6 P 7.90, PersR 1992, 147.
188 Entscheidung vom 20.1.2000 – 1 A 128/98.PVL, PersR 2000, 456.

## § 72

chen Stellen zu treffen sind, um eine angemessene Sicherheit der personenbezogenen Daten zu gewährleisten. Hierzu gehört auch – so § 37 Nr. 6 DSG NRW – »ein durch geeignete technische und organisatorische Maßnahmen zu gewährleistender Schutz vor unbefugter oder unrechtmäßiger Verarbeitung, unbeabsichtigtem Verlust, unbeabsichtigter Zerstörung oder unbeabsichtigter Schädigung«.

Einführung und Anwendung können zusammenfallen, es können aber auch nachträgliche Maßnahmen, die der näheren Regelung oder Änderung des laufenden Betriebs der technischen Kontrolleinrichtung dienen, gesondert der Mitbestimmung unterliegen.

Eine wesentliche Änderung ist – so der Gesetzgeber[189] – von ihren Auswirkungen her mit der Einführung vergleichbar, weshalb auch diese Fallkonstellation der Mitbestimmung unterfallen soll. Das kommt z. B. bei der Ausweitung der Überwachung durch zusätzliche Auswertungen oder durch Erweiterung der Datenspeicherung sowie durch Übermittlung der Leistungs- und Verhaltensdaten an zusätzliche Personen oder Stellen in Betracht. Eine Änderung liegt stets vor, wenn neue Anwendungs- und Auswertungsmöglichkeiten geschaffen werden. Wesentlich sind solche Änderungen, wenn die zusätzlichen Überwachungsmöglichkeiten nicht mehr von der ursprünglichen Zustimmung des Personalrats gedeckt sind.

**88** Eine Ausweitung liegt im Unterschied zur bloßen Änderung vor, wenn die Möglichkeiten zur Leistungs- und Verhaltensüberwachung ausgedehnt werden, indem zusätzliche Erkenntnismöglichkeiten geschaffen werden. Neue Software ermöglicht z. B. die sehr viel weitergehende Auswertung von Arbeitszeitdaten oder es werden zusätzliche Überwachungskameras an neuen Standorten aufgestellt. Wesentlich ist eine Ausweitung stets dann, wenn sie weitergehend in die Persönlichkeitsrechte der Beschäftigten eingreift als vor der Maßnahme.

Im Übrigen ist eine genaue Abgrenzung zwischen einer Änderung und einer Ausweitung nicht immer möglich, aber auch unnötig. Jegliche Veränderungen von technischen Einrichtungen, die zu einem anderen oder höheren Maß an Überwachung von Leistung oder Verhalten der Beschäftigten führen können, unterliegt der Mitbestimmung, weil auch insoweit für die Beteiligung des Personalrats allein ausschlaggebend ist, ob eine zusätzliche Überwachungseignung »ausgeschlossen« ist. Kann das nicht dargelegt werden, ist das Mitbestimmungsrecht zu wahren.

---

189 LT-Drucks. 15/1644, S. 85.

## 3. Neue Arbeitsmethoden (Abs. 3 Nr. 3)

Nach der grundlegenden Entscheidung des *BVerwG*[190] ist unter der Arbeitsmethode »das auf der Grundlage der personellen, räumlichen, technischen und sonstigen bedeutsamen Gegebenheiten und Möglichkeiten der Dienststelle entwickelte Modell des Ablaufs derjenigen Arbeiten (zu verstehen), die zur Erfüllung der gestellten Aufgabe geleistet werden muss«. Durch die Arbeitsmethode wird festgelegt, auf welchem Bearbeitungsweg und mit welchen Arbeitsmitteln durch welche Beschäftigten die Aufgaben der Dienststelle erfüllt werden sollen.[191] Die Arbeitsmethode bildet – so das Gericht – »das Leitbild für die Organisation und die technische Ausgestaltung des Arbeitsablaufs.« Der Zweck dieses Mitbestimmungsrechts ist[192] der Schutz des einzelnen Beschäftigten bei der Arbeit vor Überbeanspruchung oder Gefährdung seiner körperlichen und seelischen Gesundheit. Mit diesen Definitionen sind der Rationalisierungsschutz einerseits von der Mitbestimmung ausgeblendet und Wandlungen in der Aufgabenstellung der Dienststelle – etwa bei Teilprivatisierungen oder Gestellung – ebenfalls aus dem Mitbestimmungsrecht ausgeblendet. Die Aufgabenstellung der Dienststelle sei eine vom Personalrat nicht beeinflussbare Zielvorgabe für die Dienststelle.[193]

89

»Neu« ist eine Arbeitsmethode dann, wenn sie bislang noch nicht in der Dienststelle oder in dem Teil der Dienststelle, in dem die Einführung bzw. Änderung vorgenommen werden soll, praktiziert worden ist.[194] Es ist auf die Sicht der Betroffenen abzustellen. Eine Ausweitung vorhandener Arbeitsmethoden auf weitere Arbeitsplätze oder Bereiche kann daher auch neu sein.[195]

90

»Grundlegend« neu sind einschneidende Änderungen und Maßnahmen »von Gewicht«.[196] Solche grundlegenden Änderungen sind dann anzunehmen, wenn ins Gewicht fallende körperliche und geistige Auswirkungen für die von ihr betroffenen Beschäftigten zu verzeichnen sind.[197]

Als Beispiele einer grundlegend neuen Arbeitsmethode können die Umstellung von manueller auf automatisierte Datenverarbeitung[198] und – insbesondere – Maßnahmen der technischen Rationalisierung im Sinne des § 72

---

190 Vom 30.8.1985 – 6 P 20.83, PersR 1985, 184.
191 *OVG NRW* 6.11.2012 – 20 A 2072/11.PVL, juris; *BVerwG* 14.6.2011 – 6 P 10/10, PersR 2001, 521.
192 *BVerwG* 30.8.1985, a.a.O.
193 *BVerwG* 30.8.1985, a.a.O.
194 *OVG NRW* 6.11.2012 – 20 A 2072/11.PVL, juris.
195 *BVerwG* 27.11.1991 – 6 P 7.90, PersR 1992, 147.
196 Dazu *OVG NRW* 10.2.1999 – 1 A 411/97.PVL, PersR 1999, 314.
197 *BVerwG* 30.8.1998 – 6 P 20.83, PersR 1985, 184; *OVG NRW* 6.11.2012 – 20 A 2072/11.PVL, juris.
198 *BVerwG* 27.11.1991 – 6 P 7.90, PersR 1992, 147.

Abs. 3 Nr. 6 a. F. sowie die Einführung von Telearbeit und die Auslagerung von Arbeitsplätzen zwecks Heimarbeit an technischen Geräten (§ 72 Abs. 3 Nr. 4 a. F.) gelten.

**91** Spätere Änderungen der Arbeitsmethoden sind dann mitbestimmungspflichtig, wenn sie aufgrund ihres Umfangs einer Einführung vergleichbar sind[199] oder wenn es sich um eine wesentliche Änderung oder Ausweitung handelt. Das Mitbestimmungsrecht wurde eingeführt, weil – so die Gesetzesbegründung[200] – eine wesentliche Änderung der bisherigen Methoden »ebenso belastend und überfordernd wie eine neue Arbeitsmethode« sein kann.« »Wesentlich« sind die Änderungen dann, wenn sie belangreiche Auswirkungen auf die Rechte oder Arbeitsumstände der Beschäftigten (»ins Gewicht fallende körperliche oder geistige Auswirkungen«[201] haben.

Nr. 3 beinhaltet eine enumerative Aufzählung mitbestimmungspflichtiger Maßnahmen in Bezug auf Arbeitsmethoden. Es besteht bei der Einführung grundlegend neuer sowie der wesentlichen Änderung oder der wesentlichen Ausweitung solcher Arbeitsmethoden. Ein anderes Verständnis dieser Vorschrift würde dem Wortlaut widersprechen und dazu führen, dass ein Mitbestimmungsrecht nur zu bejahen wäre, wenn eine Arbeitsmethode sowohl grundlegend neu ist als auch zugleich sowohl wesentlich geändert wie ausgeweitet wird.[202] Ein Mitbestimmungsrecht besteht daher entweder dann, wenn grundlegend neue Arbeitsmethoden eingeführt werden oder bestehende Arbeitsmethoden – die nicht neu sein müssen – wesentlich geändert oder ausgeweitet werden.

Eine »wesentliche« Ausweitung neuer Arbeitsmethoden liegt auch vor, wenn zunächst nur begrenzt praktizierte Arbeitsmethoden auf die gesamte Dienststelle oder weitere Teile ausgeweitet und auch dort angewandt werden.

### 4. Hebung der Arbeitsleistung, Erleichterung des Arbeitsablaufs, Änderung der Arbeitsorganisation (Abs. 3 Nr. 4)

**92** Für ein Mitbestimmungsrecht bei Hebung der Arbeitsleistung und Erleichterung des Arbeitsablaufs sowie Änderung der Arbeitsorganisation reicht es aus, dass solche Maßnahmen eine Hebung der Arbeitsleistung zur Folge haben. Auch die Änderung der Arbeitsorganisation ist bereits bei Maßnahmen »der« Änderung mitbestimmungspflichtig und nicht ausschließlich bei solchen, die zum Zweck und in der Absicht ihrer Änderung getroffen werden. Mitbestimmungspflichtig sind die Ergebnisse und Auswirkungen solcher

---

199 *BVerwG* 14.6.2011 – 6 P 10.10, PersR 2011, 516.
200 LT-Drucks. 15/1644, 85.
201 So *BVerwG* 14.6.2011 – 6 P 10.10, PersR 2011, 516.
202 So aber *VG Düsseldorf* 28.9.2016 – 34 L 2461/16.PVL, juris.

## § 72

organisatorischer Maßnahmen ohne Rücksicht auf die beabsichtigten Ziele und Zwecke. Das Mitbestimmungsrecht soll die von der Maßnahme Betroffenen vor unnötigen oder unzumutbaren Belastungen bewahren.[203] Arbeitsleistung ist der körperliche Einsatz und der geistige Aufwand, den der Beschäftigte erbringen muss, um das ihm abverlangte Arbeitsergebnis in qualitativer und quantitativer Hinsicht zu erzielen.[204] Eine Hebung der Arbeitsleistung liegt vor, wenn die erhöhte Inanspruchnahme der oder des Beschäftigten als Folge eines geänderten Arbeitstaktes oder eines geänderten Arbeitsablaufs eintritt und auch bei solchen Vorgängen, bei denen die Dienststelle sinngemäß unter Betrachtung aller Umstände zum Ausdruck bringt, dass ein schnellerer Arbeitstakt oder ein höherer mengenmäßiger Ertrag erwartet wird.[205]

Eine Hebung der Arbeitsleistung tritt bei allen Maßnahmen ein, die zum Ergebnis haben, dass die Effektivität der Arbeit in der vorgegebenen Zeit qualitativ oder quantitativ gefördert wird. Das heißt: Güte und Menge der zu leistenden Arbeit werden gesteigert.[206] Das trifft regelmäßig auf Rationalisierungsmaßnahmen, jedoch nicht ausschließlich auf sie[207] zu. Es ist also auf die erhöhte Inanspruchnahme des betroffenen Beschäftigten und nicht etwa auf die Steigerung der Menge oder der Qualität des Arbeitsertrages abzustellen.[208] Der Begriff der Arbeitsleistung – so das *OVG*[209] – »bezeichnet weder die Menge der während der festgelegten Arbeitszeit geleisteten Arbeit noch deren sachlichen Ertrag, das Arbeitsprodukt, sondern den körperlichen Einsatz und geistigen Aufwand, den der Beschäftigte erbringen muss, um das ihm abverlangte Arbeitsergebnis in qualitativer oder quantitativer Hinsicht zu erzielen«.

Mit der Gesetzesänderung ist der bisherigen Rechtsprechung des *OVG NRW* der Boden entzogen, die im Wesentlichen geprüft hat, ob die fragliche Maßnahme auf eine Steigerung von Güte oder Menge der Arbeitsleistung abzielte, es genügt künftig, wenn sie eine solche Steigerung zur Folge hat.[210] Es kann deshalb davon ausgegangen werden, dass entgegen der bisherigen Rechtsprechung künftig z. B. die Einführung eines Chatprogramms für die

---

203 *BVerwG* 9.1.2008 – 6 PB 15.07, PersR 2008, 216.
204 *OVG NRW* 20.12.1989 – CL 53/87, PersV 1991, 174.
205 *BVerwG* 14.6.2011 – 6 P 10.10, PersR 2011, 516.
206 *OVG NRW* 20.12.1989, a.a.O.; *BVerwG* 31.7.1992 – 6 P 20.90, PersR 1992, 408; 9.1.2008 – 6 PB 15.07, PersR 2008, 216.
207 *OVG NRW* 10.2.1999 – 1 A 411/97.PVL, PersR 1999, 314.
208 *OVG NRW* 4.10.1990, a.a.O.; *BVerwG* 19.5.2003 – 6 P 16.02, PersR 2003, 314.
209 *OVG NRW* 10.2.1999, a.a.O.
210 Das berücksichtigt das *OVG NRW* 24.3.2015 – 20 A 97/14.PVl, PersR 2016, 48, nur teilweise, wenn es behauptet, das Mitbestimmungsrecht bestehe »ausnahmsweise« auch dann, wenn die Zielrichtung der Maßnahme nicht eindeutig feststellbar sei.

## § 72

interne Kommunikation,[211] die Einrichtung eines zweiten Publikumsnachmittags,[212] die Reduzierung der Nachtdienstbesetzung[213] und die Einführung der Intervallreinigung[214] als Hebung der Arbeitsleistung der Mitbestimmung unterliegen, weil es nur noch auf die Auswirkung der Maßnahme und nicht mehr auf die mit ihr verbundenen Absichten ankommt.

Zielvereinbarungen sind ebenfalls Maßnahmen, die eine Hebung der Arbeitsleistung bewirken.[215] Der Mitbestimmung unterliegt dabei sowohl eine allgemeine Regelung, auf deren Grundlage solche Zielvereinbarungen zwischen Vorgesetzten und Beschäftigten zu vereinbaren sind, als auch der Abschluss der einzelnen Zielvereinbarung mit dem Beschäftigten. Maßgebend ist, ob mit einer solchen allgemeinen Regelung zusätzliche Arbeits- und Dienstpflichten definiert und begründet werden sollen.[216] Nach wie vor keine Hebung der Arbeitsleistung ist der Wegfall zweier Stellen im Zusammenhang mit der Änderung des Organisations- und Dienstverteilungsplans, wenn und soweit sich die eventuelle Zunahme der Belastung der verbliebenen Beschäftigten genauer Feststellung entzieht.[217]

**93** Die **Erleichterung** des Arbeitsablaufs ist die Veränderung der zeitlichen und räumlichen Aufeinanderfolge von Arbeitsgängen zur Erzielung eines bestimmten Arbeitsergebnisses.[218] Die Arbeitsabläufe sollen also flüssiger, einfacher oder rationeller gestaltet werden, was zu erhöhten Belastungen der Beschäftigten führen kann. Die »Erleichterung« bezieht sich also nicht auf die Arbeit bzw. auf Erleichterungen zugunsten der Beschäftigten, sondern auf eine effektivere und flüssigere Gestaltung der Arbeitsabläufe, was typischerweise mit einer höheren Beanspruchung der daran beteiligten Beschäftigten verbunden ist.[219] Für die Bejahung des Mitbestimmungsrechts kommt es nicht mehr darauf an, ob die Absicht der Dienststelle besteht, die Beschäftigten innerhalb der Arbeitszeit stärker in Anspruch zu nehmen als bisher[220] bzw. – wie das *BVerwG*[221] meint – ob die rationellere Gestaltung des Arbeitsablaufes »typischerweise« zu einer höheren Beanspruchung der Beschäftigten führt. Es genügt, dass bei Betrachtung von Ergebnis und Auswir-

---

211 *OVG NRW* 30.1.2009 – 16 A 2412.07.PVL, PersR 2009, 217.
212 *OVG NRW* 20.11.1997 – 1 A 3125/95.PVL, PersR 1998, 336; *BVerwG* 1.9.2004 – 6 P 3.04, PersR 2004, 437.
213 Vgl. *BVerwG* 28.12.1998 – 6 P 1.97, ZfPR 1999, 52.
214 *OVG NRW* 24.5.1988 – CL 40/86, PersV 1991, 305.
215 Vgl. *VG Mainz* 7.10.2010 – 2 L 815/10.MZ, PersR 2011, 76.
216 *HessVGH* 18.2.2010 – 22 A 2457/08. PV, PersR 2010, 256.
217 *OVG NRW* 20.1.1993 – CL 42/89, PersR 1993, 520.
218 *BVerwG* 19.5.2003, 6 P 16.02, PersR 2003, 314.
219 *BVerwG* 15.12.1978 – 6 P 13.78, PersV 1980, 145; 9.1.2008 – 6 PB 15.07.
220 *OVG NRW* 24.3.2015 – 20 A 97/14.PVL, PersR 4/2016, 48; 26.2.1987 – CL 29/85, PersR 1988, 112.
221 Vom 19.5.2003 – 6 P 16.02, PersR 2003, 314.

kung der Maßnahme eine Erleichterung des Arbeitsablaufs eintritt bzw. sich auf die Beschäftigten auswirkt und sich »als zwangsläufige Folge«[222] darstellt.
In Betracht kommen neben organisatorischen Maßnahmen insbesondere die Bereitstellung technischer Arbeitshilfen zur Vereinfachung der Arbeitsabläufe, z. B. die erstmalige Aufstellung von Bildschirmgeräten oder Geldausgabeautomaten.[223]

Der Personalrat kann von diesem Mitbestimmungsrecht unter bestimmten Voraussetzungen auch im Wege des Initiativantrags Gebrauch machen. Voraussetzung ist jedoch, dass es dem Personalrat bei einem solchen Antrag darum geht, eine mitbestimmungspflichtige Maßnahme zur Hebung der Arbeitsleistung oder Erleichterung des Arbeitsablaufs rückgängig zu machen, auszugleichen oder abzumildern.[224] Fehlt es an einer solchen »materiellen Symmetrie« – so das *BVerwG* –, würde durch die Wahrnehmung des Mitbestimmungsrechts in aktiver Form sein Inhalt unzulässig erweitert. Der Initiativantrag des Personalrats auf Einräumung eines Entlastungskontingents wegen langjährig eingetretener Mehrbelastung ist daher nicht zulässig. Möglich ist jedoch z. B. das Verlangen einer solchen Entlastung im Wege des Initiativantrags zur Abmilderung einer bestimmten, von der Dienststelle getroffenen Maßnahme zur Hebung der Arbeitsleistung oder Erleichterung des Arbeitsablaufs.

94

**Maßnahmen der Änderung der Arbeitsorganisation** unterliegen ebenfalls der Mitbestimmung. Zwar ist der Gesetzesbegründung lediglich zu entnehmen, dass der Rechtszustand, der vor 2007 bestand, wiederhergestellt werden soll. Allerdings unterscheidet sich der Wortlaut dieses Mitbestimmungsrechts dahingehend, dass Maßnahmen »der« Änderung der Arbeitsorganisation mitbestimmungspflichtig sind, während vor 2007 nur Maßnahmen »zur« Änderung der Arbeitsorganisation mitbestimmungspflichtig waren. Die Änderung dürfte den gleichen Zweck haben wie bei den vorherigen Mitbestimmungstatbeständen nach Nr. 4: Es soll nicht darauf ankommen, was mit der Maßnahme bezweckt wird, vielmehr werden allein die Auswirkungen der Maßnahme betrachtet.[225]

95

Unter Arbeitsorganisation versteht das *OVG NRW*[226] die planmäßige Regelung der Arbeitsausführung zur Erfüllung der Aufgaben der Dienststelle durch deren Beschäftigte im Sinne einer Arbeitsablauforganisation. Maßnahmen zur Änderung dieser so definierten Arbeitsorganisation sind nur

---

222 LT-Drucks. 15/1644, 85.
223 *OVG NRW* 16. 1. 1984 – CL 36/82, juris; 24. 2. 1983 – CL 68/81, PersV 1985, 371.
224 *BVerwG* 9. 1. 2008 – 6 PB 15.07, PersR 2008, 216.
225 LT-Drucks. 15/1644, 85.
226 Beschluss vom 25. 10. 1989 – CL 63/86, ZTR 1990, 275, und vom 24. 5. 1988 – CL 40/86, PersV 1991, 305.

**§ 72**

dann mitbestimmungspflichtig, wenn sie sich unmittelbar auf die Arbeit auswirken, das heißt auf die bisher von den einzelnen Beschäftigten konkret vorzunehmenden Arbeitsgänge und Arbeitsvorgänge.

**96** Bloße Änderungen der Arbeitsverteilung – wie sie z. B. durch die Änderung von Organisations- und Geschäftsverteilungsplänen veranlasst werden – sollen nicht der Mitbestimmung unterliegen.[227]
Entgegen der Ansicht des *OVG NRW*[228] kann nach der Novelle 2011 nicht mehr verlangt werden, dass die Änderung der Arbeitsorganisation sich auch unmittelbar auf die einzelnen Beschäftigten auswirkt.

### 5. Betriebliche Informations- und Kommunikationsnetze (Abs. 3 Nr. 5)

**97** Unter einem Informations- und Kommunikationssystem ist ein technisches System, das aus mehreren Endgeräten, einem Transportmedium und ggf. weiteren Komponenten besteht und dazu dient, Informationen von einem Ort zum anderen zu übermitteln, zu verstehen.[229] Betrieblich ist ein solches Netz, wenn es eine Kommunikation innerhalb der Dienststelle ermöglicht – gleich in welchem (technischen) Umfang eine Informationsübermittlung erfolgen kann.[230]

Es kann sich dabei um ein vernetztes PC-System handeln, mit dem die einzelnen Teilnehmer untereinander kommunizieren können bzw. der Nutzer definierte Zugänge zu einem Zentralrechner innerhalb eines Netzes hat. Zu solchen Informations- und Kommunikationsnetzen gehören auch Telefonanlagen, die Einführung und Anwendung von Bildschirmtext (BTX),[231] die Einrichtung und Erweiterung von Datenfernübertragungen (DATEX-J, DATEX-P, Anschaffung und Inbetriebnahme von Modems, Internet- oder Intranet-Anschlüsse), aber auch interne Rufanlagen, Ausrüstung der Beschäftigten mit Funkgeräten oder mobilen Telefonen (Handys), die Ausstattung von Dienstfahrzeugen mit Funkgeräten oder mobilen Telefonen sowie Gegensprechanlagen.

Auch der Einsatz eines Chat-Programms für die interne Kommunikation unterliegt nach dieser neuen Vorschrift künftig der Mitbestimmung.[232]

---

227 Siehe *OVG NRW* 21.6.1989 – CL 3/88, ZBR 1990, 30; 5.7.1990 – CL 47/88, n.v.; 10.2.1999 – 1 A 411/97.PVL, PersR 1999, 314; 6.2.2002 – 1 A 3279/00.PVL, PersR 2002, 406.
228 *OVG NRW* 30.1.2003 – 1 A 5763/00.PVL, juris.
229 So *OVG NRW* 12.5.1991 – CL 85/88, PersR 1992, 157; 22.5.1996 – 1 A 530/93.PVL; 1.3.2000 – 1 A 307/98.PVL, n.v.
230 Zu weitgehend insoweit *OVG NRW* 22.5.1996, a.a.O.
231 *OVG NRW* 7.6.1988 – CL 10/86 zur alten Rechtslage.
232 Vgl. zum alten Rechtsstand: *OVG NRW* 30.1.2009 – 16 A 2412/07.PVL, PersR 2009, 217.

## 6. Einrichtung von Arbeitsplätzen außerhalb der Dienststelle (Abs. 3 Nr. 6)

Mit diesem Mitbestimmungsrecht wird – so der Gesetzgeber[233] – die grundsätzliche Entscheidung über die Einrichtung von Arbeitsplätzen außerhalb der Dienststelle, z. B. eines Home Office oder von Telearbeitsplätzen, nunmehr der Mitbestimmung unterworfen. Zu regeln sind die technischen, räumlichen und datenschutzrechtlichen Bedingungen solcher Arbeitsplätze, die Kostentragung bei ihrer Einrichtung. Nach Abs. 4 Nr. 1 sind die Festlegung von Erreichbarkeit am Heimarbeitsplatz und der Einschaltzeiten des Computers, aber auch etwaiger Präsenzzeiten in der Dienststelle gesondert mitbestimmungspflichtig.

98

Wird einem einzelnen Beschäftigten die Einrichtung und Bereitstellung eines solchen Home Office verwehrt, besteht ein gesondertes Mitbestimmungsrecht nach Abs. 1 Nr. 14.

## V. Insbesondere kollektive Angelegenheiten (Abs. 4)

In Absatz 4 sind Maßnahmen verschiedener Art, meist kollektive Angelegenheiten zusammengefasst. Das Mitbestimmungsrecht in Arbeitszeitfragen nach Nr. 1 und 2 erstreckt sich u. a. auf Gleitzeitregelungen sowie auf Regelungen zum Ausgleich von Mehrarbeit. In Nr. 5 ist vorgesehen, dass das Mitbestimmungsrecht bei der Entgeltgestaltung auch für entsprechende Regelungen für Beamte gilt, in Nr. 6 ist die Abberufung von Vertrauens- und Betriebsärzten sowie die Bestellung und Abberufung von Sicherheitsfachkräften wieder mitbestimmungspflichtig und darüber hinaus die Bestellung der oder des Datenschutzbeauftragten. Zu den Maßnahmen zur Verhütung von Dienst- und Arbeitsunfällen und sonstigen Gesundheitsschädigungen zählen künftig auch Maßnahmen vorbereitender und präventiver Art. Das Mitbestimmungsrecht beim Abschluss von Arbeitnehmerüberlassungs- oder Gestellungsverträgen ist in Nr. 20 wieder eingeführt worden. Hinzugefügt wurde in Nr. 21 die Aufstellung von Grundsätzen zu Arbeitszeitmodellen und die erstmalige Einführung grundlegend neuer Formen der Arbeitsorganisation. Die Privatisierung ist nach Nr. 22 in erweiterter Form wieder mitbestimmungspflichtig; künftig sind solche Auslagerungen auf Dritte in jeglicher Rechtsform mitbestimmungspflichtig.

99

Absatz 4 enthält den Vorbehalt in Satz 1, demzufolge ein Mitbestimmungsrecht nur besteht, soweit eine gesetzliche oder tarifliche Regelung nicht vorhanden ist. Zum Inhalt und zur Bedeutung dieses Vorbehalts siehe Rn. 57.

---

[233] LT-Drucks. 15/1644, 85.

## § 72

### 1. Beginn und Ende der täglichen Arbeitszeit und der Pausen, Verteilung der Arbeitszeit auf die einzelnen Wochentage, gleitende Arbeitszeit (Abs. 4 Nr. 1)

**100** Das Mitbestimmungsrecht bei der Arbeitszeit bezieht sich auf sämtliche Vorgänge, die die zeitliche Lage der dienstrechtlich oder arbeitsvertraglich geschuldeten Arbeitszeit sämtlicher oder einzelner Arbeitnehmer regeln.

**101** Beschränkt – allerdings nicht ausgeschlossen –[234] wird das Mitbestimmungsrecht durch gesetzliche Regelungen im Arbeitszeitgesetz und in der Arbeitszeitverordnung für Beamte des Landes Nordrhein-Westfalen. Das Arbeitszeitgesetz sieht jedoch nur arbeitsschutzrechtliche Obergrenzen und Normen vor, innerhalb derer sich die Ausübung des Mitbestimmungsrechts zu bewegen hat. Diese einzuhalten ist wegen der sehr weitgehenden Möglichkeiten des Arbeitszeitgesetzes keine tatsächliche Schranke bei der Ausübung von Mitbestimmung.

Aufgrund der Ermächtigung in § 13 Abs. 2 ArbZG, § 78 Abs. 3 LBG sieht die Arbeitszeitverordnung für Beamte des Landes NRW in § 2 vor, dass die regelmäßige Arbeitszeit wöchentlich 41 Stunden beträgt, bei Beamten ab dem 60. Lebensjahr oder mit einem GdB von mindestens 80 % beträgt sie 39 Stunden und bei Beamten ab dem 55. Lebensjahr oder einem GdB von 50 % beträgt sie 40 Stunden.

Für die Dienststellen des Landes sieht § 7 ArbZVO Uhrzeiten über Beginn und Ende der werktäglichen Arbeitszeit vor. Gemäß § 7 Abs. 5 ArbZVO regeln die Gemeinden, die Gemeindeverbände und die anderen der Aufsicht des Landes unterstehenden Körperschaften, Anstalten und Stiftungen des öffentlichen Rechts die Dienststunden nach den örtlichen Erfordernissen. Für diese Dienststellen besteht das Mitbestimmungsrecht bei der zeitlichen Lage und der täglichen Dauer uneingeschränkt.

**102** Arbeitsvertragliche Regeln begrenzen das Mitbestimmungsrecht regelmäßig nicht. In der Regel werden Arbeitsdauer-Vereinbarungen getroffen (z. B. eine bestimmte Wochenstundenzahl unterhalb der tariflichen oder gesetzlichen Wochenarbeitszeit), so dass für die zeitliche Lage ein Mitbestimmungsrecht verbleibt. Kein Mitbestimmungsrecht des Personalrats besteht jedoch hinsichtlich solcher Regelungen, die die arbeitsrechtliche Bewertung der von den Beschäftigten geschuldeten Leistungen unter zeitlichen Gesichtspunkten betreffen.[235]

**103** Tarifvertragliche Regelungen über die Arbeitszeit, die das Mitbestimmungsrecht des Personalrats beschränken, finden sich in §§ 6–10 TVöD/TV-L. Danach beträgt die regelmäßige wöchentliche Arbeitszeit 39 Stunden 50 Minu-

---

[234] Ein Mitbestimmungsrecht bei Sonntagsarbeit daher bejahend: *OVG NRW* 9.11.2018 – 20 A 526/17.PVL, PersR 9/2019, 38, mit Anm. *Kohte*.
[235] *OVG NRW* 31.1.2014 – 20 A 1198/13.PVL, PersV 2014, 235.

## § 72

ten (§ 6 Abs. 1a TV-L) bzw. 38,5 Stunden (§ 6 Abs. 1b TVöD). Ausnahmen gelten für Mitarbeiter die in Wechselschicht arbeiten, Beschäftigte an Kliniken und Krankenhäusern sowie in bestimmten Sonderbereichen. Für die Berechnung des Durchschnitts der regelmäßigen wöchentlichen Arbeitszeit ist ein Zeitraum von bis zu einem Jahr zugrunde zu legen (§ 6 Abs. 2 Satz 1 TVöD/TV-L).

Die Tarifverträge erlauben die Einrichtung eines wöchentlichen Arbeitszeitkorridors von bis zu 45 Stunden oder – alternativ – die Einführung einer täglichen Rahmenzeit von bis zu zwölf Stunden in der Zeit von 6.00 Uhr bis 20.00 Uhr (§ 6 Abs. 6 und 7 TVöD/TV-L). Eine solche Rahmenzeit bzw. ein Arbeitszeitkorridor kann nur aufgrund einer Dienstvereinbarung eingeführt werden, die nach § 38 Abs. 3 TVöD/TV-L nur vorliegt, wenn sie »ohne Entscheidung der Einigungsstelle« zustande gekommen ist. § 10 Abs. 1 Satz 3 TVöD/TV-L schreibt darüber hinaus vor, dass im Falle der Einrichtung eines wöchentlichen Arbeitszeitkorridors bzw. der Einführung einer täglichen Rahmenzeit zwingend ein Arbeitszeitkonto zugunsten jedes einzelnen an diesen Sonderformen der Arbeitszeit teilnehmenden Beschäftigten einzurichten ist. Auch dieses Arbeitszeitkonto ist durch Dienstvereinbarung einzurichten, wobei zum Inhalt dieser Dienstvereinbarung § 10 Abs. 5 TVöD/TV-L nähere Bestimmungen trifft.

Diese tarifliche Flexibilisierung der Arbeitszeit setzt also ein Einvernehmen mit dem Personalrat voraus, das durch einen Einigungsstellenspruch nicht ersetzt werden kann. Zwar ist nach § 66 Abs. 7 Satz 3 eine verbindliche Letztentscheidung der Einigungsstelle in den Mitbestimmungsangelegenheiten nach Nr. 1 bei Beginn und Ende der täglichen Arbeitszeit und der Pausen sowie bei Verteilung der Arbeitszeit auf die einzelnen Wochentage zulässig. Damit wäre auch eine verbindliche Letztentscheidung über die tariflichen Flexibilisierungsmodelle einer täglichen Rahmenzeit und eines wöchentlichen Arbeitszeitkorridors sowie die Einrichtung von Arbeitszeitkonten zulässig. Das Mitbestimmungsrecht ist jedoch tariflich dahingehend beschränkt, dass eine einvernehmliche Dienstvereinbarung zustande kommen muss. Wird gleichwohl die Einigungsstelle angerufen, ist sie unzuständig. Wird durch Einigungsstellenspruch eines der tariflichen Flexibilisierungsmodelle eingeführt, ist der Spruch insoweit unwirksam und anfechtbar, und die Arbeitnehmer sind nicht gehalten, nach diesen Modellen zu arbeiten.[236] Werden solche Arbeitszeitmodelle in allgemeiner Form eingeführt, besteht ein zusätzliches Mitbestimmungsrecht nach Nr. 21.

Der Mitbestimmung unterliegen kollektive Regeln[237], also solche, die sich auf einen kollektiven Tatbestand bezieht. Ein kollektiver Tatbestand liegt

**104**

---

236 Vgl. *v. Roetteken*, PersR 2006, 96.
237 Vgl. *OVG NRW* 1.4.1992 – CL 22/89, PersR 1993, 240.

## § 72

vor – so das *BVerwG*[238] –, wenn sich eine Regelungsfrage stellt, die die Interessen der Beschäftigten unabhängig von der Person und den individuellen Wünschen des Einzelnen berührt, auf die Zahl der von einer Regelung Betroffenen kommt es nicht an.[239] Das Mitbestimmungsrecht entfällt nur dann, wenn es ausschließlich um individuelle Regelungen eines einzelnen Beschäftigten ohne Auswirkungen auf weitere Beschäftigte geht.[240] Unter täglicher Arbeitszeit ist nicht nur die regelmäßige Arbeitszeit, sondern jede aus irgendeinem Grunde verlängerte oder verkürzte tägliche Arbeitszeit für die Beschäftigten der Dienststelle insgesamt oder eine Gruppe von ihnen zu verstehen.[241] Unter Gruppe ist ein funktional abgrenzbarer Teil der Beschäftigten zu verstehen, wobei sich die Abgrenzung aus organisatorischen, persönlichen oder aufgabenmäßigen Gesichtspunkten ergeben kann.[242] Daneben besteht jedoch auch ein Mitbestimmungsrecht bei Einzelfall- und Teilregelungen. Es ist auf den Schutzzweck der Regelung abzustellen, die eine Beachtung der Interessen der einzelnen Beschäftigten bei Festlegung der zeitlichen Lage ihrer Arbeitszeit bewirken soll. Insbesondere bei der Vereinbarung von besonderen Arbeitszeiten für einzelne Beschäftigte besteht unter dem Gesichtspunkt des Schutzes dieses Personenkreises Bedarf an der Beteiligung des Personalrats auch in diesen Fällen – vor allem, wenn die Regelung mittelbar Auswirkungen auf die Belange anderer Beschäftigten hat.[243]. Dementsprechend ist ein Mitbestimmungsrecht auch dann zu bejahen, wenn nur Teilregelungen möglich sind oder angestrebt werden (z. B. bei Ende der Probenzeiten für Bühnenangestellte).[244] Ein Mitbestimmungsrecht besteht für Dauer-Regelungen über die dienststellenüblich einzuhaltenden Arbeitszeiten. Mitbestimmungspflichtig sind auch die Regeln zur Erstellung von Dienstplänen und Rahmenplänen einschließlich der Besetzungspläne. Nach Sinn und Zweck des Mitbestimmungsrechts nach Nr. 1 kann der Personalrat seine Zustimmungsverweigerung auch darauf stützen, dass eine Arbeitszeitregelung mit unmittelbaren Nachteilen für berechtigte Interessen der Beschäftigten wie dem Schutz der Gesundheit verbunden sein kann.[245]

---

238 *BVerwG* 30. 6. 2005 – 6 P 9.04, PersR 2005, 416.
239 *OVG NRW* 21. 7. 2004 – 1 A 3554/02.PVL, PersR 2005, 121; 9. 11. 2018 – 20 A 526/17.PVL, juris.
240 Zu eng daher: *OVG NRW* 25. 1. 2012 – 20 A 199/10.PVL, PersR 2012, 127.
241 *OVG NRW* 21. 7. 2004, a. a. O.
242 Für Schulhausmeister: *OVG NRW* 5. 2. 1998 – 1 A 4363/95.PVL, PersR 1998, 526; *LAG Köln* 25. 9. 1997 – 10 (4) Sa 507/97, PersR 1998, 435.
243 *OVG NRW* 1. 12. 2004 – 1 A 1294/03.PVL, PersR 2005, 242.
244 Bejahend *BVerwG* 12. 8. 2002 – 6 P 17.01, PersR 2002, 473.
245 *OVG NRW* 3. 4. 2017 – 20 A 2696/15.PVL, NZA-RR 2017, 510.

§ 3 Abs. 1 Satz 1 der Verordnung über die Arbeitszeit in Krankenpflegeanstalten vom 13.2.1924 steht dem Mitbestimmungsrecht des Personalrats bei der Regelung von Arbeitszeiten in Krankenhäusern nicht entgegen.[246] Der Mitbestimmung unterfällt jede Maßnahme, die eine generelle und unmittelbar verbindliche Verteilung der abzuleistenden Arbeitszeit auf die Arbeitstage der Woche und deren Einteilung an den einzelnen Wochentagen vornimmt.[247]
Regeln Dienstpläne die generelle und unmittelbar verbindliche Verteilung der von den Beschäftigten nach gesetzlicher Vorschrift oder tariflicher Festlegung abzuleistende Arbeitszeit auf die zur Verfügung stehenden Arbeitstage und die Festlegung der zeitlichen Lage am einzelnen Arbeitstag sowie die Zuordnung der Beschäftigten zu einzelnen Schichten, unterliegen sie grundsätzlich der Mitbestimmung.[248] Das Mitbestimmungsrecht umfasst nicht nur die Frage, ob im Betrieb in mehreren Schichten gearbeitet werden soll, sondern auch die Festlegung der zeitlichen Lage der einzelnen Schichten und die Abgrenzung des Personenkreises, der Schichtarbeit zu leisten hat und schließlich den Schichtplan selbst und dessen nähere Ausgestaltung bis hin zur Zuordnung der Arbeitnehmer zu den einzelnen Schichten.[249] Da die Beteiligung des Personalrats an den monatlichen Dienstplänen für die Vergangenheit nicht nachgeholt werden kann und damit ein endgültiger Rechtsverlust droht, kommt bei Nichtbeachtung des Mitbestimmungsrechts der Erlass einer einstweiligen Verfügung in Betracht, die den Dienststellenleiter für die Zukunft verpflichtet, das Mitbestimmungsverfahren bezüglich der Dienstpläne so rechtzeitig einzuleiten, dass eine sachliche Beteiligung des Personalrats gewährleistet ist.[250]
Der Mitbestimmung unterliegen nur Arbeitszeitregeln und nicht Öffnungs- und Besuchszeiten. Bei der Einführung von Kurzarbeit,[251] der Einführung eines unterrichtsfreien Tages[252] und bei der Festlegung des Unterrichtsbeginns besteht ebenso ein Mitbestimmungsrecht wie bei der Festlegung von Beginn und Ende der Probezeiten für Bühnenbeschäftigte[253] oder der Festlegung zusätzlicher freier Tage (AZV-Tage), z.B. der allgemeinen Festlegung von Brückentagen.

105

---

246 *OVG NRW* 29.3.1990 – CL 34/89, PersR 1990, 186.
247 *OVG NRW* 31.1.2014 – 20 A 1198/13.PVL, PersV 2014, 235.
248 *OVG NRW* 22.2.2007 – 1 B 2563/06.PVL.
249 *BAG* 19.6.2012 – 1 ABR 19/11, NZA 2012, 1237.
250 *OVG NRW* 22.2.2007, a.a.O.
251 A.A. *BAG* 10.10.2006 – 1 AZR 811/05, ZTR 2007, 407.
252 *BVerwG* 7.3.1983 – 6 P 27.80, ZBR 1983, 306.
253 *BVerwG* 12.8.2002 – 6 P 17.01, PersR 2002, 473; 8.7.2003 – 6 P 5.03, PersR 2003, 409.

## § 72

**106** Mitzubestimmen hat der Personalrat auch bei der Anordnung von Bereitschaftsdienst und Rufbereitschaft.[254] Rufbereitschaft ist ebenso wie Arbeitsbereitschaft als »Arbeitszeit« anzusehen, da für die Bereitschaftszeiten eine Vergütung gezahlt und damit Arbeitsleistung abgegolten wird, so dass ein Mitbestimmungsrecht mit dieser Begründung nicht abgelehnt werden kann.[255]

Das Mitbestimmungsrecht bei den Pausen bezieht sich sowohl auf ihre Dauer als auch auf ihre zeitliche Lage am Tage. Das Arbeitszeitgesetz nennt Mindestpausen, die durch Ausübung von Mitbestimmung verändert werden können. Die Arbeitszeitverordnung sieht eine Mittagspause bei durchgehender Arbeitszeit von $^1/_2$ Stunde, bei geteilter Arbeitszeit $1^1/_2$ Stunden vor. Außerhalb des Geltungsbereichs dieser Verordnung bestehen gesetzliche und tarifliche Regelungen nur dahingehend, dass Arbeitspausen in die regelmäßige Arbeitszeit nicht eingerechnet werden.

**106a** Das Mitbestimmungsrecht bei der Verteilung der Arbeitszeit auf die Wochentage ist vor allem dann zu beachten, wenn aufgrund Schichtarbeit unregelmäßig gearbeitet werden muss und Schichtpläne aufzustellen sind. Dabei steht dem Personalrat z. B. ein Mitbestimmungsrecht bei der Festlegung von möglichst zusammenhängenden freien Tagen, einer möglichst regelmäßigen Heranziehung zur Arbeitsleistung u. Ä. zu. Auch die Regelung von Höchst- und Mindestzahlen wöchentlicher Arbeitstage unterliegt der Mitbestimmung.

### 2. Gleitzeit (Abs. 4 Nr. 1)

**107** Durch die Novelle 2011 ist wieder ausdrücklich das Mitbestimmungsrecht bei Einführung, Ausgestaltung und Aufhebung der gleitenden Arbeitszeit eingeführt worden. Damit unterliegen sämtliche Regelungen der Mitbestimmung, die unmittelbar oder mittelbar – auch als Annexregelung – für die Ausgestaltung der Gleitzeit und ihre Aufhebung getroffen werden.

Nach der Rechtsprechung,[256] unterliegen die Bestimmungen von Dauer und zeitlicher Lage von Gleitzeiten und Kernzeiten der Mitbestimmung des Personalrats.

§ 7a der Verordnung über die Arbeitszeit stellt bestimmte, das Mitbestimmungsrecht beschränkende Regeln auf, die jedoch nur unter Beachtung des Mitbestimmungsrechts des Personalrats insbesondere bei Anordnung der Herausnahme von bestimmten Gruppen von Beschäftigten aus der Gleitzeit

---

254 *BVerwG* 4.9.2012 – 6 P 10.11, PersR 2012, 464; ebenso *BAG* 23.1.2001 – 1 ABR 36/00, PersR 2001, 350.
255 Zur Vergütung von Arbeitsleistung während des Bereitschaftsdienstes siehe grundlegend *EuGH* 3.10.2000, PersR 2001, 134.
256 *BVerwG* 9.10.1991 – 6 P 21.89, PersR 1992, 20.

oder dem Einsatz von Zeiterfassungsgeräten durchgeführt und durchgesetzt werden können. Darüber hinaus sind diese Regeln nur für die Dienststellen des Landes verbindlich. Die Gemeinden, die Gemeindeverbände und die anderen der Aufsicht des Landes unterstehenden Körperschaften, Anstalten und Stiftungen des öffentlichen Rechts können nach § 7a Abs. 9 abweichende Regelungen treffen, so dass in diesen Dienststellen ein uneingeschränktes Mitbestimmungsrecht besteht.

Unter gleitender Arbeitszeit ist zu verstehen, dass den Beschäftigten zu Beginn und am Ende des Arbeitstages bestimmte Zeitkorridore eingeräumt werden, innerhalb derer sie frei bestimmen können, wann sie ihre Arbeit aufnehmen und wann sie ihre Arbeit beenden. Die Verpflichtung zur Ableistung der tariflichen und täglichen Arbeitszeit bleibt davon unberührt. **108**

Der Personalrat kann durch Ausübung des Mitbestimmungsrechtes die Einführung von Gleitzeit beantragen, die einzelne Ausgestaltung mitbestimmen und auch ihre Abschaffung verlangen.

Sachlich erstreckt sich das Mitbestimmungsrecht auf
- Bestimmung von Dauer und zeitlicher Lage der Gleitzeiten;
- Bestimmung von Dauer und zeitlicher Lage der Gleit- und Kernzeiten, in denen Anwesenheitspflicht besteht;
- Regeln zur Zeiterfassung;
- Regeln zu Zeitguthaben und Minusstunden, einschließlich Ausgleichszeiträumen;
- Behandlung von Mehrarbeit und Überstunden;
- Pausenregelungen.

Auch die Herausnahme einzelner Beschäftigter von der Gleitzeit unterliegt sowohl als Regelung als auch im einzelnen Fall der Mitbestimmung. Dazu zählen Regelungen darüber, dass bestimmte Beschäftigtengruppen (z. B. Schichtdienstleistende) von vornherein von der Gleitzeit ausgenommen bleiben, als auch Regelungen, die Beschäftigte in bestimmten Fällen (z. B. bei nicht ordnungsgemäßer Bedienung der Zeiterfassung) von der Gleitzeit ausschließen.

Die Einführung von gleitender Arbeitszeit kann nicht mit der Begründung verweigert werden, dass für Zeiterfassungsgeräte keine Haushaltsmittel zur Verfügung stehen und deshalb die Gleitzeit nicht eingeführt werden könne. Die Entscheidung, ob derartige Geräte eingeführt werden, unterliegt der gesonderten Mitbestimmung des Personalrats. Im Übrigen ist die Gleitzeit nicht davon abhängig, dass solche Geräte angeschafft und in Betrieb genommen werden. Persönliche Handaufzeichnungen ersetzen diese Geräte.

### 3. Anordnung von Überstunden und Mehrarbeit (Abs. 4 Nr. 2)

Überstunden sind diejenigen Zeiten, die der Arbeitnehmer über die von ihm arbeitsvertraglich oder tarifvertraglich geschuldete tägliche oder wöchentli- **109**

## § 72

che Arbeitsdauer hinaus leistet, Mehrarbeit ist diejenige Arbeitsleistung, die über die regelmäßige, gesetzliche Arbeitszeit (§ 3 Satz 1 ArbZG) hinausgeht.
Die Begriffe »Überstunden« und »Mehrarbeit« sind gesetzlich und tariflich definiert. Nach § 61 Abs. 1 Satz 1 LBG ist der Beamte verpflichtet, »über die regelmäßige Arbeitszeit hinaus Dienst zu tun«. Nach § 10 Abs. 1 ArbZVO wird Mehrarbeit geleistet, wenn Beamtinnen und Beamte aufgrund schriftlicher Anordnung oder Genehmigung verpflichtet sind, vorübergehend über die regelmäßige Arbeitszeit hinaus Dienst zu verrichten. Nach § 7 Abs. 6 TVöD/TV-L werden unter Mehrarbeit diejenigen Arbeitsstunden verstanden, die Teilzeitbeschäftigte über die vereinbarte regelmäßige Arbeitszeit hinaus bis zur regelmäßigen wöchentlichen Arbeitszeit von Vollbeschäftigten ableisten. Im Unterschied dazu sind gemäß § 7 Abs. 7 TVöD/TV-L Überstunden nur solche Arbeitsstunden, die auf Anordnung des Arbeitgebers geleistet werden und über den Rahmen der regelmäßigen, dienstplanmäßig bzw. betriebsüblich festgesetzten Arbeitszeit von Vollzeitbeschäftigten für die Woche hinausgehen und nicht bis zum Ende der folgenden Kalenderwoche ausgeglichen werden. Abweichendes gilt für den Fall der Festlegung eines Arbeitszeitkorridors und einer täglichen Rahmenzeit nach § 6 Abs. 6 und 7 TVöD/TV-L sowie im Falle von Wechselschicht oder Schichtarbeit (§ 8 TVöD/TV-L).

110 Für das Mitbestimmungsrecht kann zwar auf das für die betroffenen Beschäftigten jeweils geltende Regelwerk zurückgegriffen werden.[257] Unterschiedliche Rechtsfolgen für das Mitbestimmungsrecht sind jedoch mit den Begriffen »Überstunden« und »Mehrarbeit« nicht verknüpft. Jegliche Beanspruchung über die entweder vereinbarte oder kollektiv festgelegte tägliche oder wöchentliche Arbeitszeit hinaus unterliegt der Mitbestimmung des Personalrats.
Eine Anordnung von Überstunden liegt nicht nur bei der ausdrücklichen Weisung des Dienstherrn oder Arbeitgebers zur Ableistung von Mehrarbeit und Überstunden vor. Vielmehr sind darin die Maßnahmen des Dienststellenleiters zu erblicken, die dazu führen, dass eine Mehrzahl von Beschäftigten über die dienstplanmäßig festgesetzten Arbeitsstunden hinaus weitere Arbeitsstunden zu leisten hat. Das kann die konkrete Anordnung für bestimmte Arbeitnehmer, Tage und Uhrzeiten sein, aber auch z. B. die Grundsatzentscheidung, bestimmte Arbeiten ohne Rücksicht auf den für die Beschäftigten geltenden Dienstplan (Wochenendvisiten im Krankenhaus) durchzuführen.[258] Es kann sich also sowohl um eine ausdrückliche Anordnung wie um eine Genehmigung der Arbeitsleistung handeln.[259] Eine solche

---

257 *BVerwG* 12.9.2005 – 6 P 1.05, PersR 2006, 72.
258 *OVG NRW* 20.3.1997 – 1 A 3775/94.PVL, PersR 1997, 253.
259 Siehe *OVG NRW* 5.4.1990 – CL 58/87, PersR 1991, 219.

**§ 72**

Genehmigung ist sowohl in der Duldung von Überstunden durch nachträgliche Bezahlung als auch darin zu erblicken, dass eine solche Arbeitsmenge übertragen oder abverlangt wird, von der zu erwarten ist, dass sie innerhalb der regelmäßigen, betriebsüblichen Arbeitszeit nicht erledigt werden kann. Auf die Zustimmung der Beschäftigten kommt es für das Mitbestimmungsrecht nicht an,[260] auch bei »freiwillig« und mit ausdrücklicher Zustimmung der Beschäftigten abgeleisteten Überstunden besteht ein uneingeschränktes Mitbestimmungsrecht.[261]

Mitbestimmungspflichtig sind sowohl generelle Regelungen für alle Beschäftigten einer Dienststelle oder einer Gruppe von Beschäftigten,[262] wobei solche Regelungen dann vorliegen, wenn die dienstlichen Erfordernisse, die zur Überstundenanordnung führen, die Gruppe gleichmäßig betreffen. Dafür kann die Zahl der betroffenen Beschäftigten ein Indiz sein.[263] Ein solch kollektiver Tatbestand als Voraussetzung für das Mitbestimmungsrecht liegt nur dann vor, wenn sich eine Regelungsfrage stellt, die die Interessen der Beschäftigten unabhängig von der Person und den individuellen Wünschen des Einzelnen berührt.[264] Ist also aufgrund eines Mehrbedarfs an Arbeit darüber zu entscheiden, ob diese Mehrarbeit durch Überstunden oder durch Neueinstellungen aufgefangen werden soll, stellt sich eine solche Regelungsfrage, weshalb jegliche insoweit angeordnete Überstunde auch im Einzelfall der Mitbestimmung unterliegt.[265] Auch Einzelanordnungen bzw. die ausdrückliche oder stillschweigende Entgegennahme von Mehrarbeit und Überstunden durch einzelne Beschäftigte sind mitbestimmungspflichtig, wenn es sich nicht ganz ausnahmsweise um solche Überstunden handelt, die arbeitsvertraglich im Einzelfall vereinbart sind.[266] Das Mitbestimmungsrecht bezieht sich sowohl auf die Entscheidung, ob überhaupt Überstunden abgeleistet werden sollen, als auch darauf, in welchem Umfang und mit wie vielen Mitarbeitern dies geschehen soll.[267]

Das Mitbestimmungsrecht bezieht sich nicht nur auf die Anordnung von Überstunden und Mehrarbeit »an sich«,[268] sondern erstreckt sich auch auf die Festlegung der zeitlichen Lage, zu dem diese Arbeitszeiten zu leisten sind.

---

260 *OVG NRW* 15.4.1992 – CL 4/89, PersR 1992, 518; *OVG Berlin-Brandenburg* 6.3.2018 – 62 PV 4.17, PersV 2018, 351.
261 *BVerwG* 30.6.2005 – 6 P 9.04, PersR 2005, 416.
262 *BVerwG* 12.9.2005 – 6 P 1.05, PersR 2006, 72.
263 *OVG NRW* 29.3.1990 – CL 15/87, PersR 1991, 217.
264 *BVerwG* 30.6.2005 – 6 P 9.04, PersR 2005, 416; ihm ausdrücklich folgend: *OVG NRW* 21.7.2004 – 1 A 3554/02.PVL, PersR 2005, 121.
265 *BVerwG* 30.6.2005, a.a.O.
266 Siehe die Entscheidung des *OVG NRW* 21.6.1989 – CL 55/87, PersR 1991, 216.
267 *BVerwG* 30.6.2005 – 6 P 9.04, PersR 2005, 416.
268 Wie das *VG Düsseldorf* 19.6.2015 – 40 L 2120/15.PVL, juris, missverständlich formuliert.

## § 72

Es entfällt ebenfalls nicht, wenn den Betreffenden die zeitliche Einteilung der angeordneten Überstunden freigestellt ist. Werden ihnen bestimmte Zeiten vorgeschrieben, so besteht ein zusätzliches Mitbestimmungsrecht nach Nr. 1. Nach älterer Rechtsprechung soll bei Maßnahmen zum Abbau von Überstunden kein Mitbestimmungsrecht bestehen.[269] Geht es jedoch nicht um den Abbau von Überstunden im Einzelfall – also z. B. die Anordnung, wann ein Beschäftigter den Freizeitausgleich nehmen soll –, sondern um allgemeine Regelungen betreffend Überstundenabbau, besteht unter dem Gesichtspunkt des Ausgleichs von Mehrarbeit auch insoweit ein Mitbestimmungsrecht.

**112** An der **Voraussehbarkeit** fehlt es nur dann, wenn wegen der Dringlichkeit der Überstunden für das Mitbestimmungsverfahren nicht genügend Zeit verbleibt. Es genügt nicht, wenn bloß Dauer und Umfang der zu leistenden Überstunden nicht voraussehbar sind.[270] Das Mitbestimmungsrecht bei der Anordnung von Mehrarbeit und Überstunden besteht nur, wenn die Überstunden oder die Mehrarbeit nicht vorauszusehen, oder nicht durch Erfordernisse des Betriebsablaufs oder der öffentlichen Sicherheit und Ordnung bedingt sind.

**113** **Erfordernisse** des Betriebsablaufs liegen nur ganz ausnahmsweise vor. An den Begriff sind – weil ohnehin die nicht voraussehbaren Überstunden mitbestimmungsfrei sind – strenge Anforderungen zu stellen, das Mitbestimmungsrecht entfällt nur in Ausnahmesituationen.[271] Es genügt nicht bereits ein gewisser »Sachzwang« und auch nicht, dass der Arbeitsanfall ohne die Anordnung von Überstunden oder Mehrarbeit nicht bewältigt werden kann.[272] Das ist nämlich bei der Anordnung von Überstunden regelmäßig der Fall und überhaupt arbeitsrechtliche und dienstrechtliche Voraussetzung (siehe § 78a LBG, § 3 Abs. 1 AZVO, § 7 TVöD/TV-L). Vielmehr müssen unausweichliche wirtschaftliche oder technische Zwänge vorliegen, welche die Maßnahme für die Dienststelle als alternativlos erscheinen lassen.[273] Die Dienststelle hat darzulegen, dass weder durch entsprechende Dienstplangestaltung noch durch bessere Personalausstattung Störungen im Betriebsablauf vermieden werden können und diese daher nur durch Anordnung von Überstunden in dem genehmigten bzw. angeordneten (beabsichtigten) Umfang vermieden und beseitigt werden können.[274] Es genügt die Feststellung, dass die Ursache für die Überstundenanordnung eine zu geringe Personal-

---

269 *OVG NRW* 5. 2. 1998 – 1 A 4363/95.PVL, PersR 1998, 526.
270 *OVG NRW* 6. 9. 1989 – CL 34/87, n. v.
271 *OVG NRW* 29. 1. 1996 – 1 A 3920/92.PVL, PersR 1996, 244; 6. 9. 1989, a. a. O.
272 *OVG NRW* 5. 4. 1990 – CL 2/88, PersR 1991, 219.
273 *BVerwG* 12. 9. 2005 – 6 P 1.05, PersR 2006, 72.
274 So *OVG NRW* 4. 5. 1994 und 15. 4. 1992, a. a. O.; 29. 1. 1996 – 1 A 3920/92.PVL, PersR 1996, 245; 20. 3. 1997 – 1 A 3775/94.PVL, PersR 1997, 253.

ausstattung ist, dann liegen bereits keine Erfordernisse des Betriebsablaufs vor.[275]

Gibt es mehrere Umstände, die Überstunden ausgelöst haben, sind sie nur dann mitbestimmungsfrei, wenn die Maßnahme insgesamt dem Ausnahmezustand der Erfordernisse des Betriebsablaufs zugeordnet werden kann.[276]

Erfordernisse des Betriebsablaufs liegen z. B. dann vor, wenn für zusätzliche Dienstleistungen an Wahlsonntagen und zur Vorbereitung von Wahlen Überstunden für Beschäftigte angeordnet werden, deren Spezialkenntnisse benötigt werden.[277]

Mitbestimmungsfrei sind Anordnungen von Überstunden und Mehrarbeit, soweit sie durch Erfordernisse der öffentlichen Sicherheit und Ordnung bedingt sind. Das ist nur dann der Fall, wenn solche Erfordernisse – z. B. eine Polizeirazzia – die Anordnung von Mehrarbeit und Überstunden gerade zu diesem Zeitpunkt und für diesen Anlass zwingend erfordern. Fraglich dürfte sein, ob diese Voraussetzungen für die Anordnung von Überstunden aus Anlass sportlicher Ereignisse, z. B. Bundesligaspiele, vorliegen. Erfordernisse der öffentlichen Sicherheit und Ordnung erfordern nicht bereits dann die Anordnung von Mehrarbeit und Überstunden, wenn es um die Sicherstellung von Bestand und Funktion staatlicher Einrichtungen allgemein geht.[278]

**114**

### 4. Allgemeine Regelungen zum Ausgleich von Mehrarbeit (Abs. 4 Nr. 2)

Das Mitbestimmungsrecht bei allgemeinen Regelungen zum Ausgleich von Mehrarbeit kommt in Betracht, soweit sich in den entsprechenden gesetzlichen oder tariflichen Regelungen keine Bestimmungen darüber finden, dass und in welcher Weise den Beschäftigten der Ausgleich von Mehrarbeit und Überstunden zu gewähren ist. Eine allgemeine Regelung setzt nicht voraus, dass es sich um »Grundsätze« handelt, sondern nur, dass die Regelung unmittelbare Wirkungen auf die Beschäftigten zeitigt.[279] Unter Mehrarbeit sind sämtliche über die normale Arbeitszeit hinaus geleisteten Stunden zu verstehen, für die ein Freizeitausgleich beansprucht werden kann, also z. B. auch Zeiten der Arbeitsbereitschaft, Bereitschaftsdienst oder der Rufbereitschaft. Leistet der Beamte mehr als fünf Stunden Mehrarbeit im Monat, hat er gemäß § 61 Abs. 1 LBG Anspruch auf entsprechende Dienstbefreiung innerhalb eines Jahres. Ist die Dienstbefreiung aus zwingenden dienstlichen

**115**

---

275 *OVG NRW* 29. 3. 1989 CL 15/87, PersR 1991, 217.
276 *OVG NRW* 29. 3. 1990, a. a. O.
277 *OVG NRW* 26. 4. 1994 – 1 A 1683/91, n. v.
278 So *OVG NRW* 5. 4. 1990 – CL 2/88, PersR 1991, 219.
279 *OVG NRW* 11. 3. 1991 – CL 34/88, PersR 1991, 346.

## § 72

Gründen nicht möglich, kann bei Beamten in Besoldungsgruppen mit aufsteigenden Gehältern Mehrarbeitsvergütung gezahlt werden.

Soweit für Tarifbeschäftigte kein Arbeitszeitkonto nach § 10 TVöD/TV-L eingerichtet worden ist, besteht Anspruch auf Freizeitausgleich von Überstunden bzw. Bezahlung (§ 8 TVöD/TV-L).

In diesen Fällen können allgemeine Regeln zum Ausgleich dieser Mehrarbeit erlassen werden. Weder die gesetzlichen noch die tariflichen Vorschriften regeln abschließend, wann der Freizeitausgleich zu gewähren ist und ob er mit anderen freien Tagen (Brückentage, Vorfeiertage, Urlaub) verbunden werden kann. Insoweit kann ein Mitbestimmungsrecht ausgeübt werden.

### 5. Zeit, Ort und Art der Auszahlung der Dienstbezüge und Arbeitsentgelte (Abs. 4 Nr. 3)

**116** Die Zeit der Auszahlung der Dienstbezüge und Arbeitsentgelte ist gesetzlich und tariflich dahingehend geregelt, dass Beamte ihre Dienstbezüge monatlich im Voraus (§ 3 Abs. 4 BBesG) und Beschäftigte ihr Entgelt am letzten Tag des Monats (§ 24 Abs. 1 Satz 2 TVöD) erhalten. Soweit Arbeitnehmer beschäftigt werden, die nicht Beamte und nicht tarifgebunden sind, kann dieses Mitbestimmungsrecht ausgeübt werden.

**117** Der Ort der Auszahlung der Dienstbezüge ist nur bei Barzahlung festzulegen, die wegen der verbreiteten bargeldlosen Zahlung keine Rolle spielt. Das Mitbestimmungsrecht ist zumeist durch vorgreifliche und gesetzliche tarifliche Regelungen ausgeschlossen. Entsprechende Regelungen finden sich in §§ 3 Abs. 5, 17a BBesG sowie § 24 Abs. 1 Satz 2 und 3 TVöD/TV-L.

### 6. Urlaubsplan, zeitliche Lage des Erholungsurlaubs (Abs. 4 Nr. 4)

**118** Unter Urlaubsplan sind sämtliche Regeln zu verstehen, die für die Urlaubserteilung der Beschäftigten und die Vertretung während der Urlaubszeit sowie Urlaubssperren aus besonderen Anlässen gelten sollen. Das Mitbestimmungsrecht erstreckt sich also auf die »allgemeinen Urlaubsgrundsätze« im Sinne des § 87 Abs. 1 Nr. 5 BetrVG.[280] Urlaubsplan ist auch der im Umlaufverfahren nach den Wünschen der einzelnen Beschäftigten erstellte Plan über die zeitliche Lage des Urlaubs aller Beschäftigten.[281] Die Anordnung von allgemeinen Urlaubssperren unterliegt nicht der Mitbestimmung.[282]

---

280 *OVG NRW* 17.2.2000 – 1 A 697/98.PVL, PersR 2001, 29.
281 Siehe dazu *OVG NRW* 29.3.1990 – CL 8/88, PersR 1991, 64.
282 *OVG NRW* 17.10.2000 – 1 A 697/98.PVL, PersR 2001, 29; 24.4.1996 – 1 A 407/93.PVL, PersR 1997, 77, unter Hinweis auf *BVerwG* 19.1.1997 – 6 P 19.90, PersR 1993, 167; *OVG NRW* 17.2.2000, a.a.O.

Das Mitbestimmungsrecht bezieht sich auf alle Arten von Urlaub, also nicht nur auf den gesetzlichen und tariflichen Erholungsurlaub, sondern auch auf den Zusatzurlaub nach § 208 SGB IX für schwerbehinderte Menschen, auf Bildungsurlaub nach dem AWbG NRW, nicht jedoch auf die Ansprüche von Mitgliedern des Personalrats, der JAV und der Schwerbehindertenvertretung auf Freistellung zur Teilnahme an Schulungs- und Bildungsveranstaltungen gemäß § 42 Abs. 5.

Ein Mitbestimmungsrecht bei der zeitlichen Lage des Urlaubs des einzelnen Arbeitnehmers hat der Personalrat nur dann, wenn zwischen Arbeitnehmer und Dienststellenleiter darüber kein Einvernehmen erzielt werden konnte.

### 7. Fragen der Gestaltung des Entgelts, Entgeltgrundsätze und Entgeltmethoden (Abs. 4 Nr. 5)

Das Mitbestimmungsrecht erstreckt sich sowohl auf Arbeitnehmer[283] wie – soweit Gestaltungsspielraum besteht – auf Beamte.[284] Der Zweck des Mitbestimmungsrechts ist die angemessene und durchsichtige Gestaltung des Lohngefüges einerseits und die Wahrung der Lohn- und Verteilungsgerechtigkeit innerhalb der Dienststelle andererseits.[285] Unter Entgelt sind alle geldwerten Leistungen, alle Formen der Vergütung im Gegenseitigkeitsverhältnis, mithin sämtliche Bestandteile des Arbeitsentgelts der Arbeitnehmer zu verstehen.[286] Der Mitbestimmung entzogen ist lediglich die konkrete Lohnhöhe sowie bei der Gewährung freiwilliger Leistungen die Festlegung eines Dotierungsrahmens, also die Bestimmung der Gesamthöhe der auszuzahlenden Vergütungen.[287]

Entgeltgestaltung ist die Summe der allgemeinen Regeln, auf deren Grundlage die Vergütung oder Bestandteile und Teile davon im Einzelfall ermittelt werden können und sollen.[288] Der Mitbestimmung unterliegen nach der Rechtsprechung des *BVerwG* sowohl Regelungen bezüglich der formellen wie der materiellen Arbeitsbedingungen.[289]

Solche Regeln sind wegen der abschließenden gesetzlichen und tariflichen Bestimmungen regelmäßig der Mitbestimmung des Personalrats entzogen. Lediglich ergänzende Regelungen können im Einzelfall seiner Mitbestimmung unterliegen. Dazu gehören übertarifliche und freiwillige Leistungen

---

283 *BVerwG* 16.2.1988 – 6 P 24.86, PersR 1988, 103.
284 Siehe *v. Roetteken*, PersR 1994, 309 ff.
285 *BVerwG* 25.4.2014 – 6 P 18.13, PersR 2014, 46; *OVG NRW* 21.1.2015 – 34 K 2136/14.PVL, juris.
286 *BVerwG* 6.2.1987 – 6 P 8.84, PersR 1987, 130.
287 *BVerwG* 9.12.1998 – 6 P 6.97, PersR 1999, 265.
288 Siehe *v. Roetteken*, PersR 1994, 314.
289 *BVerwG* 9.12.1998 – 6 P 6.97, PersR 1999, 265.

## § 72

sowie solche, deren Gewährung im Gesetz oder Tarifvertrag von der Ausübung eines Ermessens abhängen. In Betracht kommen die Regelung und Abänderung einer zusätzlichen Altersversorgung, soweit eine solche nicht bereits aufgrund Tarifvertrags besteht.[290] »Hinweise« der Dienststelle zur Stufenzuordnung unterliegen nicht der Mitbestimmung, da sie keine Rechte und Pflichten für die Beschäftigten begründen.[291] Ein Mitbestimmungsrecht des Personalrats kann sich auch aus ausdrücklichen tariflichen Öffnungsklauseln ergeben, die ihm die Kompetenz zur Mitbestimmung oder zur Regelung bestimmter Entgeltbestandteile ausdrücklich zuweisen. Das trifft z. B. für das Leistungsentgelt nach § 18 TVöD (VKA) zu. Nach § 18 Abs. 6 Satz 1 TVöD (VKA) ist das jeweilige System der leistungsbezogenen Bezahlung betrieblich zu vereinbaren, nach Satz 3 erfolgt die Ausgestaltung durch eine einvernehmliche Dienstvereinbarung. Einvernehmlich ist eine Dienstvereinbarung nach § 38 Abs. 3 TVöD (VKA) nur dann, wenn sie ohne Entscheidung der Einigungsstelle zustande gekommen ist. Wird gleichwohl die Einigungsstelle angerufen, so kann diese keine verbindliche Entscheidung fällen. Gleichwohl ergehende Entscheidungen der Einigungsstelle zur leistungsbezogenen Bezahlung lassen die Ansprüche des Tarifvertrags – wie sie ohne die Dienstvereinbarung bestehen – unberührt. In der einvernehmlichen Dienstvereinbarung soll nach § 18 Abs. 6 Satz 3 TVöD (VKA) insbesondere geregelt werden

- Verfahren der Einführung von leistungs- und/oder erfolgsorientierten Entgelten,
- zulässige Kriterien für Zielvereinbarungen,
- Ziele zur Sicherung und Verbesserung der Effektivität und Effizienz, insbesondere für Mehrwertsteigerungen (z. B. Verbesserung der Wirtschaftlichkeit, der Dienststellenqualität, der Kunden-/Bürgerorientierung),
- Auswahl der Formen von Leistungsentgelten, der Methoden sowie Kriterien der systematischen Leistungsbewertung und der aufgabenbezogenen Bewertung (messbar, zählbar oder anderweitig objektivierbar), ggf. differenziert nach Arbeitsbereichen,
- Zielerreichungsgrade,
- Anpassung von Zielvereinbarungen bei wesentlichen Änderungen von Geschäftsgrundlagen,
- Vereinbarung von Verteilungsgrundsätzen,
- Überprüfung und Verteilung des zur Verfügung stehenden Finanzvolumens, ggf. Begrenzung individueller Leistungsentgelte aus umgewidmetem Entgelt,
- Dokumentation und Umgang mit Auswertungen über Leistungsbewertungen.

---

290 *BAG* 23. 9. 1997 – 3 AZR 529/96, PersR 1998, 122.
291 *OVG NRW* 25. 9. 2017 – 20 A 1562/16.PVL, PersR 7–8/2018, 62.

§ 72

Der TV-L sieht in § 18 zwar ebenfalls ein Leistungsentgelt vor, jedoch keine Öffnungsklausel für den Abschluss von Dienstvereinbarungen darüber, sondern vielmehr den Abschluss landesbezirklicher Regelungen (§ 18 Abs. 4 TV-L).

Bei Abschluss dieser Dienstvereinbarung kommen unter Umständen weitere Mitbestimmungsrechte nach anderen Vorschriften des Absatzes 4 in Betracht, wie z. B. bei Beurteilungsrichtlinien, Personalfragebogen u. Ä.

Fragen der Entgeltgestaltung können praktisch bedeutsam werden, wenn Tarifverträge dazu ausdrückliche Öffnungsklauseln vorsehen. Vom Mitbestimmungsrecht sind nur solche Leistungen ausgenommen, die nicht Entgeltcharakter haben und nicht im Hinblick auf die erbrachte Arbeitsleistung gewährt werden, wie z. B. Aufwandsersatz.

»**Fragen der Entgeltgestaltung**« ist der Oberbegriff. Alle weiteren in diesem Mitbestimmungstatbestand aufgeführten Angelegenheiten sind lediglich Beispiele, wie das Wort »insbesondere« belegt. **121**

Entgeltgrundsätze sind die übergeordneten allgemeinen Regeln, nach denen die Vergütung bestimmt werden soll.

Entgeltmethode ist demgegenüber der engere Begriff. Sie beschreibt und definiert das Verfahren, die Art und Weise der Entgeltfindung – also die Ausführung der aufgestellten Entgeltgrundsätze zur Feststellung und Bemessung des Entgelts im Einzelfall. Darunter sind alle technischen Verfahren und sonstigen Bewertungsmethoden zu verstehen, die die Höhe des Entgelts definieren und bestimmen.

Im Rahmen der betrieblichen Altersversorgung besteht zwar dem Grunde nach ein Mitbestimmungsrecht. Es erlaubt dem Personalrat jedoch nicht, dabei mitzubestimmen, ob eine betriebliche Altersversorgung eingerichtet wird, welche finanziellen Mittel der Arbeitgeber dafür zur Verfügung zu stellen hat, welcher Personenkreis begünstigt wird und welche Art der Durchführung beschritten werden soll.[292] Tarifliche Regelungen über eine betriebliche Altersversorgung verdrängen bestehende Dienstvereinbarungen auch dann, wenn ihr Inhalt günstiger ist.[293]

Das Mitbestimmungsrecht erstreckt sich weiter auf die Änderung sowie die Festsetzung der **Akkord- und Prämiensätze einschließlich der Geldfaktoren**. **122**

Unter Akkord ist diejenige Vergütungsart zu verstehen, die den Arbeitnehmer nach Arbeitsmenge und nicht mehr nach Arbeitszeit vergütet. Die Festsetzung von Akkordsätzen ist die Festlegung, auf welche Weise die Zeitvorgaben ermittelt, vorgegeben und zur Ermittlung der individuellen Entgelt-

---

292 *BAG* 27.6.2006 – 3 AZR 255/05, NZA 2006, 1285.
293 So das *BAG* 27.6.2006, a. a. O., zur Dienstvereinbarung über eine Versorgungszusage des WDR.

## § 72

höhe angewandt werden. Nicht der Mitbestimmung unterliegt die einzelne Entgelthöhe selbst.

Prämienentgelt ist ein Vergütungssystem, das ganz bestimmte Arbeitsergebnisse mit zusätzlichen finanziellen Leistungen ausstattet, sei es gleichbleibende Qualität wie gleichbleibende Arbeitsmenge o. Ä. (Beispiel: Schreibprämie für Angestellte im zentralen Schreibdienst).[294]

123 **Vergleichbare** leistungsbezogene Entgelte sind solche, die nach anderen Bemessungsgrößen als aufgrund von Zeitverfahren oder Prämienregelungen die Höhe der Vergütung von ganz bestimmten Leistungen des Arbeitnehmers abhängig machen. Das kann z. B. die Zahlung von Zulagen, Anwesenheits- oder Pünktlichkeitsprämien sein.

Auch in diesen Fällen unterliegt nicht die einzelne Geldleistung an die Arbeitnehmer, sondern lediglich die Grundsätze zur Bemessung solcher Leistungen der Mitbestimmung.

Soweit die Zahlung von Leistungsprämien an Beamte erfolgt, kommt nach der Erweiterung des Tatbestands um die »entsprechenden Regelungen für Beamtinnen und Beamte« durch die Novelle 2011 auch bei der Festlegung der Regeln für ihre Bemessung ein Mitbestimmungsrecht in Betracht. Nach § 6 LBesG dürfen Beamtinnen und Beamten der Gemeinden und Gemeindeverbände Leistungsbezüge »nach Maßgabe eines in einer Betriebs- oder Dienstvereinbarung festgelegten betrieblichen Systems« gewährt werden, das einheitlich sowohl für Beamte wie für Tarifbeschäftigte gelten muss. Maßgebend ist, dass ein »Entgelt«, also die Abgeltung einer bestimmten Leistung, gewährt wird. Dabei kommt es nicht darauf an, ob die Zahlung aufgrund Arbeitsvertrags oder öffentlich-rechtlichen Dienstverhältnisses erfolgt. Auch wenn die Verteilung solcher Mittel vom jeweiligen Dienststellenleiter nach vermeintlich »individuellen« Maßstäben erfolgt, gebietet der Grundsatz, dass die maßgebenden Grundlagen der Beamtenbesoldung einer gesetzlichen, objektiven Grundlage bedürfen, bereits die Beachtung und Einhaltung allgemeiner Richtlinien und Maßnahmen. Ein Mitbestimmungsrecht ist auch dann unerlässlich, wenn Gesetz- und Verordnungsgeber Vorgaben und Kriterien für Leistungsstufen, Leistungsprämien und Leistungszulagen zur Vermeidung einer Personalratsbeteiligung formulieren. Mitbestimmungsgegenstand ist die Überwachung der gleichmäßigen wie gerechten Umsetzung solcher abstrakter Merkmale.[295] Im Übrigen ist auch der Grundsatz, ausschließlich nach »individuellen« Merkmalen zu verteilen, ein mitbestimmungspflichtiger Entlohnungsgrundsatz und unterliegt daher der Mitbestimmung.

---

294 *BVerwG* 23. 12. 1982 – 6 P 19.80, PersV 1983, 506.
295 A.A. *OVG NRW* 20. 9. 2002 – 1 A 1061/01.PVB, PersV 2003, 178, das lediglich Unterrichtungsansprüche gewährt.

Aufgrund des umfassend formulierten Mitbestimmungsrechts besteht eine Pflicht zur Beteiligung des Personalrats auch bei solchen leistungsbezogenen Entgelten, die nicht unmittelbar und ohne weitere Zwischenschritte einen Einfluss der Arbeitsleistung auf das Arbeitsentgelt bewirken. Dementsprechend unterliegen der Mitbestimmung auch Grundsätze zur Anrechnung förderlicher Berufstätigkeit nach § 16 Abs. 3 Satz 4 TVöD[296] sowie Grundsätze für die leistungsabhängige Stufenzuordnung in den Fällen des § 17 Abs. 2 TVöD.[297]

### 8. Bestellung von Vertrauens- und Betriebsärzten, Sicherheitsfachkräften und Datenschutzbeauftragten (Abs. 4 Nr. 6)

**Betriebsarzt** ist, wer die Aufgaben gemäß § 3 ASiG in der Dienststelle erledigen soll. Das Arbeitssicherheitsgesetz gilt zwar im öffentlichen Dienst nicht unmittelbar, gemäß § 16 ASiG hat jedoch auch der öffentliche Dienst einen den Grundsätzen des Gesetzes gleichwertigen arbeitsmedizinischen und sicherheitstechnischen Arbeitsschutz zu gewährleisten. Mindestens sind also die in § 3 ASiG vorgesehenen Aufgaben an einen Betriebsarzt zu übertragen und Betriebsärzte zu bestellen.[298] Die Inanspruchnahme eines Betriebsarztes kann auf verschiedene Weise erfolgen. Neben der Anstellung und Einstellung eines solchen Arztes kann sich die Dienststelle einem überörtlichen arbeitsmedizinischen Zentrum anschließen und schließlich einen Werkvertrag mit einem freiberuflichen Betriebsarzt abschließen. Dem Personalrat steht ein Mitbestimmungsrecht bei der Entscheidung darüber zu, welche dieser drei Möglichkeiten von der Dienststelle genutzt wird.[299] Die Mitbestimmung bei dieser Maßnahme der Organisation des Arbeitsschutzes ergibt sich aus Nr. 7.[300] Das Mitbestimmungsrecht bei Bestellung ist ein zusätzliches, personelles Mitbestimmungsrecht, das dem Beteiligungsanspruch aus Nr. 7 nachfolgt.[301]

124

Wird eine Anstellung oder Einstellung eines Betriebsarztes vorgesehen, steht dem Personalrat daneben ein Mitbestimmungsrecht bei der Einstellung gemäß Absatz 1 Satz 1 Nr. 1 zu.

---

296 *BVerwG* 7.3.2011 – 6 P 15.10, PersR 2011.
297 *BVerwG* 13.10.2009 – 6 P 15.08, PersR 2009, 501.
298 Siehe im Einzelnen *Elzner*, PersR 1990, 59.
299 *OVG NRW* 10.12.2003 – 1 A 556/02.PVL, PersR 2004, 227.
300 So auch BVerwG 25.1.1995 – 6 P 19.93, PersR 1995, 300 im Anschluss an das BAG.
301 Die andere Ansicht des *OVG* im Beschluss vom 6.3.1996 – 1 A 3846/95.PVL, NWV Bl. 96,531 übersieht, dass ansonsten die Einräumung des zusätzlichen Mitbestimmungsrechts nach Nr. 6 im Ergebnis zu weniger Mitbestimmung führen würde.

## § 72

Die Abberufung von Vertrauens- und Betriebsärzten – also der Entzug der übertragenen Tätigkeit – unterliegt als actus contarius ebenfalls der Mitbestimmung des Personalrats. Eine Abberufung geht regelmäßig einher mit arbeitsrechtlichen Maßnahmen wie Umsetzung, Versetzung oder Kündigung. Diese unterliegen der gesonderten Beteiligung des Personalrats nach Abs. 1 und § 74 Abs. 1.

**125** **Vertrauensärzte** sind solche Ärzte, die vom Arbeitgeber mit den Untersuchungen gemäß § 3 Abs. 4 TVöD, § 3 Abs. 5 TV-L beauftragt werden sollen. Nach diesen Vorschriften kann der Arbeitgeber die Beschäftigte/den Beschäftigten bei begründeter Veranlassung verpflichten, durch ärztliche Bescheinigung nachzuweisen, dass sie/er zur Leistung der arbeitsvertraglich geschuldeten Tätigkeit in der Lage ist.

Die Arbeitnehmer sind erst dann verpflichtet, sich diesen Untersuchungen bei dem vom Arbeitgeber bestimmten Arzt zu unterziehen, wenn zuvor die Zustimmung des Personalrats zur Bestellung eines solchen Vertrauensarztes im Sinne des § 3 Abs. 4 TVöD bzw. § 3 Abs. 5 TV-L nach Nr. 6 herbeigeführt worden ist.

Nicht gemeint sind die von den Sozialversicherungsträgern gestellten Vertrauensärzte, wie z. B. die Vertrauensärzte des Medizinischen Dienstes der Krankenkassen im Sinne des § 275 Abs. 1 Satz 1 SGB V, die gutachtliche Stellungnahmen bei Zweifeln an der Arbeitsunfähigkeit abgeben

Der Betriebsarzt kann nicht zugleich Vertrauensarzt sein, weil die Aufgaben des Betriebsarztes mit denjenigen eines Vertrauensarztes kollidieren können. So gehört es nach § 3 Abs. 3 ASiG nicht zu den Aufgaben eines Betriebsarztes, Krankmeldungen der Arbeitnehmer auf ihre Berechtigung zu überprüfen, was von Vertrauensärzten jedoch u. U. verlangt werden kann.[302]

**126** Unter Sicherheitsfachkräften versteht das *OVG NRW* ausschließlich die in den §§ 5ff. ASiG genannten Personen.[303] Die Bestellung und Abberufung von Sicherheitsfachkräften, z. B. von Strahlenschutzbeauftragten nach der Strahlenschutzverordnung sowie von Strahlenschutzbevollmächtigten auf der Grundlage der Strahlenschutzverordnung, ist nicht nach dieser Vorschrift (Abs. 3 Nr. 6), jedoch als Maßnahme zur Verhütung von Dienst- und Arbeitsunfällen und sonstigen Gesundheitsschädigungen gemäß Nr. 7 mitbestimmungspflichtig.,[304] weil es sich um Maßnahmen vorbereitender oder präventiver Art im Sinne von Nr. 7 handeln dürfte.

**127** Durch die Novelle 2011 ist ein Mitbestimmungsrecht bei der Bestellung der oder des Datenschutzbeauftragten eingeführt worden. Bei der Bestellung des Datenschutzbeauftragten (§ 25 DSG NRW, Art. 37 DSGVO) steht dem Personalrat im Hinblick auf die gesetzgeberischen Absichten ein vollständi-

---

302 Vgl. Altvater-*Berg*, § 75 Rn. 196.
303 *OVG NRW* 13. 7. 2006 – 1 A 990/05.PVL, juris.
304 So *OVG NRW* 13. 7. 2006 – 1 A 990/05, juris.

ges Nachprüfungsrecht hinsichtlich des Bestehens der erforderlichen Sachkenntnis und Zuverlässigkeit der oder des Datenschutzbeauftragten zu. Der Personalrat hat also – anders als bei personellen Einzelmaßnahmen im Sinne des Absatzes 1 – ein eigenes Auswahlermessen. Neben der – als selbstverständlich vorauszusetzenden – Kenntnis der Grundrechte mit Datenschutzbezug[305] sowie der maßgeblichen Mitbestimmungsrechte darf der Personalrat auch prüfen, inwieweit die in Aussicht genommen Kandidaten zur Kooperation und Beratung des Personalrats bereit und imstande ist. Das Mitbestimmungsrecht erstreckt sich auch auf die Bestellung eines Vertreters des behördlichen Datenschutzbeauftragten.[306]
Kein Mitbestimmungsrecht besteht bei der Abberufung des Datenschutzbeauftragten.

### 9. Maßnahmen zur Verhütung von Dienst- und Arbeitsunfällen und sonstigen Gesundheitsschädigungen (Abs. 4 Nr. 7)

Das Gesetz räumt dem Personalrat eine umfassende Beteiligung im Zusammenhang mit dem Arbeits-, Unfall- und Gefahrenschutz ein. Gemäß § 64 Nr. 4 hat der Personalrat die Aufgabe, auf die Verhütung von Unfall- und Gesundheitsgefahren zu achten, die für den Arbeitsschutz zuständigen Stellen durch Anregung, Beratung und Auskunft zu unterstützen und sich für die Durchführung gesundheitsfördernder Maßnahmen und des Arbeitsschutzes einzusetzen. Mitbestimmungsrechte bestehen nach Absatz 4 Nr. 6 bei der Bestellung und Abberufung der Vertrauens- und Betriebsärzte sowie Sicherheitsfachkräfte und gemäß Nr. 7 bei Maßnahmen zur Verhütung von Dienst- und Arbeitsunfällen und sonstigen Gesundheitsschädigungen einschließlich vorbereitender und präventiver Maßnahmen. § 77 räumt dem Personalrat umfassende, weitere Beteiligungsmaßnahmen im Zusammenhang mit dem Arbeits-, Unfall- und Gesundheitsschutz, insbesondere bei der Kooperation mit den dafür zuständigen Behörden und Stellen ein.

128

»Maßnahmen« zur Verhütung von Dienst- und Arbeitsunfällen und sonstigen Gesundheitsbeschädigungen sind generell Maßnahmen des Arbeitsschutzes im Sinne des § 2 ArbSchG, also nicht nur solche, die unmittelbar Dienst- und Arbeitsunfälle oder sonstige Gesundheitsschädigungen verhüten, sondern auch Maßnahmen der menschengerechten Gestaltung der Arbeit (§ 2 Abs. 1 ArbSchG), organisatorische Maßnahmen und darüber hinaus die in § 3 ArbSchG genannten Maßnahmen des vorbeugenden Arbeitsschutzes einschließlich solcher zur Überprüfung der Wirksamkeit getroffener

129

---

305 Vgl. das »Anforderungsprofil« gemäß Runderlass des Innenministeriums über die Bestellung von behördlichen Datenschutzbeauftragten vom 12.12.2000 – I A 5 – 1.2.4.
306 So zutreffend *Laber/Pagenkopf*, § 72 Rn. 739.

§ 72

Maßnahmen. Insoweit ist von den Begrifflichkeiten des Arbeitsschutzgesetzes sowie der EU-Richtlinie 89/391[307] auszugehen. Unter Berücksichtigung dieser Definitionen sind Maßnahmen auch solche, die der Arbeitgeber zur Erfüllung seiner allgemeinen Pflichten im Sinne des Art. 6 Abs. 1 der Richtlinie ergreift. Dort sind aufgeführt »alle für die Sicherheit und den Gesundheitsschutz der Arbeitnehmer erforderlichen Maßnahmen, einschließlich der Maßnahmen zur Verhütung berufsbedingter Gefahren, zur Information und zur Unterweisung sowie der Bereitstellung einer geeigneten Organisation und der erforderlichen Mittel«.

Die bisherige Abgrenzung zwischen »mittelbaren« und »unmittelbaren« Maßnahmen zur Verhütung von Dienst- und Arbeitsunfällen und sonstigen Gesundheitsschädigungen ist daher zur Bestimmung des Begriffs der Maßnahme im Sinne des Abs. 4 Satz 1 Nr. 7 ungeeignet und vom Gesetzgeber der Novelle 2011 richtigerweise durch Einfügung der Maßnahmen vorbereitender und präventiver Art aufgegeben worden. In der Gesetzesbegründung heißt es dazu: »Aufgrund der sich abzeichnenden gesundheitlichen und demographischen Entwicklung ist es angezeigt, verstärkt präventive Maßnahmen zu ergreifen, die bereits der Mitbestimmung unterworfen sein sollen«.[308] Es kommt nicht darauf an, ob die Maßnahme final zur Verhütung solcher Unfälle oder Gesundheitsschädigungen getroffen wird, sondern ob sie thematisch der Erfüllung der Pflichten des Arbeitgebers im Sinne der EG-Richtlinie oder des Arbeitsschutzgesetzes dient. Solche Maßnahmen unterliegen der Mitbestimmung. Insoweit spielt es keine Rolle mehr, ob die Maßnahme darauf abzielt, das Risiko von Gesundheitsschädigungen oder Unfällen innerhalb der Dienststelle zu mindern.[309] Vielmehr ist allein maßgebend, ob die Verhütung der Gesundheitsgefahren einen Bezug zur Tätigkeit der Beschäftigten in der Dienststelle hat. Der Mitbestimmung bei Abwehr arbeitsbedingter Gesundheitsgefahren steht nicht entgegen, dass diese Gefahren auch durch Ereignisse aus der Umwelt oder durch die persönliche Konstitution oder Situation der Beschäftigten beeinflusst werden können. Auch müssen die durch das Mitbestimmungsrecht zu verhindernden Gesundheitsschädigungen in ihren Auswirkungen nicht einem Dienst- oder Arbeitsunfall vergleichbar sein.[310]

130 Zu dem Themenkreis der mitbestimmungspflichtigen Arbeitsschutzmaßnahmen gehören dementsprechend auch Maßnahmen der menschengerechten Gestaltung der Arbeit, wie z. B. Maßnahmen zur Software-Ergonomie,

---

307 RL vom 12.7.1989 über die Durchführung von Maßnahmen zur Verbesserung der Sicherheit und des Gesundheitsschutzes der Arbeitnehmer bei der Arbeit, Amtsblatt L 183.
308 LT-Drucks. 15/1644, 86.
309 So das *BVerwG* 13.9.2012 – 6 PB 10.12, PersR 2012, 502.
310 So *BVerwG* 14.2.2013 – 6 PB 1.13, PersR 2013, 176.

und weitere Maßnahmen zur Erleichterung der Arbeit für die Beschäftigten. Insoweit ist § 72 Abs. 4 Satz 1 Nr. 7 ein Auffangtatbestand im Verhältnis zu Absatz 3 Nr. 2 und 3. Der Begriff der sonstigen Gesundheitsschädigungen ist gesetzlich nicht definiert. Schädigungen sind alle Beeinträchtigungen, die über bloße Befindlichkeitsstörungen oder Folgen erhöhter Anforderungen hinausgehen. Voraussetzung für das Mitbestimmungsrecht ist lediglich ein Zusammenhang zwischen den Arbeitsbedingungen und Arbeitsbelastungen einerseits und den vorgesehenen Maßnahmen zur Verhütung von Gesundheitsschädigungen andererseits.[311]

Aushänge, die in erster Linie die Verkehrssicherungspflichten des Arbeitgebers als Betreiber einer öffentlichen Einrichtung (Universität) betreffen sowie ein Merkblatt bezüglich »Verhalten bei Hausalarm« sollen nicht der Mitbestimmung unterliegen.[312] Nicht von der Mitbestimmung erfasst sind z. B. Anordnungen darüber, dass Außenjalousien bei starker Windbelastung einzurollen sind,[313] weil es sich um eine technische Gebrauchsanweisung und nicht um eine Maßnahme aus dem thematischen Pflichtenkreis des Arbeitsschutzes handelt. **131**

Die Anweisung zur Überprüfung technischer Geräte nach den Unfallverhütungsvorschriften der DIN/VDE 0702 gemäß der Verordnung der Berufsgenossenschaften BGV-A 2 unterliegt der Mitbestimmung[314] des Personalrats und ebenfalls eine Dienstanweisung des Dienststellenleiters zur Erweiterung des Untersuchungsumfangs aus Anlass der Durchführung der Kraftfahrtauglichkeitsuntersuchung.[315] **132**

Auch personelle Maßnahmen können der Mitbestimmung des Personalrats nach dieser Vorschrift unterliegen, soweit nicht bereits ein Mitbestimmungsrecht nach Nr. 6 besteht. Es kommen daher Mitbestimmungsrechte bei der Bestellung der Strahlenschutzbeauftragten,[316] bei den Sicherheitsingenieuren, Sicherheitstechnikern und Sicherheitsmeistern (§§ 5 ff. ASiG), Sicherheitsbeauftragten (§ 22 SGB VII), Emissionsschutzbeauftragten (§ 55 Abs. 1 BImSchG), Abfallbeauftragten (§ 11a Abfallgesetz) sowie Gentechnik-, Chemikalien- und Umweltschutzbeauftragten (§ 53 BImSchG) in Betracht. **133**

Ärztliche Untersuchungen der Arbeitnehmer aus Anlass der Einstellung oder im Rahmen von § 3 Abs. 4 TVöD, § 3 Abs. 5 TV-L zur Feststellung der Dienstfähigkeit durch den Vertrauens- oder den Amtsarzt unterliegen nicht **134**

---

311 *BVerwG* 14. 2. 2013 – 6 PB 1.13, PersR 2013, 176.
312 *OVG NRW* 5. 4. 2001 – 1 A 5330/98.PVL, PersR 2001, 525; 5. 4. 2001 – 1 A 3033/99.PVL, PersV 2002, 230.
313 *OVG NRW* 3. 2. 2000 – 1 A 5029/98.PVL, PersR 2001, 25.
314 *OVG NRW* 9. 6. 2006 – 1 A 1492/05, PersR 2006, 478.
315 *OVG NRW* 29. 10. 2007 – 1 A 1179/06.PVL, juris.
316 Vgl. *OVG NRW* 13. 7. 2006 – 1 A 990/05.PVL, juris.

## § 72

generell der Mitbestimmung,[317] jedoch besteht ein Anhörungsrecht gemäß § 75 Abs. 1 Nr. 4. Dienen diese Untersuchungen jedoch der Vorbereitung von Arbeitsschutzmaßnahmen, unterliegen auch sie der Mitbestimmung.

**135** Die Asbestsanierung in dienstlichen Gebäuden (z. B. Schulen, Universitätsgebäuden) unterliegt der Mitbestimmung des Personalrats.

Das BVerwG[318] hat unter dem Gesichtspunkt des § 104 Satz 3 BPersVG eine Einschränkung des Mitbestimmungsrechtes bei der Sanierung von dienstlichen Gebäuden angenommen, das Mitbestimmungsrecht jedoch nicht so weitgehend eingeschränkt wie das *OVG NRW*.[319] Das Mitbestimmungsrecht bei solchen Asbestsanierungen ist danach nicht bereits deshalb ausgeschlossen, weil die nach außen gerichtete Aufgabenerfüllung der Dienststelle betroffen ist. Dabei schließt zunächst das *BVerwG* ein Mitbestimmungsrecht an der (Grund-)Entscheidung, für die gesamte Dienststelle (z. B. Universität) eine Asbestsanierung durchzuführen, aus, weil es sich um eine innerdienstliche Entscheidung handele, die schwerpunktmäßig die Erledigung von Arbeitsaufgaben betreffe und die mit der Notwendigkeit verbunden sei, Gebäude oder Gebäudeteile zeitweilig oder auf Dauer zum Zwecke der Asbestsanierung zu schließen.[320] Ein Mitbestimmungsrecht ist daher nur dann ausgeschlossen, wenn eine solche (Grund-)Entscheidung und ein Gesamtkonzept beschlossen werden, und darüber hinaus die Sanierung ohne erhebliche Auswirkungen auf die Erfüllung der jeweiligen Amtsaufgabe – z. B. Unterrichtsausfall, Schließung von Gebäude oder Gebäudeteilen – nicht durchführbar wäre. Hinzukommen muss, dass das Gesamtkonzept sämtliche einzelne Sanierungsmaßnahmen hinsichtlich Zeitpunkt sowie Art und Weise der Ausführung derart vorausplant und festlegt, dass für nachfolgende Ausführungsschritte kein Entscheidungsspielraum mehr verbleibt.

Fehlt ein solches – alle einzelnen Sanierungsschritte festlegendes – Gesamtkonzept bzw. verbleibt ein Entscheidungsspielraum bei den einzelnen Maßnahmen, verbleibt es bei der uneingeschränkten Mitbestimmung des Personalrats. Eine Einschränkung der Mitbestimmung bei Einzelmaßnahmen kommt nur dann in Betracht, wenn ein konkreter Bezug zur Amtsaufgabe, also eine konkrete Beeinträchtigung der Erledigung der dienstlichen Aufgaben, dem Mitbestimmungsrecht entgegensteht. Das gilt ausdrücklich auch für solche späteren Einzelschritte, die aufgrund eines allgemeinen Kon-

---

317 *BVerwG* 23.1.1996 – 6 P 8.83, PersR 1986, 176.
318 *BVerwG* 23.8.2000 – 6 P 12.99 und 6 P 5.99, PersR 2001, 20 und 23.
319 *OVG NRW* 28.10.1993 – 1 A 3546/92.PVL, PersR 1994, 425; 13.11.1998 – 1 A 2740/97.PVL; 1.12.1998 – 1 A 4576/97.PVL.
320 Im Anschluss an die Rechtsprechung zur Asbestsanierung von Schulgebäuden *BVerwG* 29.1.1996 – 6 P 1.93 und 6 P 2.93, PersR 1996, 280 und 283.

## § 72

zepts – jedoch ohne vorherige Festlegung von Zeit, Ort und Art der Durchführung – zur Sanierung ergriffen werden.[321]

Die Mitbestimmung bei Alkoholverboten in der Dienststelle ist zwar nach wie vor möglich. Rauchverbote werden vom Nichtraucherschutzgesetz[322] weitgehend vorgegeben. Soweit das Gesetz jedoch Regelungsspielräume belässt, kann ein Mitbestimmungsrecht ausgeübt werden. Der Personalrat hat daher ein – auch im Wege des Initiativrechts auszuübendes – Mitbestimmungsrecht bei der Entscheidung ob entsprechend § 3 Abs. 2 NiSchG abgeschlossene Raucherräume eingerichtet werden, ob in der Dienststelle eine ausreichende Anzahl von Räumen zur Verfügung steht, wo sie gelegen und wie sie ausgestattet sind.

**136**

Regeln über die Arbeit an Bildschirmarbeitsplätzen – soweit nicht bereits tarifvertraglich geregelt – unterliegen ebenfalls der Mitbestimmung. Das gilt sowohl für die Anordnung von Höchstarbeitszeiten, die Bereitstellung von Mischarbeitsplätzen, regelmäßige Augenuntersuchungen und Kostentragung der Dienststelle für Brillen. Ebenso der Mitbestimmung unterworfen ist die Regelung über die Gewährung über die Zahl der Kurzpausen während der Tätigkeit an Bildschirmgeräten[323] und die vom Arbeitgeber gemäß § 3 Abs. 1 ArbStättV vorzunehmenden Beurteilungen der Arbeitsbedingungen an den Bildschirmarbeitsplätzen sowie den Maßnahmen gemäß §§ 3a bis 5 ArbStättV einschließlich der Einhaltung der im Anhang zu dieser Verordnung definierten Anforderungen an Arbeitsstätten.

**137**

Durch die Novelle 2011 sind nunmehr auch Maßnahmen vorbereitender und präventiver Art mitbestimmungspflichtig. Deshalb unterliegt künftig z. B. die Durchführung von Gefährdungsbeurteilungen im Sinne des § 5 ArbSchG – etwa durch die Befragung von Beschäftigten anhand von Prüflisten – als solche vorbereitende Maßnahme der Mitbestimmung des Personalrats.[324] Die Mitbestimmung des Personalrats bei den Gefährdungsbeurteilungen, wie sie auch bei den Verordnungen über die Benutzung persönlicher Schutzausrüstungen oder über die manuelle Handhabung von Lasten und die Arbeit an Bildschirmen durchzuführen sind (siehe z. B. § 3 ArbStättV), stellt eine frühzeitige Beteiligung sicher, die nach § 6 ArbSchG zu erstellende Dokumentation gibt nur das »Ergebnis der Gefährdungsbeurteilung« wieder. Eine vorherige Einbeziehung des Personalrats bei den die Abhilfemaßnahmen vorbereitenden und prägenden Beurteilungen ist daher geboten. Es ist im Zusammenhang mit Arbeitsschutzmaßnahmen unabdingbar, dass der

**138**

---

321 *OVG NRW* 9. 9. 1999 – 1 A 4938/97.PVL, PersR 2000, 24.
322 Gesetz vom 20. 12. 2007, GV. NRW. 742.
323 *BVerwG* 8. 1. 2001 – 6 P 6.00, PersR 2001, 154.
324 *VG Düsseldorf* 22. 1. 2016 – 34 K 1981/14.PVL, juris; anders *BVerwG* 14. 10. 2002 – 6 P 7.01, PersR 2003, 113 sowie *OVG NRW* 25. 8. 2011 – 16 A 1361/10.PVB, PersR 2012, 87.

Personalrat bereits bei der Ermittlung des Gefährdungspotentials über den Rahmen, die Art und Weise und den Umfang der Beurteilung mitbestimmt.

**139** Der Mitbestimmung unterliegen nicht nur vorbereitende Schritte, wie die Gefährdungsbeurteilung und -dokumentation nach § 5 ArbSchG, sondern auch organisatorische Maßnahmen, z. B. die Einzelheiten der betrieblichen Unterweisung der Mitarbeiter über Gefahren am Arbeitsplatz (siehe § 14 Abs. 1 ArbSchG).

Vorbereitende und präventive Maßnahmen stellen auch die o. g. Bestellungen betrieblicher Beauftragter dar, soweit ihr gesetzlich zugewiesener Aufgabenbereich dem Arbeits- und Gesundheitsschutz zugeordnet ist.

Die Abstimmung der Dienststelle mit einem überbetrieblichen Dienst im Sinne von § 19 ASiG über einen alljährlich zu erstellenden Arbeitsplan hinsichtlich der durchzuführenden Maßnahmen der betriebsärztlichen und sicherheitstechnischen Betreuung stellt ebenfalls eine Maßnahme vorbereitender Art dar.[325]

**140** Das Mitbestimmungsrecht besteht auch dann, wenn es sich um bloß normvollziehende Maßnahmen ohne eigenes Ermessen handelt. Ein bloßer Hinweis auf die Rechtslage wird regelmäßig noch kein Mitbestimmungsrecht auslösen, es sei denn, er zielt auf die Änderung einer in der Dienststelle geübten Praxis ab und stellt deshalb eine Maßnahme dar, die auf die Verhütung von Dienst- und Arbeitsunfällen oder sonstigen Gesundheitsschädigungen abzielt.

Maßnahmen präventiver Art, sind alle, die einer Abhilfemaßnahme vorausgehen und dazu dienen, Dienst- und Arbeitsunfälle oder Gesundheitsschädigungen gar nicht erst entstehen zu lassen. So dient z. B. die Durchführung des Betrieblichen Eingliederungsmanagements (BEM) nach § 167 Abs. 2 SGB IX der Prüfung, ob technische, organisatorische oder sonstige Hilfen bereitgestellt werden können, um eine erneute – durch die Arbeit ausgelöste – Erkrankung des Beschäftigten zu vermeiden. Aufgrund dieses Mitbestimmungsrechts ist der Personalrat bereits ab Einleitung des BEM durch Übermittlung des Unterrichtungsschreibens der Dienststelle an den Beschäftigten zu beteiligen.[326] Der Personalrat kann verlangen, dass der gesamte Ablauf des BEM hinsichtlich der Beteiligung betrieblicher und außerbetrieblicher Stellen, der Dokumentation, des Daten- und Persönlichkeitsschutzes und des Verfahrens zur Prüfung geeigneter Abhilfe- und Vorsorgemaßnahmen mit ihm im Einzelfall oder generell durch Dienstvereinbarung geregelt wird und seine Zustimmung dazu eingeholt wird.

---

325 *OVG NRW* 4. 3. 2016 – 20 A 2364/14.PVL, PersR 10/2016, 52.
326 *BVerwG* 4. 9. 2012 – 6 P 5.11, PersR 2012, 508.

Solche präventiven Maßnahmen können auch in Angeboten zur Körperertüchtigung (Betriebssport) am Arbeitsplatz oder zur Teilnahme an Gesundheitschecks bestehen.

## 10. Betriebliches Vorschlagswesen (Abs. 4 Nr. 8)

Grundsätze über die Prämiierung von anerkannten Vorschlägen im Rahmen des behördlichen betrieblichen Vorschlagswesens können sich auf das Verfahren zur Behandlung und Beurteilung von solchen Vorschlägen beziehen, die Einrichtung gemeinsamer, von Dienststelle und Personalrat gebildeter Kommissionen und Regeln für die Ermittlung und Bemessung von Prämien vorsehen. 141

Das Mitbestimmungsrecht soll dazu dienen, den Beschäftigten einen Anreiz zur Erarbeitung und Abgabe von Verbesserungsvorschlägen zu geben und sicherstellen, dass solche Vorschläge in einem für die Arbeitnehmer durchsichtigen Verfahren behandelt und beurteilt werden und schließlich, dass die Prämiierung gerecht und gleichmäßig erfolgt.

Die Bewertung der einzelnen Vorschläge der Beschäftigten und die Festlegung der Höhe der Prämie im Einzelfall gehören nicht zu dem nur für allgemeine Grundsätze eröffneten Mitbestimmungsrecht.

Ausgenommen sind Arbeitnehmererfindungen, für die das Gesetz über Arbeitnehmererfindungen gilt. Für den Bereich der Landesverwaltungen besteht ein Runderlass zur Neuregelung der Richtlinien für das Ideenmanagement.[327]

## 11. Regelung der Ordnung in der Dienststelle und des Verhaltens der Beschäftigten (Abs. 4 Nr. 9)

Der Mitbestimmung des Personalrats unterliegen alle Maßnahmen, die auf die Gestaltung des Zusammenlebens und des Zusammenwirkens der Arbeitnehmer gerichtet sind. 142

Es handelt sich um einen einheitlichen Mitbestimmungstatbestand, der sich auf die Gesamtheit der Regelungen bezieht, die einen störungsfreien und reibungslosen Ablauf des Lebens in der Dienststelle gewährleisten sollen.[328]

»Jede Regelung des Verhaltens der Beschäftigten (schafft) auch eine bestimmte Ordnung in der Dienststelle, wie umgekehrt jede Regelung der Ordnung ein bestimmtes Verhalten der Beschäftigten verlangt«.[329]

Nicht gemeint sind Regeln, die der Konkretisierung der Arbeitspflicht dienen. Dabei spielt es keine Rolle, ob sie auf den Einzelfall gerichtet oder ge-

---

327 Vom 16.10.2001, MBl. 1330.
328 *BVerwG* 20.5.2010 – 6 PB 3.10, juris; 23.8.2007 – 6 P 7.06, PersR 2007, 476.
329 *OVG NRW* 27.10.1999 – 1 A 5223/97.PVL, PersR 2000, 112.

§ 72

nereller Art sind.[330] So sind weder Abmahnungen oder Missbilligungen des Verhaltens einzelner Arbeitnehmer mitbestimmungspflichtig noch z. B. Dienstreiseordnungen, die Anordnung über das Ausfüllen von Tätigkeitslisten, Arbeitsnachweisen u. Ä. Steht nach dem Zweck der Regelung »unter Berücksichtigung der objektiven Gegebenheiten«[331] die Diensterfüllung eindeutig im Vordergrund – wie z. b. bei diensttechnischen Regelungen (»Verhalten bei Hausalarm«)[332] –, besteht kein Mitbestimmungsrecht.[333]

**143** Der Mitbestimmung unterliegen jedoch alle Maßnahmen, die die äußere Ordnung und das Verhältnis der Beschäftigten untereinander im Rahmen des Zusammenlebens und Zusammenwirkens regeln.[334] Dazu gehören Regeln über das Radiohören am Arbeitsplatz,[335] Taschenkontrollen, Eingangs- und Ausgangskontrollen jeder Art einschließlich Passierscheinregelungen, Einführung von Dienstausweisen,[336] Maßnahmen im Rahmen der Parkraumbewirtschaftung;[337] nicht jedoch Regeln über einen auch von Beschäftigten nutzbaren und im Übrigen öffentlichen Parkplatz,[338] Alkohol- und Rauchverbote am Arbeitsplatz (soweit nicht bereits nach Nr. 7 mitbestimmungspflichtig), Telefonbenutzung zu Privatzwecken,[339] Benutzungsregeln für Gemeinschaftsräume, einschließlich Sozialräumen, Durchführung von Mitarbeitergesprächen aufgrund Zielvereinbarungen,[340] Krankenrückkehrgespräche, Formular für Darlegung der Notwendigkeit eines Arztbesuchs während der Arbeitszeit,[341] Dienstanweisung über das Tragen farblich abgestimmter Dienstkleidung.[342] Kein Mitbestimmungsrecht soll bestehen, wenn die Kleiderordnung verbindliche Vorgaben über das Tragen von Schutz- und Bereichskleidung für alle Beschäftigten einer medizinischen Einrichtung aufstellt, die einen unmittelbaren Patientenkontakt haben. Der Wunsch nach optischer Abgrenzung der Mitarbeiter der einzelnen Stationen lässt das Mitbestimmungsrecht nicht entfallen. Es soll aber bei einer Kleider-

---

330 *BVerwG* 20. 5. 2010 – 6 PB 3.10, juris.
331 *OVG NRW* 27. 10. 1999, a. a. O.
332 *OVG NRW* 5. 4. 2001 – 1 A 5330/98.PVL, PersR 2001, 527.
333 *OVG NRW* 12. 3. 2003 – 1 A 5764/00.PVL, PersR 2003, 323.
334 *OVG NRW* 27. 10. 1999 – 1 A 5223/97.PVL, PersR 2000, 112.
335 *BVerwG* 30. 12. 1987 – 6 P 20.82, PersR 1988, 53.
336 *VG Gelsenkirchen* 13. 3. 1998 – 3 cK 4787/96.PVL.
337 *OVG NRW* 20. 11. 1997 – 1 A 2731/95.PVL, PersR 1998, 383.
338 *OVG NRW* 28. 2. 2002 – 1 A 146/00.PVL, PersR 2002, 350.
339 Nach *OVG NRW* vom 26. 2. 1987 – CL 19/85, PersR 1988, 28, und vom 4. 11. 1991 – CL 77/88, PersR 1992, 410, sind diese Regeln nach Absatz 4 Nr. 9 mitbestimmungspflichtig.
340 *VGH Baden-Württemberg* 9. 5. 2000 – PL S 2514/99, PersR 2000, 291.
341 *OVG NRW* 3. 2. 2000 – 1 A 426/98.PVL, PersR 2000, 517.
342 *OVG NRW* 12. 3. 2003 – 1 A 5764/00.PVL, PersR 2003, 364.

ordnung, die aus hygienischen oder arbeitsorganisatorischen Gründen erlassen wird, entfallen.[343]

Ein Aushang »Verhaltensrichtlinien bei Unfällen, akuten Erkrankungen und Bränden« stellt keine Regelung, sondern nur Hinweise und allgemeine Handlungsempfehlungen dar. Es fehlt an einer unmittelbar regelnden Wirkung gegenüber den Beschäftigten.[344] Auch eine Veröffentlichung des Dienststellenleiters über die Unzulässigkeit der Teilnahme an einem Warnstreik soll keine mitbestimmungspflichtige Regelung des Verhaltens der Beschäftigten sein.[345] **144**

Der Mitbestimmung unterliegen alle Regelungen im Zusammenhang mit dem Beschwerdeverfahren und der Beschwerdestelle nach dem AGG. Nach § 13 Abs. 1 AGG haben die Beschäftigten das Recht, sich bei »den zuständigen Stellen des Betriebes, des Unternehmens oder der Dienststelle« zu beschweren. **145**

Diese Beschwerderecht besteht unabhängig von dem Recht des Beschäftigten, sich beim Personalrat zu beschweren und dem Recht des Personalrats gemäß § 64 Nr. 5, Anregungen und Beschwerden von Beschäftigten entgegenzunehmen und, falls sie berechtigt erscheinen, durch Verhandlung mit dem Leiter der Dienststelle auf ihre Erledigung hinzuwirken. Werden von der Dienststelle allgemeine Regeln bekannt gemacht, auf welche Weise von dem AGG-Beschwerderecht Gebrauch zu machen ist, z. B. durch Festlegung eines bestimmten Beschwerdeweges, Anordnung der Schriftform etc., so ist ein Mitbestimmungsrecht zu beachten.

Auch die Einrichtung der Beschwerdestelle unterliegt der Mitbestimmung. Dabei kann es die Dienststelle nicht dabei belassen, die zuständigen »Vorgesetzten« als Beschwerdestelle zu bezeichnen. Vielmehr muss eindeutig festgelegt werden, welche Personen in der Dienststelle zur Entgegennahme und zur Bearbeitung von Beschwerden im Rahmen der Aufgaben nach § 13 Abs. 1 AGG zuständig sind;[346] die Einrichtung der Beschwerdestelle und die Festlegung des Verfahrens und der Erhebung und Behandlung von Beschwerden nach § 13 Abs. 1 AGG betrifft nicht die Arbeitsleistung oder den Dienstablauf, sondern das »Beschwerdeverhalten« der Beschäftigten. Es handelt sich nicht um eine der internen Geschäfts- und Aufgabenverteilung dienende Organisationsentscheidung.[347] Vielmehr betreffen die Beschwerden stets eine Störung des Ablaufs von Arbeit und Leben in der Dienststelle. Deshalb ist bei Einrichtung der Beschwerdestelle und Festlegung des Verfahrens zur Erhebung und zur Behandlung von Beschwerden im Rahmen des § 13 Abs. 1

---

343 *OVG NRW* 12. 3. 2003 – 1 A 5764/00.PVL, PersR 2003, 323.
344 *OVG NRW* 5. 2. 2001 – 1 A 5330/98.PVL, PersR 2001, 525.
345 *OVG NRW* 25. 8. 2005 – 1 A 4725/03.PVL, juris.
346 Vgl. dazu *v. Roetteken*, PersR 2008, 136.
347 So aber *VG Frankfurt* 10. 9. 2007 – 23 L 1680/07, PersR 2007, 527.

## § 72

AGG stets ein Mitbestimmungsrecht bei Regelung der Ordnung in der Dienststelle und des Verhaltens der Beschäftigten zu beachten.
Der Personalrat kann und soll aufgrund seiner Aufgabenstellung nicht zugleich Beschwerdestelle sein, weil er nach seinem gesetzlichen Auftrag sämtliche Arbeitnehmer zu vertreten hat und ihm auch Entscheidungskompetenzen fehlen, um AGG-Beschwerden tatsächlich nachzugehen oder ihnen gar abzuhelfen. Allerdings kann der Personalrat die Beschäftigten bei Erhebung der Beschwerden unterstützen, ein Personalratsmitglied kann zur Besprechung mit Vorgesetzten und mit dem Dienststellenleiter oder der Beschwerdestelle hinzugezogen werden.

### 12. Gestaltung der Arbeitsplätze (Abs. 4 Nr. 10)

**146** Der Begriff des Arbeitsplatzes ist nicht funktional im Sinne des Dienstpostens oder der übertragenen Arbeitsaufgabe, sondern räumlich-gegenständlich zu verstehen.[348] Gegenstand der Mitbestimmung ist der räumliche Bereich, in dem der Beschäftigte tätig ist, und seine unmittelbare Arbeitsumgebung. Als Arbeitsplatz im Sinne der Vorschrift kommen alle innerhalb der Räumlichkeiten einer Dienststelle nach deren Aufteilung, der Untergliederung ihrer Räumlichkeiten oder der Zuordnung bestimmter Raumzonen zu einem Arbeitsgerät abgrenzbaren Bereiche in Betracht, in denen von einem oder mehreren Beschäftigten zugleich oder nacheinander einzelne Arbeitsschritte oder ineinander greifende Arbeitsvorgänge verrichtet werden.[349] Das Mitbestimmungsrecht erstreckt sich sowohl auf bestehende wie auf künftig einzurichtende Arbeitsplätze[350] und umfasst damit auch das Raumprogramm, die räumliche Unterbringung der Beschäftigten und damit z. B. auch die Unterbringung in Einzel- oder Großraumbüros.[351]
Das Mitbestimmungsrecht ist eingeräumt, damit der Personalrat die Grundsätze einer menschengerechten Gestaltung des Arbeitsplatzes und seiner Umgebung zur Geltung bringen kann. Der Zweck der Vorschrift besteht darin, durch eine menschengerechte Gestaltung des Arbeitsplatzes die schutzwürdigen Belange des Beschäftigten zu wahren. Dazu gehört die Ausstattung mit Geräten und Einrichtungsgegenständen.[352] Mitbestimmungspflichtig ist daher insbesondere die Größe und Ausgestaltung der Arbeitsräume, einschließlich Anzahl und Höhe von Trennwänden in Großraumbüros, die An-

---

348 Siehe *BVerwG* 19. 5. 2003 – 6 P 16.02, PersR 2003, 314; 30. 8. 1985 – 6 P 20.83, PersR 1995, 184.
349 *OVG NRW* 31. 5. 2001 – 1 A 2277/99.PVL, PersR 2002, 215.
350 *BVerwG* 16. 12. 1992 – 6 P 29.91, PersR 1993, 164.
351 *BVerwG* 17. 7. 1987 – 6 P 6.85, PersR 1987, 220.
352 *BVerwG* 19. 5. 2003 – 6 P 16.02, PersR 2003, 314.

ordnung und Beschaffenheit von Arbeitssitzen, Arbeitsmitteln, die Raumtemperatur.[353]

Gestaltet wird der Arbeitsplatz durch jegliche Veränderung der räumlichen und technischen Bedingungen.[354] Das Mitbestimmungsrecht tritt nicht erst dann ein, wenn der Personalrat eine nachteilige Gestaltung behauptet oder irgendeine Belastung für den Beschäftigten geltend macht.[355] Vielmehr hat der Personalrat Anspruch darauf, durch Ausübung von Mitbestimmung die Ausgestaltung der jeweiligen Arbeitsplätze aus Anlass einer Umgestaltung umfassend auf zweckmäßige Einrichtung, Einhaltung von Arbeitsschutzbestimmungen und Berücksichtigung arbeitswissenschaftlicher oder anderer Erkenntnisse oder Umgebungseinflüsse durch Temperierung, Befeuchtung, Belüftung oder z. B. Lärm zu überprüfen und zu beeinflussen.[356]

### 13. Geltendmachung von Ersatzansprüchen gegen einen Beschäftigten (Abs. 4 Nr. 11)

Nach dem Urteil des *BVerfG* vom 19.10.1982[357] haften Beamte für Schäden, die sie bei hoheitlicher Tätigkeit verursacht haben, für Vorsatz und grobe Fahrlässigkeit.

147

Nach § 48 Satz 2 BeamtStG haben Beamtinnen oder Beamte, die die ihnen obliegenden Pflichten grob fahrlässig oder vorsätzlich verletzen, ihrem Dienstherrn den daraus entstehenden Schaden zu ersetzen. Solche Ansprüche verjähren nach § 81 Abs. 1 LBG innerhalb von drei Jahren ab Kenntnis, absolute Verjährung tritt ohne Rücksicht auf diese Kenntnis nach zehn Jahren ein. Gemeinschaftlich schädigende Beamte haften nach § 48 Satz 2 BeamtStG gesamtschuldnerisch.

Nach § 3 Abs. 7 TV-L finden für die Schadenshaftung der Beschäftigten die Bestimmungen, die für die Beamten des jeweiligen Landes jeweils gelten, entsprechende Anwendung. Im TVöD findet sich eine solche entsprechende Regelung nicht, so dass für die unter den TVöD fallenden Beschäftigten die allgemeinen, zivilrechtlichen Regelungen gelten.

Diese sind in den vom Großen Senat des *BAG* im Beschluss vom 27.9.1994[358] entwickelten Grundsätzen zur Haftung von Arbeitnehmern festgelegt.

---

353 Siehe *OVG NRW* 22.5.1985 – CL 4/83, juris.
354 *BVerwG* 25.8.1986 – 6 P 16.84, PersR 1986, 235.
355 So aber *Laber/Pagenkopf*, § 72 Rn. 820.
356 Siehe *BVerwG* 30.8.1985 – 6 P 20.83, PersR 1985, 184, gegen die Rspr. des *OVG NRW*.
357 2 BvF 1/81, NJW 1983, 25.
358 GS 1/89 [A], PersR 1995, 39.

## § 72

Gegenstand der Mitbestimmung sind solche Ansprüche, die der Dienstherr bzw. Arbeitgeber gegenüber den Beschäftigten stellt, nicht solche von Dritten gegenüber den Beschäftigten. Unter den Begriff der »Beschäftigten« fallen auch ehemalige Beschäftigte.[359] »Geltendmachung« bedeutet – wie auch die Geltendmachung von Ansprüchen zur Wahrung tariflicher Ausschlussfristen nach § 37 TVöD – die Mitteilung, dass die Dienststelle das Bestehen von Ersatzansprüchen in schriftlicher Form gegenüber dem Beschäftigten behauptet. Spätestens zu diesem Zeitpunkt muss das Mitbestimmungsverfahren abgeschlossen sein.

Verlangt der Dienstherr die Erstattung überzahlter Bezüge unter dem Gesichtspunkt der ungerechtfertigten Bereicherung, handelt es sich nicht um einen Ersatzanspruch im Sinne dieser Vorschrift.[360]

Das Mitbestimmungsrecht ist nach Absatz 4 Satz 2 davon abhängig, dass der Beschäftigte einen entsprechenden Antrag stellt. Es erstreckt sich auch auf ehemalige Beschäftigte, soweit die Ersatzansprüche sich auf den Zeitraum vor Ausscheiden bzw. Pensionierung beziehen.

Abs. 4 Satz 2, Halbsatz 2 sieht darüber hinaus vor, dass der betroffene Beschäftigte von der beabsichtigten Inanspruchnahme rechtzeitig vorher in Kenntnis zu setzen ist. Das ist dann der Fall, wenn die Dienststelle dem betroffenen Beschäftigten mitteilt, sie halte einen bestimmten Ersatzanspruch gegen ihn für gegeben.[361] Ihm soll dadurch Gelegenheit gegeben werden, die Beteiligung des Personalrats vor Durchführung der Maßnahme zu beantragen.

### 14. Verselbständigung von Nebenstellen oder Teilen einer Dienststelle (Abs. 4 Nr. 12)

**148** Nach § 1 Abs. 3 können Nebenstellen oder Teile einer Dienststelle von der obersten Dienstbehörde zu selbständigen Dienststellen erklärt werden. Nach der – durch die Novelle 2011 unverändert gebliebenen – Neufassung von § 1 Abs. 3 durch die Novelle 2007 können Nebenstellen und Teile einer Dienststelle nur dann verselbständigt werden, wenn dem Leiter der Nebenstelle bzw. der Teildienststelle eine selbständige Regelungskompetenz im personellen und sachlichen Bereich zusteht.[362] Das Mitbestimmungsrecht des Personalrats bezieht sich auch darauf, ob derartige Kompetenzen vorhanden oder zugewiesen sind, damit eine sinnvolle Personalratstätigkeit überhaupt möglich ist. Die Verselbständigung hat zur Folge, dass die Neben- oder Teildienststelle sodann personalratsfähig wird und die Personalräte der Neben-

---

359 Zu Ruhestandsbeamten siehe *OVG NRW* 11. 2. 2015 – 6 A 1832/12, juris.
360 *BVerwG* 27. 1. 2006 – 6 P 5.05, PersV 2006, 337.
361 *BVerwG* 2. 6. 2010 – 6 P 9.09, PersR 2010, 354.
362 So *OVG NRW* 30. 10. 2009 – 16 A 1027/09.PVB, PersR 2011, 44.

stellen- und Dienststellenteile zusammen mit dem Personalrat der bisher einheitlichen Dienststelle einen Gesamtpersonalrat zu bilden haben.[363] Vor Beschlussfassung der obersten Dienstbehörde über diese Verselbständigung ist dem Personalrat ein Mitbestimmungsrecht einzuräumen. Das Gleiche gilt auch, wenn die Dienststelle diese Erklärung durch Widerruf rückgängig machen will.

### 15. Grundsätze über die Durchführung der Berufsausbildung der Arbeitnehmer (Abs. 4 Nr. 13)

Das Berufsbildungsgesetz (BBiG) unterscheidet die Berufsausbildungsvorbereitung, die Berufsausbildung, die berufliche Fortbildung und die berufliche Umschulung. Nur die Berufsausbildung im Sinne des § 1 Abs. 3 BBiG unterliegt der Mitbestimmung des Personalrats. Darunter versteht das Gesetz die Vermittlung der für die Ausübung einer qualifizierten beruflichen Tätigkeit in einer sich wandelnden Arbeitswelt notwendigen beruflichen Fertigkeiten, Kenntnisse und Fähigkeiten (berufliche Handlungsfähigkeit) in einem geordneten Ausbildungsgang. Zur Berufsausbildung gehört ferner der Erwerb der erforderlichen Berufserfahrung. Berufsausbildung ist also regelmäßig Erstausbildung. Die einer Berufsausbildung vorhergehenden berufsvorbereitenden Ausbildungsschritte sowie die nachfolgende berufliche Fortbildung oder Umschulung unterliegen nicht der Mitbestimmung.[364]

149

Das Mitbestimmungsrecht ist auf »Grundsätze« beschränkt, also auf alle Maßnahmen, die den Gesamtverlauf oder die Einzelheiten der Berufsausbildung lenken oder regeln und die darauf gerichtet sind, unmittelbar in die Gestaltung oder Durchführung der Berufsausbildung einzugreifen.[365] Damit sind jedoch nicht nur Maßnahmen genereller Art gemeint, das Mitbestimmungsrecht umfasst auch Entscheidungen, die im Einzelfall festlegen, wo und in welchem Rahmen Abschnitte der Berufsausbildung von dem Auszubildenden abzuleisten sind, sofern auch sie von Einfluss auf die Berufsausbildung sind.[366]

Der Mitbestimmung des Personalrats unterliegen also sämtliche Maßnahmen im Rahmen der praktischen Durchführung der Berufsausbildung, soweit es sich um allgemeine Grundsätze handelt. Nicht der Mitbestimmung unterliegen zum einen Einzelanordnungen und Einzelmaßnahmen im Rah-

---

363 Zu den Auswirkungen im Übrigen siehe *OVG NRW* 2.12.1993 – CL 91.90, PersR 1994, 428.
364 *BVerwG* 15.5.1991 – 6 P 10.89, PersR 1991, 287.
365 *BVerwG* 24.3.1998 – 6 P 1.96, PersR 1998, 331; 28.12.1984 – 6 P 5.84, PersR 1986, 79 Ls.
366 *BVerwG* 10.11.1999 – 6 P 12.98, PersR 2000, 70.

**§ 72**

men der Berufsausbildung – wie die Zuordnung eines Auszubildenden zu einem bestimmten Ausbilder oder in eine bestimmte Ausbildungsgruppe.
Nicht von der Mitbestimmung erfasst sind ferner die Teile der Berufsausbildung, die nicht innerhalb der Dienststelle stattfinden und von ihr dementsprechend nicht beeinflusst werden können.
Die Berufsausbildung von Beamten ist vom Mitbestimmungsrecht nicht erfasst.

150 Der Mitbestimmung unterliegen jedoch Festlegung der Anzahl und personelle Auswahl von Ausbildern bzw. zusätzlich mit Ausbildungsaufgaben betreuter Beschäftigter, die Errichtung und Ausgestaltung von Ausbildungsplätzen, die zeitliche und sachliche Gliederung der Ausbildungsgänge – soweit nicht bereits durch Gesetz, Tarifvertrag oder Ausbildungsordnungen geregelt –, die Festlegung, in welchen Berufen ausgebildet wird, die Ausgestaltung und das Angebot zusätzlichen internen Unterrichts, Grundsätze für die Abnahme dienststelleninterner Prüfungen, Festlegung von Ausbildungsdienststellen sowie die Anzahl der auf diese Ausbildungsdienststellen entfallenden Auszubildenden.[367] Auch die Errichtung oder Schließung von Ausbildungsstätten unterliegt der Mitbestimmung.[368] Der Mitbestimmung unterliegt ferner z. B. die Fortbildung zur Erlangung des Nachweises der für den Strahlenschutz erforderlichen Fachkunde.[369]
Der Personalrat hat im Zusammenhang mit der Ausübung dieses Mitbestimmungsrechts die Rechte der Jugend- und Auszubildendenvertretung insbesondere gemäß § 61 zu beachten.

### 16. Richtlinien für die personelle Auswahl bei Einstellungen, Versetzungen, Höhergruppierungen und Kündigungen (Abs. 4 Nr. 14)

151 Eine Auswahlrichtlinie enthält allgemeine Regeln, die bei den genannten personellen Einzelmaßnahmen zu berücksichtigen sind, insbesondere in Bezug auf persönliche Merkmale des einbezogenen Personenkreises (fachliche und persönliche Voraussetzungen, soziale Erwägungen sowie beruflicher Werdegang, berufliche Ausbildung, abgelegte Prüfungen, vorhandene Spezialkenntnisse, Alter, Gesundheit, Familienverhältnisse oder dergleichen.[370]
Unter Auswahlrichtlinien sind Grundsätze zu verstehen, die für eine Mehrzahl von personellen Entscheidungen positiv oder negativ vorwegnehmend festlegen, welche Kriterien im Zusammenhang mit den zu beachtenden fachlichen und persönlichen Voraussetzungen und sozialen Gesichtspunk-

---

367 *OVG NRW* 29. 10. 1978 – CB 19/78.
368 *OVG NRW* 11. 1. 1979 – CB 26/78, ZBR 1980, 131.
369 *OVG NRW* 27. 10. 1999 – 1 A 5100/97.PVL, PersR 2000, 169.
370 Siehe *OVG NRW* 6. 10. 2010 – 16 A 1539/90.PVL, PersV 2011, 147; 29. 1. 2007 – 1 A 5031/05.PVL, juris.

§ 72

ten in welcher Weise zu berücksichtigen sind.[371] Auswahlrichtlinien liegen dann vor, wenn sie »in Bezug auf die Auswahl bei Einstellungen, Versetzungen etc.« verallgemeinerungsfähige Entscheidungselemente angeben, an denen sich der Prozess der Auswahl zu orientieren hat. Eine mitbestimmungspflichtige Richtlinie für die personelle Auswahl bei Einstellungen kann auch Verfahrensregelungen beinhalten, die sich auf die Auswahl im eigentlichen Sinne auswirken können – wie z. B. die Einführung von Fallstudien bzw. Arbeitsproben als eine von zwei Stufen eines Auswahlverfahrens.[372] Auswahlrichtlinien – so das OVG[373] – »sollen eine positive oder negative Auslese unter solchen Bewerbern ermöglichen, welche die allgemeinen Anforderungen an eine bestimmte Aufgabe erfüllen. Kennzeichnend dafür, ob sie dies tun, ist typischerweise der Umstand, ob in Anlegung der zu beachtenden Kriterien eine Rangfolge unter den generell berücksichtigungsfähigen Bewerbern gebildet werden kann«. Unter Auswahl ist nicht die Festlegung der persönlichen und fachlichen Kriterien sowie ggf. sozialbezogenen (Eignungs-)Kriterien zu verstehen und erst recht nicht Festlegungen bezogen auf einzelne Dienstposten oder Arbeitsplätze.[374]

Auswahlrichtlinien für Kündigungen kommen regelmäßig nur für betriebsbedingte Kündigungen in Betracht, weil die Voraussetzungen für personen- oder verhaltensbedingte sowie außerordentliche Kündigungen gesetzlich vorgeformt sind (§ 1 Abs. 2 KSchG, § 626 Abs. 1 BGB), und solche Kündigungen nur bei Vorliegen ganz bestimmter, individueller Voraussetzungen in Betracht kommen und rechtmäßig sind. Dagegen haben Auswahlrichtlinien bei Kündigungen vor allem im Hinblick auf ihre Auswirkungen auf den individuellen Kündigungsschutz nach § 1 Abs. 3 und 4 KSchG durchaus eine Bedeutung.

152

§ 1 Abs. 3 KSchG sieht vor, dass eine Kündigung aus dringenden betrieblichen Erfordernissen sozial ungerechtfertigt sein kann, wenn der Arbeitgeber bei der Auswahl die maßgeblichen Sozialkriterien, nämlich Dauer der Betriebszugehörigkeit, Lebensalter, Unterhaltspflichten und Schwerbehinderung des Arbeitnehmers nicht oder nicht ausreichend berücksichtigt hat. Im Kündigungsschutzprozess ist die Sozialauswahl im Einzelnen nachzuprüfen. Allerdings ist nach § 1 Abs. 4 KSchG die Richtigkeit der Sozialauswahl nur auf grobe Fehlerhaftigkeit zu überprüfen, wenn in einem Tarifvertrag, in einer Betriebsvereinbarung nach § 95 BetrVG »oder in einer entsprechenden Richtlinie nach den Personalvertretungsgesetzen« festgelegt worden ist, wie die vier oben genannten sozialen Auswahlkriterien zueinander zu bewerten

---
371 So *BVerwG* 19. 5. 2003 – 6 P 16.02, PersR 2003, 314, unter Hinweis auf *BVerwG* 5. 9. 1990 – 6 P 27.87, PersR 1990, 332.
372 *OVG NRW* 27. 9. 2019 – 20 A 3225/17.PVL, BeckRS 2019, 27161 = juris.
373 *OVG NRW* 29. 1. 2007 – 1 A 5031/05.PVL, juris.
374 *OVG NRW* 29. 1. 2007, a. a. O.

## § 72

sind. Die Wirkung des § 1 Abs. 4 KSchG – nämlich die Beschränkung der Überprüfung auf grobe Fehlerhaftigkeit – tritt jedoch nur dann ein, wenn eine einer Betriebsvereinbarung nach § 95 BetrVG entsprechende Richtlinie nach dem LPVG vorhanden ist. Das bedeutet: Nur eine Dienstvereinbarung im Sinne des § 70 entfaltet diese Wirkung, Richtlinien, die im Rahmen des Mitbestimmungsverfahrens aufgrund Letztentscheidung zustande gekommen sind, haben diese Wirkung nicht. Gemäß § 66 Abs. 7 Sätze 3 und 4 kann die Einigungsstelle in Bezug auf eine Richtlinie für die Personalauswahl bei Kündigungen nur eine Empfehlung aussprechen. Die Letztentscheidung trifft die nach § 68 entscheidende Stelle. Eine solche durch Letztentscheidung im Mitbestimmungsverfahren zustande gekommene Richtlinie ist keine einer Betriebsvereinbarung nach § 95 BetrVG entsprechende Richtlinie.[375] Liegt nur eine durch Letztentscheidung zustande gekommene Richtlinie vor, tritt die Rechtsfolge des § 1 Abs. 4 KSchG und die damit verbundene Kündigungserleichterung für den Arbeitgeber nicht ein, weil durch eine solche Letztentscheidung keine Betriebsnormen zustande kommen.

Gegenstand einer solchen Auswahlrichtlinie für Kündigungen ist regelmäßig das Verhältnis der vier Sozialauswahlkriterien des § 1 Abs. 3 KSchG zueinander. Die Auswahlrichtlinie muss sich auf diese vier Auswahlpunkte beziehen, es können nicht andere oder zusätzliche Gesichtspunkte für die Sozialauswahl einbezogen werden. Üblicherweise enthalten solche Auswahlrichtlinien ein Punktesystem, das es erlaubt, die Sozialauswahlkriterien mit Punkten für jedes Jahr der Betriebszugehörigkeit, das Lebensalter, die Unterhaltspflichten und die Schwerbehinderung zu bewerten. Die Auswahl der zu Kündigenden erfolgt dann durch einen Vergleich der je vergleichbaren Arbeitnehmer ermittelten Punkte.

Die vollständige und ersatzlose Aufhebung einer von der Dienststelle in Abstimmung mit dem Personalrat erlassenen Auswahlrichtlinie unterliegt nicht der Mitbestimmung.[376]

**153** Unter Auswahlrichtlinien bei Versetzungen sind allgemeine Regelungen zu verstehen, die bei Versetzungen zu beachten sind, insbesondere fachliche und persönliche Merkmale sowie die Methode, nach der ein Bewerber aus dem jeweiligen, die allgemeinen Voraussetzungen erfüllenden Bewerberkreis auszuwählen ist.[377]

---

375 HK-ArbR, § 1 KSchG Rn. 610.
376 *OVG NRW* 25. 8. 2006 – 1 A 5003/04.PVL, juris.
377 Siehe im Einzelnen *OVG NRW* 8. 11. 1988 – CL 43.86, PersR 1989, 330; 28. 8. 1995 – 1 A 3709/91.PVL, PersR 1996, 159.

## § 72

### 17. Beurteilungsrichtlinien (Abs. 4 Nr. 15)

Beurteilungsrichtlinien sind allgemeine Regeln, in denen Maßstäbe für die Beurteilung von Arbeitsleistungen der Arbeitnehmer aufgestellt werden, indem die Bewertungsmethode »im Hinblick auf eine Objektivierung der Beurteilung zur Gewährleistung des Gleichheitsgrundsatzes im Einzelnen festgelegt« wird[378] und bestimmt, auf welche Weise dienstliche Beurteilungen zu erstellen sind bzw. das anzuwendende Verfahren bei ihrer Erstellung zum Gegenstand haben.

154

Beurteilungsrichtlinien sind nicht erst dann anzunehmen, wenn es sich um ein vollständiges und lückenloses System der Beurteilung handelt, auch Teilregelungen für Teilbeurteilungen unterliegen der Mitbestimmung. Das gilt sowohl für die erstmalige Einführung, wie die spätere Änderung solcher Beurteilungsrichtlinien. Allerdings stellt eine bloße – wenn auch einheitlich gehandhabte – Beurteilungspraxis noch keine Richtlinie dar.[379]

Das Mitbestimmungsrecht erstreckt sich auf Beurteilungsrichtlinien für Arbeitnehmer und Beamte – soweit nicht gesetzliche Regelungen vorgreiflich sind. Es umfasst die Aufstellung, Änderung und Ergänzung solcher Richtlinien und Grundsätze.

155

Inhalt der Beurteilungsrichtlinien können das System der Auswertung von Bewertungsmerkmalen, die Festlegung periodischer Zeiträume sowie der materiellen Merkmale für die Beurteilung – z. B. die Ermittlung der Arbeitsleistung nach Qualität und Quantität des Arbeitsergebnisses, die Prüfung der Eignung für bestimmte Aufgaben durch Festlegung des individuellen Leistungsprofils, Vergleiche mit den für die Aufgabe erforderlichen persönlichen Voraussetzungen, Festlegung der zu berücksichtigenden Merkmale, Einhaltung objektiver Verfahren und bestimmter Beurteilungsbögen und -blätter sowie z. B. das Verbot anonymer Beurteilungen – sein. Ein Programm zur Einarbeitung neuer Arbeitnehmer, mit dem die Überprüfung ihres Einarbeitungserfolgs und der Güte ihrer Leistungen vorgenommen wird, ist eine solche Richtlinie.[380]

156

### 18. Allgemeine Fragen der Fortbildung der Beschäftigten, Auswahl der Teilnehmer an Fortbildungsveranstaltungen (Abs. 4 Nr. 16)

Im Unterschied zur Berufsausbildung handelt es sich bei der beruflichen Fortbildung nach § 1 Abs. 3 BBiG um Maßnahmen, die es ermöglichen sollen, die berufliche Handlungsfähigkeit zu erhalten und anzupassen oder zu

157

---

378 *BVerwG* 11.12.1991 – 6 P 20.89, PersR 1992, 202.
379 Zu »Binnendifferenzierungen« bei Beurteilungen: *OVG NRW* 20.5.1998 – 1 A 3522/96.PVL, PersR 1999, 171; 7.12.1998 – 6 B 2305/98, PersR 1999, 500.
380 *OVG NRW* 20.11.1995 – 1 A 15/92.PVL, PersR 1996, 364.

## § 72

erweitern und beruflich aufzusteigen. Durch das Mitbestimmungsrecht soll der Personalrat insbesondere auch an der Festlegung des teilnahmeberechtigten Personenkreises beteiligt werden, da sich die bei Fortbildungsveranstaltungen erworbenen Kenntnisse günstig auf das berufliche Fortkommen der Beschäftigten auswirken können, also das Interesse der Beschäftigten an einer möglichst gerechten Verteilung der Fortbildungschancen berührt wird.[381]

Fortbildung knüpft an den vorhandenen Wissensgrundstock an und baut darauf auf.[382] Die Grundsätze einer solchen Erst- und Grundausbildung sind Gegenstand des Mitbestimmungsrechts nach Nr. 13 (siehe dort).

Allgemeine Fragen der Fortbildung sind sämtliche Angelegenheiten und Maßnahmen, die im Zusammenhang mit der Fortbildung der Beschäftigten auftreten. Nicht darunter fallen jedoch bloße fachliche Unterrichtungen zur Aufrechterhaltung des beruflichen Wissens und der praktischen Fertigkeiten im Interesse eines geordneten Dienstbetriebes.[383] Mögliche Themen des Mitbestimmungsrechts sind die Entscheidung, für welche Gruppen von Beschäftigten Fortbildungsmaßnahmen angeboten und durchgeführt werden sollen, die Anzahl und Dauer der Veranstaltungen, die Festlegung ihrer Inhalte, Lernziele und Methoden, Gestaltung des Programmes und Bereitstellung der entsprechenden Lehrmittel seitens der Dienststelle sowie die Entscheidung, ob die Fortbildung während oder außerhalb der Arbeitszeit mit oder ohne Gewährung von Dienstbefreiung stattzufinden hat. Die Einführung einer Prüfung oder abschließenden Beurteilung oder auch die Entscheidung über die Anwendung von Regelungen Dritter, z. B. der Richtlinien des Kommunalen Arbeitgeberverbandes für die Durchführung des Angestelltenlehrgangs II[384] oder ein Programm für die Sprachqualifikationen »Englisch für Lehrkräfte«,[385] unterliegen ebenso der Mitbestimmung wie die Einführung und Ausgestaltung von Assessment-Centern.[386] Das Tatbestandsmerkmal »allgemeine Fragen« darf nicht zu eng ausgelegt werden, da andernfalls der Personalrat seine Aufgabe, für die Einräumung von Fortbildungschancen und eine gerechte Verteilung derselben Sorge zu tragen, nicht wirkungsvoll gerecht werden kann.[387] Von der Mitbestimmung sollen Annexfragen wie die Kostenübernahme für Fortbildungsveranstaltungen oder die Gewährung von Freizeitausgleich ausgenommen sein.[388]

---

381 *OVG NRW* 11. 4. 2019 – 20 A 3550/18.PVB, BeckRS 2019, 10473.
382 *BVerwG* 16. 10. 2013 – 6 PB 20.13, PersR 2014, 226.
383 Siehe *BVerwG* 27. 11. 1991 – 6 P 7.90, PersR 1992, 147.
384 *OVG NRW* 3. 7. 1986 – CL 23/85, ZBR 1987, 58.
385 *OVG NRW* 7. 4. 2004 – 1 A 832/02.PVL, juris.
386 *BVerwG* 29. 1. 2003 – 6 P 16.01, PersR 2003, 191.
387 *OVG NRW* 29. 6. 2012 – 20 A 654/11.PVL, PersV 2012, 430 = juris.
388 *OVG NRW* 29. 6. 2012, a. a. O., Rn. 31, und 27. 10. 1999 – 1 A 5100/97.PVL, PersR 2000, 169.

Der Personalrat hat darüber hinaus ein Mitbestimmungsrecht bei der Aus- 158
wahl der Teilnehmer an Fortbildungsveranstaltungen. Dazu zählen sowohl
allgemeine Regeln zur Auswahl unter verschiedenen Bewerbern wie die Auswahlentscheidung selbst. Hat sich jedoch nur ein Beschäftigter beworben
oder will die Dienststelle alle oder keinen zu einer Fortbildungsveranstal-
tung entsenden, besteht kein Mitbestimmungsrecht.

### 19. Personalfragebogen (Abs. 4 Nr. 17)

Personalfragebogen sind formularmäßige Zusammenstellungen oder Auf- 159
zeichnungen von Fragen und Darstellungen, die der Ermittlung von Angaben über die persönlichen Verhältnisse, den beruflichen Werdegang und die
fachlichen Kenntnisse eines Bewerbers oder eines Beschäftigten dienen. »Er
ist seiner Natur nach personenbezogen und vorzugsweise ein Mittel, die Eignung des Bewerbers oder Beschäftigten für bestimmte Aufgaben festzustellen«.[389] Im Gegensatz dazu sind Arbeitsplatzbeschreibungen nicht personenbezogen, da sie sich nicht auf den Arbeitsplatzinhaber, sondern nur auf
Inhalt, Umfang und Bedeutung der auf einem bestimmten Arbeitsplatz zu
verrichtenden Tätigkeiten beziehen.[390] Werden allerdings in einer Arbeits-
platzbeschreibung zugleich personenbezogene Daten des jeweiligen Arbeits-
platzinhabers erhoben und muss der Beschäftigte zusammen mit Angaben
über seine Tätigkeit auch persönliche Angaben über sich selbst machen,
so sind auch Arbeitsplatzbeschreibungen mitbestimmungspflichtig. Dabei
kann es entgegen der Rechtsprechung[391] nicht darauf ankommen, ob die darauf zu machenden Angaben der Dienststelle bereits bekannt sind oder nicht
sowie ob der Zweck des Fragebogens die Beurteilung der Eignung des Bewerbers oder Beschäftigten ist.

Zweck des Mitbestimmungsrechts ist zum einen der Schutz des Persönlich- 160
keitsrechts insbesondere von Bewerbern vor Fragen, die keinen Bezug zum
Arbeitsverhältnis haben. Der Personalrat soll im Einzelnen verhindern können, dass Beschäftigte oder Bewerber Fragen des Arbeitgebers beantworten
müssen, die erkennbar in keinem sachlichen Zusammenhang mit dem Beschäftigungsverhältnis stehen oder sie – wenn auch vielleicht nur mittelbar –
zu einer unter Umständen belastenden Selbstbeurteilung veranlassen sollen.[392] Insbesondere Bewerber sind praktisch gezwungen, solche Fragebogen

---

389 *OVG NRW* 26.6.1998 – 1 A 3874/95.PVL, PersR 1999, 306.
390 *BVerwG* 2.8.1989 – 6 P 5.88, PersR 1989, 303.
391 *BVerwG* 19.5.2003 – 6 P 16.02, PersR 2003, 314; *OVG NRW* 26.6.1998 – 1 A 3874/95.PVL, PersR 1999, 306.
392 *VG Münster* 17.9.2007 – 22 L 548/07.PVL, unter Hinweis auf *BVerwG* 2.8.1989 – 6 P 5.88, PersR 1989, 303; 22.12.1993 – 6 P 11.92, PersR 1994, 81; *OVG NRW* 26.6.1998, a. a. O.

### § 72

auszufüllen, weil die Verweigerung von Antworten die Erfolgsaussichten der Bewerbung in Frage stellt. Der Personalrat hat daher darauf zu achten, dass keine Fragen nach Partei- oder Gewerkschaftszugehörigkeit gestellt werden oder politische sowie religiöse Einstellungen abgefragt werden. Auch Fragen nach Familien- und Verwandtschaftsverhältnissen – mit Ausnahme der für die Bemessung und Abrechnung der Vergütung erforderlichen Angaben – sind nicht erforderlich und daher nicht zulässig. Das gilt auch für allgemeine Fragen nach Vermögensverhältnissen, nach Krankheiten und ärztlichen Untersuchungen.

Die allgemeine Frage nach Vorstrafen ist nicht zulässig. Es dürfen nur Erkundigungen über solche Straftaten eingezogen werden, deren Kenntnisse aufgrund der vorgesehenen Tätigkeit unverzichtbar sind (z. B. nach Vermögensdelikten bei Kassierern, Verkehrsstraftaten bei Kraftfahrern). Grundsätzlich besteht keine Offenbarungspflicht nachteiliger Umstände. Zu beachten ist jedoch, dass die fehlende Zustimmung des Personalrats zu einem Personalfragebogen dem Bewerber nicht das Recht gibt, eine individualrechtlich zulässige Frage wahrheitswidrig zu beantworten.[393]

**161** Neben dem Schutz der Persönlichkeitsrechte von Bewerbern und Beschäftigten ist das Grundrecht auf informationelle Selbstbestimmung der Bewerber und Beschäftigten Gegenstand und Zweck des Mitbestimmungsrechtes. Der Personalrat hat darauf zu achten, dass Daten nur in dem Umfang erhoben werden, wie sie unmittelbar zur Durchführung des bestehenden oder beabsichtigten Arbeitsverhältnisses erforderlich sind. Das Mitbestimmungsrecht muss sich daher jedenfalls auf solche Erhebungsbogen beziehen, die Daten abfragen, um sie anschließend per EDV zu erheben und darin zu speichern. Das muss auch dann gelten, wenn die darin gemachten Angaben zwar der Dienststelle bekannt sind, sie ihr jedoch bisher nicht in dieser Zusammenstellung vorliegen.

**162** Nach Abs. 4 Satz 3 soll dieses Mitbestimmungsrecht nicht für Personalfragebogen gelten, die der Finanzkontrolle durch den Landesrechnungshof dienen. Diese durch die Novelle 1994 eingefügte Vorschrift ist nach dem Regierungsentwurf[394] wegen der besonderen Aufgabenstellung des Landesrechnungshofes und der ihm gegenüber bestehenden Auskunftspflicht gemäß § 95 LHO gerechtfertigt. Die Vorschrift ist unverständlich und wohl verfassungswidrig. § 95 LHO sieht vor, dass dem Landesrechnungshof Unterlagen, die er zur Erfüllung seiner Aufgaben für erforderlich hält, auf Verlangen innerhalb einer bestimmten Frist zu übersenden oder seinen Beauftragten vorzulegen sind. Das *BVerwG*[395] und der *VGH Baden-Württemberg*[396] haben

---

393 *BAG* 2. 12. 1999 – 2 AZR 724/98, PersR 2000, 336.
394 A. a. O., 4.
395 *BVerwG* 2. 8. 1989 – 6 P 5.88, PersR 1989, 303.
396 *VGH Baden-Württemberg* 8. 12. 1987 – 15 S 1890/87, PersR 1988, 189.

ein Mitbestimmungsrecht bei Personalfragebögen bejaht, die der Landesrechnungshof entworfen hatte und an Dienststellen zur Weitergabe an Beschäftigte mit der Weisung zum Ausfüllen weitergegeben hatte. Die Auskunftspflicht in § 95 LHO entbindet nicht von der Beachtung allgemein geltender Gesetze, einschließlich von Mitbestimmungsrechten.
Der *VGH Baden-Württemberg* hat das Mitbestimmungsrecht gerade wegen des erforderlichen Schutzes des Persönlichkeitsrechtes und des Rechtes auf informationelle Selbstbestimmung des einzelnen Beschäftigten eingeräumt. Eine gesetzgeberische Anordnung, mit dem dieses Recht zugunsten des Landesrechnungshofes ohne erforderlichen Grund außer Kraft gesetzt wird, dürfte wohl nicht dem Verfassungsrecht entsprechen.
Es ist darüber hinaus zu beachten, dass auch nach Beseitigung dieses Mitbestimmungsrechtes bei Personalfragebogen des Landesrechnungshofes keine Verpflichtung einzelner Beschäftigter besteht, diese Fragebögen auszufüllen oder dem Landesrechnungshof unmittelbar Auskünfte zu geben. Auskunftspflichtig sind nur diejenigen Stellen, bei denen der Rechnungshof prüft, nicht jedoch deren Beschäftigte. Der Rechnungshof hat auch keine Weisungsbefugnis gegenüber einzelnen Beschäftigten der seiner Prüfung unterliegenden Stellen.[397] Die hinter der Gesetzesänderung stehende Absicht, dem Landesrechnungshof künftig im Wege der »Ferndiagnose« die Möglichkeit zur Überprüfung von Eingruppierungen einzelner Beschäftigter anhand von Fragebogen zu geben, die diese Beschäftigten selbst ausgefüllt haben, wird daher auch zukünftig nicht möglich sein.

## 20. Maßnahmen, die der Durchsetzung der tatsächlichen Gleichberechtigung von Frauen und Männern dienen (Abs. 4 Nr. 18)

Das Mitbestimmungsrecht bei Maßnahmen, die der Durchsetzung der tatsächlichen Gleichberechtigung von Frauen und Männern dienen, ist durch die Novelle 2007 neu eingefügt worden. Zur Begründung heißt es im Gesetzesentwurf, dass die Regelung des Bundesrechtes zur Mitbestimmung bei solchen Maßnahmen übernommen werde.[398] Die Novelle 2007 hat den Grundsatz der Gleichberechtigung von Mann und Frau mehrfach zum Anlass für Gesetzesänderungen genommen. So ist in § 17 Abs. 1 Satz 3 eingefügt worden, dass dem Wahlvorstand Frauen und Männer angehören sollen, wenn die Dienststelle sowohl weibliche wie männliche Beschäftigte hat. Begründet wurde dies damit, dass so die mit dem LGG verfolgten Ziele unterstützt werden sollten.[399] In die Vorschrift über das Gleichbehandlungsgebot nach § 62 ist die Antidiskriminierungsklausel aus § 1 AGG übernommen

163

---

397 *VGH Baden-Württemberg* 8.12.1987, a.a.O.
398 LT-Drucks. 14/4239, 100.
399 Gesetzesbegründung, LT-Drucks. 14/4239, 90.

## § 72

worden und in den allgemeinen Aufgaben ist § 64 Nr. 10 umformuliert worden. Künftig hat der Personalrat die allgemeine Aufgabe, die Verwirklichung des Grundrechts der Gleichberechtigung von Frauen und Männern zu fördern. Damit solle – so die Gesetzesbegründung[400] – die Zielsetzung des § 1 LGG aufgegriffen und der Grundrechtsbezug der Gleichberechtigung von Frauen und Männern verdeutlicht werden. Zugleich wurde von der Novelle 2007 das Mitwirkungsrecht bei der Aufstellung von Förderplänen zur Gleichstellung von Frauen und Männern in § 73 Nr. 2 a. F. abgeschafft. Da eine Begründung dafür fehlt, ist anzunehmen, dass dieses Mitwirkungsrecht künftig in dem Mitbestimmungstatbestand der Nr. 18 mit enthalten ist.

**164** Maßnahmen, die der Durchsetzung der tatsächlichen Gleichberechtigung von Frauen und Männern dienen, sind zunächst sämtliche in den §§ 5–14 LGG genannten Maßnahmen zur Frauenförderung sowie zur Vereinbarkeit von Beruf und Familie.[401] Insbesondere kommen als mitbestimmungspflichtige Maßnahmen in Betracht:
- Erstellung und Fortschreibung eines Frauenförderplans sowie der Berichte über die Personalentwicklung gemäß §§ 5, 6 LGG;
- bevorzugte Vergabe von Ausbildungsplätzen sowie von Einstellungen, Beförderungen und Höhergruppierungen als auch Übertragung höherwertiger Aufgaben an Frauen im Rahmen des § 7 LGG;
- Ausschreibung von Stellen in Bereichen, in denen Frauen unterrepräsentiert sind (§ 8 LGG);
- hälftige Berücksichtigung von Frauen bei Vorstellungs- und Bewerbungsgesprächen gemäß § 9 LGG;
- Vergabe von Fortbildungs- und Weiterbildungsplätzen an weibliche Beschäftigte entsprechend ihrem Anteil an den Bewerbungen zu diesen Maßnahmen (§ 11 LGG);
- Schaffung von Arbeitszeiten sowie von Teilzeitmöglichkeiten, die eine Vereinbarkeit von Beruf und Familie erleichtern;[402]
- erleichterte Beurlaubungen bei erziehenden Arbeitnehmern;
- Bestellung einer Gleichstellungsbeauftragten und Förderung ihrer Aufgaben.

§ 70 gestattet, dass der Personalrat über diejenigen Angelegenheiten, die nicht Einzelmaßnahmen sind, zweckmäßigerweise eine Dienstvereinbarung mit der Dienststelle über solche Maßnahmen abschließt.

Zum Teil sind derartige Maßnahmen zur Durchsetzung der tatsächlichen Gleichberechtigung von Frauen und Männern nach weiteren Vorschriften mitbestimmungs- oder beteiligungspflichtig. Das trifft vor allem auf die »insbesondere« genannte Einstellung, Aus-, Fort- und Weiterbildung so-

---

400 LT-Drucks. 14/4239, 94.
401 Vgl. *Horstkötter*, PersR 2010, 224.
402 Vgl. *BVerwG* 31. 1. 2008 – 2 C 31.06, PersR 2008, 212.

## § 72

wie den beruflichen Aufstieg zu. Regelmäßig handelt es sich um mitbestimmungspflichtige Maßnahmen nach § 72 Abs. 1 oder um die Auswahl der Teilnehmer an Fortbildungsveranstaltungen gemäß Nr. 16 oder um Stellenausschreibungen im Sinne des § 73 Nr. 2, 2. Alternative.

Das trifft auch auf die Bestellung der Gleichstellungsbeauftragten zu. Die 165 bisherige Rechtsprechung,[403] derzufolge der Akt der Bestellung einer Beschäftigten zur Gleichstellungsbeauftragten nicht der Mitbestimmung unterliege, kann im Hinblick auf die Schaffung des neuen, umfassend formulierten Mitbestimmungsrechts nicht mehr aufrechterhalten werden – zumal die vom LGG zur Durchsetzung der Ziele dieses Gleichstellungsgesetzes vorgesehene Bestellung von Gleichstellungsbeauftragten eine der Maßnahmen ist, die nach der Legaldefinition des LGG der Durchsetzung der tatsächlichen Gleichberechtigung von Frauen und Männern dient. Dementsprechend ist die Bestellung einer Beschäftigten zur Gleichstellungsbeauftragten stets nach Nr. 18 mitbestimmungspflichtig.[404] Das gilt auch dann, wenn eine dienststelleninterne Bewerberin im Wege einer Teilumsetzung innerhalb der Dienststelle bestellt wird.

Bei einer Einstellung zur Durchsetzung der tatsächlichen Gleichberechti- 166 gung von Frauen und Männern, z. B. bei externer Besetzung der Position der Gleichstellungsbeauftragten oder bei einer Einstellung zur Beseitigung einer Unterrepräsentanz von Frauen gemäß § 7 LGG, bestehen zwei Mitbestimmungsrechte nebeneinander, nämlich dasjenige nach Nr. 18 sowie bei der personellen Einzelmaßnahme nach Abs. 1 Satz 1 Nr. 1. Das Mitbestimmungsrecht richtet sich ausschließlich danach, was Schwerpunkt und Kern der Maßnahme ist. Wird eine Einstellung als Gleichstellungsbeauftragte oder zur Beseitigung einer Unterrepräsentanz von Frauen vorgenommen, ist Zweck der Maßnahme die Durchsetzung der tatsächlichen Gleichberechtigung von Frauen und Männern. Dementsprechend ist der Personalrat im Falle einer beabsichtigten Ablehnung der Maßnahme nicht an den Zustimmungsverweigerungskatalog des § 66 Abs. 3 Nr. 1–3 gebunden und die Einigungsstelle kann eine verbindliche Letztentscheidung fällen und ist nicht auf eine Empfehlung beschränkt. § 66 Abs. 7 Satz 3 erwähnt Nr. 18 ausdrücklich nicht, weshalb eine verbindliche Entscheidung der Einigungsstelle vorgesehen und zulässig ist. Dem kann nicht entgegengehalten werden, dass es sich um personelle Einzelmaßnahmen handelt. Der Gesetzgeber hat diejenigen personellen Einzelmaßnahmen, die der Durchsetzung der tatsächlichen Gleichberechtigung von Frauen und Männern dienen, in Nr. 18 ausdrücklich aufgeführt und dieser Vorschrift und nicht den personellen Einzelmaßnahmen des Abs. 1 zugeordnet. Dementsprechend richten sich die Mitbestimmungsrechte und das Mitbestimmungsverfahren nach dieser Vorschrift

---

403 *OVG NRW* 18.12.2002 – 1 A 3843/00.PVL, PersR 2003, 240.
404 Anders *Laber/Pagenkopf*, § 72 Rn. 962.

§ 72

und nicht nach den für Personalangelegenheiten des Absatzes 1 Satz 1 maßgeblichen Vorschriften. Das gilt auch für das Initiativrecht des Personalrats, der eine Maßnahme zur Durchsetzung der Gleichberechtigung nach § 66 Abs. 4 vorschlagen kann, über die dann nicht der Dienststellenleiter gemäß § 66 Abs. 6, sondern die Einigungsstelle nach § 66 Abs. 7 verbindlich entscheidet. Bei personellen Einzelmaßnahmen, wie Einstellung, Beschäftigung und beruflichen Aufstieg – also Beförderung und Höhergruppierung –, steht dem verbindlichen Einigungsstellenspruch jedoch möglicherweise das Haushaltsgesetz im Wege, auf das die Einigungsstelle gemäß § 67 Abs. 5 Satz 3 Rücksicht zu nehmen hat.

### 21. Grundsätze der Arbeitsplatz- und Dienstpostenbewertung in der Dienststelle (Abs. 4 Nr. 19)

**167** Die Bewertung eines Arbeitsplatzes oder eines Dienstpostens besteht in der Zuordnung der auf dem jeweiligen Arbeitsplatz wahrzunehmenden Tätigkeiten zu einer bestimmten Besoldungs-, Vergütungs- oder Lohngruppe. Mitbestimmungspflichtig ist dabei die Auswahl der Bewertungsmerkmale, die Festlegung der Bewertungsmaßstäbe und die Entscheidung für ein bestimmtes Bewertungsverfahren.[405] Nach dieser Entscheidung sollen jedoch Regelungen, die sich nur auf die Erfassung der Tätigkeit beziehen, noch nicht der Mitbestimmung unterliegen.

### 22. Abschluss von Arbeitnehmerüberlassungsverträgen (Abs. 4 Nr. 20)

**168** Verträge zur Überlassung von Arbeitnehmern können sowohl darin bestehen, dass eigenes Personal an Dritte zur Arbeitsleistung überlassen wird, wie darin – und darum handelt es sich meistens –, dass Personal von Dritten zur Arbeitsleistung übernommen wird.
Mitbestimmungspflichtig ist jegliche Form der Leiharbeit sowohl im Sinne des AÜG als auch andere – nicht diesem Gesetz unterfallende oder von ihr ausgenommene – Formen. Daher ist auch in den Fällen, in denen der Verleiher keine Erlaubnis der Arbeitsagentur benötigt – wie z. B. bei der »Konzernleihe« zwischen öffentlich-rechtlich verfasster »Mutter« und privatrechtlich verfasster »Tochter« –, die Zustimmung des Personalrats zu solchen Verträgen erforderlich. Die Mitbestimmung bezieht sich auf sämtliche Vereinbarungen, die eine Beschäftigung solcher Mitarbeiter im Sinne des § 5 Abs. 1 vorbereiten oder zur Folge haben, die in der Dienststelle weisungsgebunden tätig sind und kein Arbeits- oder Dienstverhältnis zur Dienststelle haben.

---

405 *OVG NRW* 4. 10. 1990 – CL 13/88.

Das schließt Vereinbarungen hinsichtlich eigenen Personals zur Überlassung an Dritte ein.

Für das Mitbestimmungsrecht kommt es auf die Ausgestaltung bzw. den Inhalt der vorzulegenden Verträge zwischen Verleiher und Entleiher an, nicht auf ihre Handhabung.[406] Ergänzend sind die dazugehörigen Unterlagen wie Unbedenklichkeitsbescheinigungen, etwa der Deutschen Rentenversicherung über das Nichtbestehen von Verbindlichkeiten des Verleihers, die Erlaubnis der Arbeitsagentur zur Arbeitnehmerüberlassung und Nachweise zur Tarifbindung der Leihfirma vorzulegen. Eine Liste mit den Namen der Beschäftigten, die ausgeliehen oder verliehen werden sollen, ist gleichzeitig vorzulegen.[407]

Beabsichtigt die Dienststelle dauerhaft, Leiharbeitnehmer in Anspruch zu nehmen, ist der Abschluss einer Dienstvereinbarung anzustreben. Darin können Einzelheiten zur Informationspflicht des Personalrats, Regeln zur Auswahl der in Anspruch zu nehmenden Leihfirmen und zum Schutz der Stammbelegschaft vor Verdrängung sowie ggf. eine Höchstquote von Leiharbeitnehmern in der Dienststelle geregelt werden.

Jede Übernahme von Leiharbeitnehmern zur Arbeitsleistung in der Dienststelle stellt zugleich eine gesondert mitbestimmungspflichtige Einstellung nach Abs. 1 Satz 1 Nr. 1 dar.[408]

### 23. Abschluss von Gestellungsverträgen (Abs. 4 Nr. 20)

Ein Gestellungsvertrag ist ein besonderer Werkvertrag, mit dem ursprünglich Abreden zwischen karitativen Einrichtungen (Orden, DRK-Schwesternschaft) und Trägern von Krankenhäusern bezeichnet wurden.[409] Die Aufnahme einer Tätigkeit eines Beschäftigten solcher karitativen Einrichtungen in der Beschäftigungsdienststelle stellt eine Einstellung dar[410] – und zwar auch dann, wenn dieser Beschäftigte nicht aufgrund Arbeitsvertrages, sondern aufgrund vereinsrechtlicher Pflichten z. B. zum DRK-Schwesternschaft e. V. bei dem Gestellungsnehmer tätig wird.  **169**

Tariflich ist der Gestellungsvertrag in § 4 Abs. 3 TVöD/TV-L sowie den dazugehörigen Protokollerklärungen geregelt.  **170**

Die Gestellung kommt in Betracht, wenn Aufgaben der Beschäftigten zu einem Dritten verlagert werden. In einem solchen Fall kann der Arbeitgeber  **171**

---

406 *OVG NRW* 12. 3. 2007 – 1 A 2037/05.PVL, PersR 2007, 393.
407 So *BAG* 9. 3. 2011 – 7 ABR 137/09.
408 *OVG NRW* 12. 3. 2007 – 1 A 2037/05.PVL, PersR 2007, 393.
409 Allgemein zum Mitbestimmungsrecht bei Gestellungsverträgen *v. Roetteken*, PersR 2011, 366.
410 *BVerwG* 18. 6. 2002 – 6 P 12.01, PersR 2002, 467; *BAG* 21. 2. 2017 – 1 ABR 62/12, BeckRS 2017, 107284.

## § 72

verlangen, dass der Arbeitnehmer »die arbeitsvertraglich geschuldete Arbeitsleistung« künftig bei einem Dritten erbringt. Dieses Prinzip »Personal folgt der Aufgabe« ist Grundlage für vielfältige Gestellungsvorgänge im öffentlichen Dienst. Diese Gestellung ist ohne Zustimmung des Arbeitnehmers möglich. Die Zustimmung wird für entbehrlich gehalten, weil die Gestellung unter Fortsetzung des bestehenden Arbeitsverhältnisses erfolgt und weil der Arbeitnehmer bei dem Dritten nur die bisherige arbeitsvertraglich geschuldete Arbeitsleistung zu erbringen hat. Der Vorgang wird dadurch ergänzt, dass dem Dritten – auf den die Aufgabe verlagert wurde – das Direktionsrecht gegenüber dem gestellten Arbeitnehmer nur in Bezug auf die verlagerte Aufgabe und nur in Bezug auf die beim bisherigen Arbeitgeber arbeitsvertraglich geschuldete Arbeitsleistung übertragen werden kann und soll.

172 Der wesentliche Unterschied zur Arbeitnehmerüberlassung besteht also darin, dass die Gestellung nur in den Fällen der Aufgabenverlagerung und nur zu dem »Dritten« zulässig ist, auf den die bisher vom Beschäftigten wahrgenommene Aufgabe verlagert worden ist. Die Gestellung wird also in der Regel nur einmal und zu einem Gestellungsnehmer sowie auf Dauer erfolgen.

173 Der gestellte Arbeitnehmer erwirbt nach sechsmonatiger Gestellung die Wahlberechtigung und damit auch die Wählbarkeit in der Dienststelle des Dritten, in der er arbeitet. Allerdings bleibt ihm in der entsendenden Dienststelle seines Arbeitgebers das Wahlrecht und die Wählbarkeit erhalten (§ 10 Abs. 2, 2. Halbsatz). Erfolgt die Gestellung zu einem Dritten, der privatrechtlich verfasst ist – also z. B. zu einer GmbH, KG oder AG –, erwirbt der gestellte Arbeitnehmer – trotz fortbestehendem Arbeitsverhältnis zum bisherigen Arbeitgeber und fortbestehendem Wahlrecht in der bisherigen Dienststelle nach § 5 Abs. 1 Satz 3 BetrVG die Arbeitnehmereigenschaft, soweit er in einem Betrieb eines »privatrechtlich organisierten Unternehmens« tätig wird. Er ist dann in diesem Betrieb nach §§ 7 ff. wahlberechtigt und – anders als ein Leiharbeitnehmer – auch wählbar.

174 Zwischen dem Arbeitgeber der gestellten Arbeitnehmer und dem aufnehmenden Dritten ist nach Satz 2 der Protokollerklärung zu § 4 Abs. 3 TVöD/TV-L eine vertragliche Vereinbarung über die »Modalitäten der Personalgestellung« zu treffen. Diese vertragliche Vereinbarung unterliegt der Mitbestimmung des Personalrats.[411]

Gegenstand dieses Vertrages ist zunächst die Festlegung der Aufgaben, die zu einem Dritten verlagert werden, sowie die Festlegung und Auflistung derjenigen Beschäftigten, die diese Aufgaben bisher bei dem Arbeitgeber verrichtet haben und gestellt werden sollen.

---

411 So *OVG NRW* 23. 3. 2010 – 16 A 2423/08.PVL, PersR 2010, 358.

Weiter gehören dazu zwingend die Einzelheiten bei Übertragung des Direktionsrechtes auf den Dritten in Bezug auf die gestellten Beschäftigten. Das Direktionsrecht muss die Einschränkung enthalten, dass es nur in Bezug auf die Aufgaben des Beschäftigten, die verlagert wurden, ausgeübt werden kann und dem Arbeitnehmer auch keine anderen gleichwertigen oder vergleichbaren Arbeiten bei dem Dritten übertragen werden dürfen.

Zu regeln ist darüber hinaus, in welcher Weise die gestellten Arbeitnehmer ihre Rechte aus dem fortbestehenden Arbeitsverhältnis zum Arbeitgeber ausüben können, beispielsweise zum Aufsuchen der Personalabteilung des Arbeitgebers, der Sprechstunden des Personalrats, zur Teilnahme an Personalversammlungen, zum Vorbringen von Beschwerden, der Inanspruchnahme der AGG-Beschwerdestelle des Arbeitgebers, der Gleichstellungsbeauftragten und der Vertrauensleute der schwerbehinderten Menschen sowie zur Ausübung des aktiven und passiven Wahlrechts.

Dazu gehört ebenfalls die Wahrung der Rechte des Personalrats des Arbeitgebers durch Sicherung von Zugangsrechten zu den Arbeitsplätzen der gestellten Mitarbeiter.

Zu regeln wäre schließlich die Sicherung bestimmter tariflicher Rechte wie z. B. des dem Beschäftigten unter Umständen zustehenden Leistungsentgeltes nach § 18 TVöD. Dieses zusätzliche Leistungsentgelt ist nämlich nur dann fällig, wenn eine Zielvereinbarung erfolgt ist, Erfolgsprämien nach § 18 Abs. 4 Satz 3 TVöD/VKA können in Abhängigkeit von einem bestimmten wirtschaftlichen Erfolg gezahlt werden. In beiden Fällen stellt sich das Problem, dass der bisherige Arbeitgeber seine bei dem Dritten erbrachten Leistungen nicht beurteilen kann und der die Arbeitsleistung entgegennehmende Dritte rechtlich nicht im Stande ist, eine Zielvereinbarung mit dem Versprechen einer zusätzlichen Leistung zulasten des bisherigen Arbeitgebers zu treffen.

Schließlich kommen Regelungen für den Fall der Beendigung des Gestellungsvertrages in Betracht – sei es aufgrund vorbehaltener Kündigung, sei es aufgrund Wegfalls der Aufgabe oder auch im Falle einer individuellen »Rückgestellung«.[412] Der Einsatz von Personal aufgrund eines Gestellungsvertrages unterliegt in der aufnehmenden Dienststelle als Einstellung der Mitbestimmung des Personalrats nach Abs. 1 Satz 1 Nr. 1.

### 24. Aufstellung von Grundsätzen zu Arbeitszeitmodellen (Abs. 4 Nr. 21)

Die Aufnahme dieses Mitbestimmungsrechts hat der Gesetzgeber wie folgt begründet: »*Auch im Hinblick auf die Attraktivität des öffentlichen Dienstes werden in der Zukunft neue Arbeitszeitmodelle wie Teilzeit (§ 63 LBG), Alters-*

---

412 Vgl. im Einzelnen: *Welkoborsky,* Gestellung und Personalvertretung, in: Schubert (Hrsg.), Sozialer Dialog in der Krise, 2009.

§ 72

*teilzeit (§ 65 LBG), Jahresfreistellung (§ 64 LBG), Urlaub aus arbeitsmarktpolitischen Gründen und Arbeitszeitkonten eine wichtige Rolle spielen. Das Aufstellen von Grundsätzen stellt eine Verwaltungspraxis sicher und dient damit der Gleichbehandlung der Beschäftigten.«*[413] Die Grundlage für solche Arbeitszeitmodelle finden sich nicht nur im Beamtenrecht, sondern ebenfalls in tarifrechtlichen Vorschriften über Teilzeitbeschäftigung nach § 11 TVöD/TV-L, Altersteilzeit im ATZG, Jahresfreistellung aufgrund eines Langzeitkontos nach § 10 Abs. 6 TVöD/TV-L. Das Mitbestimmungsrecht nach dieser Vorschrift greift nicht bei der Vereinbarung solcher Maßnahmen mit dem Beschäftigten im Einzelfall ein – das hat ggf. nach Abs. 4 Nr. 1 und 2 zu erfolgen. Vielmehr soll der Personalrat beteiligt werden, wenn allgemeine Grundsätze aufgestellt werden, wie solche Instrumente den Beschäftigten bereitgestellt werden sollen. Eine möglichst einheitliche Verwaltungspraxis und wohl auch einheitliche Verfahren zur Bewilligung und Ablehnung solcher Arbeitszeitmodelle im Einzelfall sollen damit erzielt werden.

### 25. Erstmalige Einführung grundlegend neuer Formen der Arbeitsorganisation (Abs. 4 Nr. 21)

**176** Dieses Mitbestimmungsrecht hat der Gesetzgeber mit der Begründung eingeführt, dass solche Maßnahmen der Arbeitsorganisation wegen ihrer Auswirkungen auf die Beschäftigten künftig stärker in den Focus treten würden.[414] Als Beispiel wird die Einrichtung von sog. Beschäftigtenpools genannt. Nicht jede Maßnahme der Arbeitsorganisation könne der Mitbestimmung unterliegen, sondern nur die Einführung grundlegend neuer Formen.

Das Mitbestimmungsrecht unterscheidet sich von Absatz 3 Nr. 4 (Maßnahmen der Änderung der Arbeitsorganisation) dadurch, dass von dem vorliegenden Mitbestimmungstatbestand nur grundlegend neue Formen der Arbeitsorganisation erfasst sein sollen;[415] das Mitbestimmungsrecht wird also nur in Betracht kommen, wenn sich die Arbeitsorganisation grundlegend ändert. Als Maßstab dafür hat der Umfang der auf die Beschäftigten wirkenden Veränderung zu gelten. Außerdem muss es sich um die erstmalige Einführung einer bestimmten – eben neuen – Arbeitsmethode handeln. Mitbestimmungspflichtig wäre dann die Entscheidung darüber, dass künftig ein Instrument der Personalwirtschaft die Einrichtung und Nutzung eines Beschäftigtenpools sein soll, während die konkreten Auswirkungen eines solchen Pools auf die Arbeit und Tätigkeit der Dienststelle und ihrer Beschäftigten der Mitbestimmung nach Absatz 3 Nr. 4 unterliegen werden.

---

413  LT-Drucks. 15/1644, 86.
414  LT-Drucks. 15/1644, 86.
415  Vgl. *VG Düsseldorf* 20. 1. 2017 – 34 K 4211/15.PVL, juris.

## § 72

### 26. Privatisierung (Abs. 4 Nr. 22)

Die Privatisierung von Arbeiten und Leistungen des öffentlichen Dienstes unterliegt seit der Novelle 1985 der Mitbestimmung des Personalrats. Durch die Novelle 2011 ist das 2007 abgeschaffte Mitbestimmungsrecht bei der Privatisierung wieder eingeführt worden. Es ist allerdings auf »Dritte in jeglicher Rechtsform« erstreckt und somit in seinem sachlichen Geltungsbereich deutlich erweitert worden. Die Vorschrift erhält eine immer größere Bedeutung, regelt jedoch nur die Randbereiche des gesamten Geschehens der Verlagerung von öffentlichen Aufgaben vom bisherigen Dienstherrn auf andere Träger. Es lassen sich verschiedene Formen der Übertragung und Auslagerung unterscheiden: 177

- Die Verlagerung auf Anstalten oder Körperschaften des öffentlichen Rechts (z. B. die Auslagerungen der Universitätskliniken auf solche Anstalten; siehe § 41 HG sowie die Verordnungen vom 1.12.2000 zur Umbildung der Medizinischen Einrichtungen des Landes in Anstalten des öffentlichen Rechtes mit dem Namen »Universitätsklinikum«).
- Die Auslagerungen in Eigenbetriebe und eigenbetriebsähnliche Einrichtungen sind künftig ebenfalls Privatisierungen, da es sich bei diesen Einrichtungen nicht um rechtlich, sondern nur um organisatorisch selbständige Gebilde handelt. Nach Auslagerung kann der Eigenbetrieb bzw. die eigenbetriebsähnliche Einrichtung mit Zustimmung des Personalrats nach § 1 Abs. 3 verselbständigt werden und sodann ein eigener Personalrat für diesen verselbständigten Teil und ein Gesamtpersonalrat für die bisher einheitliche Dienststelle mit dem verselbständigten Dienststellenteil gebildet werden. Arbeitsrechtliche Auswirkungen sind mit einer solchen Auslagerung nicht verbunden.
- Die Privatisierung von Betrieben oder Betriebsteilen in eine eigene GmbH (»materielle Privatisierung«) wirft eine Reihe von Problemen für die Arbeitnehmer und die Personalräte auf. Vorschriften über die Interessenvertretung beim Wechsel vom Personalvertretungsrecht zum Betriebsverfassungsrecht existieren nicht, so dass die betriebsverfassungsrechtlichen Normen über ein Übergangsmandat (§ 21a BetrVG) zugunsten des Personalrats angewendet werden müssen. Die Rechtsprechung lehnt das jedoch ab (siehe § 44 Rn. 1), weshalb eine ausdrückliche Vereinbarung eines solchen Übergangsmandats nötig ist. Die GmbH – auch wenn sie im 100%-igen Eigenbesitz der öffentlichen Hand verbleibt – ist nicht automatisch tarifgebunden, so dass die Wirkungen des § 613a Abs. 1 Satz 2 BGB eintreten können. Bei Widerspruch der Arbeitnehmer gegen einen solchen Betriebsübergang sind Gestellungs- und Arbeitnehmerüberlassungsmodelle denkbar und unter Umständen erforderlich. Die Arbeitnehmer in der eigenständigen GmbH sind vor betriebsbedingten Kündigungen des neuen Arbeitgebers zu schützen und mit Rückkehrrechten

## § 72

auszustatten. Vorkehrungen für die Veräußerung der vollständigen oder der mehrheitlichen Anteile seitens der öffentlichen Hand sind regelmäßig zu treffen. Zugunsten der Beschäftigten sind Personalüberleitungsverträge[416] erforderlich sowie bezüglich der Beamten Regelungen über die Zuweisung gemäß § 20 BeamtStG. In personalvertretungsrechtlicher Hinsicht ist eine Mitbestimmungssicherung bezüglich der Mitbestimmungsrechte, die durch den Wechsel zur Betriebsverfassung verloren gehen, anzustreben. Zu bedenken ist der Verlust der Wählbarkeit im Falle von Arbeitnehmerüberlassung, Gestellung oder Zuweisung in der abgebenden Dienststelle.

- Als nächster Schritt nach einer materiellen Privatisierung erfolgt nicht selten die »Organisationsprivatisierung« im Wege der Übertragung der Anteile an diesen privatisierten Gesellschaften. Diese außerhalb der Personalvertretung stattfindenden Vorgänge sind unter den Gesichtspunkten einer Betriebsänderung im Sinne des § 111 BetrVG und eines Betriebsübergangs im Sinne des § 613a BGB zu betrachten.
- Schließlich finden Übertragungen, Auslagerungen und Verlagerungen öffentlicher Dienstleistungen in Form der Privatisierung durch das Übertragen von Arbeiten auf Private ohne Betriebsübergang statt, z. B. durch die Verlagerung einzelner Aufgaben auf andere Firmen (Reinigungsarbeiten). Solche Verlagerungsvorgänge waren Motiv und Vorbild für die Schaffung des Mitbestimmungsrechtes nach Absatz 4 Nr. 22. Es dient dem Schutz der vorhandenen Arbeitsplätze,[417] dem Bestand der vorhandenen Aufgaben und dem Schutz vor dem Verlust von Arbeitsplätzen, ohne dass der eintretende Verlust Bedingung für ein Mitbestimmungsrecht wäre.

**178** Das Mitbestimmungsrecht bei Privatisierungen wird häufig zusammenfallen mit dem Mitbestimmungsrecht nach Abs. 2 Nr. 5 bei der Aufstellung von Sozialplänen. Solche Sozialpläne sind bei Verlagerungen von Aufgaben auf private Dritte – vor allem im Wege eines Betriebsübergangs nach § 613a BGG – abzuschließen. Sie können auch im Wege eines Initiativrechts erstritten werden. Die Formulierung des Abs. 2 Nr. 5 steht dem nicht entgegen. Im Rationalisierungsschutztarifvertrag (dort Ziff. 3 der Protokollnotiz zu § 1 Abs. 1) werden Privatisierungen als mögliche Rationalisierungsmaßnahmen ausdrücklich erwähnt.

**179** Die Vorschrift schützt den Bestand an Arbeitsplätzen (»Blitzlicht-Aufnahme« in Form der sog. konkreten Betrachtungsweise, siehe unten). Keinen Schutz gewährt das Mitbestimmungsrecht bei Privatisierungen für den Inhalt des Arbeitsvertrages bestehend aus den Arbeitsvertrags- und den Tarifvertragsrechten sowie gegen die bei einer solchen Privatisierung regelmä-

---

416 Zur Unzulässigkeit von Personalüberleitungsvereinbarungen durch Dienstvereinbarung: *BAG* 13. 12. 2017 – 4 AZR 202/15, NZA 2018, 793.
417 So auch *OVG NRW* 20. 1. 2000 – 1 A 2193/98.PVL, PersR 2000, 460.

## § 72

ßig eintretende Arbeitsplatzunsicherheit bei Übertragung der Arbeitsverhältnisse auf private Dritte durch Verschlechterung der kündigungsrechtlichen Stellung und Eintritt einer Insolvenzgefahr. Auch die Verringerung des Schutzes durch wegfallende Beteiligungsrechte des Personalrats, die nach der Privatisierung nicht mehr bestehen, nimmt das LPVG nicht in den Blick.

Das 1985 in Nordrhein-Westfalen geschaffene Mitbestimmungsrecht war zunächst unter verfassungsrechtlichen Gesichtspunkten äußerst umstritten. In seinen Grundsatzentscheidungen vom 9.11.1987 haben das *OVG NRW*[418] und auch das *BVerwG*[419] jedoch verfassungsrechtliche Bedenken, die durch eventuelle Verzögerungen in der Durchführung von Maßnahmen infolge der Einräumung eines Mitbestimmungsrechts bei solchen Privatisierungen entstehen, als »noch vertretbar« bezeichnet.   180

Unter »Arbeiten der Dienststelle« sind nach dieser Rechtsprechung alle Tätigkeiten zu verstehen, die zum normalen Aufgabengebiet der Dienststelle gehören, wobei unerheblich ist, ob es Hauptaufgaben oder Arbeiten, die bei der Erfüllung der Hauptaufgaben lediglich zusätzlich anfallen (z.B. Reinigungsarbeiten), sind. Es kommt auch nicht darauf an, ob es sich um hoheitliche oder nicht-hoheitliche Arbeiten handelt. Im Beschluss des *OVG* vom 8.3.1989[420] ist klargestellt, dass das Mitbestimmungsrecht sich sowohl auf ständig wie auf nur gelegentlich anfallende Arbeiten der Dienststelle erstreckt.   181

Ob die privatisierten Arbeiten »üblicherweise« von eigenen Beschäftigten vorgenommen werden, ist anhand einer konkreten Betrachtungsweise zu ermitteln. Maßgebend ist, »ob speziell die zur Übertragung an eine Privatfirma vorgesehenen Arbeiten bisher von verwaltungseigenen Kräften erledigt worden sind und ob dies in regelmäßiger Weise geschehen ist«.[421] Es ist also gleichgültig, ob die Arbeiten innerhalb der Dienststelle insgesamt überwiegend von eigenen Kräften erledigt worden sind, ob z.B. bei Reinigungsarbeiten an Schulen die prozentual überwiegende Zahl der Schulen oder die überwiegende Reinigungsfläche mit eigenen Kräften gereinigt worden ist. Maßgebend ist allein, ob gerade die zur Privatisierung anstehenden Tätigkeiten – z.B. die von einer pensionierten Reinigungskraft bisher gereinigten Flächen – von eigenen Kräften ausgeführt worden sind oder nicht. Nicht der   182

---

418 CL 84/86, PersV 1990, 27; CL 27/85, PersR 1988, 245; CL 32/86, PersR 1988, 247; CL 4/87, PersR 1988, 302; CL 11/87, ZBR 1989, 93.
419 *BVerwG* 15.10.2003 – 6 P 8.03, PersR 2004, 33.
420 CL 37/87, PersR 1989, 277.
421 *OVG NRW* 9.11.1987 – CL 27/85, PersR 1988, 245.

## § 72

Mitbestimmung unterliegen dementsprechend solche Arbeiten, die von der Dienststelle bisher überhaupt nicht erledigt worden sind.[422]

183 Die »Übertragung« von Arbeiten ist der Vorgang der Weggabe der bisher selbst verrichteten Tätigkeiten an einen Dritten. Es genügt die Feststellung, dass die eigentliche Aufgabe nicht mehr selbst und unmittelbar verrichtet wird – gleichgültig, ob die Dienststelle eine öffentliche Kontrolle nach wie vor selbst durchführen kann.[423] An der Übertragung fehlt es, wenn die Übernahme der Arbeiten durch einen Dritten aufgrund Rechtsverordnung erfolgt.[424]

184 »Auf Dauer« liegt eine Übertragung dann vor, wenn sie auf unbestimmte Zeit erfolgt. Kündigungsmöglichkeiten in geschlossenen Verträgen stehen dem nicht entgegen. Dabei kommt es weniger auf die Ausgestaltung des konkreten Vertrages, als vielmehr auf die Grundentscheidung selbst an.[425] Unter »Privatpersonen« sind alle natürlichen und juristischen Personen im Sinne der §§ 1 ff. und 21 ff. BGB – also auch nicht rechtsfähige Sportvereine – zu verstehen.

185 Keine Privatisierung liegt bei der bloßen Verschaffung eines eigenen Zugangs – der Übertragung der Schlüsselgewalt einer kommunalen Sportanlage auf Sportvereine – vor, da keine Eigenarbeiten übertragen werden.[426]

186 Die (teilweise) Übertragung von Aufgaben, z. B. des Betriebs eines Nichtsesshaftenheims oder von Einrichtungen für Jugendliche auf einen Träger der freien Wohlfahrtspflege, ist eine mitbestimmungspflichtige Privatisierung. Die Vorschriften über die Zusammenarbeit zwischen öffentlicher und freier Wohlfahrtspflege stehen dem nicht entgegen.[427] Tätigkeiten, die nur kurzfristig anfallen und daher per Einzelauftrag vergeben werden (Untersuchungsaufträge, Erstellung von Katastern und Plänen), unterliegen wegen des Fehlens des Begriffs »auf Dauer« nicht der Mitbestimmung.[428] Die Vergabe von Aufträgen zur Einmessung, die bisher durch eigene Messtrupps durchgeführt wurden, an öffentlich bestellte Vermessungsingenieure ist dagegen eine Privatisierung.[429]

187 Die Übertragung von Arbeiten zur Reinigung einer öffentlichen Grünanlage unterliegt auch dann der Mitbestimmung des Personalrats, wenn diese nur

---

422 *OVG NRW* 10. 12. 1993 – CL 103/90; 20. 1. 2000 – 1 A 2193/98.PVL, PersR 2000, 460.
423 *OVG NRW* 18. 3. 1991 – CL 75/88, PersR 1991, 348.
424 *OVG NRW* 19. 2. 1997 – 1 A 432/94.PVL, PersR 1997, 370.
425 *OVG NRW* 5. 11. 1992 – CL 41/89, PersR 1993, 177.
426 *OVG NRW* 7. 10. 1992 – CL 62/90, juris.
427 Beschluss vom 1. 3. 1991 – CL 38/88, PersR 1992, 79.
428 *OVG NRW* 9. 11. 1987 – CL 11/87, ZBR 1989, 93; 5. 4. 1990 – CL 54/87, PersV 1991, 314.
429 *OVG NRW* 16. 12. 1993 – CL 107/90, PersV 1996, 399.

neben bereits privatisierten Arbeiten durchzuführen sind.[430] Nicht erst der Abschluss eines bestimmten Vertrages – z. B. die Übernahme bestimmter Arbeiten durch ein bestimmtes Unternehmen ab einem bestimmten Zeitpunkt – unterliegt der Mitbestimmung, sondern bereits die Grundsatzentscheidung, eine bestimmte Art von Arbeiten künftig zu privatisieren.[431] Entgegen der Auffassung des *OVG* muss jedoch jeder nachfolgende Privatisierungsschritt gesondert der Mitbestimmung unterworfen werden, damit die jeweils konkreten Gefährdungen für den Bestand an Arbeiten und Ausbildungsplätzen im Einzelfall (»konkrete Betrachtungsweise«) vom Personalrat beurteilt werden können.

Die Erstreckung der Mitbestimmung auf Dritte in jeglicher Rechtsform durch die Novelle 2011 bewirkt vor allem, dass die Privatisierung und Ausgründung in Unternehmen, die öffentlich-rechtlich verfasst sind, künftig der Mitbestimmung unterliegen. Das betrifft Eigenbetriebe im Sinne von § 114 GO NRW, eigenbetriebsähnliche Einrichtungen und rechtsfähige Anstalten des öffentlichen Rechtes im Sinne von § 114a GO NRW sowie nach § 4 des Gesetzes über kommunale Gemeinschaftsarbeit errichtete Zweckverbände.  **188**

## VI. Abs. 4 Satz 2 und 3

Vgl. hierzu die Kommentierung zu Abs. 4 Satz 1 Nr. 11 und 17 (Rn. 147 und 159ff).  **189**

## VII. Probeweise oder befristet durchgeführte Maßnahmen (Abs. 5)

In allen Angelegenheiten des Abs. 3 Nr. 1 bis 7 und des Absatzes 4 Nr. 1 bis 19 hat der Personalrat auch dann mitzubestimmen, wenn die Maßnahme lediglich probeweise oder befristet durchgeführt werden soll.  **190**

Bereits vor Schaffung dieser Regelung mit der Novelle 1985 hat das Bundesverwaltungsgericht das Mitbestimmungsrecht bei probeweisen oder zeitlich befristeten Maßnahmen für den Fall bejaht, dass die betreffende Maßnahme den Tatbestand des einschlägigen Mitbestimmungsrechtes vollständig erfüllt.[432] Nunmehr unterliegen der Mitbestimmung jedoch auch solche Maßnahmen, die den Mitbestimmungstatbestand nur deshalb nicht vollständig erfüllen, weil sie noch nicht auf Dauer oder unbefristet angelegt sind. Das gilt z. B. für die probeweise Personaldatenverarbeitung ohne »Echtdaten«, die zur Erprobung oder zur Befristung vorgenommene Privatisierung, die deshalb noch nicht »auf Dauer« vorgenommen wird, sämtliche Änderungen oder Erweiterungen nach Abs. 3 Nr. 1, 2, 3 und 6, die wegen ihrer befristeten oder

---

430 *OVG NRW* 16. 12. 1993 – CL 103/90, PersV 1996, 380.
431 *OVG NRW* 25. 3. 1999 – 1 A 4469/98.PVL, PersR 2000, 81.
432 *BVerwG* 15. 12. 1978 – 6 P 13.78, PersV 1980, 145.

## § 73

probeweisen Einführung noch keine »wesentliche« Änderung oder Erweiterung sind, oder etwa der Abschluss eines Werkvertrages zur Vorbereitung und Erprobung eines Arbeitnehmerüberlassungs- oder Gestellungsvertrages. Die probeweise bzw. befristete Maßnahme unterliegt auch dann der Mitbestimmung, wenn den Beschäftigten der Dienststelle die Teilnahme an der Erprobung freigestellt ist.[433]

## § 73

**Der Personalrat wirkt, soweit eine gesetzliche oder tarifliche Regelung nicht besteht, mit bei**
1. **Verwaltungsanordnungen einer Dienststelle für die innerdienstlichen, sozialen oder persönlichen Angelegenheiten der Beschäftigten ihres Geschäftsbereichs,**
2. **Stellenausschreibungen, soweit die Personalmaßnahme der Mitbestimmung unterliegen kann,**
3. **Errichtung, Auflösung, Einschränkung, Verlegung oder Zusammenlegung von Dienststellen oder wesentlichen Teilen von ihnen,**
4. **behördlichen oder betrieblichen Grundsätzen der Personalplanung,**
5. **Aufträgen zur Überprüfung der Organisation oder Wirtschaftlichkeit einer Dienststelle durch Dritte,**
6. **Erhebung der Disziplinarklage gegen eine Beamtin oder einen Beamten, wenn sie oder er die Beteiligung des Personalrats beantragt. Die Beamtin oder der Beamte ist von der Maßnahme rechtzeitig vorher in Kenntnis zu setzen.**
7. **Maßnahmen zur Beschäftigungsförderung,**
8. **grundlegenden Änderungen von Arbeitsabläufen bei Wirtschaftsbetrieben.**

| Inhaltsübersicht | Rn. |
|---|---|
| I. Vorbemerkungen | 1– 2a |
| II. Verwaltungsanordnungen (Nr. 1) | 3– 6 |
| III. Stellenausschreibungen (Nr. 2) | 7– 9 |
| IV. Errichtung, Auflösung, Einschränkung, Verlegung oder Zusammenlegen von Dienststellen oder wesentlichen Teilen (Nr. 3) | 10–13 |
| V. Behördliche oder betriebliche Grundsätze der Personalplanung (Nr. 4) | 13a |
| VI. Aufträge zur Überprüfung der Organisation oder der Wirtschaftlichkeit einer Dienststelle durch Dritte (Nr. 5) | 13b |
| VII. Erhebung der Disziplinarklage gegen einen Beamten (Nr. 6) | 14 |
| VIII. Maßnahmen zur Beschäftigungsförderung (Nr. 7) | 15 |
| IX. Grundlegende Änderungen von Arbeitsabläufen bei Wirtschaftsbetrieben (Nr. 8) | 16 |

---

433 *OVG NRW* 30. 10. 1996 – 1 A 2348/93.PVL, PersR 1997, 212.

§ 73

## I. Vorbemerkungen

Mitwirkung ist das gegenüber der Mitbestimmung schwächere Beteiligungsrecht des Personalrats. Während mitbestimmungspflichtige Maßnahmen von der Zustimmung des Personalrats abhängen, können in mitwirkungspflichtigen Angelegenheiten lediglich Einwendungen erhoben werden. Die Beteiligung der Einigungsstelle ist – anders als im Mitbestimmungsverfahren – nicht vorgesehen.   1

Der Vorbehalt im Einleitungssatz, dass Mitwirkungsrechte nur bestehen, soweit eine gesetzliche oder tarifliche Regelung nicht besteht, findet sich bei den Mitwirkungstatbeständen des § 78 BPersVG nicht. Der Vorbehalt hat nur geringe praktische Bedeutung. Tarifliche Regeln, die Maßnahmen nach Nr. 1–8 zum Gegenstand haben, werden kaum vorkommen. Bei gesetzlichen Regelungen z. B. betreffend die Auflösung einer Dienststelle oder die Zusammenlegung von Dienststellen unmittelbar durch ein Gesetz entfallen die Beteiligungsrechte bereits wegen des Fehlens einer dem Dienststellenleiter zurechenbaren Maßnahme.[1]   2

Das Verfahren der Mitwirkung richtet sich nach § 69. Durch die Rechtsprechung ist bislang nicht geklärt, welche Rechtsfolgen die unterbliebene Mitwirkung hat.   2a

Soweit Verwaltungsanordnungen (Nr. 1) ohne ordnungsgemäße Beteiligung des Personalrats erlassen sind, sind die Beschäftigten nicht zur Befolgung verpflichtet.

Stellenausschreibungen (Nr. 2), Personalplanungsgrundsätze (Nr. 4), Überprüfungsaufträge nach Nr. 5 sowie die Änderung von Arbeitsabläufen in Wirtschaftsbetrieben (Nr. 7) sind bis zur ordnungsgemäßen Durchführung des Mitwirkungsverfahrens analog § 69 Abs. 4 auszusetzen – auch um Konkurrentenklagen nicht berücksichtigter Mitbewerber zu vermeiden.

Das Gleiche gilt für Organisationsveränderungen von Dienststellen (Nr. 3), die ebenfalls – einschließlich der dadurch ausgelösten Personalmaßnahmen – bis zur Durchführung des Mitwirkungsverfahrens nicht weitergeführt werden dürfen.

Erfolgt die Erhebung einer Disziplinarklage gegen einen Beamten (Nr. 6) ohne Belehrung über das Antragsrecht auf Beteiligung des Personalrats oder unterbleibt sie trotz Antrags, führt das zur formellen Fehlerhaftigkeit – nicht jedoch zur Unwirksamkeit der Disziplinarklage. Macht der Beamte diesen Mangel rechtzeitig (nach § 54 Abs. 1 LDG innerhalb eines Monats nach Klagezustellung) geltend, gibt das Gericht dem Dienstherrn Gelegenheit zur Beseitigung dieses Mangels. Erfolgt sie nicht, wird das Disziplinarverfahren eingestellt (§ 54 Abs. 3 LDG).

---

1 So *OVG NRW* 20. 6. 2008 – 1 B 116/08.PVL, juris – zur Aufgabenverlagerung und Versetzung/Gestellung »kraft Gesetzes«.

## § 73

Daneben kann der Personalrat die Verletzung seiner Mitwirkungsrechte verwaltungsgerichtlich geltend machen und in den Mitwirkungsfällen nach Nr. 1 bis 5 sowie 7 und 8 die weitere Durchführung der Maßnahmen und evtl. Folgemaßnahmen (z. B. Versetzungen wegen Organisationsänderungen nach Nr. 3) im Wege eines Unterlassungsantrags entsprechend § 23 Abs. 3 BetrVG durchsetzen.

### II. Verwaltungsanordnungen (Nr. 1)

3 Verwaltungsanordnungen sind sämtliche Regelungen der Dienststelle, die sie in Wahrnehmung ihrer Aufgaben und Rechte als Dienstherr und Arbeitgeber gegenüber ihren Beschäftigten bzw. einem unbestimmten Teil der Beschäftigten[2] trifft und die gestaltend in die innerdienstlichen, sozialen oder persönlichen Belange der Bediensteten eingreifen.[3] Eine Verwaltungsanordnung muss eine eigenständig gestaltende Wirkung haben, d. h. auf Veränderung des bestehenden Zustands in Bezug auf das Beschäftigungsverhältnis oder die Arbeitsbedingungen gerichtet sein[4] und allgemeingültigen Charakter für den Geschäftsbereich der Dienststelle haben.[5] Beinhaltet eine Dienstanweisung lediglich Vorgaben zur Auslegung von Gesetz oder Tarifvertrag, liegt keine Verwaltungsanordnung vor.[6] Auf die Form kommt es nicht an, beteiligungspflichtig können auch allgemeine Weisungen und Anordnungen sein, welche die Dienststelle in Wahrnehmung ihrer Aufgaben und Rechte als Dienstherr und Arbeitgeber gegenüber ihren Beschäftigten, mindestens gegenüber einer unbestimmten Anzahl von ihnen trifft.[7] Verwaltungsanordnungen können auch vorliegen, wenn nur für einen bestimmten – abstrakt definierten – Personenkreis Regelungen getroffen werden – nicht jedoch, wenn die Regelung lediglich bestimmte Beschäftigte betrifft. Bei dem Merkmal »innerdienstliche Angelegenheiten« handelt es sich um einen Auffang- und Oberbegriff und umfasst daher alle Angelegenheiten, die nicht als persönliche oder soziale Angelegenheiten qualifiziert werden können.[8] Thematisch umfassen Verwaltungsanordnungen dementsprechend alle in den §§ 62–78 aufgeführten Gegenstände. Aufgrund des umfassenden Bedeutungsgehalts der innerdienstlichen Angelegenheiten ist eine weitere

---

2 *BVerwG* 5. 1. 2016 – 5 PB 23.15, PersV 2016, 185.
3 *BVerwG* 11. 12. 2012 – 6 P 2.12, PersR 2013, 135.
4 *BVerwG* 11. 12. 2012, a. a. O.
5 *BVerwG* 1. 9. 2004 – 6 P 3.04, PersR 2004, 437.
6 *BVerwG* 7. 2. 2012 – 6 P 26.10, PersR 2012, 213.
7 *BVerwG* 5. 1. 2016 – 5 PB 23.13, PersV 2016, 185; 19. 5. 2003 – 6 P 16.02, PersR 2003, 314.
8 *BVerwG* 11. 12. 2012, a. a. O.

Klassifizierung nach den Merkmalen »sozial« und »persönlich« entbehrlich.[9]

**Innerdienstliche Angelegenheiten**, auf die sich Verwaltungsanordnungen 4 beziehen, können z. b. sein: Regelungen zur Vertretungs-, Zeichnungs- oder Anweisungsbefugnis; Behandlung der **Arbeitsmittel, Verwendung von Dienstbezeichnungen, Zugangsregelungen zu bestimmten** Diensträumen (wenn nicht bereits nach § 72 Abs. 4 Nr. 9 mitbestimmungspflichtig), Regeln über die Gewährung von Bildungs- oder Sonderurlaub, die Benutzung des privaten Pkws zu Dienstzwecken, über die Erteilung von Dienstbefreiung oder Arbeitszeitregelungen an Vorfesttagen oder am Rosenmontag. Beinhaltet eine Dienstanweisung nur Vorgaben zur Auslegung gesetzlicher oder tariflicher Regeln, besteht kein Mitwirkungsanspruch des Personalrats.[10]

**Soziale Angelegenheiten** sind u. a. Regelungen zu Zuschüssen zur Verpflegung, 5 Essensmarken, Beihilfen – soweit diese über die bestehenden Beihilfevorschriften hinaus gewährt werden –, Zuwendungen bei persönlichen Anlässen – soweit nicht bereits nach § 72 Abs. 2 Nr. 1 mitbestimmungspflichtig –, verbilligter Erhalt von Waren, verbilligter Besuch kultureller Veranstaltungen, kostenlose Parkmöglichkeiten für den Pkw etc.[11]

**Persönliche Angelegenheiten** sind solche, die vorrangig ein Verhalten des 6 einzelnen Beschäftigten betreffen, wie Regelungen zu Bekleidungsvorschriften, Verhaltensvorschriften gegenüber Kunden und Antragstellern, Verhalten am Arbeitsplatz sowie z. B. über die Annahme von Geschenken oder Belohnungen.

Beinhaltet eine Verwaltungsanordnung auch mitbestimmungspflichtige Regelungen, so wird das schwächere Mitwirkungsrecht verdrängt, stattdessen ist das Mitbestimmungsrecht zu beachten.[12]

### III. Stellenausschreibungen (Nr. 2)

Stellenausschreibungen unterliegen der Mitwirkung, soweit die anschließende 7 Personalmaßnahme der Mitbestimmung unterliegen »kann«. Die Gesetzesbegründung teilt dazu mit,[13] eine Stellenausschreibung solle sich auf solche Personalmaßnahmen erstrecken, die »anschließend« der Mitbestimmung unterliegen, die Möglichkeit des Bestehens eines solchen Mitbestimmungsrechts reicht also aus, um das Mitwirkungsrecht bei Stellenausschreibungen auszulösen. Mit der Einräumung eines Mitwirkungsrechts bei

---

9 *BVerwG* 1.9.2004 – 6 P 3.04, PersR 2004, 437.
10 *BVerwG* 7.2.2012 – 6 P 26.10, PersR 2012, 213.
11 Vgl. *BVerwG* 16.4.2008 – 6 P 8.07, PersR 2008, 418.
12 *BVerwG* 7.2.2012 – 6 P 26.10, PersR 2012, 413; 19.5.2003 – 6 P 16.02, PersR 2003, 314.
13 LT-Drucks. 14/4239, 100.

## § 73

Stellenausschreibungen ist dem Personalrat neben dem Recht auf Teilnahme an Auswahlgesprächen nach § 65 Abs. 2 Satz 2 eine weitere Beteiligung im Vorfeld einer Personalauswahlentscheidung eingeräumt. Stellenausschreibungen gehen regelmäßig einem späteren mitbestimmungspflichtigen Tatbestand nach § 72 Abs. 1 voran und bereiten diesen vor.

**8** Allerdings soll sich nach der Novelle die Mitwirkung nur auf Stellenausschreibungen erstrecken, »soweit die Personalmaßnahme der Mitbestimmung unterliegen kann«. Diese – etwas unklar formulierte – Einschränkung des Mitwirkungsrechts bei Stellenausschreibungen lässt das Mitwirkungsrecht bei der Besetzung solcher Stellen entfallen, auf denen Beschäftigte nach § 72 Abs. 1 Halbsatz 2 Nr. 1–5 beschäftigt werden sollen sowie bei Versetzungen und Umsetzungen von Beschäftigten in der Berufsausbildung (§ 72 Abs. 1 Satz 3). Soweit das Mitbestimmungsrecht des Personalrats von einem entsprechenden Antrag der Beschäftigten abhängig ist (§ 72 Abs. 1 Satz 2), besteht das Mitwirkungsrecht uneingeschränkt, weil es nur darauf ankommt, ob die Personalmaßnahme der Mitbestimmung unterliegen »kann«. Es reicht aus, wenn die Möglichkeit der späteren Mitbestimmung bei der Personalmaßnahme besteht.[14]

**9** Unter Ausschreibung ist die allgemeine Aufforderung zu verstehen, sich um eine freie Stelle zu bewerben. Sie richtet sich an einen unbestimmten Personenkreis oder – bei dienststelleninternen Ausschreibungen – an alle Beschäftigten der Dienststelle oder eine bestimmte Gruppe von ihnen.[15] Die Stellenausschreibung dient der Erschließung eines möglichst großen Bewerberkreises, die Auswahlmöglichkeit soll vergrößert und die Verwirklichung des Leistungsgrundsatzes gefördert werden.[16] Das Mitwirkungsrecht des Personalrats bei Stellenausschreibungen umfasst die »Grundentscheidung«, ob die Stelle ggf. auch erneut ausgeschrieben oder davon abgesehen werden soll[17] sowie die weitere Gestaltung des Ausschreibungsverfahrens,[18] ob die Stellen intern und/oder extern – ggf. in welchen Veröffentlichungsorganen – ausgeschrieben werden soll. Die Mitwirkung erstreckt sich zwar nicht auf die Bewertung der auszuschreibenden Stelle,[19] jedoch auf den übrigen Inhalt der Stellenausschreibung, wie z. B. die Festlegung der von den Bewerbern zu erfüllenden Anforderungen.[20] Auf das Fehlen einer Ausschreibung kann der Personalrat die Ablehnung der nachfolgenden Stellenbesetzungsmaßnahme

---

14 So LT-Drucks. 15/1644, 86.
15 *BVerwG* 14.1.2010 – 6 P 10.09, PersR 2010, 322; 9.1.2007 – 6 P 6.06, PersR 2007, 2013.
16 *OVG NRW* 18.10.2000 – 1 A 5334/98.PVL, PersR 2001, 163.
17 *BVerwG* 9.1.2007 – 6 P 6.06, PersR 2007, 213.
18 *OVG NRW* 18.9.1995 – 1 A 1471/92.PVL, PersR 1996, 363; *BVerwG* 9.1.2007 – 6 P 6/06, PersR 2007, 213.
19 So *OVG NRW* 20.11.1995 – 1 A 4692/94.PVL, juris.
20 A.A. *OVG NRW* 18.10.2000 – 1 A 5334/98.PVL, PersR 2001, 163.

§ 73

dann stützen, wenn er darlegt, aus welchen Gründen er eine Ausschreibung für erforderlich hält.[21]

Eine Verpflichtung zur Stellenausschreibung kann sich aus einer Verwaltungsübung ergeben, die auf Rechts- oder Verwaltungsvorschriften oder auf ständiger Verwaltungspraxis beruht.[22] In der Regel bestehen gesetzliche Ausschreibungsverpflichtungen jedoch nur bezüglich solcher Stellen, die mit Beschäftigten im Sinne des § 72 Abs. 1 Satz 2, 2. Halbsatz zu besetzen sind. In Betracht kommt die Verpflichtung zur Stellenausschreibung bei Dozenten der Fachhochschule für den öffentlichen Dienst (vgl. § 20 Abs. 6 FHGöD) sowie die Ausschreibungsverpflichtung in Bereichen, in denen Frauen unterrepräsentiert sind (vgl. § 8 Abs. 1 LGG).

Entgegen der Ansicht des *OVG NRW* ist der Personalrat bei Einwendungen gegen beabsichtigte Stellenausschreibungen nicht verpflichtet, die Einwendungen auf die Stellenausschreibung selbst und auf einen späteren, evtl. mitbestimmungspflichtigen Tatbestand nach § 72 Abs. 1 zu beschränken.[23] Der Personalrat kann auch Einwendungen zur Festlegung des Anforderungsprofils und zum Kreis der in Betracht kommenden Bewerber erheben.

Nach § 17 Abs. 2 LGG ist auch die Gleichstellungsbeauftragte bei Stellenausschreibungen zu unterrichten und anzuhören.

### IV. Errichtung, Auflösung, Einschränkung, Verlegung oder Zusammenlegen von Dienststellen oder wesentlichen Teilen (Nr. 3)

Die Vorschrift ist durch die Novelle 2011 um die »Errichtung« von Dienststellen erweitert worden, weil es – so der Gesetzgeber[24] – nur konsequent sei, den Personalrat sowohl bei einer Auflösung wie bei der Errichtung einer Dienststelle zu beteiligen.

10

Das Mitwirkungsrecht beschränkt sich auf die Mitbeurteilung der rein organisatorischen Entscheidungen der Dienststelle, die sich daraus ergebenden Folgemaßnahmen für die Beschäftigten unterliegen gesondert der Mitbestimmung. Ihnen ist unter Umständen ein Mitbestimmungsverfahren zur Herbeiführung eines Sozialplans oder wegen der mit einer solchen organisatorischen Maßnahme einhergehenden Änderung der Arbeitsorganisation vorgeschaltet.

11

**Errichtung** ist die Neuschaffung einer Dienststelle im Sinne des § 1 Abs. 2 z. B. durch Teilung, Umwandlung oder Auflösung vorhandener Dienststellen im Sinne des § 44 Abs. 6 oder durch Organisationsentscheidungen des

12

---

21 *OVG NRW* 10. 3. 1999 – 1 A 1083/97.PVL, PersR 2000, 78.
22 *BVerwG* 4. 5. 2012 – 6 PB 1.12, PersR 2012, 328.
23 So aber Beschlüsse vom 24. 2. 1995 – 1 A 302/92.PVL, juris, und vom 18. 10. 2000 – 1 A 5334/98.PVL, PersR 2001, 163.
24 LT-Drucks. 15/1644, 86.

Gesetzgebers. Eine Errichtung liegt auch vor, wenn Gemeinden oder Kreise Anstalten des öffentlichen Rechts oder Zweckverbände errichten.

**Auflösung** einer Dienststelle liegt nur dann vor, wenn die Dienststelle im Sinne des § 1 oder der »wesentliche« Teil aufhört zu bestehen und damit der Personalrat aufgelöst wird. Beschließt eine Gemeinde die Schließung einer ihrer Schulen, so steht dem bei der Bezirksregierung gebildeten Lehrkräfte-Personalrat kein Mitwirkungsrecht zu.[25]

Eine **Einschränkung** liegt vor, wenn zwar die Dienststelle bestehen bleibt, jedoch verkleinert wird. Auf das Maß der Verkleinerung kommt es nicht an. Sie kann auf einer Verringerung der Aufgaben, Veränderung des räumlichen Wirkungskreises beruhen oder dadurch eintreten, dass der Arbeitsanfall geringer wird oder die Zahl der Beschäftigten verringert werden soll. Ergänzend kann analog zu § 111 BetrVG entsprechend der Rechtsprechung des *BAG*[26] auf diejenigen Entlassungszahlen zurückgegriffen werden, für die § 17 KSchG eine Anzeigepflicht des Arbeitgebers bei der Agentur für Arbeit vorschreibt.

Bei einer **Verlegung** der Dienststelle bleibt diese in vollem Umfang bestehen, wird jedoch an einem anderen Ort angesiedelt. Ihre organisatorische Einheit bleibt erhalten. Für die Verlegung kommt es nicht darauf an, ob der Ortswechsel zu einem Wechsel des Dienstortes im Sinne des Reisekostenrechtes führt.

Die **Zusammenlegung** von Dienststellen ist das Zusammenfügen verschiedener Aufgabenbereiche verschiedener Dienststellen in einer (neuen) Dienststelle oder die Aufnahme einer Dienststelle oder eines Teils davon in eine bestehende Dienststelle.

13   Unter **wesentlichen Teilen** von Dienststellen sind zunächst Nebenstellen und Teile einer Dienststelle im Sinne des § 1 Abs. 3 zu verstehen. Ansonsten ist nicht vom personalvertretungsrechtlichen Begriff der Dienststelle, sondern vom organisationsrechtlichen Begriff auszugehen. Unter Dienststelle ist insoweit die jeweilige Behörde zu verstehen, die eine Zusammenfassung von Personen und sächlichen Mitteln zur Erfüllung einer bestimmten öffentlichen Aufgabe und einer relativen Selbständigkeit darstellt.[27] Wesentlich sind die Maßnahmen stets dann, wenn bei Betrachtung der jeweiligen Auflösung, Einschränkung, Verlegung oder Errichtung eine beträchtliche Veränderung des Aufgabenbereiches zu verzeichnen ist, der personelle Maßnahmen nach sich ziehen kann.[28] Es kann jedoch über den Wortlaut der Vor-

---

25  *OVG NRW* 26. 2. 2016 – 20 A 2495/14.PVL, BeckRS 2016, 44385.
26  Z.B. *BAG* 28. 3. 2006, AP Nr. 12 zu § 112a BetrVG 1972.
27  *BVerwG* 11. 11. 2009 – 6 PB 25.09, PersR 2010, 169.
28  *OVG NRW* 23. 3. 2010 – 16 A 2209/08.PVL, juris.

schrift hinaus nicht verlangt werden, dass der wesentliche Teil auch für den Bereich der Dienststelle eine »prägende Bedeutung« hat.[29]
Abzustellen ist vielmehr darauf, ob solche Maßnahmen wie Errichtung, Auflösung, Einschränkung, Verlegung und Zusammenlegung mit Nachteilen für die Beschäftigten verbunden sein können (analog § 111 Satz 1 BetrVG), die in arbeitsvertraglichen Verschlechterungen (z. B. geringeres Entgelt), Änderung der Aufgabenstellung, Rationalisierungseffekten oder einem Wechsel des Arbeitsortes bzw. weiteren Nachteilen bestehen können. Es ist eine qualitative, anstelle einer quantitativen Betrachtung vorzunehmen.
Fälle der Verlegung und Zusammenlegung können auch vorliegen, wenn die Dienststelle zwar erhalten bleibt, jedoch Veränderungen in der Rechtsform oder der Aufgabenstellung erfolgen, wie:
- rechtliche Verselbständigung der Dienststelle oder eines Teils zur Körperschaft, Anstalt oder Stiftung des öffentlichen Rechts
- rechtliche Verselbständigung der Dienststelle oder eines Teils zu einer Gesellschaft privaten Rechtes (z. B. kommunale GmbH)
- Veräußerung eines Teils der Dienststelle (Privatisierung)
- Aufgabe einer Tätigkeit und der Wegfall von Arbeitsplätzen
- Verlagerung von Aufgaben auf andere Dienststellen oder Dritte bei gleichzeitiger Gestellung/Versetzung der betroffenen Beschäftigten (»Personal folgt der Aufgabe«).

## V. Behördliche oder betriebliche Grundsätze der Personalplanung (Nr. 4)

Das Mitbestimmungsrecht bei behördlichen oder betrieblichen Grundsätzen der Personalplanung war vor 2007 bereits ein Mitwirkungsrecht. Seit der Novelle 2007 bestand lediglich ein Anhörungsrecht nach § 75 Nr. 4. Ähnliche Beteiligungsrechte, wenn auch mit anderem Inhalt und anderer Reichweite, sehen § 78 Abs. 3 Satz 3 BPersVG und § 92 Abs. 1 BetrVG vor.

13a

»Behörden« ist der Sammelbegriff für die in § 1 Abs. 2 aufgeführten Dienststellen im Sinne des Gesetzes. »Betriebe« meint Eigenbetriebe im Sinne des § 114 GO, die keine eigene Rechtspersönlichkeit haben.
Personalplanung ist die Gesamtheit der Maßnahmen, die zur Ermittlung und zur Deckung des künftigen Personalbedarfs für einen bestimmten Zeitraum entsprechend den jeweiligen Bedingungen der Verwaltung dienen.[30]
Personalplanung umfasst die vom Einzelfall losgelöste Personalbedarfsplanung, die Personalbeschaffungsplanung, die Personalentwicklungsplanung und die Personaleinsatzplanung.[31]

---

29 So aber *OVG NRW* 23. 10. 2010, a. a. O.
30 *OVG NRW* 23. 3. 2010 – 16 A 2209/08.PVL, juris.
31 *OVG NRW* 23. 3. 2010, a. a. O., Rn. 35.

## § 73

Es stellt keine Einschränkung des Mitwirkungsrechts dar, dass der Personalrat nur an den »Grundsätzen« der Personalplanung mitzuwirken hat. Personalplanung besteht ohnehin aus allgemeinen, vorausschauenden Überlegungen, auf welche Weise der künftige Personalbedarf ermittelt werden kann, welche Maßnahmen zur Deckung dieses Bedarfs z. B. durch Ausbildung, Fortbildung, berufliche Förderung zu treffen sind und wie die Planung der künftigen Personaleinstellung und die Nachwuchsplanung zu geschehen haben. All dies sind – da es sich nicht um die einzelnen Ausführungshandlungen, sondern um vorausschauende Überlegungen handelt – »Grundsätze«; zugleich handelt es sich aber auch um »Personalplanung«. Zur Wahrnehmung dieses Mitwirkungsrechts ist dem Personalrat zu Händen seines Vorsitzenden eine Kopie der Personalbedarfsberechnung und des Stellenplans auf Dauer zu überlassen.[32]

### VI. Aufträge zur Überprüfung der Organisation oder der Wirtschaftlichkeit einer Dienststelle durch Dritte (Nr. 5)

**13b** »Die Überprüfung der Organisation und der Wirtschaftlichkeit führt in aller Regel zu einer Personalbedarfsberechnung, und deshalb sollten beide Tatbestände der Mitbestimmung unterworfen sein.«[33] Solche Überprüfungen sind meist Vorbereitungshandlungen für Rationalisierungsmaßnahmen, Umorganisationen, Maßnahmen zur Änderung der Arbeitsorganisation u. Ä. Sie sind darüber hinaus häufig belastend für die Beschäftigten, da von ihnen Angaben gefordert werden, sie befragt werden oder ihnen umfangreiche Aufzeichnungen abverlangt werden.

Die Mitwirkung hängt nicht davon ab, dass die Organisation oder die Wirtschaftlichkeit einer gesamten Dienststelle überprüft wird, es genügen Aufträge zur Überprüfung von Teilen der Dienststelle.[34]

Dritte können sowohl private Unternehmen wie Unternehmensberatungsgesellschaften als auch Einzelpersonen wie Rationalisierungsbeauftragte, aber auch übergeordnete Dienststellen und schließlich der Landesrechnungshof sein. In allen Fällen ist dem Personalrat der beabsichtigte Auftrag zur Mitwirkung vorzulegen. Ihm sind die Auswirkungen des Auftrages auf die Beschäftigten während der Überprüfung und die von der Dienststelle vorgegebenen Untersuchungsziele darzulegen. Keine Dritten sind Beschäftigte der Dienststelle, die mit der Ermittlung von Kosten der Tätigkeit von Beschäftigten beauftragt sind.[35]

---

32 *BVerwG* 23. 1. 2002, a. a. O.
33 LT-Drucks. 9/3031.
34 *OVG NRW* 10. 3. 1999 – 1 A 1190/97.PVL, PersR 1999, 362.
35 *OVG NRW* 29. 1. 1999 – 1 A 6323/98.PVL, PersR 1999, 310.

## VII. Erhebung der Disziplinarklage gegen einen Beamten (Nr. 6)

Vorbild für die Norm ist das gleichlautend formulierte Mitwirkungsrecht 14
nach § 78 Abs. 1 Nr. 3 BPersVG.
Eine Beteiligung des Personalrats soll vor Erhebung der Disziplinarklage nur dann erfolgen, wenn die Beamtin oder der Beamte einen ausdrücklichen Antrag stellt. Künftig muss also der Beamtin oder dem Beamten ausdrücklich Gelegenheit gegeben werden, einen solchen Antrag auf Beteiligung des Personalrats zu stellen.
Präzisiert wurde, dass zu diesem Zweck die Beamtin oder der Beamte so rechtzeitig von der beabsichtigten Erhebung der Disziplinarklage in Kenntnis zu setzen ist, dass die Beteiligung des Personalrats verlangt werden kann und das Mitwirkungsverfahren vor Erhebung der Disziplinarklage abgeschlossen werden kann.
Das Disziplinargesetz sieht die Verhängung von Disziplinarmaßnahmen auf zwei Wegen vor:
Im Falle einer Disziplinarverfügung nach § 34 LDG können Verweis, Geldbuße, Kürzung der Dienstbezüge oder eine Kürzung des Ruhegehalts verhängt werden. Erfolgt eine Disziplinarmaßnahme im Wege einer solchen Disziplinarverfügung, besteht bei diesen Maßnahmen kein Mitwirkungsrecht.
Beabsichtigt die Behörde die Zurückstufung des Beamten oder die Entfernung aus dem Beamtenverhältnis insgesamt, so ist gemäß §§ 35, 52 LDG Disziplinarklage zu erheben, über die die Disziplinargerichtsbarkeit (§§ 45 ff. LDG) entscheidet.
Das Mitwirkungsrecht sieht vor, dass der Personalrat »bei« Erhebung einer solchen Disziplinarklage mitzuwirken hat. Damit der Personalrat seine Mitwirkungsrechte ausüben kann und die beabsichtigte Erhebung der Disziplinarklage vor Durchführung mit dem Ziel einer Verständigung rechtzeitig und eingehend erörtert werden kann (§ 69 Abs. 1 Satz 1), ist sowohl dem Beamten wie dem Personalrat der Entwurf der schriftlich zu formulierenden Klageschrift (§ 52 LDG) vor Einreichung der Klage bei dem dafür zuständigen Verwaltungsgericht zuzuleiten.
Das Mitwirkungsrecht des Personalrats soll sich nur auf die disziplinarbehördliche Abschlussentscheidung, ob Disziplinarklage erhoben werden soll, nicht jedoch auf den im Falle der Klageerhebung vorgesehenen Klageantrag beziehen.[36] Gleichwohl ist der Personalrat über die Klageschrift in Form einer Übermittlung der Inhalte, die Grundlage für die Klageerhebung sein sollen, zu unterrichten. Ansonsten kann der Personalrat nicht beurteilen, ob die Klageerhebung angemessen ist. Der Mangel einer unterbliebenen Beteiligung des Personalrats kann durch nachträgliche Durchführung des Mit-

---

36 *BVerwG* 20. 10. 2005 – 2 C 12.04, PersV 2006, 262.

§ 73

wirkungsverfahrens im Laufe des gerichtlichen Verfahrens geheilt werden, wenn ausgeschlossen werden kann, dass sich der Mangel einer zunächst unterlassenen Beteiligung auf das gerichtliche Disziplinarverfahren ausgewirkt hätte.[37]
Nach § 17 Abs. 1 LGG ist die Gleichstellungsbeauftragte von der Erhebung der Disziplinarklage zu unterrichten und anzuhören, wenn durch das konkrete Disziplinarverfahren Gleichstellungsbelange betroffen sind.[38]

### VIII. Maßnahmen zur Beschäftigungsförderung (Nr. 7)

15 Die Mitwirkung bei solchen Maßnahmen ist durch die Novelle 2011 aufgenommen worden. Damit sind ausdrücklich nicht solche Maßnahmen gemeint, die die vorhandenen Arbeitsplätze sichern oder zur Beschäftigungssicherung im Sinne des § 92a BetrVG beitragen. In der Gesetzesbegründung heißt es dazu vielmehr: »*Die Form der Beschäftigungsförderung wird sich in den nächsten Jahren auch im öffentlichen Bereich wesentlich verändern, um Arbeitswilligen bzw. Langzeitarbeitslosen mit kaum überwindbaren Vermittlungshemmnissen eine Perspektive zu verschaffen. Um alle zukünftig möglichen Formen (z. B. freiwilliger sozialer Arbeitsmarkt, öffentliche auf Gemeinnützigkeit beschränkte Arbeitsangebote, Bürgerarbeit, Beschäftigungszuschuss, gemeinwohlorientierter Arbeitsmarkt etc.) zu erfassen, wird die neue Nummer 7 ausdrücklich sehr offen formuliert.*«[39]
Dieses Mitwirkungsrecht tritt an die Stelle der früheren Mitwirkung bei Maßnahmen zur Arbeitsbeschaffung nach dem Arbeitsförderungsgesetz. Allerdings hat der Gesetzgeber den Anspruch, den Personalrat bei allen im öffentlichen Dienst vorkommenden bzw. sich künftig eröffnenden Formen und Arten der Beschäftigung und Betätigung zu beteiligen.

### IX. Grundlegende Änderung von Arbeitsabläufen bei Wirtschaftsbetrieben (Nr. 8)

16 Unter dem Begriff des Arbeitsablaufs ist entsprechend der Regelung in § 72 Abs. 3 Nr. 4 die zeitliche und räumliche Aufeinanderfolge von Arbeitsgängen zur Erzielung eines bestimmten Arbeitsergebnisses (vgl. § 72 Rn. 93) zu verstehen.[40] Grundlegend ist eine Änderung des Arbeitsablaufs, wenn sie für

---

37 *OVG NRW* 17. 2. 2016 – 3d A 467/13.O, juris.
38 *VG Düsseldorf* 12. 2. 2014 – 31 K 3347/13.0, BeckRS 2014, 48770.
39 LT-Drucks. 15/2218, 54.
40 Vgl. auch *VG Düsseldorf* 20. 1. 2017 – 34 K 4211/15.PVL, juris.

die von ihr betroffenen Beschäftigten ins Gewicht fallende körperliche oder geistige Auswirkung hat, also die Änderung »von Gewicht« ist.[41]
Unter Wirtschaftsbetrieben sind die in § 72 Abs. 1 Satz 2 2. Halbsatz Nr. 5 erwähnten »öffentlichen Betriebe« in Gemeinden, in den Gemeindeverbänden und in sonstigen der Aufsicht des Landes unterstehenden Körperschaften, Anstalten und Stiftungen des öffentlichen Rechts zu verstehen.

## § 74

(1) Der Personalrat bestimmt mit bei ordentlichen Kündigungen durch den Arbeitgeber. § 72 Absatz 1 Satz 2 gilt entsprechend.

(2) Der Personalrat ist vor Abmahnungen, bei Kündigungen in der Probezeit, bei außerordentlichen Kündigungen, bei Aufhebungs- oder Beendigungsverträgen und bei Mitteilungen an Auszubildende darüber, dass deren Einstellung nach beendeter Ausbildung nicht beabsichtigt ist, anzuhören. Hierbei sind die Gründe, auf die sich die beabsichtigte Abmahnung oder Kündigung stützen soll, vollständig anzugeben.

(3) Eine ohne Beteiligung des Personalrates ausgesprochene Kündigung oder ein ohne Beteiligung des Personalrates geschlossener Aufhebungs- oder Beendigungsvertrag ist unwirksam.

(4) Der Personalrat kann vor einer Stellungnahme die betroffene Arbeitnehmerin oder den betroffenen Arbeitnehmer anhören. Erhebt der Personalrat Einwendungen gegen die beabsichtigte Maßnahme oder Vereinbarung, hat er der betroffenen Arbeitnehmerin oder dem betroffenen Arbeitnehmer eine Abschrift seiner Stellungnahme zuzuleiten.

(5) Stimmt der Personalrat einer beabsichtigten ordentlichen Kündigung nicht zu, gilt § 66 Absatz 2 und 3 sinngemäß. Das weitere Verfahren regelt sich nach § 66 Absatz 5 und Absatz 7 Satz 1 und 2.

(6) Hat der Personalrat gegen eine beabsichtigte Kündigung in der Probezeit oder gegen eine außerordentliche Kündigung Einwendungen, gibt er diese binnen drei Arbeitstagen der Dienststelle schriftlich zur Kenntnis. Absatz 4 gilt entsprechend.

(7) Will der Personalrat gegen einen Aufhebungs- oder Beendigungsvertrag Einwände erheben, gibt er diese binnen einer Woche schriftlich der Dienststelle zur Kenntnis. Absatz 4 gilt entsprechend.

(8) Bei Initiativanträgen des Personalrats gilt § 66 Absatz 4 und 6 entsprechend.

---

41 So zum Mitbestimmungsrecht bei der Einführung grundlegend neuer Arbeitsmethoden: *BVerwG* 30. 8. 1985 – 6 P 20.83, PersR 1985, 184 sowie *OVG NRW* 10. 2. 1999 – 1 A 411/97.PVL, PersR 1999, 314.

## § 74

**1** Die Vorschrift fasst Angelegenheiten zusammen, die das Arbeitsverhältnis beenden, wie die ordentliche und außerordentliche Kündigung, oder die Beendigung vorbereiten, wie die Abmahnung.

**2** **Abs. 1:** Der Personalrat hat bei ordentlichen Kündigungen des Arbeitgebers mitzubestimmen.

Eine Kündigung ist eine einseitig empfangsbedürftige Gestaltungserklärung des Arbeitgebers, die ein Dauerschuldverhältnis für die Zukunft beendet.[1]

»Ordentlich« ist eine Kündigung dann, wenn sie unter Einhaltung von arbeitsvertraglich vereinbarten oder im Tarifvertrag vorgesehenen Fristen erklärt wird. Auch eine Kündigung »zum nächstzulässigen Termin« stellt eine solche ordentliche Kündigung dar. Zu beachten ist, dass eine ordentliche Kündigung mit einer unzutreffenden Frist nicht unwirksam ist, sondern stets in eine wirksame zum nächstmöglichen Zeitpunkt umgedeutet werden kann. Nur arbeitgeberseitige Kündigungen unterliegen der Beteiligung des Personalrats.

Unter ordentlicher Kündigung ist auch eine **Änderungskündigung** zu verstehen. Die Änderungskündigung ist die Erklärung, dass das Arbeitsverhältnis zum nächstmöglichen Termin beendet wird, verbunden mit dem Angebot, das Arbeitsverhältnis nach Erreichen der Kündigungsfrist zu verändern – meist verschlechterten Bedingungen – fortzusetzen. **Teilkündigungen** einzelner Bestimmungen oder Bedingungen des Arbeitsvertrags sind nur zulässig, wenn die gesonderte Kündigung des jeweiligen Teils im Vertrag ausdrücklich vereinbart worden ist. Ansonsten sind sie unzulässig.[2]

Kündigungen vor Vertragsbeginn sind – wenn nicht im Arbeitsvertrag ausdrücklich etwas anderes vereinbart ist – regelmäßig zulässig.[3] Die Kündigungsfrist läuft in diesem Fall ab Kündigungserklärung und nicht erst ab Beginn des Arbeitsverhältnisses.

In Abgrenzung zur ordentlichen Kündigung wird die **außerordentliche Kündigung** ohne Einhaltung einer Frist erklärt und ist nur aus wichtigem Grund unter den Voraussetzungen des § 626 BGB zulässig. Das Beteiligungsverfahren des Personalrates regelt sich nach Abs. 2.

Als ordentliche Kündigungen sind auch **Probezeitkündigungen** innerhalb der längstens sechsmonatigen Probezeit nach § 2 Abs. 4 TVöD/TV-L anzusehen, für die nach § 34 Abs. 1 Satz 1 TVöD/TV-L eine Kündigungsfrist von zwei Wochen zum Monatsschluss gilt. Für diese Probezeitkündigungen, die in den ersten sechs Monaten des Vertragsverhältnisses ausgesprochen werden, findet das KSchG mangels Erreichens der sechsmonatigen Wartefrist

---

1 Vgl. *BAG* 21.3.2013 – 6 AZR 618/11, ZTR 2013, 445.
2 Vgl. zur Teilkündigung einer Nebenabrede über einen pauschalierten Erschwerniszuschlag: *BAG* 18.5.2017 – 2 AZR 721/16, NZA 2017, 1195.
3 *BAG* 25.3.2004 – 2 AZR 324/03, NZA 2004, 1089.

### § 74

des § 1 Abs. 1 KSchG keine Anwendung. Das Beteiligungsverfahren des Personalrats bei Probezeitkündigungen regelt sich nach Abs. 2.

Die ordentliche Kündigung ist bei Mitgliedern des Personalrates, der Jugend- und Auszubildendenvertretung und dem Wahlvorstand sowie bei Wahlbewerbern, Vertrauensperson der schwerbehinderten Menschen ausgeschlossen, bei diesem Personenkreis ist nur eine außerordentliche Kündigung möglich, die der Zustimmung des Personalrats und bei Zustimmungsverweigerung, der Zustimmungsersetzung durch das Arbeitsgericht bedarf (§ 15 Abs. 2 KSchG).

Nicht selten wird beim Personalrat die Zustimmung zu einer außerordentlichen Kündigung und zugleich zu einer vorsorglichen oder hilfsweise ordentlichen Kündigung in einer einheitlichen Erklärung beantragt. Der Personalrat kann zu jeder der beiden Kündigungen getrennt und mit den unterschiedlichen Fristen von zwei Wochen gemäß Absatz 5 i.V.m. § 66 Abs. 2 bei der ordentlichen Kündigung und von drei Arbeitstagen gemäß Absatz 6 bei der außerordentlichen Kündigung Stellung nehmen.

**3** Andere Beendigungsformen des Arbeitsverhältnisses unterliegen dagegen nicht der Beteiligung des Personalrats, wie
- Eigenkündigung des Arbeitnehmers
- Geltendmachung der Nichtigkeit
- Anfechtung des Arbeitsvertrags
- Beendigung durch Zeitablauf oder auflösende Bedingung sowie aufgrund Befristungsabrede
- Beendigung des Berufsausbildungsverhältnisses gemäß § 21 BBiG
- Beendigung des Arbeitsverhältnisses durch gerichtliche Entscheidung gemäß § 7 Abs. 5b
- Beendigung aufgrund Erreichen der Altersgrenze oder Beginn der verminderten Erwerbsfähigkeit (§ 33 Abs. 1a und Abs. 2 TVöD)
- einvernehmliche Beendigung des Arbeitsverhältnisses durch Aufhebungs- oder Auflösungsvertrag
- Teilkündigung einer Nebenabrede[4]

**3a** Mitbestimmungspflichtig sind ordentliche Kündigungen des Arbeitgebers. Es besteht also kein Mitbestimmungsrecht bei **Eigenkündigungen des Arbeitnehmers**. Als Arbeitgeber ist die Anstellungskörperschaft, also die in § 1 Abs. 1 genannte Körperschaft anzusehen. Zum Ausspruch der Kündigung befugt ist daher nicht automatisch der Dienststellenleiter, sondern derjenige, der nach den für die jeweilige Körperschaft geltenden Regelungen zur Vertretung befugt ist. Das ändert aber nichts daran, dass das Mitbestimmungsverfahren vom Dienststellenleiter einzuleiten und durchzuführen ist. Wird das Verfahren von einem Unzuständigen eingeleitet, ist ein solcher Verfah-

---

4 Vgl. *BAG* 18.5.2017 – 2 AZR 721/16, NZA 2017, 1195.

**3b** Ordentliche Kündigungen unterliegen der Mitbestimmung des Personalrats, weshalb § 66 vollständig und unmittelbar anzuwenden ist. Daher ist die die Bemerkung in Abs. 5, dass § 66 Abs. 2 und 3 sinngemäß gilt, wenn der Personalrat seine Zustimmung nicht erteilt, etwas unklar.

Nach Abs. 1 Satz 2 gilt § 72 Abs. 1 Satz 2 entsprechend. Im Falle von Kündigungen der in § 72 Abs. 1 Satz 2, 1. Halbsatz genannten Beschäftigten besteht ein Mitbestimmungsrecht bei Kündigungen daher nur auf Antrag. Im Falle der in § 72 Abs. 1 Satz 2, 2. Halbsatz Nr. 1–5 genannten Beschäftigten unterliegt die ordentliche Kündigung nicht der Mitbestimmung des Personalrates.

**4** Von dem Beteiligungsrecht nach § 74 unberührt bleiben die Sondervorschriften über den Kündigungsschutz von schwerbehinderten Arbeitnehmern, im Mutterschutz befindlichen Beschäftigten, Mitgliedern von Personalräten, JAV-Mitgliedern, Wahlvorständen und Wahlbewerbern.

Ebenso unberührt bleiben Beteiligungsrechte und Zustimmungserfordernisse nach anderen Vorschriften. So bedarf die Kündigung eines schwerbehinderten Menschen gemäß § 168 SGB IX der vorherigen Zustimmung des Integrationsamtes. Die Kündigung einer Frau während des Mutterschutzes ist nach § 17 Abs. 2 MuSchG, die Kündigung von Arbeitnehmern während der Elternzeit nach § 18 BEEG nur mit Zustimmung der für den Arbeitsschutz zuständigen obersten Landesbehörde zulässig.

Die Gleichstellungsbeauftragte hat ebenfalls das Recht zur frühzeitigen Unterrichtung und Anhörung bei Kündigungen und Entlassungen (§ 18 Abs. 2 LGG). Sie kann innerhalb einer Woche Stellung nehmen, bei fristlosen Entlassungen und außerordentlichen Kündigungen binnen drei Arbeitstagen. In diesen Fällen kann der Personalrat zeitgleich mit der Unterrichtung der Gleichstellungsbeauftragten beteiligt werden (§ 18 Abs. 2 Satz 3 LGG).

**5** Das Mitbestimmungsverfahren bei einer ordentlichen Kündigung beginnt zunächst mit einer geordneten **Unterrichtung** des Personalrats. Er ist umfassend und rechtzeitig vor einer möglichen Erörterung über alle wesentlichen Umstände der beabsichtigten Kündigung zu unterrichten. Dazu gehören Angaben über

- die Person des zu kündigenden Arbeitnehmers
- die Dauer der Betriebszugehörigkeit
- seine Tätigkeit, Dienststellung, Beschäftigungsdienststelle und der Beschäftigungsverlauf
- sein Lebensalter
- Familienstand und Unterhaltspflichten

---

5 *BAG* 6.7.2006 – 2 AZR 442/05, NZA 2007, 139.

## § 74

- die Art der beabsichtigten Kündigung (ordentliche/außerordentliche/ Probezeit-Kündigung)
- Kündigungszeitpunkt und Kündigungstermin

Insbesondere sind dem Personalrat die Kündigungsgründe mitzuteilen, also der für die Kündigung maßgebliche Sachverhalt unter Angabe konkreter Tatsachen so ausführlich, dass sich der Personalrat aufgrund dieser Angaben ein eigenes Bild vom Kündigungssachverhalt machen und diesen eigenständig auf seine Kündigungsrelevanz hin überprüfen kann. Dabei genügen Werturteile, pauschale Mitteilungen ohne konkrete Sachverhaltsdarstellung nicht. Den Kündigungssachverhalt muss der Arbeitgeber regelmäßig unter Angabe von Tatsachen so beschreiben, dass der Personalrat ohne zusätzliche eigene Nachforschungen die Stichhaltigkeit der Kündigungsgründe vor seiner Entscheidung, ob er dem Kündigungsantrag zustimmen will, prüfen kann.[6] Dazu gehören auch die dem Arbeitgeber bekannten, dem Kündigungsgrund entgegenstehenden Umstände.

Der Arbeitgeber muss diejenigen Gründe mitteilen, die nach seiner subjektiven Sicht die Kündigung rechtfertigen und für seinen Kündigungsentschluss maßgebend sind (sog. subjektive Determinierung).[7] Teilt der Arbeitgeber objektiv kündigungsrechtlich erhebliche Tatsachen dem Personalrat deshalb nicht mit, weil er darauf die Kündigung nicht oder zunächst nicht stützen will, so ist zwar die Anhörung des Personalrats nicht unwirksam. »Eine in diesem Sinne objektiv unvollständige Anhörung verwehrt es dem Arbeitgeber allerdings, im Kündigungsschutzprozess Gründe nachzuschieben, die über die Erläuterung des mitgeteilten Sachverhalts hinausgehen.«[8]

Der Arbeitgeber kann mithin nur die Gründe, die dem Personalrat unterbreitet worden sind, später im Kündigungsschutzprozess vor dem Arbeitsgericht zur Stützung der Kündigung heranziehen. Das Arbeitsgericht darf im Kündigungsschutzverfahren also nur diejenigen Kündigungsgründe verwerten und beurteilen, die zuvor dem Personalrat unterbreitet worden sind. Will die Dienststelle weitere – dem Personalrat bislang nicht unterbreitete – Gründe zur Stützung der Kündigung im Prozess vorbringen, darf dieses Nachschieben von Kündigungsgründen im Kündigungsschutzprozess erst dann erfolgen, wenn ein erneutes Mitbestimmungs- oder Mitwirkungsverfahren durchgeführt und abgeschlossen worden ist.[9] Ein solches Nachschieben von Kündigungsgründen kommt jedoch nicht in Betracht, wenn der Ar-

6

---

6 *BAG* 17.1.2008 – 2 AZR 405/06, NZA-RR 2008, 571.
7 Vgl. *BAG* 16.7.2015 – 2 AZR 85/15, NZA 2016, 161.
8 *BAG* 12.8.2010 – 2 AZR 945/08, NZA 2011, 460.
9 *BAG* 6.2.1997 – 2 AZR 265/96, AiB 1997, 668; NZA 1997, 656.

## § 74

beitgeber den Personalrat bewusst unrichtig oder unvollständig unterrichtet hat.[10]

Diese subjektive Determinierung führt aber nicht dazu, dass der Arbeitgeber auf die Darstellung der persönlichen Umstände ganz verzichten kann, so dass dem Personalrat stets neben den exakten Sozialdaten ein möglicher Sonderkündigungsschutz mitzuteilen ist und der Personalrat auch nicht über den Termin des Wirksamwerdens der beabsichtigten Kündigung völlig im Unklaren gelassen werden darf.[11]

Die Unterrichtungspflicht ist in jedem Fall verletzt, wenn der Arbeitgeber eine aus seiner Sicht unvollständige oder bewusst unrichtige und damit irreführende Sachdarstellung unterbreitet.[12]

7 Zunächst besteht Anspruch auf Mitteilung der vollständigen Sozialdaten des Arbeitnehmers. Dazu gehören: Alter, Dauer der Betriebszugehörigkeit, Familienstand, Unterhaltsverpflichtungen und sonstige Umstände, wie Schwangerschaft, Mutterschutz, Elternzeit oder Schwerbehinderteneigenschaft u. Ä. Die Mitteilung ist auch dann unverzichtbar, wenn der Arbeitgeber vermutet, dass der Personalrat eine ungefähre Kenntnis von diesen Daten hat. Das ersetzt nicht die Unterrichtung aus Anlass einer Kündigung. Weiter gehört dazu, dass dem Personalrat die maßgeblichen Umstände, die für den Kündigungsentschluss entscheidend sind und sein sollen, im Einzelnen mitgeteilt werden. Das sind bei einer betriebsbedingten Kündigung nach § 1 Abs. 2 Nr. 2 KSchG die internen bzw. externen Ursachen der Kündigung, die Auswirkung des Kündigungsgrundes auf den Arbeitsplatz des zu Kündigenden, die Darstellung der Sozialauswahl sowie die Einhaltung eventueller Richtlinien über die soziale Auswahl und schließlich die Darlegung, dass der Arbeitnehmer nicht an einem anderen Arbeitsplatz derselben Dienststelle oder in einer anderen Dienststelle desselben Verwaltungszweiges weiterbeschäftigt werden kann. Bei einer verhaltensbedingten Kündigung zählen dazu auch die tatsächlichen Umstände der Erklärungs-, Entschuldigungs- oder Rechtfertigungsversuche des Arbeitnehmers, die dieser im Rahmen einer Stellungnahme zu den Kündigungsvorwürfen dem Arbeitgeber mitteilt und die der Arbeitgeber in seiner abwägenden Bewertung bei der Kündigungsentscheidung hat einfließen lassen.[13] Satz 2 ordnet ausdrücklich an, dass dem Personalrat die Gründe, auf die sich die beabsichtigte Kündigung stützen soll, vollständig anzugeben sind. Ihm sind daher auch dann die Gründe mitzuteilen, wenn arbeitsrechtlich solche Gründe nicht genannt werden müssen – insbesondere bei einer Kündigung innerhalb der Probezeit. Vollständig werden die Gründe dann angegeben, wenn die

---

10 *BAG* 18. 10. 2006 – 2 AZR 675/05, NZA 2007, 798.
11 *BAG* 13. 3. 2008 – 2 AZR 88/07, AiB 2008, 683.
12 *BAG* 6. 7. 2006 – 2 AZR 520/05, NZA 2007, 266.
13 So zutreffend *LAG Köln* 5. 6. 2000 – 8 (11) Sa 1545/99, PersR 2001, 224.

Gründe, die der Arbeitgeber zur Kündigung heranzuziehen beabsichtigt, mitgeteilt werden. Dabei genügen nicht bloße Wertungen, es sind vielmehr die die Kündigung begründenden Tatsachen und Umstände anzugeben. Schlägt der Arbeitgeber dem Arbeitnehmer einen Aufhebungs- oder Beendigungsvertrag zur Vermeidung einer Kündigung vor, besteht eine entsprechend umfangreiche Unterrichtungs- und Begründungspflicht.

Im Falle einer **Änderungskündigung** besteht eine doppelte Unterrichtungspflicht. Zunächst sind dem Personalrat die Kündigungsgründe für die in der Änderungskündigung stets enthaltene Beendigungskündigung mitzuteilen. Darüber hinaus ist das mit der Änderungskündigung ebenfalls stets verbundene Änderungsangebot auf Fortsetzung des Arbeitsverhältnisses nach Erreichen der Kündigungsfrist im Einzelnen darzulegen und zu begründen. Bedarf das Änderungsangebot der gesonderten Mitbestimmung des Personalrats z. B. als Versetzung, Herabgruppierung, so ist dem Personalrat neben dem Antrag auf Einleitung des Mitwirkungsverfahrens bei der Kündigung gesondert und zusätzlich ein Antrag auf Zustimmung nach § 72 Abs. 1 zuzuleiten.[14] 8

Ausnahmsweise kann die außerordentliche Kündigung eines nach § 34 Abs. 2 TVöD unkündbaren Mitarbeiters, z. B. wegen Wegfalls des Arbeitsplatzes und Unmöglichkeit einer anderweitigen Beschäftigung, wegen langandauernder Krankheit oder Strafhaft[15] zulässig sein. In diesen Fällen kann eine **außerordentliche Kündigung mit einer »notwendigen Auslauffrist«** ausgesprochen werden.[16] Diese Auslauffrist muss der ordentlichen Kündigungsfrist entsprechen, die der Arbeitnehmer ohne die Unkündbarkeit zu beanspruchen hätte. Der Personalrat ist dabei zur Vermeidung von Wertungswidersprüchen nach den für die ordentliche Kündigung geltenden Bestimmungen zu beteiligen.[17] Die Unkündbarkeit würde ansonsten nicht zu einem höheren Kündigungsschutz, sondern zu einer erleichterten Kündigungsmöglichkeit führen. Es ist daher die Durchführung des Mitbestimmungsverfahrens erforderlich. 9

Eine **Umdeutung** einer außerordentlichen und fristlosen Kündigung in eine ordentliche Kündigung oder in eine solche mit Auslauffrist kommt regelmäßig nur in Betracht, wenn dem Gekündigten erkennbar wird, dass das Arbeitsverhältnis auf jeden Fall beendet werden sollte[18] und die jeweils unterschiedlichen Beteiligungsverfahren mit unterschiedlichen Fristen beachtet wurden. Während für die außerordentliche Kündigung drei Arbeitstage als Anhörungsfrist eingeräumt sind (Abs. 6), steht für die ordentliche Kündi- 10

---

14 *BAG* 6. 8. 2002 – 1 ABR 47/01, PersR 2003, 41.
15 *BAG* 22. 10. 2015 – 2 AZR 381/14, NZA 2016, 482.
16 *BAG* 18. 10. 2000 – 2 AZR 627/99, PersR 2001, 125.
17 *BAG* 11. 3. 1999 – 2 AZR 427/98, PersR 1999, 321.
18 *BAG* 13. 8. 1987 – 2 AZR 599/86, NZA 1988, 529.

## § 74

gung und die außerordentliche Kündigung mit notwendiger Auslauffrist ein Mitbestimmungsverfahren nach § 66 Abs. 3 und eine Frist von zweimal zwei Wochen zur Verfügung. Eine Umdeutung ist daher regelmäßig ausgeschlossen.[19]

Sofern der Personalrat beabsichtigt, der ordentlichen Kündigung nicht zuzustimmen, hat er dies gemäß § 66 Abs. 3 Satz 1 innerhalb von zwei Wochen mitzuteilen. Die Kündigung ist dann zu erörtern, innerhalb einer erneuten Frist von zwei Wochen kann der Personalrat seine Zustimmung zur Kündigung schriftlich unter Angabe von Gründen verweigern. Dazu kann er sich aller sachlichen Gründe bedienen, einen Katalog von Zustimmungsverweigerungsgründen gibt es – anders als in § 77 Abs. 2 BPersVG – nicht.

**11** **Abs. 2:** Die Vorschrift fasst die Beteiligung des Personalrats bei Abmahnungen, Probezeit-Kündigungen und bei außerordentlichen Kündigungen sowie bei Aufhebungs- und Beendigungsverträgen zusammen.

**12** Dem Personalrat steht zunächst ein Anhörungsrecht bei **Abmahnungen** zu.[20]

§ 314 Abs. 2 BGB verlangt vor Ausspruch einer Kündigung ganz allgemein eine erfolglose Abmahnung. Die Abmahnung besteht aus einer Rüge und einer Warnung. Der Arbeitgeber beanstandet und rügt, dass der Arbeitnehmer seine arbeitsvertraglichen Pflichten nicht erfüllt hat und droht für den Fall der Wiederholung oder Fortsetzung des gerügten Vertragsverstoßes arbeitsrechtliche Konsequenzen – in der Regel eine Kündigung – an. Nach Auffassung des *OVG NRW* liegt eine arbeitsrechtliche Abmahnung vor, wenn der Arbeitgeber in einer für den Arbeitnehmer hinreichend deutlich erkennbaren Art und Weise Leistungsmängel bestandet und damit den Hinweis verbindet, dass im Wiederholungsfall der Inhalt oder der Bestand des Arbeitsverhältnisses gefährdet sei.[21] Die Warnfunktion gehört zu den unverzichtbaren Voraussetzungen einer wirksamen Abmahnung. Von der Abmahnung ist die Mahnung, Ermahnung oder Missbilligung des Arbeitnehmers zu unterscheiden. Fehlt es an einer Androhung von Rechtsfolgen für die Zukunft, liegt keine Abmahnung vor. Im Falle einer bloßen Missbilligung kommt – so das *OVG NRW* – eine Beteiligung des Personalrats nach § 74 nicht in Betracht, jedoch kann der Personalrat, »falls die Missbilligung unberechtigt ist und sich der Betroffene an ihn wendet, gemäß § 64 Nr. 5 durch Verhandlungen mit dem Leiter der Dienststelle auf eine Erledigung der Angelegenheit hinwirken.«[22] Die Vorlage der vollständigen Abmahnung kann der Personalrat nicht verlangen,[23] es genügt vielmehr die Mitteilung

---

19 Vgl. *BAG* 18.10.2000 – 2 AZR 627/99, PersR 2001, 125.
20 Vgl. *Welkoborsky*, PersR 2014, 98.
21 *OVG NRW* 12.6.1995 – 1 A 2179/92.PVL, PersR 1996, 71.
22 *OVG NRW* 11.3.1992 – 1 A 621/91.PVL –, ZTR 1993, 83.
23 *OVG NRW* 12.6.1995, a.a.O.

des Sachverhaltes, auf den die Abmahnung gestützt werden soll, wobei diese Mitteilung sowohl hinsichtlich des Sachverhaltes, als auch hinsichtlich der Darlegung des Vertragsverstoßes »vollständig« im Sinne des Abs. 2 sein muss. Eine Abmahnung muss nicht zwingend die Ankündigung der Dienststelle enthalten, das missbilligende Schreiben werde zu den Personalakten genomen. Amtspflichten des Personalrats können nicht Gegenstand einer Abmahnung sein, weil die Personalratstätigkeit aufgrund Gesetzes – nicht aber aufgrund Arbeitsvertrages – stattfindet. Solche Abmahnungen stellen vielmehr eine Benachteiligung und Behinderung der Personalratstätigkeit dar.[24] Eine Abmahnung von Personalratsmitgliedern kommt aber in Betracht, wenn das Personalratsmitglied »zumindest auch«[25] seine arbeitsvertraglichen Pflichten verletzt hat.

Zu beachten ist, dass eine Frist für die Stellungnahme des Personalrats vor dem Ausspruch von Abmahnungen nicht besteht. Sie kann vielmehr allgemein oder im Einzelfall vereinbart werden. Eine zügige Stellungnahme ist jedoch zweckmäßig, weil ansonsten die Abmahnung seitens der Dienststelle ohne Kenntnis der Stellungnahme des Personalrats abgegeben werden kann. Abmahnungen bleiben auch ohne Beteiligung des Personalrats wirksam. Nach Abs. 3 sind nur ohne Beteiligung des Personalrats ausgesprochene Kündigungen oder abgeschlossene Aufhebungs- oder Beendigungsverträge unwirksam, Abmahnungen erwähnt die Vorschrift nicht. Die Dienststelle muss den Personalrat unterrichten, wenn sie trotz Bedenkens des Personalrats an der Abmahnung festhalten will.[26] Zur Anhörungspflicht nach § 13 Abs. 2 Satz 1 BAT hat das *BAG*[27] entschieden, dass der Arbeitnehmer auch dann gewarnt bleibt, wenn die Abmahnung wegen unterlassener Anhörung an einem Formfehler leidet, sie behält ihre kündigungsrechtliche Wirksamkeit. Das dürfte auch für Abmahnungen gelten, die unter Verstoß gegen die Anhörungspflicht nach Abs. 3 erteilt wurden. Davon zu unterscheiden ist jedoch die Frage, ob eine ohne vorherige ordnungsgemäße Beteiligung des Personalrats erteilte Abmahnung in der Personalakte des Beschäftigten verbleiben darf. Ein Anspruch auf Entfernung einer solchen formell unwirksamen Maßnahme aus der Personalakte ist zu bejahen.[28]

»Eine **Kündigung in der Probezeit**« liegt dann vor, wenn eine Probezeit arbeitsvertraglich oder tariflich vereinbart ist, wie z. B. in § 2 Abs. 4 TVöD/TV-L, wonach die ersten sechs Monate der Beschäftigung als Probezeit gelten. Innerhalb einer solchen Probezeit kann mit verkürzten Kündigungsfristen – nach § 34 Abs. 1 Satz 1 TVöD/TV-L mit einer Frist von zwei Wochen 13

---

24 Vgl. *Welkoborsky*, PersR 2014, 98, unter Hinweis auf die Rspr.
25 So *BAG* 31. 8. 1994 – 7 AZR 893/93, NZA 1995, 225.
26 *Laber/Pagenkopf*, § 74 Rn. 86.
27 *BAG* 19. 2. 2007 – 2 AZR 603/07, NZA 2009, 894.
28 *ArbG Düsseldorf* 17. 12. 2015 – 7 Ca 2980/15, juris.

zum Monatsschluss – gekündigt werden (vgl. auch § 622 Abs. 3 BGB). Ist keine Probezeit vereinbart und soll während der sechsmonatigen Wartefrist des § 1 KSchG gekündigt werden, so liegt keine Probezeitkündigung vor, sondern eine ordentliche Kündigung im Sinne des Absatzes 1. Ein befristetes Arbeitsverhältnis, das »zur Probe« abgeschlossen wird, kann nur dann gekündigt werden, wenn dies einzelvertraglich oder im anwendbaren Tarifvertrag vereinbart ist (§ 15 Abs. 3 TzBfG). Eine solche Kündigung ist nicht als Kündigung in der Probezeit anzusehen, sondern als ordentliche Kündigung im Sinne des Abs. 1. Bei **Kündigungen** innerhalb der tariflichen **Probezeit** von sechs Monaten sowie bei Kündigungen innerhalb der ebenfalls sechsmonatigen **Wartefrist** sind die Anforderungen an die Unterrichtung des Personalrats geringer, da das KSchG während der sechsmonatigen Wartefrist des § 1 Abs. 1 KSchG nicht gilt und eine Kündigung in der Probezeit/Wartefrist nur dann unwirksam ist, wenn sie gesetzes- oder sittenwidrig ist, z. B. einem behinderten Menschen ohne vorherige Beteiligung des Integrationsamtes oder ohne jegliche Beteiligung des Personalrats ausgesprochen wurde. Es besteht außerdem kein Mitbestimmungs- sondern nur ein Anhörungsrecht. Deshalb genügt bei einer solchen Kündigung die Mitteilung an den Personalrat, der maßgebliche Kündigungsgrund sei z. B. die negative Beurteilung durch den Dienstvorgesetzten (z. B. mangelnde Zusammenarbeit des Arbeitnehmers mit anderen Beschäftigten[29]) bzw. die Mitteilung der negativen subjektiven Wertungen, die zum Kündigungsentschluss geführt haben.[30]

**14** **Außerordentliche Kündigungen** sind solche, bei denen die gesetzliche, tarif- oder arbeitsvertragliche Kündigungsfrist nicht eingehalten wird. Sie sind gemäß § 626 Abs. 1 BGB regelmäßig nur bei Vorliegen eines wichtigen Grundes zulässig und können gemäß § 626 Abs. 2 BGB nur innerhalb von zwei Wochen nach Kenntnis des Kündigungsgrundes ausgesprochen werden. Ein wichtiger Grund ist gemäß § 626 Abs. 1 BGB gegeben, wenn Tatsachen vorliegen, aufgrund derer dem Arbeitgeber unter Berücksichtigung aller Umstände des Einzelfalls und unter Abwägung der Interessen beider Parteien die Fortsetzung des Arbeitsverhältnisses auch nur bis zum Ablauf der Kündigungsfrist nicht zugemutet werden kann. Ob dies der Fall ist, haben die Arbeitsgerichte zu überprüfen, die tarif- oder arbeitsvertragliche Vereinbarung von »wichtigen Gründen« ist nicht möglich.

Soll ein ordentlich unkündbarer Arbeitnehmer verhaltensbedingt aus wichtigem Grund außerordentlich gekündigt werden, so ist allein abzuwägen, ob dem Arbeitgeber die Fortsetzung des Arbeitsverhältnisses bis zum Ablauf der »fiktiven« Kündigungsfrist, die ohne die Unkündbarkeit bestünde, noch

---

29 *BAG* 21. 7. 2005 – 6 AZR 498/04, PersR 2006, 86.
30 *LAG Hamm* 27. 10. 2011 – 15 Sa 839/10, juris.

## § 74

zugemutet werden kann.[31] Die außerordentliche Kündigung darf in diesem Fall nicht deshalb erleichtert werden, weil eine ordentliche Kündigung ausgeschlossen ist und nur die außerordentliche Kündigung als Beendigungsmöglichkeit verbleibt.[32]

Soweit eine **außerordentliche Kündigung mit sozialer Auslauffrist** gegenüber tariflich unkündbaren Arbeitnehmern (§ 34 Abs. 2 Satz 1 TVöD/TV-L) ausgesprochen werden soll, richtet sich das Beteiligungsverfahren des Personalrats nach Abs. 1. Es ist die Zustimmung des Personalrats zu beantragen, eine Anhörung genügt nicht.

Die Anhörung des Personalrats bei **Aufhebungs- oder Beendigungsverträ-** 15 **gen** ist seit der Novelle 1994 vorgesehen. Damit wird im Interesse der Beschäftigten ein weiterer Beendigungstatbestand der Beteiligung des Personalrats unterworfen. Nicht selten wird ein Aufhebungsvertrag zur Vermeidung oder unter Androhung einer Kündigung seitens des Arbeitgebers vorgeschlagen und dem Arbeitnehmer zur Unterzeichnung vorgelegt. Die Beteiligung des Personalrats stellt sicher, dass der Beschäftigte nicht zum Abschluss gedrängt wird oder ungünstige Beendigungsbedingungen aus (ungerechtfertigter) Furcht vor einer Kündigung und deren Folgen akzeptiert. Ein bedeutsamer sachlicher Unterschied zwischen einem Aufhebungsvertrag und einem Beendigungsvertrag besteht nicht. Beide haben zum Inhalt und Ergebnis, dass das zwischen den Parteien bestehende Arbeitsverhältnis zu einem vereinbarten Zeitpunkt endet. Aufhebungsverträge werden häufig bei unangefochten bestehenden Arbeitsverhältnissen geschlossen, Beendigungsverträge stellen häufig die Einigung darüber dar, dass das Arbeitsverhältnis aufgrund einer arbeitgeberseitig zuvor ausgesprochenen Kündigung endet (auch Abwicklungsverträge genannt). Der Arbeitgeber ist verpflichtet, den Arbeitnehmer aus Anlass von solchen Beendigungsvereinbarungen über sozialrechtliche Auswirkungen und Nachteile umfassend zu unterrichten und zu belehren. Unterbleibt eine Belehrung z. B. über ungewöhnlich hohe Versorgungseinbußen oder über die Verpflichtung zur unverzüglichen Meldung bei der Agentur für Arbeit (§ 38 SGB III) sowie über Sperrzeiten (§ 159 SGB III), so haftet der Arbeitgeber dem Arbeitnehmer wegen der Aufklärungsversäumnisse auf Schadensersatz.[33]

Ein Anhörungsrecht des Personalrats besteht auch bei der **Mitteilung an** 16 **Auszubildende** darüber, dass deren Einstellung nach beendeter Ausbildung nicht beabsichtigt ist. Diese Mitteilungspflicht soll den Auszubildenden eine bessere Zukunftsplanung ermöglichen und dem Personalrat Gelegenheit geben, mit der Dienststelle darüber zu verhandeln, ob wenigstens eine vorübergehende Beschäftigung oder eine Beschäftigung auf einem vergleichba-

---

31 *BAG* 27. 4. 2006 – 2 AZR 386/05, PersR 2007, 115.
32 *BAG* 18. 1. 2001 – 2 AZR 616/99, PersR 2001, 435.
33 Siehe *BAG* 18. 10. 2000 – 3 AZR 605/99, PersR 2001, 270.

## § 74

ren Arbeitsplatz möglich ist. Die Jugend- und Auszubildendenvertretung ist vom Personalrat im Zusammenhang mit dieser Anhörung zu beteiligen. Das Verfahren bei beabsichtigter Nichtübernahme von Mitgliedern der Personalvertretung oder der Jugend- und Auszubildendenvertreter nach erfolgreicher Beendigung des Berufsausbildungsverhältnisses richtet sich nach § 7 Abs. 2–6.

**17** Nach **Satz 2** ist der Personalrat über die Gründe, auf die die beabsichtigte Abmahnung oder Kündigung gestützt werden soll, »vollständig« zu unterrichten. Die Vorschrift bezieht sich auf Abmahnungen sowie Kündigungen in der Probezeit, außerordentliche Kündigungen sowie die Mitteilung über die Nichtübernahme eines Auszubildenden nach beendeter Ausbildung. Vollständig ist die Unterrichtung des Personalrats dann, wenn er alle Tatsachen und Umstände kennt, auf die der Arbeitgeber die Abmahnung bzw. die Kündigung stützen will. Der Maßstab für die vollständige Unterrichtung ist daher ein anderer als bei der umfassenden Unterrichtung nach § 65 Abs. 1 Satz 1. Die vollständige Unterrichtung hat die Absichten des Arbeitgebers zum Maßstab, während die umfassende Unterrichtung sich auf die für die Ausübung des Beteiligungsrechtes erforderlichen Tatsachen und Umstände erstreckt.

Bei Abmahnungen ist zwar nicht der Text der beabsichtigten Abmahnung vorzulegen, der Verstoß gegen den Arbeitsvertrag und die beabsichtigte Warnung müssen dem Personalrat jedoch konkret erläutert werden.

Bei einer Kündigung in der Probezeit gilt zunächst ebenfalls, dass der Arbeitgeber die Gründe, auf die er die Kündigung stützen will, mitteilen muss. Es genügen jedoch unter Umständen Bewertungen (»kann mit den anderen Beschäftigten nicht zusammenarbeiten«).

Bei einer außerordentlichen Kündigung gilt ebenfalls, dass der Arbeitgeber dem Personalrat neben der Mitteilung der vollständigen Sozialdaten darlegen muss, welche maßgeblichen Umstände den sog. wichtigen Grund abgeben sollen sowie, warum das Abwarten der ordentlichen Kündigungsfrist unzumutbar ist.

Bei Aufhebungs- oder Beendigungsverträgen besteht keine ausdrückliche Begründungspflicht, jedoch kann der Personalrat sein Beteiligungsrecht nur dann sachgerecht ausüben und im Interesse des Arbeitnehmers tätig werden, wenn ihm Inhalt des beabsichtigten Aufhebungs- oder Beendigungsvertrages sowie die Ursachen für seinen Abschluss (Wunsch des Arbeitgebers bzw. Wunsch des Arbeitnehmers) dargelegt werden und ggf. auch die sozialrechtlichen Auswirkungen des Aufhebungsvertrages. Die Anhörung des Personalrats hat vor Unterzeichnung der Vereinbarung zu erfolgen.

Die Unterrichtung über die Mitteilung an Auszubildende setzt voraus, dass dem Personalrat erläutert wird, warum der Betroffene aus welchen betrieblichen Gründen – ggf. unter Darlegung einer getroffenen Auswahl – nicht

## § 74

übernommen werden soll sowie, dass auch keine vorübergehende Beschäftigungsmöglichkeit besteht.

**Abs. 3:** Umfassend ordnet der Gesetzgeber an, dass eine ohne Beteiligung des Personalrats ausgesprochene Kündigung bzw. ein ohne seine Beteiligung geschlossener Aufhebungs- oder Beendigungsvertrag unwirksam ist. Die ordnungsgemäße Beteiligung des Personalrats ist damit Wirksamkeitsvoraussetzung jeglicher Kündigung oder Beendigung eines Arbeitsverhältnisses durch Vertrag. Ein Nachholen des Mitbestimmungsrechtes – etwa im Verlaufe des Kündigungsschutzverfahrens – ist nicht möglich.[34] Kündigungen, die ohne gehörige Beteiligung des Personalrats ausgesprochen worden sind, sind unheilbar unwirksam.

18

Jedoch ist ein Nachschieben von erst später bekannt gewordenen Kündigungsgründen auch noch im Kündigungsschutzverfahren möglich, wenn und soweit der Personalrat erneut beteiligt worden ist.

Ist ohne Beteiligung des Personalrats ein Aufhebungs- oder Beendigungsvertrag abgeschlossen worden, so ist er ebenfalls unwirksam. Der Arbeitnehmer kann sich darauf jederzeit berufen, dass die Rechtsfolge der »Unwirksamkeit« die Nichtigkeit der Vereinbarung zur Folge hat. Das gilt auch für einen ohne Beteiligung des Personalrats abgeschlossenen gerichtlichen Vergleich über die Beendigung des Arbeitsverhältnisses.

Eine Verletzung des Beteiligungsrechts mit der Folge der Unwirksamkeit des Aufhebungs- oder Beendigungsvertrages stellt es dar, wenn dem Personalrat erst im Rahmen der Beteiligung der bereits vom Arbeitnehmer unterschriebene Auflösungsvertrag vorgelegt wird.[35]

**Abs. 4:** Der Personalrat hat das ausdrückliche Recht, den betroffenen Arbeitnehmer zu der beabsichtigten Maßnahme anzuhören. Einer vorherigen Unterrichtung oder Zustimmung der Dienststelle dazu bedarf es nicht.[36]

19

In Anlehnung an § 102 Abs. 4 BetrVG ist die Verpflichtung des Personalrats vorgesehen, dem betroffenen Arbeitnehmer eine Abschrift seiner Stellungnahme zuzuleiten, wenn der Personalrat Einwendungen gegen die beabsichtigte Kündigung oder den beabsichtigten Aufhebungs-/Beendigungsvertrag erhoben hat. Die Wirksamkeit der anschließend getroffenen Maßnahme ist bei Nichtbeachtung dieser Verpflichtung nicht berührt. Jedoch wird dem gekündigten Arbeitnehmer die Rechtsverfolgung und die Prüfung der Erfolgsaussichten einer Kündigungsschutzklage erleichtert, wenn ihm bekannt ist, welche Stellungnahme der Personalrat im Rahmen des Mitbestimmungsverfahrens abgegeben hat.

**Abs. 5:** Die Vorschrift verweist auf das für ordentliche Kündigungen geltende Mitbestimmungsverfahren und ordnet an, dass im Falle der Zustim-

20

---

[34] Siehe *LAG Köln* 7.7.1999 – 10 (2) Sa 889/98, PersR 2000, 31.
[35] *ArbG Wuppertal* 17.3.1998 – 8 Ca 160/98, PersR 1998, 532.
[36] *OVG NRW* 4.3.1993 – CL 25/89, PersR 1993, 400.

## § 74

mungsverweigerung des Personalrats § 66 Abs. 2 und 3 sinngemäß gilt und sich das weitere Verfahren nach § 66 Abs. 5 und 7 Sätze 1 und 2 richtet (siehe die Kommentierung dort). Der Ausspruch einer beabsichtigten ordentlichen Kündigung setzt die Zustimmung des Personalrats nach § 66 voraus. Die Maßnahme gilt als gebilligt (§ 66 Abs. 2 Satz 5), wenn nicht der Personalrat innerhalb von zwei Wochen ab Erörterung die Zustimmung unter Angabe der Gründe schriftlich verweigert. Hat der Personalrat dies getan, dann richtet sich das weitere Mitbestimmungsverfahren gemäß Satz 2 nach § 66 Abs. 5 und 7 Satz 1 und 2. Dienststelle und Personalrat können also die Entscheidung der Einigungsstelle beantragen, die gemäß § 66 Abs. 7 Satz 3 eine Empfehlung an die endgültig entscheidende Stelle ausspricht (§ 68).

21 **Abs. 6:** Einwendungen des Personalrats gegen eine Probezeit- oder eine außerordentliche Kündigung hat der Personalrat binnen drei Tagen dem Dienststellenleiter schriftlich zur Kenntnis zu bringen und dem betroffenen Arbeitnehmer in Abschrift zuzuleiten. Für die Berechnung der Fristen gelten die §§ 187, 188 BGB. Der Tag der Unterrichtung zählt also nicht mit.

Dem Personalrat ist nicht vorgeschrieben, auf welche Tatsachen und Umstände er solche Einwendungen stützt.

Die nach Absatz 4 eingeräumte Möglichkeit des Personalrats, die betroffene Arbeitnehmerin oder den betroffenen Arbeitnehmer anzuhören, gilt auch im Falle einer Probezeit- oder einer außerordentlichen Kündigung.

22 **Abs. 7:** Für Aufhebungs- oder Beendigungsverträge ist – wie für Probezeit- und außerordentliche Kündigungen auch – vorgesehen, dass der Personalrat etwaige Einwendungen binnen einer Woche schriftlich formulieren muss und dem Arbeitnehmer eine Abschrift seiner Stellungnahme zuzuleiten hat. Da nach Absatz 2 die Wirksamkeit der Aufhebungs- und Beendigungsverträge von der Beteiligung des Personalrats abhängt, besteht innerhalb dieser Frist für den Personalrat die Möglichkeit, die Angaben des Arbeitgebers zur »Freiwilligkeit« solcher Aufhebungsverträge zu überprüfen und ggf. Einfluss auf eine zweckmäßige, die Interessen des ausscheidenden Arbeitnehmers wahrende Gestaltung der Vereinbarung (z. B. zu Formulierungen zur Vermeidung von Sperrfristen seitens der Arbeitsagentur, Zeugnisinhalt) zu nehmen.

23 **Abs. 8:** Für Initiativanträge des Personalrats weist Absatz 8 auf § 66 Abs. 4 und 6 hin. Der Personalrat hat die – in der Praxis kaum genutzte – Möglichkeit für den Personalrat, die ordentliche Kündigung eines Arbeitnehmers zu verlangen. Der Personalrat wird von dieser Möglichkeit nur unter den Voraussetzungen des § 104 BetrVG Gebrauch machen können.

Andere Initiativanträge auf Ausspruch einer außerordentlichen oder Probezeitkündigung oder auf Abschluss eines Aufhebungs- oder Beendigungsvertrages sind nicht nach § 66 Abs. 4 und 6 zu behandeln, da dem Personalrat bei diesen Maßnahmen kein Mitbestimmungsrecht zusteht, sondern nur die Möglichkeit, Einwendungen zu erheben.

## § 75

(1) Der Personalrat ist anzuhören bei
1. der Vorbereitung der Entwürfe von Stellenplänen, Bewertungsplänen und Stellenbesetzungsplänen,
2. grundlegenden Änderungen von Arbeitsverfahren und Arbeitsabläufen,
3. der Planung von Neu-, Um- und Erweiterungsbauten sowie der Anmietung von Diensträumen,
4. der Anordnung von amts- und vertrauensärztlichen Untersuchungen zur Feststellung der Arbeits- oder Dienstfähigkeit,
5. der wesentlichen Änderung oder Verlagerung von Arbeitsplätzen.

(2) Die Anhörung hat so rechtzeitig zu erfolgen, dass die Äußerung des Personalrats noch Einfluss auf die Willensbildung der Dienststelle nehmen kann.

| Inhaltsübersicht | Rn. |
|---|---|
| I. Vorbemerkungen | 1 |
| II. Anhörungstatbestände (Abs. 1) | 2 |
|    1. Vorbereitung der Entwürfe von Stellenplänen, Bewertungsplänen und Stellenbesetzungsplänen (Abs. 1 Nr. 1) | 2–3a |
|    2. Grundlegende Änderungen von Arbeitsverfahren und Arbeitsabläufen (Abs. 1 Nr. 2) | 4 |
|    3. Planung von Neu-, Um- und Erweiterungsbauten, Anmietung von Diensträumen (Abs. 1 Nr. 3) | 5, 6 |
|    4. Anordnung von amts- und vertrauensärztlichen Untersuchungen zur Feststellung der Arbeits- oder Dienstfähigkeit (Abs. 1 Nr. 4) | 7 |
|    5. Wesentliche Änderung oder Verlagerung von Arbeitsplätzen (Abs. 1 Nr. 5) | 7a |
| III. Einfluss des Anhörungsverfahrens auf die Willensbildung (Abs. 2) | 8 |

## I. Vorbemerkungen

Während für die **Mitbestimmung und** die **Mitwirkung** Verfahrensvorschriften (§§ 66 ff.) bestehen, ist für die Beteiligung des Personalrats bei der Anhörung nach dieser Vorschrift kein ausdrückliches Verfahren vorgesehen. Wird durch die Anhörung zwischen Dienststelle und Personalrat keine Einigung über die Maßnahme erzielt, sieht das Gesetz keine weiteren Möglichkeiten für den Personalrat vor, seine Position zur Geltung zu bringen. Weder die Anrufung der Einigungsstelle noch die Befassung der nächsthöheren Dienststelle ist vorgesehen. Auch der wiederholte Verstoß gegen die Anhörungspflicht soll nicht zur Anrufung des Gerichts berechtigen – allenfalls zur

1

## § 75

Dienstaufsichtsbeschwerde führen.[1] Die Anhörung ist daher die schwächste Beteiligungsform des Gesetzes.

### II. Anhörungstatbestände (Abs. 1)

#### 1. Vorbereitung der Entwürfe von Stellenplänen, Bewertungsplänen und Stellenbesetzungsplänen (Abs. 1 Nr. 1)

2   **Stellenpläne** sind nach § 14 Abs. 1 Satz 1 Nr. 3 LHO Übersichten über die Planstellen der Beamten und die Stellen der Arbeitnehmer (siehe auch § 78 Abs. 2 Satz 2, 2. Halbsatz GO sowie § 8 GemeindehaushaltsVO). Sie sind Bestandteil und Anlagen der jährlichen Haushaltspläne.
Der Entwurf des Haushaltsplanes wird vom Finanzminister erstellt, von der Landesregierung beschlossen und dem Landtag zur Beschlussfassung vorgelegt. Voranschläge und Unterlagen für diesen Haushaltsplan und für die fünfjährige Finanzplanung sind von den für die jeweiligen Einzelpläne zuständigen Stellen dem Finanzminister zu übersenden. Diese Einzelbeiträge zum Haushaltsentwurf eines Haushaltsplans des Finanzministers dienen der »Vorbereitung des Entwurfs des Stellenplans«. Im Bereich der Landesverwaltung besteht daher ein Anhörungsrecht für die Personalräte derjenigen Dienststellen, die für die Erstellung eines solchen Einzelplans zuständig sind, wie die einzelnen Ministerien oder sämtliche landesunmittelbare juristische Personen. In den Gemeinden und Kreisen und sonstigen Anstalten, Stiftungen und Körperschaften des öffentlichen Rechts steht das Anhörungsrecht dem jeweiligen Personalrat der Dienststelle zu, deren Leiter dem verfassungsmäßig zuständigen Organ den Entwurf eines Haushaltsplans nebst Anlagen zur Beschlussfassung zuleitet. Auch die Änderung der Stellenpläne unterliegt der erneuten Anhörung des Personalrats.[2] Eine Vorlage der im Stellenplan-Entwurf nicht berücksichtigten Stellenanforderungen nachgeordneter Ämter und Dienststellen kann nicht verlangt werden.[3]

3   **Bewertungspläne** sind Verzeichnisse und Aufstellungen über den (tariflichen) Wert von Dienstposten und Stellen, das Anhörungsrecht umfasst auch die diesen Bewertungsplänen zugrundeliegenden Bewertungssysteme.

3a  **Stellenbesetzungspläne** sind Listen, aus denen hervorgeht, welche der in der Dienststelle vorhandenen Stellen besetzt oder unbesetzt sind. Sie werden im Rahmen der Personalplanung (§§ 65a Abs. 2, 73 Nr. 4) laufend aktualisiert und sind dem Personalrat regelmäßig zur Einsicht und zur Anhörung vorzulegen.

---

1 *Cecior u. a.*, § 75 Rn. 72; Altvater-*Baden*, § 83 Rn. 10f.
2 *OVG NRW* 28.12.1977 – CL 17/77, n. v.
3 *OVG NRW* 5.7.1990 – CL 20/88, PersR 1991, 219.

## 2. Grundlegende Änderungen von Arbeitsverfahren und Arbeitsabläufen (Abs. 1 Nr. 2)

Das Anhörungsrecht ist nur sehr schwer von den Mitbestimmungstatbeständen bei Einführung grundlegender neuer Arbeitsmethoden sowie bei Maßnahmen zur Hebung der Arbeitsleistung und Erleichterung des Arbeitsablaufes gemäß § 72 Abs. 3 Nr. 2 und 3 abgrenzbar. Unterliegt eine Maßnahme sowohl der Mitbestimmung nach § 72 wie der Anhörung nach § 75, so sind regelmäßig beide Beteiligungsrechte zu beachten. Haben die Beteiligungsrechte eine vergleichbare Schutzrichtung, so wird das Anhörungsrecht durch das stärkere Mitbestimmungsrecht verdrängt.[4]

4

Unter **Arbeitsverfahren** wird die technische Art und Weise der Erledigung der Arbeitsaufgabe verstanden und festgelegt, wie die vorhandenen Arbeitsmittel eingesetzt werden.

Unter **Arbeitsabläufen** versteht man die zeitliche und räumliche Aufeinanderfolge von Arbeitsvorgängen zur Erzielung eines bestimmten Arbeitsergebnisses. Es wird durch die Festlegung der Arbeitsabläufe bestimmt, was in welcher Reihenfolge wann und wo dienstlich zu erledigen ist.[5]

Die Anhörung hat zu erfolgen, wenn bei Arbeitsverfahren und -abläufen Änderungen eintreten. Auch wenn nur bei einem Arbeitsverfahren oder bei einem bestimmten Arbeitsablauf eine einzelne Änderung erfolgt, kommt das Anhörungsrecht in Betracht.

Eine grundlegende Änderung ist anhand der Auswirkungen auf die Beschäftigten zu beurteilen. Es werden ins Gewicht fallende geistige oder körperliche Auswirkungen verlangt.[6]

## 3. Planung von Neu-, Um- und Erweiterungsbauten, Anmietung von Diensträumen (Abs. 1 Nr. 3)

Das Anhörungsrecht bezieht sich auf sämtliche von der Dienststelle genutzten Räumlichkeiten, die für die Verrichtung dienstlicher Obliegenheiten genutzt werden (z. B. Rathaus, Verwaltungsgebäude, Bezirksstellen, Jugendzentren, Krankenhäuser, Hallenbäder). Dienen solche Gebäude gleichzeitig der Benutzung durch Dritte (Bevölkerung, Patienten, Jugendgruppen, Rat), so bezieht sich das Anhörungsrecht auf denjenigen Teil der Bauten, die von den Beschäftigten dienstlich genutzt werden.

5

Neubau ist die Neuerrichtung eines Dienstgebäudes, unter Umbau ist eine Umgestaltung zu verstehen, die Erweiterung meint die Vergrößerung der

---

4 *BVerwG* 14.6.2011 – 6 P 10.10, PersR 2011, 516.
5 *BVerwG* 14.6.2011 – 6 P 10.10, PersR 2011, 516; 15.12.1978 – 6 P 13.78, PersV 1980, 145.
6 *BVerwG* 30.8.1985 – 6 P 20.83, PersR 1985, 184.

vorhandenen Bauten. Der Personalrat hat bereits im Planungsstadium ein Anhörungsrecht, das nur bei Vorlage der für die Durchführung der Bauten in der Regel erforderlichen Pläne, Bauanträge und sonstigen für die Beurteilung maßgeblichen Unterlagen möglich ist. Sie sind dem Personalrat vorzulegen, bevor die Anträge auf Baugenehmigung eingereicht werden und mit den Bauten begonnen wird.

Ist die Anmietung von Diensträumen beabsichtigt, sind dem Personalrat die gleichen Unterlagen, insbesondere die technischen Pläne und Ausstattungspläne der anzumietenden Räume vorzulegen. Der Mietvertrag ist für den Personalrat insbesondere hinsichtlich der Kündigungsmöglichkeiten und der vereinbarten Dauer von Bedeutung.

Neben diesem Beteiligungsrecht im Rahmen der Planung von Bauten und Anmietung von Diensträumen steht dem Personalrat ein Mitbestimmungsrecht nach § 72 Abs. 4 Nr. 7 und 10 bei Maßnahmen zur Verhütung von Dienst- und Arbeitsunfällen und sonstigen Gesundheitsschädigungen sowie der Gestaltung der Arbeitsplätze zu.

**6** Ebenso wie im Falle der grundlegenden Änderungen von Arbeitsverfahren und -abläufen sind die Mitbestimmungs- und Anhörungsrechte nebeneinander gegeben. Die Dienststelle muss dem Personalrat daher alle in Betracht kommenden Beteiligungsformen gewähren. Nur wenn dem Personalrat wegen der vom *BVerfG* im Urteil von 1995 formulierten Verfassungsvorbehalte und den in § 104 Satz 3 BPersVG seinerzeit zum Ausdruck gekommenen Grundsätzen zur Wahrung der Funktionsfähigkeit der Verwaltung kein stärkeres Beteiligungsrecht eingeräumt werden sollte, besteht nur das schwächere Recht.[7]

### 4. Anordnung von amts- und vertrauensärztlichen Untersuchungen zur Feststellung der Arbeits- oder Dienstfähigkeit (Abs. 1 Nr. 4)

**7** Die Anordnung einer ärztlichen Untersuchung durch den Arbeitgeber zur Feststellung der Arbeits- oder Dienstfähigkeit stellt einen erheblichen Eingriff in die Privatsphäre des Arbeitnehmers dar, die für den betroffenen Arbeitnehmer unter Umständen gravierende Folgen haben kann. Es besteht daher ein erhöhtes Bedürfnis nach dem kollektivrechtlichen Schutz durch den Personalrat.[8] Nach § 3 Abs. 4 TVöD/TV-L ist der Arbeitgeber bei begründeter Veranlassung berechtigt, die Beschäftigten zu verpflichten, durch ärztliche Bescheinigung nachzuweisen, dass sie zur Leistung der arbeitsvertraglich geschuldeten Tätigkeit in der Lage sind. Die Beschäftigten haben das

---

7 *BVerwG* 17. 7. 1987 – 6 P 6.85, PersR 1987, 220.
8 *BVerwG* 24. 6. 2014 – 6 P 1.14, PersR 2014, 43; 5. 11. 2010 – 6 P 18.09, PersR 2011, 38.

Interesse, dass sie nicht ohne Vorliegen dieser Voraussetzungen einem derartigen Eingriff in ihre Persönlichkeitsrechte ausgesetzt werden.[9]
Nach § 33 Abs. 1 Satz 1 LBG ist der Beamte bei Zweifeln über seine Dienstunfähigkeit verpflichtet, sich nach Weisung der dienstvorgesetzten Stelle durch einen Arzt der unteren Gesundheitsbehörde untersuchen und ggf. auch beobachten zu lassen. Nach § 62 Abs. 1 Satz 2 hat der Beamte seine Dienstunfähigkeit infolge Krankheit auf Verlangen nachzuweisen.
In diesen Fällen hat der Personalrat vor der Anordnung der amts- oder vertrauensärztlichen Untersuchung ein Anhörungsrecht. Anzuhören ist der Personalrat auch bei Vorschlägen des Amts- oder Vertrauensarztes, ein fachärztliches Gutachten einzuholen.[10]
Vor Abgabe einer Stellungnahme kann er den Betroffenen anhören.
Soweit in Gesetzen und Rechtsverordnungen die Zuständigkeit von Amtsärzten begründet wird, so ist die untere Gesundheitsbehörde im Sinne des § 5 Abs. 2 Gesundheitsdienstgesetz NW gemeint.
Als »Vertrauensarzt« ist ein Arzt gemeint, auf den sich Dienststelle und Personalrat im Vorhinein im Rahmen eines Mitbestimmungsverfahrens nach § 72 Abs. 4 Nr. 6 geeinigt haben (vgl. auch § 3 Abs. 4 Satz 2 TVöD/TV-L). Er kann nicht einseitig vom Arbeitgeber bestimmt werden.
Der Betriebsarzt im Sinne des § 2 ASiG ist nicht Amts- oder Vertrauensarzt, zu seinen Aufgaben gehört nicht die Feststellung der Arbeits- oder Dienstfähigkeit und insbesondere nicht, Krankmeldungen der Arbeitnehmer auf ihre Berechtigung zu überprüfen (§ 3 Abs. 3 ASiG).
Nach § 275 Abs. 1a Satz 3 SGB V kann der Arbeitgeber verlangen, dass die Krankenkasse eine gutachtliche Stellungnahme des Medizinischen Dienstes zur Überprüfung der Arbeitsfähigkeit einholt. Ein solches Verlangen des Arbeitgebers entspricht zwar nicht der Anordnung einer ärztlichen Untersuchung zur Feststellung der Arbeits- oder Dienstfähigkeit, kommt ihr aber gleich. Allerdings wird keine »Untersuchung« angeordnet, so dass eine Anhörung des Personalrats ausscheidet.[11]
Keine Anhörungspflicht besteht auch bei der Anordnung einer arbeitsmedizinischen Vorsorgeuntersuchung.[12]

---

9 *BVerwG* 24.6.2014 – 6 P 1.14, PersR 2014, 43.
10 *Cecior u. a.*, § 75 Rn. 69.
11 *OVG NRW* 10.1.2018 – 20 A 2492/16.PVL, NZA-RR 2018, 447.
12 *OVG NRW* 10.12.2003 – 1 A 3012/01.PVL, PersR 2004, 270, zur Vorsorgeuntersuchung »Fahr-, Steuer- und Überwachungstätigkeiten« – G 25.

## § 75

### 5. Wesentliche Änderung oder Verlagerung von Arbeitsplätzen (Abs. 1 Nr. 5)

**7a** Das Anhörungsrecht steht im engen inhaltlichen Zusammenhang mit den Mitbestimmungsrechten nach § 72 Abs. 4 Nr. 7 und 10 bei Maßnahmen zur Verhütung von Dienst- und Arbeitsunfällen und sonstigen Gesundheitsschädigungen sowie der Gestaltung von Arbeitsplätzen.

Das Anhörungsrecht geht allerdings über das zuletzt genannte Mitbestimmungsrecht nach § 72 Abs. 4 Nr. 10 hinaus. Die Beteiligung des Personalrats bezieht sich nämlich nicht nur auf den räumlich-gegenständlichen Bereich des Arbeitsplatzes und seiner Änderungen, sondern auch auf den Einsatz neuer Technologien und Arbeitsmethoden ohne Neugestaltung des Arbeitsplatzes.

Nach Auffassung des Gesetzgebers ist dieses Beteiligungsrecht nicht für die Fälle der Einrichtung von Arbeitsplätzen außerhalb der Dienststelle (§ 72 Abs. 3 Nr. 4) anwendbar.[13]

### III. Einfluss des Anhörungsverfahrens auf die Willensbildung (Abs. 2)

**8** Die Anhörung wird dadurch begonnen, dass der Personalrat über die beabsichtigte Maßnahme entsprechend § 65 rechtzeitig und umfassend unterrichtet wird. Regelmäßig wird der Dienststellenleiter gehalten sein, auf Verlangen die Angelegenheit mit dem Personalrat zu besprechen, »Anhörung« ist ein akustischer Vorgang. Eine Verpflichtung, in jedem Fall eine mündliche Anhörung durchzuführen, soll jedoch nicht bestehen.[14] Für die Unterrichtung ist eine Formvorschrift nicht vorgesehen. Im Falle der Nr. 1 ist eine Vorlage der Entwürfe für die Ausübung dieses Beteiligungsrechtes durch den Personalrat jedoch zwingend.

Absatz 2 soll sicherstellen, dass die Stellungnahme des Personalrats in die Überlegungen der Dienststelle Eingang finden kann. Damit wird die bestehende Rechtslage verdeutlicht. Ohnehin ist die Dienststelle im Falle einer gesetzlichen Verpflichtung zur Anhörung gehalten, dem Personalrat Gelegenheit zu einer Stellungnahme zu geben und offen für die Argumente und Anregungen des Personalrats im Rahmen dieser Stellungnahme zu sein. Eine bloß formelle Anhörung ohne den Willen, auf die Überlegungen des Personalrats ernstlich einzugehen, wäre mit dem Grundsatz der vertrauensvollen Zusammenarbeit nicht zu vereinbaren.

---

13 LT-Drucks. 15/1644, 87.
14 So *OVG NRW* 18. 2. 1998 – 1 A 5728/95.PVL, PersR 1998, 479.

## § 76

An Prüfungen, die eine Dienststelle von den Beschäftigten ihres Bereichs abnimmt, kann ein Mitglied des für diesen Bereich zuständigen Personalrats, das von diesem benannt ist, beratend teilnehmen; Teilnahme und Beratung beschränken sich auf den Ablauf der mündlichen Prüfung. Mitglieder des Personalrats dürfen bei Prüfungen, die sie noch abzulegen haben, nicht nach Satz 1 tätig werden.

An Prüfungen, die eine Dienststelle von den Beschäftigten ihres Bereiches abnimmt, kann ein Mitglied des Personalrats beratend teilnehmen. Zu den Beschäftigten, die eine Prüfung ablegen, gehören sowohl die bereits ausgebildeten Arbeitnehmer oder Beamten wie die zur Berufsausbildung Beschäftigten. 1

Unter Prüfungen sind sämtliche Feststellungen von persönlichen und fachlichen Fähigkeiten und Eigenschaften der Beschäftigten in einem formell geregelten Verfahren zu verstehen, das die Dienststelle selbst durchführt bzw. von einer außenstehenden Dienststelle (Institut, Zweckverband) durchführen lässt.[1] Dazu zählen Lehrabschlussprüfungen der Auszubildenden, Prüfungen für Arbeitnehmer nach Besuch der Lehrgänge, Prüfungen schreibtechnischer Art für Bürogehilfinnen oder Sekretärinnen, Laufbahnprüfungen der Beamtenanwärter. Einstellungsprüfungen fallen nicht darunter.

Das Teilnahmerecht des Personalrats ist auf Prüfungen beschränkt, die eine Dienstelle von Mitarbeitern ihres Bereichs abnimmt und setzt weiter voraus, dass sich die Wirkungen der Prüfung im Falle des Bestehens, wie im Falle des Nichtbestehens auf den Bereich der Dienststelle beschränken, dass es sich also um eine verwaltungsinterne Prüfung handelt.[2]

Ein Mitglied des für den Bereich der Dienststelle zuständigen Personalrats, das von diesem benannt wird, kann an den Prüfungen beratend teilnehmen. Die Dienststelle kann das Recht des Personalrats, ein Mitglied an der Prüfung teilnehmen zu lassen, nicht durch Einschaltung eines ihr nicht unterstehenden Prüfungsamtes ausschließen.[3] Zuständig für die Benennung ist der entsendende Personalrat. 2

Da sich Teilnahme und Beratung auf den Ablauf der mündlichen Prüfung und nicht auf den Inhalt der Prüfung selbst beziehen, besteht zunächst ein Recht zur Anwesenheit während der gesamten Zeit der Prüfung und das Recht, in die Prüfung dann einzugreifen, wenn der korrekte Hergang der mündlichen Prüfung nicht gewährleistet oder gefährdet ist. Es kann also bei unsachlichem Verhalten, Bevorzugung oder Benachteiligung von Prüflingen

---

1 *BVerwG* 25.3.2009 – 6 P 8.08, PersR 2009, 325.
2 *BVerwG* 25.3.2009 – 6 P 8.08, PersR 2009, 325.
3 *BVerwG* 23.10.1970 – 7 P 4.70, PersV 1971, 183.

eingegriffen werden und der Vorsitzende der Prüfungskommission um Abhilfe gebeten werden. Zu dem äußeren Ablauf der Prüfung gehört auch die Frage nach dem Gesundheitszustand der Prüflinge und die Intervention, wenn die Prüfung zu lange dauert oder so belastende Umstände eintreten, dass eine Fortsetzung der Prüfung den Prüflingen nicht zugemutet werden kann. Soweit eine Beschränkung auf den äußeren Verfahrensgang eingehalten wird, hat das teilnehmende Personalratsmitglied auch das Recht, sich Kenntnis von bisher unbekannten Mängeln des äußeren Prüfungsablaufes zu verschaffen, die Prüflinge ggf. in Vorbesprechungen oder nach der mündlichen Prüfung und vor der eigentlichen Leistungsbewertung mit dem Prüfungsausschuss zu befragen.[4] Beratung und Teilnahme des Personalrats sind jedoch nicht auf den äußeren Ablauf der Prüfung (Raumfrage, Pausenregelung usw.) beschränkt, sondern können sich vielmehr auch auf alle inhaltliche Fragen erstrecken, die dem Personalratsmitglied bei Beobachtung des Prüfungsgeschehens aufgefallen sind, wie z. B. der ausgewählte Prüfungsstoff, die gestellten Prüfungsfragen, das Verhalten der Prüfer.[5] Nach Auffassung des *BVerwG* soll jedoch keine Berechtigung zur Teilnahme an der anschließenden Beratung über das Prüfungsergebnis bestehen.[6]

Satz 2 sieht vor, dass der Personalrat zu Prüfungsteilnahme nicht solche Mitglieder entsenden kann, die selbst die Prüfung noch abzulegen haben.

## § 77

**(1) Der Personalrat hat bei der Bekämpfung von Unfall- und Gesundheitsgefahren die für den Arbeitsschutz zuständigen Behörden, die Träger der gesetzlichen Unfallversicherung und die übrigen in Betracht kommenden Stellen durch Anregung, Beratung und Auskunft zu unterstützen und sich für die Durchführung der Vorschriften über den Arbeitsschutz und die Unfallverhütung in der Dienststelle einzusetzen.**

**(2) Die Dienststelle und die für den Arbeitsschutz zuständigen Stellen sind verpflichtet, den Personalrat oder die von ihm bestimmten Mitglieder des Personalrats bei allen im Zusammenhang mit dem Arbeitsschutz oder der Unfallverhütung stehenden Besichtigungen und Fragen und bei Unfalluntersuchungen hinzuzuziehen. Die Dienststelle hat dem Personalrat unverzüglich die den Arbeitsschutz und die Unfallverhütung betreffenden Auflagen und Anordnungen der in Satz 1 genannten Stellen mitzuteilen.**

---

4 *OVG NRW* 24. 8. 1977 – CL 20/76.
5 *BVerwG* 25. 3. 2009 – 6 P 8.08, PersR 2009, 325; a. A. *Laber/Pagenkopf*, § 76 Rn. 11, unter Hinweis auf den – allerdings mit § 80 BPersVG wörtlich übereinstimmenden – Wortlaut der Vorschrift.
6 *BVerwG* 31. 1. 1979 – 6 P 19.78, PersV 1980, 418.

§ 77

(3) An den Besprechungen der Dienststelle mit den Sicherheitsbeauftragten nach § 22 Abs. 2 des Siebten Buches Sozialgesetzbuch nehmen vom Personalrat beauftragte Personalratsmitglieder teil.
(4) Der Personalrat erhält die Niederschriften über Untersuchungen, Besichtigungen und Besprechungen, zu denen er nach den Absätzen 1 und 2 hinzuzuziehen ist.
(5) Die Dienststelle hat dem Personalrat eine Durchschrift der nach § 193 Abs. 5 des Siebten Buches Sozialgesetzbuch vom Personalrat zu unterschreibenden oder der nach beamtenrechtlichen Vorschriften zu erstattenden Unfallanzeige auszuhändigen.

Beim Arbeits-, Unfall- und Gesundheitsschutz hat der Personalrat nach mehreren Vorschriften umfangreiche Aufgaben und Kompetenzen. Nach § 64 Nr. 1 obliegt ihm, auf die Verhütung von Unfall- und Gesundheitsgefahren zu achten, die für den Arbeitsschutz zuständigen Stellen durch Anregung, Beratung und Auskunft zu unterstützen und sich für die Durchführung gesundheitsfördernder Maßnahmen sowie des Arbeitsschutzes einzusetzen. In § 72 Abs. 4 Nr. 6 und 7 sind dem Personalrat Mitbestimmungsrechte bei Bestellung und Abberufung von Vertrauens- und Betriebsärzten und Sicherheitsfachkräften sowie bei Maßnahmen zur Verhütung von Dienst- und Arbeitsunfällen und sonstigen Gesundheitsschädigungen sowie bei Maßnahmen vorbereitender und präventiver Art eingeräumt. § 77 schließlich schafft umfangreiche Hinzuziehungs-, Unterrichtungs- und Beteiligungsrechte. 1

Auch außerhalb des LPVG finden sich in zahlreichen Vorschriften weitere Beteiligungsrechte des Personalrats in Angelegenheiten des Arbeitsschutzes und der Unfallverhütung. Bei der Bestellung solcher Betriebsbeauftragten bestehen unterschiedliche Informations- und Beteiligungsrechte. Soweit kein Mitbestimmungsrecht nach § 72 Abs. 4 Nr. 7 eingeräumt ist, wie z. B. bei der Bestellung von Betriebsärzten und Fachkräften für Arbeitssicherheit im Sinne des ASiG, besteht eine Anhörungspflicht vor Bestellung des Beauftragten für biologische Sicherheit und eines Brandschutzbeauftragten (§ 6 Gentechnik-Sicherheitsverordnung; § 10 Abs. 2 Satz 3 und 4 ArbSchG analog). Eine Pflicht zur Beteiligung des Personalrats besteht bei der Bestellung des Sicherheitsbeauftragten nach § 22 Abs. 1 SGB VII, eine Unterrichtungs- und Mitteilungspflicht bei Bestellung der nach den Regeln des § 55 Abs. 1a Satz 1 BImSchG zu bestellenden Immissionsschutzbeauftragten, Störfallbeauftragten, Abfallbeauftragten und Gewässerschutzbeauftragten sowie des Strahlenschutzbeauftragten (§ 31 Abs. 4 Satz 3 StrahlenschutzVO) und des kerntechnischen Sicherheitsbeauftragten (§ 2 Abs. 1 Atomrechtliche Sicherheitsbeauftragten- und Meldeverordnung). 2

Sämtliche Betriebsbeauftragte, die mit Arbeits-, Gesundheits- und Gefahrenschutz zu tun haben, sind zur Kooperation mit dem Personalrat ver-

## § 77

pflichtet und haben diesen auf Verlangen zu beraten und ihn bei seiner Arbeit zu unterstützen.[1]

**3** **Abs. 1:** Mit Absatz 1 soll »entsprechend der bundesgesetzlichen Regelung dem gestiegenen Stellenwert des Arbeitsschutzes und der Unfallverhütung in der Arbeit der Personalräte Rechnung getragen werden.«[2] Auch die in § 64 Nr. 4 formulierte allgemeine Aufgabe, dass der Personalrat auf die Verhütung von Unfall- und Gesundheitsgefahren zu achten hat, hebt die Bedeutung dieses Themas für den Personalrat hervor. Während der Personalrat nach § 64 Nr. 1 auf die Verhütung von Unfall- und Gesundheitsgefahren zu achten hat, wird ihm eine Unterstützungspflicht bei der Bekämpfung von – erkannten – Unfall- und Gesundheitsgefahren auferlegt. Die für den Arbeitsschutz zuständige Behörde ist zunächst einmal die Dienststelle selbst und in Stufenverwaltungen die oberste Landesbehörde. Diese und die Träger der gesetzlichen Unfallversicherung haben nach § 21 Abs. 3 Satz 1 ArbSchG auf der Grundlage einer gemeinsamen Beratungs- und Überwachungsstrategie nach § 20a Abs. 2 Nr. 4 ArbSchG eng zusammenzuarbeiten und den Erfahrungsaustausch sicherzustellen. Träger der gesetzlichen Unfallversicherung im Land NRW ist die Unfallkasse NRW[3] sowie die Eigenunfallversicherungen. Die »übrigen in Betracht kommenden Stellen« sind sämtliche Behörden, Einrichtungen und Personen, die im weitesten Sinn mit dem Arbeits-, Unfall- und Gefahrenschutz zu tun haben.

**4** Die dem Personalrat danach übertragenen Aufgaben sowie Kommunikationsrechte und -pflichten können nach dem Wortlaut sowohl des § 64 Nr. 4 als auch nach § 77 Abs. 1 ausgeübt werden, ohne dass § 2 Abs. 3 (»Anrufung außenstehender Stellen«) zuvor einzuhalten ist. Gerade die Verstärkung und doppelte Betonung der Kommunikationsrechte rechtfertigt die Annahme, dass wegen der gestiegenen Bedeutung der Schutzrechte der Beschäftigten der Personalrat sofort handeln kann und nicht erst langwierige dienststelleninterne Verhandlungen und Gespräche führen muss – wenn Unfall- und Gesundheitsgefahren drohen. Fragebogenaktionen des Personalrats, mit denen die Erforderlichkeit von Maßnahmen zur Verbesserung des Gesundheitsschutzes am Arbeitsplatz ermittelt werden sollen, sind dem Personalrat nur eingeschränkt möglich – nämlich dann, wenn die Dienststelle ihrerseits untätig bleibt und z. B. keine Gefährdungsbeurteilungen nach § 5 Abs. 1 ArbSchG vorbereitet.[4]

**5** **Abs. 2:** Die Dienststelle hat im Zusammenhang mit dem Arbeitsschutz und der Unfallverhütung **Hinzuziehungspflichten** und **Mitteilungspflichten**.

---

1 Vgl. zum BetrVG: *Welkoborsky*, Betriebsrat u. Betriebsbeauftragte, in: Wendeling-Schröder (Hrsg.), Die Arbeitsbedingungen des Betriebsrats, Frankfurt 2014.
2 LT-Drucks. 11/7130 Nr. 150, S. 56.
3 Satzung vom 28.11.2007, GV NRW 2007, 621.
4 *BVerwG* 8.8.2012 – 6 PB 8.12, PersR 2012, 461.

## § 77

Bei allen im Zusammenhang mit dem Arbeitsschutz oder der Unfallverhütung stehenden Besichtigungen und Fragen sowie bei Unfalluntersuchungen ist der Personalrat hinzuzuziehen. Zweck der Vorschrift ist es, den Personalrat bei den für die Beschäftigten besonders wichtigen Fragen des Arbeitsschutzes und der Unfallverhütung einzubinden, ihm insbesondere zu ermöglichen, insoweit Fragen zu stellen, Erfahrungen darzulegen und Vorschläge zu machen.[5] Diese Verpflichtung schließt die Verpflichtung zur Benachrichtigung und Ermöglichung der Teilnahme ein.[6] Diese Verpflichtung richtet sich sowohl an interne, als auch an externe Stellen, soweit diese innerhalb der Dienststelle tätig werden. Das betrifft insbesondere die für den Arbeitsschutz zuständigen Behörden, die Berufsgenossenschaften und Gemeindeunfallversicherungsverbände, die Umweltbehörden und schließlich die Betriebsärzte, Sicherheitsingenieure, Sicherheitsbeauftragten und die betrieblichen Beauftragten und schließlich die Betriebsärzte, Fachkräfte für Arbeitssicherheit, Sicherheitsingenieure, Sicherheitsbeauftragten und die verschiedenen betrieblichen Beauftragten. Diese Verpflichtung erstreckt sich auch auf das Recht zur Teilnahme an Besichtigungen, die die Dienststelle nicht selbst durchführt, sondern von den für den Arbeitsschutz zuständigen Stellen durchführen lässt.[7] Von bevorstehenden Besichtigungen und Begehungen auch solcher Besichtigungen ist der Personalrat rechtzeitig zu benachrichtigen und zur Teilnahme einzuladen.[8] Deshalb ist der Personalrat berechtigt, bei der Untersuchung von Gefahrstoffbelastungen in Räumen, in denen von ihm vertretene Mitarbeiter beschäftigt sind oder werden sollen, teilzunehmen,[9] sowie der Lehrerpersonalrat bei der Begehung von Schulen, wenn die Begehung vom Oberbürgermeister des Schulträgers aus Gründen des Gesundheits- und Arbeitsschutzes veranlasst wird.[10] Eine Pflicht zur Beteiligung des Personalrats besteht auch bei der Bildung eines Arbeitsschutzausschusses nach § 11 Satz 2 ASiG analog.

Der Personalrat ist nicht nur bei Besichtigungen, sondern auch bei »Fragen«, die mit dem Arbeitsschutz oder der Unfallverhütung im Zusammenhang stehen, hinzuzuziehen. Bei Unfalluntersuchungen (vgl. § 193 Abs. 1 SGB VII, § 45 Abs. 3 Beamtenversorgungsgesetz) ist der Personalrat ebenfalls hinzuzuziehen. Fragen, die mit dem Arbeitsschutz oder der Unfallverhütung im Zusammenhang stehen, sind ganz allgemein alle diesem Bereich zuzuordnenden Themen, Angelegenheiten, Probleme, Vorkommnisse etc. Die Zuständigkeit des Personalrats umfasst den gesamten Arbeitsschutz im wei-

---

5 *OVG NRW* 29.1.1999 – 1 A 2762/97.PVL, PersR 1999, 360.
6 *OVG NRW* 24.11.2005 – 1 A 3019/04.PVL, juris.
7 *OVG NRW* 24.11.2005 – 1 A 3019/04.PVL, juris.
8 *OVG NRW* 24.11.2005, a.a.O.
9 *OVG NRW* 29.1.1999 – 1 A 2762/97.PVL, PersR 1999, 360.
10 So *OVG NRW* 24.11.2005 – 1 A 3019/04.PVL, juris.

### § 77

ten Sinne einschließlich des öffentlich-rechtlichen sozialen Arbeitsschutzes.

Die Verpflichtung der Dienststelle zur Hinzuziehung beschränkt sich auf die vom Personalrat bestimmten Mitglieder. Es kann also nicht der gesamte Personalrat an derartigen Besichtigungen, Fragen und Unfalluntersuchungen teilnehmen, sondern nur eine bestimmte Anzahl von Personalratsmitgliedern, die durch gemeinsamen Beschluss festzulegen sind.

6 Mitteilungspflichten treffen den Dienststellenleiter bezüglich Auflagen und Anordnungen seitens der für den Arbeitsschutz zuständigen Behörden (Abs. 1 Satz 2). Der Personalrat soll damit in die Lage versetzt werden, die Einhaltung solcher Auflagen und die Durchführung von Anforderungen gemäß § 64 Nr. 4 zu überwachen. Der Dienststellenleiter ist gehalten, solche Auflagen und Anordnungen dem Personalrat unverzüglich – also ohne schuldhaftes Zögern – mitzuteilen, weil sich solche Anordnungen und Auflagen regelmäßig mit aktuellen Gefahren für die Beschäftigten und ihrer Beseitigung befassen.

7 **Abs. 3:** Dienststelle und Sicherheitsbeauftragte bzw. Arbeitsschutzausschuss haben entsprechend §§ 11, 16 ASiG mindestens vierteljährlich zu einer Besprechung zusammenzukommen. Bei diesen Besprechungen haben vom Personalrat beauftragte Personalratsmitglieder ein Teilnahmerecht, das auch zur Beratung innerhalb dieser Besprechung berechtigt.

8 **Abs. 4:** Niederschriften über Untersuchungen, Besichtigungen und Besprechungen, an denen der Personalrat nach den Absätzen 2 und 3 (im Gesetz sind irrtümlich die Abs. 1 und 2 genannt) ein Teilnahmerecht hat, sind dem Personalrat zu übergeben und auf Dauer zu überlassen. Diese Verpflichtung ist nicht davon abhängig, dass der Personalrat an den entsprechenden Veranstaltungen tatsächlich teilgenommen hat, sondern nur davon abhängig, dass ein Teilnahmerecht bestand.

9 Die Unfallanzeigen nach § 193 Abs. 5 SGB VII sind vom Personalrat mit zu unterzeichnen. **Absatz 5** ordnet an, dass der Personalrat von allen diesen Unfallanzeigen eine Durchschrift erhält. Es besteht Anspruch auf Durchschriften sämtlicher Unfallanzeigen und nicht etwa nur derjenigen, die dem Personalrat zur Unterschrift vorgelegt worden sind.

## § 78

## Vierter Abschnitt
## Beteiligung der Stufenvertretung und des Gesamtpersonalrats

### § 78

(1) In Angelegenheiten, in denen die Dienststelle nicht zur Entscheidung befugt ist, ist an Stelle des Personalrats die bei der zuständigen übergeordneten Dienststelle gebildete Stufenvertretung zu beteiligen. In mitbestimmungs- und mitwirkungspflichtigen Angelegenheiten, in denen die Landesregierung auf Vorschlag einer obersten Landesbehörde entscheidet oder eine oberste Landesbehörde eine Entscheidung mit Wirkung über ihren Geschäftsbereich hinaus trifft, ist die Stufenvertretung am Vorschlag oder der Entscheidung der obersten Landesbehörde zu beteiligen. Betrifft der Vorschlag oder die Entscheidung nur Beschäftigte oberster Landesbehörden, tritt an die Stelle der Stufenvertretung der bei der obersten Landesbehörde gebildete Personalrat.

(2) Vor einem Beschluss in Angelegenheiten, die einzelne Beschäftigte oder Dienststellen betreffen, gibt die Stufenvertretung den Personalräten Gelegenheit zur Äußerung. In diesem Fall verdoppeln sich die Fristen der §§ 66 und 69.

(3) Werden im Geschäftsbereich mehrstufiger Verwaltungen Maßnahmen von einer Dienststelle beabsichtigt, bei der keine für eine Beteiligung an diesen Maßnahmen zuständige Personalvertretung besteht, ist an ihrer Stelle die Stufenvertretung bei der nächsthöheren Dienststelle zu beteiligen. Sofern in den Fällen des Absatzes 1 Satz 1 und 2 eine Stufenvertretung nicht besteht, tritt an deren Stelle der dortige Personalrat. Sofern in den Fällen des § 66 Absatz 5 oder des § 69 Absatz 3 eine Stufenvertretung zu beteiligen ist und diese nicht besteht, ist an ihrer Stelle die Personalvertretung bei der nächstniedrigeren Dienststelle zu beteiligen.

(4) Absatz 1 Satz 1 und die Absätze 2 und 3 gelten entsprechend für die Verteilung der Zuständigkeit zwischen Personalrat und Gesamtpersonalrat.

(5) Für die Beteiligung der Stufenvertretungen und des Gesamtpersonalrats gelten die §§ 62 bis 66 und 68 bis 77 entsprechend.

(6) Die Hauptpersonalräte bei den obersten Landesbehörden können eine Arbeitsgemeinschaft bilden.

Stufenvertretungen sind gemäß § 50 in den Landesverwaltungen für den Geschäftsbereich mehrstufiger Verwaltungen zu bilden. Im dreistufigen Verwaltungsaufbau werden neben den örtlichen Personalräten in den Mittelbehörden Bezirkspersonalräte und wird bei der obersten Landesbehörde ein

1

## § 78

Hauptpersonalrat gebildet. Im zweistufigen Verwaltungsaufbau werden neben den örtlichen Personalräten Hauptpersonalräte gebildet.

Stufenvertretungen werden für Dienststellen auf verschiedenen Hierarchieebenen gebildet, Gesamtpersonalräte dagegen für an sich einheitliche Dienststellen, von denen Teile oder Nebenstellen nach § 1 Abs. 3 verselbständigt sind. Die Aufgaben der Stufenvertretungen sind einmal im Rahmen der Mitbestimmungsverfahren definiert und zum anderen in Absatz 5.

Nach § 52 Satz 2 nehmen die Gesamtpersonalräte der Landschaftsverbände, des Landesbetriebs Straßenbau NRW und des Bau- und Liegenschaftsbetriebs NRW die Aufgaben des Hauptpersonalrats gemäß dieser Vorschrift wahr.

**2** Ihnen obliegt zunächst die Ausübung der Mitbestimmung in den Verfahren nach § 66 Abs. 5 und 6 sowie der Mitwirkung im Verfahren nach § 69 Abs. 3, wenn sich in der nächstniedrigeren Dienststelle zwischen dem dortigen Personalrat und dem Dienststellenleiter keine Einigung ergeben hat. Erst nach Vorbehandlung einer mitbestimmungspflichtigen Angelegenheit im örtlichen Personalrat, ggf. im Bezirkspersonalrat und sodann im Hauptpersonalrat kann die Einigungsstelle angerufen werden.

**3** Die zweite Aufgabe der Stufenvertretungen ergibt sich aus Abs. 3, nämlich alle in §§ 62 bis 66 und 68 bis 77 genannten Aufgaben und Beteiligungsrechte in Ersatzkompetenz wahrzunehmen.

**4** **Abs. 1:** Die Vorschrift stellt den Grundsatz auf, dass in allen Angelegenheiten die die Dienststelle betreffen, der bei ihr gebildete Personalrat zu beteiligen ist. Es gilt der Grundsatz der partnerschaftlichen Zuordnung, wonach nur der Personalrat beteiligt werden kann, der bei einer für die Maßnahme zuständigen Dienststelle gebildet ist und entspricht zum anderen dem Repräsentationsgrundsatz, wonach der Personalrat nur für Beschäftigte tätig werden kann, die er aufgrund eines durch Wahl erworbenen Mandats repräsentiert.[1] Eine Ausnahme von diesem Grundsatz, demzufolge im Zweifel der örtliche Personalrat zu beteiligen ist, sieht Abs. 1 für die Fälle vor, in denen die Entscheidungsbefugnis für eine solche Angelegenheit aufgrund der Behördenorganisation und Zuständigkeitsverteilung nicht bei der betroffenen, sondern bei einer übergeordneten Dienststelle liegt. In diesem Fall hat die Beteiligungsbefugnis der Personalvertretung der Entscheidungsbefugnis der Dienststelle zu folgen, so dass an die Stelle des örtlichen Personalrats die bei der entscheidungsbefugten Dienststelle gebildete Stufenvertretung tritt.[2] Ist diese Stufenvertretung zuständig, ist sie das mit allen Rechten und Pflichten, wie sie sonst im Mitbestimmungsverfahren für die örtliche Personalvertretung maßgeblich sind. Das Beteiligungsrecht der Stufenvertretung schließt jegliche Beteiligung des örtlichen Personalrats – mit Ausnahme der Gelegen-

---

1 *BVerwG* 15. 7. 2004 – 6 P 1.04, PersR 2004, 396.
2 Vgl. *BVerwG* 7. 8. 1996 – 6 P 29.93, PersR 1996, 493.

§ 78

heit zur Äußerung nach Abs. 2 – aus.³ Maßgebend ist, welche Dienststelle befugt ist, eine Entscheidung mit Wirkung nach außen zu treffen. Es kommt also für die Frage, welche Personalvertretung zu beteiligen ist, in aller Regel nur darauf an, welcher Dienststellenleiter die beteiligungspflichtige Maßnahme zu treffen beabsichtigt. Es ergibt sich nicht bereits dann die Notwendigkeit zur Beteiligung des Personalrats einer nachgeordneten Dienststelle, wenn sich die vorgesetzte Dienststelle eine Entscheidung durch diese nachgeordnete Dienststelle vorbereiten lässt, es sei denn, dass die der Vorbereitung dienende Handlung Entscheidungscharakter hätte, die beabsichtigte Maßnahme also vorweggenommen wird.⁴ Ohne Bedeutung ist, ob es einen Genehmigungsvorbehalt der übergeordneten Dienststelle gibt. Für das Mitbestimmungsrecht bei Maßnahmen des Leiters der Mittelbehörde oder der obersten Dienstbehörde kommt es darauf an, in welcher der beiden Funktionen – Leiter der gesamten Behörde oder Leiter der Dienststelle, für die der »Haus-Personalrat« gebildet ist – er tätig wird. Entscheidet er aufgrund von Kompetenzen, die ihm nur als Leiter des gesamten Geschäftsbereichs zustehen, ist die Stufenvertretung zu beteiligen. Entscheidet er jedoch in Angelegenheiten, die ausschließlich den eigenen Geschäftsbereich – also die Mittelbehörde oder die oberste Landesbehörde – betrifft, so ist der bei diesen Behörden gebildete »Haus-Personalrat« zu beteiligen.

Eine Sonderregelung trifft § 78 Abs. 1 Satz 2 in den Angelegenheiten, in denen die Landesregierung auf Vorschlag einer obersten Landesbehörde entscheidet. Betroffen sind nur mitbestimmungs- und mitwirkungspflichtige Angelegenheiten. In diesen Fällen ist die Stufenvertretung dieser obersten Landesbehörde vor Abgabe des Vorschlages an die Landesregierung zu beteiligen. 5

**Satz 2** trifft sodann eine Regelung für die Fälle, in denen eine oberste Landesbehörde in mitbestimmungs- und mitwirkungspflichtigen Angelegenheiten mit Wirkung über ihren Geschäftsbereich hinaus entscheidet. In diesen Fällen ist die bei dieser obersten Landesbehörde bestehende Stufenvertretung – also der Hauptpersonalrat – zu beteiligen. Das gilt sowohl in den Fällen, in denen er eine Entscheidung treffen kann – etwa der Finanzminister mit Wirkung für andere Ressorts –, als auch für die Fälle, in denen er lediglich einen Vorschlag machen kann. 6

Betrifft der Vorschlag oder die Entscheidung nur Beschäftigte oberster Landesbehörden, ist nach **Satz 3** nicht die Stufenvertretung zu beteiligen, sondern der örtliche »Haus-Personalrat«, der bei der obersten Landesbehörde gebildet ist, die den Vorschlag oder die Entscheidung verantwortet.

**Abs. 2 Satz 1:** Ist eine Stufenvertretung anstelle des Personalrats gemäß Absatz 1 zuständig und bezieht sich ihre Zuständigkeit auf Angelegenheiten, 7

---

3 Vgl. *BVerwG* 30. 3. 2009 – 6 PB 9.08, PersR 2009, 332.
4 Vgl. *BVerwG* 7. 8. 1996 – 6 P 29.93, PersR 1996, 493.

## § 78

die einzelne Beschäftigte oder einzelne Dienststellen betreffen, so ist den dortigen örtlichen Personalräten vor einer Entscheidung der Stufenvertretung Gelegenheit zur Stellungnahme zu geben.

**8** Die Stufenvertretung hat den örtlichen Personalrat über die Angelegenheit so zu unterrichten, wie sie selbst von der Dienststelle unterrichtet worden ist. Andernfalls kann der örtliche Personalrat eine sachgerechte Stellungnahme auf der Grundlage seiner Kenntnisse der Interessen der Beschäftigten nicht abgeben. Allerdings besteht keine Verpflichtung, sämtliche im Laufe des Mitbestimmungsverfahrens beim Dienststellenleiter beschafften Informationen an die örtliche Personalvertretung weiterzuleiten.[5]

Die Äußerung des örtlichen Personalrats ist zu beschließen und der Stufenvertretung zuzuleiten. Eine formelle Bindung der Stufenvertretung an die Äußerung des örtlichen Personalrats besteht zwar nicht, jedoch wird der Äußerung des örtlichen Personalrats wegen der größeren Sachnähe ein maßgeblicher Stellenwert zukommen.

Anzuhören ist derjenige Personalrat, der zu beteiligen wäre, wenn der Leiter der nachgeordneten Dienststelle entscheidungsbefugt wäre. Diese fiktive Sichtweise ist wegen der Ersatzfunktion der Stufenvertretung, die »anstelle« des Personalrats (Abs. 1) zu beteiligen ist,[6] geboten. Die Anhörung des örtlichen Personalrats hat stattzufinden, wenn Angelegenheiten entweder einzelner Beschäftigter oder einzelner Dienststellen betroffen sind. Damit sind nicht nur personelle Einzelmaßnahmen gemeint, sondern sämtliche Beteiligungsrechte der §§ 72 und 73.

Nach **Satz 2** verdoppeln sich für die Stufenvertretungen die Fristen der §§ 66 und 69, damit die Äußerung der örtlichen Personalräte eingeholt werden kann. Keine Verdoppelung der Fristen tritt ein, wenn die Mittelbehörde oder oberste Landesbehörde Entscheidungen ausschließlich bezüglich einzelner Beschäftigter ihrer eigenen Behörde trifft. In diesen Fällen ist der »Haus-Personalrat« zuständig, eine Verdoppelung der Fristen erfolgt nicht.

**9** **Abs. 3 Satz 1:** Im Bereich mehrstufiger Verwaltungen kann die Stufenvertretung auch die Kompetenzen des Personalrats für nachgeordnete Dienststellen ausüben, bei denen keine zuständige Personalvertretung besteht. Es ist gleichgültig, warum dies so ist. Das Nichtbestehen eines Personalrats kann auf eine erfolgreiche Wahlanfechtung, auf die Neugründung der Dienststelle, aber auch darauf zurückzuführen sein, dass die Beschäftigten sich zu einer Wahl bisher nicht entschlossen haben. In allen Fällen besteht die Ersatzzuständigkeit des § 80 Abs. 3.

**10** **Satz 2:** Der durch die Novelle neu eingefügte Satz 2 soll eine Regelungslücke schließen. »*Veränderungen von Geschäftsbereichen können dazu führen, dass die Aufgaben der Stufenvertretung bis zu deren (Neu)Wahl nicht wahrgenom-*

---

5 *BVerwG* 2. 10. 2000 – 6 P 11.99, PersR 2001, 80.
6 *BVerwG* 15. 7. 2004 – 6 P 1.04, PersR 2004, 396.

*men werden können. Eine (Ersatz-)Zuständigkeit für die Fälle, in denen eine (nicht vorhandene) Stufenvertretung originär zuständig wäre, ist im Gesetz bisher nicht vorgesehen. Ersatzzuständigkeiten werden im bisherigen Satz 2 nur für Stufenverfahren, nicht aber für Fälle der Erstzuständigkeit geregelt.«*[7]

**Satz 3** trifft eine Regelung für den Fall, dass eine Stufenvertretung nicht besteht. In diesen Fällen ist im Mitbestimmungs- und Mitwirkungsverfahren die bei der nächstniedrigeren Dienststelle gebildete Personalvertretung zu beteiligen. Das Mitbestimmungsverfahren muss deshalb aber nicht in der gleichen Stufe zweimal stattfinden. Fehlt z. B. bei der Mittelbehörde ein Bezirkspersonalrat, können der örtliche Personalrat und die Dienststelle im Falle der Nichteinigung sogleich den Hauptpersonalrat bzw. die oberste Dienstbehörde anrufen.

**Abs. 4:** Ist für eine Dienststelle und verselbständigte Teildienststelle ein Gesamtpersonalrat gebildet worden, gelten Abs. 1 Satz 1 und die Abs. 2 und 3 für das Verhältnis zwischen Gesamtpersonalrat und örtlichen Personalräten entsprechend.

**11**

Zumeist wird der Leiter der Gesamtdienststelle in doppelter Eigenschaft tätig werden, nämlich als Leiter der Gesamtdienststelle und als Leiter eines Teils der Dienststelle. Das ist z. B. regelmäßig dann der Fall, wenn eine Stadt einzelne Teile wie Krankenhäuser, Fuhrparks oder Dezernate verselbständigt und sich dort örtliche Personalräte bilden. Der Leiter der Gesamtdienststelle wird dann in aller Regel in einer Doppelfunktion als Leiter der Gesamtdienststelle und als örtlicher Dienststellenleiter tätig.

In diesen Fällen ist nach dem Grundsatz der ortsnahen Betreuung[8] zu verfahren, der Personalrat einer verselbständigten Nebenstelle ist in den Angelegenheiten zu beteiligen, die allein die verselbständigte Teileinheit oder deren Beschäftige betrifft und in denen der Leiter dieser Teileinheit entscheidungsbefugt ist. Es gilt auch hier der in Abs. 1 Satz 1 zum Ausdruck kommende Grundsatz, dass der Gesamtpersonalrat – wie die Stufenvertretung – nur eine Ersatzzuständigkeit hat. Diese tritt nur ein, wenn die Ausübung des Mitbestimmungsrechtes durch den örtlichen Personalrat nicht möglich ist.

Der Gesamtpersonalrat ist deshalb nur an denjenigen Entscheidungen des (Gesamt-)Dienststellenleiters zu beteiligen, die dieser im Rahmen seiner verwaltungsinternen Zuständigkeit trifft und die sich auf die Gesamtdienststelle der doch auf mehrere personalvertretungsrechtlich verselbständigte Dienststellen bezieht.[9]

**12**

---

7 LT-Drucks. 15/1644, 87.
8 *BVerwG* 26.11.2008 – 6 P 7.08, PersR 2009, 267.
9 *OVG NRW* 22.5.1986, a.a.O.; 7.6.1990 – CL 86/88, PersR 1991, 94; *BVerwG* 20.8.2003 – 6 C 5.03, PersR 2004, 151.

## § 79

**13**  Besteht ein Gesamtpersonalrat und wird ein weiterer Teil der Dienststelle gemäß § 1 Abs. 3 verselbständigt, ist der Gesamtpersonalrat für die Wahrnehmung des Mitbestimmungsrechtes nach § 72 Abs. 4 Nr. 12 zuständig.

**14**  **Abs. 5:** Die Beteiligungsvorschriften der §§ 62 bis 66 und 68 bis 77 gelten für die Beteiligung der Stufenvertretungen und des Gesamtpersonalrats entsprechend. Auch auf diesen Ebenen sind also die Beteiligungsrechte und die entsprechenden Beteiligungsverfahren einzuhalten, soweit die jeweilige Dienststelle handelt.

**15**  **Abs. 6:** Die Vorschrift ist durch die Novelle 2011 neu geschaffen worden. Für die seit geraumer Zeit bestehende Arbeitsgemeinschaft der Hauptpersonalräte bei den obersten Landesbehörden ist damit eine ausdrückliche gesetzliche Grundlage geschaffen worden. Die Gesetzesbegründung betont,[10] dass Arbeitsgemeinschaften im kommunalen Bereich auch ohne ausdrückliche gesetzliche Grundlage gebildet werden können, wenn dies zur Aufgabenerfüllung erforderlich ist. Das kann z. B. bei vereinbarter interkommunaler Zusammenarbeit oder bevorstehender Gründung von Zweckgemeinschaften oder anderen gemeinsamen Unternehmungen der Fall sein. Die betroffenen örtlichen Personalräte können sich dann fallweise oder auf Dauer zu solchen Arbeitsgemeinschaften zusammenschließen.

## Neuntes Kapitel
## Gerichtliche Entscheidung

### § 79

(1) Die Verwaltungsgerichte, im dritten Rechtszug das Bundesverwaltungsgericht, entscheiden in den Fällen der §§ 7, 22, 25 und 43 Abs. 2 sowie über
1. Wahlberechtigung und Wählbarkeit,
2. Wahl, Zusammensetzung und Amtszeit der Personalvertretungen und der in den §§ 54 und 60 genannten Vertretungen,
3. Zuständigkeit und Geschäftsführung der Personalvertretungen und der in den §§ 54 und 60 genannten Vertretungen,
4. Rechtsstellung der Mitglieder von Personalvertretungen und der in den §§ 54 und 60 genannten Vertretungen,
5. Bestehen oder Nichtbestehen von Dienstvereinbarungen,
6. Streitigkeiten aus § 67.

(2) Die Vorschriften des Arbeitsgerichtsgesetzes über das Beschlussverfahren gelten entsprechend, der § 89 Abs. 1 Arbeitsgerichtsgesetz mit der

---

10 LT-Drucks. 15/1644, 87.

**§ 79**

Maßgabe, dass die Dienststellen auf die Prozessvertretung durch eine Rechtsanwältin oder einen Rechtsanwalt verzichten können.
(3) Das Beschlussverfahren kann auf die Unterlassung oder Durchführung einer Handlung oder Maßnahme gerichtet sein. § 23 Absatz 3 Betriebsverfassungsgesetz gilt entsprechend. Für einstweilige Verfügungen gilt § 85 Absatz 2 Arbeitsgerichtsgesetz. Die Zwangsvollstreckung findet nach § 85 Absatz 1 Arbeitsgerichtsgesetz statt.

Die Verwaltungsgerichte sind dafür zuständig, in Streitigkeiten aus und in Verbindung mit Angelegenheiten der Personalvertretung zu entscheiden. Betriebsverfassungsrechtliche Streitigkeiten sind gemäß § 2a Abs. 1 Nr. 1 ArbGG von den Arbeitsgerichten zu entscheiden. **1**

**Abs. 1:** Für die Streitigkeiten nach dem LPVG sind die Verwaltungsgerichte, im dritten Rechtszug das Bundesverwaltungsgericht zuständig. Verwaltungsgerichte bestehen in Nordrhein-Westfalen in Aachen, Arnsberg, Gelsenkirchen, Köln, Minden und Münster. Bei ihnen sind Fachkammern für Landespersonalvertretungssachen eingerichtet. **2**

Für den Beschwerderechtszug ist das Oberverwaltungsgericht für das Land Nordrhein-Westfalen – dort der Fachsenat für Landespersonalvertretungssachen –, ansässig in Münster, zuständig. Im Rechtsbeschwerdeverfahren entscheidet das Bundesverwaltungsgericht – gegenwärtig zuständig der 5. Senat (früher: 6. Senat) – mit Sitz in Leipzig. § 80 regelt die Bildung und Besetzung der Fachkammern und des Fachsenats (siehe die Kommentierung dort).

Zuständig sind die Verwaltungsgerichte zur Entscheidung der Angelegenheiten, die in § 79 Abs. 1 aufgeführt sind: **3**

a) § 7: Durch die Übernahme der unmittelbar für die Länder geltenden Vorschriften in das LPVG NRW ist – wie bisher – die Verwaltungsgerichtsbarkeit für die Entscheidung von Streitigkeiten über das Benachteiligungs- und Begünstigungsverbot sowie im Falle von Streitigkeiten betreffend die Übernahme von Auszubildenden, die ein Amt als Jugend- und Auszubildendenvertreter haben, zuständig.

b) § 22: Auf Antrag von drei wahlberechtigten Beschäftigten, einer in der Dienststelle vertretenen Gewerkschaft oder dem Leiter der Dienststelle kann innerhalb von zwei Wochen nach dem Tag der Bekanntgabe des Wahlergebnisses die Wahl angefochten werden. Für die Entscheidung über die Gültigkeit und Ungültigkeit dieser Wahl, auch im Falle einer geltend gemachten Nichtigkeit, sind die Verwaltungsgerichte zuständig.

c) § 25: Auf Antrag eines Viertels der wahlberechtigten Beschäftigten oder einer in der Dienststelle vertretenen Gewerkschaft kann der Personalrat aufgelöst werden oder eines seiner Mitglieder ausgeschlossen werden, wenn eine grobe Vernachlässigung der gesetzlichen Befugnisse oder eine grobe Verletzung der Pflichten vorliegt. Auflösung oder Ausschluss können nur vom Verwaltungsgericht beschlossen werden. Aus den gleichen Gründen kann der Personalrat beim Verwaltungsgericht den Ausschluss eines seiner Mitglieder beantragen.

Der Dienststellenleiter kann den Ausschluss eines Mitglieds aus dem Personalrat oder die Auflösung des Personalrats wegen grober Verletzung der gesetzlichen Pflichten beantragen.

d) § 43 Abs. 2: Der Schutz von Personalratsmitgliedern, die in einem Arbeitsverhältnis stehen, vor außerordentlichen Kündigungen ist durch Übernahme der unmittelbar für die Länder geltenden Vorschriften aus dem BPersVG in das Gesetz aufgenommen worden. Dafür sind die Verwaltungsgerichte – wie bisher – zuständig. Von § 43 Abs. 2 werden gemäß § 21 Abs. 1 Satz 3 auch die Mitglieder des Wahlvorstands, gemäß § 44 Abs. 3 die Mitglieder von Personalkommissionen geschützt.

e) Nach **Absatz 1 Satz 1 Nr. 1** haben die Verwaltungsgerichte über alle Fragen im Zusammenhang mit Wahlberechtigung und Wählbarkeit zu entscheiden, insbesondere über die Streitigkeiten aus den §§ 10 und 11, Wahlanfechtungen, Feststellung gemäß § 26 Abs. 1 Buchst. h), dass der oder die Gewählte nicht wählbar war.

f) Gemäß **Absatz Satz 1 Nr. 2** haben die Gerichte über Wahl, Zusammensetzung und Amtszeit der Personalvertretungen, der Jugend- und Auszubildendenvertretungen, der Stufenvertretungen und der Vertrauenspersonen bei den Polizeivollzugsbeamten zu entscheiden. Die Zusammensetzung der Personalvertretungen bezieht sich auch auf Streitigkeiten über das Nachrücken von Ersatzmitgliedern und über das zahlenmäßige Verhältnis der einzelnen Gruppen im Personalrat untereinander. Die Vorschrift hat Auffangcharakter gegenüber Nr. 1 und § 22.[1]

g) **Absatz 1 Satz 1 Nr. 3** weist den Verwaltungsgerichten alle Streitigkeiten über Zuständigkeit und Geschäftsführung zu. Es handelt sich um die Generalklausel,[2] die eine Zuständigkeit der Verwaltungsgerichte für praktisch alle im Zusammenhang mit der Aufgabenstellung der Personalräte stehenden Streitigkeiten eröffnet. Auch die personalvertretungsrechtlichen Aufgaben und Befugnisse der Gewerkschaften gehören dazu.[3]

h) **Absatz 1 Satz 1 Nr. 4**: Die Rechtsstellung der Personalvertretungen und der anderen Vertretungen und ihrer Mitglieder ist betroffen, wenn Streitigkeiten z. B. über Freistellung, Teilnahme an Schulungs- und Bildungsveranstaltungen, die Versetzung und Abordnung von Personalratsmitgliedern nach § 43, Streitigkeiten über das Behinderungs-, Beteiligungs- und Begünstigungsverbot nach § 7 Abs. 1, Kostenerstattungsfragen u. Ä. entstehen.

---

1 *Laber/Pagenkopf*, § 79 Rn. 15.
2 So *BVerwG* 28. 5. 2008 – 1 WB 50.07, PersV 2008, 428.
3 Altvater-*Baden*, § 83 Rn. 12a.

i) Nach **Absatz 1 Satz 1 Nr. 5** besteht eine Zuständigkeit der Verwaltungsgerichte über das Bestehen oder Nichtbestehen von Dienstvereinbarungen, also Streitigkeiten im Zusammenhang mit den §§ 4 und 70. Die Verpflichtung der Dienststelle zur Durchführung von Dienstvereinbarungen kann der Personalrat auf der Grundlage des allgemeinen Durchführungsanspruchs nach Nr. 3 gerichtlich durchsetzen.[4] Der Personalrat kann jedoch gerichtlich nicht verlangen, dass die für die Beschäftigten in einer Dienstvereinbarung begründeten Rechte von der Dienststelle erfüllt werden.[5]

j) Das Verwaltungsgericht entscheidet nach **Absatz 1 Satz 1 Nr. 6** schließlich über Streitigkeiten, die mit der Bildung, Zusammensetzung und Geschäftsführung der Einigungsstelle im Zusammenhang stehen. Es kann sich um Streitigkeiten handeln, die mit der Geschäftsführung und Tätigkeit der Einigungsstelle im Zusammenhang stehen sowie über die Kosten der Einigungsstelle und schließlich über die Wirksamkeit und Unwirksamkeit ihrer Beschlüsse. Rechtswidrige Einigungsstellenbeschlüsse können auf Antrag aufgehoben[6] werden. Die Befugnis des Personalrats, einen Beschluss der Einigungsstelle gerichtlich überprüfen zu lassen, erstreckt sich nur auf bindende Beschlüsse, nicht jedoch auf Empfehlungen im Sinne des § 66 Abs. 7 Satz 3.[7] Nicht zuständig sind die Verwaltungsgerichte bei Nichteinigung über die Person des Vorsitzenden und seines Stellvertreters sowie die Zahl der Beisitzer. Darüber entscheidet gemäß § 67 Abs. 1 der Präsident des Oberverwaltungsgerichts für das Land Nordrhein-Westfalen.

Rechtsstreitigkeiten über Rechte und Pflichten der Schwerbehindertenvertretung (§§ 177 ff. SGB IX) sind ebenfalls im Beschlussverfahren von den Fachkammern zu entscheiden.[8]

**Abs. 2:** Die Verwaltungsgerichte haben über die in Absatz 1 genannten Streitigkeiten nicht nach der Verwaltungsgerichtsordnung, sondern nach den Vorschriften des Arbeitsgerichtsgesetzes über das Beschlussverfahren (§§ 80 ff. ArbGG) zu entscheiden. **4**

Durch die Novelle 2007 ist abweichend von § 89 Abs. 1 ArbGG festgelegt worden, dass die Dienststellen auf die Prozessvertretung durch einen Rechtsanwalt verzichten können. Nach § 89 Abs. 1 ArbGG muss die Beschwerdeschrift, mit der Beschwerden gegen einen erstinstanzlichen Beschluss zum OVG NRW eingelegt werden, zwingend von einem Rechtsanwalt unterzeichnet sein. Das ist abbedungen, weil – so die Gesetzesbegrün-

---

4 *BVerwG* 27.6.2019 – 5 P 2.18, NZA-RR 2019, 42.
5 *OVG NRW* 23.3.2010 – 16 A 2209/08.PVL, juris.
6 »Kassatorisch beseitigt«: *BVerwG* 28.6.2000 – 6 P 1.00, PersR 2000, 507.
7 *BVerwG* 24.1.2001 – 6 PB 15.00, PersR 2001, 204.
8 *OVG NRW* 6.8.2002 – 1 E 141/02.PVL, PersR 2003, 83.

## § 79

dung[9] – »die Dienststellen über ausreichende Rechtskunde und Sachverstand verfügen«. Aufgrund des Grundsatzes der Sparsamkeit der öffentlichen Verwaltung wird es daher nur noch in Ausnahmefällen zulässig sein, dass sich Dienststellen in Beschlussverfahren anwaltlich vertreten lassen.

5 Antragsbefugt im Beschlussverfahren sind alle diejenigen, denen ein ausdrückliches Antragsrecht im Gesetz zugebilligt ist (siehe z.B. §§ 22, 25) sowie jeder, der durch die begehrte Entscheidung in seiner personalvertretungsrechtlichen Rechtsposition betroffen sein kann.[10]

Dazu zählen die Personalvertretungen selbst, der Dienststellenleiter, in der Dienststelle oder im Personalrat vertretene Gewerkschaften, Beschäftigte – soweit sie personalvertretungsrechtliche Rechte (z.B. Wahlrecht) geltend machen –, die einzelnen Mitglieder der Personalvertretungen, Gruppen von Beschäftigten (drei Wahlberechtigte gemäß § 22), Sachverständige.

Streiten Personalrat und Dienststelle über die Mitbestimmungspflichtigkeit einer Maßnahme, ist der betroffene Beschäftigte am Verfahren nicht zu beteiligen.[11]

6 Anders als im Klageverfahren stellt das Gericht von Amts wegen fest, wer richtigerweise neben den Antragstellern an den Verfahren beteiligt ist. Ggf. werden vom Antragsteller nicht aufgeführte Beteiligte vom Gericht von Amts wegen an den Verfahren beteiligt.

7 Das Verfahren wird durch eine Antragsschrift eingeleitet, die den Beteiligten mit der Bitte um Stellungnahme zugeleitet wird. Das Gericht führt sodann eine Anhörung durch, bei der den Verfahrensbeteiligten – anders als im Klageverfahren – das Erscheinen und die Teilnahme freigestellt ist. Auch ohne Erscheinen kann eine Entscheidung ergehen (§ 83 Abs. 4 ArbGG). Das Gericht kann von Amts wegen den Sachverhalt erforschen, Urkunden einsehen, Auskünfte einholen, Zeugen, Sachverständige und auch sämtliche Verfahrensbeteiligten vernehmen und Augenschein einnehmen (§ 83 Abs. 2 ArbGG).

Gegen erstinstanzliche Beschlüsse des Verwaltungsgerichts ist die Beschwerde zum OVG NRW zulässig. Die Rechtsbeschwerde gegen Beschlüsse des OVG NRW kann zum BVerwG nur dann eingelegt werden, wenn sie vom OVG NRW ausdrücklich zugelassen worden ist (§ 92 ArbGG). Hat das Gericht die Rechtsbeschwerde nicht zugelassen, so kann dagegen wiederum die Nichtzulassungsbeschwerde eingelegt werden (§ 72a ArbGG). Während mit der Rechtsbeschwerde die Verletzung materiellen Rechts gerügt werden kann, ist die Nichtzulassungsbeschwerde darauf beschränkt, eine grundsätzliche Bedeutung, eine sog. Divergenz – also ein Abweichen der angefoch-

---

9 LT-Drucks. 14/4239, 102.
10 *BVerwG* 8.2.2018 – 5 P 7.16, NZA-RR 2018, 448; 23.9.2004 – 6 P 5.04, PersR 2004, 481.
11 *OVG NRW* 6.3.1998 – 1 A 127/98.PVL, PersR 1998, 527.

tenen Entscheidung von den tragenden Gründen einer Entscheidung des BVerwG – oder einen absoluten Revisionsgrund darzulegen (§ 72a Abs. 3 Nrn. 1–3 ArbGG).

Das Beschlussverfahren ist kostenfrei, Gerichtskosten entstehen nicht, eine Kostenentscheidung wird daher nicht getroffen. Als Gegenstandswert legen die Verwaltungsgerichte gemäß § 23 Abs. 3 Satz 2, 2. Halbsatz RVG regelmäßig den Auffangwert von 5000 Euro fest.[12] 8

Die dem Personalrat durch Hinzuziehung eines Rechtsanwalts entstandenen Kosten sind nicht aufgrund des Prozessverhältnisses, sondern aufgrund der Kostenerstattungspflicht des § 40 zu erstatten (siehe § 40 Rn. 6).

**Abs. 3:** Das BVerwG betont, dass es sich bei dem personalvertretungsrechtlichen Beschlussverfahren um ein »objektives« Verfahren handele, das »weniger der richterlichen Feststellung streitiger Ansprüche als vielmehr in der Regel der Abgrenzung gegenseitiger Kompetenzen im Bereich der Personalverfassung dient«.[13] Wegen dieses objektiven Charakters, aber auch wegen der Bindung des Staates und seiner Verwaltungen an Recht und Gesetz hält das BVerwG Feststellungsanträge für ausreichend. Es darf – so das *OVG NRW*[14] – von einer öffentlich-rechtlichen Körperschaft erwartet werden, dass sie sich einer rechtskräftigen gerichtlichen Klärung ohne Weiteres fügt. Feststellungsanträge sind daher die Regel gewesen und die häufigste Rechtsschutzform in der Personalvertretung. 9

Ein solcher Feststellungsantrag ist unproblematisch, wenn er sich auf Dauerzustände richtet, z. B. die Geltendmachung von Mitbestimmungsrechten bei einem laufend genutzten EDV-Programm, einer von der Dienststelle einseitig veränderten Arbeitszeit oder von Beurteilungsrichtlinien, die ohne Beteiligung des Personalrats in Kraft gesetzt sind.

Werden Angelegenheiten zum Gegenstand eines Feststellungsantrags gemacht, die abgeschlossen sind und in der Vergangenheit liegen, so ist das sog. Rechtsschutzinteresse besonders darzulegen. Es fehlt, wenn die Maßnahme zum Zeitpunkt der gerichtlichen Entscheidung keine Rechtswirkungen mehr entfaltet.[15] Es besteht auch bei fortwirkenden und abänderbaren oder rückgängig zu machenden Maßnahmen trotz deren Umsetzung.[16]

Das *BVerwG* verlangt in solchen Fällen seit den Beschlüssen vom 2. 6. 1993,[17] dass das Rechtsschutzbedürfnis und das Feststellungsinteresse an einer vom Einzelfall losgelösten, aber entscheidungserheblich gewesenen Rechtsfrage dargelegt werden. Der jeweilige Antragsteller muss »eine Entscheidung nicht 10

---

12 *OVG NRW* 2. 8. 2019 – 20 E 1091/18.PVL, juris.
13 *BVerwG* 28. 4. 1967, PersV 1967, 268.
14 Entscheidung vom 24. 11. 2005 – 1 A 2562/04.PVL.
15 *OVG NRW* 3. 4. 2017 – 20 A 598/16.PVL, juris
16 *OVG NRW* 18. 10. 2000 – 1 A 4961/98.PVL, PersR 2001, 158.
17 6 P 23.91, PersR 1993, 444 und – 6 P 3.92, PersR 1993, 450.

nur über einen bestimmten konkreten Vorgang, sondern außerdem über die dahinterstehende personalvertretungsrechtliche Frage begehren«.[18] Dem Personalrat ist es unbenommen, in solchen, bereits abgeschlossenen Fällen eine abstrakte Feststellung des Inhalts zu beantragen, dass in vergleichbaren Fällen ein Beteiligungsrecht besteht.[19] Das Antragsrecht kann verwirken, wenn der Personalrat längere Zeit untätig bleibt und die Dienststelle darauf vertrauen darf, dass er seine Rechte nicht mehr ausüben will.[20]

11 **Abs. 3 Satz 1:** Neben Feststellungsanträgen waren Leistungs- und Verpflichtungsanträge bislang nur ausnahmsweise zulässig, wenn und soweit das Personalvertretungsrecht selbst dem jeweiligen Antragsteller eine durchsetzungsfähige Rechtsposition einräumt. Solche Rechtspositionen finden sich nur ganz ausnahmsweise im Gesetz. Dazu gehören z. B. die Verpflichtung zur Vornahme von Freistellungen nach § 42 Abs. 4, die Bereitstellung der Aufwanddeckungsmittel sowie von Räumen, Geschäftsbedarf und Büropersonal nach § 40 Abs. 2 und 3. Die Rechtsprechung lehnt es jedoch ab, aus der Zuweisung von Beteiligungsrechten einen verfahrensbegleitenden Anspruch auf Vornahme oder Unterlassung von Handlungen oder Maßnahmen zu konstruieren. Anträge des Personalrats – auch im Eilverfahren –, eine Einstellung, Versetzung oder Höhergruppierung oder die Einführung einer geänderten Arbeitszeitregelung sowie einer beabsichtigten Privatisierung bis zur Beendigung des gesetzlichen Beteiligungsverfahrens zu unterlassen, werden regelmäßig mit der Begründung abgelehnt, dass dazu ein entsprechender materiell-rechtlicher Anspruch im Gesetz fehle. Auch die gesetzliche Festlegung in § 66 Abs. 1, demzufolge eine Maßnahme, die der Mitbestimmung des Personalrats unterliegt, »nur« mit seiner Zustimmung – also seiner vorherigen Einwilligung – getroffen werden kann, hat die Rechtsprechung nicht veranlasst, einen allgemeinen verfahrensbegleitenden Unterlassungsanspruch zu bejahen.[21] Diese Rechtsprechung wurde zu Recht als »Verkürzung der Rechte des Personalrats« kritisiert.[22]

Eine Ausnahme bildete lediglich der vom *BVerwG* in Übereinstimmung mit der Rechtsprechung des *OVG NRW* anerkannte Anspruch auf Verpflichtung des Dienststellenleiters, das missachtete Mitbestimmungsrecht nach rechtskräftigem Abschluss eines Verfahrens nachzuholen und nachträglich zu ge-

---

18 Siehe dazu *Welkoborsky*, PersR 1994, 197 ff.; *OVG NRW* 22. 5. 1996 – 1 A 3651/92.PVL; 20. 1. 2000 – 1 A 128/98.PVL; 1. 3. 2000 – 1 A 307/98.PVL.
19 *OVG NRW* 3. 4. 2017 – 20 A 598/16.PVL, juris.
20 *OVG NRW* 28. 9. 1995 – 1 A 4061/92.PVL, PersR 1997, 23; 15. 12. 1999 – 1 A 4258/97.PVL, PersR 2000, 517; 29. 11. 2000 – 1 A 4383/98.PVL, PersR 2001, 304.
21 *OVG NRW* 21. 9. 2011 – 16 B 1124/11.PVB, NZA-RR 2012, 95.
22 *Laber/Pagenkopf*, § 79 Rn. 106.

währen.²³ Schließlich kann zur Sicherung von Beteiligungsrechten des Personalrats ein Antrag auf Verpflichtung des Dienststellenleiters, entweder das gar nicht eingeleitete Beteiligungsverfahren einzuleiten und durchzuführen oder das abgebrochene Beteiligungsverfahren fortzusetzen, sofern die getroffene Maßnahme überhaupt rückgängig gemacht werden kann, gestellt werden.²⁴

Diese Rechtslage hat der neue Satz 1 des Absatzes 3 grundlegend geändert. Die Gesetzesbegründung ist insoweit eindeutig: »*Die Rechtsprechung der Verwaltungsgerichte lehnt einen Anspruch des Personalrats im Beschlussverfahren auf Rückgängigmachung von rechtwidrigen Maßnahmen sowie die Sicherung der Beteiligungsrechte in Form von Unterlassungsansprüchen, auch im Wege des Eilverfahrens in der Regel ab. Mit der Regelung wird klargestellt, dass das Beschlussverfahren auch auf die Unterlassung oder Durchführung einer Maßnahme gerichtet sein kann.*«

Künftig »kann« die Unterlassung oder Durchführung sowohl einer Handlung als auch einer Maßnahme und schließlich die Rückgängigmachung einer Maßnahme im Wege des Beschlussverfahrens verlangt werden. Regelmäßig wird der Personalrat künftig solche Leistungsanträge stellen, während die bisherigen »traditionellen« Feststellungsanträge nur noch ausnahmsweise in Betracht kommen. Unter Umständen sind Feststellungsanträge nur noch dann zulässig, wenn Leistungsanträge nicht gestellt werden können und/oder gerade für die Feststellung ein besonderes Rechtsschutzinteresse besteht, dem durch einen Leistungsantrag nicht entsprochen werden könnte. Dieser neue Verfahrensanspruch kommt dem von der Rechtsprechung zum BetrVG entwickelten allgemeinen Unterlassungsanspruch sehr nahe,²⁵ der aus dem Grundsatz der vertrauensvollen Zusammenarbeit gemäß § 2 BetrVG eine – prozessual durchsetzbare – Nebenpflicht ableitet, alles zu unterlassen, was der Wahrnehmung und Durchsetzung des konkreten Mitbestimmungsrechts des Betriebsrats entgegensteht. Aufgrund der gleichlautenden Vorschrift in § 2 und dem ausdrücklichen Hinweis auf die Möglichkeit, prozessual eine Unterlassung oder die Vornahme einer Handlung oder Maßnahme zu verlangen – er wäre ansonsten überflüssig –, ist davon auszugehen, dass der Landesgesetzgeber mit Schaffung der detaillierten Verfahrensvorschriften in § 79 Abs. 3 einen entsprechenden allgemeinen Rechtsanspruch auf Vornahme bzw. Unterlassung aller Handlungen und

---

23 Siehe *OVG NRW* 17. 6. 1993 – CL 45/90; 4. 3. 1994 – 1 A 3468/91.PVL; 8. 5. 1995 – 1 A 144/92.PVL, PersR 1995, 305; *BVerwG* 23. 8. 2007 – 6 P 7.07, PersR 2007, 476; 11. 12. 2012 – 6 P 2.12, PersR 2013, 135.

24 Siehe dazu *BVerwG* 16. 9. 1994 – 6 P 32.92, PersR 1995, 16; a. A.: *OVG NRW* 17. 11. 1992 – 1 A 2600/92.PVL.

25 Vgl. grundlegend *BAG* 3. 5. 1994 – 1 ABR 24/93, PersV 1995, 36.

## § 79

Maßnahmen schaffen wollte, die der Durchsetzung von Rechten und Ansprüchen des Personalrats entgegenstehen.

**12** Einer der Hauptanwendungsfälle wird der verfahrensbegleitende Antrag auf Unterlassung einer Maßnahme oder Handlung sein, solange das jeweilige Beteiligungsverfahren nicht entsprechend den Verfahrensvorschriften der §§ 66 ff. abgeschlossen ist. »Rechtswidrig« im Sinne der Gesetzesbegründung dürfte eine Maßnahme stets dann sein, wenn das gesetzlich vorgeschriebene Beteiligungsverfahren noch nicht abgeschlossen ist, eine Umsetzung und Realisierung aber gleichwohl von der Dienststelle beabsichtigt ist.

Leistungsanträge kommen ebenfalls in Betracht, wenn der Personalrat Unterrichtungsansprüche im Rahmen eines Beteiligungsverfahrens (z. B. Vorlage aller Unterlagen sämtlicher Bewerber bei Mitbestimmungsfällen nach § 72 Abs. 1) oder anlässlich der Unterrichtung des Wirtschaftsausschusses nach § 65a Abs. 2 und 3 geltend macht.

Schließlich werden sich künftig Leistungsanträge auch auf die Freistellung zur Seminarteilnahme oder die Bereitstellung von Sachmitteln beziehen können.

Mit solchen Leistungsanträgen können auch Verhaltenspflichten der Dienststelle durchgesetzt werden, wie die Teilnahme an der Personalversammlung, einer Erörterung nach §§ 66 Abs. 2 oder der Sitzung des Wirtschaftsausschusses nach § 65a Abs. 6.

Auch der sog. Durchführungsanspruch von Dienstvereinbarungen – er ist für Betriebsvereinbarungen nach § 77 Abs. 1 BetrVG anerkannt – kommt künftig aufgrund der Neuregelung in Betracht. Er kann sowohl durch einen Antrag auf Verpflichtung zur Durchführung einer bestimmten Vorschrift der Dienstvereinbarung als auch durch Geltendmachung der Unterlassung vereinbarungswidriger Handlungen und Maßnahmen geltend gemacht werden.

Schließlich will der Gesetzgeber Anträge auf Rückgängigmachung rechtswidriger Maßnahmen ermöglichen. Solche Anträge können sich auf personelle Einzelmaßnahmen, z. B. eine Einstellung, Umsetzung oder Versetzung, beziehen. Voraussetzung dürfte sein, dass die Rücknahme noch rechtlich möglich ist (Beförderung durch Aushändigung der Urkunde). Möglich sind solche Anträge auf Rückgängigmachung einer Maßnahme auch in Angelegenheiten beispielsweise des § 72 Abs. 2 und 3 wie die Außerbetriebsetzung einer technischen Einrichtung, bei der die Eignung zur Leistungs- und Verhaltensüberwachung nicht ausgeschlossen ist, oder von Änderungen der Arbeitszeiten im Sinne des § 72 Abs. 4 Nr. 1 usw.

**13** **Abs. 3 Satz 2:** Die entsprechende Anwendung des § 23 Abs. 3 BetrVG ermöglicht künftig sowohl dem Personalrat wie einer in der Dienststelle vertretenen Gewerkschaft, Anträge im Beschlussverfahren zu stellen, die auf Unterlassung oder Vornahme einer Handlung sowie Duldung der Vornahme einer

Handlung gerichtet sind.[26] Im Unterschied zu Anträgen, die auf Satz 1 gestützt werden, bedarf es zunächst eines »groben Verstoßes« des Arbeitgebers gegen seine Verpflichtungen nach dem LPVG. »Grob« ist ein Verstoß stets dann, wenn er entweder objektiv erheblich ist oder wiederholt vorkommt.

Insbesondere für die im Betrieb vertretenen Gewerkschaften kommt eine gerichtliche Geltendmachung dann in Betracht, wenn durch einseitige Maßnahmen des Arbeitgebers die Rechte des Betriebsrats, der Beschäftigten, aber insbesondere auch der Gewerkschaft verletzt werden. In Betracht kommen Anträge in Bezug auf
- die Nichtdurchführung von Dienstvereinbarungen;
- das unbefugte Öffnen der Betriebsratspost;
- das Überwachen der Beschäftigten ohne Beachtung der Mitbestimmungsrechte des Personalrats;
- die Anordnung von Überstunden entgegen Tarifvertrag oder Dienstvereinbarung oder unter Missachtung des Mitbestimmungsrechts;
- die Verweigerung des Zugangs zur Dienststelle oder zur Personalversammlung;

Solche Anträge im Rahmen des § 23 Abs. 3 BetrVG können mit dem Antrag auf Androhung eines Ordnungsgeldes für jeden Fall der Zuwiderhandlung gegen eine durch rechtskräftige Entscheidung des Verwaltungsgerichts auferlegte Verpflichtung von bis zu 10 000 Euro verbunden werden.

Handelt die Dienststelle einer rechtskräftig festgestellten Verpflichtung zur Vornahme einer Handlung zuwider, so kann die Dienststelle auf Antrag des Personalrats oder einer in der Dienststelle vertretenen Gewerkschaft zur Vornahme der Handlung durch Zwangsgeld angehalten werden (§ 23 Abs. 3 Satz 3 BetrVG).

**Abs. 3 Satz 3:** Auch der Erlass von einstweiligen Verfügungen kam bereits bisher unter eingeschränkten Voraussetzungen in Betracht.[27] Das BVerwG hält eine einstweilige Verfügung für zulässig, mit der der Dienststelle die Verpflichtung zur Einleitung oder Fortführung eines Beteiligungsverfahrens aufgegeben wird.[28] Dem hat sich das *OVG NRW* angeschlossen.[29] Auch bejaht das *OVG* ausdrücklich[30] die Möglichkeit einer das streitige Rechtsverhältnis feststellenden Verfügung. Nach wie vor lehnt die Rechtsprechung jedoch einstweilige Verfügungen gerichtet auf Unterlassung der Durchführung einer mitbestimmungspflichtigen Maßnahme ab, solange das Mitbe-

14

---

26 Vgl. auch Runderlass, Ziff. 19.
27 Dazu eingehend *Lechtermann*, PersV 2006, 4.
28 *BVerwG* 27. 7. 1990 – PB 12.89, PersR 1990, 297.
29 Entscheidung vom 17. 2. 2003 – 1 B 2544/02.PVL, PersR 2003, 199; 22. 2. 2007 – 1 B 2563/06.PVL; siehe auch vom 14. 1. 2003 – 1 B 1907/02.PVL, PersR 2003, 243 zur Feststellung der Voraussetzungen des § 66 Abs. 8 im Eilverfahren.
30 *OVG NRW* 2. 12. 1997 – 1 B 2189/87, PersV 1998, 523.

stimmungsrecht nicht gewahrt und das Mitbestimmungsverfahren nicht beendet ist.

Durch die Neuregelung in Satz 3 allein ist der bisherige Rechtszustand in Bezug auf einstweilige Verfügungen zwar lediglich bekräftigt worden. Im Zusammenhang mit Satz 1 und 2 ist jedoch der Anwendungsbereich von einstweiligen Verfügungen deutlich erweitert worden – auch wenn die Rechtsprechung meint, dass sich mit der Einfügung des § 79 Abs. 3 Satz 3 an den für den Erlass einer einstweiligen Verfügung maßgeblichen Anforderungen nichts geändert habe.[31] Einstweilige Verfügungen sind künftig in allen Fällen zulässig, in denen dem Personalrat ein Anspruch auf Unterlassung oder Durchführung einer Handlung oder einer Maßnahme nach Satz 1 zusteht. Sämtliche Verfahrens- und Verfahrenssicherungsansprüche, die sich aus dieser Vorschrift ergeben, können auch im Wege der einstweiligen Verfügung geltend gemacht werden. Die Verwaltungsgerichte meinen, es sei »ungeklärt«, ob durch die Novelle 2011 ein materieller Anspruch auf Unterlassung oder Rückgängigmachung einer beteiligungspflichtwidrig durchgeführten Maßnahme eingeführt worden ist, den Unterlagen des Gesetzgebungsverfahrens ermangele die erforderliche »letzte Klarheit«.[32] Das *OVG NRW* steht auf dem Standpunkt, dass die Novelle 2011 die bisherige Rechtslage nicht geändert hat und hält daher an den bisher für richtig gehaltenen Voraussetzungen einer einstweiligen Verfügung unverändert fest. Zwar sieht § 79 Abs. 3 Satz 3 nunmehr ausdrücklich vor, dass für einstweilige Verfügungen § 85 Abs. 2 ArbGG gilt. Das *OVG* meint jedoch, diese Neuregelung, »mit Blick auf die an den Erlass einer einstweiligen Verfügung zu stellenden Anforderungen« keine regelnde Wirkung zu[33], was den ausdrücklichen gesetzgeberischen Absichten jedoch widerspricht. Es sollte (vgl. Rn. 11) die Sicherung der Beteiligungsrechte in Form von Unterlassungsansprüchen auch im Wege des Eilverfahrens eröffnet und damit erleichtert werden.

- Gleichzeitig hat das *OVG NRW* die Voraussetzungen für den Erlass einer mitbestimmungssichernden einstweiligen Verfügung gegenüber der früheren Rechtsprechung vor der Novelle präzisiert, wenn nicht verschärft. Solche einstweiligen Verfügungen dürfen künftig zu erlassen werden, wenn es für den Antragsteller mit unzumutbaren Folgen verbunden wäre, die Entscheidung im Hauptsacheverfahren abzuwarten;
- bei der Beurteilung der unzumutbaren Folgen sowohl das Interesse des Personalrats auch auf dasjenige der von ihm vertretenen Beschäftigten in den Blick genommen wird;
- als wesentlicher Gesichtspunkt dabei berücksichtigt wird, inwieweit die Arbeit des Personalrats ohne den Erlass der einstweiligen Verfügung gene-

---

31 *OVG NRW* 9.7.2012 – 20 B 511/12.PVL, juris.
32 Vgl. *VG Düsseldorf* 11.5.2017 – 40 L 1742/17.PVL.
33 *OVG NRW* 9.7.2012 – 20 B 511/12.PVL, juris.

§ 79

rell oder für bestimmte wichtige Bereiche in einer Weise unmöglich oder eingeschränkt würde, die auch nur vorübergehend dem Personalrat und/oder den von ihm vertretenen Beschäftigten nicht angesonnen werden könnte;
- zu gewichten sei auch, welche Bedeutung dem geltend gemachten Beteiligungsrecht für den Personalrat und/oder für die Beschäftigten in dem jeweiligen Einzelfall beizumessen ist[34].

Dass der Personalrat bei Missachtung eines Mitbestimmungsrechtes darlegen kann, dass seine Arbeit ohne Erlass der begehrten einstweiligen Verfügung »generell« unmöglich wird, ist einigermaßen unwahrscheinlich und überspannt die Voraussetzungen an eine einstweilige Verfügung. Es muss vielmehr ausreichen, wenn die Missachtung eines Beteiligungsrechtes glaubhaft gemacht wird, das nicht ganz nebensächlich ist.

Das *OVG NRW* hat den Erlass einer einstweiligen Verfügung auf Verpflichtung zur Einleitung eines Mitbestimmungsrechtes betreffend ein Projekt »Kinder und Jugendliche in ihrer Vielfalt fördern« mit der – unzutreffenden – Begründung abgelehnt, die Dienststelle habe das Mitbestimmungsrecht anerkannt und die rechtzeitige Einleitung eines Mitbestimmungsrechtes zugesagt.[35] Das ändert nichts an der vom Personalrat gerügten Rechtsverletzung.

Der Antrag, die Dienststelle durch einstweilige Verfügung zur Unterrichtung des Wirtschaftsausschusses zu verpflichten, wurde abgelehnt, weil Bestehen und Tätigkeit des Wirtschaftsausschusses die Aufgaben des Personalrats »nicht unmittelbar beeinflusse« und jedenfalls die Unterrichtungspflicht der Dienststelle über wirtschaftliche Angelegenheiten nach § 63 Abs. 4 verbleibe[36].

Neben dem Bestehen eines entsprechenden – auf Satz 1 zu stützenden – Anspruchs sind infolge des Verweises auf § 85 Abs. 2 ArbGG die Vorschriften der ZPO über die einstweilige Verfügung nach §§ 935 ff. ZPO anzuwenden. Allgemeine Voraussetzung für den Erlass einer einstweiligen Verfügung ist nach § 935 ZPO, dass durch eine Veränderung des bestehenden Zustandes die Verwirklichung des Rechts des Personalrats entweder vereitelt oder wesentlich erschwert werden könnte und ein entsprechender Rechtsschutz im Hauptsacheverfahren aus Zeitgründen nicht erlangt werden kann. Liegen diese Voraussetzungen vor, kommt der Erlass einer einstweiligen Verfügung auf Unterlassung, auf Vornahme einer Handlung oder auf Duldung einer Handlung in Betracht. Wie die Anträge gemäß § 23 Abs. 3 BetrVG können auch solche Anträge auf Erlass einer einstweiligen Verfügung mit dem Antrag verbunden werden, dem Arbeitgeber für den Fall der Zuwiderhandlung

15

---

34 *OVG NRW* 11.7.2014 – 20 B 236/14.PVL, juris.
35 *OVG NRW* 9.7.2012 – 20 B 511/12.PVL, juris.
36 *OVG NRW* 11.7.2014 – 20 B 236/14.PVL, juris.

## § 80

gegen seine rechtskräftig festgestellte Verpflichtung ein Zwangsgeld anzudrohen. Der Höhe nach ist es in diesen Fällen durch § 23 Abs. 3 BetrVG auf 10 000 Euro begrenzt.

**16** Nach **Abs. 3 Satz 4** ist bei der Zwangsvollstreckung von einstweiligen Verfügungen § 85 Abs. 1 ArbGG anzuwenden. Es kann also nur ein Zwangsgeld festgesetzt werden, die Anordnung von Zwangshaft ist ausgeschlossen. Die Höhe des Zwangsgeldes ist analog § 23 Abs. 3 BetrVG auf 10 000 Euro begrenzt.


### § 80

**(1) Für die nach diesem Gesetz zu treffenden Entscheidungen sind bei den Verwaltungsgerichten des ersten und zweiten Rechtszuges Fachkammern (Fachsenate) zu bilden. Die Zuständigkeit einer Fachkammer kann auf die Bezirke anderer Gerichte oder Teile von ihnen erstreckt werden.**

**(2) Die Fachkammer (der Fachsenat) besteht aus einer oder einem Vorsitzenden, weiteren Richterinnen und Richtern und ehrenamtlichen Richterinnen und Richtern. Die ehrenamtlichen Richterinnen und Richter müssen Beschäftigte des Landes, einer Gemeinde, eines Gemeindeverbandes oder einer sonstigen der Aufsicht des Landes unterstehenden Körperschaft, Anstalt oder Stiftung des öffentlichen Rechts sein. Sie werden durch die Landesregierung oder eine von ihr bestimmte Stelle[1] die Landesregierung oder eine von ihr bestimmte Stelle je zur Hälfte auf Vorschlag**
**1. der unter den genannten Beschäftigten vertretenen gewerkschaftlichen Spitzenorganisationen und**
**2. der obersten Landesbehörden**
**berufen. Für die Berufung und Stellung der ehrenamtlichen Richterinnen und Richter und ihre Heranziehung zu den Sitzungen gelten die Vorschriften des Arbeitsgerichtsgesetzes über ehrenamtliche Richterinnen und Richter entsprechend.**

---

1 Vgl. § 1 der Verordnung über die Berufung der ehrenamtlichen Richterinnen und Richter für die nach dem Landespersonalvertretungsgesetz zu bildenden Fachkammern (Fachsenate) vom 9. 9. 2003, geändert durch das Landesrichtergesetz vom 8. 12. 2015 (GV.NRW 812), in Kraft getreten am 1. 1. 2016: »Die Präsidentin oder der Präsident des Oberverwaltungsgerichts für das Land Nordrhein-Westfalen beruft die ehrenamtlichen Richterinnen und Richter der nach § 80 des Landespersonalvertretungsgesetzes vom 3. Dezember 1974 (GV. NRW. S. 1514) in der jeweils geltenden Fassung bei den Verwaltungsgerichten des ersten und zweiten Rechtszuges zu bildenden Fachkammern (Fachsenate) einschließlich der ehrenamtlichen Richterinnen und Richter nach § 30 Absatz 2 des Landesrichter- und Staatsanwältegesetzes vom 8. Dezember 2015 (GV. NRW. S. 812) in der jeweils geltenden Fassung.«

## § 80

(3) Die Fachkammer (der Fachsenat) wird tätig in der Besetzung mit einer oder einem Vorsitzenden, zwei weiteren Richterinnen oder Richtern und zwei ehrenamtlichen Richterinnen oder Richtern, von denen je eine oder einer nach Absatz 2 Satz 3 Nummer 1 und 2 berufen worden ist. Die Fachkammer (der Fachsenat) kann im Einverständnis der Beteiligten durch eine Richterin oder einen Richter entscheiden.

Die Verwaltungsgerichte sind in dieser Vorschrift zur Entscheidung über die in § 79 erwähnten Streitigkeiten zuständig. Die durch die Novelle 2007 eingeführte Besetzung der Fachkammern für Personalvertretungssachen sowie des Fachsenats mit nur einem Berufsrichter ist durch das Gesetz zur Neuregelung der Rechtsverhältnisse der Richterinnen und Richter[2] erneut geändert worden. 1

Nach Abs. 1 Satz 1 werden bei den Verwaltungsgerichten Fachkammern gebildet, die künftig wieder aus drei Berufsrichterinnen und zwei ehrenamtlichen Beisitzerinnen oder Beisitzern bestehen. Das Kammerprinzip – so die Gesetzesbegründung[3] – habe sich bewährt. Die Auffassung des Gesetzgebers, bei Besetzung mit nur einem Berufsrichter – wie in der Vergangenheit – fehle es an der für eine kontinuierliche Rechtsprechung erforderlichen Spruchpraxis, überzeugt nicht. Zum einen führt die Neuregelung zur Verringerung des Einflusses des ehrenamtlichen Elements bereits in der ersten Instanz. Zum anderen kann der Besorgnis des Gesetzgebers unschwer dadurch abgeholfen werden, dass die personalvertretungsrechtlichen Streitigkeiten der Arbeitsgerichtsbarkeit zugewiesen werden. 2

Nach Absatz 2 Satz 2 kann die Zuständigkeit einer Fachkammer eines Verwaltungsgerichts auf die Bezirke anderer Gerichte oder Teile von ihnen erstreckt werden. Die Regelung führt dazu, dass unter Umständen eine – nur noch mit einem Berufsrichter besetzte – Fachkammer für einen räumlich so großen Bereich zuständig wird, dass keinerlei örtliche Verankerung der Gerichte mehr zu erkennen ist. Die Möglichkeit der Fachkammer, aufgrund Ortsnähe und Kenntnis der Akteure zu einer Verständigung beizutragen, wird geringer werden.

Der Fachsenat beim Oberverwaltungsgericht ist entsprechend wieder mit drei Berufsrichterinnen oder Berufsrichtern und zwei ehrenamtlichen Beisitzerinnen oder Beisitzern besetzt. Die ehrenamtlichen Richter müssen Beschäftigte des öffentlichen Dienstes sein. Sie werden nach dem Vorbild der Arbeitsgerichtsbarkeit je zur Hälfte auf Vorschlag der gewerkschaftlichen Spitzenorganisationen und der obersten Landesbehörden berufen.[4]

---

2 GV. NRW, S. 812.
3 Vom 19.8.2015, LT-Drucks. 16/9520, S. 137.
4 Siehe Verordnung über die Berufung der ehrenamtlichen Richter vom 21.10.1985, GV 75, 589.

## § 82

**3** Fachkammern und Fachsenat werden in mündlicher Anhörung tätig in der Besetzung mit einem Vorsitzenden und zwei ehrenamtlichen Richtern, von denen je einer aus dem Vorschlag der gewerkschaftlichen Spitzenorganisationen und dem Vorschlag der obersten Landesbehörden zu entnehmen ist.

# Zehntes Kapitel
# Sondervorschriften für besondere Verwaltungszweige und die Behandlung von Verschlusssachen

## Erster Abschnitt
## Polizei

### § 81

**Für die Beschäftigten der Polizei bei den in § 82 bezeichneten Polizeidienststellen gelten die Vorschriften der Kapitel 1 bis 9 und 11 insoweit, als in diesem Abschnitt nichts anderes bestimmt ist.**

**1** Nach dem Wortlaut des § 81 erstrecken sich die Sondervorschriften für die Polizei der §§ 81 bis 84 zwar darüber hinaus auf alle »Beschäftigten der Polizei« – also auch auf die bei der Polizei beschäftigten Arbeitnehmer. Es werden jedoch für Arbeitnehmer keine materiell abweichenden Regelungen geschaffen.

**2** Durch die Novelle 2007 ist hinzugefügt worden, dass die Regelungen für die »im Landesdienst stehenden« Beschäftigten der Polizei gelten. Damit wurde klargestellt, dass sich dieser Abschnitt nicht umfassend auf alle Beschäftigten der Polizei,[1] sondern nur auf die im Landesdienst bei den Polizeidienststellen im Sinne des § 82 stehenden Beschäftigten bezieht.

Die Neufassung orientiert sich an der Formulierung des § 2 POG NRW, nach der Polizeibehörden das Landeskriminalamt, das Landesamt für zentrale polizeiliche Dienste, das Landesamt für Ausbildung, Fortbildungs- und Personalangelegenheiten der Polizei sowie die Kreispolizeibehörden sind. Der Dienststellenbegriff ist daher an die nach dem Polizeiorganisationsgesetz bestehenden Polizeibehörden angeglichen worden.

### § 82

**Dienststellen im Sinne dieses Gesetzes sind die Kreispolizeibehörden, das Landeskriminalamt, das Landesamt für Zentrale Polizeiliche Dienste, das**

---

1 So aber *OVG NRW* 31.3.2006 – 1 A 1471/04.PVL zur alten Gesetzesfassung.

## § 83

**Landesamt für Ausbildung, Fortbildung und Personalangelegenheiten der Polizei und die Deutsche Hochschule der Polizei.**

Abweichend von § 1 werden als Dienststellen für die Beschäftigten der Polizei die Kreispolizeibehörden, das Landeskriminalamt, das Landesamt für Zentrale Polizeiliche Dienste, das Landesamt für Ausbildung, Fortbildung und Personalangelegenheiten der Polizei sowie die Deutsche Hochschule der Polizei festgelegt. Kreispolizeibehörden sind nach dem Polizeiorganisationsgesetz die Polizeipräsidien in Bezirken mit mindestens einer kreisfreien Stadt sowie die Landrätinnen oder Landräte nach Bestimmung im Sinne des § 2 Abs. 2 POG.

Durch die Novelle 2011 ist die Deutsche Hochschule der Polizei ebenfalls als Dienststelle gekennzeichnet und dadurch klargestellt, dass auch für diese Einrichtung und ihre Beschäftigten die besonderen Bestimmungen des LPVG für die Polizei gelten.

## § 83

**(1) Abgeordnete Polizeivollzugsbeamtinnen und Polizeivollzugsbeamte sind nur bei ihrer Stammdienststelle wahlberechtigt und wählbar; § 10 Abs. 2 und § 26 Abs. 2 finden keine Anwendung.**

**(2) Auf die Kommissaranwärterinnen und Kommissaranwärter findet § 72 Abs. 1 Satz 1 Nr. 1 bei Einstellungen und § 72 Abs. 1 Satz 1 Nr. 11 keine Anwendung.**

Durch die LPVG-Reform 2011 wurde das mit der Novelle 2007 für die Ausbildung der Kommissaranwärterinnen und Kommissaranwärter übernommene Modell der Vertrauensperson wieder abgeschafft Es stamme – so die Gesetzesbegründung[1] – noch aus der Zeit, in der die Ausbildung des Polizeinachwuchses ausschließlich im mittleren Dienst in den Bereitschaftspolizeiabteilungen stattfand. Nach Abschaffung der besonderen Vorschriften der Absätze 2 bis 4 über die Vertrauenspersonen haben die Kommissaranwärterinnen und Kommissaranwärter das Wahlrecht zum Personalrat in den Stammdienststellen nach § 10 Abs. 4.

**Abs. 1:** Die Vorschrift regelt besondere Voraussetzungen für die Wahlberechtigung und Wählbarkeit abgeordneter Polizeivollzugsbeamten.

Solche abgeordneten Polizeivollzugsbeamten sind stets nur bei ihrer Stammdienststelle wahlberechtigt und wählbar – und zwar unabhängig von der Dauer der Abordnung. Durch den Ausschluss von § 10 Abs. 2 geht die Wahlberechtigung also nicht verloren, wenn die Abordnung länger als sechs

---

1 LT-Drucks. 15/1644, 88.

### § 85

Monate gedauert hat. Dementsprechend kann eine Wahlberechtigung in der aufnehmenden Dienststelle, in die abgeordnet wurde, nicht erworben werden.

Auch die Möglichkeit, in den Personalrat gewählt zu werden, besteht für diese abgeordneten Polizeivollzugsbeamten nur in ihrer abgebenden Stammdienststelle.

**3** Der Ausschluss des § 26 Abs. 2 betrifft abgeordnete Polizeivollzugsbeamte, die Mitglied eines Personalrats sind. Ihre Mitgliedschaft im Personalrat erlischt auch dann nicht, wenn die Abordnung länger als sechs Monate andauert. Unabhängig von der Dauer einer Abordnung bleibt ihnen die Mitgliedschaft im Personalrat ihrer Stammdienststelle erhalten.

Die Vorschrift gilt nur für Abordnungen, nicht jedoch für Versetzungen und Beurlaubungen ohne Dienstbezüge. In diesen Fällen gelten die allgemeinen Vorschriften über die Wahlberechtigung und Wählbarkeit im ersten Abschnitt des zweiten Kapitels.

**4** Abs. 2: Das Mitbestimmungsrecht bei Einstellungen nach § 72 Abs. 1 Satz 1 Nr. 1 und bei Anordnungen, die die Freiheit in der Wahl der Wohnung beschränken nach § 72 Abs. 1 Satz 1 Nr. 11, finden auf die Kommissaranwärterinnen und Kommissaranwärter keine Anwendung.

### § 84

Beim Innenministerium wird ein Hauptpersonalrat gebildet, dessen Mitglieder von den Beschäftigten der in § 82 bezeichneten Dienststellen gewählt werden.

## Zweiter Abschnitt
## Lehrer

### § 85

(1) Für Lehrkräfte gelten die Vorschriften der Kapitel 1 bis 6, 8, 9 und 11 insoweit, als in diesem Abschnitt oder in § 69 Schulgesetz NRW nichts anderes bestimmt ist. Für die nach dem Schulgesetz NRW gebildeten Lehrerräte gelten in den Fällen des § 69 Absatz 3 Schulgesetz NRW die §§ 7 Absatz 1, 33, 37, 62 bis 77 und 85 Absatz 4 entsprechend.

(2) Abweichend von § 8 Abs. 1 handelt für das Ministerium, das für das Schulwesen zuständig ist, noch eine andere den Hauptpersonalräten benannte Person mit Entscheidungsbefugnis.

(3) Die Vorschriften über die Gruppen gelten nicht. Als Lehrkräfte im Sinne dieses Abschnitts gelten auch die in der Ausbildung zu einem Leh-

rerberuf stehenden Beschäftigten sowie pädagogische und sozialpädagogische Mitarbeiterinnen und Mitarbeiter gemäß § 58 Schulgesetz NRW. Lehrkräfte im Dienst der Landwirtschaftskammer gelten nicht als Lehrkräfte im Sinne dieses Abschnitts.

(4) Abweichend von § 63 treten die Dienststelle (§ 92 Satz 1 Nr. 2) und der Personalrat einmal im Schulhalbjahr zu einer gemeinschaftlichen Besprechung zusammen.

(5) In Dienststellen mit in der Regel 100 bis 199 Beschäftigten ist ein Personalratsmitglied von seiner dienstlichen Tätigkeit mit 12 Unterrichtsstunden in der Woche freizustellen. Auf Antrag kann die Dienststelle in den Fällen des § 42 Absatz 2 aus Gründen der Verwaltungsvereinfachung wegen der Teilnahme an Personalratssitzungen und der Erledigung der damit in unmittelbarem Zusammenhang stehenden Aufgaben eine dem durchschnittlichen Zeitaufwand entsprechende Ermäßigung der regelmäßigen wöchentlichen Arbeitszeit bewilligen.

(6) Absatz 4 gilt für das Ministerium, das für das Schulwesen zuständig ist und die bei diesem gebildeten Lehrer-Hauptpersonalräte entsprechend.

Durch die Novelle 2007 hat § 87 a. F. drei wesentliche Änderungen erfahren, nämlich 1
- in Absatz 1 ist hinzugefügt worden, dass für Lehrer auch die in § 69 SchulG geltenden Vorschriften Anwendung finden;
- nach Absatz 3 gelten künftig auch die pädagogischen und sozialpädagogischen Mitarbeiter gemäß § 58 SchulG als Lehrer nach diesem Abschnitt;
- nach Absatz 5 werden die Freistellungskontingente für örtliche Personalräte auf der Ebene der Bezirksregierungen um $\frac{1}{6}$ verringert.

Die Reform 2011 hat die Schlechterstellung bei den Freistellungen – auch im Hinblick auf die zwischenzeitlich ergangene Rechtsprechung – rückgängig gemacht und eine Möglichkeit zur (pauschalierten) Ermäßigung der Arbeitszeit wegen des mit der Teilnahme an Personalratssitzungen verbundenen Aufwands geschaffen.

**Abs. 1:** Die Vorschriften des LPVG gelten – bis auf diejenigen betreffend die 2 Jugend- und Auszubildendenvertretung in Kapitel 7 – vollständig auch für Lehrer.

Durch die Novelle 2007 war hinzugefügt worden, dass auch die Vorschriften in § 69 SchulG für Lehrer gelten. Damit werden die Kompetenzen des Lehrerrates angesprochen. Zur Begründung dieser Gesetzesänderung heißt es: *»Soweit den Schulleitern entsprechend dem Leitbild der Eigenverantwortlichen Schule durch Gesetz oder Rechtsverordnung Aufgaben eines Dienstvorgesetzten übertragen werden, die Beteiligungspflichten nach dem LPVG auslösen, erfolgt die Wahrnehmung der personalvertretungsrechtlichen Aufgaben vor Ort durch*

## § 85

*den Lehrerrat.«* Darauf – so der Gesetzesentwurf[1] – wolle der Hinweis auf § 69 SchulG aufmerksam machen.

§ 69 Abs. 5 SchulG sieht vor, dass den Schulleiterinnen und Schulleitern »zur Stärkung der Selbstverwaltung und Eigenverantwortung der Schulen« Aufgaben eines Dienstvorgesetzten übertragen werden. Der nach § 69 SchulG zu bildende Lehrerrat hat bei Einstellungen in befristeten Arbeitsverhältnissen zur Sicherung eines unvorhersehbaren Vertretungsunterrichts und der Eingruppierung dieser Mitarbeiter, ein das Mitbestimmungsrecht des Lehrer-Personalrates teilweise verdrängendes Beteiligungsrecht.[2] Darüber hinaus gibt § 69 Abs. 4 SchulG dem Ministerium die Ermächtigung, durch Rechtsverordnung weitere Angelegenheiten zu bestimmen, bei denen der Lehrerrat an die Stelle des Personalrats tritt.

Dadurch wird der durch Mitbestimmung und Beteiligung den Beschäftigten eingeräumte Schutz geringer. Lehrerräte verfügen nicht über die gleiche Legitimation und die gleiche Unabhängigkeit wie Personalräte.

»Zur Klarstellung« – so die Gesetzesbegründung zur Novelle 2011[3] – ist in einem neuen Satz 2 hinzugefügt worden, welche Vorschriften des LPVG für die Lehrerräte gelten:
- der Schutz vor Behinderungen und Benachteiligungen gemäß § 7 Abs. 1;
- die Vorschriften über die Beschlussfassung und Beschlussfähigkeit des § 33;
- die Vorschriften über die Protokollierung der Sitzungen nach § 37;
- das gesamte 8. Kapitel des Gesetzes betreffend die Beteiligung der Personalvertretung – mit Ausnahme des § 78, der die Beteiligung von Stufenvertretung und Gesamtpersonalrat behandelt;
- § 85 Abs. 4, demzufolge die gemeinschaftliche Besprechung zwischen Dienststelle und Personalrat abweichend von § 83 nicht einmal im Vierteljahr sondern einmal je Schulhalbjahr stattfindet.

**3** **Abs. 2:** Absatz 2 sieht vor, dass abweichend von § 8 Abs. 1 – Dienststellenleiterbegriff – für das Ministerium, das für das Schulwesen zuständig ist, ein den Hauptpersonalräten »benannter Vertreter mit Entscheidungsbefugnis« handeln kann. Die Novelle 2007 hat in sprachlicher Angleichung an § 128 Abs. 2 SchulG den Begriff des Kultusministers durch denjenigen des Ministeriums, das für das Schulwesen zuständig ist, ersetzt. Die Vorschrift ermöglicht nunmehr, dass das Ministerium einen besonderen Vertreter außerhalb des § 8 benennen kann, der nicht ständiger Vertreter oder der für Personalangelegenheiten zuständige Abteilungsleiter sein muss. Es kann sich also

---

1 LT-Drucks. 14/4239, 103.
2 Vgl. *OVG NRW* 30. 11. 2016 – 20 A 1297/16.PVL, ZTR 2017, 189: kein Mitbestimmungsrecht des Personalrats bei Einstellungen von Lehrern durch den dafür nicht ermächtigten Schulleiter.
3 LT-Drucks. 15/1644, 88.

um einen Vertreter für Personalvertretungsangelegenheiten handeln. Jedoch kann nur ein Vertreter bestellt werden, dieser muss in den Personalvertretungsangelegenheiten *insgesamt* Entscheidungsbefugnis haben. Nicht möglich ist die Benennung eines Vertreters, der nur in bestimmten Angelegenheiten Entscheidungsbefugnis hat. Soweit ein solcher Vertreter benannt wird, müssen ihm zugleich in allen personalvertretungsrechtlichen Angelegenheiten – nicht nur in denjenigen, in denen er gegenüber den Hauptpersonalräten konkret handeln soll – Entscheidungsbefugnisse übertragen werden. Die Übertragung ist den Hauptpersonalräten nachzuweisen.

**Abs. 3:** Die Gruppenvorschriften des LPVG gelten nicht. Es findet also keine personalvertretungsrechtliche Differenzierung zwischen beamtetem und als Arbeitnehmer beschäftigtem Personal statt. Als Lehrer im Sinne dieses Abschnittes gelten künftig auch die pädagogischen und sozialpädagogischen Mitarbeiter in Anpassung an § 58 SchulG. **4**

**Abs. 4:** In Absatz 4 ist die nach § 63 vierteljährlich abzuhaltende gemeinschaftliche Besprechung auf eine Besprechung im Schulhalbjahr reduziert. **5**

**Abs. 5:** Satz 1 des Absatzes 5 entspricht der durch die Novelle 2011 vorgenommenen Neufassung von § 42 Abs. 4 Satz 1 (vgl. die Kommentierung dort). **6**

Absatz 5 Satz 2 wurde im Rahmen der Novelle 2011 neu formuliert und beseitigte damit die Schlechterstellung von Lehrer-Personalräten bei Freistellungen. Die alte Regelung, die gegenüber Personalräten anderer Verwaltungsbereiche ein um ein Sechstel gekürztes Freistellungskontingent enthielt, hatte gerichtlich keinen Bestand. Das *OVG NRW* hat im Rahmen einer verfassungskonformen Auslegung den Lehrer-Personalräten auf begründeten Antrag hin eine Aufstockung dieses um ein Sechstel gekürzten Freistellungskontingents zugestanden.[4] Deshalb war die alte Regelung aufzuheben.

Im Hinblick auf eine weitere Entscheidung des *OVG NRW*,[5] die teilfreigestellten Personalräten einen Anspruch auf Dienstbefreiung zur Teilnahme an den Personalratssitzungen über das Kontingent der Teilfreistellung hinaus gewährt hatte, wurde die Regelung in Satz 2 getroffen. Aus der Gesetzesbegründung: »*Der Wunsch der Dienststellen und Personalvertretungen nach praktikabler Umsetzung der Rechtsprechung macht es erforderlich, eine Verfahrensvereinfachung für die Erteilung von Dienstbefreiung zur Teilnahme an den Personalratssitzungen und den damit im Zusammenhang stehenden Tätigkeiten zu ermöglichen. Die Dienststelle kann auf entsprechenden Antrag des einzelnen Personalratsmitglieds hiervon Gebrauch machen.*« Der Gesetzgeber geht also von einem Zeitaufwand für die Teilnahme an der Personalratssitzung und den damit in Zusammenhang stehenden Aufgaben aus, der nicht

---

4 *OVG NRW* 20.11.2009 – 16 A 1337/09.PVL, juris.
5 *OVG NRW* 24.8.2009 – 16 B 1796/08.PVL, juris.

## § 87

durch die Teilfreistellung eines PR-Mitglieds abgegolten ist. Zusätzliche Dienstbefreiung ist daher in allen Fällen zu gewähren, in den das teilfreigestellte Personalratsmitglied unter Hinweis auf diese gesetzgeberische Vermutung einen entsprechenden Antrag zur Dienstbefreiung wegen Teilnahme an der Personalratssitzung und damit zusammenhängender Aufgaben stellt.

7 **Abs. 6:** Die regelmäßigen Besprechungen zwischen Ministerium und Lehrer-Hauptpersonalräten finden – ebenso wie die örtlichen Besprechungen – abweichend von § 63 nicht vierteljährlich, sondern einmal im Schulhalbjahr statt.

## § 86

**Im Bereich der Schulen und der Studienseminare werden für Lehrkräfte besondere gemeinsame Personalvertretungen gebildet.**

## § 87

**(1) Für die im Landesdienst beschäftigten Lehrkräfte an Schulen und an Studienseminaren werden Personalvertretungen – getrennt nach Schulformen und besonderen Einrichtungen des Schulwesens – gebildet.**

**(2) Für nicht im Landesdienst beschäftigte Lehrkräfte kann die oberste Dienstbehörde bestimmen, dass getrennte Personalvertretungen entsprechend Absatz 1 gebildet werden. Werden getrennte Personalvertretungen nicht gebildet, bilden die Lehrkräfte der verschiedenen Schulformen je eine Lehrergruppe. Für diese Lehrergruppen gelten die Vorschriften dieses Gesetzes über die Gruppenwahl und die Rechte der Gruppen entsprechend, jedoch findet in den Fällen des § 34 Abs. 2 eine gemeinsame Beratung nicht statt.**

1 **Abs. 1:** Schulträger sind nach § 78 SchulG die Gemeinden, die Kreise und kreisfreien Städte, die Landschaftsverbände sowie das Land. Für die im Landesdienst beschäftigten Lehrer – einschließlich der pädagogischen und sozialpädagogischen Mitarbeiter – werden besondere Personalräte gebildet. Der 2007 eingefügte Satz 2, mit dem die Höchstzahl der Personalratsmitglieder auf 15 beschränkt worden war, ist durch die Novelle 2011 entfallen.

2 **Abs. 2:** Für nicht im Landesdienst beschäftigte Lehrer (an öffentlichen Schulen) kann die oberste Dienstbehörde bestimmen, dass für sie besondere Personalvertretungen – ebenfalls getrennt nach Schulformen – gebildet werden.

Geschieht das nicht, bilden die Lehrer der verschiedenen Schulformen »je eine Lehrergruppe«. Sie wird vom Gesetz als Gruppe im Sinne des § 14 Abs. 1 angesehen. Es ist also ein Personalrat für die nicht im Landesdienst beschäftigten Lehrer zu wählen. Für diese Wahl haben jeweils sämtliche Lehrer einer Schulform die Rechte einer Gruppe im Sinne des § 14. Diese Rechte beziehen sich sowohl auf das Zustandekommen dieses Personalrats hinsichtlich des Einreichens von Wahlvorschlägen sowie der getrennten und gemeinsamen Wahl als auch auf ihre Stellung im Personalrat insbesondere hinsichtlich der § 29 ff.

Ausgenommen ist nur die Vorschrift des § 34 Abs. 2, demzufolge in Angelegenheiten, die lediglich die Angehörigen einer Gruppe – also die Lehrer einer Schulform – betreffen, vor Beschlussfassung des Personalrats eine gemeinsame Beratung stattzufinden hat. Diese gemeinsame Beratung entfällt nach Absatz 2 Satz 2.

## § 88

**(1) Für die im Landesdienst beschäftigten Lehrkräfte sind die Schulen und die Studienseminare nicht Dienststellen im Sinne dieses Gesetzes.**

**(2) Dienststellen im Sinnes dieses Gesetzes für nicht im Landesdienst beschäftigte Lehrkräfte sind die Verwaltungen der Gemeinden, Gemeindeverbände und sonstigen der Aufsicht des Landes unterstehenden Körperschaften, Anstalten und Stiftungen des öffentlichen Rechts, bei denen die Lehrkräfte beschäftigt sind.**

**(3) § 1 Abs. 3 findet keine Anwendung.**

**Abs. 1:** Absatz 1 ordnet an, dass für die im Landesdienst beschäftigten Lehrer (§ 85 Abs. 3 SchulG) nicht die jeweilige Schule bzw. das Studienseminar für Lehrerausbildung als Dienststelle anzusehen ist. § 1 gilt also für diesen Personenkreis nicht.  1

**Abs. 2:** Für die nicht im Landesdienst beschäftigten Lehrer – also der Personenkreis gemäß § 90 Abs. 2 – sind die »Verwaltungen« des jeweiligen Schulträgers als Dienststellen anzusehen (zum Begriff der Verwaltung siehe § 1 Rn. 2).  2

**Abs. 3:** Nach Absatz 3 ist die Möglichkeit ausgeschlossen, Nebenstellen oder Teile einer Dienststelle zu verselbständigen, so dass einzelne Schulen oder Studien-Seminare nicht zu personalratsfähigen Dienststellen erklärt werden können.  3

## § 89

**(1) Bei den aufgrund von § 92 Satz 1 Nr. 2 bestimmten Dienststellen und bei den in § 88 Abs. 2 genannten Dienststellen werden Personalräte gebildet. Für die im Landesdienst beschäftigten Lehrkräfte werden außerdem – getrennt nach Schulformen und besonderen Einrichtungen des Schulwesens –**

## § 90

1. bei den Mittelbehörden Lehrer-Bezirkspersonalräte und
2. bei dem für das Schulwesen zuständigen Ministerium Lehrer-Hauptpersonalräte

gebildet.

(2) Die Bezirkspersonalräte für Lehrkräfte an Hauptschulen und an Förderschulen nehmen bei beteiligungspflichtigen fachaufsichtlichen Maßnahmen der Schulämter die Aufgaben nach diesem Gesetz wahr. In diesen Fällen ist der jeweilige Lehrer-Hauptpersonalrat zuständige Stufenvertretung.

1 **Abs. 1:** Satz 1 des Absatzes 1 bestimmt, dass für die nach Rechtsverordnung gemäß § 92 Nr. 2 bestimmten Dienststellen für die im Landesdienst beschäftigten Lehrer und für die in § 88 Abs. 2 bestimmten Dienststellen für die nicht im Landesdienst beschäftigten Lehrer Personalräte gebildet werden.

Nach Absatz 1 Satz 2 werden getrennt nach Schulformen und besonderen Einrichtungen des Schulwesens bei den Mittelbehörden besondere Lehrer-Bezirkspersonalräte und bei dem Ministerium Lehrer-Hauptpersonalräte gebildet.

2 **Abs. 2:** Der bisherige Satz 3 des § 92 Abs. 1 a. F. wurde zu Absatz 2. Künftig nehmen bei beteiligungspflichtigen fachaufsichtlichen Maßnahmen der Schulämter die Bezirkspersonalräte für Lehrer an Hauptschulen und Lehrer an Förderschulen die Aufgaben nach diesem Gesetz wahr. Diese Zuständigkeitsregelung folgt der geänderten Schulaufsichts-Struktur nach § 88 Abs. 3 SchulG. In der Gesetzesbegründung zu Art. 2 des Gesetzes, das die Änderungen des Schulgesetzes betrifft, wird erklärt, dass die Dienstaufsicht auf die Ebene der Bezirksregierungen hochgezogen werde, während die Fachaufsicht auf der Ebene der Schulämter verbleibe. Die Bearbeitung der Personalangelegenheiten für diese Schulformen werde dadurch bei den Bezirksregierungen konzentriert.

Dementsprechend werden die Aufgaben nach dem LPVG durch die Bezirkspersonalräte für Lehrer an Hauptschulen und Förderschulen wahrgenommen. Diese Trennung von Dienst- und Fachaufsicht ist für Förderschulen aufgrund des erhöhten Verwaltungsaufwandes der Bezirksregierungen und der Schulämter und die damit verbundene Abschaffung von örtlichen Personalräten auf der faktisch entscheidenden Ebene kritisiert worden.[1]

## § 90

(1) **Schulleiterinnen und Schulleiter sind wahlberechtigt und wählbar. Sie gelten als Lehrkräfte der Schulform, der die Schule angehört, die sie**

---

[1] Siehe öffentliche Anhörung von Sachverständigen des Landtags Nordrhein-Westfalens vom 8.8.2007, Ausschussprotokoll 14/448, S. 20f.

leiten. Sofern sie Mitglied eines Personalrats sind, dürfen sie dann nicht beratend oder entscheidend tätig werden, wenn sie selbst oder die Schule, die sie leiten, durch die Angelegenheit unmittelbar betroffen sind. Die Sätze 1 und 3 gelten entsprechend für die Ansprechpartnerinnen für Gleichstellungsfragen an Schulen.

(2) Mitarbeiterinnen und Mitarbeiter gemäß § 58 SchulG gelten als Lehrkräfte der Schulform, in der sie überwiegend verwendet werden. Die in der Ausbildung zu einem Lehrerberuf stehenden Beschäftigten gelten als Lehrkräfte der Schulform, der sie im Rahmen der schulpraktischen Ausbildung zugewiesen werden. Ausbilderinnen und Ausbilder an Studienseminaren gelten als Lehrkräfte der Schulform, in der sie verwendet werden oder vor der Tätigkeit am Studienseminar gemäß § 6 LABG verwendet worden sind.

Der Wegfall des Vorschlagsrechts von Schulträgern hat die bisherige Regelung in § 93 a. F. entbehrlich gemacht.

**Abs. 1:** Absatz 1 regelt die Wahlberechtigung und Wählbarkeit von Schulleitern abweichend von §§ 10 und 11.

Nach Satz 1 sind Schulleiter wahlberechtigt und wählbar. Nach Satz 2 gelten sie als Lehrer der Schulform, der die Schule angehört, die sie leiten. Die 2007 eingeführte Sonderregelung für Schulleiter in einem organisatorischen Zusammenschluss ist durch die Novelle 2011 wieder beseitigt worden. Die Praxis habe gezeigt – so die Gesetzesbegründung[1] – dass die Regelung nicht die gewünschte Klarheit schaffe. Künftig besteht für Schulleiterinnen und Schulleiter von Verbundschulen – wie bereits bislang für die dort tätigen Lehrkräfte – eine doppelte Zuständigkeit der Personalvertretungen beider im Verbund zusammengeschlossenen Schulformen.

Satz 4 stellt eine Kollisionsregel für den Fall auf, dass ein Schulleiter Mitglied eines Personalrats ist, in dem Angelegenheiten der Schule, die er leitet, behandelt werden.

Die Vorschrift zeigt, dass die von Absatz 1 gewählte Konstruktion zweifelhaft ist. Sie erlaubt es, dass Schulleiter mit einer einem Dienststellenleiter vollkommen vergleichbaren Tätigkeit und Funktion Mitglieder in Personalräten sein können und dort auch beratend und entscheidend tätig werden dürfen. Sie sind nur von der Personalratstätigkeit ausgeschlossen, wenn sie selbst oder die Schule, die sie leiten, durch die Angelegenheit unmittelbar betroffen sind. Es ist gleichwohl fraglich, ob die Unabhängigkeit des Personalrats als Gremium noch gewahrt ist, wenn ihm Personen angehören, die Dienstvorgesetztenfunktionen haben.

---

1 LT-Drucks. 15/1644, 89.

Nach Satz 5 gelten die vorstehenden Regeln für die Schulleiter entsprechend für die Ansprechpartnerinnen für Gleichstellungsfragen an Schulen (§ 15 Abs. 2 LGG).

**3** **Abs. 2:** Lehramtsanwärter und Ausbilder an Studienseminaren zu einer Schulform gelten als Lehrer der Schulform, in der sie überwiegend verwendet werden.

Nach Satz 2 werden in der Ausbildung zum Lehrerberuf stehende Beschäftigte der Schulform zugeordnet, der sie im Rahmen der schulpraktischen Ausbildung zugewiesen werden.

Satz 3 regelt, dass Ausbilder an Studienseminaren als Lehrer derjenigen Schulform gelten, in der sie verwendet werden oder in der sie vor ihrer Tätigkeit am Studienseminar verwendet worden sind.

## § 91

(1) **Bei Lehrkräften gilt als Versetzung oder Abordnung im Sinne des § 72 Abs. 1 Nrn. 5 und 6 die Versetzung oder Abordnung an eine Schule oder ein Studienseminar.**

(2) **Bei Versetzungen von Lehrkräften an eine Schule oder ein Studienseminar gibt der bei der abgebenden Dienststelle gebildete Personalrat dem bei der aufnehmenden Dienststelle gebildeten Personalrat Gelegenheit zur Äußerung. Die Frist zur Äußerung gemäß § 66 Abs. 2 Satz 3 beträgt vier Wochen.**

(3) **Abordnungen von Lehrkräften nach § 72 Abs. 1 Satz 1 Nr. 6 unterliegen nur dann der Mitbestimmung, wenn sie länger als bis zum Ende des laufenden Schulhalbjahres andauern.**

(4) **Bei Stellenausschreibungen gemäß § 73 Nr. 2 wirkt der Personalrat nur mit, wenn die Ausschreibung nicht der Vorbereitung einer Maßnahme gemäß § 72 Abs. 1 Satz 1 Nr. 1 oder Nr. 3 dient.**

**1** **Abs. 1:** Absatz 1 sieht wie bisher den besonderen Versetzungs- und Abordnungsbegriff im Lehrerbereich vor. Es ist nicht auf den Wechsel der Dienststelle, sondern auf den Wechsel zu einer anderen Schule oder an ein Studienseminar abzustellen. Sind Mitglieder von Lehrer-Personalräten von einer Versetzung oder Abordnung im Sinne des Abs. 1 betroffen, findet der Sonderschutz des § 43 Anwendung. Diese Vorschrift gilt für sämtliche Versetzungen und Abordnungen von Personalratsmitgliedern »nach § 72 Absatz 1 Satz 1 Nummer 5« – so der Gesetzestext – und Abs. 1 nimmt ausdrücklich auf diesen § 72 Abs. 1 Nr. 5 Bezug.

**2** **Abs. 2:** Diese Vorschrift sieht vor, dass bei Versetzungen von Lehrern an eine Schule oder ein Studienseminar der Personalrat der abgebenden Dienststelle zu beteiligen ist. Vor einer Entscheidung hat er jedoch dem bei der aufnehmenden Dienststelle gebildeten Personalrat Gelegenheit zur Äußerung zu geben. Wegen der Notwendigkeit, den Personalrat der aufnehmenden Dienststelle zu hören, beträgt die Frist zur Abgabe der Erklärung gemäß § 66 Abs. 2 Satz 3 20 statt zehn Arbeitstage. Jedoch ist nur die Frist zur Erklärung, dass beabsichtigt sei, nicht zuzustimmen, verdoppelt. Die Frist zur Abgabe der endgültigen Zustimmung oder Zustimmungsverweigerung gemäß § 66 Abs. 3 beträgt nach wie vor zehn Arbeitstage. Um also die eigenen wie die Rechte des aufnehmenden Personalrats zu wahren, ist es zweckmäßig, die Stellungnahme des Personalrate der aufnehmenden Dienststelle unmittelbar nach Eingang des Zustimmungsantrags sowie unter Hinweis auf den Ablauf der eigenen Frist zu erbitten. Keine Umsetzung oder Versetzung im Sinne des § 72 Abs. 1 Satz 1 Nr. 5, sondern eine mitbestimmungsfreie Überweisung ist der von einem Studienseminar veranlasste Wechsel von Lehramtsanwärtern von Schule zu Schule.[1]

Die Regelung hat zur Folge, dass an die Stelle des von der Rechtsprechung anerkannten Mitbestimmungsrechts auch des aufnehmenden Personalrats die bloße Gelegenheit zur Äußerung tritt. Werden jedoch Beschäftigte, die nicht Lehrer im Sinne des § 85 Abs. 1 sind, an eine Schule oder ein Studienseminar versetzt, steht dem aufnehmenden Personalrat das uneingeschränkte Mitbestimmungsrecht gemäß § 72 Abs. 1 Nr. 5 zu.[2] Die Übertragung der Tätigkeit eines Koordinators im Rahmen der Verordnung über die Feststellung des sozialpädagogischen Sonderbedarfs stellt eine mitbestimmungspflichtige Teil-Umsetzung dar.[3] **3**

**Abs. 3:** Das Mitbestimmungsrecht des Personalrats bei Abordnungen von Lehrkräften im Sinne des § 72 Abs. 1 Nr. 6 kommt nur dann in Betracht, wenn die Abordnung länger als bis zum Ende des laufenden Schulhalbjahres – bislang bis zum Ende des Schuljahres – andauert. Das Mitbestimmungsrecht greift nicht erst dann, wenn die Abordnung diesen Zeitpunkt erreicht oder überschritten hat, sondern bereits bei Abordnungen, die für diese Dauer geplant und beabsichtigt sind – unabhängig davon, ob es zu einer solchen das Schulhalbjahr überschreitenden Dauer kommt.[4] **4**

**Abs. 4:** Das Mitwirkungsrecht des Personalrats bei Stellenausschreibungen nach § 73 Nr. 2 besteht aufgrund der Novelle 2011 bei Stellenausschreibungen, soweit die anschließende Personalmaßnahme der Mitbestimmung unterliegen »kann«. Die Möglichkeit eines Mitbestimmungsrechts reicht also aus (vgl. die Kommentierung zu § 73). Dieses Mitwirkungsrecht ist für Lehrer-Personalräte noch weiter eingeschränkt. Es besteht nur noch ausnahmsweise, nämlich dann, wenn die Stellenausschreibung nicht einer Einstellung oder der Vorbereitung eines Laufbahnwechsels dient. **5**

---

1 *OVG NRW* 26.11.2003 – 1 A 1094/01.PVL, PersR 2004, 356.
2 *BVerwG* 18.6.1999 – 6 P 7.98, PersR 1999, 534.
3 *VG Gelsenkirchen* 6.11.1998 – 3 cK 1856/97.PVL.
4 *OVG NRW* 28.3.2007 – 6 B 172/07 und 6 B 173/07.

### § 92

Die bisher vorhandene Sonderregelung für das Mitbestimmungsrecht bei Befristungen ist durch das Gesetz zur Stärkung der Eigenverantwortung von Schulen[5] gestrichen worden.

### § 92

**Das für das Schulwesen zuständige Ministerium bestimmt durch Rechtsverordnung**
1. **die Schulformen und besonderen Einrichtungen des Schulwesens, für die getrennte Personalvertretungen nach § 87 Abs. 1 und § 89 Abs. 1 Satz 2 zu bilden sind,**
2. **die Stellen, die für die im Landesdienst beschäftigten Lehrkräfte Dienststellen nach § 88 Abs. 1 sind.**

**Es hat dabei die Schulstruktur und die Organisation der Schulverwaltung zu berücksichtigen. Schulformübergreifende Versuchsschulen können als besondere Schulform behandelt werden, wenn sie voraussichtlich länger als die Wahlperiode der Personalvertretungen bestehen werden.**

1 Die Vorschrift gibt dem für das Schulwesen zuständigen Ministerium eine Ermächtigung zum Erlass von Rechtsverordnungen zu zwei Themen:
   - Nach Nr. 1 können die Schulformen und besonderen Einrichtungen des Schulwesens bestimmt werden, für die getrennte Personalvertretungen nach § 87 Abs. 1 und § 89 Abs. 1 Satz 2 zu bilden sind.
   - Nr. 2 ermächtigt das Schulministerium durch Rechtsverordnung diejenigen Stellen zu bestimmen, die für die im Landesdienst beschäftigten Lehrkräfte Dienststellen nach § 88 Abs. 1 sind.
2 Diese Verordnung über die Errichtung von Personalvertretungen für im Landesdienst beschäftigte Lehrer[1] sieht in § 1 Abs. 1 die Schulform im Sinne des § 87 Abs. 1 vor und definiert in § 1 Abs. 2 die Beschäftigten in der Ausbildung. § 2 sieht für die im Landesdienst beschäftigten Lehrkräfte vor, dass die Schulämter Dienststellen für Lehrkräfte an den Grundschulen sind (Nr. 1) und für die anderen Lehrkräfte die Bezirksregierungen Dienststellen im Sinne des § 88 Abs. 1 sind.

---

5 Gesetz vom 24.6.2008, GVBl. 2008, 477.

1 Verordnung vom 1.10.1984 (Stand 2.2.2012), GVBl. 2012, 95.

# Dritter Abschnitt
# Justizvollzug

## § 93

Für die Beschäftigten im Justizvollzug gelten die Vorschriften der Kapitel 1 bis 9 und 11 insoweit, als in diesem Abschnitt nichts anderes bestimmt ist.

Im Zuge des Gesetzes zur Neuregelung der Rechtsverhältnisse der Richterinnen und Richter sowie Staatsanwältinnen und Staatsanwälte im Land NRW vom 8.12.2015[1] sind die §§ 93, 94 LPVG NRW a. F. entfallen. Bei den Staatsanwaltschaften und Generalstaatsanwaltschaften werden seitdem gemäß § 46 Abs. 1 LRiStaG Staatsanwaltsräte gebildet, keine Personalräte mehr. Zwar gelten für die Staatsanwaltsräte die Vorschriften des LPVG weitgehend entsprechend (§ 51 LRiStaG), dennoch wurden die Staatsanwaltschaften und Generalstaatsanwaltschaften aus dem Geltungsbereich des LPVG NRW herausgenommen.

An die Stelle der §§ 93, 94 a. F. sind §§ 94a und 94b a. F. gerückt, die wortgleich lediglich eine Änderung in der Nummerierung erfahren haben.

Im Zuge des 10. Gesetzes zur Änderung der gesetzlichen Befristungen im Zuständigkeitsbereich des MIK sowie zur Änderung anderer Gesetze vom 7.4.2017[2], dort Art. 2 Ziff. 1, wurde sodann die Überschrift des Dritten Abschnitts angepasst, und die Worte »Staatsanwältinnen, Staatsanwälte und« gestrichen.

## § 94

**(1) Für die Beschäftigten im Justizvollzug wird beim Justizministerium ein besonderer Hauptpersonalrat gebildet.**

**(2) Die Mitglieder des Hauptpersonalrates werden von den zum Justizvollzug gehörenden Beschäftigten gewählt. Nur zu dieser Stufenvertretung sind sie wahlberechtigt.**

Die Vorschrift des § 94 a. F. ist durch das Gesetz zur Neuregelung der Rechtsverhältnisse der Richterinnen und Richter sowie Staatsanwältinnen und Staatsanwälte im Land NRW vom 8.12.2015[1] entfallen. Bei den Staatsan-

---

1 GV. NRW, S. 812.
2 GV. NRW, S. 410.

1 GV. NRW, S. 812.

### § 96

waltschaften und Generalstaatsanwaltschaften werden keine Personalräte mehr, sondern Staatsanwaltsräte gebildet (§ 46 Abs. 1 LRiStaG).
An die Stelle des § 94 a. F. ist nun die Vorschrift des § 94b a. F. gerückt, ohne eine inhaltliche Änderung erfahren zu haben.

2 Beim Justizminister wird ein besonderer Hauptpersonalrat für die Beschäftigten im Justizvollzug gebildet, zu dem die zum Justizvollzug gehörenden Beschäftigten wahlberechtigt sind.

## Vierter Abschnitt
## Referendare im juristischen Vorbereitungsdienst

### § 95

**Für Referendarinnen und Referendare im juristischen Vorbereitungsdienst gelten die Vorschriften der Kapitel 1 bis 6, 8, 9 und 11 insoweit, als in diesem Abschnitt nichts anderes bestimmt ist.**

1 Für Referendarinnen und Referendare im juristischen Vorbereitungsdienst werden besondere Personalvertretungen gebildet, für deren Zustandekommen, Rechtsstellung, Geschäftsführung und Beteiligungsrechte die Sondervorschriften der §§ 95 bis 103 gelten und im Übrigen die Vorschriften des Gesetzes mit Ausnahme des 7. Kapitels über die Jugend- und Auszubildendenvertretung.
§ 30 Abs. 1 JAG NRW sieht vor, dass nach Bestehen der ersten juristischen Staatsprüfung die Aufnahme in ein öffentlich-rechtliches Ausbildungsverhältnis zum Land erfolgen kann und die Dienstbezeichnung »Rechtsreferendarin« bzw. »Rechtsreferendar« geführt wird.
Referendarinnen und Referendar im juristischen Vorbereitungsdienst sind daher die in § 30 Abs. 1 JAG NRW genannten Personen.

2 Rechtspraktikantinnen und Rechtspraktikanten im Sinne von § 5 Abs. 4 Buchst. d) sind von einer Beteiligung an der Personalvertretung ganz ausgeschlossen und nicht wahlberechtigt. Sie sind auch nicht als Referendare im juristischen Vorbereitungsdienst anzusehen.

### § 96

**(1) Für Referendarinnen und Referendare im juristischen Vorbereitungsdienst werden besondere Personalvertretungen gebildet, und zwar bei den**
**1. zu Stammdienststellen bestimmten Landgerichten Personalräte und**
**2. Oberlandesgerichten Bezirkspersonalräte.**

(2) Dienststellen im Sinne dieses Gesetzes sind für Referendarinnen und Referendare im juristischen Vorbereitungsdienst die zu Stammdienststellen bestimmten Landgerichte.

**Abs. 1:** Nach § 32 Abs. 1 JAG NRW ist Dienstvorgesetzter und als solcher zuständig für die beamtenrechtlichen Entscheidungen über die persönlichen Angelegenheiten der Referendarinnen und Referendare der Präsident desjenigen Landgerichts, dem die Referendarin/der Referendar als Stammdienststelle zugewiesen ist. Diese Zuweisung erfolgt bei Beginn des Vorbereitungsdienstes durch den Oberlandesgerichtspräsidenten als Leiter der Gesamtausbildung (§ 33 JAG NRW). 1

Bei denjenigen Landgerichten des Landes, die zu Stammdienststellen bestimmt sind, werden besondere Personalräte für Referendare im juristischen Vorbereitungsdienst gebildet. 2

Ein Bezirkspersonalrat wird bei den drei Oberlandesgerichten gebildet. Wahlberechtigt sind alle Rechtsreferendare der im Bezirk des jeweiligen Oberlandesgerichts gelegenen Landgerichte.

**Abs. 2:** Abweichend von § 1 sind Dienststellen für die Referendare im juristischen Vorbereitungsdienst die zu Stammdienststellen bestimmten Landgerichte, denen die Referendare zugewiesen sind. 3

## § 97

(1) Referendarinnen und Referendare im juristischen Vorbereitungsdienst sind nur zum Personalrat der Referendarinnen und Referendare bei dem Landgericht wahlberechtigt, das zu ihrer Stammdienststelle bestimmt ist.

(2) Nicht wahlberechtigt sind Referendarinnen und Referendare im juristischen Vorbereitungsdienst, die am Wahltage

a) unter Wegfall der Unterhaltsbeihilfe beurlaubt oder
b) einer Ausbildungsstelle außerhalb des Landes Nordrhein-Westfalen zugewiesen sind.

(3) Wählbar sind nur wahlberechtigte Referendarinnen und Referendare im juristischen Vorbereitungsdienst, die am Wahltage

1. sich seit mindestens drei Monaten im Vorbereitungsdienst befinden und
2. noch mindestens vier Monate der vorgeschriebenen Ausbildung zu durchlaufen haben.

**Abs. 1:** Die Referendarinnen und Referendar im juristischen Vorbereitungsdienst können nur bei ihrer Stammdienststelle und dort nur den besonderen Personalrat für Referendarinnen und Referendar wählen. Zu den allgemei- 1

## § 100

nen Wahlen der Personalräte der Beschäftigten eines Landgerichts sind sie nicht wahlberechtigt.

Der Oberlandesgerichtspräsident als Leiter der Gesamtausbildung (§ 33 JAG NRW) bestimmt Landgerichte zu Stammdienststellen und weist die Referendare einem Landgericht zu, das die Stammdienststelle bildet.

2 **Abs. 2:** Nicht wahlberechtigt sind Referendare, die am (letzten) Tag der Wahl
- unter Wegfall der Bezüge beurlaubt sind oder
- einer Ausbildungsstelle außerhalb des Landes Nordrhein-Westfalen zugewiesen werden (z. B. nach § 35 Abs. 5 JAG).

3 **Abs. 3:** Das Recht, gewählt zu werden, setzt voraus, dass am (letzten) Tag der Wahl die Kandidaten wahlberechtigt und seit mindestens drei Monaten im Vorbereitungsdienst sind sowie noch mindestens vier Monate der vorgeschriebenen Ausbildung zu durchlaufen haben.

## § 98

**Wahlvorschläge müssen abweichend von § 16 Abs. 5 und 6 nur von mindestens fünf vom Hundert der wahlberechtigten Referendarinnen und Referendare, jedoch von mindestens drei wahlberechtigten Referendarinnen und Referendaren unterzeichnet werden.**

1 Wahlvorschläge können nach § 16 Abs. 4 und 7 von wahlberechtigten Beschäftigten (§ 97 Abs. 1, 2) sowie von in der Dienststelle (zum Begriff § 96 Abs. 2) vertretenen Gewerkschaften gemacht werden.
2 Sie müssen abweichend von § 16 Abs. 5 und 6 von 1/20 der wahlberechtigten Referendarinnen und Referendaren, mindestens jedoch von drei Wahlberechtigten unterzeichnet sein.

## § 99

**Die Wahlperiode beträgt zwölf Monate.**

1 Der Vorbereitungsdienst dauert nach § 35 Abs. 1 JAG NRW 24 Monate.
2 Die Amtszeit und Wahlperiode der besonderen Personalvertretung für Rechtsreferendare beträgt abweichend von § 23 Abs. 1 Satz 2 zwölf Monate, so dass die Gewählten Gelegenheit haben, eine gesamte Wahlperiode zu amtieren.

## § 100

**(1) Der Bezirkspersonalrat beim Oberlandesgericht besteht aus Referendarinnen und Referendaren, die von den Personalräten der Referendarin-**

nen und Referendare bei den Landgerichten des Oberlandesgerichtsbezirks gewählt werden.

(2) In den Bezirkspersonalrat wird für jeweils bis zu 150 Referendarinnen und Referendare, für die das Landgericht zur Stammdienststelle bestimmt ist, eine Referendarin oder ein Referendar gewählt. Wählbar sind Referendarinnen und Referendare, die dem Personalrat beim Landgericht als Mitglied oder als Ersatzmitglied angehören.

(3) Die §§ 17, 18, 50 Abs. 3 Satz 5 und 6 gelten entsprechend. Im Übrigen ist § 50 auf den Bezirkspersonalrat der Referendarinnen und Referendare beim Oberlandesgericht nicht anzuwenden. Scheidet ein Mitglied aus dem Bezirkspersonalrat aus, so wählt der Personalrat beim Landgericht, von dem das ausscheidende Mitglied entsandt worden ist, ein neues Mitglied.

**Abs. 1:** Der Bezirkspersonalrat wird nicht unmittelbar von den wahlberechtigten Referendarinnen und Referendaren, sondern nur von den Personalräten für die Referendarinnen und Referendar bei den einzelnen Landgerichten gewählt. Damit soll sichergestellt werden, dass die regional unterschiedlichen Interessen im Bezirkspersonalrat angemessen repräsentiert werden. 1

**Abs. 2:** Für jeweils bis zu 150 Referendarinnen und Referendar der Stammdienststelle – unabhängig davon, ob sie wählbar oder wahlberechtigt sind – ist je ein Vertreter in den Bezirkspersonalrat zu wählen. Von den Personalräten der Referendarinnen und Referendar bei den Landgerichten können nur solche Referendarinnen und Referendar in den Bezirkspersonalrat gewählt werden, die ihrerseits Personalratsmitglied (§ 96 Abs. 1 Nr. 1) oder Ersatzmitglied sind. 2

Das hat zur Folge, dass bei Ausscheiden aus dem Landgerichts-Personalrat die Mitgliedschaft im Bezirkspersonalrat zugleich erlischt (§ 26 Abs. 1 Buchstabe f).

**Abs. 3:** Die Vorschriften über die Bestellung des (Bezirks-)Wahlvorstands gelten für die Wahl des Bezirkspersonalrats der Referendarinnen und Referendare beim Oberlandesgericht entsprechend. Im Übrigen ist jedoch § 50 durch die Sonderregelung des § 100 ersetzt. Für die Wahl des Bezirkspersonalrats ist schließlich § 46 der Wahlordnung zu beachten. 3

## § 101

(1) Auf die Mitglieder der Personalvertretungen der Referendarinnen und Referendare finden § 40 Abs. 2 und § 42 Abs. 3 bis 5 keine Anwendung.

(2) Mitglieder der Personalvertretungen der Referendarinnen und Referendare dürfen gegen ihren Willen einer Ausbildungsstelle außerhalb des Bezirks ihrer Stammdienststelle nur zugewiesen werden, wenn dies auch

## § 102

unter Berücksichtigung der Mitgliedschaft in der Personalvertretung aus dienstlichen oder ausbildungsmäßigen Gründen unvermeidbar ist. Im Übrigen soll bei der Zuweisung zu einer Ausbildungsstelle Rücksicht auf die Mitgliedschaft in der Personalvertretung genommen werden. § 43 findet keine Anwendung.

1 **Abs. 1:** Die Mitglieder der Personalvertretungen der Referendarinnen und Referendare erhalten nicht die in § 40 Abs. 2 vorgesehenen Mittel zur Aufwandsdeckung. Die Personalräte können zudem von den Freistellungsregeln und den Bestimmungen über die Teilnahme an Schulungs- und Bildungsveranstaltungen des § 42 Abs. 3 bis 5 keinen Gebrauch machen. Offenbar ist der Gesetzgeber der Auffassung, dass bei längerer oder umfangreicherer Freistellung und Abwesenheit für die Teilnahme an Schulungs- und Bildungsveranstaltungen die Referendarausbildung leiden könnte.

2 **Abs. 2:** § 34 Abs. 5 JAG NRW lässt es zu, dass Referendarinnen und Referendare für einzelne Ausbildungsabschnitte in einen anderen Oberlandesgerichtsbezirk überwiesen werden. Mitglieder der Personalvertretungen sind vor der Zuweisung einer Ausbildungsstelle außerhalb des Bezirks ihrer Stammdienststelle – also des vom OLG-Präsidenten dazu bestimmten Landgerichts – durch Absatz 2 geschützt, soweit diese Zuweisung gegen ihren Willen erfolgen soll. Die Zuweisung einer solchen außerhalb des Bezirks liegenden Ausbildungsstelle ist nur zulässig, wenn dies unter Berücksichtigung der Mitgliedschaft in der Personalvertretung aus dienstlichen oder ausbildungsmäßigen Gründen unvermeidbar ist. An diese Gründe ist ein strenger Maßstab zu stellen, da eine solche Maßnahme die gewählte Referendarin/den gewählten Referendar praktisch an der Ausübung des Personalratsamts hindert.

Der Versetzungs-, Umsetzungs- und Abordnungsschutz des § 43 Abs. 1 findet jedoch keine Anwendung.

Allgemein gilt, dass bei der Zuweisung zu einer Ausbildungsstelle auf die Mitgliedschaft in der Personalvertretung Rücksicht zu nehmen ist (Satz 2). Es ist daher eine möglichst in der Nähe der Stammdienststelle befindliche Ausbildungsstelle zuzuweisen.

## § 102

(1) **Bei Grundsätzen über die Durchführung des juristischen Vorbereitungsdienstes (§ 72 Absatz 4 Nummer 13) sowie bei den anderen in den §§ 62 bis 65 und 72 bis 74 bezeichneten Angelegenheiten, soweit diese ausschließlich Referendarinnen und Referendare im juristischen Vorbereitungsdienst betreffen, sind an Stelle der nach den allgemeinen Vorschriften gebildeten Personalvertretungen die Personalvertretungen der Refe-**

## § 102

rendarinnen und Referendare zuständig. § 72 Abs. 1 Satz 1 Nr. 1 ist für die Aufnahme in den juristischen Vorbereitungsdienst nicht anzuwenden.

(2) In Angelegenheiten, die nicht ausschließlich Referendarinnen und Referendare im juristischen Vorbereitungsdienst betreffen, haben die Personalvertretungen der Referendarinnen und Referendare die Befugnisse einer Jugend- und Auszubildendenvertretung.

(3) In den zur Zuständigkeit der Bezirksregierung gehörenden Angelegenheiten ist nach Maßgabe von Absatz 1 und 2 der Bezirkspersonalrat der Referendarinnen und Referendare bei dem Oberlandesgericht zu beteiligen, in dessen Bezirk die Bezirksregierung ihren Sitz hat. In diesen Angelegenheiten nimmt im Rahmen von § 30 Absatz 4 auch eine Vertreterin oder ein Vertreter der Bezirksregierung an der Sitzung teil.

(4) Im Anschluss an das Verfahren nach § 66 Abs. 1 bis 5 können die Präsidentin oder der Präsident des Oberlandesgerichts oder der Bezirkspersonalrat der Referendarinnen und Referendare beim Oberlandesgericht eine Angelegenheit dem Justizministerium vorlegen, welches nach Verhandlung mit dem Bezirkspersonalrat endgültig entscheidet.

Für die Personalräte der Rechtsreferendarinnen und Rechtsreferendar gelten die Beteiligungsrechte des 8. Kapitels, wobei die Zuständigkeiten durch die Sondervorschrift des § 102 in einigen Fällen modifiziert werden. 1

**Abs. 1:** Die Personalvertretungen der Rechtsreferendarinnen und Rechtsreferendar sind anstelle der nach den allgemeinen Vorschriften gebildeten Personalvertretungen bei den Landgerichten und Oberlandesgerichten für die Ausübung von Beteiligungsrechten zuständig bei 2

- Grundsätzen über die Durchführung des juristischen Vorbereitungsdienstes gemäß § 72 Abs. 4 Nr. 13,
- allen in §§ 62 bis 65 und 72 bis 74 genannten Angelegenheiten, soweit diese ausschließlich Referendarinnen und Referendar im juristischen Vorbereitungsdienst betreffen.

Jedoch stellt die Aufnahme der Rechtsreferendarinnen und Rechtsreferendare in den juristischen Vorbereitungsdienst keine mitbestimmungspflichtige Einstellung im Sinne des § 72 Abs. 1 Satz 1 Nr. 1 dar.

**Abs. 2:** Beteiligungspflichtige Angelegenheiten, die nicht ausschließlich die Referendarinnen und Referendare im juristischen Vorbereitungsdienst betreffen, können dennoch der Beteiligung der Personalvertretung nach §§ 95 ff. unterliegen. Für diese Angelegenheiten sieht das Gesetz vor, dass die Personalvertretungen der Rechtsreferendarinnen und Rechtsreferendare die Stellung und Befugnisse einer Jugend- und Auszubildendenvertretung haben. Die §§ 30 Abs. 3, 35 Abs. 1 und 2, 36 finden entsprechende Anwendung. 3

**Abs. 3:** Der Regierungspräsident hat gemäß § 33 Abs. 1 JAG NRW für die Dauer der Verwaltungsstation bzw. Wahlstation die Ausbildungsleitung zu unterstützen. Bei Maßnahmen des Regierungspräsidenten ist der Bezirks- 4

## § 102

personalrat der Referendarinnen und Referendare beim jeweiligen Oberlandesgericht zu beteiligen, in dessen Bezirk der Regierungspräsident seinen Sitz hat. Werden Referendarangelegenheiten, für die der Regierungspräsident zuständig ist, in der Sitzung des allgemeinen Personalrats behandelt, so nimmt an der entsprechenden Personalratssitzung – neben einem Vertreter des Bezirkspersonalrats – ein Vertreter der Bezirksregierung an der Sitzung teil. Der Hinweis auf § 30 Abs. 4 macht deutlich, dass dieser Vertreter in Bezug auf die Referendarinnen und Referendare berechtigt ist, Dienststellenleiterfunktionen wahrzunehmen.

5 **Abs. 4:** Ein Stufenverfahren bei einem Hauptpersonalrat sowie die Anrufung der Einigungsstelle sind bei Streitigkeiten zwischen den Personalräten der Rechtsreferendarinnen und Rechtsreferendare und dem OLG-Präsidenten nicht vorgesehen. Vielmehr bestimmt Absatz 4, dass in mitbestimmungspflichtigen Angelegenheiten bei Nichteinigung zwischen Bezirkspersonalrat und Präsident des Oberlandesgerichts die Angelegenheit dem Justizminister vorzulegen ist. Dieser entscheidet nach Verhandlung mit dem Bezirkspersonalrat endgültig und abschließend.

## § 103

**Die Präsidentin oder der Präsident des Oberlandesgerichts oder des Landgerichts kann sich über § 8 Absatz 1 hinaus auch durch ihre oder seine Ausbildungsleiterin oder ihren oder seinen Ausbildungsleiter vertreten lassen.**

1 Gemäß § 33 Abs. 1 JAG NRW hat der Präsident oder die Präsidentin des Oberlandesgerichts die gesamte Referendarausbildung zu leiten. Zur Unterstützung bei der Leitung der Ausbildung wird bei den Oberlandesgerichten, den Landgerichten und den Regierungspräsidien eine Richterin/ein Richter bzw. eine Beamtin/ein Beamter des höheren Verwaltungsdienstes zur Ausbildungsleiterin oder zum Ausbildungsleiter bestellt.

2 Dieser kann abweichend von § 8 Abs. 1 gegenüber den Personalräten der Rechtsreferendarinnen und Rechtsreferendare die Vertretung des Präsidenten des Oberlandesgerichts oder des Landgerichts übernehmen und nimmt damit Dienststellenleiterfunktionen wahr.

## Fünfter Abschnitt
## Hochschulen

### § 104

Für Dozentinnen und Dozenten nach § 20 FHGöD, wissenschaftliche und künstlerische Mitarbeiterinnen und Mitarbeiter, Lehrkräfte für besondere Aufgaben, Lehrbeauftragte, wissenschaftliche und künstlerische Hilfskräfte sowie nach § 78 Hochschulgesetz nicht übernommene Beamtinnen und Beamte und entsprechende Angestellte an den Hochschulen, soweit sie nicht nach § 5 Abs. 4 Buchstabe a von der Geltung dieses Gesetzes ausgenommen sind, gelten die Vorschriften der Kapitel 1 bis 9 und 11 insoweit, als in diesem Abschnitt nichts anderes bestimmt ist. Die Vorschriften über die Gruppen gelten nicht.

Für das wissenschaftliche und künstlerische Personal an Hochschulen gelten 1
die Sondervorschriften der §§ 104 und 105. Sie bestehen zum einen darin, dass für sie die Vorschriften über die Gruppen nicht gelten (Satz 2), zum anderen, dass für sie besondere Personalvertretungen gebildet werden (§ 105).
Dieser Personalrat ist nur für den in § 104 aufgeführten Personenkreis zuständig, nämlich:
- Dozenten nach § 20 des Fachhochschulgesetzes für den öffentlichen Dienst
- wissenschaftliche und künstlerische Mitarbeiter im Sinne von §§ 44, 45 HG[1]
- Lehrkräfte für besondere Aufgaben gemäß § 42 HG, § 38 FHG, § 6 Nr. 3 FHGöD;
- Lehrbeauftragte, wissenschaftliche und künstlerische Hilfskräfte;[2]
- nach § 78 HG nicht übernommene Beamte und entsprechende Angestellte an den Hochschulen (soweit sie nicht bereits nach § 5 Abs. 4 Buchst. a) vom Geltungsbereich des LPVG ausgenommen sind).

Mit dem Hochschulzukunftsgesetz vom 16.9.2014[3] wurde unter Mitwirkung der Landespersonalrätekonferenz (vgl. § 105a) ein Rahmenkodex für gute Beschäftigungsbedingungen erstellt (§ 34a HZG NRW), durch den den berechtigten Interessen des Personals der Hochschulen an guten Beschäftigungsbedingungen Rechnung getragen werden soll.

---

1 Zum Begriff des wissenschaftlichen Mitarbeiters vgl. *OVG NRW* 17.8.2012 – 20 A 698/11.PVL, PersR 2012, 515; *VG Düsseldorf* 12.2.2016 – 40 L 132/16.PVL, juris; *VG Gelsenkirchen* 31.1.2014 – 12c K 1151/13.PVL, juris.
2 Eingefügt durch Gesetz zur Änderung des Hochschulgesetzes v. 31.1.2012, GV. NRW 2012, 221.
3 GV. NRW 2014, S. 543.

## § 105

**2** Wer zu dem vorstehend genannten Personenkreis gehört, ist anhand der Legaldefinition in den Hochschulgesetzen zu entscheiden. Nur diese sind maßgebend.[4] Ärzte im Praktikum an Universitätskliniken sind[5] Beschäftigte im Sinne des § 5 Abs. 3.

**3** Nicht erfasst sind die Personen, die nach § 5 Abs. 4 Buchst. a) nicht als Beschäftigte gelten und daher vom Personalvertretungsgeschehen vollständig ausgeschlossen sind. Es handelt sich dabei um die Professoren, Hochschuldozenten, Hochschulassistenten, wissenschaftliche und künstlerische Assistenten, Oberassistenten, Oberingenieure, wissenschaftliche, künstlerische oder studentische Hilfskräfte, Lehrbeauftragte sowie nach § 119 Abs. 1 UG oder § 79 Abs. 1 FHG nicht übernommene Hochschullehrer, Fachhochschullehrer und wissenschaftliche Assistenten und entsprechende Angestellte an den Hochschulen. Keine Beschäftigten im Sinne des LPVG sind also diejenigen Wissenschaftler, die Beamte oder Professoren sind oder als Studenten vorübergehend ohne Hochschulabschluss tätig werden.

## § 105

**(1)** Für die Beschäftigten nach § 104 werden besondere Personalvertretungen gebildet, und zwar jeweils ein Personalrat bei den Hochschulen und bei den Universitätskliniken. Die Beschäftigten nach § 104 sind nur für die Wahl zu diesen Personalvertretungen wahlberechtigt. § 8 Abs. 3 gilt nicht; für die Hochschule handelt die Präsidentin oder der Präsident oder die Rektorin oder der Rektor, für die Universitätsklinik die Ärztliche Direktorin oder der Ärztliche Direktor.

**(2)** Werden Medizinische Einrichtungen in der Rechtsform einer Anstalt des öffentlichen Rechts geführt, so handelt für diese die Ärztliche Direktorin oder der Ärztliche Direktor. Beschäftigte nach § 104, die Aufgaben in der Anstalt nach Satz 1 wahrnehmen, gelten personalvertretungsrechtlich auch als Beschäftigte dieser Anstalt; die Beschäftigteneigenschaft bei der Universität bleibt unberührt. Sie sind für die Wahl zu den nach Absatz 1 Satz 1 gebildeten Personalvertretungen wahlberechtigt.

**(3)** Abweichend von Absatz 1 Satz 2 sind die in § 104 bezeichneten Personen an den Kunsthochschulen auch für die Wahl zum Hauptpersonalrat wahlberechtigt. Sie bilden eine weitere Gruppe im Sinne von § 14 Abs. 1 Satz 1, soweit der Hauptpersonalrat aus mindestens drei Mitgliedern besteht. § 8 Abs. 3 gilt nicht; für die Hochschule handelt die Präsidentin oder der Präsident oder die Rektorin oder der Rektor.

---

4 *OVG NRW* 14. 2. 1990 – CL 10/88, PersV 1991, 181; *VG Düsseldorf* 12. 2. 2016 – 40 L 132/16.PVL, juris; *VG Gelsenkirchen* 31. 1. 2014 – 12c K 1151/13.PVL, juris.
5 Entgegen *OVG NRW* 30. 7. 2003 – 1 A 1038/01.PVL, PersV 2004, 107.

## § 105

**Abs. 1:** Für die Beschäftigten nach § 104 werden besondere Personalvertretungen gebildet. 1
Jeweils ein Personalrat wird bei den Hochschulen und bei den Universitätskliniken gebildet.
Wer zur Wahl dieser besonderen Personalvertretungen für das wissenschaftliche Personal wahlberechtigt ist, hat keine Wahlberechtigung für den Personalrat für das übrige, nichtwissenschaftliche Personal der Hochschule. 2
Durch das Dritte Gesetz zur Änderung des Landespersonalvertretungsgesetzes vom 26. 2. 2019 wurde in Satz 2 der überholte Verweis auf § 110, der bereits seit dem Jahre 2007[1] als § 104 geregelt war, angepasst.[2]
Abweichend von § 8 Abs. 3 ist nicht der Kanzler, sondern der Präsident oder der Rektor der Hochschule Dienststellenleiter für die Beschäftigten gemäß § 104 und den besonderen Personalrat für dieses wissenschaftliche Personal.
Zwar werden für das wissenschaftliche und nichtwissenschaftliche Personal getrennte Personalräte gebildet und diesen mit Kanzler und Präsident oder Rektor verschiedene »Dienststellenleiter« zugeordnet. Es lässt sich gleichwohl nicht übersehen, dass die jeweilige Hochschule eine organisatorische Einheit ist, die den gleichen Dienstherrn hat.
Das wirkt sich etwa dadurch aus, dass es zulässig – nicht jedoch verpflichtend – ist, wenn beide Personalräte eine gemeinsame Personalversammlung für die wissenschaftlichen und die nichtwissenschaftlichen Beschäftigten abhalten.[3] Ebenso sind die Personalräte auch berechtigt, die schriftliche Information gemäß § 40 Abs. 4 gemeinsam durchzuführen und die hierfür entstehenden Kosten gemeinsam geltend zu machen (siehe § 40 Rn. 14).[4]
**Abs. 2:** Im Zuge der Änderung des Universitätsgesetzes im Jahr 1999 ist die Wahlberechtigung der wissenschaftlichen Mitarbeiter und die Dienststellenleitereigenschaft in den medizinischen Einrichtungen der Universitäten neu geregelt worden. 3
Soweit die in § 1 Abs. 2 aufgeführten Einrichtungen der Universitäten rechtlich verselbständigt und in Form einer Anstalt des öffentlichen Rechts geführt werden, gilt als Dienststellenleiter im Sinne des § 8 die Ärztliche Direktorin bzw. der Ärztliche Direktor (§ 40 UG). Diese personalvertretungsrechtliche Befugnis ändert nichts an der Leitungsstruktur gemäß §§ 39 ff. UG.
Wissenschaftliche Mitarbeiter im Sinne des § 104, die Aufgaben in einer als Anstalt des öffentlichen Rechts geführten medizinischen Einrichtung wahr-

---

1 GV.NRW.473.
2 GV.NRW, Ausgabe 2019 Nr. 6, S. 131.
3 VG Düsseldorf 29. 9. 1997 – 34 K 13091/96.PVL, PersR 1998, 203.
4 OVG NRW 26. 6. 1998 – 1 A 123/96.PVL, PersR 1998, 479.

## § 105a

nehmen, sind abweichend von Absatz 1 Satz 2 sowohl bei der medizinischen Einrichtung als auch in der Universität wahlberechtigt.

4 **Abs. 3:** Die Beschäftigten nach § 104 an Kunsthochschulen sind auch für die Wahl zum Hauptpersonalrat wahlberechtigt. Sie bilden eine weitere – dritte – Gruppe im Sinne von § 14 Abs. 1 Satz 1, sofern der Hauptpersonalrat mindestens drei Mitglieder hat. Die Vorschrift des § 8 Abs. 3, demzufolge der Vizepräsident für den Bereich der Wirtschafts- und Personalverwaltung oder der Kanzler bzw. für die Universitätsklinik der kaufmännische Direktor handelt, gilt für die Kunsthochschulen nicht. Für die Kunsthochschule handelt ihr Präsident oder ihr Rektor.

## § 105a

(1) Auf Landesebene jeweils zu einer Arbeitsgemeinschaft (Landespersonalrätekonferenz) zusammenschließen und sich eine Satzung geben, können

1. die Personalräte der Hochschulen gemäß § 105,
2. die Personalräte der Hochschulen, die die sonstigen Hochschulbeschäftigten vertreten und die Personalräte der Universitätskliniken sowie
3. die Personalräte der Studierendenwerke. Die Satzungen sind zu veröffentlichen.

(2) Zu den Aufgaben der Landespersonalrätekonferenzen gehörten die Koordination der Belange von Hochschulpersonalräten, von Personalräten der Universitätskliniken sowie von Personalräten der Studierendenwerke auf Landesebene und die vertrauensvolle Zusammenarbeit mit dem für die Hochschulen zuständigen Ministerien.

(3) Wenn eine Stufenvertretung für die Beschäftigten in Hochschulen, Universitätskliniken und Studierendenwerken nicht besteht, werden die Kosten für den Geschäftsbedarf der Landespersonalrätekonferenzen nach Absatz 1 Satz 1 Nummer 1 und 2 entsprechend § 40 von dem für die Hochschulen zuständigen Ministerium und der Landespersonalrätekonferenzen nach Absatz 1 Satz 1 Nummer 3 entsprechend § 40 von den Studierendenwerken übernommen, ebenso wie die Kosten einer Freistellung pro Landespersonalrätekonferenz.

(4) Reisen zu den Sitzungen der Landespersonalrätekonferenzen gelten als Dienstreisen der Personalratsmitglieder in Anwendung des Landesreisekostengesetzes.

(5) Der Personalrat des Universitätsklinikums einerseits und die Mitglieder der Betriebsräte der mit dem Universitätsklinikum verbundenen Unternehmen, an denen das Universitätsklinikum eine Beteiligung von über 50 Prozent hält, andererseits können sich zu einer Arbeitsgemeinschaft (Konferenz der Personalvertretungen im Universitätsklinikum) zusam-

## § 105a

menschließen. Die Kosten für den Geschäftsbedarf der Konferenz nach Satz 1 werden entsprechend § 40 von dem jeweiligen Universitätsklinikum übernommen, ebenso wie die Kosten einer Freistellung pro Konferenz. Im Übrigen gelten die Absätze 1 und 4 entsprechend, für die Mitglieder der Betriebsräte in entsprechender Anwendung des Landesreisekostengesetzes.

Mit dieser Vorschrift wurden die Landespersonalrätekonferenzen »*über einen institutionellen, gesetzlich abgesicherten Rahmen dauerhaft strukturell, finanziell und personell abgesichert.*«[1] Der Gesetzgeber wollte damit anerkennen, dass sich die Landespersonalrätekonferenzen bewährt haben und diese als »Stimme der Hochschulpersonalräte« auch in Politik und Gesellschaft wahrgenommen werden.   1

**Abs. 1:** Das Hochschulzukunftsgesetz hat im Rahmen der Änderung des Hochschulgesetzes § 105a modifiziert und die Möglichkeit zur Bildung von Landespersonalrätekonferenzen in Form von Arbeitsgemeinschaften auch für die Personalräte der Studierendenwerke eröffnet. Darüber hinaus ist inAbs. 5 die Gelegenheit zur Gründung einer Arbeitsgemeinschaft zwischen Personalräten des Universitätsklinikums einerseits und Mitgliedern der Betriebsräte der mit dem Universitätsklinikum verbundenen Unternehmen andererseits eröffnet worden.   1a

Auch die Personalräte der Universitätskliniken des Landes können eine Landespersonalrätekonferenz bilden. Ebenso können sich die Personalräte der Studierendenwerke zu einer solchen Arbeitsgemeinschaft in Form einer Landespersonalrätekonferenz zusammenschließen.   2

**Abs. 2** weist diesen Landespersonalrätekonferenzen als allgemeine Aufgabe die Koordination der gemeinsamen Belange der Personalräte und die vertrauensvolle Zusammenarbeit mit dem zuständigen Ministerium zu. Hinzugekommen ist durch die Änderung im Hochschulzukunftsgesetz die Koordination auch der Personalräte der Universitätskliniken sowie der Personalräte der Studierendenwerke.   3

Die **Abs. 3 und 4** regeln die Tragung der Kosten für Geschäftsbedarf und Reisen.   4

**Abs. 5** sieht die Bildung einer Arbeitsgemeinschaft in Form der Konferenz der Personalvertretungen im Universitätsklinikum vor, an der der Personalrat des Universitätsklinikums einerseits und die Mitglieder der Betriebsräte der mit dem Universitätsklinikum verbundenen Unternehmen andererseits beteiligt sind. In Betracht kommen nur solche in privatrechtlicher Form geführten Unternehmen, an denen das Universitätsklinikum eine Beteiligung über 50 Prozent hält. Nach Satz 2 werden die Kosten für den Geschäftsbedarf   5

---

1 LT-Drucks. 16/2218, 55.

### § 106

dieser Konferenz entsprechend § 40 vom jeweiligen Universitätsklinikum übernommen. Dieses trägt auch die Kosten einer Freistellung pro Konferenz bzw. Arbeitsgemeinschaft.

Nach Satz 3 gelten die Abs. 1 bis 4 entsprechend für die Mitglieder der Betriebsräte in den Arbeitsgemeinschaften bzw. Konferenzen, wobei der Hinweis auf die »entsprechende Anwendung des Landesreisekostengesetzes« vermuten lässt, dass der Gesetzgeber hauptsächlich auf die Kostentragung für den Geschäftsbedarf und eventueller Reisen dieser Betriebsratsmitglieder abstellt. Allerdings dürfen die Teilnehmer der Arbeitsgemeinschaft und damit auch die Betriebsratsmitglieder auch an den Aufgaben nach Abs. 2 teilnehmen.

### § 105b

**In den Hochschulen und den Universitätskliniken soll auf Antrag eines oder des Personalrats ein Wirtschaftsausschuss (§ 65a) gebildet werden. Zu den wirtschaftlichen Angelegenheiten im Sinne des § 65a Absatz 1 Satz 2 gehört auch die Personalplanung und die Hochschulentwicklungsplanung.**

1 Die Vorschrift trifft eine Sonderregelung zur Errichtung der Wirtschaftsausschüsse gemäß § 65a im Hochschulbereich. Es wird festgelegt, dass in den Hochschulen einerseits und in den Universitätskliniken andererseits nur jeweils ein Wirtschaftsausschuss zu bilden ist. Die in diesen Einrichtungen bestehenden Personalräte müssen sich darauf verständigen, ob sie einen solchen Wirtschaftsausschuss wünschen und in welcher Weise die beiden Gremien welche Anzahl von Mitgliedern in den Wirtschaftsausschuss entsenden. Die Aufgaben und Kompetenzen sowie die Zusammensetzung dieser Wirtschaftsausschüsse richtet sich im Übrigen nach § 65a (siehe die Kommentierung dort).

## Sechster Abschnitt
## Behandlung von Verschlusssachen

### § 106

**(1) Die Beteiligung eines Personalrats in beteiligungspflichtigen Angelegenheiten nach diesem Gesetz, die als Verschlusssache mindestens des Geheimhaltungsgrades »VS-Vertraulich« eingestuft sind, setzt voraus, dass die mitwirkenden Personalratsmitglieder nach den dafür geltenden Bestimmungen ermächtigt sind, Kenntnis von Verschlusssachen des in Betracht kommenden Geheimhaltungsgrades zu erhalten.**

§ 106

(2) In Angelegenheiten nach Absatz 1 sind die §§ 30 Abs. 3, 4. Alternative, 31 Abs. 2 Satz 2, 32, 35 und 36 nicht anzuwenden. Diese Angelegenheiten werden in der Personalversammlung nicht behandelt.

(3) Ein Personalrat, dessen Mitglieder sämtlich im Sinne des Absatzes 1 ermächtigt sind, ist in beteiligungspflichtigen Angelegenheiten mindestens des Geheimhaltungsgrades »VS-Vertraulich« insgesamt zu beteiligen. Er kann für die Beteiligung einen Ausschuss bilden, der aus dem Vorstand besteht; er hat diesen Ausschuss zu bilden, wenn die Ermächtigung aller Mitglieder nicht zustande kommt.

(4) Für das Verfahren in der Einigungsstelle und die Beteiligten nach § 67 gilt Absatz 1 sinngemäß. Kommt die Ermächtigung aller Mitglieder der Einigungsstelle nicht zustande, tritt an ihre Stelle ein Gremium, das aus der oder dem Vorsitzenden der Einigungsstelle und je einer oder einem von der obersten Dienstbehörde oder der Personalvertretung vorgeschlagenen Beisitzerin oder Beisitzer besteht.

(5) Die oberste Dienstbehörde kann anordnen, dass in Angelegenheiten nach Absatz 1 den Beteiligten nach Absatz 3 und Absatz 4 Unterlagen nicht vorgelegt und Auskünfte nicht erteilt werden dürfen, soweit dies zur Vermeidung von Nachteilen für das Wohl der Bundesrepublik Deutschland oder eines ihrer Länder oder aufgrund internationaler Verpflichtungen geboten ist. Im Verfahren nach § 79 sind die Voraussetzungen für die Anordnung glaubhaft zu machen.

Die Absätze 1–5 des mit der Novelle 2011 eingeführten § 106 fassen die bisherigen §§ 119a–119d zusammen. Sie regeln den personalvertretungsrechtlichen Umgang mit Verschlusssachen. Soweit mitbestimmungspflichtige Angelegenheiten mindestens als »VS-Vertraulich« eingestuft sind, kommt eine Beteiligung des Personalrats nur in Betracht, wenn seine Mitglieder oder diejenigen des nach Absatz 3 zu bildenden Ausschusses selber Zugang zu solchen Angelegenheiten haben dürfen. Bei Behandlung solcher Angelegenheiten können die ansonsten zu Personalratssitzungen zugelassenen Gewerkschaftsvertreter, Gewerkschaftsbeauftragte, Mitglieder der Stufenvertretung, Mitglieder der Jugend- und Auszubildendenvertretung sowie die Schwerbehindertenvertrauensperson nicht teilnehmen, eine Aussetzung von Beschlüssen des Personalrats über diese Angelegenheiten ist ebenfalls nicht möglich. Die Unterrichtungsansprüche des Personalrats können durch Anordnung der obersten Dienstbehörde eingeschränkt werden. Ebenso dürfen Verschlusssachen nach Abs. 2 Satz 2 nicht in der Personalversammlung behandelt werden.

## Elftes Kapitel
## Schlussvorschriften

### § 107

Dieses Gesetz findet keine Anwendung auf Kirchen, Religionsgemeinschaften und ihre karitativen und erzieherischen Einrichtungen ohne Rücksicht auf ihre Rechtsform; ihnen bleibt die selbständige Ordnung eines Personalvertretungsrechts überlassen.

### § 108

Vertretungen und Vertrauensleute nach diesem Gesetz wurden im Juni 1975 gewählt. Ihre Wahlperiode beginnt am 1. Juli 1975.

**1** In Satz 1 heißt es, dass Vertretungen und Vertrauensleute nach diesem Gesetz im Juni 1975 gewählt »wurden«. Die erste Wahlperiode – so Satz 2 – hat also am 1. Juli 1975 begonnen. Von Bedeutung ist diese Feststellung insofern, als für sämtliche nachfolgende Wahlperioden der 1.7.1975 der zeitliche Anknüpfungspunkt für ihre Berechnung ist (vgl. § 23).

### § 109

Zur Regelung der nach den §§ 10 bis 22, 50, 53, 55 bis 57, 60, 97, 98 und 105 erforderlichen Wahlen erlässt die Landesregierung durch Rechtsverordnung Vorschriften über
a) die Vorbereitung der Wahl, insbesondere die Aufstellung der Wählerlisten und die Berechnung der Vertreterzahl,
b) die Frist für die Einsichtnahme in die Wählerlisten und die Erhebung von Einsprüchen,
c) die Wahlvorschlagslisten und die Frist für ihre Einreichung,
d) das Wahlausschreiben und die Fristen für seine Bekanntmachung,
e) die Stimmabgabe,
f) die Feststellung des Wahlergebnisses und die Fristen für seine Bekanntmachung,
g) die Aufbewahrung der Wahlakten.

**1** Auf Grundlage dieser Vorschrift hat die Landesregierung die Wahlordnung zum Landespersonalvertretungsgesetz (WO-LPVG), zuletzt geändert durch Verordnung vom 18.10.2011, erlassen. Die Wahlordnung zum Landespersonalvertretungsgesetz ist in diesem Buch hinter der Kommentierung zu § 114 LPVG abgedruckt.

## § 110

**Die nach § 3 Abs. 4, § 16 Abs. 4 und 7, § 17 Abs. 2, §§ 19, 20, 22 Abs. 1, § 25 Abs. 1, § 32 Abs. 1, §§ 35, 37 Abs. 2, § 46 Abs. 3 und § 49 den Gewerkschaften zustehenden Rechte haben auch die in der Dienststelle vertretenen Berufsverbände, die einer gewerkschaftlichen Spitzenorganisation angeschlossen sind.**

Unter »Berufsverbänden« sind solche Vereinigungen zu verstehen, die die Anforderungen an den Gewerkschaftsbegriff, insbesondere hinsichtlich ihrer Organisationsmacht und Durchsetzungskraft nicht in jeder Hinsicht erfüllen. Sie stehen nur dann[1] den in der Dienststelle vertretenen Gewerkschaften gleich, wenn sie einer »gewerkschaftlichen Spitzenorganisation« angeschlossen sind. Insofern ist der Begriff der Spitzenorganisation in dieser Vorschrift enger als derjenige des § 106 Abs. 6 LBG. Danach sind Spitzenorganisationen »die für den Bereich des Landes gebildeten Zusammenschlüsse von Gewerkschaften und Berufsverbänden, die für die Vertretung der Belange von Beamten erhebliche Bedeutung haben.« Unter einer gewerkschaftlichen Spitzenorganisation versteht § 2 Abs. 2 TVG den Zusammenschluss von Gewerkschaften. Ein in der Dienststelle vertretener Berufsverband kann daher die den Gewerkschaften vom Gesetz zugewiesenen Rechte nur dann wahrnehmen, wenn er sich einem Zusammenschluss von Gewerkschaften zu einer Spitzenorganisation angeschlossen hat.

## § 111

**§ 70 Abs. 4 Satz 2 findet keine Anwendung auf Dienstvereinbarungen, die vor Inkrafttreten dieses Gesetzes beschlossen worden sind.**

Die Vorschrift ist bis heute unverändert geblieben. Sie bezieht sich auf das Inkrafttreten der Gesetzesnovelle 1984. Die geänderte Vorschrift über die nur noch begrenzte Nachwirkung von Dienstvereinbarungen in § 70 Abs. 4 Satz 2 findet daher auf alle Dienstvereinbarungen Anwendung, die nach 1984 abgeschlossen worden sind.

## § 112

**Abweichend von § 10 Absatz 2 können Beschäftigte, denen gemäß § 44b Absatz 1 und Absatz 2 Zweites Buch Sozialgesetzbuch Aufgaben der gemeinsamen Einrichtungen zugewiesen sind oder werden, bei den abgebenden Dienststellen wählen oder gewählt werden.**

---

1 Vgl. *BVerwG* 25.7.2006 – 6 P 17.05, PersR 2006, 512.

## § 113

**1** Die Vorschrift trägt den besonderen Rechtsverhältnissen der Beschäftigten der gemeinsamen Einrichtungen im Sinne des § 44b SGB II Rechnung. Durch das Gesetz zur Weiterentwicklung der Organisation der Grundsicherung für Arbeitsuchende[1] wurde u. a. die Bildung von Personalvertretungen in gemeinsamen Einrichtungen ermöglicht (vgl. § 44h SGB II). Beschäftigte, die zu einer solchen gemeinsamen Einrichtung zugewiesen werden, erlangen nunmehr das Wahlrecht und die Wählbarkeit zum Personalrat der gemeinsamen Einrichtung. Sie verlieren aufgrund der Sonderregelung in § 112 das Wahlrecht und die Wählbarkeit in ihrer Stammdienststelle – der abgebenden Dienststelle – jedoch ausdrücklich nicht. Das ist im Hinblick darauf angemessen, dass das Arbeits- oder Dienstverhältnis zum abgebenden Dienstherrn bzw. Arbeitgeber erhalten bleibt. Insofern findet eine Gleichbehandlung zwischen den gemäß § 44g SGB II zu einer gemeinsamen Einrichtung zugewiesenen Beschäftigten und den gestellten Beschäftigten im Sinne des § 10 Abs. 1 Satz 1, 2. Halbsatz statt. In beiden Fällen bleiben auch nach sechsmonatiger Zuweisung bzw. Gestellung das Wahlrecht und die Wählbarkeit in der abgebenden Dienststelle erhalten und entstehen zusätzlich in der gemeinsamen Einrichtung gemäß § 44b SGB II als aufnehmende Dienststelle.

### § 113

**(1) Die Regelungen über den Vorsitz gemäß § 29 und über die Freistellung gemäß § 42 Absatz 4 finden erstmals bei Neuwahlen Anwendung.**
**(2) § 1 Abs. 3, 2. Halbsatz findet für die Vertretung des Landes Nordrhein-Westfalen beim Bund keine Anwendung.**

**1** Abs. 1 regelt die spätere Geltung einiger aus Anlass der Gesetzesnovelle 2011 vorgenommener Änderungen. Mit der Novelle 2011 wurde das Vorsitzendenprinzip wieder eingeführt, welches erst im Rahmen der Novelle 2007 durch das Vorstandsprinzip abgelöst worden war. Auch die Regelung über Freistellungen (§ 42 Abs. 4) sollte erst mit den ersten Neuwahlen nach der Novelle 2011, welche im Jahr 2012 stattfanden, gelten.
**2** Abs. 2 enthält eine Sonderregelung hinsichtlich der Verselbständigung der Vertretung des Landes NRW in Berlin.

---

1 Gesetz vom 10. 8. 2010, BGBl. I, 1112.

## § 114

**Dieses Gesetz tritt am 1. Juli 1975 in Kraft.**

Gemäß Art. 2 Ziff. 2 des 10. Gesetzes zur Änderung der gesetzlichen Befristungen im Zuständigkeitsbereich des MIK sowie zur Änderung weiterer Gesetze vom 7.4.2017[1] wurde § 114 Satz 2 a.F., wonach das LPVG NRW zum 31.12.2017 außer Kraft treten sollte, aufgehoben. Das LPVG NRW blieb also über den 31.12.2017 hinaus – nunmehr unbefristet – in Kraft.

---

1 GV. NRW, S. 410.

# Wahlordnung zum Landespersonalvertretungsgesetz (WO-LPVG)

vom 20. Mai 1986 (GV NW S. 485), zuletzt geändert durch Verordnung vom 28. November 2017 (GV. NRW S. 865)

## Erstes Kapitel
## Wahl des Personalrats

### Erster Abschnitt
### Gemeinsame Vorschriften über Vorbereitung und Durchführung der Wahl

#### § 1 Wahlvorstand, Wahlhelfer

(1) Bei der Bestellung des Wahlvorstandes sind Beschäftigte auszuwählen, die eine Durchführung der Wahl nach Maßgabe der nachfolgenden Regelungen gewährleisten.

(2) Der Wahlvorstand führt die Wahl des Personalrats durch. Er kann wahlberechtigte Beschäftigte als Wahlhelfer zur Durchführung der Wahlhandlung und zur Auszählung der Stimmen bestellen; dabei soll er die in der Dienststelle vertretenen Gruppen angemessen berücksichtigen. Wahlhelfer dürfen nur in Anwesenheit eines Mitglieds des Wahlvorstands tätig werden.

(3) Der Wahlvorstand gibt die Namen seiner Mitglieder durch Aushang in der Dienststelle bekannt.

(4) Der Wahlvorstand fasst seine Beschlüsse mit einfacher Stimmenmehrheit seiner Mitglieder.

(5) Die Dienststelle hat den Wahlvorstand bei der Erfüllung seiner Aufgaben zu unterstützen, insbesondere ihm die notwendigen Unterlagen zur Verfügung zu stellen und die erforderlichen Auskünfte zu erteilen.

#### § 2 Feststellung der Beschäftigtenzahl, Wählerverzeichnis

(1) Der Wahlvorstand stellt die Zahl der in der Regel Beschäftigten und ihre Verteilung auf die Gruppen (§§ 6, 105 LPVG) fest; innerhalb der Gruppen sind die Anteile der Geschlechter festzustellen. Übersteigt die Zahl der in der Regel Beschäftigten 50 nicht, stellt er außerdem die Zahl der wahlberechtigten Beschäftigten fest.

**Wahlordnung zum Landespersonalvertretungsgesetz (WO-LPVG)**

(2) Der Wahlvorstand stellt ein Verzeichnis der wahlberechtigten Beschäftigten (Wählerverzeichnis) getrennt nach den Gruppen auf; innerhalb der Gruppen sind die Anteile der Geschlechter festzustellen. Er hat bis zum Abschluss der Stimmabgabe das Wählerverzeichnis auf dem laufenden zu halten und mindestens eine Abschrift an geeigneter Stelle zur Einsicht auszulegen.

### § 3 Einsprüche gegen das Wählerverzeichnis

(1) Jeder Beschäftigte kann beim Wahlvorstand schriftlich innerhalb einer Woche nach Auslegung des Wählerverzeichnisses Einspruch gegen seine Richtigkeit einlegen.

(2) Die Entscheidung über den Einspruch ist dem Beschäftigten unverzüglich, spätestens einen Tag vor Beginn der Stimmabgabe schriftlich mitzuteilen.

### § 4 Vorabstimmungen

(1) Die Ergebnisse der Abstimmungen nach den §§ 15 Abs. 1 und 16 Abs. 2 LPVG werden nur berücksichtigt, wenn sie dem Wahlvorstand innerhalb einer Woche nach der Bekanntgabe seiner Mitglieder vorliegen und ihm glaubhaft gemacht wird, dass sie unter Leitung eines aus mindestens drei wahlberechtigten Beschäftigten bestehenden Abstimmungsvorstands in geheimen und nach Gruppen getrennten Abstimmungen zustande gekommen sind. Dem Abstimmungsvorstand soll ein Mitglied jeder in der Dienststelle vertretenen Gruppe angehören.

(2) Der Wahlvorstand hat in der Bekanntgabe seiner Mitglieder auf die in Absatz 1 bezeichnete Frist hinzuweisen.

### § 5 Ermittlung der Zahl der zu wählenden Personalratsmitglieder; Verteilung der Sitze auf die Gruppen

(1) Der Wahlvorstand ermittelt die Zahl der zu wählenden Mitglieder des Personalrats. Ist eine von § 14 LPVG abweichende Verteilung der Mitglieder des Personalrats auf die Gruppen nicht beschlossen worden, so errechnet der Wahlvorstand die Verteilung der Personalratssitze auf die Gruppen nach dem Höchstzahlenverfahren.

(2) Die Zahlen der der Dienststelle angehörenden Beschäftigten der einzelnen Gruppen werden nebeneinander gestellt und der Reihe nach durch 1, 2, 3 usw. geteilt. Auf die jeweils höchste Teilzahl (Höchstzahl) wird so lange ein Sitz zugeteilt, bis alle Personalratssitze verteilt sind. Jede Gruppe erhält soviel Sitze, wie Höchstzahlen auf sie entfallen. Ist bei gleichen Höchstzahlen nur noch ein Sitz oder sind bei drei gleichen Höchstzahlen nur noch zwei Sitze zu verteilen, so entscheidet das Los.

(3) Entfallen bei der Verteilung der Sitze nach Absatz 2 auf eine Gruppe weniger Sitze, als ihr nach § 14 Abs. 3 LPVG mindestens zustehen, so erhält sie die in § 14 Abs. 3 LPVG vorgeschriebene Zahl von Sitzen. Die Zahl der Sitze der übrigen Gruppen vermindert sich entsprechend. Dabei werden die jeweils zuletzt zugeteilten Sitze zuerst gekürzt. Ist bei gleichen Höchstzahlen nur noch ein Sitz zu kürzen, entscheidet das Los, welche Gruppe den Sitz abzugeben hat. Sitze, die einer Gruppe nach den Vorschriften des Gesetzes mindestens zustehen, können ihr nicht entzogen werden.

(4) Haben in einer Dienststelle alle Gruppen die gleiche Zahl von Angehörigen, so erübrigt sich die Errechnung der Sitze nach dem Höchstzahlverfahren; in diesen Fällen entscheidet das Los, wem die höhere Zahl von Sitzen zufällt.

## § 6   Wahlausschreiben

(1) Spätestens sechs Wochen vor dem letzten Tage der Stimmabgabe erlässt der Wahlvorstand ein Wahlausschreiben. Es ist von den Mitgliedern des Wahlvorstandes zu unterzeichnen.

(2) Im Wahlausschreiben ist neben Tag und Ort seines Erlasses anzugeben:
1. die Zahl der zu wählenden Mitglieder des Personalrats, getrennt nach Gruppen;
2. Angaben über die Anteile der Geschlechter innerhalb der Dienststelle, getrennt nach Gruppen mit dem Hinweis, dass Frauen und Männer ihrem zahlenmäßigen Anteil in der Dienststelle entsprechend im Personalrat vertreten sein sollen (§ 14 Abs. 6 LPVG);
3. ob die Gruppen ihre Vertreter in getrennten Wahlgängen (Gruppenwahl) oder in gemeinsamer Wahl wählen;
4. wo und wann das Wählerverzeichnis und diese Wahlordnung zur Einsicht ausliegen;
5. dass Einsprüche gegen die Richtigkeit des Wählerverzeichnisses schriftlich beim Wahlvorstand eingelegt werden können;
6. die Mindestzahl der wahlberechtigten Beschäftigen, von denen ein Wahlvorschlag unterzeichnet sein muss, und dass Wahlvorschläge der Organisationen von einem Beauftragten unterzeichnet sein müssen (§§ 16, 110 LPVG);
7. dass jeder Beschäftigte für die Wahl des Personalrats nur auf einem Wahlvorschlag benannt werden darf und die nicht wählbaren Beschäftigten keine Wahlvorschläge machen oder unterzeichnen dürfen;
8. dass jeder Beschäftigte nur einen Wahlvorschlag unterzeichnen darf,
9. dass Wahlvorschläge innerhalb von drei Wochen nach dem Erlass des Wahlausschreibens beim Wahlvorstand einzureichen sind; der letzte Tag der Einreichungsfrist ist anzugeben;

**Wahlordnung zum Landespersonalvertretungsgesetz (WO-LPVG)**

10. dass nur fristgerecht eingereichte Wahlvorschläge berücksichtigt werden und dass nur gewählt werden kann, wer in einen solchen Wahlvorschlag aufgenommen ist;
11. der Ort, an dem die Wahlvorschläge bekanntgegeben werden;
12. Ort und Zeit der Stimmabgabe;
13. dass schriftliche Stimmabgabe möglich oder angeordnet ist;
14. Ort und Termin der Sitzung, in der das Wahlergebnis festgestellt wird.

(3) Der Wahlvorstand hat mindestens eine Abschrift oder einen Abdruck dieser Wahlordnung und des Wahlausschreibens vom Tage seines Erlasses bis zum Abschluss der Stimmabgabe an geeigneter Stelle auszuhängen.

(4) Offenbare Unrichtigkeiten des Wahlausschreibens können vom Wahlvorstand jederzeit berichtigt werden.

### § 7 Wahlvorschläge, Einreichungsfrist

(1) Zur Wahl des Personalrats können die wahlberechtigten Beschäftigten sowie die in der Dienststelle vertretenen Gewerkschaften und Berufsverbände (§§ 16 Abs. 4 und 110 LPVG) Wahlvorschläge machen.

(2) Wahlvorschläge sind innerhalb von drei Wochen nach dem Erlass des Wahlausschreibens beim Wahlvorstand einzureichen. Bei Gruppenwahl sind für die einzelnen Gruppen getrennte Wahlvorschläge einzureichen.

### § 8 Inhalt der Wahlvorschläge

(1) Jeder Wahlvorschlag soll so viele Bewerber enthalten wie
a) bei Gruppenwahl Gruppenvertreter,
b) bei gemeinsamer Wahl Personalratsmitglieder
zu wählen sind.

(2) Frauen und Männer sollen ihrem zahlenmäßigen Anteil in der Dienststelle entsprechend im Personalrat vertreten sein.

(3) Die Namen der einzelnen Bewerber sind auf dem Wahlvorschlag untereinander aufzuführen und mit fortlaufenden Nummern zu versehen. Es sind Familienname, Vorname, Geburtsdatum, Amts-, Dienst- oder Berufsbezeichnung, Beschäftigungsstelle und Gruppenzugehörigkeit anzugeben. Bei gemeinsamer Wahl sind in dem Wahlvorschlag die Bewerber jeweils nach Gruppen zusammenzufassen.

(4) Aus dem Wahlvorschlag soll zu ersehen sein, welcher der Unterzeichner zur Vertretung des Vorschlags gegenüber dem Wahlvorstand und zur Entgegennahme von Erklärungen und Entscheidungen des Wahlvorstands berechtigt ist. Fehlt bei Wahlvorschlägen der Beschäftigten eine Angabe hierüber, gilt der Unterzeichner als berechtigt, der an erster Stelle steht.

(5) Der Wahlvorschlag kann mit einem Kennwort versehen werden.

## Wahlordnung zum Landespersonalvertretungsgesetz (WO-LPVG)

(6) Ein Wahlvorschlag darf nur geändert werden, wenn die in § 7 bestimmte Frist noch nicht abgelaufen ist und alle Unterzeichner der Änderung zustimmen. § 9 Abs. 3 bleibt unberührt.

(7) Dem Wahlvorschlag ist die schriftliche Zustimmung der Bewerber zur Aufnahme in den Wahlvorschlag beizufügen.

### § 9 Behandlung der Wahlvorschläge, ungültige Wahlvorschläge

(1) Der Wahlvorstand vermerkt auf den Wahlvorschlägen den Tag des Eingangs. Im Falle des Absatzes 7 ist auch der Zeitpunkt des Eingangs des berichtigten Wahlvorschlags zu vermerken.

(2) Wahlvorschläge, die ungültig sind, weil sie nicht die erforderliche Anzahl von Unterschriften aufweisen oder weil sie nicht fristgerecht eingereicht worden sind, gibt der Wahlvorstand unverzüglich unter Angabe der Gründe zurück.

(3) Der Wahlvorstand hat einen Bewerber, der mit seiner schriftlichen Zustimmung auf mehreren Wahlvorschlägen benannt ist, aufzufordern, innerhalb von drei Kalendertagen zu erklären, auf welchem Wahlvorschlag er benannt bleiben will. Gibt der Bewerber diese Erklärung nicht fristgerecht ab, so wird er von sämtlichen Wahlvorschlägen gestrichen.

(4) Der Wahlvorstand hat auf Wahlvorschlägen die Namen von nicht wählbaren Beschäftigten zu streichen und den zur Vertretung des Vorschlags Berechtigten davon zu unterrichten.

(5) Der Wahlvorstand hat auf Wahlvorschlägen Unterschriften nicht wählbarer Beschäftigter zu streichen.

(6) Der Wahlvorstand hat einen Beschäftigten, der mehrere Wahlvorschläge unterzeichnet hat, aufzufordern, innerhalb von drei Kalendertagen zu erklären, welche Unterschrift er aufrechterhält. Gibt der Beschäftigte diese Erklärung nicht fristgerecht ab, zählt seine Unterschrift nur auf dem zuerst eingegangenen Wahlvorschlag; auf den übrigen Wahlvorschlägen wird sie gestrichen. Bei gleichzeitigem Eingang entscheidet das Los, auf welchem Wahlvorschlag die Unterschrift zählt.

(7) Wahlvorschläge, die
a) den Erfordernissen des § 8 Abs. 3 nicht entsprechen,
b) ohne die schriftliche Zustimmung der Bewerber eingereicht sind,
c) infolge von Streichungen gemäß Absatz 5 oder 6 nicht mehr die erforderliche Anzahl von Unterschriften aufweisen,

hat der Wahlvorstand mit der Aufforderung zurückzugeben, die Mängel innerhalb der Frist gemäß § 7 zu beseitigen; bei Wahlvorschlägen, die weniger als eine Woche vor Ablauf der Frist gemäß § 7 zurückgegeben werden, gilt eine Frist von einer Woche, gerechnet vom Tage der Rückgabe an. Werden die Mängel nicht fristgerecht beseitigt, sind diese Wahlvorschläge ungültig.

**Wahlordnung zum Landespersonalvertretungsgesetz (WO-LPVG)**

### § 10 Nachfrist für die Einreichung von Wahlvorschlägen

(1) Ist nach Ablauf der in § 7 und § 9 Abs. 7 genannten Frist bei Gruppenwahl nicht für jede Gruppe ein gültiger Wahlvorschlag, bei gemeinsamer Wahl kein gültiger Wahlvorschlag eingegangen, so gibt der Wahlvorstand dies unverzüglich durch Aushang an den Stellen, an denen das Wahlausschreiben ausgehängt ist, bekannt. Gleichzeitig fordert er zur Einreichung von Wahlvorschlägen innerhalb einer Frist von einer Woche auf und weist darauf hin, dass im Falle der Fristversäumnis

a) bei Gruppenwahl eine Gruppe keine Vertreter in den Personalrat wählen kann,
b) bei gemeinsamer Wahl der Personalrat nicht gewählt werden kann.

(2) Gehen gültige Wahlvorschläge nicht ein, so gibt der Wahlvorstand unverzüglich bekannt

a) bei Gruppenwahl, für welche Gruppe oder für welche Gruppen keine Vertreter gewählt werden können,
b) bei gemeinsamer Wahl, dass diese Wahl nicht stattfinden kann.

### § 11 Bezeichnung der Wahlvorschläge

(1) Der Wahlvorstand versieht die Wahlvorschläge in der Reihenfolge ihres Eingangs mit Ordnungsnummern (Vorschlag 1 usw.). Ist ein Wahlvorschlag berichtigt worden, so ist der Zeitpunkt des Eingangs des berichtigten Wahlvorschlags maßgebend. Sind mehrere Wahlvorschläge am selben Tage eingegangen, so entscheidet das Los über die Reihenfolge.

(2) Finden Wahlen für Personalvertretungen mehrerer Stufen gleichzeitig statt, ist für Wahlvorschläge mit demselben Kennwort für die Wahlen auf allen Stufen die Entscheidung auf der obersten Stufe maßgebend. Für Wahlvorschläge, die an der Entscheidung auf der obersten Stufe nicht beteiligt sind, werden die folgenden Plätze auf dem Stimmzettel in entsprechender Anwendung des Absatzes 1 festgelegt.

(3) Der Wahlvorstand bezeichnet die Wahlvorschläge mit dem Familien- und Vornamen der in dem Wahlvorschlag benannten ersten drei Bewerber, bei gemeinsamer Wahl mit dem Familien- und Vornamen der für die Gruppen an erster Stelle benannten Bewerber. Bei Wahlvorschlägen, die mit einem Kennwort versehen sind, ist auch das Kennwort anzugeben.

### § 12 Bekanntgabe der Wahlvorschläge

Nach Ablauf der in § 7 und § 10 Abs. 1 genannten Fristen, spätestens jedoch eine Woche vor Beginn der Stimmabgabe, gibt der Wahlvorstand die als gültig anerkannten Wahlvorschläge an den Stellen, an denen das Wahlausschreiben ausgehängt ist, bis zum Abschluss der Stimmabgabe bekannt.

# Wahlordnung zum Landespersonalvertretungsgesetz (WO-LPVG)

Die Namen der Unterzeichner der Wahlvorschläge werden nicht bekanntgemacht.

## § 13 Sitzungsniederschriften

Der Wahlvorstand fertigt über den Inhalt jeder Sitzung eine Niederschrift. Sie ist von den Mitgliedern des Wahlvorstands zu unterzeichnen.

## § 14 Ausübung des Wahlrechts; Stimmzettel, ungültige Stimmen

(1) Wählen kann nur, wer in das Wählerverzeichnis eingetragen ist. Das Wahlrecht wird durch Abgabe eines Stimmzettels ausgeübt. Bei Gruppenwahl müssen die Stimmzettel für jede Gruppe, bei gemeinsamer Wahl alle Stimmzettel dieselbe Größe, Farbe, Beschaffenheit und Beschriftung haben.

(2) Ist nach den Grundsätzen der Verhältniswahl zu wählen, so kann die Stimme nur für den gesamten Wahlvorschlag (Vorschlagsliste) abgegeben werden. Ist nach den Grundsätzen der Personenwahl zu wählen, so wird die Stimme für die einzelnen Bewerber abgegeben.

(3) Ungültig sind Stimmzettel,
a) die nicht mindestens einmal so gefaltet sind, dass die Kennzeichnung nicht zu erkennen ist bzw. die bei schriftlicher Stimmabgabe nach § 16 nicht in einem Wahlumschlag abgegeben sind,
b) aus denen sich der Wille des Wählers nicht zweifelsfrei ergibt,
c) die ein besonderes Merkmal, einen Zusatz oder einen Vorbehalt enthalten.

Mehrere bei schriftlicher Stimmabgabe nach § 16 in einem Wahlumschlag für eine Wahl enthaltene Stimmzettel werden als eine Stimme gezählt, wenn sie gleich lauten; andernfalls sind sie ungültig.

(4) Hat der Wähler einen Stimmzettel verschrieben oder versehentlich unbrauchbar gemacht, so ist ihm auf Verlangen gegen Rückgabe des unbrauchbaren Stimmzettels ein neuer Stimmzettel auszuhändigen. Der Wahlvorstand hat den zurückgegebenen Stimmzettel unverzüglich in Gegenwart des Wählers zu vernichten.

## § 15 Wahlhandlung

(1) Der Wahlvorstand hat zu gewährleisten, dass der Wähler den Stimmzettel im Wahlraum unbeobachtet ankreuzen und zusammenfalten kann. Ein Wähler, der durch körperliches Gebrechen in der Stimmabgabe behindert ist, bestimmt eine Person seines Vertrauens, der er sich bei der Stimmabgabe bedienen will, und gibt dies dem Wahlvorstand bekannt. Die Hilfeleistung hat sich auf die Erfüllung der Wünsche des Wählers zur Stimmabgabe zu

beschränken. Die Vertrauensperson darf gemeinsam mit dem Wähler die Wahlzelle aufsuchen, soweit dies zur Hilfestellung erforderlich ist. Die Vertrauensperson ist zur Geheimhaltung der Kentnisse verpflichtet, die sie bei der Hilfeleistung von der Wahl eines anderen erlangt hat. Wahlbewerber, Mitglieder des Wahlvorstandes und Wahlhelfer dürfen nicht zur Hilfeleistung herangezogen werden.

Für die Aufnahme der Stimmzettel sind Wahlurnen zu verwenden. Vor Beginn der Stimmabgabe hat der Wahlvorstand festzustellen, dass die Wahlurnen leer sind, und sie zu verschließen. Sie müssen so eingerichtet sein, dass die Stimmzettel nicht vor Öffnung entnommen werden können. Findet Gruppenwahl statt, so kann die Stimmabgabe nach Gruppen getrennt durchgeführt werden; in jedem Falle sind getrennte Wahlurnen zu verwenden.

(2) Während der Wahlhandlung sowie der Ermittlung und Feststellung des Wahlergebnisses hat jedermann zum Wahlraum Zutritt, soweit das ohne Störung des Wahlgeschäfts möglich ist. Solange der Wahlraum zur Stimmabgabe geöffnet ist, müssen mindestens zwei Mitglieder des Wahlvorstands im Wahlraum anwesend sein; sind Wahlhelfer bestellt, genügt die Anwesenheit eines Mitglieds des Wahlvorstandes und eines Wahlhelfers.

(3) Vor Einwurf des Stimmzettels in die Urne ist festzustellen, ob der Wähler im Wählerverzeichnis eingetragen ist. Ist dies der Fall, wirft der Wähler den mindestens einmal zusammengefalteten Stimmzettel in die Wahlurne. Absatz 1 Sätze 2 bis 5 bleiben unberührt. Die Stimmabgabe ist im Wählerverzeichnis zu vermerken.

(4) Wird die Wahlhandlung unterbrochen oder wird das Wahlergebnis nicht unmittelbar nach Abschluss der Stimmabgabe festgestellt, so hat der Wahlvorstand für die Zwischenzeit die Wahlurne so zu verschließen und aufzubewahren, dass der Einwurf oder die Entnahme von Stimmzetteln ohne Beschädigung des Verschlusses unmöglich ist. In diesen Fällen ist die Wahlurne in der Dienststelle, nur dem Wahlvorstand zugänglich, gesichert aufzubewahren. Bei Wiedereröffnung der Wahl oder bei Entnahme der Stimmzettel zur Stimmzählung hat sich der Wahlvorstand davon zu überzeugen, dass der Verschluss unversehrt ist.

### § 16 Schriftliche Stimmabgabe

(1) Einem Beschäftigten, der eine schriftliche Stimmabgabe wünscht, hat der Wahlvorstand auf Verlangen
1. den Stimmzettel und den Wahlumschlag,
2. eine vorgedruckte vom Wähler abzugebende Erklärung, in der dieser gegenüber dem Wahlvorstand versichert, dass er den Stimmzettel persönlich angekreuzt hat oder soweit unter den Voraussetzungen des § 15 Abs. 1 erforderlich, durch eine Person seines Vertrauens hat kennzeichnen lassen,

3. einen größeren Briefumschlag, im Bedarfsfall einen Freiumschlag, der die Anschrift des Wahlvorstands und als Absender den Namen und die Anschrift des wahlberechtigten Beschäftigten sowie den Vermerk »Schriftliche Stimmabgabe« trägt

auszuhändigen oder zu übersenden. Die Dienststelle stellt hierfür dem Wahlvorstand die erforderliche Anzahl der Umschläge zur Verfügung. Auf Antrag ist auch ein Abdruck des Wahlvorschlags und des Wahlausschreibens auszuhändigen oder zu übersenden. Der Wahlvorstand hat die Aushändigung oder Übersendung im Wählerverzeichnis zu vermerken.

(2) Der Wähler gibt seine Stimme in der Weise ab, dass er den Wahlumschlag, in den der Stimmzettel gelegt ist, unter Verwendung des Freiumschlags oder des Briefumschlags so rechtzeitig an den Wahlvorstand absendet oder übergibt, dass er vor Abschluss der Stimmabgabe vorliegt. Der Wähler kann, soweit unter den Voraussetzungen des § 15 Abs. 1 erforderlich, die in Satz 1 bezeichneten Tätigkeiten durch eine Person seines Vertrauens verrichten lassen. Der Wahlvorstand hat die Briefumschläge gesichert aufzubewahren.

## § 17 Behandlung der schriftlich abgegebenen Stimmen

(1) Rechtzeitig vor Abschluss der Stimmabgabe entnimmt der Wahlvorstand die Wahlumschläge den Briefumschlägen oder den Freiumschlägen und legt sie nach Vermerk der Stimmabgabe im Wählerverzeichnis ungeöffnet in die Wahlurne.

(2) Verspätet eingehende Briefumschläge hat der Wahlvorstand mit einem Vermerk über den Zeitpunkt des Eingangs ungeöffnet zu den Wahlunterlagen zu nehmen. Die Briefumschläge sind einen Monat nach Bekanntgabe des Wahlergebnisses ungeöffnet zu vernichten, wenn die Wahl nicht angefochten worden ist.

## § 18 Schriftliche Stimmabgabe in sonstigen Fällen

(1) Für die Beschäftigten
a) mit besonderer Diensteinteilung,
b) von Nebenstellen oder Teilen einer Dienststelle, die nicht nach § 1 Abs. 3 LPVG zu selbständigen Dienststellen erklärt worden sind,
c) von Dienststellen, in denen auf Grund einer nach § 92 Satz 1 Nr. 2 LPVG erlassenen Rechtsverordnung Beschäftigte mehrerer Beschäftigungsstellen zusammengefasst sind,

kann der Wahlvorstand die Stimmabgabe in diesen Stellen durchführen oder die schriftliche Stimmabgabe anordnen. Im Fall der Anordnung der schriftlichen Stimmabgabe hat der Wahlvorstand die Briefwahlunterlagen von Amts wegen zur Verfügung zu stellen. Das Gleiche gilt für Wahlen zu

Stufenvertretungen, wenn diese nicht gleichzeitig mit Personalratswahlen stattfinden.
(2) Die §§ 16 und 17 gelten entsprechend.

### § 19  Feststellung des Wahlergebnisses

(1) Nach Öffnung der Wahlurne vergleicht der Wahlvorstand die Zahl der in der Wahlurne enthaltenen Stimmzettel und Wahlumschläge mit der Zahl der nach dem Wählerverzeichnis abgegebenen Stimmen und prüft die Gültigkeit der Stimmzettel.
(2) Der Wahlvorstand zählt
a) im Falle der Verhältniswahl die auf jede Vorschlagsliste,
b) im Falle der Personenwahl die auf jeden einzelnen Bewerber
entfallenen gültigen Stimmzettel.
(3) Stimmzettel, über deren Gültigkeit oder Ungültigkeit der Wahlvorstand beschließt, weil sie zu Zweifeln Anlass geben, sind mit fortlaufender Nummer zu versehen und von den übrigen Stimmzetteln gesondert bei den Wahlunterlagen aufzubewahren.

### § 20  Wahlniederschrift

(1) Die Wahlniederschrift ist von den Mitgliedern des Wahlvorstands zu unterzeichnen. Sie muss enthalten
1. bei Gruppenwahl die Summe der von jeder Gruppe abgegebenen und der gültigen Stimmen,
2. bei gemeinsamer Wahl die Summe aller abgegebenen und der gültigen Stimmen,
3. die Zahl der ungültigen Stimmen,
4. die für die Gültigkeit oder Ungültigkeit zweifelhafter Stimmen maßgebenden Gründe,
5. bei Verhältniswahl die Zahl der auf jede Vorschlagsliste entfallenen gültigen Stimmen sowie die Errechnung der Höchstzahlen und ihre Verteilung auf die Vorschlagslisten,
6. bei Personenwahl die Zahl der auf jeden Bewerber entfallenen gültigen Stimmen,
7. die Namen der gewählten Bewerber.
(2) Besondere Vorkommnisse bei der Wahlhandlung oder der Feststellung des Wahlergebnisses sind in der Niederschrift zu vermerken.
(3) Dem Dienststellenleiter und den in der Dienststelle vertretenen Gewerkschaften übersendet der Wahlvorstand eine Abschrift der Niederschrift.

**Wahlordnung zum Landespersonalvertretungsgesetz (WO-LPVG)**

### § 21 Benachrichtigung der gewählten Bewerber und Bekanntmachung

Der Wahlvorstand benachrichtigt die als Personalratsmitglieder Gewählten unverzüglich schriftlich von ihrer Wahl. Erklärt ein Gewählter nicht binnen drei Arbeitstagen nach Zugang der Benachrichtigung dem Wahlvorstand, dass er die Wahl ablehne, so gilt die Wahl als angenommen. Der Wahlvorstand gibt das Wahlergebnis und die Namen der als Personalratsmitglieder gewählten Bewerber durch zweiwöchigen Aushang an den Stellen bekannt, an denen das Wahlausschreiben bekannt gemacht worden ist.

### § 22 Aufbewahrung der Wahlunterlagen

Von den Wahlunterlagen sind die Niederschriften, Bekanntmachungen und Wahlvorschläge vom Personalrat mindestens fünf Jahre aufzubewahren. Die übrigen Wahlunterlagen sind vom Wahlvorstand für die Dauer eines Monats nach Bekanntmachung des Wahlergebnisses, im Falle der Anfechtung der Wahl für die Dauer eines Monats nach Abschluss des Verfahrens verschlossen aufzubewahren und anschließend zu vernichten.

## Zweiter Abschnitt
## Besondere Vorschriften

## Erster Unterabschnitt
## Wahlverfahren bei Vorliegen mehrerer Wahlvorschläge (Verhältniswahl)

### § 23 Voraussetzung für Verhältniswahl; Stimmzettel, Stimmabgabe

(1) Nach den Grundsätzen der Verhältniswahl (Listenwahl) ist zu wählen, wenn
a) bei Gruppenwahl für die betreffende Gruppe mehrere gültige Wahlvorschläge,
b) bei gemeinsamer Wahl mehrere gültige Wahlvorschläge
eingegangen sind.
(2) Auf den Stimmzetteln sind die Vorschlagslisten in der Reihenfolge der Ordnungsnummern unter Angabe von Familienname, Vorname, Amts-, Dienst- oder Berufsbezeichnung, Beschäftigungsstelle und Gruppenzugehörigkeit der ersten drei Bewerber, bei gemeinsamer Wahl der für die Gruppen an erster Stelle benannten Bewerber untereinander aufzuführen; bei Listen, die mit einem Kennwort versehen sind, ist auch das Kennwort anzugeben.

**Wahlordnung zum Landespersonalvertretungsgesetz (WO-LPVG)**

(3) Der Wähler kreuzt auf dem Stimmzettel die Vorschlagsliste an, für die er seine Stimme abgeben will.

### § 24  Ermittlung der gewählten Gruppenvertreter bei Gruppenwahl

(1) Bei Gruppenwahl werden die Summen der auf die einzelnen Vorschlagslisten jeder Gruppe entfallenen Stimmen nebeneinander gestellt und der Reihe nach durch 1, 2, 3 usw. geteilt. Auf die jeweils höchste Teilzahl (Höchstzahl) wird so lange ein Sitz zugeteilt, bis alle der Gruppe zustehenden Sitze verteilt sind. Ist bei gleichen Höchstzahlen nur noch ein Sitz oder sind bei drei gleichen Höchstzahlen nur noch zwei Sitze zu verteilen, so entscheidet das Los.

(2) Enthält eine Vorschlagsliste weniger Bewerber, als ihr nach den Höchstzahlen Sitze zustehen würden, so fallen die überschüssigen Sitze den übrigen Vorschlagslisten in der Reihenfolge der nächsten Höchstzahlen zu.

(3) Innerhalb der Vorschlagsliste werden die Sitze auf die Bewerber in der Reihenfolge ihrer Benennung verteilt.

### § 25  Ermittlung der gewählten Gruppenvertreter bei gemeinsamer Wahl

(1) Bei gemeinsamer Wahl werden die Summen der auf die einzelnen Vorschlagslisten entfallenen Stimmen nebeneinander gestellt und der Reihe nach durch 1, 2, 3 usw. geteilt. Die jeder Gruppe zustehenden Sitze werden getrennt, jedoch unter Verwendung derselben Teilzahlen ermittelt. § 24 Abs. 1 Satz 2 und 3 gilt entsprechend.

(2) Enthält eine Vorschlagsliste weniger Bewerber einer Gruppe, als dieser nach den Höchstzahlen Sitze zustehen würden, so fallen die restlichen Sitze dieser Gruppe den Angehörigen derselben Gruppe auf den übrigen Vorschlagslisten in der Reihenfolge der nächsten Höchstzahlen zu.

(3) Innerhalb der Vorschlagslisten werden die den einzelnen Gruppen zustehenden Sitze auf die Angehörigen der entsprechenden Gruppe in der Reihenfolge ihrer Benennung verteilt.

## Zweiter Unterabschnitt
## Wahlverfahren bei Vorliegen eines Wahlvorschlags und bei Wahl eines Personalratsmitglieds oder eines Gruppenvertreters (Personenwahl)

### § 26 Voraussetzungen für Personenwahl; Stimmzettel, Stimmabgabe

(1) Nach den Grundsätzen der Personenwahl ist zu wählen, wenn
a) bei Gruppenwahl für die betreffende Gruppe nur ein gültiger Wahlvorschlag,
b) bei gemeinsamer Wahl nur ein gültiger Wahlvorschlag
eingegangen ist. In diesen Fällen kann jeder Wähler nur solche Bewerber wählen, die in dem Wahlvorschlag aufgeführt sind.

(2) In den Stimmzettel werden die Bewerber aus dem Wahlvorschlag in unveränderter Reihenfolge unter Angabe von Familienname, Vorname, Amts-, Dienst- oder Berufsbezeichnung, Beschäftigungsstelle, Gruppenzugehörigkeit und Kennwort übernommen. Der Wähler kreuzt auf dem Stimmzettel die Namen der Bewerber an, für die er seine Stimme abgeben will. Er darf
a) bei Gruppenwahl nicht mehr Namen ankreuzen, als für die betreffende Gruppe Vertreter zu wählen sind,
b) bei gemeinsamer Wahl nicht mehr Namen ankreuzen, als Personalratsmitglieder zu wählen sind.

(3) Nach den Grundsätzen der Personenwahl kann gewählt werden, wenn
a) bei Gruppenwahl nur ein Vertreter,
b) bei gemeinsamer Wahl nur ein Personalratsmitglied
zu wählen ist. Absatz 2 gilt entsprechend. Der Wähler hat auf dem Stimmzettel den Namen des Bewerbers anzukreuzen, für den er seine Stimme abgeben will.

### § 27 Ermittlung der gewählten Bewerber

(1) Bei Gruppenwahl sind die Bewerber in der Reihenfolge der jeweils höchsten auf sie entfallenden Stimmenzahlen gewählt.
(2) Bei gemeinsamer Wahl werden die den einzelnen Gruppen zustehenden Sitze mit den Bewerbern dieser Gruppen in der Reihenfolge der jeweils höchsten auf sie entfallenden Stimmenzahlen besetzt.
(3) Bei der Personenwahl ist der Bewerber gewählt, der die meisten Stimmen erhalten hat.
(4) Bei gleicher Stimmenzahl entscheidet das Los.

Wahlordnung zum Landespersonalvertretungsgesetz (WO-LPVG)

## Zweites Kapitel
## Wahl der Stufenvertretungen

## Erster Abschnitt
## Wahl des Bezirkspersonalrats

### § 28 Entsprechende Anwendung der Vorschriften über die Wahl des Personalrats

Für die Wahl des Bezirkspersonalrats gelten die §§ 1 bis 27 entsprechend, soweit sich aus den §§ 29 bis 35 nichts anderes ergibt.

### § 29 Leitung der Wahl

(1) Der Bezirkswahlvorstand leitet die Wahl des Bezirkspersonalrats. Die Durchführung der Wahl in den einzelnen Dienststellen übernehmen die örtlichen Wahlvorstände im Auftrag und nach Anordnung des Bezirkswahlvorstands.
(2) Der örtlichen Wahlvorstand gibt die Namen der Mitglieder des Bezirkswahlvorstands und die dienstliche Anschrift seines Vorsitzenden in der Dienststelle durch Aushang bis zum Abschluss der Stimmabgabe bekannt.

### § 30 Feststellung der Beschäftigtenzahl; Wählerverzeichnis

(1) Die örtlichen Wahlvorstände teilen die gemäß § 2 Abs. 1 festgestellten Zahlen unverzüglich schriftlich dem Bezirkswahlvorstand mit.
(2) Die Aufstellung der Wählerverzeichnisse und die Behandlung von Einsprüchen ist Aufgabe der örtlichen Wahlvorstände. Sie teilen dem Bezirkswahlvorstand die Zahl der wahlberechtigten Beschäftigten, getrennt nach Gruppen, unverzüglich schriftlich mit. Dabei sind innerhalb der Gruppen die Anteile der Geschlechter festzustellen.

### § 31 Ermittlung der Zahl der zu wählenden Bezirkspersonalratsmitglieder

Der Bezirkswahlvorstand ermittelt die Zahl der zu wählenden Mitglieder des Bezirkspersonalrats und die Verteilung der Sitze auf die Gruppen.

### § 32 Gleichzeitige Wahl

Die Wahl des Bezirkspersonalrats soll möglichst gleichzeitig mit der Wahl der Personalräte in demselben Bezirk stattfinden.

# Wahlordnung zum Landespersonalvertretungsgesetz (WO-LPVG)

## § 33 Wahlausschreiben

(1) Der Bezirkswahlvorstand erlässt das Wahlausschreiben. § 6 Abs. 2 Nr. 1, 2, 2a, 3, 6, 7, 8, 9, 10 und 13 gilt entsprechend. Der Bezirkswahlvorstand bestimmt im Wahlausschreiben ferner den Tag oder die Tage der Stimmabgabe und weist darauf hin, dass die gemäß § 50 Abs. 3 Satz 3 LPVG nicht wählbaren Beschäftigten keine Wahlvorschläge machen oder unterzeichnen dürfen.

(2) Der örtliche Wahlvorstand ergänzt das Wahlausschreiben um die Angaben gemäß § 6 Abs. 2 Nr. 4, 5 und 12; er weist darauf hin, dass Einsprüche bei ihm einzulegen sind und bestimmt ferner den Ort und die Tageszeit der Stimmabgabe.

(3) Der örtliche Wahlvorstand gibt das Wahlausschreiben unverzüglich in der Dienststelle an geeigneter Stelle durch Aushang bis zum Abschluss der Stimmabgabe bekannt. Er vermerkt auf dem Wahlausschreiben den ersten und letzten Tag des Aushangs.

(4) Offenbare Unrichtigkeiten des Wahlausschreibens können vom Bezirkswahlvorstand jederzeit berichtigt werden.

(5) Die Niederschrift über die Sitzungen, in denen über Einsprüche gegen das Wählerverzeichnis entschieden ist, fertigt der örtliche Wahlvorstand.

## § 34 Stimmabgabe, Stimmzettel

Findet die Wahl des Bezirkspersonalrats zugleich mit der Wahl der Personalräte statt, so sind für die Wahl des Bezirkspersonalrats Stimmzettel von anderer Farbe als für die Wahl des Personalrats zu verwenden; für die schriftliche Stimmabgabe sind zu beiden Wahlen derselbe Wahlumschlag zu verwenden.

## § 35 Feststellung und Bekanntmachung des Wahlergebnisses

(1) Die örtlichen Wahlvorstände zählen die auf die einzelnen Vorschlagslisten oder, wenn Personalwahl stattgefunden hat, die auf die einzelnen Bewerber entfallenen Stimmen. Sie fertigen eine Wahlniederschrift gemäß § 20.

(2) Die Niederschrift ist unverzüglich nach Feststellung des Wahlergebnisses dem Bezirkswahlvorstand zu übersenden. Die bei der Dienststelle entstandenen Unterlagen für die Wahl des Bezirkspersonalrats werden zusammen mit einer Abschrift der Niederschrift vom Personalrat mindestens fünf Jahre aufbewahrt.

(3) Der Bezirkswahlvorstand zählt unverzüglich die auf jede Vorschlagsliste oder, wenn Personenwahl stattgefunden hat, die auf jeden einzelnen Bewerber entfallenen Stimmen und stellt das Ergebnis der Wahl fest.

**Wahlordnung zum Landespersonalvertretungsgesetz (WO-LPVG)**

(4) Sobald die Namen der als Mitglieder des Bezirkspersonalrats gewählten Bewerber feststehen, teilt der Bezirkswahlvorstand ihre Namen den örtlichen Wahlvorständen mit. Diese geben sie durch zweiwöchigen Aushang in der gleichen Weise wie das Wahlausschreiben bekannt.

## Zweiter Abschnitt
## Wahl des Hauptpersonalrats

### § 36 Entsprechende Anwendung der Vorschriften über die Wahl des Bezirkspersonalrats

Für die Wahl des Hauptpersonalrats gelten die §§ 28 bis 35 entsprechend, soweit sich aus den §§ 37 und 38 sind anderes ergibt.

### § 37 Leitung der Wahl

Der Hauptwahlvorstand leitet die Wahl des Hauptpersonalrats.

### § 38 Durchführung der Wahl

(1) Der Hauptwahlvorstand kann die Wahlvorstände bei den im Geschäftsbereich nachgeordneten Dienststellen mit Aufgaben gemäß § 30 und § 35 Abs. 1 und 3 betrauen und diese Wahlvorstände beauftragen, seine Bekanntmachung weiterzuleiten.

(2) Die Bezirkswahlvorstände können von den örtlichen Wahlvorständen die zur Weitergabe an den Hauptwahlvorstand erforderlichen Angaben verlangen.

## Drittes Kapitel
## Wahl des Gesamtpersonalrats

### § 39 Entsprechende Anwendung der Vorschriften über die Wahl des Personalrats

Für die Wahl des Gesamtpersonalrats gelten die §§ 1 bis 27 entsprechend. Der Wahlvorstand kann die Personalräte der an der Wahl des Gesamtpersonalrats beteiligten Dienststellen beauftragen, jeweils für ihren Bereich örtliche Wahlvorstände zu bestellen. In diesem Falle gelten die §§ 28 bis 35 entsprechend.

# Wahlordnung zum Landespersonalvertretungsgesetz (WO-LPVG)

## Viertes Kapitel
## Wahl der Jugend- und Auszubildendenvertretungen

### Erster Abschnitt
### Wahl der Jugend- und Auszubildendenvertretung

#### § 40 Vorbereitung und Durchführung der Wahl

(1) Für die Vorbereitung und Durchführung der Wahl der Jugend- und Auszubildendenvertretung gelten die §§ 1 bis 3, 6 bis 23, 26 und 27 entsprechend mit der Maßgabe, dass die Vorschriften über Gruppenwahl, über den Minderheitenschutz und über die Zusammenfassung der Bewerber in den Wahlvorschlägen nach Gruppen keine Anwendung finden. Dem Wahlvorstand muss mindestens ein nach § 11 LPVG wählbarer Beschäftigter angehören. Der Wahlvorstand ermittelt die Zahl der zu wählenden Mitglieder der Jugend- und Auszubildendenvertretung.

(2) Sind mehrere Mitglieder der Jugend- und Auszubildendenvertretung zu wählen und ist die Wahl auf Grund mehrerer Vorschlagslisten durchgeführt worden, so werden die Summen der auf die einzelnen Vorschlagslisten entfallenen Stimmen nebeneinander gestellt und der Reihe nach durch 1, 2, 3 usw. geteilt. Auf die jeweils höchste Teilzahl (Höchstzahl) wird so lange ein Sitz zugeteilt, bis alle Sitze verteilt sind. § 24 Abs. 1 Satz 3, Abs. 2 und 3 findet Anwendung.

(3) Sind mehrere Mitglieder der Jugend- und Auszubildendenvertretung zu wählen und ist die Wahl auf Grund eines Wahlvorschlags durchgeführt worden, so sind die Bewerber in der Reihenfolge der jeweils höchsten auf sie entfallenen Stimmenzahl gewählt; bei Stimmengleichheit entscheidet das Los.

### Zweiter Abschnitt
### Wahl der Jugend- und Auszubildendenstufenvertretung und der Gesamtjugend- und Auszubildendenvertretung

#### § 41 Vorbereitung und Durchführung der Wahl

(1) Für die Vorbereitung und Durchführung der Wahl der Jugend- und Auszubildendenstufenvertretung und der Gesamtjugend- und Auszubildendenvertretung gilt § 40 entsprechend. Der Wahlvorstand kann die Personalräte der an der Wahl der Jugend- und Auszubildendenstufenvertretung und der Gesamtjugend- und Auszubildendenvertretung beteiligten Dienststellen beauftragen, jeweils für ihren Bereich örtliche Wahlvorstände zu bestellen. In diesem Falle gelten die §§ 28 bis 38 entsprechend.

**Wahlordnung zum Landespersonalvertretungsgesetz (WO-LPVG)**

(2) Für in § 54 LPVG genannte Beschäftigte in nachgeordneten Dienststellen mit in der Regel weniger als fünf solchen Beschäftigten führt der Bezirks- oder Hauptwahlvorstand die Wahl der Jugend- und Auszubildendenstufenvertretungen durch; in den genannten Dienststellen werden keine Wahlvorstände bestellt. Der Bezirks- oder Hauptwahlvorstand kann die schriftliche Stimmabgabe anordnen. In diesem Fall hat der Bezirks- oder Hauptwahlvorstand den wahlberechtigten Beschäftigten die in § 16 bezeichneten Unterlagen zu übersenden.

(3) Für die Wahl der Gesamtjugend- und Auszubildendenvertretung gilt Absatz 2 entsprechend.


## Fünftes Kapitel
## Sondervorschriften

### Erster Abschnitt
### Polizei

**§ 42**

*(aufgehoben)*


### Zweiter Abschnitt
### Lehrer

#### § 43 Wahl der Lehrer-Personalvertretungen in den Fällen des § 87 Abs. 1 und 2 LPVG

(1) Für die Vorbereitung und Durchführung der Wahl der Lehrer-Personalvertretungen gelten die §§ 1 bis 3, § 5 Abs. 1 Satz 1, §§ 6 bis 23 und § 26, außerdem in den Fällen des § 87 Abs. 1 LPVG die §§ 28 bis 38 entsprechend mit Ausnahme der Vorschriften über die Gruppen.

(2) Sind mehrere Mitglieder einer Personalvertretung zu wählen und ist die Wahl auf Grund mehrerer Vorschlagslisten durchgeführt worden, so werden die Summen der auf die einzelnen Vorschlagslisten entfallenen Stimmen nebeneinander gestellt und der Reihe nach durch 1, 2, 3 usw. geteilt. Auf die jeweils höchste Teilzahl (Höchstzahl) wird solange ein Sitz zugeteilt, bis alle Sitze verteilt sind. § 24 Abs. 1 Satz 3, Abs. 2 und 3 findet Anwendung.

(3) Sind mehrere Mitglieder einer Personalvertretung zu wählen und ist die Wahl auf Grund eines Wahlvorschlags durchgeführt worden, so sind die Be-

werber in der Reihenfolge der jeweils höchsten auf sie entfallenen Stimmenzahlen gewählt; bei Stimmengleichheit entscheidet das Los.

## § 44 Wahl der Lehrer-Personalvertretungen in den Fällen des § 87 Abs. 2 Satz 2 LPVG

Für die Vorbereitung und Durchführung der Wahl der Lehrer-Personalvertretungen gelten die §§ 1 bis 27 entsprechend mit der Maßgabe, dass die Vorschriften über die Gruppen für die Lehrergruppen (§ 87 Abs. 2 Satz 2 LPVG) sinngemäß angewandt werden.


# Dritter Abschnitt
# Referendare im juristischen Vorbereitungsdienst

## § 45 Wahl der Personalräte

(1) Für die Vorbereitung und Durchführung der Wahl der Personalräte der Referendare im juristischen Vorbereitungsdienst gelten die §§ 1 bis 3, § 5 Abs. 1 Satz 1, §§ 6 bis 14, 16, 17, 19 bis 23 und 26 entsprechend mit der Maßgabe, dass die Stimmabgabe schriftlich erfolgt.
(2) § 44 Abs. 2 und 3 gilt entsprechend.

## § 46 Wahl des Bezirkspersonalrats

(1) Jeder bei einem Landgericht bestehende Personalrat wählt innerhalb von einem Monat nach Ablauf der in § 30 Abs. 1 LPVG vorgeschriebenen Frist die sich nach § 100 Abs. 2 Satz 1 LPVG ergebende Zahl von Mitgliedern in den Bezirkspersonalrat. Für die Wahl gilt § 33 Abs. 1 Satz 1 und 2 LPVG entsprechend; bei Stimmengleichheit entscheidet das Los.
(2) Der Personalrat bei dem Landgericht teilt dem Bezirkswahlvorstand die Zahl der dem Landgericht als Stammdienststelle angehörenden Referendare und die Namen und Anschriften der in den Bezirkspersonalrat gewählten Mitglieder unverzüglich nach der Wahl schriftlich mit.
(3) Der Bezirkswahlvorstand stellt das Ergebnis der Wahl fest und teilt die Namen der Mitglieder des Bezirkspersonalrats den Personalräten bei den Landgerichten zur Bekanntmachung durch zweiwöchigen Aushang wie bei Wahlausschreiben mit. Spätestens zwei Wochen nach Ablauf der in Absatz 1 vorgeschriebenen Frist hat er die Mitglieder des Bezirkspersonalrats zur Vornahme der vorgeschriebenen Wahlen einzuberufen und die Sitzung zu leiten.

**Wahlordnung zum Landespersonalvertretungsgesetz (WO-LPVG)**

## Sechstes Kapitel
## Schlussvorschriften

### § 47  Bestellung von Wahlvorständen

Ist für Beschäftigte mehrerer Beschäftigungsstellen durch eine nach § 92 Satz 1 Nr. 2 LPVG erlassene Rechtsverordnung eine Behörde, die einer obersten Landesbehörde unmittelbar unterstellt ist, als Dienststelle bestimmt und entfällt daher die Bildung eines Bezirkspersonalrats, so gilt für die Bestellung des Wahlvorstands bei einer solchen Dienststelle für die erste Wahl von Personalräten § 50 Abs. 3 Satz 5 und 6 LPVG entsprechend. Das gilt auch in den Fällen des § 96 Absatz 1 Nummer 1 LPVG.

### § 48  Berechnung von Fristen

Für die Berechnung der in dieser Verordnung festgelegten Fristen finden die §§ 186 bis 193 des Bürgerlichen Gesetzbuchs entsprechende Anwendung.

### § 49  Sprachform

Soweit in dieser Verordnung die männliche Sprachform benutzt wird, bezieht sich diese gleichermaßen auf Männer und Frauen.

### § 50  Inkrafttreten

Diese Verordnung tritt am Tag nach der Verkündung in Kraft.

# Entscheidungen des OVG NRW zum LPVG NRW ab 1985

– zeitlich geordnetes Register –

| Lfd. Nr. | Entscheidung v. | AZ | Stichwort | Fundstelle |
|---|---|---|---|---|
| | | | **1985** | |
| 1. | 29.1.1985 | CL 40/83 | Unterrichtung der Personalvertretung | – |
| 2. | 29.1.1985 | CL 4/83 | Mitbestimmung der Umsetzung | – |
| 3. | 27.3.1985 | CL 34/84 | Weiterbeschäftigung eines Mitglieds der Jugendvertretung | – |
| 4. | 22.5.1985 | CL 4/83 | Mitbestimmung des Personalrats bei Arbeitsplatzgestaltung | – |
| 5. | 22.5.1985 | CL 14/83 | Mitbestimmung des Personalrats bei Arbeitszeitänderung | – |
| 6. | 22.5.1985 | CL 14/84 | Wahlanfechtung | DÖD 86, 72 |
| 7. | 12.9.1985 | CL 20/84 | Mitbestimmung des Personalrats bei Umsetzung | PersR 86, 80 (LS) |
| 8. | 11.9.1985 | CL 51/84 | Mitbestimmung des Personalrats bei der Umsetzung von Beamten auf Probe | PersR 86, 80 (LS); ZBR 86, 178 |
| 9. | 2.10.1985 | CL 58/84 | Erzwingbarkeit einer Dienstvereinbarung | – |
| 10. | 2.10.1985 | CL 19/84 | Anhörung des Personalrats bei Stellenplanentwürfen | PersR 87, 43; ZBR 86, 377; PersV 86, 472 |

# Entscheidungen des OVG NRW zum LPVG NRW ab 1985

| Lfd. Nr. | Entscheidung v. | AZ | Stichwort | Fundstelle |
|---|---|---|---|---|
| 11. | 2.10.1985 | CL 12/85 | Erlöschen der Mitgliedschaft im Personalrat | – |
| 12. | 6.11.1985 | CL 17/84 | Mitbestimmung des Personalrats bei Umsetzung | PersR 87, 43; RiA 86, 184 |
| 13. | 6.11.1985 | CL 21/84 | Fahrtkostenzuschüsse | PersR 87, 43 (LS); RiA 86, 88 |
| 14. | 4.12.1985 | CL 41/84 | Mitbestimmung des Personalrats bei Änderung der Pflichtstunden von Lehrern | – |
| 15. | 22.1.1985 | CL 28/93 | Informationspflicht zu Arbeitsverhältnissen sämtlicher Beschäftigter | PersV 87, 161; ZBR 87, 26 |
| **1986** | | | | |
| 16. | 22.1.1986 | CL 42/83 | Teilnahmeberechtigung Dritter an Erörterungsgesprächen | PersV 87, 162 |
| 17. | 22.1.1986 | CL 54/83 | Auftragsbefugnis des Personalrats/Gesamtpersonalrats bei verschiedenen eigenständigen Teildienststellen | – |
| 18. | 19.2.1986 | CL 28/84 | ADV-Anlage (Pilotprojekt) | PersR 87, 156; RiA 86, 288 |
| 19. | 19.2.1986 | CL 35/84 | Gerichtliche Feststellung von Pflichtverstößen eines Personalrats | PersV 91, 32 |
| 20. | 19.2.1986 | CL 46/83 | Weiterbeschäftigung eines Ersatzmitgliedes der Jugendvertretung | – |
| 21. | 13.3.1986 | CL 4/84 | Mitbestimmung des Personalrats bei Stellenplänen | – |

# Entscheidungen des OVG NRW zum LPVG NRW ab 1985

| Lfd. Nr. | Entscheidung v. | AZ | Stichwort | Fundstelle |
|---|---|---|---|---|
| 22. | 13.3.1986 | CL 16/84 | Mitbestimmung des Personalrats bei Stellenplänen | – |
| 23. | 13.3.1986 | CL 38/84 | Billigungsfiktion bei nicht ordnungsgemäßer Zustimmung des Personalrats bei Einstellung | – |
| 24. | 13.3.1986 | CL 57/83 | Mitbestimmung des Personalrats bei Arbeitsplatzgestaltung | PersR 87, 64 |
| 25. | 13.3.1986 | CL 42/84 | Mitbestimmung des Personalrats bei Arbeitsplatzgestaltung/Bildschirmarbeitsplätze | PersR 87, 44 (LS) |
| 26. | 15.4.1986 | 12 A 226/85 | Beteiligung eines Richterrates in Personalangelegenheiten | PersR 87, 44 |
| 27. | 22.5.1986 | CL 24/84 | Mitbestimmung des Personalrats bei Arbeitsplatzgestaltung | PersR 87, 136; PersV 89, 167 |
| 28. | 22.5.1986 | CL 4/85 | Mitbestimmung des Personalrats bei vorläufiger Abordnung eines Lehrers | PersV 91, 34 |
| 29. | 22.5.1986 | CL 14/85 | Mitbestimmung bei Änderung des Personalfragebogens | PersV 88, 534; RiA 87, 68 |
| 30. | 22.5.1986 | CL 26/84 | Abgrenzung der Zuständigkeit Gesamtpersonalrat/Personalrat | – |
| 31. | 18.6.1986 | CL 29/86 | Voraussetzungen für einstweilige Verfügungen; hier: Zeitpunkt einer Personalversammlung (Lehrer) | – |

# Entscheidungen des OVG NRW zum LPVG NRW ab 1985

| Lfd. Nr. | Entscheidung v. | AZ | Stichwort | Fundstelle |
|---|---|---|---|---|
| 32. | 21.6.1986 | CL 2/86 | Gruppenprinzip, hier: Wahl des Vorsitzenden | PersV 88, 537 |
| 33. | 3.7.1986 | CL 9/84 | Mitbestimmung des Personalrats bei Maßnahmen zur Hebung der Arbeitsleistung | – |
| 34. | 3.7.1986 | CL 36/84 | Übertragung einer höherwertigen Tätigkeit | PersV 88, 536; ZBR 87, 61; RiA 87, 47 |
| 35. | 3.7.1986 | CL 46/84 | Mitbestimmung des Personalrats bei Teilabordnung eines Lehrers | PersR 87, 87; ZBR 87, 59; PersV 88, 536 |
| 36. | 3.7.1986 | CL 23/85 | Begriff der Maßnahme | PersR 87, 176 (LS); ZBR 87, 58; PersV 89, 28; RiA 87, 71 |
| 37. | 23.10.1986 | CL 51/84 | Teilnahme an Fortbildungsveranstaltungen | PersR 87, 112; PersV 89, 29 |
| 38. | 23.10.1986 | CL 10/85 | Außerordentliche Kündigung eines Personalratmitglieds, Zustimmungsersetzung | – |
| 39. | 23.10.1986 | CL 15/85 | Mitbestimmung des Personalrats bei Einstellung aufgrund eines Gestellungsvertrages | PersV 89, 30 |
| 40. | 23.10.1986 | CL 27/86 | Antrag auf Erlass einer einstweiligen Verfügung bei Sozialeinrichtungen | PersV 87, 382; RiA 87, 263; ZBR 87, 381 |
| 41. | 20.11.1986 | CL 5/85 | Mitbestimmung des Personalrats bei Einstellung eines technischen Angestellten | ZTR 87, 154 |
| 42. | 20.11.1986 | CL 3/85 | Zu § 73 Nr. 7 LPVG | – |

## Entscheidungen des OVG NRW zum LPVG NRW ab 1985

| Lfd. Nr. | Entscheidung v. | AZ | Stichwort | Fundstelle |
|---|---|---|---|---|
| 1987 ||||| 
| 43. | 5.2.1987 | CL 8/86 | Mitbestimmung des Personalrats bei Festlegung des Unterrichtsbeginns für Lehrer, Nichtzulassung der Rechtsbeschwerde | – |
| 44. | 5.2.1987 | CL 21/85 | Mitbestimmung des Personalrats bei einer Abordnung, § 66 Abs. 3 Satz 4 LPVG, hier: Zustimmungsverweigerung | – |
| 45. | 19.2.1987 | CL 32/85 | Entfristung | PersV 87, 293 |
| 46. | 26.2.1987 | CL 19/85 | Gesprächsdatenerfassungsanlage | PersR 88, 28; PersV 91, 35; ZBR 88, 72; NWVBl. 88, 20 |
| 47. | 26.2.1987 | CL 22/85 | Vertretungsbefugnis gem. § 8 Abs. 1 Satz 2 LPVG, Rechtsschutzbedürfnis | – |
| 48. | 26.2.1987 | CL 29/85 | Mitbestimmung des Personalrats bei Neuregelung der Pflichtstundenentlastung für Lehrer | PersR 88, 112; ZBR 88, 71 |
| 49. | 26.2.1987 | CL 53/86 | Mitbestimmung des Personalrats bei Teildienststellenbildung | PersV 89, 31 |
| 50. | 9.3.1987 | CL 47/86 | Gegenstandswert in personalvertretungsrechtlichen Beschlussverfahren | PersV 89, 34; ZBR 87, 255; NWVBl. 87, 16; RiA 87, 167 |
| 51. | 9.3.1987 | CL 50/86 | Gegenstandswert in personalvertretungsrechtlichen Beschlussverfahren | – |
| 52. | 4.5.1987 | CL 17/85 | Zulässigkeit einer vorläufigen Regelung, Rechtsschutzbedürfnis | – |

# Entscheidungen des OVG NRW zum LPVG NRW ab 1985

| Lfd. Nr. | Entscheidung v. | AZ | Stichwort | Fundstelle |
|---|---|---|---|---|
| 53. | 4.5.1987 | CL 20/85 | Mitbestimmungspflicht bei Alkoholverbot | PersR 88, 104 |
| 54. | 4.5.1987 | CL 25/85 | Mitbestimmung des Personalrats bei Höhergruppierung | – |
| 55. | 22.6.1987 | CL 21/86 | Zustimmung zur Versetzung eines Lehrers, zuständiger Personalrat | – |
| 56. | 22.6.1987 | CL 28/85 | Mitbestimmung des Personalrats bei Arbeitsplatzgestaltung | – |
| 57. | 14.9.1987 | CL 54/86 | Auflösung des Arbeitsverhältnisses eines Mitgliedes der Jugendvertretung, § 9 BPersVG | NWVBl. 88, 178; PersV 89, 169 |
| 58. | 14.9.1987 | CL 61/86 | Auflösung des Arbeitsverhältnisses eines Mitgliedes der Jugendvertretung, § 9 BPersVG | – |
| 59. | 16.9.1987 | CL 35/87 | Feststellung der Unzulässigkeit einer Eilmaßnahme im Wege der einstweiligen Verfügung | – |
| 60. | 16.9.1987 | CL 38/87 | Feststellung der Unzulässigkeit einer Eilmaßnahme im Wege der einstweiligen Verfügung | – |
| 61. | 21.9.1987 | CL 3/86 | Mitbestimmung des Personalrats bei Festlegung von Grundsätzen für die Anordnung einer Rufbereitschaft | PersV 89, 35 |
| 62. | 21.9.1987 | CL 4/86 | Einführung einer ADV-unterstützten Mengen- und Zeiterfassung | PersV 91, 303; NWVBl. 88, 116 |

## Entscheidungen des OVG NRW zum LPVG NRW ab 1985

| Lfd. Nr. | Entscheidung v. | AZ | Stichwort | Fundstelle |
|---|---|---|---|---|
| 63. | 21.9.1987 | CL 24/85 | Mitbestimmung des Personalrats bei Einstellung von Lektoren an den wissenschaftlichen Hochschulen | – |
| 64. | 9.11.1987 | CL 24/86 | Mitbestimmung des Personalrats bei Privatisierung | PersV 90, 27 |
| 65. | 9.11.1987 | CL 27/85 | Mitbestimmung des Personalrats bei Privatisierung, hier: Vergabe von Reinigungsarbeiten an Fremdfirmen | PersR 88, 245; PersV 88, 272; 310ff. |
| 66. | 9.11.1987 | CL 32/86 | Mitbestimmung des Personalrats bei Privatisierung, hier: Übertragung eines Betriebes u. Unterhaltung eines städtischen Freibades auf einen Sportverein | PersR 88; 247; ZTR 88, 232; PersV 88, 272, 313 |
| 67. | 9.11.1987 | CL 4/87 | Mitbestimmung des Personalrats bei Privatisierung, hier: einer städtischen Sportanlage | PersR 88, 302; ZBR 89, 92; PersV 88, 272, 315 |
| 68. | 9.11.1987 | CL 11/87 | Mitbestimmung des Personalrats bei Privatisierung, hier: Vergabe an Außengutachter | ZBR 89, 93; PersV 88, 272, 316 |
| | | | **1988** | |
| 69. | 8.3.1988 | CL 26/86 | Initiativrecht des Personalrats | – |
| 70. | 8.3.1988 | CL 44/86 | Initiativrecht des Personalrats | OVGE 40, 38 |
| 71. | 8.3.1988 | CL 6/87 | Initiativrecht des Personalrats | – |
| 72. | 8.3.1988 | CL 19/87 | Initiativrecht des Personalrats | PersR 88, 329; PersV 88, 359; NWVBl. 88, 305 |

# Entscheidungen des OVG NRW zum LPVG NRW ab 1985

| Lfd. Nr. | Entscheidung v. | AZ | Stichwort | Fundstelle |
|---|---|---|---|---|
| 73. | 15.3.1988 | CL 31/86 | Mitbestimmungspflicht bei Lehrerdatei | PersR 89, 144 (LS); CR 89, 319; ZTR 88, 359; NWVBl. 90, 355; RDV 89, 87 |
| 74. | 15.3.1988 | CL 8/87 | Terminal für Beihilfeauskunftsverfahren | PersR 89, 28 (LS); ZBR 89, 28; RDV 89, 85; ZTR 88, 359; PersV 90, 28; DÖD 89, 73; CR 89, 320 |
| 75. | 15.3.1988 | CL 44/87 | Mitbestimmung des Personalrats bei vorläufiger Abordnung von Lehrern | PersR 89, 28 (LS); ZBR 89, 27; PersV 90, 31; RdJB 88, 361 |
| 76. | 24.5.1988 | CL 28/86 | Befristeter Aushilfsvertrag mit einer Fernsehredakteurin | – |
| 77. | 24.5.1988 | CL 40/86 | Mitbestimmung des Personalrats bei Änderung der Intervallreinigung | PersV 91, 305 |
| 78. | 24.5.1988 | CL 64/86 | Mitbestimmung des Personalrats bei Hinzuziehung eines Lehrers als Fachberater | NWVBl. 88, 374 |
| 79. | 31.5.1988 | CL 11/86 | Ablehnungsrecht des Personalrats bei Erhöhung der Essenspreise | PersV 91, 37 |
| 80. | 31.5.1988 | CL 16/86 | Inhalt und Grenzen der Rechte und Pflichten des Leiters einer Personalversammlung; Antragsbefugnis von Gewerkschaften | PersV 90, 33; ZBR 88, 393; ZTR 89, 40 (LS) |
| 81. | 31.5.1988 | CL 20/86 | Vorlagepflicht von Unterlagen, hier: Programm bei computermäßiger Umsetzung des Lehrereinstellungsverfahrens | PersV 90, 35; ZBR 88, 36; ZTR 89, 40 (LS) |

## Entscheidungen des OVG NRW zum LPVG NRW ab 1985

| Lfd. Nr. | Entscheidung v. | AZ | Stichwort | Fundstelle |
|---|---|---|---|---|
| 82. | 31.5.1988 | CL 33/86 | Rechtzeitige Unterrichtung des Personalrats im Rahmen des Mitbestimmungsverfahrens | PersV 90, 178 |
| 83. | 7.6.1988 | CL 10/86 | Mitbestimmung des Personalrats bei Anschaffung und Inbetriebnahme eines BTX-Gerätes | – |
| 84. | 21.6.1988 | CL 1/86 | Freistellung von Personalratsmitgliedern | – |
| 85. | 21.6.1988 | CL 2/86 | Unwirksamkeit der Wahl des Personalratsvorsitzenden | ZBR 88, 357; ZTR 88, 471; NWVBl. 89, 53; PersV 88, 537; OVGE 40, 97 |
| 86. | 21.6.1988 | CL 17/87 | Freistellung eines Ersatzmitgliedes eines Personalrats | PersV 90, 78 |
| 87. | 21.6.1988 | CL 57/87 | Freistellung von Personalratsmitgliedern, hier: Gruppenprinzip | PersV 89, 170; ZBR 89, 88; ZTR 88, 472 |
| 88. | 11.10.1988 | CL 23/86 | Zustimmungsfiktion, hier: Hemmung der Frist | PersR 89, 144 (LS); ZTR 89, 124; PersV 90, 79; ZBR 89, 214 |
| 89. | 11.10.1988 | CL 38/86 | Beitragserhebung durch Personalrat | PersV 89, 387; ZBR 89, 183; ZTR 89, 125 |
| 90. | 8.11.1988 | CL 43/86 | Richtlinien über die persönliche Auswahl bei Versetzungen | PersR 89, 330; ZBR 89, 286; RdJB 89, 353 |
| 91. | 29.11.1988 | CL 14/88 | Wahlanfechtung; hier: Bestimmung der Regelstärke | – |
| 92. | 29.11.1988 | CL 64/87 | Wahlanfechtung; hier: Zahl der Gruppenvertreter | ZBR 90, 159; ZTR 89, 325; PersV 90, 80 |
| 93. | 6.12.1988 | CL 22/86 | Mitbestimmung des Personalrats bei Laufbahnwechsel | PersV 90, 84; ZBR 90, 268 |

# Entscheidungen des OVG NRW zum LPVG NRW ab 1985

| Lfd. Nr. | Entscheidung v. | AZ | Stichwort | Fundstelle |
|---|---|---|---|---|
| 94. | 6.12.1988 | CL 42/86 | Auflösung des Arbeitsverhältnisses eines Mitglieds der Hauptjugendvertretung | – |
| 95. | 6.12.1988 | CL 1/88 | Anfechtung der Wahl zum Bezirkspersonalrat wg. unzulässiger Teilnahme | ZBR 89, 347; PersV 90, 82; NWVBl. 89, 372 |
| 96. | 6.12.1988 | CL 21/87 | Anfechtung der Wahl, hier: Nichtwählbarkeit von Dienststellenleitern zu Stufenvertretungen | ZBR 90, 156; PersV 90, 83 |
| | | | 1989 | |
| 97. | 24.1.1989 | CL 55/86 | Erstattung der Schulungskosten | ZBR 89, 348; PersV 92, 169 |
| 98. | 31.1.1989 | CL 2/87 | Mitbestimmung des Personalrats bei Inkraftsetzung eines neuen Geschäftsverteilungsplanes | PersV 90, 85 |
| 99. | 31.1.1989 | CL 5/87 | Reisekostenvergütung für Personalratsmitglied einer Stufenvertretung | PersV 90, 85; ZBR 89, 318; PersR 89, 161 |
| 100. | 31.1.1989 | CL 9/87 | Mitbestimmung des Personalrats bei Zulageregelungen für Kraftfahrer | PersV 90, 87; ZTR 89, 411 |
| 101. | 23.2.1989 | 12 A 2470/86 | Umfang des Informationsanspruches (§ 65 LPVG) | ZBR 90, 152; Beamtenbund Nr. 50 |
| 102. | 23.3.1989 | CL 18/88 | Gerichtsgebühren im Beschlussverfahren | PersV 90, 92; ZBR 90, 161; NWVBl. 89, 291 |
| 103. | 8.3.1989 | CL 23/87 | Mitbestimmung des Personalrats bei Erhöhung der Verpflegungssätze in Sozialeinrichtungen | PersV 90, 93; PersR 89, 234 |

## Entscheidungen des OVG NRW zum LPVG NRW ab 1985

| Lfd. Nr. | Entscheidung v. | AZ | Stichwort | Fundstelle |
|---|---|---|---|---|
| 104. | 8.3.1989 | CL 30/87 | Zulassung von Beschäftigten zu Angestelltenlehrgängen | – |
| 105. | 8.3.1989 | CL 37/87 | Antragsänderung im Beschlussverfahren, Privatisierung | PersV 92, 172; ZBR 90, 157; PersR 89, 277 |
| 106. | 13.3.1989 | CL 8/89 | Teilnahme an Schulungsveranstaltungen, einstweilige Verfügung | – |
| 107. | 17.5.1989 | CL 20/87 | Bereitstellung einer Bürokraft | – |
| 108. | 21.6.1989 | CL 3/88 | Mitbestimmung des Personalrats bei Einrichtung von Erziehungsgeldkassen | ZBR 90, 30; PersV 93, 28 |
| 109. | 21.6.1989 | CL 55/87 | Mitbestimmung des Personalrats bei Anordnung von Nachtarbeit für die Dauer eines Gastspiels an einem Theater, Beginn und Ende der täglichen Arbeitszeit | PersV 92, 175; PersR 91, 216 |
| 110. | 30.8.1989 | CL 45/86 | Geschäftsführung des Personalrats: Beschlussaussetzung inhaltlich korrigiert durch BVerwG 29.1.1992 – 6 P 17/89 | PersR 90, 116 (LS); ZTR 90, 169 |
| 111. | 30.8.1989 | CL 59/86 | Mitbestimmung des Personalrats bei Regelung des Ausgleichs von Mehrarbeit | – |
| 112. | 4.9.1989 | CL 36/89 | Festlegung des Zeitpunktes der Personalversammlung, Hinzuziehung sachkundiger Personen zur Personalversammlung | PersR 90, 343 (LS); ZBR 90, 30; PersV 93, 28; NWVBl. 90, 269 |

# Entscheidungen des OVG NRW zum LPVG NRW ab 1985

| Lfd. Nr. | Entscheidung v. | AZ | Stichwort | Fundstelle |
|---|---|---|---|---|
| 113. | 6.9.1989 | CL 32/89 | Unzulässigkeit einer vorläufigen Regelung | – |
| 114. | 6.9.1989 | CL 34/87 | Unzulässigkeit einer vorläufigen Regelung (Überstunden) | – |
| 115. | 6.9.1989 | CL 55/88 | Wahlanfechtung | PersR 90, 343 (LS); ZBR 90, 331; PersV 93, 31; NWVBl. 90, 206 |
| 115a. | 20.9.1989 | CL 53/87 | Arbeitsorganisation | NWVBl. 90, 234 |
| 116. | 25.10.1989 | CL 63/89 | Mitbestimmung des Personalrats bei Änderung von Geschäftsverteilungsplänen | ZTR 90, 257; PersV 91, 38; NWVBl. 90, 204 |
| 117. | 25.10.1989 | CL 1/87 | Mitbestimmung des Personalrats bei Einrichtung eines zentralen Schreibdienstes, Maßnahme zur Hebung der Arbeitsleistung | PersR 90, 344 (LS); PersV 91, 171; NWVBl. 90, 205 |
| 118. | 13.12.1989 | CL 18/87 | Maßnahmen zur Hebung der Arbeitsleistung, hier: Einsparung von Nachtposten | – |
| 119. | 13.12.1989 | CL 46/87 | Teilnahme des Personalrats an Vorstellungs- u. Eignungsgesprächen | PersV 91, 172; ZTR 90, 297; EStT NW 90, 432 |
| 120. | 13.12.1989 | CL 52/87 | Mitbestimmung des Personalrats bei der Einführung neuer Technologien | – |
| 121. | 13.12.1989 | CL 12/88 | Aufhebung der Entscheidung einer Einigungsstelle | – |

## Entscheidungen des OVG NRW zum LPVG NRW ab 1985

| Lfd. Nr. | Entscheidung v. | AZ | Stichwort | Fundstelle |
|---|---|---|---|---|
| 122. | 13.12.1989 | CL 76/88 | Mitbestimmung des Personalrats bei der Einführung neuer Technologien, hier: Druckdatenbank | – |
| 123. | 20.12.1989 | CL 28/87 | Einigungsstelle | PersV 91, 177; PersR 90, 344 (LS); ZBR 92, 124; ZTR 90, 534. |
| 124 | 20.12.1989 | CL 20/89 | Anwendung des Personalvertretungsrechts auf Kreishandwerkerschaften | PersV 91, 175; GewArch 90, 215; NWVBl. 90, 268 |
| 125. | 20.12.1989 | CL 53/87 | Mitbestimmung des Personalrats bei Zuweisung zusätzlicher Aufgaben | PersV 91, 174; NWVBl. 90, 268; GewArch 90, 215 |
| | | | **1990** | |
| 126. | 25.1.1990 | CL 37/89 | Beschwerde gegen Festsetzung des Gegenstandswertes | – |
| 127. | 14.2.1990 | CL 14/87 | Mitbestimmung des Personalrats bei Einstellung, Zustimmungsverweigerung | PersR 91, 235 (LS) |
| 128. | 14.2.1990 | CL 42/87 | Mitbestimmung des Personalrats bei Übernahme ins Angestelltenverhältnis | PersR 90, 235; PersV 91, 179; ZBR 92, 123; ZTR 90, 533 |
| 129. | 14.2.1990 | CL 56/87 | Mitbestimmung bei Auszahlung der Bezüge | PersV 91, 308; ZTR 90, 446; PersR 91, 63 (LS) |
| 130. | 14.2.1990 | CL 10/88 | Wissenschaftliche Mitarbeiter | PersR 91, 234; ZTR 90, 534; PersV 91, 181 (LS) |
| 131. | 29.3.1990 | CL 15/87 | Mitbestimmung des Personalrats bei Anordnung von Überstunden | PersV 91, 309; PersR 91, 217 (LS) |

## Entscheidungen des OVG NRW zum LPVG NRW ab 1985

| Lfd. Nr. | Entscheidung v. | AZ | Stichwort | Fundstelle |
|---|---|---|---|---|
| 132. | 29.3.1990 | CL 8/88 | Mitbestimmung des Personalrats bei Urlaubsplänen | PersR 91, 64 (LS) |
| 133. | 29.3.1990 | CL 69/88 | Wahlanfechtung, Wahlvorschlag | PersV 91, 312; PersR 91, 315 (LS); NWVBl. 91, 89 |
| 134. | 29.3.1990 | CL 34/89 | Mitbestimmung des Personalrats bei Arbeitszeitregelung in Krankenhäusern | PersV 91, 313; ZTR 90, 490; PersR 90, 186 |
| 135. | 5.4.1990 | CL 54/87 | Mitbestimmung des Personalrats bei Honorarkräften für eine Musikschule | PersV 91, 314 (LS); PersR 90, 335; ZBR 91, 124; ZTR 90, 445 |
| 136. | 5.4.1990 | CL 58/87 | Mitbestimmung des Personalrats bei der Anordnung von Überstunden | PersV 91, 316; ZTR 90, 490; PersR 90, 269 |
| 137. | 5.4.1990 | CL 2/88 | Mitbestimmung des Personalrats bei der Anordnung von Überstunden | PersR 91, 219 (LS); ZBR 91, 286 |
| 138. | 5.4.1990 | CL 65/88 | Freistellung des Personalratsvorsitzenden; hier: Beachtung der stärksten Liste | – |
| 139. | 26.4.1990 | CL 68/89 | Beschwerde gegen die Festsetzung des Gegenstandswertes | – |
| 140. | 3.5.1990 | CL 21/90 | Mitbestimmung des Personalrats; hier: Antrag auf Erlass einer einstweiligen Verfügung | – |
| 141. | 9.5.1990 | CL 23/90 | Durchführung einer Personalratswahl, hier: Antrag auf Erlass einer einstweiligen Verfügung | – |

## Entscheidungen des OVG NRW zum LPVG NRW ab 1985

| Lfd. Nr. | Entscheidung v. | AZ | Stichwort | Fundstelle |
|---|---|---|---|---|
| 142. | 7.6.1990 | CL 5/88 | Mitbestimmung des Personalrats bei Versetzungen, hier: Stellungnahme an das verfassungsmäßig zuständige Organ | PersR 90, 380; NWVBl. 91, 53 |
| 143. | 7.6.1990 | CL 50/88 | Auflösung eines Arbeitsverhältnisses nach § 9 Abs. 2 BPersVG | – |
| 144. | 7.6.1990 | CL 56/88 | Fachzeitschrift für Personalrat | NWVBl. 90, 424; ZTR 91, 41 (LS) |
| 145. | 7.6.1990 | CL 86/88 | Zuständigkeit zwischen Personalrat und Gesamtpersonalrat | PersR 91, 94 (LS); PersV 93, 476 |
| 146. | 5.7.1990 | CL 17/88 | Beurteilungsrichtlinien | – |
| 147. | 5.7.1990 | CL 20/88 | Anhörung des Personalrats bei der Vorbereitung von Stellenplanentwürfen | PersR 91, 219; PersV 91, 219; NWVBl. 91, 54 |
| 148. | 5.7.1990 | CL 47/88 | Änderung eines Organisationsplanes | – |
| 149. | 5.7.1990 | CL 57/88 | Bestellung und Abberufung von Ausbildern | – |
| 150. | 17.7.1990 | CL 71/89 | Festsetzung des Gegenstandswertes | – |
| 151. | 4.10.1990 | CL 13/88 | Mitbestimmung des Personalrats bei Arbeitsbewertungen | – |
| 152. | 4.10.1990 | CL 42/88 | Gemeinschaftliche Besprechungen gem. § 63 LPVG | PersR 91, 95 (LS); NWVBl. 91, 18; ZTR 91, 133; PersV 95, 40 |

# Entscheidungen des OVG NRW zum LPVG NRW ab 1985

| Lfd. Nr. | Entscheidung v. | AZ | Stichwort | Fundstelle |
|---|---|---|---|---|
| 153. | 4.10.1990 | CL 31/89 | Mitbestimmung des Personalrats bei der Erweiterung von Publikumssprechzeiten | – |
| 154. | 26.10.1990 | CL 69/90 | Wahlanfechtung; hier: Vorlage der entstandenen Wahlvorgänge an das Gericht | PersR 91, 221 (LS); NWVBl. 91, 171 |
| 155. | 6.12.1990 | CL 21/88 | Mitbestimmung des Personalrats bei der Einführung neuer Technologien, hier: ADV | RiA 91, 301; CR 91, 551; PersR 91, 173 (LS); NWVBl. 91, 306; NVwZ 91, 698 |
| 156. | 6.12.1990 | CL 24/88 | Anspruch auf Information, § 65 Abs. 1 Satz 1 LPVG | PersR 91, 298 (LS); NWVBl. 91, 270; ZTR 91, 262; DB 91, 262 |
| 157. | 6.12.1990 | CL 45/89 | Auflösung eines Arbeitsverhältnisses nach § 9 BPersVG | – |
| 158. | 13.12.1990 | CL 61/88 | Einsichtsrecht des Personalrats in Personaldaten | NVwZ 91, 697; PersR 91, 175; RiA 92, 97; CR 91, 552; DÖD 91, 211; RDV 92, 241 |
| 159. | 13.12.1990 | CL 71/90 | Freistellung von Personalratsmitgliedern | – |
| 159a. | 17.1.1991 | CL 91/90 | Personenbeziehbare Daten | – |
| | | **1991** | | |
| 160. | 1.3.1991 | CL 16/88 | Übernahme von Anwaltskosten | – |
| 161. | 1.3.1991 | CL 35/88 | Privatisierung | – |
| 162. | 1.3.1991 | CL 38/88 | Privatisierung, hier: städtisches Übernachtungsheim für Nichtsesshafte | NWVBl. 91, 419; PersR 92, 79 |

## Entscheidungen des OVG NRW zum LPVG NRW ab 1985

| Lfd. Nr. | Entscheidung v. | AZ | Stichwort | Fundstelle |
|---|---|---|---|---|
| 163. | 11.3.1991 | CL 28/88 | Beteiligteneigenschaften; Dienststellenleiter in medizinischen Einrichtungen | – |
| 164. | 11.3.1991 | CL 34/88 | Ausgleich von Mehrarbeit, Anwaltskosten | PersR 91, 346 |
| 165. | 11.3.1991 | CL 39/88 | Zulässigkeit einer vorläufigen Regelung, Rechtsschutzbedürfnis | – |
| 166. | 11.3.1991 | CL 70/88 | Kostenerstattung bei Teilnahme an Schulungsveranstaltungen | PersR 91, 299 |
| 167. | 18.3.1991 | CL 75/88 | Mitbestimmung bei Privatisierung von Sportanlagen | DÖV 91, 1079; ZBR 92, 187; PersR 91, 348; NWVBl. 92, 22; EStT NW 91, 693 |
| 168. | 18.3.1991 | CL 78/88 | Gebot der vertrauensvollen Zusammenarbeit, Einflussnahme von Ratsmitgliedern auf Beschlussvorlage des Dienststellenleiters | NWVBZ 91, 418 |
| 169. | 21.3.1991 | 12 A 642/90.PV-L | Fehlerhafte Unterrichtung des Personalrats | PersR 91, 301 |
| 170. | 15.4.1991 | 1 A 78/91 | Freistellung von Personalratsmitgliedern | PersR 91, 372 |
| 171. | 15.4.1991 | CL 66/90 | Freistellung von Personalratsmitgliedern | PersR 92, 336 (LS) |
| 172. | 15.4.1991 | CL 111/90 | Freistellung von Personalratsmitgliedern | – |
| 173. | 13.5.1991 | CL 58/88 | Inkompatibilität von Personalratsmandat und Mitgliedschaft im Fachbereich einer Hochschule | NWVBl. 92, 60; PersV 93, 34 |

# Entscheidungen des OVG NRW zum LPVG NRW ab 1985

| Lfd. Nr. | Entscheidung v. | AZ | Stichwort | Fundstelle |
|---|---|---|---|---|
| 174. | 13.5.1991 | CL 85/88 | Begriff des Informations- und Kommunikationsnetzes | PersR 92, 157; PersV 93, 37 |
| 175. | 13.5.1991 | CL 15/89 | Auswahlverfahren nach § 65 Abs. 2 LPVG | PersR 92, 65, 66; PersV 93, 38; ZTR 92, 39 |
| 176. | 15.7.1991 | 1 A 1755/91. PVL | Freistellung von Personalratsmitgliedern | – |
| 177. | 15.7.1991 | CL 114/90 | Freistellung unter Beachtung der stärksten Liste, Antrag auf Erlass einer einstweiligen Verfügung | – |
| 178. | 25.7.1991 | 1 E 374/91. PVL | Gegenstandswert, Beschlussverfahren | PersR 92, 224 |
| 179. | 5.8.1991 | CL 52/88 | Initiativrecht des Personalrats bei ABM und Einstellungen | PersR 92, 67 |
| 180. | 5.8.1991 | CL 80/88 | Initiativrecht des Personalrats, Zulässigkeit der inhaltlichen Beschränkung von Beteiligungsrechten der Lehrerpersonalräte | PersV 93, 40 |
| 181. | 5.8.1991 | CL 24/89 | Initiativrecht des Personalrats | – |
| 182. | 5.8.1991 | CL 53/89 | Abmahnung im Sinne von § 74 Satz 1 LPVG | PersR 92, 67; PersV 93, 43; NWVBl. 92, 135 |
| 183. | 15.8.1991 | 1 A 2669/91 | Beteiligungsrechte des Personalrats bei Organisationsuntersuchungen, einstweilige Verfügung | – |
| 184. | 14.10.1991 | CL 48/88 | Mitbestimmung des Personalrats bei Anordnung von Bereitschaftsdienst im Krankentransport | – |

# Entscheidungen des OVG NRW zum LPVG NRW ab 1985

| Lfd. Nr. | Entscheidung v. | AZ | Stichwort | Fundstelle |
|---|---|---|---|---|
| 185. | 14.10.1991 | CL 81/88 | Dienststellenleiter im Sinne des § 8 LPVG, hier: Leiter des Schulverwaltungsamtes | NWVBl. 92, 209; ZBR 92, 189 (LS) |
| 186. | 14.10.1991 | CL 14/89 | Geschäftsführer des Personalrats | PersR 92, 160 |
| 187. | 14.10.1991 | CL 57/90 | Mitbestimmung des Personalrats beim Einsatz eines Pförtners | PersR 92, 158; ZTR 92, 263 |
| 188. | 14.10.1991 | CL 107/90 1 B 1690/91. PVL | Mitbestimmung des Personalrats bei Privatisierung, hier: Aufgabenwahrnehmung bisher durch kreiseigene Messtrupps; einstweilige Verfügung | PersR 92, 68; ZTR 92, 175; PersV 92, 90; NWVBl. 92, 95 |
| 189. | 4.11.1991 | 1 A 973/91. PVL | Fristversäumnis, Wiedereinsetzung in den vorigen Stand | PersV 93, 44 |
| 190. | 4.11.1991 | 1 A 2062/91 | Durchführung einer Dienstvereinbarung | – |
| 191. | 4.11.1991 | CL 77/88 | Mitbestimmung des Personalrats bei der Inbetriebnahme einer Gesprächsdatenerfassungsanlage | PersR 92, 410; ZTR 92, 347 (LS) |
| 191a. | 4.11.1991 | CL 89/88 | Hebung der Arbeitsleistung | – |
| 192. | 18.11.1991 | 1 B 2034/91. PVL | Freistellung von Personalratsmitgliedern; einstweilige Verfügung (1 B 1300/91) | – |
| 193. | 16.12.1991 | CL 1/89 | Mitbestimmung des Personalrats bei der Umsetzung eines Beamten | PersR 92, 318; ZTR 92, 304 |
| 194. | 16.12.1991 | CL 67/90 | Wahlanfechtung | – |

# Entscheidungen des OVG NRW zum LPVG NRW ab 1985

| Lfd. Nr. | Entscheidung v. | AZ | Stichwort | Fundstelle |
|---|---|---|---|---|
| **1992** | | | | |
| 195. | 29.1.1992 | 1 A 2505/91. PVL | Teilnahme an Organisationsuntersuchung, einstweilige Verfügung | – |
| 196. | 2.12.1992 | 1 A 2669/91. PVL | Teilnahme an Organisationsuntersuchung, einstweilige Verfügung | – |
| 197. | 1.3.1992 | CL 16/88 | Rechtsanwaltskosten im Beschlussverfahren | – |
| 198. | 11.3.1992 | 1 A 621/91. PVL | Begriff der Abmahnung (Rechtsschutzbedürfnis) | – |
| 199. | 11.3.1992 | CL 60/88 | Kostenerstattung bei Weiterbildungsmaßnahmen | – |
| 200. | 11.3.1992 | CL 38/89 | Mitbestimmung des Personalrats hinsichtlich der Anmietung und Inbetriebnahme von Fotokopiergeräten | NWVBl. 92, 427; ZBR 93, 33; RiA 93, 46; PersR 93, 33; CR 93, 375 |
| 200a. | 11.3.1992 | CL 62/89 | Eingruppierung | PersR 93, 144 (LS); RiA 93, 205 |
| 201. | 25.3.1992 | CL 67/88 | Freistellung von Personalratsmitgliedern | – |
| 202. | 25.3.1992 | CL 83/88 | Einsichtnahme des Personalrats in Lohn- und Gehaltslisten | RiA 92, 263; PersR 93, 129; NWVBl. 92, 428 |
| 203. | 1.4.1992 | CL 7/89 | Mitbestimmung des Personalrats bei Personalwohnungen | ZBR 93, 281; PersR 93, 240 |
| 204. | 15.4.1992 | CL 4/89 | Mitbestimmung des Personalrats bei der Anordnung von Überstunden | ZBR 93, 31; PersR 92, 518; Quelle 93, Nr. 3, 26 |

## Entscheidungen des OVG NRW zum LPVG NRW ab 1985

| Lfd. Nr. | Entscheidung v. | AZ | Stichwort | Fundstelle |
|---|---|---|---|---|
| 205. | 10.6.1992 | CL 69/89 | Verfassungsmäßig zuständiges oberstes Organ im Sinne des § 69 Abs. 6 LPVG | – |
| 206. | 10.6.1992 | CL 16/89 | Mitbestimmung des Personalrats bei Umsetzung | PersR 93, 316 |
| 207. | 17.6.1992 | CL 35/90 CL 36/90 CL 37/90 CL 39/90 CL 41/90 CL 42/90 | Mitbestimmung bei Personaldatenverarbeitung | PersR 93, 80; NWVBl. 93, 139 |
| 208. | 24.6.1992 | CL 21/89 | Zulässigkeit einer vorläufigen Regelung | – |
| 209. | 24.6.1992 | CL 51/90 | Zulässigkeit einer vorläufigen Regelung | NWVBl. 93, 141; ZBR 93, 96; RiA 93, 152 |
| 210. | 24.6.1992 | CL 39/89 | Mitbestimmung des Personalrats bei der Schaffung neuer Aufenthalts- u. Umkleideräume für Beschäftigte zur Verhütung von Gesundheitsgefahren | – |
| 211. | 24.6.1992 | 1 A 3685/91. PVL | Freistellung von Personalratsmitgliedern | – |
| 212. | 8.7.1992 | 1 E 568/92. PVL | Kostenerstattung gem. § 40 LPVG, Festsetzung des Gegenstandswertes | – |
| 213. | 29.7.1992 | CL 92/90 | Mitbestimmung des Personalrats bei automatisierter Bearbeitung personenbezogener Daten der Beschäftigten | – |

# Entscheidungen des OVG NRW zum LPVG NRW ab 1985

| Lfd. Nr. | Entscheidung v. | AZ | Stichwort | Fundstelle |
|---|---|---|---|---|
| 214. | 7.10.1992 | CL 62/90 | Mitbestimmung des Personalrats bei Privatisierung, hier: Sportanlage | – |
| 214a. | 7.10.1992 | CL 5/90 | Wahlrecht bei selbständiger Entscheidung über Personalangelegenheiten | – |
| 215. | 4.11.1992 | CL 41/89 | Mitbestimmung des Personalrats bei Privatisierung, hier: Pflege einer Sportanlage | PersR 93, 177; ZBR 93, 130; NWVBl. 93, 142; EStT NW 93, 379 |
| 216. | 4.11.1992 | CL 52/89 | Mitbestimmung des Personalrats bei Überstunden, hier: Erfordernisse des Betriebsablaufs | – |
| 217. | 4.11.1992 | 1 A 1426/91. PVL | Einladung politischer Mandatsträger als sachkundige Personen zur Sitzung des Personalrats | NWVBl. 93, 223 |
| 218. | 11.11.1992 | CL 48/90 | Mitwirkung des Personalrats bei einer Bestellung zum Vorarbeiter | ZBR 93, 155 (LS) |
| 219. | 11.11.1992 | CL 79/90 | Mitbestimmung des Personalrats bei wesentlicher Änderung eines Arbeitsvertrages | ZTR 93, 348 |
| 220. | 25.11.1992 | CL 40/90 | Mitbestimmung des Personalrats bei automatisierter Verarbeitung personenbezogener Daten der Beschäftigten | PersR 93, 365; NWVBl. 93, 273 |
| 221. | 16.12.1992 | 1 A 2670/91 PVB | Keine Mitbestimmung bei Rufbereitschaft | ZTR 93, 216 |

## Entscheidungen des OVG NRW zum LPVG NRW ab 1985

| Lfd. Nr. | Entscheidung v. | AZ | Stichwort | Fundstelle |
|---|---|---|---|---|
| **1993** | | | | |
| 222. | 20.1.1993 | CL 42/89 | Mitbestimmung des Personalrats bei einer Organisationsmaßnahme, Hebung der Arbeitsleistung | ZBR 93, 336; PersR 93, 520; PersV 95, 457 |
| 223. | 20.1.1993 | CL 58/90 | Mitbestimmung des Personalrats bei automatisierter Verarbeitung personenbezogener Daten der Beschäftigten | – |
| 224. | 28.1.1993 | 1 E 1399/92. PVL | Kostenerstattung gemäß § 42 Abs. 5 LPVG, hier: Beschwerde gegen Festsetzung des Gegenstandswertes | – |
| 225. | 10.2.1993 | CL 1/90 | Kostentragung für die Herstellung eines vom Personalrat herausgegebenen Informationsblattes | PersV 95, 461 |
| 226. | 10.2.1993 | CL 11/90 | Mitbestimmung des Personalrats bei der Übertragung einer höherwertigen Tätigkeit | PersR 94, 43; ZTR 93, 305 |
| 227. | 10.2.1993 | CL 47/89 | Mitbestimmung des Personalrats bei der Inbetriebnahme eines Telefaxgerätes | ZBR 93, 287 E; PersR 93, 367; PersV 95, 459; NWVBl. 93, 396; ZfPR 94, 58 |
| 228. | 15.2.1993 | 6 A 1810/90 | Erneute Mitbestimmung des Personalrats bei Verzögerung einer Maßnahme, hier: Versetzung | PersR 93, 369 |

## Entscheidungen des OVG NRW zum LPVG NRW ab 1985

| Lfd. Nr. | Entscheidung v. | AZ | Stichwort | Fundstelle |
|---|---|---|---|---|
| 229. | 4.3.1993 | CL 25/89 | Anhörung des Betroffenen im Rahmen des Mitbestimmungsverfahrens, Selbstinformationsrecht des Personalrats | PersR 93, 400; ZTR 93, 390; PersV 94, 235 |
| 230. | 4.3.1993 | CL 33/89 | Erforderlichkeit der Freistellung zur Schulung durch Dienststellenleiter, Prüfungsrecht der Dienststelle | ZTR 93, 436; PersV 95, 463 |
| 231. | 24.3.1993 | CL 99/90 | Beginn der Mitbestimmung bei Einstellungen, Einstellungsangebot | – |
| 232. | 24.3.1993 | 1 A 1632/91 | Beginn der Mitbestimmung bei Einstellungen, Einstellungsangebot | – |
| 233. | 19.4.1993 | CL 85/90 | Vorläufige Maßnahme § 66 Abs. 8 | – |
| 233a. | 19.4.1993 | CL 59/89 | Billigungsfiktion | RiA 95, 46 |
| 234. | 9.4.1993 | CL 59/89 | Zustimmungsverfahren, Fiktion der Zustimmung bei ordnungsgemäßer Unterrichtung | ZTR 93, 436; ZBR 93, 320 E; PersR 94, 44; PersV 95, 493 |
| 235. | 26.4.1993 | 1 E 257/93. PVL | Erstattung von Reisekosten, hier: Beschwerde gegen Festsetzung des Gegenstandswertes | – |
| 235a. | 29.4.1993 | 1 B 484/93. PVL | Gegenstand des Beschlussverfahrens | PersV 96, 372 |
| 236. | 8.6.1993 | 1 B 520/93. PVL | Asbestsanierung als Maßnahme gem. § 72 Abs. 4 Nr. 7 | – |

## Entscheidungen des OVG NRW zum LPVG NRW ab 1985

| Lfd. Nr. | Entscheidung v. | AZ | Stichwort | Fundstelle |
|---|---|---|---|---|
| 237. | 17.6.1993 | CL 55/89 | Mitbestimmung bei automatisierter Verarbeitung personenbezogener Daten der Beschäftigten | – |
| 238. | 17.6.1993 | CL 61/89 | Mitbestimmung bei automatisierter Verarbeitung personenbezogener Daten der Beschäftigten | – |
| 239. | 17.6.1993 | CL 64/89 | Mitbestimmung bei automatisierter Datenverarbeitung | – |
| 240. | 17.6.1993 | CL 38/90 | Verpflichtung der Dienststelle zur Nachholung des Mitbestimmungsverfahrens | PersR 94, 83 |
| 241. | 29.7.1993 | CL 92/90 | Mitbestimmungspflichtigkeit beim Umgang mit Schuldaten | ZBR 93, 383 E; PersV 95, 495 |
| 242. | 26.8.1993 | 1 A 21/91.PVL | Durchführung von Personalversammlungen, Anmietung von Räumen | PersR 94, 43; PersV 95, 497 |
| 243. | 16.9.1993 | 1 A 3986/92.PVL | Zuständigkeit für die endgültige Entscheidung im Rahmen des Mitwirkungsverfahrens (Gemeindedirektor als verfassungsmäßig zuständiges Organ bei § 73 Nr. 1) | – |
| 244. | 23.9.1993 | 1 A 557/91.PVL | Einstellung im Wege der Eilmaßnahme gem. § 66 Abs. 8, LPVG NW, hier: Hochschulen | PersR 93, 567; ZTR 94, 173 |

# Entscheidungen des OVG NRW zum LPVG NRW ab 1985

| Lfd. Nr. | Entscheidung v. | AZ | Stichwort | Fundstelle |
|---|---|---|---|---|
| 245. | 23.9.1993 | CL 61/90 | Einverständnis der aufnehmenden Dienststelle bei Versetzung eines Arbeitnehmers | ZTR 94, 172; PersV 95, 499 |
| 246. | 28.10.1993 | 1 A 3546/92. PVL | Mitbestimmung bei Zuweisung von Ersatzarbeitsräumen wegen Asbestsanierung | PersR 94, 425 |
| 247. | 28.10.1993 | CL 93/90 | Maßnahme zur Hebung der Arbeitsleistung, neue Aufgabenverteilung | ZBR 94, 132 E; ZTR 94, 217; PersV 96, 374 |
| 248. | 3.11.1993 | 1 B 2321/93. PVL | Abberufung der in den Verwaltungsrat einer Rundfunkanstalt entsandten Mitglieder durch den Personalrat, hier: WDR | PersR 94, 175; ZTR 94, 173; PersV 95, 500 |
| 249. | 3.11.1993 | 1 B 2121/93. PVL | Zulässigkeit der Verfahrensart unterliegt nicht der Überprüfung durch die Rechtsmittelinstanz | – |
| 250. | 18.11.1993 | CL 49/90 | Wesentliche Änderung des Arbeitsvertrages gem. § 72 Abs. 1 Satz 1 Nr. 4; hier: Abänderung der Arbeitszeitdauer | ZTR 94, 261; PersV 95, 503 |
| 251. | 2.12.1993 | CL 31/90 | Personalrat bei verselbständigter Teildienststelle, Befugnis zur Anrufung der Einigungsstelle | PersR 94, 428; NWVBl. 94, 266 |
| 252. | 2.12.1993 | 1 A 6/91.PVL | Gesetz- und Tarifvorbehalt, hier: Änderung des Tätigkeitsmerkmals für Kameraassistenten durch Tarifvertrag | – |

## Entscheidungen des OVG NRW zum LPVG NRW ab 1985

| Lfd. Nr. | Entscheidung v. | AZ | Stichwort | Fundstelle |
|---|---|---|---|---|
| 253. | 2.12.1993 | 1 A 1387/92. PVL | Erledigungserklärung im personalvertretungsrechtlichen Beschlussverfahren | PersR 94, 426; PersV 95, 505 |
| 254. | 2.12.1993 | 1 A 2714/92. PVL | Ausschreibung eines Beförderungsdienstpostens für Beamte | PersV 96, 376 |
| 255. | 16.12.1993 | CL 103/90 | Privatisierung, hier: Reinigung einer öffentlichen Grünanlage | ZTR 94, 261; PersV 96, 380 |
| 256. | 16.12.1993 | 1 B 2477/93. PVL | Unterschreitung des Freistellungssatzes nach § 42 Abs. 4 Satz 1, stärkste vertretene Liste nach § 42 Abs. 3 Satz 2 | ZTR 94, 217; PersV 96, 377 |
| 257. | 16.12.1993 | CL 107/90 | Privatisierung, hier: Messtrupps der Katasterbehörde | ZBR 94, 190 E; ZTR 94, 261; PersV 96, 399 |
| | | **1994** | | |
| 258. | 20.1.1994 | 1 A 3122/93. PVL | Verteilung der Personalratssitze auf Gruppen, Verstoß durch Wahlvorstand | ZBR 94, 190 E; PersV 96, 402 |
| 259. | 20.1.1994 | 1 A 3698/93. PVL | Wahlanfechtung, Fehler im Wahlausschreiben, Nachbesserung von Wahlvorschlägen | ZBR 94, 190 E; PersR 94, 232; PersV 96, 405 |
| 260. | 18.2.1994 | 1 B 3366/93. PVL | Beschwerde gegen Ablehnung des Antrages auf Erlass einer einstweiligen Verfügung | ZBR 94, 191 E; 96, 407 |
| 261. | 24.2.1994 | CL 44/90 | Teilumsetzung | ZTR 94, 348; PersV 96, 409 |

## Entscheidungen des OVG NRW zum LPVG NRW ab 1985

| Lfd. Nr. | Entscheidung v. | AZ | Stichwort | Fundstelle |
|---|---|---|---|---|
| 262. | 24.2.1994 | 1 A 35/91.PVL | Teilnahme an Personalversammlung von Kreistags-Mitgliedern | ZTR 94, 349; PersR 95, 24; ZfPR 95, 51; 96, 410 |
| 263. | 4.3.1994 | 1 A 2443/91.PVL | Großraumbüro für Durchführung der laufenden Geschäfte des Personalrats | ZTR 94, 34, 291 E; PersR 94, 566; ZfPR 95, 51; PersV 96, 412 |
| 263a. | 4.3.1994 | 1 A 3467/91.PVL | Mitbestimmung bei Arbeitszeit | – |
| 264. | 4.3.1994 | 1 A 3468/91.PVL | Mitbestimmung bei Umsetzung Beachtlichkeit der Zustimmungsverweigerung | PersR 94, 334; PersV 96, 521 |
| 265. | 11.3.1994 | 1 A 1423/91.PVL | Informationsschrift des Personalrats, Kostentragungspflicht der Dienststelle | PersR 94, 429; ZBR 95, 251 (LS) |
| 266. | 25.3.1994 | CL 52/90 | Mitbestimmung bei Umsetzung | PersR 95, 25 |
| 267. | 26.4.1994 | 1 A 4139/92.PVL | Rechtsschutzbedürfnis, Anordnung von Überstunden | PersR 94, 529; PersV 96, 525 |
| 268. | 26.4.1994 | 1 A 1683/91.PVL | Mitbestimmung bei der Anordnung von Überstunden | – |
| 269. | 6.5.1994 | 1 E 57/94.PVL | Mitbestimmung und Unterrichtung, hier: Festsetzung des Gegenstandswertes | – |
| 270. | 1.7.1994 | CL 64/90 | Dienststellenleiter der medizinischen Einrichtungen einer Hochschule – entgegen BVerwG v. 2.7.1993 – 6 P 23.91 – u. 11.1.1995 – 6 P 15.94 (PersR 95, 183) | ZBR 94, 388 E; PersV 94, 547 |

# Entscheidungen des OVG NRW zum LPVG NRW ab 1985

| Lfd. Nr. | Entscheidung v. | AZ | Stichwort | Fundstelle |
|---|---|---|---|---|
| 271. | 1.7.1994 | 1 A 2167/92. PVL | Mitbestimmung bei Einstellung eines externen Bewerbers Beachtlichkeit der Zustimmungsverweigerung | PersR 94, 567; ZTR 95, 139 (LS); ZfPR 95, 51 |
| 272. | 1.7.1994 | 1 A 1502/91. PVL | Leitung einer Personalversammlung | – |
| 273. | 1.7.1994 | 1 A 2269/91. PVL | Mitbestimmung bei Versetzung | – |
| 274. | 29.7.1994 | 1 A 1300/91. PVL | Fehlendes Einvernehmen zwischen Gruppenvertretern über Freistellungsvolumen | ZTR 95, 89 |
| 275. | 29.7.1994 | 1 A 581/91. PVL | Mitbestimmung bei Schul- und Stellendatei; Maßnahme i.S.d. § 66 Abs. 2 Satz 1 | ZBR 95, 32; ZTR 95, 88 (LS); ZfPR 95, 14 ff. |
| 276. | 29.7.1994 | 1 A 979/91. PVL | Zuständigkeit für endgültige Entscheidung nach Empfehlung der Einigungsstelle | ZBR 95, 32 (LS); ZTR 95, 89 |
| 277. | 29.7.1994 | 1 A 1300/91. PVL | Beschlussfassung über volle oder teilweise Freistellung gem. § 42 Abs. 3 Satz 2 | ZBR 95, 32 (LS) |
| 278. | 26.8.1994 | 1 A 3684/91. | Reisekosten für Personalrat, Rechtskraft des Beschlusses für Dauer der Amtsperiode | ZBR 95, 32 (LS); ZTR 95, 88 (LS) |
| 279. | 26.8.1994 | CL 94/90 | Mitbestimmung bei Dienstwohnungen Umwandlung einer Dienst- in eine Mietwohnung | PersR 95, 26; ZfPR 95, 51 |

# Entscheidungen des OVG NRW zum LPVG NRW ab 1985

| Lfd. Nr. | Entscheidung v. | AZ | Stichwort | Fundstelle |
|---|---|---|---|---|
| 279a. | 26.8.1994 | CL 98/90 | Neue Arbeitsmethoden | – |
| 280. | 2.9.1994 | 1 A 1889/91. PVL | Beschlussfähigkeit der Einigungsstelle | ZTR 95, 139; ZBR 95, 89 |
| 281. | 2.9.1994 | 1 A 1824/91. PVL | Auflösungsantrag, Erledigungserklärung | ZTR 95, 140 (LS); ZBR 95, 89 |
| 282. | 2.9.1994 | 1 A 3511/91. PVL | Mitbestimmung bei Installation eines Bildschirmarbeitsplatzes im Dienstzimmer des Dienststellenleiters | ZBR 95, 83 |
| 283. | 6.9.1994 | 1 B 1548/94 PVB | Einstweilige Verfügung | PersR 94, 571 |
| 284. | 14.10.1994 | 1 A 622/91. PVL | Zulässigkeit einer vorläufigen Regelung, Rechtsschutzbedürfnis | ZBR 95, 329 (LS) |
| 285. | 14.10.1994 | 1 A 2213/91. PVL | Beteiligung der Schwerbehindertenvertretung bei dienstlicher Beurteilung von Beamten | ZBR 95, 81 |
| 286. | 14.10.1994 | 1 A 1917/91. PVL | Mitwirkung bei einer Stellenausschreibung | ZBR 95, 320 (LS) |
| 286a. | 11.11.1994 | 1 A 1006/92. PVL | Beteiligungslücke im Schulbereich | NWVBl. 95, 221 |
| 287. | 11.11.1994 | 1 A 1409/94. PVL | Freistellung | – |
| 288. | 11.11.1994 | 1 A 806/94. PVL | Status des wissenschaftlichen Mitarbeiters (§ 40 FHG, § 60 UG, § 110 LPVG) | – |

# Entscheidungen des OVG NRW zum LPVG NRW ab 1985

| Lfd. Nr. | Entscheidung v. | AZ | Stichwort | Fundstelle |
|---|---|---|---|---|
| 289. | 2.12.1994 | 1 A 3686/91. PVL | Gewährung von Leistungszuschlägen an Arbeiter | PersR 95, 382; ZBR 95, 251 (LS); ZTR 95, 325 |
| 289a. | 2.12.1994 | 1 A 717/91. PVL | Mehrarbeit | ZTR 96, 44 (LS) |
| 290. | 9.12.1994 | 1 A 2005/92. PVL | Mitbestimmung bei Änderung von Arbeitsverträgen | PersR 95, 304; ZTR 95, 328 |
| 291. | 9.12.1994 | 1 A 2178/92. PVL | Mitbestimmungspflichtigkeit eines Organisationserlasses | – |
| | | 1995 | | |
| 292. | 20.1.1995 | 1 A 3620/91. PVL | Stadtdirektor als Beisitzer einer Einigungsstelle | ZBR 95, 251 (LS); ZTR 95, 329 (LS) |
| 293. | 20.1.1995 | 1 B 2082/94. PVL | Freistellung Einstweilige Verfügung | – |
| 293a. | 27.1.1995 | 1 A 2340/91. PVL | Privatisierung | PersR 96, 200 |
| 294. | 27.1.1995 | 1 A 3556/92. PVL | Bestehen oder Nichtbestehen sowie Auslegung und Durchführung von Dienstvereinbarungen | PersR 95, 383; ZTR 95, 327 |
| 295. | 27.1.1995 | 1 A 766/93. PVL | Rechtsschutzinteresse/Billigungsfiktion | ZTR 95, 232; PersR 95, 256 |
| 296. | 27.1.1995 | 1 A 2872/92. PVL | Mitbestimmung bei der Ersatzbeschaffung von Dienstfahrzeugen | – |
| 297. | 24.2.1995 | 1 A 103/92. PVL | Behinderungs- und Benachteiligungsverbot/Jugend- und Auszubildendenvertretung | – |

**Entscheidungen des OVG NRW zum LPVG NRW ab 1985**

| Lfd. Nr. | Entscheidung v. | AZ | Stichwort | Fundstelle |
|---|---|---|---|---|
| 298. | 24.2.1995 | 1 A 302/92. PVL | Mitwirkung bei Stellenausschreibungen | – |
| 299. | 24.2.1995 | 1 A 3725/91. PVL | Dienststellenleiter der medizinischen Einrichtungen einer Hochschule; Bestellung von Betriebsärzten | ZBR 95, 320 (LS) |
| 300. | 6.3.1995 | 1 A 705/93. PVL | Auflösung des Arbeitsverhältnisses mit einem (ehemaligen) Jugendvertreter (§ 9 Abs. 2 BPersVG) | – |
| 301. | 8.5.1995 | 1 A 144/92. PVL | Nachholung des Mitbestimmungsverfahrens | PersR 95, 305; ZfPR 95, 164 (LS) |
| 302. | 8.5.1995 | 1 A 295/93. PVL | Nachwirkung einer Dienstvereinbarung über Kassenfehlbeträge und Kassiererprämien | PersR 96, 67 |
| 302a. | 8.5.1995 | 1 A 146/92 | Teilnahme von Gewerkschaftsbeauftragten an Personalratssitzungen | PersR 96, 202; ZfPR 95, 204 (LS) |
| 303. | 12.6.1995 | 1 A 2179/92. PVL | Beteiligung des Personalrats bei Abmahnungen | PersR 96, 72 |
| 304. | 12.6.1995 | 1 A 1050/92. PVL | Mitwirkung bei der Vergabe von Begutachtungsaufträgen | PersR 96, 69 |
| 305. | 28.8.1995 | 1 A 3709/91. PVL | Auswahlrichtlinie | PersR 96, 159; ZfPR 96, 164 (LS) |
| 306. | 18.9.1995 | 1 A 1833/91. PVL | Personalvertretungsrechtliches Beschlussverfahren; Unterstützungspflicht der Dienststelle gegenüber Wahlvorstand | ZBR 96, 99 (LS) |

# Entscheidungen des OVG NRW zum LPVG NRW ab 1985

| Lfd. Nr. | Entscheidung v. | AZ | Stichwort | Fundstelle |
|---|---|---|---|---|
| 307. | 18.9.1995 | 1 A 1471/92. PVL | Mitwirkung bei einer Stellenausschreibung | PersR 96, 363; ZfPR 97, 17 (LS); ZBR 96, 99 (LS) |
| 308. | 18.9.1995 | 1 A 4061/92. PVL | Verwirkung im Beschlussverfahren | PersR 97, 23; ZfPR 96, 59 (LS); RiA 97, 141 |
| 309. | 18.9.1995 | 1 A 82/95. PVL | Anwendung des Höchstzahlverfahrens bei Freistellungen | ZTR 96, 135 (LS) |
| 310. | 20.11.1995 | 1 A 15/92. PVL | Beurteilungsrichtlinien | PersR 96, 364; ZfPR 96, 164 (LS) |
| 311. | 20.11.1995 | 1 A 4692/94. PVL | Mitwirkung bei Stellenausschreibungen | – |
| 312. | 9.12.1995 | 1 A 2005/92. PVL | Mitbestimmung bei Verlängerung von Teilzeitbeschäftigung | – |
| 313. | 11.12.1995 | 1 A 2608/93. PVL | Anwaltskosten des Personalrates | ZBR 96, 158 (LS); ZfPR 96, 164 (LS); ZTR 96, 231 (LS) |
| | | **1996** | | |
| 314. | 29.1.1996 | 1 A 3072/92. PVL | Mitbestimmung bei Rufbereitschaft | ZTR 96, 424 |
| 315. | 29.1.1996 | 1 A 3815/92. PVL | Nebenabreden | PersR 96, 160; ZBR 96, 523; ZTR 96, 523 (LS) |
| 316. | 29.1.1996 | 1 A 3920/92. PVL | Umsetzung der Arbeitszeitverkürzung, Anordnung von Überstunden | PersR 96, 244 |
| 317. | 26.2.1996 | 1 A 4265/92. PVL | Mitbestimmung bei Beförderung | ZBR 96, 404; ZfPR 96, 156 |
| 318. | 6.3.1996 | 1 A 2846/94. PVL | Bestellung von freiberuflich tätigen Betriebsärzten | NWVBl 96, 351 |

# Entscheidungen des OVG NRW zum LPVG NRW ab 1985

| Lfd. Nr. | Entscheidung v. | AZ | Stichwort | Fundstelle |
|---|---|---|---|---|
| 319. | 21.3.1996 | 1 B 2539/95 1 B 2540/95. PVL 1 B 2541/95. PVL | Mitbestimmung bei Auswahlrichtlinien; einstweilige Verfügung | – |
| 320. | 20.4.1996 | 1 A 407/93. PVL | Maßnahmen zur Hebung der Arbeitsleistung | PersR 97, 77; ZfPR 98, 199 (LS) |
| 321. | 22.5.1996 | 1 A 3651/92. PVL | Mitbestimmung bei Umsetzungen | – |
| 322. | 22.5.1996 | 1 A 536/93. PVL | Mitbestimmung bei Inbetriebnahme einer neuen Fernsprechanlage | – |
| 323. | 22.5.1996 | 1 A 1864/93. PVL | Unterrichtung und Vorlage von Unterlagen | PersV 98, 517; ZBR 96, 350 (LS) |
| 324. | 12.6.1996 | 1 A 3742/94. PVL | Mitbestimmung bei Einstellung, Mitwirkung bei Stellenausschreibung | PersR 97, 78 |
| 325. | 13.8.1996 | 1 A 91/95. PVL | Sachkundige Mitarbeiter der Dienststelle auf der Personalratssitzung | PersR 97, 173; ZfPR 97, 199 (LS) |
| 326. | 30.10.1996 | 1 A 1429/93. PVL | Mitbestimmung bei Übertragung eines Sachgebietes | – |
| 327. | 30.10.1996 | 1 A 2348/93. PVL | Mitbestimmung bei probeweiser Einführung neuer Arbeitszeitmodelle u. eines elektr. Zeiterfassungssystems | PersR 97, 212; ZfPR 98, 121; RDV 97, 181 |
| 328. | 13.11.1996 | 1 A 378/93. PVL | Darlehensgewährung zu Sonderzinskonditionen | PersR 97, 535; ZTR 97, 238 (LS) |

# Entscheidungen des OVG NRW zum LPVG NRW ab 1985

| Lfd. Nr. | Entscheidung v. | AZ | Stichwort | Fundstelle |
|---|---|---|---|---|
| 1997 |||||
| 329. | 29.1.1997 | 1 A 3150/93. PVL | Einstellung; Zustimmungsverweigerung | PersR 98, 72; ZfPR 98, 122 (L); NWVBl 97, 351; RiA 97, 254; ZTR 97, 335 |
| 330. | 29.1.1997 | 1 A 3151/93. PVL | Beachtlichkeit der Zustimmungsverweigerung, befristete Einstellung | PersR 97, 368; ZfPR 98, 117 |
| 331. | 29.1.1997 | 1 A 4826/96. PVL | Wahlanfechtung, Listenwahl | PersR 98, 163; ZfPR 97, 90 (LS) |
| 332. | 5.2.1997 | 1 A 3104/93. PVL | Beförderung, Übertragung einer höher zu bewertenden Tätigkeit | PersR 98, 33; ZTR 97, 480 ZfPR 97, 196 (LS) |
| 333. | 5.2.1997 | 1 A 3978/95. PVL | Höhe der Erstattung von Schulungskosten | PersR 97, 313; PersV 98, 483; ZBR 97, 335; ZTR 97, 335; ZfPR 98, 200 (LS) |
| 334. | 19.2.1997 | 1 A 432/94. PVL | Mitbestimmung bei Privatisierung | PersR 97, 370; ZfPR 98, 16 (LS) |
| 335. | 19.2.1997 | 1 B 2237/96. PVL | Freistellung | – |
| 336. | 6.3.1997 | 1 A 3910/93. PVL | Mitbestimmung bei Privatisierung als vorläufige Regelung | PersR 97, 454; PersV 99, 180 |
| 337. | 6.3.1997 | 1 A 1094/94. PVL | Mitbestimmung bei der Zuweisung eines Platzes im Personalwohnheim | PersR 97, 456 |
| 338. | 20.3.1997 | 1 A 3677/93. PVL | Mitbestimmung bei Einstellungen | – |
| 339. | 20.3.1997 | 1 A 3775/94. PVL | Mitbestimmung bei der Anordnung von Überstunden | PersR 97, 253; PersV 98, 561; ZfPR 98, 164 (LS) |

# Entscheidungen des OVG NRW zum LPVG NRW ab 1985

| Lfd. Nr. | Entscheidung v. | AZ | Stichwort | Fundstelle |
|---|---|---|---|---|
| 340. | 20.3.1997 | 1 A 1555/94. PVL | Maßnahme zur Hebung der Arbeitsleistung | – |
| 341. | 17.4.1997 | 1 A 2306/94. PVL | Antragserfordernis bei Mitbestimmung | – |
| 342. | 15.5.1997 | 1 A 5987/94. PVL | Wahlanfechtung, Darlegung von Wahlfinanzen | – |
| 343. | 15.5.1997 | 1 A 649/97. PVL | Freistellung | – |
| 344. | 15.5.1997 | 1 A 650/97. PVL | Freistellung, einstweilige Verfügung | – |
| 345. | 12.6.1997 | 1 A 4174/94. PVL | Vorl. Regelung bei Versetzung | PersR 98, 34; ZfPR 27, 196 (LS) |
| 346. | 12.6.1997 | 1 A 4592/94. PVL | Begriff der Maßnahme | – |
| 347. | 12.6.1997 | 1 A 6325/96. PVL | Inanspruchnahme von Freistellungen, Teilfreistellungen | PersR 98, 199; ZfPR 97, 158 |
| 348. | 4.8.1997 | 1 B 2954/96. PVL | Freistellung, einstweilige Verfügung | – |
| 349. | 11.9.1997 | 1 A 650/95. PVL | Vorlagepflicht einer Stellenbesetzungsliste | PersR 98, 250; PersV 98, 480 |
| 350. | 11.9.1997 | 1 A 778/97. PVL | Umfang der Nachprüfung im Wahlanfechtungsverfahren | PersR 98, 293; ZfPR 99, 23 (LS); PersV 99, 220 |
| 351. | 11.9.1997 | 1 A 1027/97. PVL | Außerordentliche Kündigung eines Vertrauensmannes der Schwerbehinderten | PersR 98, 250 |
| 352. | 20.11.1997 | 1 A 2731/95. PVL | Mitbestimmung b. d. Parkraumbewirtschaftung | PersR 98, 383; ZfPR 98, 91 (LS) |

## Entscheidungen des OVG NRW zum LPVG NRW ab 1985

| Lfd. Nr. | Entscheidung v. | AZ | Stichwort | Fundstelle |
|---|---|---|---|---|
| 353. | 20.11.1997 | 1 A 3125/95. PVL | Einführung verlängerter Öffnungszeiten, gleitende Arbeitszeit | PersR 98, 336; PersV 98, 555; ZfPR 97, 91 (LS) |
| 354. | 2.12.1997 | 1 B 2189/97. PVL | Organisationsmaßnahme | PersV 98, 523; ZTR 98, 141 (LS) |
| **1998** | | | | |
| 355. | 22.1.1998 | 1 A 1440/96. PVL | Antragsabhängige Mitbestimmung | PersR 98, 422 |
| 356. | 22.1.1998 | 1 A 4257/97. PVL | Wahlanfechtung | ZTR 98, 336 |
| 357. | 5.2.1998 | 1 A 4363/95. PVL | Arbeitszeitänderung, Anordnung von Überstunden | PersR 98, 526; PersV 98, 550; ZfPR 97, 162 (LS) |
| 358. | 5.2.1998 | 1 A 4363/95. PVL | Mitbestimmung b. Überstundenverringerung | – |
| 359. | 18.2.1998 | 1 A 5728/95. PVL | Anhörung bei Anordnung einer amtsärztlichen Untersuchung | PersR 98, 479 |
| 360. | 6.3.1998 | 1 A 127/98. PVL | Beschlussverfahren, Beteiligung eines einzelnen Beschäftigten | PersR 98, 527; ZTR 98, 430; ZfPR 98, 163 (LS) |
| 361. | 27.3.1998 | 1 A 5806/95. PVL | Mitbestimmung bei Erhöhung d. Kantinenpreise | PersR 99, 73 |
| 362. | 27.3.1998 | 1 A 7537/95. PVL | Mitbestimmung bei Beförderung | PersR 99, 170; ZfPR 97, 163 |
| 363. | 27.3.1998 | 1 A 1/96. PVL | Mitbestimmung bei Versetzung | PersR 98, 528; ZfPR 99, 130 (L) |
| 364. | 6.5.1998 | 1 A 4540/97. PVL | Wahlanfechtung, persönliche Stimmabgabe nach schriftl. Stimmabgabe | ZfPR 2000, 7; ZTR 98, 526 (LS) |

## Entscheidungen des OVG NRW zum LPVG NRW ab 1985

| Lfd. Nr. | Entscheidung v. | AZ | Stichwort | Fundstelle |
|---|---|---|---|---|
| 365. | 20.5.1998 | 1 A 3642/96. PVL | Mitbestimmung bei Abordnung eines Lehrers | PersR 99, 74 |
| 366. | 20.5.1998 | 1 A 3522/96. PVL | Mitbestimmung bei Beurteilungsrichtlinien | PersR 99, 171; ZfPR 99, 130 (LS) |
| 367. | 27.5.1998 | 1 B 963/98. PVL | Mitbestimmung bei EDV-mäßiger Verarbeitung von Bewerberlisten | PersR 98, 529 |
| 368. | 26.6.1998 | 1 A 3874/95. PVL | Mitbestimmung b. Personalfragebogen | PersR 99, 306 |
| 369. | 26.6.1998 | 1 A 123/96. PVL | Informationsschrift d. Personalrats an Hochschulen | PersR 98, 479 |
| 370. | 26.6.1998 | 1 A 315/98. PVL | Wahlanfechtung, Begründungsfrist | – |
| 371. | 7.8.1998 | 1 A 777/97. PVL | Wahlanfechtung, Grundsatz der freien Wahl | – |
| 372. | 7.8.1998 | 1 A 6489/96. PVL | Reihenfolge der Freistellungen | PersR 99, 307 |
| 373. | 26.8.1998 | 1 A 805/98. PVL | Weiterbeschäftigung von JAV-Mitgliedern | PersR 99, 134; PersV 99, 309 |
| 374. | 13.11.1998 | 1 A 2740/97. PVL | Mitbestimmung bei Asbestsanierung, § 104 BPersVG | – |
| **1999** | | | | |
| 375. | 29.1.1999 | 1 A 6324/96. PVL | Beachtlichkeit der Zustimmungsverweigerung, Mitbestimmung bei Einstellungen | PersR 99, 538 |
| 376. | 29.1.1999 | 1 A 2617/97. PVL | Mitbestimmung bei Umsetzung | PersR 99, 311; PersV 99, 555; ZfPR 99, 201 (LS) |

## Entscheidungen des OVG NRW zum LPVG NRW ab 1985

| Lfd. Nr. | Entscheidung v. | AZ | Stichwort | Fundstelle |
|---|---|---|---|---|
| 377. | 29.1.1999 | 1 A 2762/97. PVL | Beteiligung beim Arbeitsschutz | PersR 99, 360; PersV 99, 360 |
| 378. | 10.2.1999 | 1 A 411/97. PVL | Einführung von Schulgirokonten | PersR 99, 314 |
| 379. | 10.2.1999 | 1 A 800/97. PVL | Mitbestimmung bei Höhergruppierung, gemeinsame Beschlussfassung | PersR 99, 316; PersV 99, 363; ZfPR 2000, 79 (LS) |
| 380. | 10.2.1999 | 1 A 3656/97. PVL | Wahlanfechtung, Nichtigkeit einer Wahl, Berichtigung | PersR 99, 313; ZfPR 2000, 11 |
| 381. | 10.3.1999 | 1 A 903/97. PVL | Zustimmungsverweigerung wegen fehlender Ausschreibung bei Umsetzung | PersV 99, 504 |
| 382. | 10.3.1999 | 1 A 1083/97. PVL | Zustimmungsverweigerung wegen Absehen von Stellenausschreibung | PersR 2000, 78 |
| 383. | 10.3.1999 | 1 A 1190/97. PVL | Mitwirkung bei Auftrag zur Überprüfung der Organisation oder Wirtschaftlichkeit einer Teildienststelle | PersR 99, 362; PersV 99, 507 |
| 384. | 10.3.1999 | 1 A 1953/97. PVL | Mitwirkung bei Auftrag zur Überprüfung der Organisation oder Wirtschaftlichkeit einer Teildienststelle | PersR 99, 501 |
| 385. | 25.3.1999 | 1 A 4469/98. PVL | Mitbestimmung bei Privatisierung, Reinigungsarbeiten | PersR 2000, 81; PersV 99, 561 |
| 386. | 25.3.1999 | 1 A 4469/98. PVL | Mitbestimmung bei Grundsatzbeschluss zur Privatisierung | – |
| 387. | 25.3.1999 | 1 A 4470/98. PVL | Mitbestimmung bei Umsetzung einer Reinigungskraft | PersR 2000, 80; PersV 99, 558 |

# Entscheidungen des OVG NRW zum LPVG NRW ab 1985

| Lfd. Nr. | Entscheidung v. | AZ | Stichwort | Fundstelle |
|---|---|---|---|---|
| 388. | 25.3.1999 | 1 A 4787/98. PVL | Weiterbeschäftigung eines JAV-Mitgliedes | PersV 99, 568 |
| 389. | 9.9.1999 | 1 A 648/97. PVL | Kündigung einer entwidmeten Dienstwohnung | PersR 2000, 115 |
| 390. | 9.9.1999 | 1 A 4938/97. PVL | Beteiligung bei Asbestsanierung | PersR 2000, 24 |
| 391. | 29.9.1999 | 1 A 1083/98. PVL | Personalkommission | PersR 2000, 455 |
| 392. | 27.10.1999 | 1 A 3216/97. PVL | erneute Zuweisung eines Arbeitsplatzes, vorläufige Regelung | PersR 2000, 168 |
| 393. | 27.10.1999 | 1 A 5100/97. PVL | Unterrichtung, Maßnahmen zur Verhütung von Dienst- u. Arbeitsunfällen | PersR 2000, 169 |
| 394. | 27.10.1999 | 1 A 5193/97. PVL | Mitbestimmung bei Einstellung, Eingliederung | PersR 2000, 117 |
| 395. | 27.10.1999 | 1 A 5223/97. PVL | Unterrichtung, Regelung der Ordnung in der Dienststelle | PersR 2000, 112 |
| 396. | 24.11.1999 | 1 A 3563/97. PVL | Beachtlichkeit der Zustimmungsverweigerung bei Einstellung | PersR 2000, 288 |
| 397. | 24.11.1999 | 1 A 3563/97. PVL | Mitbestimmung bei Einstellung/Zustimmungsverweigerung | PersR 2000, 288 |
| 398. | 15.12.1999 | 1 A 5101/97. PVL | Mitbestimmung bei der Bestellung eines Sicherheitsbeauftragten | PersR 2000, 375 |
| 399. | 15.12.1999 | 1 A 4461/97. PVL | Beschlussverfahren, Feststellungsantrag | – |

## Entscheidungen des OVG NRW zum LPVG NRW ab 1985

| Lfd. Nr. | Entscheidung v. | AZ | Stichwort | Fundstelle |
|---|---|---|---|---|
| 400. | 15.12.1999 | 1 A 4258/97. PVL | Verwirkung Antragsrecht | PersV 2000, 471; PersR 2000, 517 |
| 401. | 15.12.1999 | 1 A 5174/97. PVL | Wahlberechtigung/ Wählbarkeit | PersR 2000, 429 |
| 2000 | | | | |
| 402. | 20.1.2000 | 1 A 128/98. PVL | Antragsabhängige Mitbestimmung u. Art. 5 Abs. 3 GG | PersR 2000, 456; PersV 2000, 542 |
| 403. | 20.1.2000 | 1 A 207/98. PVL | Personalwohnheim | PersR 2000, 461; ZTR 2000, 522404. |
| 404. | 20.1.2000 | 1 A 2193/98. PVL | Privatisierung | PersR 2000, 460; PersV 2000, 521; ZTR 2000, 430 |
| 405. | 3.2.2000 | 1 A 426/98. PVL | Arztbesuch-Formular | PersR 2000, 518; PersV 2000, 567; ZfPR 2000, 205 |
| 406. | 3.2.2000 (Parallelfall) | 1 A 499/98 PVL; 1 A 426/98 OVL | Notwendigkeit einer ärztlichen Behandlung | – |
| 407. | 3.2.2000 | 1 A 4968/98. PVL | Einführung von Schulbudgets | PersR 2000, 519; PersV 2000, 547; ZfPR 2001, 147 |
| 408. | 3.2.2000 | 1 A 5029/98. PVL | Jalousie-Benutzung | PersR 2001, 25; PersV 2000, 549 |
| 409. | 17.2.2000 | 1 A 199/98. PVL | Elektronische Schließanlage | PersR 2001, 30; PersV 2000, 539 |
| 410. | 17.2.2000 | 1 A 329/98. PVL | Mitbestimmung b. EDV-gestützter Haushaltsüberwachung | ZTR 2000, 481 |
| 411. | 17.2.2000 | 1 A 498/98. PVL | Umsetzung | BeamtR ES/D IV 1 Nr. 115 |
| 412. | 17.2.2000 | 1 A 697/98. PVL | Mitbestimmung bei Urlaubssperre | PersR 2001, 29; PersV 2000, 269; ZTR 2000, 384 |

## Entscheidungen des OVG NRW zum LPVG NRW ab 1985

| Lfd. Nr. | Entscheidung v. | AZ | Stichwort | Fundstelle |
|---|---|---|---|---|
| 413. | 1.3.2000 | 1 A 307/98. PVL | Mitbestimmung bei EDV-System | – |
| 414. | 1.3.2000 | 1 A 3169/99. PVL | Öffnung der Geschäftsstellen | BeamtR ES/D IV 1 Nr. 116 |
| 415. | 22.3.2000 | 1 A 956/98. PVL | Zustimmungsverweigerung | – |
| 416. | 22.3.2000 | 1 A 2009/98. PVL | Zustimmungsverweigerung | BeamtR ES/D IV 1 Nr. 118 |
| 417. | 22.3.2000 | 1 A 2756/98. PVL | Umsetzung, Zuständigkeit des Gesamtpersonalrats | BeamtR ES/D IV 1 Nr. 117 |
| 418. | 22.3.2000 | 1 A 4302/98. PVL | Beteiligung bei Assessment Center-Verfahren | BeamtR ES/D IV 1 Nr. 119. |
| 419. | 5.4.2000 | 1 A 1407/98. PVL | Beiträge Hochschulsport | BeamtR ES/D IV 1 Nr. 120 |
| 420. | 5.4.2000 | 1 A 5152/98. PVL | Änderungskündigung Zustimmungsverweigerung | – |
| 421. | 18.10.2000 | 1 A 4961/98. PVL | Mitbestimmungsverfahren | PersR 2001, 158; PersV 2001, 464 |
| 422. | 18.10.2000 | 1 A 5333/98. PVL | Initiativrecht | PersR 2001, 208; PersV 2001, 567 |
| 423. | 18.10.2000 | 1 A 5334/98. PVL | Mitwirkung bei Stellenausschreibung | PersR 2001, 163; PersV 2003, 101 |
| 424. | 8.11.2000 | 1 A 5943/98. PVL | Kostentragung/ Sachverständiger | PersR 2001, 211; PersV 2001, 457; ZfPR 2001, 272 |
| 425. | 29.11.2000 | 1 A 2014/98. PVL | Verwirkung | PersR 2001, 305; PersV 2003, 96; ZfPR 2001, 139; ZTR 2001, 283 |

# Entscheidungen des OVG NRW zum LPVG NRW ab 1985

| Lfd. Nr. | Entscheidung v. | AZ | Stichwort | Fundstelle |
|---|---|---|---|---|
| 426. | 29.11.2000 | 1 A 5863/98. PVL | Anwaltskosten | PersR 2001, 214; PersV 2001, 419; ZfPR 2001, 236 |
| 427. | 29.11.2000 | 1 A 4383/98. PVL | Anwaltskosten | PersR 2001, 303; PersV 2001, 418; ZfPR 2002, 179 |
| 2001 | | | | |
| 428. | 19.2.2001 | 1 B 1591/00. PVL | Teilfreistellung u. Art. 5 Abs. 3 GG | PersR 2001, 470; ZTR 2001, 334 |
| 429. | 28.2.2001 | 1 A 2155/99. PVL | Management-Informations-System | PersR 2001, 470; ZTR 2001, 334 |
| 430. | 14.3.2001 | 1 A 1539/99. PVL | Abordnung | – |
| 431. | 14.3.2001 | 1 A 1620/99. PVL | Aufhebungsvertrag auf Veranlassung des Arbeitnehmers | – |
| 432. | 14.3.2001 | 1 A 1803/99. PVL | Automatisierte Verarbeitung von Bewerberlisten | – |
| 433. | 14.3.2001 | 1 A 5603/99. PVL | Freie Mitarbeit | – |
| 434. | 5.4.2001 | 1 A 5330/98. PVL | Verhaltensrichtlinien bei Unfällen, akuten Erkrankungen u. Bränden | PersR 2001, 525; ZfPR 2001, 334 |
| 435. | 5.4.2001 | 1 A 3033/99. PVL | Verhalten bei Hausalarm | PersR 2002, 230; PersV 2001, 572 |
| 436. | 31.5.2001 | 1 A 2277/99. PVL | Arbeitsplatzgestaltung | PersR 2002, 215; PersV 2003, 67 |
| 437. | 21.6.2001 | 1 A 280/99. PVL | Gestellungsvertrag | PersR 2002, 122; PersV 2002, 422 |
| 438. | 21.6.2001 | 1 A 5600/99. PVL | Zustimmungsverweigerung | PersR 2001, 527; PersV 2002, 216; ZfPR 2001, 304 |

## Entscheidungen des OVG NRW zum LPVG NRW ab 1985

| Lfd. Nr. | Entscheidung v. | AZ | Stichwort | Fundstelle |
|---|---|---|---|---|
| 439. | 25.10.2001 | 1 A 599/98. PVL | Mitbestimmung bei Probezeiten für Bühnenangestellte | PersR 2002, 218; PersV 2003, 105 |
| 440. | 25.10.2001 | 1 A 408/01. PVL | Auflösung der Jugend- und Auszubildendenvertretung | PersR 2002, 256; PersV 2003, 75; ZTR 2002, 348 |
| 441. | 25.10.2001 | 1 A 315/01. PVL | Wahlanfechtung | PersV 2002, 502 |
| 2002 | | | | |
| 442. | 6.2.2002 | 1 A 3279/00. PVL | Geschäftsverteilung | PersR 2002, 406; ZTR 2003, 155 |
| 443. | 6.2.2002 | 1 A 144/00. PVL | Personalunterkünfte | PersR 2002, 478; PersV 2003, 62 |
| 444. | 28.2.2002 | 1 A 146/00. PVL | Parkplatzbenutzung | PersR 2002, 350 |
| 445. | 28.2.2002 | 1 A 149/00. PVL | Nebentätigkeit | PersR 2002, 481; PersV 2003, 111; ZTR 2003, 202 |
| 446. | 26.4.2002 | 1 A 532/00. PVL | Abordnung | – |
| 447. | 2.8.2002 | 1 B 130/02. PVL | Einstweilige Verfügung | PersV 2003, 98; ZfPR 2003, 272; ZTR 2003, 255 |
| 448. | 6.8.2002 | 1 E 141/02. PVL | Zuständigkeit des VG – Schwerbehindertenvertretung | PersV 2003, 83; ZTR 2003, 103; ZfPR 2003, 7 |
| 448a. | 20.9.2002 | 1 A 1061/01. PVB | Unterrichtung des Personalrats | PersV 2003, 178; PersV 2003, 161 |
| 449. | 30.10.2002 | 1 A 142/00. PVL | Einführung neuer Software-Programme | – |
| 450. | 30.10.2002 | 1 A 1483/00. PVL | Privatanschrift | PersR 2003, 122; PersV 2003, 191; ZfPR 2003, 272 |
| 451. | 30.10.2002 | 1 A 1149/00. PVL | Stellungnahme des Personalrats | BeamtR ES/D IV 1 Nr. 143 |

## Entscheidungen des OVG NRW zum LPVG NRW ab 1985

| Lfd. Nr. | Entscheidung v. | AZ | Stichwort | Fundstelle |
|---|---|---|---|---|
| 452. | 18.12.2002 | 1 A 3843/98. PVL | Gleichstellungsbeauftragter | PersR 2003, 240; PersV 2003, 267; ZfPR 2003, 303 |
| 453. | 18.12.2002 | 1 A 600/98. PVL | Künstlerische Tätigkeit | PersR 2003, 199 |
| 454. | 18.12.2002 | 1 A 603/98. PVL | Befristung | PersR 2003, 237 |
| 2003 | | | | |
| 455. | 14.1.2003 | 1 B 1907/02. PVL | Einstweilige Verfügung | PersR 2003, 243; PersV 2003, 198; ZfPR 2003, 272 |
| 456. | 28.1.2003 | 1 B 1681/02. PVL | Einstweilige Verfügung | PersR 2004, 64 |
| 457. | 30.1.2003 | 1 A 5765/00. PVL | Hebung der Arbeitsleistung | PersR 2003, 244; PersV 2003, 394; ZTR 2003, 311; ZfPR 2003, 233 |
| 458. | 30.1.2003 | 1 A 5763/00. PVL | Änderung der Arbeitsablauforganisation | PersR 2003, 414; PersV 2004, 179; ZTR 2003, 530 |
| 459. | 30.1.2003 | 1 A 1148/00. PVL | Zuständigkeit des Gesamtpersonalrats | PersR 2003, 411; ZTR 2003, 588 |
| 460. | 17.2.2003 | 1 B 2544/02. PVL | Einstweilige Verfügung | PersR 2003, 202; PersV 2003, 236 |
| 461. | 25.2.2003 | 1 A 225/02. PVL | Schulscharfe Einstellung | BeamtR ES/D IV I Nr. 151 |
| 462. | 12.3.2003 | 1 A 1798/00. PVL | Privatisierung | PersR 2003, 364; PersV 2003, 428 |
| 463. | 12.3.2003 | 1 A 5764/00. PVL | Kleiderordnung | PersR 2002, 323; PersV 2004, 175; ZfPR 2005, 34 |
| 464. | 9.4.2003 | 1 A 500/01. PVL | Statthaftigkeit des Beschlussverfahrens | – |
| 465. | 9.4.2003 | 1 A 289/01. PVL | Bewerberauswahl mit EDV | – |

## Entscheidungen des OVG NRW zum LPVG NRW ab 1985

| Lfd. Nr. | Entscheidung v. | AZ | Stichwort | Fundstelle |
|---|---|---|---|---|
| 466. | 9.4.2003 | 1 A 423/01. PVL | Mitbestimmungspflichtige Einstellung | – |
| 467. | 30.7.2003 | 1 A 1038/01. PVL | Arzt im Praktikum | PersR 2004, 66; PersV 2004, 107; ZTR 2003, 636 |
| 468. | 30.7.2003 | 1 A 2575/02. PVL | Zustimmungsverweigerung | PersV 2004, 173; ZfPR 2004, 182 |
| 469. | 6.8.2003 | 1 A 1086/01. PVL | Zustimmungsverweigerung | PersR 2004, 68; PersV 2004, 356; ZfPR 2004, 182; ZTR 2004, 103 |
| 470. | 26.11.2003 | 1 A 1094/01. PVL | Umsetzung und Versetzung | PersR 2004, 356; PersV 2004, 466 |
| 471. | 10.12.2003 | 1 A 556/02. PVL | Bestellung von Betriebsärzten | PersR 2004, 227; PersV 2004, 469; ZTR 2004, 328472. |
| 472. | 10.12.2003 | 1 A 3012/01. PVL | Vorsorgeuntersuchung | PersR 2004, 270; PersV 2004, 316; ZTR 2004, 327 |
| 473. | 17.12.2003 | 1 A 1088/01. PVL | Telefondaten | PersR 2004, 309; PersV 2004, 379; ZfPR 2004, 307 |
| | | 2004 | | |
| 474. | 25.2.2004 | 1 A 2672/02. PVL | Abordnung | BeamtR ES/D IV 1 Nr. 152 |
| 475 | 25.2.2004 | 1 A 2078/01. PVL | Vertretung des Personalrats | PersR 2004, 359; PersV 2004, 435 |
| 476. | 7.4.2004 | 1 A 4778/03. PVL | Nichtigkeit der Wahl Antragsberechtigung | – |
| 477. | 7.4.2004 | 1 A 832/02. PVL | Qualifizierungsmaßnahme | – |
| 478. | 19.5.2004 | 1 A 672/02. PVL | Stellenausschreibungen | PersR 2004, 398; PersV 2005, 20; ZTR 2004, 552 |

## Entscheidungen des OVG NRW zum LPVG NRW ab 1985

| Lfd. Nr. | Entscheidung v. | AZ | Stichwort | Fundstelle |
|---|---|---|---|---|
| 479. | 19.5.2004 | 1 A 4557/02. PVL | Zustimmungsverweigerung | ZTR 2004, 658; PersV 2005, 24 |
| 480. | 2.6.2004 | 1 B 854/04. PVL | – | |
| 481. | 9.6.2004 | 1 A 898/02. PVL | Reisekostenersatz | PersR 2004, 400; PersV 2004, 431 |
| 482. | 9.6.2004 | 1 A 2774/02. PVL | Bühnenkünstler | PersR 2005, 81; PersV 2004, 420; ZTR 2005, 110 |
| 483. | 21.7.2004 | 1 A 3554/02. PVL | Arbeitszeit | PersR 2005, 121; PersV 2005, 103; ZfBR 2005, 104 |
| 484. | 25.8.2004 | 1 A 1758/02. PVL | Urlaubsregelung | PersR 2005, 158; PersR 2005, 146; ZfBR 2005, 105. |
| 485 | 22.9.2004 | 1 A 3402/03. PVL | Befristung | – |
| 486. | 22.9.2004 | 1 A 508/03. PVL | Änderung eines Organisationsplans | – |
| 487. | 1.12.2004 | 1 A 1503/03. PVL | Besprechungen mit Beschäftigten | PersR 2005, 240 |
| 488. | 1.12.2004 | 1 A 1294/03. PVL | Überstunden | PersR 2005, 242 |
| 489. | 27.12.2004 | 1 B 2733/04. PVL | – | – |
| 490. | 30.12.2004 | 1 B 1864/04. PVL | – | – |
| | | 2005 | | |
| 491. | 3.2.2005 | 1 A 1994/03. PVL | Schließung einer Sozialeinrichtung | PersR 2005, 365; PersV 2006, 29; ZfPR 2005, 100 |
| 492. | 7.4.2005 | 1 A 4721/02. PVL | Vertretung der Dienststelle | PersR 2005, 467; PersV 2005, 427 |

# Entscheidungen des OVG NRW zum LPVG NRW ab 1985

| Lfd. Nr. | Entscheidung v. | AZ | Stichwort | Fundstelle |
|---|---|---|---|---|
| 493. | 25.5.2005 | 1 B 453/05. PVL | Fusion von Unfallversicherungsträgern | PersV 2006, 32; ZTR 2005, 496; ZfBR 2006, 10 |
| 494. | 2.6.2005 | 1 A 3278/03. PVL | Umsetzung | – |
| 495. | 2.6.2005 | 1 A 2271/03. PVL | Ausschreibungsverfahren | NWVBL 200, 50 |
| 496. | 30.6.2005 | 1 A 2358/03. PVL | Geltungsbereich des LPVG NW | – |
| 497. | 18.7.2005 | 1 E 741/05. PVL | – | – |
| 498. | 25.8.2005 | 1 A 4779/03. PVL | Vorläufige Umsetzung | PersV 2006, 184; ZfBR 2007, 18 |
| 499. | 25.8.2005 | 1 A 4725/03. PVL | Warnstreik | – |
| 500. | 10.11.2005 | 1 A 5076/04. PVL | Wahlwerbung im Intranet | PersV 2006, 138 |
| 501. | 10.11.2005 | 1 A 1264/05. PVL | Gewerkschaftsbegriff | PersR 2006, 129; PersV 2006, 133 |
| 502. | 24.11.2005 | 1 A 3019/04. PVL | Schulbegehung | – |
| 503. | 24.11.2005 | 1 A 2562/04. PVL | Umfang der Unterrichtungspflicht | – |
| 504. | 1.12.2005 | 1 A 5002/04. PVL | Aufnahme Tätigkeit Musiklehrer, Grundlage Honorarvertrag | PersR 2006, 171; PersV 2006, 141; ZTR 2006, 218 |
| **2006** | | | | |
| 505. | 27.1.2006 | 6 P 5.05 | Rückforderung überzahlten Lohns | – |
| 506. | 2.3.2006 | 1 B 1934/05 (rk.) | Benachteiligungsverbot | – |

## Entscheidungen des OVG NRW zum LPVG NRW ab 1985

| Lfd. Nr. | Entscheidung v. | AZ | Stichwort | Fundstelle |
|---|---|---|---|---|
| 507. | 31.3.2006 | 1 A 5195/04. PVL | Wahlanfechtung | PersV 2007, 34 |
| 508. | 31.3.2006 | 1 A 1471/04. PVL | Umsetzung | – |
| 509. | 9.6.2006 | 1 A 1030/05. PVL | Zuweisung Personalunterkünfte | PersR 2006, 481; PersV 2007, 20; ZTR 2006, 612 |
| 510. | 9.6.2006 | 1 A 1492/05. PVL | Anweisung des Dienststellenleiters | PersR 2006, 478; PersV 2007, 18; ZTR 2006, 612 |
| 511. | 13.7.2006 | 1 A 990/05. PVL | Bestellung von Strahlenschutzbeauftragten u. Strahlenschutzbevollmächtigten | – |
| 512. | 25.8.2006 | 1 A 5003/04. PVL | Mitbestimmung »Richtlinien zur Personalwirtschaft der Gesamtverwaltung« | – |
| 513. | 25.8.2006 | 1 A 3619/05. PVL | Freistellung Personalratsmitglieder | – |
| 514. | 25.8.2006 | 1 A 1724/05. PVL | Personalvertretungsrechtliches Beschlussverfahren | – |
| 515. | 21.9.2006 | 1 A 1907/05. PVL | Ersetzung eines Programms | – |
| 516. | 27.10.2006 | 1 A 5002/04. PVL | Aufnahme Tätigkeit Musiklehrer, Grundlage Honorarvertrag | PersR 2006, 171; PersV 2006, 141; ZTR 2006, 218 |
| 517. | 27.10.2006 | 1 A 4733/04. PVL | Ausschluss der Mitbestimmung in Personalangelegenheiten | PersR 2007, 174 |
| 518. | 27.10.2006 | 1 A 464/05. PVL | Einstellung künstlerisch Beschäftigte | – |

**Entscheidungen des OVG NRW zum LPVG NRW ab 1985**

| Lfd. Nr. | Entscheidung v. | AZ | Stichwort | Fundstelle |
|---|---|---|---|---|
| 2007 | | | | |
| 519. | 29.1.2007 | 1 A 152/06. PVL | Mitbestimmung Einsatz Datenverarbeitungssystem | – |
| 520. | 29.1.2007 | 1 A 5031/05. PVL | Mitbestimmung Grundsätze der Stellenbewirtschaftung | Schütz BeamtR ES/D IV 1 Nr. 174, FUL 2007, 544 |
| 521. | 12.2.2007 | 1 A 2358/05. PVL | Umsetzung Personalratsmitglied | ZTR 2007, 515, PersR 2007, 317, ZfPR online 2007, Nr. 7, 8–10 und Nr. 8, 14 |
| 522. | 22.2.2007 | 1 B 2563/06. PVL | Erstellen u. Vorlage von Dienstplänen | – |
| 523. | 12.3.2007 | 6 B 171/07 | Abordnung | – |
| 524. | 12.3.2007 | 1 A 2037/05. PVL | Mitbestimmung bei Beschäftigung im Rahmen eines Dienstleistungsvertrags | PersR 2007, 393, ZfPR 2008, 46, ZfPR online 2008, Nr. 1, 15 |
| 525. | 12.3.2007 | 1 A 4523/05. PVL | Verbindlichkeit der Einigungsstellenentscheidung | PersV 2007, 481, ZfPR 2008, 75, ZfPR online 2008, Nr. 4, 22 |
| 526. | 28.3.2007 | 6 B 173/07 | Abordnung | – |
| 527. | 30.7.2007 | 1 A 1872/06. PVB | § 9 Abs. 4 BPersVG, § 7 Abs. 5 LPVG: Auflösungsantrag des Arbeitgebers | – |
| 528. | 30.7.2007 | 1 A 3046/06. PVB | § 9 Abs. 4 BPersVG, § 7 Abs. 5 LPVG: Auflösungsantrag LPVG | – |
| 529. | 30.7.2007 | 1 A 3871/06. PVB | § 9 Abs. 4 BPersVG, § 7 Abs. 5 LPVG: Auflösungsantrag AG | – |
| 530 | 30.7.2007 | 1 A 421/07. PVB | § 9 Abs. 4 BPersVG, § 7 Abs. 5 LPVG: Auflösungsantrag AG | |

## Entscheidungen des OVG NRW zum LPVG NRW ab 1985

| Lfd. Nr. | Entscheidung v. | AZ | Stichwort | Fundstelle |
|---|---|---|---|---|
| 531. | 29.10.2007 | 1 A 1179/06. PVL | Tauglichkeitsuntersuchung | jurisPR-ArbR 8/2008 Anm. 4 |
| 532. | 29.10.2007 | 1 A 4443/06. PVL | Auflösung des Arbeitsverhältnisses eines JAV-Mitglieds | – |
| 533. | 14.12.2007 | 6 B 1155/07 | Fiktive Laufbahnnachzeichnung | PersR 2008, 131 |
| **2008** | | | | |
| 534. | 19.2.2008 | 6 B 42/08 | Kommunalisierung der Versorgungsverwaltung | – |
| 535. | 2.4.2008 | 1 A 3615/06. PVL | Bandbreitenlegung Datenverarbeitungssystem | – |
| 536. | 2.4.2008 | 1 A 278/06. PVL | Erlass einer Datenschutzordnung | – |
| 537. | 16.4.2008 | 1 A 4630/06. PVB | Freistellung/Kosten für Seminar zum TVÖD, § 46 BPersVG, § 42 LPVG | ZfPR online 2009, Nr. 8, 11, PersR 2009, 174, ZfPR 2009, 111 |
| 538. | 16.4.2008 | 1 A 4160/06. PVB | Teilnahme an Prüfungen, § 80 BPersVG, § 76 LPVG | PersV 2008, 382 |
| 539. | 20.6.2008 | 1 B 116/08. PVL | Sozialplan | |
| 540. | 21.7.2008 | 16 E 1263/07. PVL | Beschlussverfahren | – |
| 541. | 18.9.2008 | 16 A 2260/08. PVL | Freistellung von Vorstandsmitgliedern, § 42 Abs. 3 a. F. | PersR 2008, 509, NWVBl 2009, 68, PersV 2009, 312 |
| **2009** | | | | |
| 542. | 30.1.2009 | 16 A 2412/07. PVL | Mitbestimmung bei Chat-Programm (verneint) | PersR 2009, 217, ZfPR 2009, 77, CR 2010, 50, BB 2009, 493, ZfPR online 2009, Nr. 5, 15, ITRB 2009, 125 |

# Entscheidungen des OVG NRW zum LPVG NRW ab 1985

| Lfd. Nr. | Entscheidung v. | AZ | Stichwort | Fundstelle |
|---|---|---|---|---|
| 543. | 24.8.2009 | 16 B 1796/08. PVL | Teilfreistellung deckt nicht Teilnahme an Personalratssitzung, § 42 Abs. 2 Dienstbefreiung | – |
| 544. | 6.10.2009 | 16 A 3278/07. PVB | Maßnahmebegriff (s. 17.11.2009 – 16 A 3277/07. PVB) | – |
| 545. | 30.10.2009 | 16 A 1027/09. PVB | Wahlanfechtung/ Verselbständigung, § 6 Abs. 3 BPersVG | PersR 2011, 44, ZfPR 2011, 14, PersV 2010, 223 und 2011, 37, ZfPR online 2010, Nr. 11, 17 |
| 546. | 17.11.2009 | 16 A 3277/07. PVB | Maßnahmebegriff | ZfPR online 2010, Nr. 2, 22 |
| 547. | 18.11.2009 | 16 A 165/08. PVB | Benachteiligungsverbot, § 8 BPersVG/§ 7 Abs. 1 LPVG | ZfPR online 2010, Nr. 3, 18 |
| 548. | 20.11.2009 | 16 A 1337/09. PVL | Freistellung Lehrer, § 85 Abs. 5 | – |
| 549. | 21.12.2009 | 16 A 1340/08. PVL | Teilnahmerecht an Erörterungen, § 66 Abs. 2 a.F. | – |
| | | 2010 | | |
| 550. | 10.2.2010 | 16 A 420/09. PVB | Entscheidung zum BEZUG (Bahn) | – |
| 551. | 10.2.2010 | 16 A 164/08. PVB | Feststellungsinteresse/abgedruckter Antrag/Wiederholungsgefahr | – |
| 552. | 24.2.2010 | 16 A 566/08. PVL | Teilnahmerecht an Personalgesprächen | ZfPR 2010, 71, ZfPR 2010, 110, ZfPR online 2010, Nr. 7 |

## Entscheidungen des OVG NRW zum LPVG NRW ab 1985

| Lfd. Nr. | Entscheidung v. | AZ | Stichwort | Fundstelle |
|---|---|---|---|---|
| 553. | 23.3.2010 | 16 A 2423/08. PVL | Globalantrag/Zuständigkeit des Personalrats für gestelltes Personal (an GmbH) Maßnahmebegriff § 79 Abs. 1 Nr. 3 u. 5 | PersR 2010, 358, ZfPR 2011, 37, PersV 2010, 389, ZfPR online 2011 Nr. 3, 4, ZBVR online 2011, Nr. 3, 16 |
| 554. | 23.3.2010 | 16 A 2209/08. PVL | § 72 Abs. 3 Nr. 3: Hebung der Arbeitsleistung, Vereinfachung der Arbeitsabläufe | ZfPR online 2010, Nr. 8, 6, ZfPR 2010, 110 |
| 555. | 26.4.2010 | 16 A 2424/08. PVL | § 29 Abs. 4 a. F.: Wahl des Vorstands | – |
| 556. | 20.5.2010 | 16 A 296/09. PVL | § 67: Einigungsstelle (wirksamer Beschluss, Öffentlichkeit) | PersR 2010, 502, RiA 2010, 275 PersV 2011, 110 |
| 557. | 20.5.2010 | 16 A 276/09. PVL | Maßnahmebegriff u. Anmietung von Diensträumen | PersV 2010, 391, RiA 2010, 234 |
| 558. | 12.7.2010 | 16 A 3259/08. PVL | § 42 Abs. 3 a. F.: Freistellung von Vorstandsmitgliedern | PersR 2011, 4, ZfPR 2010, 108, ZfPR online 2010, Nr. 9, 7, PersV 2011, 23, ZfPR online 2011, Nr. 2, 16 |
| 559. | 12.7.2010 | 16 A 109/09. PVL | § 69 Abs. 4: Landrat (nicht Kreistag) verfassungsmäßig zuständig oberstes Organ des Kreises | – |
| 560. | 6.10.2010 | 16 A 1539/09. PVL | § 72 Abs. 4 Nr. 14: Richtlinien für die personelle Auswahl | PersV 2011, 147, ZBR 2011, 179, ZfPR online 2011, Nr. 7, 19 |
| 561. | 3.11.2010 | 6 B 1249/10 | Unterrichtungsmängel bei Mitwirkung | NVwZ-RR 2011, 73; RiA 2011, 39 |

**Entscheidungen des OVG NRW zum LPVG NRW ab 1985**

| Lfd. Nr. | Entscheidung v. | AZ | Stichwort | Fundstelle |
|---|---|---|---|---|
| \multicolumn{5}{c}{2011} | | | | |
| 562. | 15.3.2011 | 1 A 634/09 | Beteiligung der Gleichstellungsbeauftragten | zu § 19 Abs. 1 BGleiG, PersR 2011, 338, DÖD 2011, 240 |
| 563. | 5.5.2011 | 16 A 1175/09.PVB | Beschäftigteneigenschaft | juris |
| 564. | 9.5.2011 | 1 A 440/10 | Betriebsratsbeteiligung bei Beamten | zum PostPersRG, PersV 2011, 456 |
| 565. | 20.6.2011 | 16 B 271/11.PVB | Einstweilige Verfügung | ZfPR online 2011, Nr. 7, 11 |
| 566. | 25.8.2011 | 16 A 783/10.PVB | Beachtlichkeit einer Zustimmungsverweigerung | PersR 2012, 229, PersV 2012, 180, ZfPR online 2011, Nr. 11, 10–13 |
| 567. | 25.8.2011 | 16 A 1361/10.PVB | Gefährdungsbeurteilung | PersR 2012, 87, PersV 2012, 185, ZfPR online 2012, Nr. 3, 10–12 |
| 568. | 13.12.2011 | 20 A 10/10.PVL | Ergänzung der Tagesordnung | PersR 2012, 262, PersV 2012, 252, ZfPR online 2012, Nr. 10, 9–12 |
| \multicolumn{5}{c}{2012} | | | | |
| 569. | 25.1.2012 | 20 A 199/10.PVL | § 72 Abs. 4: Mitbestimmung bei der Arbeitszeit | PersR 2012, 127, PersV 2012, 318 |
| 570. | 27.3.2012 | 6 B 1362/11 | § 75 Abs. 1 Nr. 4: Anhörung des Personalrats | PersV 2012, 390 |
| 571. | 23.5.2012 | 20 A 875/11.PVB | Initiativrecht bei Maßnahmen des Gesundheitsschutzes | zu § 75 Abs. 3 BPersVG, PersR 2012, 376, DÖD 2012, 235 |
| 572. | 22.6.2012 | 6 B 588/12 | Beteiligung des PR bei wiederholter Auswahlentscheidung | juris |

# Entscheidungen des OVG NRW zum LPVG NRW ab 1985

| Lfd. Nr. | Entscheidung v. | AZ | Stichwort | Fundstelle |
|---|---|---|---|---|
| 573. | 29.6.2012 | 20 A 632/10. PVL | Baumaßnahmen an angemieteten Gebäuden | PersV 2012, 427, PersR 2013, 373, ZfPR online 2013, Nr. 10, 2–4 |
| 574. | 29.6.2012 | 20 A 654/11. PVL | § 72 Abs. 4 Satz 1 Nr. 16: Allgemeine Fragen der Fortbildung | PersV 2012, 430 |
| 575. | 9.7.2012 | 20 B 511/12. PVL | Einstweilige Verfügung | DÖD 2012, 235 |
| 576. | 17.8.2012 | 20 A 698/11. PVL | Wissenschaftlicher Mitarbeiter | PersR 2012, 515 |
| 577. | 5.9.2012 | 20 A 1903/11. PVB | Versetzung von Personalratsmitgliedern | zum BPersVG, PersR 2012, 466, ZfPR online 2012, Nr. 11, 2–5 |
| 578. | 25.10.2012 | 20 B 1079/12. PVB | Dienststellenzugehörigkeit/Beschäftigtenbegriff | zu § 46 Abs. 4 BPersVG, PersV 2013, 137, IÖD 2013, 21 |
| 579. | 6.11.2012 | 20 A 2072/11. PVL | Begriff der »grundlegenden« Arbeitsmethode | ZTR 2013, 163; juris |
| 580. | 29.11.2012 | 20 A 2916/11. PVL | Fahrtkosten von freigestellten Personalratsmitgliedern | PersV 2013, 194 |
| 2013 ||||| 
| 581. | 11.1.2013 | 20 A 49/12. PVL | Höhe des Aufwandsdeckungsbetrags | PersV 2013, 230, ZTR 2013, 344 |
| 582. | 11.1.2013 | 20 A 298/12. PVL | § 69 Abs. 3, 6: Beteiligung Gesamtpersonalrat | PersV 2013, 188, ZfPR online 2013, Nr. 9, 9–11 |
| 583. | 26.3.2013 | 20 A 2098/12. PVB | Schriftform, Zustimmung des Wahlbewerbers | zu § 25 BPersVG, PersV 2013, 343, PersR 2013, 273, ZfPR online 2014, Nr. 1, 14–17 |

# Entscheidungen des OVG NRW zum LPVG NRW ab 1985

| Lfd. Nr. | Entscheidung v. | AZ | Stichwort | Fundstelle |
|---|---|---|---|---|
| 584. | 26.3.2013 | 20 A 878/12. PVB | Reisekosten Personalratsmitglied | PersV 2013, 345, PersR 2013, 324, DÖD 2013, 201 |
| 585. | 11.4.2013 | 20 A 2092/12. PVL | § 5 Abs. 1: Beschäftigtenbegriff | PersR 2013, 335, PersV 2013, 306, DÖD 2013, 203 |
| 586. | 14.5.2013 | 20 A 83/12. PVB | Mitbestimmung bei Verkürzung von Entwicklungsstufenlaufzeiten | zu § 75 Abs. 1 BPersVG, PersR 2013, 320, PersV 2013, 354, ZfPR online 2014, Nr. 3, 7–10 |
| 587. | 13.6.2013 | 20 A 2811/12. PVB | Beschäftigtenbegriff | zu § 46 Abs. 4 BPersVG, PersV 2013, 466 |
| 588. | 3.7.2013 | 20 A 893/12. PVB | Rückgängigmachung einer Maßnahme | zu § 69 Abs. 1 BPersVG, PersV 2013, 471, ZfPR online 2014, Nr. 5, 8–10 |
| 589. | 20.8.2013 | 20 B 585/13. PVL | § 65 Abs. 1 Satz 3: Informationsanspruch bei Organisationsentscheidungen | PersR 2013, 467, PersV 2013, 473, ZfPR online 2014, Nr. 7–8, 9–11 |
| 590. | 29.8.2013 | 20 A 500/12. PVB | Mitbestimmung bei Übertragung einer höherwertigen Tätigkeit | zu § 75 Abs. 1 Nr. 2 BPersVG, PersR 2014, 127, PersV 2014, 150 |
| 591. | 29.8.2013 | 20 A 2189/12. PVB | Mitbestimmung bei Übertragung einer höherwertigen Tätigkeit | zu § 75 Abs. 1 Nr. 2 BPersVG, PersV 2014, 76, PersR 2014, 222, ZfPR online 2014, Nr. 4, 8–11 |
| 592. | 7.11.2013 | 20 A 218/13. PVB | Beachtlichkeit einer Zustimmungsverweigerung | zu § 69 Abs. 2 BPersVG, PersV 2014, 147, PersR 2014, 181, ZTR 2014, 367 |

## Entscheidungen des OVG NRW zum LPVG NRW ab 1985

| Lfd. Nr. | Entschei-dung v. | AZ | Stichwort | Fundstelle |
|---|---|---|---|---|
| 593. | 7.11.2013 | 20 A 2613/12. PVB | Freistellung von Schulungskosten | zu § 46 BPersVG, PersV 2014, 110, ZTR 2014, 190 |
| **2014** | | | | |
| 594. | 31.1.2014 | 20 A 2155/12. PVL | Wahlberechtigung, Beschäftigtenbegriff | PersV 2014, 214, PersR 2014, 219 |
| 595. | 31.1.2014 | 20 A 1198/13. PVL | § 72 Abs. 4: Mitbestimmung bei Rüstzeiten | PersV 2014, 235, ZTR 2014, 366 |
| 596. | 27.3.2014 | 20 A 959/13. PVB | Personalratswahl in militärischen Einrichtungen | zu § 25 BPersVG, PersV 2014, 271 |
| 597. | 29.4.2014 | 20 B 55/14. PVB | § 42 Abs. 3: Freistellung von Personalratsmitgliedern | zu § 46 Abs. 3 BPersVG, PersV 2014, 318, ZfPR online 2014, Nr. 7–8, 17–18 |
| 598. | 12.6.2014 | 3 A 235/11 | Benachteiligungsverbot | PersV 2015, 113 |
| 599. | 11.7.2014 | 20 B 236/14. PVL | § 65a: Bildung eines Wirtschaftsausschusses | PersR 2014, 51, DÖD 2015, 46 |
| 600. | 29.7.2014 | 1 A 2885/12 | Leistungsprämien für freigestellte Personalratsmitglieder | zu § 46 Abs. 2, 3 BPersVG, juris, IÖD 2014, 237 |
| 601. | 14.8.2014 | 20 A 1888/13. PVB | Wahlanfechtung | PersV 2015, 58, DÖD 2015, 49 |
| 602. | 10.11.2014 | 20 A 679/14. PVL | Verlust der Mitgliedschaft im Personalrat wegen Elternzeit | PersR 4/2015, 50, PersV 2015, 140 |
| **2015** | | | | |
| 603. | 3.2.2015 | 20 A 1231/14. PVB | Beachtlichkeit einer Zustimmungsverweigerung | PersV 2015, 262 |
| 604. | 24.3.2015 | 20 A 97/14. PVL | Hebung der Arbeitsleistung | PersR 4/2016, 48, PersV 2016, 22 |

# Entscheidungen des OVG NRW zum LPVG NRW ab 1985

| Lfd. Nr. | Entscheidung v. | AZ | Stichwort | Fundstelle |
|---|---|---|---|---|
| 605. | 27.4.2015 | 20 A 122/14. PVB | Ergänzung der Tagesordnung | PersR 12/2015, 54, PersV 2016, 22 |
| 606. | 1.9.2015 | 20 A 1868/14. PVB | Beachtlichkeit einer Zustimmungsverweigerung | PersR 2/2016, 52, PersV 2016, 63, |
| 607. | 21.12.2015 | 20 A 643/14. PVB | Beachtlichkeit einer Zustimmungsverweigerung | PersR 9/2016, 45, PersV 2016, 421 |
| **2016** | | | | |
| 608. | 26.2.2016 | 20 A 2495/14. PVL | Mitwirkung bei Auflösung einer Schule | ZTR 2016, 350 |
| 609. | 4.3.2016 | 20 A 2364/14. PVL | Maßnahmen zum Arbeitsschutz | PersR 10/2016, 52, DÖD 2016, 236 |
| 610. | 30.11.2016 | 20 A 1297/16. PVL | Befristete Einstellung von Vertretungslehrkräften | ZTR 2017, 189, DÖD 2017, 136 |
| **2017** | | | | |
| 611. | 3.4.2017 | 20 A 598/16. PVL | Behinderung von Personalratsarbeit | juris |
| 612. | 3.4.2017 | 20 A 628/16. PVL | Unterrichtung des Personalrats | juris |
| 613. | 3.4.2017 | 20 A 2696/15. PVL | Beachtlichkeit einer Zustimmungsverweigerung | juris |
| 614. | 18.5.2017 | 6 B 345/17 | Anordnung einer amtsärztlichen Untersuchung | PersR 4/2018, 48 |
| 615. | 1.6.2017 | 20 A 965/17.PVL | Mitbestimmung bei Einstellung | PersR 4/2018, 59; PersV 2018, 22 |
| 616. | 1.6.2017 | 20 A 2646/16. PVL | Auswahlentscheidung bei Freistellungen | PersV 2018, 60 |

## Entscheidungen des OVG NRW zum LPVG NRW ab 1985

| Lfd. Nr. | Entscheidung v. | AZ | Stichwort | Fundstelle |
|---|---|---|---|---|
| 617. | 1.6.2017 | 20 A 696/16. PVL | Informationsanspruch des Personalrats | juris |
| 618. | 25.9.2017 | 20 A 1562/16. PVL | Begriff der Maßnahme | PersR 7–8/2018, 62 |
| 619. | 28.9.2017 | 20 A 1002/17. PVL | Wahlanfechtung | PersV 2018, 107 |
| 620. | 17.10.2017 | 20 A 1739/16. PVB | Beachtlichkeit einer Zustimmungsverweigerung | PersR 3/2018, 44 |
| 621. | 17.10.2017 | 20 A 2477/16. PVB | Mitbestimmung bei Zuweisung und Absehen von einer Stellenausschreibung | ZTR 2018, 175; PersR 6/2018, 60 |
| | | | 2018 | |
| 622. | 10.1.2018 | 20 A 2492/16. PVL | Keine Beteiligung bei Einschaltung des MDK | PersV 2018, 312 |
| 623. | 10.1.2018 | 20 A 2767/17. PVL | Einstellung studentischer Hilfskräfte | juris |
| 624. | 7.5.2018 | 20 A 2065/17. PVL | Vorschriften über das Wahlverfahren | PersV 2018, 403 |
| 625. | 25.6.2018 | 20 B 261/18. PVL | Einstweilige Verfügung, Rückgängigmachung einer Maßnahme | ZTR 2018, 547 |
| 626. | 30.8.2018 | 20 A 2500/16. PVB | Unterrichtungsanspruch, Aufgabenakzessorietät | PersV 2019, 103 |
| 627. | 9.11.2018 | 20 A 526/17. PVL | Mitbestimmung bei Verteilung der Arbeitszeit | juris |
| 628. | 9.11.2018 | 20 A 2349/17. PVL | Erforderlichkeit einer Schulungsmaßnahme | PersV 2019, 106 |

## Entscheidungen des OVG NRW zum LPVG NRW ab 1985

| Lfd. Nr. | Entschei-dung v. | AZ | Stichwort | Fundstelle |
|---|---|---|---|---|
| 629. | 9.11.2018 | 20 A 2884/17. PVL | Teilnahme an Spezialschulungen | PersV 2019, 105 |
| 630. | 17.12.2018 | 1 A 203/17 | Elektronische Personalakte | |
| 2019 ||||| 
| 631. | 23.1.2019 | 20 A 1787/17. PVL | Begriff des Regelbeschäftigten | juris |
| 632. | 1.2.2019 | 20 A 3100/17. PVB | Schriftformerfordernis bei Zustimmungsverweigerung | juris |
| 633. | 11.4.2019 | 20 A 1890/18. PVB | Beachtlichkeit der Zustimmungsverweigerung | PersR 7/2019, 60 |

# Stichwortverzeichnis

*Die fett gedruckten Zahlen beziehen sich auf die jeweiligen Paragraphen des LPVG, die mager gedruckten Zahlen auf die jeweiligen Randnummern.*

## A
Abmahnung **74** 9 ff.
Abordnung **7** 1; **10** 2a; **11** 1; **12** 1; **43** 2 ff.; **72** 32, 38; **83** 2; **91** 1, 4
Abrufkräfte **72** 11
Akademische Räte auf Zeit **5** 5
Akkord- und Prämiensätze **72** 122
Allgemeine Aufgaben **64** 1 ff.
– Förderung des Gemeinwohls **64** 2
– Verhütung von Unfall- und Gesundheitsgefahren **64** 5
– Wahrnehmung der Beschäftigtenbelange **64** 2
– Wahrung der Vereinigungsfreiheit **64** 4
Altersteilzeit **10** 4
Amtszeit **23** 1 ff.
Änderung der Arbeitsorganisation **72** 95
Änderung von Arbeitsverträgen **72** 31
Änderungskündigung **74** 6
Anhörung **75** 1 ff., 8
– Stellungnahme **75** 8
– Unterrichtung **75** 1
Arbeitnehmer **5** 2 f., 4 ff.
Arbeitnehmerähnliche Person **5** 2 ff.; **72** 11 ff.
Arbeitnehmerüberlassungsverträge **72** 11, 168
Arbeits-, Unfall- und Gesundheitsschutz **77** 1
– Hinzuziehungspflichten **77** 5
Arbeitsabläufe **75** 4
Arbeitsbeschaffungsmaßnahme **72** 11
Arbeitsentgelt **72** 116, 119
Arbeitsgerichtsgesetz **79** 4
Arbeitsgruppe **65** 11
Arbeitsmethoden **72** 89 ff.
– Änderungen **72** 91
– neue **72** 90
Arbeitsorganisation **72** 92, 176
Arbeitsplatz **72** 98, 146; **75** 7a
– Änderung **75** 7a
– Verlagerung **75** 7a
Arbeitsplatz- und Dienstpostenbewertung **72** 167
Arbeitsverfahren **75** 4
Arbeitsvertrag **10** 4; **65a** 4; **72** 14; **74** 2
Arbeitszeit **72** 100 ff.
– arbeitsvertragliche Regeln **72** 102
– Arbeitszeitkonto **72** 103
– Arbeitszeitkorridor **72** 103
– Flexibilisierung der **72** 103
– tarifvertragliche Regelungen **72** 103
Arbeitszeitmodelle **72** 175
– allgemeine Grundsätze **72** 175
Ärztliche Untersuchung **72** 134; **75** 7

# Stichwortverzeichnis

Assessment-Center **65** 12
- JAV **65** 14
Außenstehende Stelle **2** 10, 12
Außerordentliche Kündigung **43** 4; **59** 2; **74** 2, 9 ff.
Aufhebungs- oder Beendigungsverträge **74** 9, 13, 20
- Einwendungen **74** 20
Auflösung des Personalrats **25** 1 ff.
Aufwandsdeckungsmittel **40** 9
Aussagegenehmigung **9** 4
Ausschluss aus dem Personalrat **25** 1 ff.
Auswahlrichtlinie **72** 151
Auswahlverfahren **72** 15
Automatisierte Verarbeitung **72** 74 ff.
- Änderung **72** 77
- Anwendung **72** 76
- Einführung **72** 75
- Erweiterung **72** 78

# B

Beamter **5** 3; **7** 11; **10** 3; **42** 15; **103** 1
- der Schulaufsicht **10** 6
Beförderung **72** 21
Befristung **72** 20
- mit Sachgrund **72** 20
- ohne Sachgrund **72** 20
- Schriftform **72** 20
Begünstigung **7** 8; **43** 1
Begünstigungsverbot **7** 1 ff., 9; **42** 2; **79** 3
Behinderung der Personalratstätigkeit **74** 12
Behinderungsverbot **7** 1, 6; **21** 1
Behörde **73** 13a
Beisitzer **67** 3
Beiträge **41** 1
Benachteiligung **7** 2, 5, 7; **43** 1; **45** 3; **62** 1, 2
- Alter **62** 1
- Behinderung **62** 1
- ethnische Herkunft, Abstammung oder sonstige Herkunft **62** 1
- Geschlecht **62** 1
- mittelbare **7** 2, 7; **62** 1
- Nationalität **62** 1
- politische/gewerkschaftliche Betätigung **62** 1
- Rasse **62** 1
- Religion **62** 1
- sexuelle Identität **62** 1
- unmittelbare **7** 2, 7; **62** 1
- Weltanschauung **62** 1
Benachteiligungsverbot **7** 2, 10 ff.; **72** 13
Bereitschaftsdienst **72** 106
Berufliche Entwicklung **7** 9, 11; **64** 8
Berufsausbildung **72** 149
Berufsverbände **110** 1
Beschäftigte **1** 1 ff.; **2** 1 ff.; **3** 1 ff.; **5** 1 ff.; **7** 2, 16; **10** 1 ff.; **11** 1 ff.
- weisungsgebundene **1** 1; **5** 1, 2a; **42** 6; **72** 11
Beschäftigtenpool **72** 176
Beschäftigungsförderung **73** 15
Beschluss
- Abstimmungsteilnehmer **16** 4; **33** 2
- Aussetzung **6** 2; **35** 1 ff.; **36** 1; **107** 1
Beschlussverfahren **79** 3 ff.
- Antragsbefugte **79** 5
- Antragsschrift **79** 7
- Feststellungsantrag **79** 9
- Hinzuziehung eines Rechtsanwalts **79** 8
- Leistungs- und Verpflichtungsanträge **79** 11
- Prozessvertretung **79** 4
Beschwerde **64** 7; **79** 7
- berufliche Förderung schwerbehinderter Beschäftigter **64** 9

# Stichwortverzeichnis

- Eingliederung schwerbehinderter Beschäftigter **64** 8
- Verwirklichung des Grundrechts der Gleichberechtigung von Frauen und Männern **64** 12
- Zusammenarbeit mit der Jugend- und Auszubildendenvertretung **64** 11

Beschwerdestelle **72** 145
Beschwerdeverfahren nach AGG **72** 145
Betrieb **73** 13a
Betriebliches Vorschlagswesen **72** 141
Betriebsarzt **72** 124
Beurlaubung **10** 4; **11** 1, 3a; **26** 5; **65** 16; **72** 17, 21, 33, 164
Beurteilungsrichtlinien **72** 154
Bewerbungsunterlagen **65** 12
Bewertungspläne **75** 3
Bezirksjugend- und Auszubildendenvertretung **60** 1
Bezirkspersonalrat **50** 1 ff.; **53** 1; **78** 1, 2, 10
Bildschirmarbeitsplätze **72** 137
Bundesverwaltungsgericht **79** 2
Büropersonal **9** 2; **31** 3; **37** 2; **40** 8, 10, 13; **61** 8; **67** 13

## D

d'Hondtsches Höchstzahlsystem **16** 7
Darlehen **72** 58
Datenschutz **65** 18
Datenschutzbeauftragter **72** 127
Dienst- und Pachtland **72** 61
Dienstaufsicht **1** 1; **5** 1, 2a, 2b; **72** 73
Dienstbefreiung **42** 3, 6; **47** 3; **64** 1; **67** 5; **72** 115, 157
Dienstbezüge **72** 116 ff.
- Auszahlung der **72** 116 ff.
Dienstliche Beurteilung **65** 17

Dienstpläne **72** 104
Diensträume
- Anmietung **75** 5
Dienststelle **1** 1 ff.; **2** 1 ff.; **10** 1 ff.; **13** 1 ff.; **73** 10 ff.
- Auflösung **73** 10, 12
- Einschränkung **73** 12
- Errichtung **73** 10, 12
- Personalratsfähigkeit **13** 1
- rechtliche Verselbständigung **1** 3; **73** 13
- Verlegung **73** 12
- wesentliche Teile **73** 13
- Zusammenlegung **73** 12
Dienststellenleiter **1** 3; **2** 2, 4, 8; **3** 1, 7; **8** 1 ff.
- ständiger Vertreter **8** 1; **85** 3
Dienstunfähigkeit **72** 46; **75** 7
Dienstvereinbarung **70** 1 ff.
- Bekanntmachung **70** 9
- Durchführungsanspruch **79** 12
- Evokationsrecht **70** 13
- Form **70** 9
- Kündigung **70** 10
- Nachwirkung **70** 11 ff.
- unzulässige **70** 3
- Zustandekommen **70** 5
Dienstvertrag **5** 2; **72** 86
Dienstwohnung **72** 48, 59
Direktionsrecht **5** 2, 2b; **7** 6; **62** 1; **71** 1; **72** 10, 11, 32, 171
Disziplinarklage **73** 14
DO-Angestellte **5** 3
Doppelte Dienststellenzugehörigkeit **66** 3
Doppeltes Wahlrecht **10** 3

## E

Ehrenamt **42** 2; **58** 1; **67** 5
Eigenbetrieb **1** 2; **44** 5; **52** 1; **72** 177, 188; **73** 13a
Eilmaßnahme **66** 27
Ein-Euro-Job **72** 11

555

## Stichwortverzeichnis

Eingliederung **1** 1; **5** 2, 2b, 5; **44** 6; **64** 8, 10; **72** 10, 11, 47
Eingruppierung **72** 25
Einigungsstelle **66** 22; **67** 2 ff., 10 ff.
– Anrufung **66** 22
– Beschluss **67** 10 ff.
– Empfehlung **66** 22
– endgültige Entscheidung **66** 22
– Entschädigung **67** 5
– Evokationsrecht **66** 23
– externer Sachverständiger **67** 13
– Hinzuziehung von sachverständigen Personen **67** 8
– Kosten **67** 5, 13
– Sitzung **67** 8
– Stellvertreter **67** 3
– Verfahrensbevollmächtigter **67** 8
– Vorsitzende Person **67** 3
Einstellung **5** 2a; **7** 18; **10** 3; **64** 10; **65** 12; **66** 2; **72** 8 ff.
– Arbeitnehmer **72** 10
– Auswahlermessen **72** 15
– Beamte **72** 14
Einstweilige Verfügung **79** 14 ff.
Elternzeit **10** 4; **11** 3a; **26** 4, 5; **64** 8; **65** 4; **72** 18; **74** 4, 7
Entgeltgestaltung **72** 119
Entgeltgrundsätze **72** 121
Entgeltmethode **72** 121
Entlassung **72** 43 ff.
Erleichterung des Arbeitsablaufs **72** 92 ff.
Erneute Zuweisung eines Arbeitsplatzes **72** 17
Erörterung **66** 10 ff.
– Frist **66** 12 ff.
– Hinzuziehung der für Personal- und Organisationsangelegenheiten zuständigen Beschäftigten **66** 14
– Verkürzung der Frist **66** 13
– Verlängerung der Frist **66** 12
Ersatzanspruch **72** 147, 189

Ersatzmitglied **7** 3, 16, 18; **17** 1; **24** 3, 5; **28** 1 ff.; **30** 4; **33** 2, 6
– Rechtsstellung **28** 1
– Reihenfolge des Nachrückens **28** 3
Erweiterungsbau **75** 5
Evokationsrecht **66** 23

**F**
Fachkammer **79** 2; **80** 1 ff.
– Besetzung **80** 2
Faktisches Arbeitsverhältnis **72** 11
Fallgruppe **72** 30
Feststellung der Polizeidienstunfähigkeit **72** 46
Förderschule **89** 2
Fortbildung **72** 157
Frauenförderplan **72** 164
Freier Mitarbeiter **10** 2; **72** 11
Freistellung **7** 7 ff.; **42** 1, 6 ff.; **51** 2; **58** 1
– Auswahl **42** 6a
– Lohnausfallprinzip **42** 3, 7
– Pauschalierung **42** 8, 12
– Teilfreistellungen **42** 8b ff.
– Umfang und Art **42** 6
– Voraussetzungen **42** 6
Freistellungsstaffel **42** 8; **51** 2
Friedenspflicht **2** 8
Fristen **66** 5, 7 ff.
– Berechnung **66** 5

**G**
Gefährdungsbeurteilung **72** 138 ff.
Geltungsbereich
– persönlicher **1** 1
– räumlicher **1** 1
– sachlicher **1** 1
Gemeinde **1** 2 ff.; **8** 1; **11** 4; **26** 4; **44** 1, 5; **52** 1; **66** 5, 21 ff.
Gemeinsame Angelegenheit **34** 2; **38** 1
Gemeinsame Einrichtung **112** 1

# Stichwortverzeichnis

Gesamtjugend- und Auszubildendenvertretung  60 2
Gesamtpersonalrat  49 2; 52 1 ff.; 53 1 ff.; 78 1
- Amtszeit  53 1
- Beteiligung  78 2 ff.
- Geschäftsführung  53 1
- Rechtsstellung  53 1
- Wahl  53 1
Geschäftsbedarf  40 10; 61 8; 67 13; 105a 4, 5
Geschäftsordnung  37 1 ff.; 38 1 ff.
Gesetz über das Personaleinsatzmanagement  72 34
Gestelltes Personal  5 2b; 10 2a; 11 1
Gestellung  10 2a, 3; 26 4; 43 2 ff.; 72 39, 89, 169 ff.
Gestellungsverträge  43 2; 72 169 ff.
Gesundheitsschädigungen  72 128 ff.
Gewerkschaft  2 6 ff.; 3 4 ff.; 16 2, 13; 18 1; 20 2 ff.; 25 2 ff.
- Zugangsrecht  3 5, 6
Gewerkschaftliche Spitzenorganisation  110 1
Gleichberechtigung von Frauen und Männern  72 163 ff.
Gleichstellungsbeauftragte  11 4; 63 4; 65 3; 72 44, 164 ff.; 73 9, 14; 74 4
Gleitzeit  72 107 ff.
Gruppen  6 1; 14 1 ff.; 16 4 ff.; 17 1, 2; 29 3; 34 2; 42 6a
Gruppenangelegenheiten  33 3; 34 3
Gruppenprinzip  6 1 ff.
Gruppenstärke  6 2; 14 2; 42 6a
Gruppenwahl  16 4, 8 ff.; 42 6a

## H
Hauptjugend- und Auszubildendenvertretung  60 1

Hauptpersonalrat  50 1 ff.; 53 2; 67 2, 15; 78 1, 2; 85 3, 7; 94 2; 102 5
- Arbeitsgemeinschaft  78 15
- Vertreter mit Entscheidungsbefugnis  85 3
Hauptschule  89 2
Haushaltsplan  75 2
- Entwurf  75 2
Hebung der Arbeitsleistung  72 92, 94
Heimarbeit  72 11
Herabgruppierung  72 27
Hochschule  8 3; 40 14; 45 3; 65a 1; 104 1; 105 1 ff.; 105b 1
- besondere Personalvertretungen  105 1
- nichtwissenschaftliches Personal  105 2
- Wirtschaftsausschüsse  105b 1
- wissenschaftliches Personal  105 2
Höhergruppierung  72 26
Home office  72 98
Honorarkräfte  5 2a

## I
Informations- und Kommunikationsnetz  72 97
Initiativ-Mitbestimmungsrecht  66 18 ff.
- Ablehnung des Initiativantrages  66 19
- Antrag  66 19, 21
- Erörterung  66 19
- Frist  66 19
- personelle Einzelmaßnahme  66 21
Innerdienstliche Angelegenheit  73 4
Integrationsamt  74 4, 13

# Stichwortverzeichnis

## J
Jugend- und Auszubildendenversammlung **59** 1, 3; **61** 7
Jugend- und Auszubildendenvertretung **54** 1 ff.; **55** 1 ff.; **56** 1 ff.; **57** 1 ff.; **61** 1 ff.; **64** 11
- Amtszeit **54** 3; **57** 2
- Aufgaben **61** 1 ff.
- Aussetzung von Beschlüssen **61** 9
- Auswahl der ausbildenden Personen **61** 14
- Befugnisse **61** 1
- Freistellung **58** 1
- Größe **56** 1
- Gruppen **56** 2
- Quartalsbesprechung **61** 13
- Rechtsstellung **58** 1
- Unterlagen **61** 12
- Unterrichtung **61** 11
- Wahl **57** 1
- Wahlberechtigung **55** 1
- Wählbarkeit **55** 2
Justizvollzug **9** 3; **94** 1 ff.

## K
Kantine **72** 62
Kleindienststelle **13** 3
Kommissaranwärter **83** 1, 4
Kosten **40** 1 ff.
- Einigungsstellenverfahren **40** 4
- Personalratsmitglied **40** 4
- Personalratstätigkeit **40** 1
- Personalversammlung **40** 4
- Rechtsdurchsetzung **40** 6
- Reisen **40** 7 ff.
- Sachverständiger **40** 5
- Schulungsveranstaltungen **40** 5
Kündigung **74** 1 ff., 3aff.
- Änderungskündigung **74** 2, 6
- Anhörung des betroffenen Arbeitnehmers **74** 17
- außerordentliche **74** 2, 9, 12
- Einwendungen **74** 19
- Gründe **74** 6
- Initiativanträge des Personalrats **74** 21
- ordentliche **74** 2, 3aff.
- Probezeit **74** 2, 7, 11
- Teilkündigung **74** 2
- Umdeutung **74** 8
- Unterrichtung **74** 5
- Wirksamkeitsvoraussetzung **74** 16
Kündigungsschutz **74** 4
Kunsthochschule **105** 4
Kürzung der Anwärterbezüge **72** 42

## L
Landespersonalrätekonferenz **104** 1; **105a** 1 ff.
Laufbahnwechsel **72** 24
Laufende Geschäfte **29** 5
Lehrbeauftragte **5** 5; **104** 1, 3
Lehrer **85** 1 ff.; **87** 2; **88** 1 ff.
- Abordnung **91** 4
- Befristung **91** 5
- Stellenausschreibung **91** 5
- Versetzung **91** 2
Lehrer-Personalrat **85** 6
- Besprechungen **85** 7
- Dienstbefreiung **85** 6
- Freistellung **85** 6
Lehrergruppe **87** 2
Lehrerrat **85** 2
Leiharbeitnehmer **5** 2b; **10** 2; **11** 1; **21** 2; **62** 1; **72** 10, 11, 168, 173
Leitungspersonal **10** 4; **11** 2; **21** 2
Listenwahl **16** 7, 8

## M
Maßnahme **66** 1 ff.; **72** 191
- befristete **72** 190
- Billigungsfiktion **66** 9
- Durchführung **71** 1

# Stichwortverzeichnis

– Legaldefinition **66** 4
– probeweise **72** 190
– Unterrichtungspflicht **71** 2
Maßnahmen zur Verhütung von Dienst- und Arbeitsunfällen **72** 128ff.
Mehrarbeit **72** 109ff.
– Ausgleich **72** 115
Mehrheitswahlrecht **16** 8
Mitbestimmung **66** 1; **72** 1ff.
– Ausnahmen **72** 54ff.
Mitbestimmungsverfahren **66** 1ff., 5ff.
– Abkürzung der Frist **66** 7
– Begründung der Maßnahme **66** 6
– Einleitung **66** 5
– prozessbegleitende Mitbestimmung **66** 4ff.
– Stellungnahmefrist **66** 5
Mitbestimmungsvorverfahren **72** 82
Mitgliedschaft im Personalrat **7** 7, 19; **11** 3a; **27** 2; **43** 3
– Erlöschen **11** 3; **25** 6; **26** 1ff.; **42** 7
Mitwirkung **64** 10; **72** 163; **73** 1ff.
Mitwirkungsverfahren **69** 1ff.
– Erörterung **69** 1b
– Frist **69** 3
– Unterrichtung **69** 1a
– Verfahrensablauf **69** 1b
Musikschullehrer **5** 2a
Mutterschutz **74** 4

## N

Nebenabrede **72** 16, 31, 48
Nebenstelle **1** 3, 5; **52** 1; **60** 2; **65a** 4; **72** 148; **88** 3
Nebentätigkeit **72** 49
Neubau **75** 5
Neuwahl **6** 2; **17** 1; **22** 1, 5; **23** 2, 3; **24** 2ff.; **25** 6; **26** 1, 2

## O

Oberverwaltungsgericht **79** 2, 7
Öffnungs- und Besuchszeit **72** 105
Ordentliche Kündigung **43** 1; **66** 19; **72** 20; **74** 2, 3aff.
Ordnungsgeld **79** 13
Ordnungsregelung **72** 142
Organisationsentscheidung **65** 2, 7ff.; **66** 1, 4, 5; **72** 68, 145; **73** 12

## P

Pädagogische und sozialpädagogische Mitarbeiter **87** 1
Pause **72** 106
Personalakte **9** 3; **46** 2; **61** 12; **65** 15; **72** 21
Personalamtsleiter **8** 1
Personaldatenverarbeitung **72** 72ff.
– automatisierte **72** 74ff.
Personaldezernent **8** 1
Personalfragebogen **72** 120, 159ff.
Personalgespräch **65** 17
Personalgestellung **5** 2; **10** 2a, 3; **11** 1; **72** 39, 174
Personalkommission **12** 1; **43** 3; **44** 1ff.; **79** 3
Personalplanung **73** 13a
Personalrat
– Größe **13** 4
Personalratsmitglieder
– Rechtsstellung **42** 1ff.
Personalversammlung **45** 1ff.; **46** 1ff.; **47** 1ff.; **48** 1ff.; **49** 1ff.
– Anträge **48** 1
– Dauer **45** 2
– Durchführung **45** 2
– Hausrecht **45** 2
– Leitung **45** 2
– ordentliche **46** 1
– Tätigkeitsbericht **46** 1ff.
– Teilnahme **49** 1ff.
– Teilversammlungen **45** 3

## Stichwortverzeichnis

- Themen **48** 1 ff.
- zeitliche Lage **45** 2; **47** 2
- zur Wahl eines Wahlvorstandes **18** 1
- zusätzliche **46** 3

Personalvertretung **1** 1
Personelle Einzelmaßnahme **72** 9
Personenwahl **16** 8; **28** 3
Persönliche Angelegenheit **73** 6
Pflichtverletzung **25** 4; **79** 13
Polizei **81** 1 ff.; **82** 1
- Dienststelle **82** 1

Polizeibehörde **81** 2
Polizeivollzugsbeamte **83** 2 ff.
Prinzip der partnerschaftlichen Zuordnung von Dienststelle und Personalvertretung **66** 3
Privatisierung **72** 177 ff.
- Arbeiten der Dienststelle **72** 181
- auf Dauer **72** 184
- Dritte in jeglicher Rechtsform **72** 177
- Übertragung von Arbeiten **72** 183
- üblicherweise **72** 182

Probezeit **72** 16, 19, 20; **74** 2, 7, 11, 13, 17, 21
Probezeitkündigung **74** 2, 11
Prozessbegleitende Mitbestimmung **66** 4
Prüfung **76** 1 ff.
Prüfungsaufträge
- Organisation **73** 13b
- Wirtschaftlichkeit **73** 13b

Prüfungsergebnis **76** 2

## Q

Quartalsgespräch **29** 5; **63** 2, 4

## R

Rationalisierungsmaßnahme **72** 65 ff.
Rauchverbot **72** 136

Rechtliches Band **72** 10
Referendar **95** 1 ff.; **96** 1 ff.; **97** 1 ff.; **98** 2; **99** 2; **100** 1 ff.; **101** 1 ff.
- Stammdienststelle **96** 1 ff.; **97** 1; **100** 2; **101** 2
- Wählbarkeit **97** 3
- Wahlberechtigung **97** 2
- Wahlvorschläge **98** 1

Regelbeschäftigte **13** 4; **40** 9
Reisekosten **21** 5; **40** 4 ff.; **42** 12; **67** 5
- Budget **40** 8; **42** 14; **67** 5, 13; **70** 1

Restmandat **44** 6, 8 ff.
Rücktritt **22** 5; **24** 1, 3; **26** 3
Rufbereitschaft **72** 106
Ruhen des Personalratsamts **27** 1

## S

Sammlung von Personaldaten **65** 15
Schriftformerfordernis **66** 9
Schule **1** 2; **72** 135; **73** 12; **88** 1, 3; **89** 2; **90** 2; **91** 1 ff.; **92** 2
Schulleiter **85** 2; **90** 2
Schulträger **77** 5; **87** 1; **88** 2; **90** 1
Schulungs- und Bildungsveranstaltung **42** 10 ff.; **58** 1; **70** 1; **72** 118; **79** 3
- Budget **42** 14
- Fortzahlung von Lohn und Gehalt **42** 10
- Freistellung **42** 10
- Kosten **42** 10
- Teilnahmeanspruch **42** 11
- Themen **42** 11
- Veranstalter **42** 11

Schwarzes Brett **40** 14
Schweigepflicht **9** 1 ff.; **25** 4; **46** 2; **65a** 3, 5
- Ausnahmen **9** 3
- offenkundige Tatsachen **9** 3

Sicherheitsfachkräfte **72** 126

## Stichwortverzeichnis

Sitzung **20** 2 ff.; **29** 2; **30** 1 ff.; **31** 1 ff.; **33** 1, 2; **36** 2 ff.; **37** 1 ff.
- Anberaumung **30** 3
- Arbeitszeit **31** 1 ff.
- beratende Teilnahme **32** 2
- Durchführung **30** 3
- Einladung **30** 3
- erste Sitzung **30** 2
- Jugend- und Auszubildendenvertretung **36** 1 ff.; **57** 1, 3; **61** 1
- Leitung **30** 4
- nicht öffentliche **31** 3
- Protokoll **37** 1 ff.
- Schwerbehindertenvertretung **30** 4; **36** 1 ff.
- Tagesordnung **30** 3
- Teilnahme der Stufenvertretung **32** 3
- Teilnahme des Dienststellenleiters **30** 4 ff.
- Teilnahme des Gesamtpersonalrats **32** 3
- Teilnahme sachkundiger Personen **30** 4; **31** 3
- Teilnahme von Gewerkschaftsbeauftragten **30** 4; **32** 2
- zeitliche Lage **31** 2

Sonstige Beauftragte **8** 1a; **10** 4; **11** 3
Soziale Angelegenheit **72** 57; **73** 3, 5
Sozialeinrichtung **72** 62 ff.
Sozialplan **72** 64 ff.
Sozialversicherungsträger **8** 2; **72** 125
Sprechstunde **39** 1 ff.; **40** 7, 10; **42** 5, 6; **51** 1; **60** 1, 7; **72** 12
Staatsanwaltschaft **93** 1 ff.; **94** 1
- örtliche Personalräte **94** 2

Stellenausschreibung **72** 15; **73** 7 ff.
- externe Ausschreibung **73** 9
- interne Ausschreibung **73** 9

Stellenbesetzungspläne **75** 3a
Stellenpläne **75** 2
Strahlenschutzbeauftragte **72** 126
Stufenlaufzeit **7** 7; **72** 29
Stufenverfahren **66** 20
Stufenvertretung **50** 1 ff.; **78** 1 ff.
- Amtszeit **51** 1
- Aufgaben **78** 1, 3
- Beteiligungsrechte **78** 3 ff.
- Ersatzzuständigkeiten **78** 9 ff.
- Freistellung **51** 2 ff.
- Geschäftsführung **51** 1
- Rechtsstellung **51** 1
- Zuständigkeit **78** 7

Stufenzuordnung **5** 3; **72** 25, 29, 120, 123
Stützunterschriften **16** 9 ff.; **42** 6a

## T

Tarifverträge **2** 5 ff.; **4** 1 ff.; **40** 12; **64** 3; **72** 26, 65
Tätigkeitsbericht **9** 3; **40** 4; **46** 1 ff.; **48** 2; **59** 3
Technische Einrichtung **72** 80 ff.
- Änderung **72** 87
- Anwendung **72** 87
- Ausweitung **72** 88
- Einführung **72** 86

Teile einer Dienststelle **1** 3; **44** 6; **72** 148; **73** 13; **89** 3
Teilzeitarbeitsverhältnis **72** 11
Teilzeitbeschäftigung **72** 50 ff.
Telearbeitsplatz **72** 98
Theorie der Wirksamkeitsvoraussetzung **66** 2

## U

Übergangsmandat **12** 1; **44** 1, 6 ff.
Übernahme in ein Arbeitsverhältnis **7** 15 ff.; **59** 3
- Auflösungsbegehren **7** 20
- Fristen **7** 18 ff.
- Mitteilung **7** 18
- Übernahmeverlangen **7** 18

## Stichwortverzeichnis

Überstunden **72** 109 ff.
– Anordnung **72** 110
– Erfordernis **72** 113
– Voraussehbarkeit **72** 112
Übertragung einer höher oder niedriger bewerteten Tätigkeit **72** 28
Übertragung eines anderen Amtes mit geringerem Endgrundgehalt **72** 23
Überwachungseignung **72** 83
Überwachungspflicht **62** 1
Umbau **75** 5
Umsetzung **72** 35 ff.
Umweltschutz **64** 13; **65a** 4
Unfall **42** 15; **58** 1; **64** 5; **72** 128 ff.; **77** 1 ff.
Unfallanzeige **77** 9
Unfalluntersuchung **77** 5
Unterhaltsbeihilfe **72** 42
Unterrichtung der Beschäftigten **40** 14
Unterrichtungsanspruch **61** 1; **63** 3; **65** 1 aff.; **65a** 3 ff.; **79** 12
– datenschutzrechtliche Erwägungen **65** 1a
– fortlaufend **65** 7, 10
– frühzeitig **65** 9
– Organisationsentscheidungen **65** 7 ff.
– rechtzeitige Unterrichtung **65** 2
– umfassend **65** 3
– Unterlagen **65** 4 ff.
– Vorlage von Unterlagen **65** 4
Unterstützung **66** 2; **67** 8; **72** 57, 58; **103** 1
Urlaub **72** 50, 53, 118
– zeitliche Lage **72** 118
Urlaubsplan **72** 118

## V

Verbot der parteipolitischen Betätigung **3** 1, 2

Verdienstrelation **5** 2
Verfassungsmäßig zuständiges oberstes Organ **66** 22; **68** 1
Verhaltensregelungen **72** 142 ff.
Verhältniswahlrecht **16** 7
Verlängerung der Probezeit **72** 19
Verschlusssache **46** 2; **106** 1
Verselbständigung **1** 3; **52** 1; **65a** 4; **72** 148; **73** 13; **113** 2
Versetzung **7** 1; **43** 2 ff.; **65** 7; **66** 2; **72** 24, 32 ff., 151
Versetzungs- und Umsetzungsschutz **43** 2 ff.
– Abordnung **43** 2 ff.
– Ersatzmitglieder **43** 3
– Gestellung **43** 2 ff.
– Mitglieder des Wahlvorstands **43** 3
– Wahlbewerber **43** 3
Vertrauensarzt **72** 125
Vertrauensvolle Zusammenarbeit **2** 2, 4; **61** 1; **105a** 3
Verwaltungsanordnung **61** 5; **64** 3; **69** 4; **72** 70; **73** 3 ff.
Verwaltungsgericht **79** 2 ff.; **80** 1 ff.
– Fachkammer **80** 2 ff.
Vorabstimmung **15** 1; **16** 5, 6
Vorsitzende Person **29** 2 ff.; **30** 4 ff.; **32** 2; **36** 4; **37** 2; **42** 6a; **57** 3; **67** 3
– Stellvertreter **29** 3
Vorstellungs- oder Eignungsgespräch **65** 12, 14; **72** 15
Vorzeitige Versetzung in den Ruhestand **72** 46

## W

Wahl **16** 1 ff.; **21** 1 ff.; **22** 1 ff.
– demokratische **16** 2
– freie **16** 2
– geheime **16** 2
– gemeinsame **16** 4 ff., 7 ff.
– getrennte **16** 4
– gleiche **16** 2

## Stichwortverzeichnis

- Kosten **21** 4 ff.
- Nichtigkeit **22** 4
- unmittelbare **16** 2
- Wahlanfechtung **22** 1 ff.
- Antragsberechtigung **22** 2
- Frist **22** 2
- Wahlausschreiben **20** 1 ff.; **22** 3
- Wählbarkeit **5** 2; **8** 1; **10** 1; **11** 1 ff.; **12** 1; **17** 1; **22** 3, 4
- Ausnahmen **11** 2
- Wahlbeeinflussung **21** 1 ff.
- Wahlbehinderung **7** 1; **21** 1
- Wahlbeobachter **16** 2; **21** 1
- Wahlberechtigung **5** 2; **10** 1 ff.; **11** 2; **13** 4; **55** 1; **72** 173; **79** 3
- Ausnahmen **10** 4
- Wahlordnung **16** 1 ff.
- Wahlperiode **23** 1 ff.; **25** 5; **26** 2; **51** 3; **57** 2; **67** 2, 3; **99** 1 ff.; **108** 1
- Wahltermin **20** 1
- Wahlvorschlag **16** 9 ff.
- der Gewerkschaften **16** 13
- Wahlvorschriften **22** 3
- Wahlvorstand **17** 1 ff.
- Aufgaben **20** 2
- Reisekosten **21** 5
- Schulungsanspruch **21** 5
- Sitzungen **20** 3 ff.
- Wechsel der Gruppenzugehörigkeit **26** 6
- Weisungsgebundenheit **72** 10
- Weiterbeschäftigung über die Altersgrenze **72** 47
- Werkvertrag **5** 2; **72** 13, 65, 124, 169, 190
- Wirtschaftliche Abhängigkeit **5** 2a
- Wirtschaftliche Angelegenheit **65a** 2 ff.; **79** 14
- Arbeitsmethode **65a** 4; **72** 65, 89 ff.
- beabsichtigte Investitionen **65a** 4
- betrieblicher Umweltschutz **65a** 4
- Generalklausel **65a** 4
- Kooperation mit anderen Dienststellen **65a** 4
- Managementmethoden **65a** 4
- Neugründung **65a** 4
- Partnerschaften mit Privaten **65a** 4
- Produktpläne **65a** 4
- Rationalisierungsvorhaben **65a** 4
- Stellung der Dienststelle in der Gesamtdienststelle **65a** 4
- Teilung von Dienststellen **65a** 4
- Verlegung von Dienststellen oder Dienststellenteilen **65a** 4
- wirtschaftliche und finanzielle Lage der Dienststelle **65a** 4
- Zusammenlegung **65a** 4
- Wirtschaftsausschuss **65a** 1 ff.
- Amtszeit **65a** 5
- Benachteiligung **65a** 5
- Betriebsgeheimnis **65a** 3
- Bildung **65a** 2
- Bringschuld **65a** 3
- Dienstgeheimnis **65a** 3
- Ermessen des Personalrats **65a** 2
- fachliche und persönliche Eignung **65a** 5
- Geschäftsgeheimnis **65a** 3
- Größe **65a** 5
- Hilfsorgan **65a** 1
- Hochschulen **65a** 1; **105b** 1
- Informations- und Beratungsgremium **65a** 1
- Kosten **65a** 5
- Kündigungsschutz **65a** 5
- nicht öffentlich **65a** 7
- Personalplanung **65a** 3
- Rechtsstellung der Mitglieder **65a** 5
- sachkundige Beschäftigte **65a** 7

## Stichwortverzeichnis

- Schulungsanspruch **65a** 5
- Schweigepflicht **65a** 5 ff.
- Schwerbehindertenvertretung **65a** 7
- Sitzungen **65a** 6
- Übernahme des Mandats **65a** 6
- Unterrichtung **65a** 2 ff.
- Vorlage von Unterlagen **65a** 3

Wissenschaftliche und künstlerische Hilfskräfte **5** 5; **104** 1

Wohnung **72** 59

## Z

Zeichnungsbefugnis **8** 4, 5; **11** 2

Zeitrelation **5** 2

Zulassung zum Aufstieg **72** 22

Zustimmung **66** 2 ff.
- Antrag **66** 5

Zuweisung **10** 2 aff.; **12** 1; **43** 2 ff.; **72** 36 ff.

Zuwendung **72** 58

Zwangsgeld **79** 13, 15, 16

Zwangsvollstreckung **79** 16

Kompetenz verbindet

Warga

# Handbuch Dienstvereinbarung

3., aktualisierte und überarbeitete Auflage
2019. 619 Seiten, kartoniert
mit Onlinezugang auf alle Musterteste
€ 39,90
ISBN 978-3-7663-6632-0

Dienstvereinbarungen können zu vielen Beteiligungstatbeständen ausgehandelt werden: Arbeitszeiten, Verhaltens- und Leistungskontrollen, Dienstplangestaltung, Sozialpläne, Internet, Telefon, E-Mail- und EDV-Systeme und für den Bereich Personalwirtschaft. Für Personalräte ist das keine leichte Aufgabe, denn die zu regelnden Sachverhalte und die rechtlichen Rahmenbedingungen sind kompliziert.

Das Handbuch bietet eine umfassende Anleitung für die Konzeption und praktische Formulierung rechtlich einwandfreier Dienstvereinbarungen zu zahlreichen Themen. Es erläutert verständlich die geltenden gesetzlichen und formalen Grundlagen.

Das Handbuch begleitet den Personalrat Schritt für Schritt beim Erstellen der Dokumente. Alle Mustervereinbarungen sind online verfügbar und lassen sich sofort einsetzen.

**Bund-Verlag**

# Kompetenz verbindet

Kittner

# Arbeits- und Sozialordnung

Gesetze/Verordnungen • Einleitungen
• Checklisten/Übersichten • Rechtsprechung
45., aktualisierte Auflage
2020. 2.012 Seiten, kartoniert
inklusive Online-Ausgabe
€ 34,90
ISBN 978-3-7663-6951-2

Gesetze plus Erläuterungen – das ist die Erfolgsformel der jährlich neu aufgelegten »Arbeits- und Sozialordnung«. Die solide Grundlage bilden über 100 für die Praxis relevante Gesetzestexte im Wortlaut oder in wichtigen Teilen – natürlich auf dem neuesten Stand.

Die Ausgabe 2020 ist weiter optimiert durch eine allgemeine Einführung in die Arbeits- und Sozialordnung sowie 80 Checklisten und Übersichten zur praxisgerechten Anwendung und raschen Orientierung über komplexe Gesetzesinhalte.

Mit der Ausgabe 2020 sind alle Inhalte auch online zugänglich: alle Gesetze und die Rechtsprechung im Volltext.

Bund-Verlag